張大可
韓兆琦 等 注譯

新譯資治通鑑

（十四）

晉紀二十一—二十八

三民書局 印行

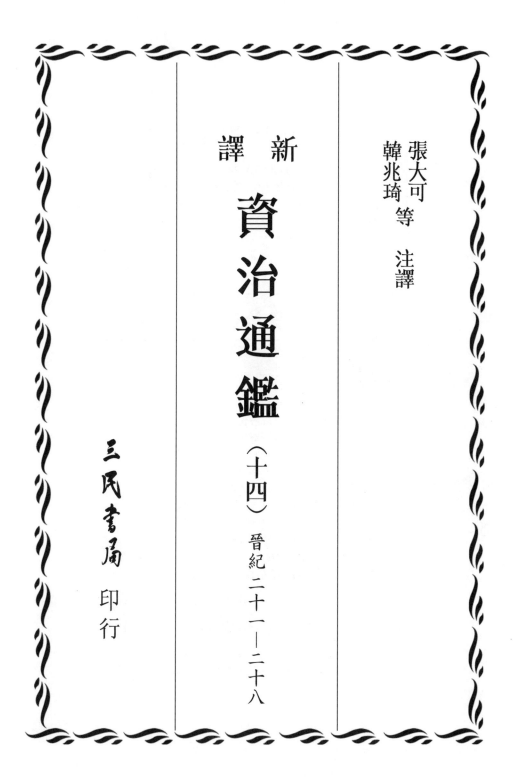

國家圖書館出版品預行編目資料

新譯資治通鑑(十四) / 張大可,韓兆琦等注譯.－－
初版一刷.－－臺北市: 三民, 2017
冊; 公分.－－(古籍今注新譯叢書)
ISBN 978-957-14-6232-5 (平裝)
1. 資治通鑑 2. 注釋

610.23 105022866

注譯者	張大可 韓兆琦等
責任編輯	陳榮華
美術設計	李唯綸
發行人	劉振強
著作財產權人	三民書局股份有限公司
發行所	三民書局股份有限公司
	地址 臺北市復興北路386號
	電話 (02)25006600
	郵撥帳號 0009998-5
門市部	(復北店) 臺北市復興北路386號
	(重南店) 臺北市重慶南路一段61號
出版日期	初版一刷 2017年1月
編號	S 034160

行政院新聞局登記證局版臺業字第〇二〇〇號

ISBN 978-957-14-6232-5 (平裝)

http://www.sanmin.com.tw 三民網路書店

新譯資治通鑑 目次

第十四冊

卷第九十九

晉紀二十一

起重光大淵獻（辛亥 西元三五一年），盡閼逢攝提格（甲寅 西元三五四年），凡四年。

【題　解】本卷寫晉穆帝永和七年（西元三五一年）至永和十年共四年間的東晉及各國大事。主要寫了後趙的殘餘勢力石祗與魏主冉閔的反覆爭奪，最後石祗被其部將劉顯所殺，劉顯先降冉閔，不久又自己稱帝，結果被冉閔破殺之，後趙徹底被滅；寫了燕將慕容恪、慕容評等大舉攻魏，破冉閔於常山，俘獲冉閔，冉閔被斬於龍城；寫了燕將慕容評攻佔鄴城，冉閔政權徹底被滅，魏之所轄州郡紛紛北降燕、南降晉，燕軍所至，秋毫無犯，甚得民和；寫了慕容儁在薊城即皇帝位，其勢力擴張，南境直達淮河，與東晉接壤；寫了在北方州郡紛紛降晉，關中地區苻健政權也不穩定的時刻，荊州刺史桓溫屢次請求北伐，而執掌朝政的會稽王司馬昱與徒有虛名的殷浩為怕桓溫勢大難制而堅持不許。其後則一反常態地殷浩自己率領謝尚、荀羨等大兵北出，結果被秦軍大破於許昌，除謝尚的部將戴施從鄴城獲得一塊傳國玉璽外，其他一無所獲；事隔不久，殷浩又來了個二次北伐，結果由於姚襄叛變，兩次被姚襄大破於山桑。這時桓溫遂趁朝野之怒，上書數殷浩之罪，於是殷浩被削職流放，死於貶所；在殷浩北伐之前，王羲之就勸阻殷浩，殷浩不聽；敗回後，復謀再舉，王羲之再次勸阻，以為「力爭武功，非所當作」；又上書司馬昱，以為「今雖有可喜之會，內求諸己，而所憂乃重於所喜」云云；最後又寫了桓溫的率兵北伐關中。桓溫的步兵由武關入，大破秦軍於蘭田，又破秦軍於白鹿原，進抵灞上，距長安只剩咫尺之遙；後又與秦兵戰於白鹿原，桓溫失敗，加以晉軍乏糧，遂徙關中三千戶而歸；寫了苻健既挫敗桓溫，又平定了各地的反抗勢力，遂穩定了在關中的統治。苻健「勤於政事，數延公卿咨講治道。承趙人苛虐奢侈之後，易以寬簡節儉，崇禮儒士，由是秦人悅之」。苻健在關中即皇帝位，國號曰「秦」，即歷史上所說的「前秦」。寫了羌族頭領姚弋仲死，遺言令諸子歸晉，其子姚襄不從，乃與秦兵戰，被秦兵所敗，姚襄率部歸晉，後又反晉，投靠了燕國；寫了涼州張重華誤用族人張祚，外放其功臣謝艾；重華死後，張祚廢重華子曜靈，殺死了謝艾，自稱為涼王等等。

孝宗穆皇帝中之上

永和七年（辛亥　西元三五一年）

春，正月丁酉❶，日有食之。

苻健左長史賈玄碩等請依劉備稱漢中王故事❷，表健❸為都督關中諸軍事、大將軍、大單于、秦王。健怒曰：「吾豈堪為秦王邪？且晉使❹未返，我之官爵，非汝曹所知也。」既而密使梁安諷玄碩等❺上尊號，健辭讓再三，然後許之。丙辰❻，健即天王、大單于位，國號大秦，大赦，改元皇始。追尊父洪為武惠皇帝，廟號太祖，立妻強氏為天王后，子萇為太子，靚為平原公，生為淮南公，覿為長樂公，方為高陽公，碩為北平公，騰為淮陽公，柳為晉公，桐為汝南公，廋為魏公，武為燕公，幼為趙公。以苻雄❼為都督中外諸軍事、丞相、領車騎大將軍、雍州牧、東海公，苻菁❽為衛大將軍、平昌公，宿衛二宮❾，雷弱兒為太尉，毛貴為司空，略陽姜伯周為尚書令，梁楞為左僕射，王墮為右僕射，魚遵為太子太師，強平為太傅，段純為太保，呂婆樓為散騎常侍。伯周，健之舅。平，王后之弟❿。婆樓，本略陽氐酋也。

段龕請以青州內附⓫。二月戊寅⓬，以龕為鎮北將軍，封齊公。

魏主閔攻圍襄國百餘日，趙主祗危急，乃去皇帝之號，稱趙王。遣太尉張舉乞師於燕⓭，許送傳國璽⓮，中軍將軍張春乞師於姚弋仲。弋仲遣其子襄帥騎二萬八千救趙，誡之曰：「冉閔棄仁背義，屠滅石氏。我受人厚遇⓯，當為復讎，老病不能自行。汝才十倍於閔，若不梟擒⓰以來，不必復見我也。」弋仲亦遣使告於燕，燕主儁遣禦難將軍悅綰將兵三萬往會之。

冉閔聞儁欲救趙，遣大司馬從事中郎廣寧常煒使於燕。儁使封裕詰之曰：「冉閔，石氏養息⓱，負恩作逆，何敢輒稱大號⓲！」煒曰：「湯放桀，武王伐紂，以興商、周之業。曹孟德養於宦官⓳，莫知所出⓴，卒立魏氏之基㉑。苟非天命，安能成功㉒！推此而言，何必致問㉓！」裕曰：「人言冉閔初立，鑄金為己像以卜成敗，而像不成，信乎？」煒曰：「不聞。」裕曰：「南來者皆云如是，何故隱之？」煒曰：「姦偽之人欲矯天命以惑人者，乃假符瑞[24]、託著龜[25]以自重[26]。魏主握符璽[27]，據中州[28]，受命何疑[29]！而更反真為偽[30]，取決於金像乎[31]！」裕曰：「傳國璽果安在？」煒曰：「在鄴。」裕曰：「張舉言在襄國。」煒曰：「殺胡之日，在鄴者殆無孑遺[32]。時有迸漏[33]者，皆潛伏溝瀆[34]中耳，彼安知璽之所在乎？彼求救者[35]，為妄誕之辭[36]，無所不可[37]，況一璽乎！」

儁猶以張舉之言為信，乃積柴其旁[38]，使裕以其私誘之[39]曰：「君更熟思，無為徒取灰滅[40]！」煒正色曰：「石氏貪暴，親帥大兵攻燕國都[41]，雖不克而返，然志在必取[42]。故運資糧、聚器械於東北[43]者，非以相資[44]，乃欲相滅也。魏主誅翦[45]石氏，雖不為燕，臣子之心[46]，聞仇讎之滅[47]，義當如何？而更為彼責我[48]，不亦異乎[49]？吾聞死者骨肉下于土，精魂升于天。蒙君之惠，速益薪縱火，使僕[50]得上訴於帝[51]足矣！」左右請殺之。儁曰：「彼不憚殺身以徇其主[52]，忠臣也。且冉閔有罪，使臣何預[53]焉！」使出就館[54]。夜，使其鄉人趙瞻往勞[55]之，且曰：「君何不以實言？王怒，欲處君於遼、碣之表[56]，柰何？」煒曰：「吾結髮[57]以來，尚不欺布衣[58]，況人主乎！曲意苟合[59]，性所不能。直情盡言，雖沈東海，不敢避也。」遂臥向壁，不復與瞻言。瞻具以白儁，儁乃囚煒於龍城[60]。

趙并州刺史張平遣使降秦，秦王以平為大將軍、冀州牧。

燕王儁還薊。

三月，姚襄及趙汝陰王琨各引兵救襄國。冉閔遣車騎將軍胡睦拒襄於長蘆[61]，將軍孫威拒琨於黃丘[62]，皆敗還，士卒略盡。

閔欲自出擊之，衛將軍王泰諫曰：「今襄國未下[63]，外救雲集，若我出戰，必腹背[1]受敵，此危道也。不若固壘[64]以挫其銳，徐觀其釁[65]而擊之。且陛下親臨行陳[66]，如失萬全[67]，則大事去矣。」閔將止，道士法饒進曰：「陛下圍襄國經年[68]，無尺寸之功。今賊至，又避不擊，將何以使將士[69]乎！且太白入昴[70]，當殺胡王，百戰百克，不可失也。」閔攘袂[71]大言[72]曰：「吾戰決矣，敢沮[73]眾者斬！」乃悉眾出，與襄、琨戰。悅綰適以[74]燕兵至，去魏兵數里，疏布騎卒[75]，曳柴揚塵[76]，魏人望之恟懼[77]。襄、琨、綰三面擊之，趙王祗自後衝之，魏兵大敗，閔與十餘騎走還鄴。降胡栗特康等執大單于胤[78]及左僕射劉琦以降趙，趙王祗殺之。胡睦及司空石璞、尚書令徐機、中書監盧諶等并將士死者凡十餘萬人。

閔潛還[79]，人無知者。鄴中震恐，訛言閔已沒。射聲校尉張艾請閔親郊[80]以安眾心，閔從之，訛言乃息。閔支解[81]法饒父子，贈韋謏[82]大司徒。姚襄還灄頭，姚弋仲怒其不擒閔，杖之一百。

初，閔之為趙相也，悉散倉庫[83]以樹私恩[84]，與羌、胡相攻，無月不戰。趙所徙青、雍、幽、荊四州之民及氐、羌、胡、蠻數百萬口，以[85]趙法禁不行[86]，各還本土，道路交錯，互相殺掠，其能達者什有二、三。中原大亂，因以饑疫[87]，人相食，無復耕者。

趙王祗使其將劉顯帥眾七萬攻鄴，軍于明光宮[88]，去鄴二十三里。魏主閔恐，召王泰，欲與之謀。泰恚[89]前言之不從，辭以瘡甚[90]。閔親臨問之，泰固稱疾篤[91]。閔怒，還宮，謂左右曰：「巴奴[92]，乃公豈假汝為命邪[93]！要將[94]先滅羣胡，卻斬王泰[95]。」乃悉眾出戰，大破顯軍，追奔至陽平[96]，斬首三萬餘級。顯懼，密使請降[97]，求殺祗以自效[98]，閔乃引歸[99]。會[2]有告王泰欲叛入秦者，閔殺之，夷其三族。

秦王健分遣使者問民疾苦，搜羅雋異[100]，寬重斂之稅，弛離宮之禁[101]，罷無用之器[102]，去侈靡之服[103]，凡趙之苛政不便於民者，皆除之。

杜洪、張琚遣使召梁州刺史司馬勳[104]。夏，四月，勳帥步騎三萬赴之，秦王健禦之於五丈原(105)。動屢戰皆敗，退歸南鄭(106)。健以中書令賈玄碩始者(107)不上尊號，銜之(108)，使人告玄碩與司馬勳通，并其諸子皆殺之。

渤海(109)人逄約因趙亂，擁眾數千家，附於魏，魏以約為渤海太守。故太守[3]劉準，隗之兄子(110)也，土豪封放，奕之從弟(111)也，別聚眾自守。閔以準為幽州刺史，與約中分渤海。燕王儁使封奕討約，使昌黎太守高開討準、放。開，瞻(112)之子也。

奕引兵直抵約壘，遣人謂約曰：「相與鄉里(113)，隔絕日久，會遇甚難。時事利害(114)，人各[4]有心(115)，非所論也。願單出一相見，以寫(116)佇結之情(117)。」約素信重奕，即出，見奕於門外，各屏(118)騎卒，單馬交語(119)。奕與論敘平生(120)畢，因說之曰：「與君累世(121)同鄉，情相愛重，誠欲君享祚無窮。今既獲展奉(122)，不可不盡所懷(123)。冉閔乘石氏之亂，奄有成資(124)，是宜天下服其彊矣，而禍亂方始，固知天命不可力爭也。燕王奕世載德(125)，奉義討亂，所征無敵。今已都薊，南臨趙、魏，遠近之民，襁負歸之。民厭荼毒(126)，咸思有道。冉閔之亡，匪朝伊夕(127)，成敗之形，昭然易見。且燕王肇開(128)王業，虛心賢雋(129)，君能翻然改圖(130)，則功參絳、灌(131)，慶流苗裔(132)，孰與為亡國將，守孤城以待必至之禍哉？」約聞之，悵然(133)不言。奕給使[134]張安有勇力，奕豫戒之，俟約氣下[135]，安突前持其馬鞚[136]，因挾之而馳[137]。至營，奕與坐，謂曰：「君計不能自決，故相為決之[138]，非欲取君以邀功[139]，乃欲全君以安民也。」

高開至渤海，準、放迎降。

儁以放為渤海太守，準為左司馬[5]，約參軍事。以約誘於人[140]而遇獲，更其名曰釣。

劉顯弒趙王祗及其丞相樂安王炳、太宰趙庶等十餘人，傳首于鄴[141]，驃騎將軍石寧奔柏人[142]。魏主閔焚祗首于通衢[143]，拜顯上大將軍、大單于、冀州牧。

五月，趙兗州刺史劉啓自鄄城[144]來奔。

秋，七月，劉顯復引兵攻鄴，魏主閔擊敗之。顯還，稱帝於襄國。

八月，魏徐州刺史周成、兗州刺史魏統、荊州刺史樂弘、豫州牧張遇以廩丘[145]、許昌[146]等諸城來降。平南將軍高崇、征虜將軍呂護執洛州[147]刺史鄭系，以其地來降。

燕王儁遣慕容恪攻中山[148]，慕容評攻王午于魯口，魏中山太守上谷侯龕閉城拒守。恪南徇常山[149]，軍于九門[150]。魏趙郡太守遼西李邽舉郡降，恪厚撫之，將邽還圍中山，侯龕乃降。恪入中山，遷其將帥、土豪數十家詣薊，餘皆安堵[151]，軍令嚴明，秋豪不犯。慕容評至南安[152]，王午遣其將鄭生拒戰，評擊斬之。悅綰還自襄國，儁乃知張舉之妄[153]而殺之。常煒有四男二女在中山，儁釋煒之囚，使諸子就見之。煒上疏謝恩，儁手令[154]答曰：「卿本不為生計[155]，孤以州里相存[156]耳。今大亂之中，諸子盡至，豈非天所念邪！天且念卿，況於孤乎！」賜妾一人，穀三百斛，使居凡城。以北平太守孫興為中山太守，興善於綏撫[157]，中山遂安。

庫傉官偉[158]帥部眾自上黨[159]降燕。

姚弋仲遣使來請降。冬，十一月[6]，以弋仲為使持節、六夷大都督、督江北[7]諸軍事、車騎大將軍、開府儀同三司、大單于、高陵郡公，又以其子襄為持節、平北將軍、都督并州諸軍事、并州刺史、平鄉縣公。

逄釣亡歸[160]渤海，招集舊眾以叛燕。樂陵[161]太守賈堅使人告諭鄉人，示以成敗[162]。釣部眾稍散[163]，遂來奔。

吐谷渾葉延卒，子碎奚立。

初，桓溫聞石氏亂，上疏請出師經略[164]中原，事久不報[165]。溫知朝廷杖殷浩[166]

以抗己，甚忿之。然素知浩之為人，亦不之憚[167]也。以國無他釁[168]，遂得相持彌年[169]，雖有君臣之跡[8]，羈縻而已[170]，八州[171]士眾資調[172]殆不為國家用。屢求北伐，詔書不聽。十二月辛未[173]，溫拜表輒行[174]，帥眾四五萬順流而下，軍於武昌[175]，朝廷大懼。

殷浩欲去位[176]以避溫，又欲以騶虞幡駐溫軍[177]。吏部尚書王彪之言於會稽王昱曰：「此屬[178]皆自為計[179]，非能保社稷、為殿下計也。若殷浩去職，人情離駭[180]，天子獨坐[181]，當此之際，必有任其責者[182]，非殿下而誰乎？」又謂浩曰：「彼[183]若抗表問罪[184]，卿為之首。事任如此[185]，猜釁已成[186]，欲作匹夫[187]，豈有全地邪[188]！且當靜以待之。令相王[189]與手書[190]，示以款誠[191]，為陳成敗[192]，彼必旋師[193]。若不從，則遣中詔[194]。又不從，乃當以正義相裁[195]，柰何無故匆匆先自猖獗乎[196]！」浩曰：「決大事正自難[197]，頃日來[198]欲使人悶[199]，聞卿此謀，意始得了[200]。」彪之，彬[201]之子也。

撫軍司馬高崧[202]言於昱曰：「王宜致書，諭以禍福，自當返旆[203]。如其不爾，便六軍整駕[204]，逆順於茲判[205]矣。」乃於坐為昱草書曰：「寇難宜平[206]，時會宜接[207]，此實為國遠圖，經略大算[208]，能弘斯會[209]，非足下而誰？但以比興師動眾[210]，要當以資實為本[211]。運轉之艱[212]，古人所難，不可易之於始而不熟慮。頃所以深用為疑[213]，惟在此耳。然異常之舉[214]，眾之所駭[215]，遊聲噂嗒[216]，想足下亦少聞之[217]。苟患失之，無所不至[218]，或能望風振擾[219]，一時崩散[220]。如此則望實並喪[221]，社稷[222]之事去矣！皆由吾闇弱，德信不著，不能鎮靜羣庶[223]，保固維城[224]，所以內愧於心，外慚良友。吾與足下，雖職有內外[225]，安社稷，保國家[9]，其致[226]一也。天下安危，繫之明德[227]。當先思寧國[228]，而後圖其外[229]，使王基克隆[230]，大義弘著[231]，所望於足下。區區誠懷[232]，豈可復顧嫌[233]而不盡哉！」溫即上疏惶恐致謝[234]，回軍還鎮[235]。

朝廷將行郊祀，會稽王昱問於王彪之曰：「郊祀應有赦否[236]？」彪之曰：「自中興[237]以來，郊祀往往有赦。愚意常謂非宜，凶愚之人以為郊必有赦，將生心於徼幸[238]矣。」昱從之。

燕王儁如龍城[239]。

丁零翟鼠[240]帥所部降燕，封為歸義王。

【章　旨】以上為第一段，寫晉穆帝永和七年（西元三五一年）一年間的大事。主要寫了苻健在關中自稱天王，國號大秦，廢除以往石氏政權的暴政，頗得民心；寫了冉閔圍攻襄國，石祇求救於姚弋仲與燕國，姚氏與燕國派兵救趙，大破冉閔軍；石祗又派劉顯攻鄴，被冉閔所破；劉顯回軍殺趙主石祗，降冉閔；尋又反水攻鄴，敗還，自己稱帝於襄國；寫了燕主慕容儁派封奕討伐渤海郡，魏將逢約、劉準等降燕；燕將慕容恪南攻中山，魏之中山、趙郡皆降燕。燕軍所至，秋毫無犯，甚得民和；寫了在石祗、冉閔戰亂不休的狀態下，冉閔部下的徐州、兗州、荊州、豫州、上黨等州郡紛紛降晉；晉之荊州刺史桓溫屢次請求北伐，晉王朝因怕桓溫因此生亂而不許，桓溫則遂率眾東下，軍於武昌，朝廷震駭。朝廷權臣殷浩、司馬昱無計可施，王彪之勸其「靜以待之」，「以正義相裁」；高崧為司馬昱起草致桓溫書，為之分析利害，桓溫乃率軍還鎮等等。

【注　釋】❶正月丁酉　正月初一。❷劉備稱漢中王故事　劉備在漢獻帝建安二十四年（西元二一九年），趕走曹操，據有漢中，不久自稱漢中王。事見本書卷六十八建安二十四年。❸表健　上表晉王朝請求封任苻健。❹晉使　謂苻健派去晉朝的使者，即參軍杜山伯。❺諷玄碩等　示意賈玄碩等人。諷，隱微示意。❻丙辰　正月二十。❼苻雄　苻洪之子，苻健之弟。❽苻菁　苻健之兄子，苻健之姪。❾宿衛二宮　保衛苻健所居與太子苻萇所居之宮。宿衛，值宿並保衛。❿王后之弟　苻健天王后強氏之弟。⓫段龕請以青州內附　段龕是段蘭之子，鮮卑段氏被慕容氏所滅後，段蘭先投宇文氏，後被送歸石虎，石虎令其駐於令支。段蘭死後，石氏內亂，段龕逃到青州（州治為山東淄博東南的廣固城），現又帶青州反歸晉室。⓬二月戊寅　二月十三。⓭乞師於燕　請求燕國發兵相救。⓮許送傳國璽　答應把當年滅西晉所獲得的傳國玉璽，送給燕國。據說西晉當年的玉璽是從秦朝，歷經漢、魏一直傳下來的。璽上有李斯所刻的「受命於天，既壽永昌」八個字。劉淵陷洛陽後，傳國璽到了漢都平陽；劉曜亡國後，璽又到了後趙。⓯厚遇　厚待，指石虎對他的厚恩。⓰梟擒　擒梟，將其擒拿而來，梟首示眾。⓱養息　養大的孩子。冉閔之父冉瞻為石虎養子，從姓石氏。冉閔篡弒建立魏國後，始復姓冉氏。息，子嗣。⓲輒稱大號　竟然稱起皇帝的名號。⓳曹孟德養於宦官　曹操父曹嵩，本姓夏侯，過繼給東漢順帝、桓帝時的大宦官曹騰為養子，改姓曹氏。曹操曾為漢丞相，封魏王。其子曹丕又篡漢稱帝，建國號為魏。事詳《三國志》卷一〈武帝紀〉。⓴莫知所出　說不清曹操的身世是從哪裡傳下來的。㉑卒立魏氏之基　最後也還是為魏國的建立奠定了基礎。㉒苟非天命二句　如果不是有上天的旨意，曹氏能夠成功嗎。㉓推此而言二句　既然曹氏家族可以，冉氏家族為什麼就不可以呢？你又何必提這樣的問題呢。推，推論；推究。冉閔既是以臣弒君，又以養子為亂，所以常煒引湯、武、曹操為據。㉔假符瑞　假借「符瑞」以騙人。漢代以來，統治者鼓吹天人感應以騙人，說什麼上天對下界的某個帝王高興，就顯示祥瑞，如鳳凰出、麒麟降等等，於是騙子們就紛紛大搞這一套。㉕託蓍龜　藉著占卜、算卦以騙人。龜甲和蓍草都是算卦使用的東西。㉖以自重　以抬高自己。㉗握符璽　親自握有帝王的兵符與傳國玉璽。㉘據中州　實際佔據著黃河中下游的中原地帶。㉙受命何疑　這是秉承天命而為帝，難道還有什麼疑問嗎。㉚而更反真為偽　難道還能拋棄真的不顧，而另造作一套假的。㉛取決於金像乎　而讓一個金像來說明什麼嗎。㉜殆無孑遺　幾乎是殺得一個不剩。殆，幾乎。無孑遺，一個沒剩。㉝時有迸漏　即使有個把逃脫。㉞皆潛伏溝瀆　都深藏在陰溝裡。㉟彼求救者　有人為了騙得救兵。㊱為妄誕之辭　故意編造騙人的鬼話。㊲無所不可　什麼好聽的話編不出來。㊳積柴其旁　以準備點火燒他相威脅。㊴以其私誘之　用個人的私下關心相引誘。㊵無為徒取灰滅　不要白白地被燒死。徒，白白地。㊶攻燕國都　成帝咸康四年，石虎曾率軍進攻燕都棘城。㊷然志在必取　他的內心是一定要滅掉燕國。㊸運資糧聚器械於東北　指咸康六年，石虎聚兵五十萬，備船萬艘，自河通海，運穀一千一百萬斛於樂安城事。資糧，財物和糧食。㊹非以相資　並不是想把那些東西送給你。㊺誅翦　屠滅；殺絕。㊻臣子之心　作為你這個受過其害的燕國人。臣子，指封裕。意思說封裕既是燕臣，固應不忘舊仇，應敵燕王之所愾。㊼聞仇讎之滅　聽到石氏即將被滅的消息。㊽為彼責我　替石祗來責怪我們。㊾不亦異乎　這不是很奇怪的事情嗎。㊿僕　謙稱自己。(51)上訴於帝　到天上向上帝告狀。訴，告狀。帝，上帝。(52)徇其主　為其主而死。徇，通「殉」。為了某人或某種目的而死。(53)何預　猶言「何干」。預，參與；關聯。(54)就館　到他住宿的賓館去。(55)勞　慰勞；慰問。(56)處君於遼碣之表　想把你關押到遼海、碣石山的邊沿。遼，遼海，即今渤海。碣，即碣石山，在今河北昌黎北。(57)結髮　長大成人。古代男子二十歲開始束髮，從此進入成年。(58)不欺布衣　對一般平民都沒有說過假話。(59)曲意苟合　違背自己的意願，以屈從於別人。(60)龍城　燕國的都城，即今遼寧朝陽。(61)長蘆　水名，自今河北新河縣西承古漳水，東北流經新河縣南及冀州、衡水市西，東北復入古漳水。(62)黃丘　古地名，在今河北辛集東南的舊束鹿城南。(63)未下　未攻克。(64)固壘　堅守營壁。(65)徐觀其釁　慢慢地尋找他們的破綻。釁，破綻；漏洞。(66)親臨行陳　猶言親臨前線。行陳，軍隊的行列陣勢，這裡即指前線。陳，同「陣」。(67)如失萬全　如果遇到不測，萬一失手。(68)經年　過了一年。(69)使將士　指揮全軍。使，使喚；指揮。(70)太白入昴　金星運行到了昴星的位置。太白為金星，主殺伐。昴為星宿名，二十八宿之一，有星七顆。《漢書・天文志》：「昴曰旄頭，胡星也。」所以法饒說：「太白入昴，當殺胡王。」(71)攘袂　捋袖出臂，激昂、奮起的樣子。(72)大言　大聲說話。(73)敢沮　誰敢攔阻。(74)適以　剛好率領著。(75)疏布騎卒　擺開騎兵。(76)曳

柴揚塵　驅馬拖柴奔跑，揚起塵土，以為疑兵。(77)恟懼　恐懼。胡三省曰：「自棘城之敗，趙人固畏其兵，見其至而勢盛，故恟懼。」(78)大單于胤　冉胤，冉閔之子。(79)潛還　悄悄返回。(80)親郊　親自到郊外祭祀天地。古代帝王冬至日在南郊祭天稱為「郊」，夏至日在北郊祭地稱作「祀」。(81)支解　古時的一種分解四肢的酷刑。(82)韋謏　原任冉魏的光祿大夫，永和六年因勸諫冉閔去掉其子冉胤的大單于稱號，並殺掉冉胤手下的降胡，冉閔不聽而將韋謏處死。事見本書卷九十八。現為之恢復名譽，並給予封贈。(83)悉散倉庫　全部散出倉庫存貯的財物。(84)以樹私恩　以收買人心。即培植親信，建立私黨。(85)以　由於。(86)法禁不行　法律不能實行，即一切沒有章法。(87)因以饑疫　再加上飢餓與流行病。(88)明光宮　石氏所建的離宮。(89)恚　惱怒。(90)瘡甚　瘡口傷得厲害。(91)疾篤　病情嚴重。按，王泰聲稱傷得厲害，意思是不肯再為冉閔出力。(92)巴奴　王泰為巴蠻，故冉閔罵其為「巴奴」。(93)乃公豈假汝為命邪　你老子難道沒有你就不能活嗎。乃公，你爸爸，自大的罵人話。(94)要將　重要的將是。(95)卻斬王泰　回來再殺王泰。(96)陽平　縣名，縣治即今山東莘縣。(97)密使請降　祕密派人請求投降。(98)以自效　以作為見面禮，作為對你的報效。(99)引歸　引兵歸鄴。(100)雋異　才智傑出的人。雋，通「俊」、「儁」。(101)弛離宮之禁　放寬對離宮別館的管理禁令。離宮，指石氏過去在長安修築的離宮。(102)罷無用之器　停止徵收那些沒用的東西。罷，停止。(103)侈靡之服　奢侈、靡麗的服飾。(104)召梁州刺史司馬勳　召司馬勳援己。時杜洪、張琚據長安稱晉臣，受苻健攻擊。(105)五丈原　地名，在今陝西眉縣西南的斜谷之口西側。(106)南鄭　縣名，縣治在今陝西漢中東二里。(107)始者　當初，指永和七年正月。(108)銜之　對之怨恨在心。(109)渤海　郡名，郡治在今河北滄州西南。(110)隗之兄子　劉隗之姪。劉隗在晉元帝末年受元帝重任，王敦以討隗為名造反，劉隗逃依石勒。傳見《晉書》卷六十九。(111)奕之從弟　封奕的堂兄弟。封奕本渤海人，懷帝永嘉五年，投奔慕容廆，成為慕容氏重臣。事見《晉書》卷一百九。(112)瞻　高瞻，渤海人，初依崔毖，後歸慕容廆。傳見《晉書》卷一百八。(113)相與鄉里　彼此都是鄉親。相與，彼此。(114)時事利害　客觀形勢對人的有利與有害。(115)人各有心　每個人都有自己的看法、自己的估計。(116)寫　宣洩；傾吐。寫，此處通「瀉」。(117)佇結之情　積集心中的思念之情。佇結，積存。(118)屏　支去；使離開。(119)交語　交談。(120)論敘平生　意即敘舊，回憶過去的往事。(121)累世　幾代；幾輩子。(122)既獲展奉　既然有了見面交談的機會。展，省視。奉，承教。(123)盡所懷　好好說說心裡話。(124)奄有成資　完全佔有了人家的現成基業。(125)奕世載德　累世奉行仁義之政。語出班彪〈王命論〉。(126)民厭荼毒　百姓們都厭惡暴政。荼毒，荼毒生靈，即殘害百姓。荼為苦菜，毒為螫蟲，這裡用為動詞。(127)匪朝伊夕　非朝即夕；不是早晨就是晚上。意思是不會多久。匪，同「非」。(128)肇開　開始建立。(129)虛心賢儁　禮賢下士。賢儁，賢才。(130)翻然改圖　很快而徹底地另做打算，指歸依慕容儁。(131)功參絳灌　你的功勞將和當年的周勃、灌嬰一樣。參，相比高。絳，絳侯周勃，劉邦的開國功臣。傳見《史記・絳侯周勃世家》。灌，灌嬰，劉邦的開國功臣。事見《史記・樊酈滕灌列傳》。132慶流苗裔　遺福於子孫後代。133悵然　心情失落的樣子。134給使　左右供差遣的人，即隨從或內侍。135氣下　意志衰減，放鬆警惕。136持其馬鞚　拉住他的馬轡繩。鞚，帶嚼子的馬絡頭。137挾之而馳　強有力地把他拉了過來。挾，挾持；迫使。138相為決之　代替你下了決心。139邀功　求功。140誘於人　被別人哄騙。141傳首于鄴　用驛車將人頭送到鄴城。傳，驛車。142柏人　縣名，縣治在今河北隆堯城西北十二里。143通衢　四通八達的路口。144鄄城　縣名，縣治在今山東鄄城北的舊城集。145廩丘　縣名，縣治在今山東鄆城西北，時為周成所據。146許昌　縣名，縣治在今河南許昌西南，時為張遇所據。147洛州　州名，前秦初置，州治宜陽，在今河南宜陽西。不久改治今河南陝縣，又移治洛陽縣，在今河南洛陽東北。後又移治豐陽，在今陝西山陽。148中山　國名，都城盧奴，即今河北定州。149南徇常山　向南擴展地盤到常山。徇，略地；拓展地盤。常山，郡名，郡治真定，在今河北正定南。150九門　縣名，縣治在今河北藁城西北。151安堵　安居；各就各位。152南安　具體方位不詳，應在今河北冀中地區。153張舉之妄　指張舉赴燕為石祗求救時，假說傳國玉璽在襄國。154手令　親自寫信。155不為生計　沒有做活著的打算。156以州里相存　看在同鄉的分上讓你活了下來。慕容儁是昌黎郡人，常煒是廣寧郡人，昌黎、廣寧二郡同屬幽州，故云「同鄉」。157綏撫　安撫。158庫傉官偉　烏桓族的部落首領。159上黨　郡名，郡治在今山西長治東北。160亡歸　逃回。161樂陵　郡名，郡治在今山東樂陵東南。162示以成敗　給他們分析誰勝誰敗的未來形勢。163稍散　漸漸離散。164經略　經營，這裡指收復。按，桓溫上疏當在永和五年出屯安陸時，於此已兩年有餘。165不報　朝廷沒有回音。166杖殷浩　倚仗殷浩。167不之憚　不憚之，不懼怕他。168無他釁　沒有別的爭端。釁，爭端；仇隙。169相持彌年　相互對立了一年多。170羈縻而已　也就是勉強地維持現狀而已，意即沒有公開作對。羈，馬籠頭。縻，牽牛繩，鬆鬆地籠著。以比喻朝廷對地方龐大勢力的不敢干預，只求其能保持對朝廷的表面承認而已。171八州　謂桓溫統轄之下的荊、司、雍、益、梁、寧、交、廣八州。172資調　財賦與兵員的調動之權。173十二月辛未　十二月十一。174拜表輒行　遞上奏章不等朝廷批准，即自江陵率兵東下。175武昌　即今湖北鄂城。176去位　離開職位，即請求辭職。177以騶虞幡駐溫軍　用騶虞幡制止桓溫軍隊的前進。騶虞幡是畫有騶虞的旗幟。晉朝有白虎幡、騶虞幡。白虎威猛主殺，用於督戰；騶虞是仁獸，用以解兵。這裡即用以使桓溫所帶的軍隊撤退。178此屬　這些人，指殷浩、桓溫兩方。179皆自為計　都是為自己打算。180離駭　謂人心渙散、恐懼。181天子獨坐　指朝廷無人管事。182必有任其責者　肯定得有人對這種局面負責。183彼　指桓溫。184抗表問罪　給皇帝上表，要求懲辦罪魁禍首。185事任如此　事情的責任本來如此，指殷浩當時主持朝政。186猜釁已成　你們之間的矛盾已經形成。猜釁，彼此之間的猜疑與裂痕。(187)欲作匹夫　現在辭職，想去當個普通百姓。(188)豈有全地邪　哪裡能找到安全的地方。(189)相王　身為丞相的王爺，指會稽王司馬昱。(190)與手書　給桓溫寫一封親筆信。(191)示以款誠　向他表示誠意。(192)為陳成敗　給他分析怎麼做好，怎麼做不好。(193)彼必旋師　他必然能收兵回去。(194)遣中詔　請皇帝親自下令，讓他回去。(195)以正義相裁　即公開地譴責桓溫的舉兵逼向朝廷之罪。(196)柰何無故忽忽先自猖獗乎　你自己怎麼能先匆匆忙忙地逃跑呢。柰何，怎麼能。忽忽，慌忙的樣子。猖獗，肆意胡來，這裡指逃跑。(197)正自難　本來就難。(198)頃日來　近幾天的形勢。(199)欲使人悶　簡直令人一籌莫展。(200)意始得了　心裡才有了些主意。了，省悟；明白。(201)彬　王彬，王廙之弟。傳見《晉書》卷七十六。胡三省曰：「王敦之亂，彬能守正。彪之可謂克紹矣。」(202)撫軍司馬高崧　會稽王司馬昱的僚屬。當時司馬昱為撫軍大將軍，高崧為其任司馬。(203)返旆　指回師、撤軍。(204)六軍整駕　即集合起皇帝的警衛部隊，準備一戰。六軍，指天子的軍隊。(205)逆順於茲判　誰是叛逆、誰是正義就立刻分明了。判，分別；分清。(206)寇難宜平　作難於北方的胡虜應該掃平。(207)時會宜接　時機難得，正應抓緊。接，抓住。(208)經略大筭　安國經邦的大謀略。筭，同「算」。(209)能弘斯會　能夠抓住這個重要機會的人。(210)比興師動眾　連續地出兵北伐。前一次桓溫的出屯安陸，經略中原是在永和五年。(211)要當以資實為本　重要的是要做好準備，講究實效。資實，做好糧食、物資方面的工作。(212)運轉之艱　向前方運送糧草物資的艱難。(213)頃所以深用為疑　近來這次所以又有人懷疑你的動機不純。(214)異常之舉　超乎尋常的舉動，指桓溫率兵順流而下一事。(215)眾之所駭　引起了眾人的震驚、恐懼。(216)遊聲噂喈　謠言四起，議論紛紛。(217)亦少聞之　也會有所耳聞。(218)苟患失之二句　語出《論語・陽貨》。孔子說：「鄙夫可與事君也與哉？其未得之也，患不得之；既得之，患失之。苟患失之，無所不至矣。」意思是說假若生怕失去其權位，便會無所不用其極了。此患失之語是指桓溫而言。(219)望風振擾　看見形勢不好就震驚逃跑。指桓溫之軍而言。(220)一時崩散　頃刻間東逃西散。(221)望實並喪　聲名與實力都受到損失。(222)社稷　指國家。若桓溫失敗，名利皆無，國家亦失去倚靠，只能兩敗俱傷，所以說「社稷之事去矣」。(223)鎮靜羣庶　管好百姓，不讓他們胡說八道。(224)保固維城　保衛好國家朝廷，使他不受傷害。維城，這裡指朝廷。《詩・板》：「宗子維城。」宗子就像是城牆。宗子，帝王的嫡子。這裡以喻東晉朝廷。(225)職有內外　司馬昱在朝廷，為內；桓溫鎮守一方，為外。(226)致　極，謂最終目標。(227)繫之明德　取決於是否有德高望重之大臣。繫，決定在；取決於。明德，有美德的人。(228)先思寧國　先把自己的國家鞏固起來。(229)後圖其外　而後再謀劃對外用兵。(230)王基克隆　國家的事業興旺發達。(231)大義弘著　大臣忠君報國的義理天下皆知。(232)區區誠懷　這是我的一些真誠的想法。區區，不足道，自稱的謙詞。(233)顧嫌　顧忌。(234)致謝　表示歉意。(235)還鎮　退回原來的駐地，即湖北江陵。(236)應

有赦否　是不是應該同時頒布大赦。237中興　指東晉建國。238生心於徼幸　意即促使一些惡人在郊祀前故意作惡。239龍城　燕國的舊都城，在今遼寧朝陽。240丁零翟鼠　丁零部落的首領，名叫翟鼠。丁零，也作「丁令」、「丁靈」，秦漢時為匈奴的屬國，游牧於我國北部和西北部廣大地區。東晉時有一支入居於中山，即今河北定州一帶。

【校　記】1腹背　原誤作「覆背」。據章鈺校，孔天胤本作「腹」，當是，今據校正。2會　原無此字。據章鈺校，十二行本、乙十一行本皆有此字，今據補。3太守　嚴衍《通鑑補》改作「太尉」，當是。4各　原作「皆」。據章鈺校，十二行本、乙十一行本皆作「各」，義長，今校改。5左司馬　據章鈺校，十二行本、乙十一行本、孔天胤本皆作「右司馬」。6十一月　原作「十月」。據章鈺校，十二行本、乙十一行本、孔天胤本皆作「十一月」，今從改。7江北　胡三省注云：「恐當作『河北』。」嚴衍《通鑑補》改為「淮北」，當是。8雖有君臣之跡　原無此句。據章鈺校，十二行本、乙十一行本、孔天胤本皆有此句，張敦仁《通鑑刊本識誤》、張瑛《通鑑校勘記》同，今據補。9國家　據章鈺校，十二行本、乙十一行本二字互乙。

【語　譯】孝宗穆皇帝中之上

永和七年（辛亥　西元三五一年）

春季，正月初一日丁酉，發生日蝕。

苻健左長史賈玄碩等人請求苻健依照劉備在蜀中自稱漢中王的先例，上表給東晉朝廷請求任命苻健為都督關中諸軍事、大將軍、大單于、秦王。苻健生氣地說：「我哪能擔當得了秦王的重任？再說，派往東晉朝廷的使者杜山伯還沒有返回，我的官爵是什麼，不是你們這些人所能知道的。」過後，苻健悄悄指使梁安暗示賈玄碩等，聯名向苻健奉上皇帝尊號，苻健假惺惺地再三推辭謙讓了一番之後，便同意了眾人的意見。正月二十日丙辰，苻健即位為天王、大單于，國號大秦，實行大赦，改元皇始。他追尊自己的父親苻洪為武惠皇帝，廟號太祖，立自己的妻子強氏為天王后，立自己的兒子苻萇為天王太子，任命苻靚為平原公，苻生為淮南公，苻覿為長樂公，苻方為高陽公，苻碩為北平公，苻騰為淮陽公，苻柳為晉公，苻桐為汝南公，苻廋為魏公，苻武為燕公，苻幼為趙公。任命苻雄為都督中外諸軍事、丞相、兼任車騎大將軍、雍州牧，封為東海公，苻菁為衛大將軍、平昌公，負責保衛苻健所居與太子苻萇所居之宮，雷弱兒為太尉，任命毛貴為司空，任命略陽人姜伯周為尚書令，任命梁楞為左僕射，王墮為右僕射，魚遵為太子太師，段純為太保，呂婆樓為散騎常侍。姜伯周，是苻健的舅舅。強平，是天王后強氏的弟弟。呂婆樓，原本是略陽氏族部落的酋長。

佔據廣固、自稱齊王的段龕獻出青州，請求歸附東晉朝廷。二月十三日戊寅，東晉朝廷任命段龕為鎮北將軍，並封他為齊公。

魏主冉閔率軍圍攻襄國一百多天。後趙皇帝石祗處境十分危急，遂去掉皇帝稱號，改稱趙王。派擔任太尉的張舉為使者前往燕國請求出兵相救，答應把滅掉西晉時所獲得的傳國玉璽送給燕國，派擔任中軍將軍的張春前往灄頭向姚弋仲求援。姚弋仲遂派自己的兒子姚襄率領二萬八千名騎兵救趙，姚弋仲告誡自己的兒子說：「魏主冉閔背棄仁義，屠滅了石氏，我深受石氏厚恩，應當為石氏報仇，但我年老多病，不能親自領兵前去。你的才能勝過冉閔十倍，如果你不把冉閔生擒活捉、梟首示眾，就不要再來見我。」姚弋仲也派使者告訴燕國，燕王慕容儁派禦難將軍悅綰率三萬兵馬前往與姚襄會合，一起攻打魏主冉閔。

魏主冉閔聽到燕王慕容儁準備出兵救趙的消息，就派擔任大司馬從事中郎的廣寧人常煒出使燕國。燕王慕容儁派封裕質問常煒說：「冉閔，本來是石家養大的孩子，怎麼竟敢忘恩負義、犯上作亂，公然稱起皇帝名號！」常煒回答說：「商湯放逐了夏桀，周武王討滅了商紂，才使得商王朝、周王朝的大業興旺。曹孟德被宦官收養，沒有人能說清楚他的身世是從哪裡傳下來的，但他最終還是為魏國的建立奠定了基礎。如果不是有上天的旨意，曹氏怎麼會獲得成功呢！以此推論，既然曹氏家族可以，冉氏家族為什麼就不可以呢？你又何必提出這樣的問題！」封裕說：「人們都說冉閔當初登基時，曾經用黃金為自己鑄造了一尊金像，以此來占卜成敗，而金像卻始終沒有鑄成，確有此事嗎？」常煒回答說：「我沒有聽說過。」封裕又說：「從南方過來的人都這樣說，你何必要隱瞞？」常煒駁斥說：「只有那些奸佞詐偽之人想要假借天命來迷惑人心，才會假託祥瑞，借用占卜、算卦來欺騙人，以抬高自己的身價。魏主冉閔手中握有帝王的兵符和傳國玉璽，佔據著黃河中下游的中原地帶，這就是秉承天命而為帝，難道還有什麼值得懷疑嗎！難道還能拋棄這些真實的東西不要，而另外製造一套虛假的東西，讓一尊金像來預示成敗嗎！」封裕問：「傳國玉璽究竟在什麼地方？」常煒堅定地說：「在鄴城。」封裕說：「石祗的使者張舉說傳國玉璽在襄國。」常煒說：「冉閔下令消滅胡人的那天，在鄴城的胡人、羯人，幾乎殺得一個不剩。即使當時有個把人逃脫，也都是深藏在陰溝之中，他們怎麼會知道玉璽在哪裡呢？石祗的使者前來求救，為了達到目的，故意編造了一套騙人的鬼話，他們什麼好聽的話編不出來，何況是傳國玉璽呢！」

燕王慕容儁仍然相信張舉的話是可信的，就令人在常煒的旁邊堆起柴草，以準備點火燒他相威脅，又讓封裕以個人的私下關心引誘常煒說：「先生再好好考慮考慮，不要白白地被燒死！」常煒非常嚴肅地說：「石氏貪婪暴虐，石虎曾經親自率領大軍攻打燕國的首都棘城，雖然沒有攻克就撤軍而回，然而在他心裡征服燕國的決心卻從來沒有改變。所以才往東北的樂安城運送了大批的糧食和財物，聚集了許多的兵器和器械，並不是想把那些東西送給燕國，而是為了消滅燕國。魏主冉閔滅絕了石氏，目的雖然不是為了燕國的利益，然而你作為一個深受其害的燕國臣民，當聽到自己的仇敵即將被消滅的消息，將會是一種什麼樣的感受？你們竟然站到自己仇敵的立場上，替石祗來責備我們，這不是令人感到非常奇怪的事情嗎？我聽說人死後，他的骨肉雖然被埋葬在土裡，而他的靈魂會升到天界。承蒙貴國的恩惠，請多加點柴草，快點點火，使我能夠早日到上帝那裡去申訴就足夠了！」左右的人都請求殺掉常煒。燕王慕容儁說：「常煒不懼怕被殺，甘願以身殉主，是一個忠臣。再說，冉閔有罪，與使臣有什麼關係呢！」遂釋放了常煒，讓他回到自己住宿的賓館去。當天夜裡，燕王慕容儁派常煒的同鄉趙瞻前往賓館慰問常煒，趙瞻對常煒說：「先生為什麼不說實話？燕王很生氣，準備把你關押到遼海之濱或是碣石山邊，怎麼辦？」常煒說：「我自從把頭髮紮起來的時候起，就連對一般的平民百姓都沒有說過假話，何況是對君主呢！為了屈從別人而違背自己的意願，我天生就做不到。我已經實言相告，該說的也都說完了，就是把我沉到海底，我也不敢逃避。」遂躺下身去，把臉朝向牆壁，不再跟趙瞻說話。趙瞻把與常煒的談話情況如實地向燕王慕容儁做了彙報，慕容儁就把常煒囚禁在龍城。

後趙的并州刺史張平派遣使者向秦國請求投降，秦國天王苻健任命張平為大將軍、冀州牧。

燕王慕容儁從龍城返回薊城。

三月，姚弋仲的兒子姚襄以及後趙的相國、汝陰王石琨分別率領軍隊前來救援襄國。魏主冉閔派車騎將軍胡睦率軍在長蘆抵抗姚襄，派將軍孫威在黃丘抵禦汝陰王石琨，胡睦與孫威全都大敗而回，手下的士卒幾乎都死光了。

魏主冉閔準備親自率軍出擊，擔任衛將軍的王泰勸阻說：「如今襄國還沒有攻克，外部救援襄國的部隊像雲霧聚集一樣紛紛而來，若我們出戰，肯定會腹背受敵，這是很危險的。不如固守營壘，先挫挫他們的銳氣，慢慢尋找他們的破綻，等抓住有利時機再出兵攻擊他們。再說，陛下親臨前線，如果遇到不測，萬一有個閃失，則大局將無法挽回。」冉閔打算接受王泰的建議，道士法饒進前說：「陛下率軍包圍襄國已經超過一年的時間，卻沒有得到一尺一寸的土地。如今賊人的援軍又到了，陛下還要躲避不敢出擊，如此下去，還怎麼指揮全軍！再說天上的太白金星運行到了昴星的位置，預示胡人君主將被殺死，肯定會百戰百勝，這個機會千萬不能錯過。」魏主冉閔遂挽起衣袖，大聲說道：「我出戰的決心已定，再有人敢來勸阻，殺無赦！」遂出動所有兵力，與姚襄、石琨展開大戰。此時燕國的禦難將軍悅綰剛好率領著燕軍趕到，他在距離魏兵幾里遠的地方，便令騎兵分散開來，驅趕著馬匹拖著樹枝奔跑起來，蕩起漫天飛塵，魏軍遠遠地望見，不知來了多少人馬，人心恐懼。姚襄、石琨、悅綰從三面攻擊魏軍，趙王石祗也率領著襄國的軍隊從魏軍的背後殺來，魏兵於是被打得大敗，魏主冉閔率領著十多個騎兵向鄴城方向逃走。魏國降胡栗特康等捉住了大單于冉胤以及左僕射劉琦向趙王石祗投降，趙王石祗將冉胤、劉琦斬首。胡睦以及司空石璞、尚書令徐機、中書監盧諶等加上將士被殺死的有十幾萬人。

冉閔悄悄地返回鄴城，因此沒有人知道此事。鄴城之中人心震恐，都傳說魏主冉閔已死。擔任射聲校尉的張艾請求冉閔親自到郊外祭祀天地以安定百姓之心，冉閔採納了張艾的建議，親自到郊外舉行祭祀活動，傳言才逐漸平息。冉閔用肢解的酷刑處死了道士法饒父子，追贈韋謏為大司徒。姚襄返回灄頭，姚弋仲恨姚襄沒有將冉閔擒獲，梟首而痛打了姚襄一百軍棍作為懲罰。

當初，魏主冉閔在擔任後趙丞相的時候，曾經把國家倉庫中的儲備物資全部散發出去，用來收買人心、培植親信，後來與羌人、胡人互相攻擊，沒有一個月不發生戰事。後趙統治時期從青州、雍州、幽州、荊州四州中強迫遷徙來的民眾，再加上氐人、羌人、胡人、蠻人總計有數百萬口，由於後趙的法令不能實行的機會，全都準備返回自己的本土，道路之上縱橫交錯，都是攜家帶眷的返鄉之人，互相殘殺、搶奪財物的事情經常發生，真正能夠返回故土的只有十分之二三。中原地區再次陷入混亂，再加上大飢餓、疫病流行，以至於發生人吃人的現象，沒有人再去耕種農田。

趙王石祗派自己的部將劉顯率領七萬人馬攻打魏國的都城鄴城，劉顯將軍隊駐紮在明光宮，距離鄴城二十三里。魏主冉閔很恐慌，就派人召見王泰，想與王泰一起商議對策。王泰還在為上次自己的建議不被採納而心懷怨恨，所以就藉口自己身上的瘡口傷得很厲害而拒絕前往。冉閔親自到王泰的家中徵求意見，王泰還是堅持說自己傷勢嚴重。冉閔發怒了，他回到皇宮，對自己身邊的人說：「這個巴地的蠻子，你老子難道離開你就不能活命嗎！重要的是先滅掉這群胡人，回來再殺王泰。」遂率領所有部隊出城與劉顯交戰，冉閔大敗劉顯軍，一直將劉顯追到陽平，斬殺了三萬多人。劉顯非常恐懼，就祕密派遣使者向冉閔請求投降，承諾回去後殺掉趙王石祗，作為對冉閔的報效，冉閔遂率軍回到鄴城。適逢有人告發王泰準備叛變投降秦國，冉閔殺掉了王泰，並誅滅他的三族。

秦王苻健派遣使者分別到各地考察慰問民間疾苦，為朝廷招攬才智傑出的人，減輕原來的沉重賦稅，放寬對離宮別館的管理禁令，停止徵收那些沒有用的東西，禁止穿戴靡麗、奢侈的服飾，凡是原來後趙所實行、而對百姓不利的苛刻政令一律廢除。

杜洪與張琚派遣使者邀請東晉擔任梁州刺史的司馬勳出兵討伐苻健。夏季，四月，司馬勳率領三萬人馬北伐，秦王苻健在五丈原抵禦司馬勳的進攻。司馬勳與苻健交戰，屢戰屢敗，遂退回南鄭。苻健因為中書令賈玄碩當初只提議尊奉自己為秦王，沒有提議尊奉自己當皇帝而懷恨在心，就指使人告發賈玄碩與司馬勳互相勾結，將賈玄碩殺死，連同他的幾個兒子全都同時被殺。

渤海人逄約趁著後趙內亂的機會聚集起數千家歸附了魏國，魏主冉閔任命逄約為渤海太守。原任渤海太守劉準，是劉隗哥哥的兒子，當地土豪封放，是燕國大臣封奕的堂兄弟，他們也聚集起一些人眾進行自我保護。冉閔遂任命劉準為幽州刺史，與逄約一起將渤海郡一分為二，各管一半。燕王慕容儁派封奕率軍討伐逄約，派昌黎太守高開討伐劉準、封放。高開，是高瞻的兒子。

燕國重臣封奕率軍直抵魏國渤海太守逄約的營壘，他派人對逄約說：「我們彼此都是鄉親，相互之間隔絕的太久了，能夠遇到一起很不容易。客觀形勢對人的利害關係，人人各有自己的看法，在這裡都不用細說。只希望能夠與你單獨見上一面，以傾訴我對你積聚於心的思念之情。」逄約一向信任、敬重封奕的為人，所以立即出營，在營門之外與封奕相見，他們各自支使開自己身邊的騎兵，只剩下他們二人單人匹馬互相交談。封奕與逄約一起回憶完過去的往事，便話鋒一轉，勸說逄約說：「我與先生幾代人都是同鄉，我們相互之間互相愛慕、互相尊重，所以我真心誠意地希望先生能夠享受無窮的幸福。現在既然見到了先生，有了當面交談的機會，就不能不把心中想說的話全部說出來。魏主冉閔趁著石氏的內亂，完全佔有了人家的現成基業，對於他的強大，天下人不得不佩服，然而禍亂僅僅是個開始，因此應該明白，天命不能靠人力爭取。燕王慕容儁世代奉行仁義之政，堅持正義討伐叛逆，大軍所向沒有敵手。如今已經建都於薊城，薊城南面挨近趙國、魏國的邊境，不論遠近，人們都扶老攜幼地前來歸附燕國。百姓們都厭惡暴政，全都盼望著有道德的君主出來拯救他們。冉閔的滅亡，就在早晚之間，燕王與魏主之間成功與敗亡的形勢顯而易見。再說，燕王慕容儁開創帝王大業，禮賢下士，先生如果能夠改變主意歸附燕國，你的功勞將與周勃、灌嬰一樣，遺福於子孫後代，這與當一個亡國之將，獨自守衛著一座孤城等待大禍臨頭比起來，哪一個更好呢？」逄約聽完封奕的這一番話，心中不免有一種失落的感覺，遂沒有言語。在封奕身邊聽候差遣的張安，是一個很有力氣的勇士，封奕事先已經告訴他應該如何辦理，所以等到逄約意志衰減，放鬆警惕的時候，張安便突然衝上前去，抓住了逄約的馬韁繩，用強壯有力的臂膀將逄約強行拉了過來，跑回自己的營寨。到了封奕的軍營，封奕與逄約坐在一起，對逄約說：「先生自己拿不定主意，所以我就代替先生作出決定，我不是為了擒獲你邀功，而是為了保全先生以安定百姓。」

燕國昌黎太守高開率軍到達渤海，魏國幽州刺史劉準與封放打開城門迎接，向燕國投降。燕王慕容儁任命封放為渤海太守，任命劉準為左司馬，任命逢約為參軍事。因為逢約是受別人哄騙而被俘，所以將他的名字改為逢釣。

後趙將領劉顯被魏主冉閔打敗後返回襄國，他遵守自己對冉閔的承諾，殺死了趙王石祗以及丞相樂安人王炳、太宰趙庶等十多人，並將他們的首級用驛車送往鄴城，後趙驃騎將軍石寧逃往柏人。魏主冉閔在四通八達的路口焚燒了石祗的首級，任命劉顯為上大將軍、大單于、冀州牧。

五月，後趙兗州刺史劉啓從鄄城前來投奔東晉。

秋季，七月，劉顯又率軍攻打魏國的都城鄴城，魏主冉閔又將劉顯打敗。劉顯逃回襄國，便自己稱起皇帝來。

八月，魏國的徐州刺史周成、兗州刺史魏統、荊州刺史樂弘、豫州牧張遇獻出廩丘、許昌等城池，向東晉投降。平南將軍高崇、征虜將軍呂護逮捕了洛州刺史鄭系，獻出三河之地，投降了東晉。

燕王慕容儁派慕容恪率軍攻打中山，派慕容評率軍前往魯口攻打王午，魏國中山太守上谷人侯龕緊閉城門堅守。慕容恪遂率軍向南擴展地盤到常山，駐紮在九門縣。魏國的趙郡太守遼西人李邽獻出趙郡向慕容恪投降，慕容恪以優厚的禮節安撫李邽，並率領李邽回師圍攻中山，中山郡太守侯龕這才打開城門出來投降。慕容恪進入中山城，將舊有將領以及土豪數十家遷往薊城，其餘的居民，絲毫沒有受到干擾，生活照常。慕容恪軍令嚴明，所過之處秋毫無犯。慕容評到達南安，據守魯口的王午派遣手下的將領鄭生率軍抵抗，被慕容評斬首。

燕國禦難將軍悅綰從襄國返回，燕王慕容儁才知道後趙太尉張舉前來求救時許諾將傳國玉璽送給燕國純屬胡說八道，遂將張舉殺掉。魏國常煒有四個兒子、二個女兒都在中山，燕王慕容儁釋放了常煒，讓他的兒子們到薊城來看望他們的父親。常煒上疏給慕容儁，感謝他的大恩，慕容儁親自寫信答覆說：「你本來也沒有做活著的打算，我是因為與你有鄉里之情才保全你，讓你活了下來。如今正是天下大亂之時，而你的幾個兒子都來了，這難道不是上天在顧念你嗎！上天尚且顧念你，何況是我呢！」便賞賜給常煒一個小妾，三百斛穀米，讓他居住在凡城。任命擔任北平太守的孫興為中山太守，孫興很善於安撫百姓，中山境內逐漸安定下來。

魏國據守上黨的烏桓族部落酋長庫傉官偉率領部眾投降了燕國。

故後趙右丞相姚弋仲派使者到東晉請求投降。冬季，十一月，東晉朝廷任命姚弋仲為使持節、六夷大都督、督江北諸軍事、車騎大將軍、開府儀同三司、大單于、高陵郡公，又任命姚弋仲的兒子姚襄為持節、平北將軍、都督并州諸軍事、并州刺史、平鄉縣公。

逄鈞逃回了渤海，他招集起舊有的部眾背叛了燕國。燕國擔任樂陵太守的賈堅派人傳話給鄉里，為他們分析誰勝誰敗的未來形勢。逄鈞的部眾遂逐漸散去，逄鈞無奈之下，遂投奔了東晉。

吐谷渾可汗葉延去世，葉延的兒子碎奚即位。

當初，東晉征西大將軍桓溫聽到後趙石氏發生內亂，就上疏給朝廷請求出兵收復中原，奏疏呈遞了很長時間也沒有得到朝廷的批覆。桓溫知道朝廷正在倚仗中軍將軍殷浩來對抗自己，心中非常憤怒。然而一向瞭解殷浩的為人，所以桓溫也不懼怕他。因為國家內部沒有發生什麼大的爭端，所以互相對立了一年多，雖然有君臣名義，朝廷對桓溫也只是勉強維持著現狀而已，對桓溫根本不敢干預，桓溫管轄之下的荊州、司州、雍州、益州、梁州、寧州，加上交州、廣州八個州的財賦與兵員，國家徵用之權已經失去。桓溫屢次請求北伐，朝廷都下詔不許。十二月十一日辛未，桓溫將請求北伐的表章呈遞朝廷之後，不等朝廷批准，立即率領四五萬人馬自江陵順長江而下，將軍隊駐紮在武昌，朝廷非常恐慌。

中軍將軍殷浩準備辭去自己的職務，想以此來避免與桓溫發生衝突，又想用騶虞幡阻止桓溫軍隊的前進。擔任吏部尚書的王彪之對會稽王司馬昱說：「這些人都是從個人利益的角度考慮問題，他們的計策都不能保護國家社稷，為殿下打算。如果殷浩辭職，人心勢必渙散、驚恐不安，朝廷無人主事，只剩天子獨自坐在殿堂之上，在這種時刻，肯定得有人對這種局面承擔責任，到那時不是殿下還能有誰呢？」王彪之又去對殷浩說：「桓溫如果給皇帝上疏，要求懲辦罪魁禍首，首當其衝的就是你。閣下身負如此重任，與桓溫之間的嫌隙已經構成，卻想要辭去職務去當一個普通百姓，到那時難道還會有保全的地方嗎！請暫且靜觀其變。讓身為宰相的會稽王司馬昱給桓溫寫一封親筆信，開誠布公，為他分析怎麼做好怎麼做不好的利害關係，桓溫必定撤軍而回。如果他不聽從，那就請皇帝下達詔書令他回去。還不聽從，則將用君臣大義譴責他舉兵逼向朝廷之罪，怎麼能無緣無故自己先匆匆忙忙地逃跑呢！」殷浩說：「我對如此重大事情委決不下，自己正在犯難，幾天以來的形勢變化簡直使人一籌莫展，聽了你的計謀，我心裡才算有了些主意。」王彪之，是王彬的兒子。

東晉擔任撫軍司馬的高崧對會稽王司馬昱說：「大王應該給桓溫寫一封親筆信，為他分析禍福，桓溫自然就會撤兵。如果他還不撤兵，朝廷就應該集合起皇帝的警衛部隊，準備與他一戰，到那時，誰是叛逆、誰是正義的王者之師，就立即涇渭分明了。」於是，高崧在座位上就替會稽王司馬昱起草書信說：「作難於北方的胡寇應當掃平，恢復中原的時機難得，正應當抓緊，這實際上是為國家利益的深謀遠慮，是安國經邦的大謀略，能夠抓住這個重要機會的人除了閣下還能有誰？但是連續地興師動眾出兵北伐，重要的是要做好糧食、物資等方面的準備，講究實效。而向前方運送糧秣物資的艱難，就連古人都感到畏難，所以不應該在一開始就掉以輕心而不加以深思熟慮。近來的這次行動所以又有人懷疑你的動機不純，原因就在於此。然而一切超乎尋常的舉動，總會引起眾人的震驚和恐慌，於是謠言四起，議論紛紛，想來閣下也會有所耳聞。假若生怕失去已經得到的權位，便會無所不用其極了，有人可能會看見形勢不好就震驚逃跑，頃刻之間就東逃西散。這樣一來，聲望和實力都將遭受很大損失，國家的政治局面將會因為失去依靠而變得無法收拾了！都是因為我個人愚昧、生性又很懦弱，恩德、信譽沒有建立起來，沒有管理好百姓，不讓他們胡說八道，沒有保護好國家朝廷，使他不受傷害，所以內心感到很愧疚，對外也愧對良友。我與閣下，雖然在職務上有在朝廷之內、朝廷之外的不同，但是在安定國家、保衛社稷方面，我們的最終目標是一致的。國家的安危，關鍵取決於是否有德高望重的大臣。應該首先考慮把自己的國家鞏固起來，而後再考慮對外用兵、收復中原，使國家的事業日益興旺發達，大臣忠君報國的義理天下皆知，這就是我對閣下的期望。這是我的一些誠摯的想法，豈能因為顧忌引起閣下的猜疑而不盡情表達呢！」桓溫立即上疏，表達自己的惶恐心情，向朝廷表示歉意，然後率領軍隊退回原來的駐地江陵。

東晉朝廷準備在南郊、北郊舉行祭祀天地的盛大典禮，會稽王司馬昱向吏部尚書王彪之詢問說：「舉行郊祀活動應該不應該同時頒布大赦令？」王彪之回答說：「朝廷自從遷都建康以來，舉行郊祀活動往往都要同時實行大赦。我卻常常覺得這樣做非常不合適，兇惡頑劣的人如果認為舉行郊祀就會有大赦，一定會心存僥倖，不把犯罪當回事了。」司馬昱聽從王彪之的建議，沒有發布大赦令。

燕王慕容儁從薊城前往龍城。

丁零部落首領翟鼠率領自己的部眾投降了燕國，燕王慕容儁封翟鼠為歸義王。

八年（壬子　西元三五二年）

春，正月辛卯❶，日有食之。

秦丞相雄等請秦王健正尊號❷，依漢、晉之舊，不必效石氏之初❸。健從之，即皇帝位，大赦，諸公皆進爵為王。且言單于所以統壹百蠻❹，非天子所宜領❺，以授太子萇。

司馬勳既還漢中，杜洪、張琚屯宜秋❻。洪自以右族❼輕琚，琚遂殺洪，自立為秦王，改元建昌。

劉顯攻常山，魏王閔留大將軍蔣幹使輔太子智守鄴，自將八千騎救之。顯大司馬清河王寧❽以棗彊❾降魏。閔擊顯，敗之，追奔至襄國。顯大將軍曹伏駒開門納閔，閔殺顯及其公卿已下百餘人，焚襄國宮室，遷其民於鄴。

趙汝陰王琨❿以其妻妾來奔，斬於建康市，石氏遂絕。

尚書左丞孔嚴言於殷浩曰：「比來眾情⓫良可寒心，不知使君⓬當何以鎮之？愚謂宜明受任之方⓭，韓、彭⓮專征伐，蕭、曹⓯守管籥⓰，內外之任⓱，各有攸司⓲。深思廉、藺屈身之義⓳，平、勃交歡之謀⓴，令穆然無間㉑，然後可以保大定功㉒也。觀近日降附之徒㉓，皆人面獸心，貪而無親，恐難以義感㉔也。」浩不從。嚴，愉之從子也。

浩上疏請北出許、洛㉕，詔許之，以安西將軍謝尚㉖、北中郎將荀羨㉗為督統，進屯壽春。謝尚不能撫慰[1]張遇㉘，遇怒，據許昌叛，使其將上官恩據洛陽，樂弘攻督護戴施於倉垣㉙，浩軍不能進。◯三月，命荀羨鎮淮陰，尋加監青州諸軍事，又領兗州刺史，鎮下邳㉚。

乙巳㉛，燕王儁還薊，稍徙軍中文武兵民家屬於薊。

姚弋仲有子四十二人，及病，謂諸子曰：「石氏待吾厚，吾本欲為之盡力。

今石氏已滅，中原無主，我死，汝亟㉜自歸於晉，當固執㉝臣節，無為不義也。」弋仲卒，子襄祕不發喪㉞，帥戶六萬南攻陽平、元城、發干㉟，破之，屯于碻磝津㊱。以太原王亮為長史，天水尹赤為司馬，太原薛瓚、略陽權翼為參軍。

襄與秦兵戰，敗，亡三萬餘戶，南至滎陽，始發喪。又與秦將高昌、李歷戰于麻田㊲，馬中流矢而斃，弟萇以馬授襄，襄曰：「汝何以自免？」萇曰：「但令兄濟㊳，豎子必不敢害萇！」會救至，俱免。尹赤奔秦，秦以赤為并州刺史，鎮蒲阪㊴。

襄遂帥眾歸晉，送其五弟為質。詔襄屯譙城㊵。襄單騎度淮，見謝尚于壽春。尚聞其名，命去仗衛㊶，幅巾待之㊷，歡若平生㊸。襄博學，善談論，江東人士皆重之。

魏主閔既克襄國，因遊食㊹常山、中山諸郡。○趙立義將軍段勤㊺聚胡、羯萬餘人保據繹幕㊻，自稱趙帝。

夏，四月甲子㊼，燕王儁遣慕容恪等擊魏，慕容霸等擊勤。魏主閔將與燕戰，大將軍董閏、車騎將軍張溫諫曰：「鮮卑乘勝鋒銳，且彼眾我寡，宜[2]且避之，俟其驕惰，然後益兵以擊之。」閔怒曰：「吾欲以此眾平幽州，斬慕容儁。今遇恪而避之，人謂我何！」司徒劉茂、特進[48]郎闓相謂曰：「吾君此行，必不還矣，吾等何為坐待戮辱！」皆自殺。

閔軍于安喜[49]，慕容恪引兵從之[50]。閔趣常山，恪追之，丙子[51][3]，及于魏昌之廉臺[52]。閔與燕兵十戰，燕兵皆不勝。閔素有勇名，所將兵精銳，燕人憚之。慕容恪巡陳[53]，謂將士曰：「冉閔勇而無謀，一夫敵[54]耳。其士卒飢疲，甲兵[55]雖精，其實難用[56]，不足破也。」閔以所將多步卒，而燕皆騎兵，引兵將趣林中[57]。恪參軍高開曰：「吾騎兵利平地，若閔得入林，不可復制。宜亟遣輕騎邀[58]之，既合而陽走[59]，誘致平地，然後可擊也。」恪從之。魏兵還就平地，恪分軍為三部，謂諸將曰：「閔性輕銳[60]，又自以眾少，必致死於我[61]。我厚集中軍之陳[62]以待之，俟其合戰[63]，卿等從旁擊之，無不克矣。」乃擇鮮卑善射者五千人，以鐵鎖連其馬，為方陳而前。閔所乘駿馬曰朱龍，日行千里。閔左操兩[4]刃矛，右執鉤戟，以擊燕兵，斬首三百餘級。望見大幢[64]，知其為中軍，直衝之。燕兩軍從旁夾擊，大破之。圍閔數重，閔潰圍東走二十餘里，朱龍忽斃，為燕兵所執。燕人殺魏僕射劉羣，執董閏[5]、張溫及閔，皆送於薊。閔子操奔魯口[65]。高開被創[66]而卒。慕容恪進屯常山，儁命恪鎮中山。

己卯[67]，冉閔至薊。儁大赦，立閔而責之曰：「汝奴僕下才，何得妄[68]稱帝！」閔曰：「天下大亂，爾曹夷狄禽獸之類猶稱帝，況我中土[69]英雄，何為不得稱帝邪[70]〔6〕！」儁怒，鞭之三百，送於龍城。

慕容霸軍至繹幕，段勤與弟思聰舉城降。

甲申[71]，儁遣慕容評及中尉侯龕帥精騎萬人攻鄴。癸巳[72]，至鄴，魏蔣幹及太子智閉城拒守，城外皆降於燕，劉寧[73]及弟崇帥胡騎三千奔晉陽[74]。

秦以張遇[75]為征東大將軍、豫州牧。

五月，秦主健攻張琚於宜秋[76]，斬之。

鄴中大饑，人相食，故趙時宮人被食略盡。蔣幹使〔7〕侍中繆嵩、詹事劉猗奉表請降[77]，且求救於謝尚。庚寅[78]，燕王儁遣廣威將軍慕容軍、殿中將軍慕輿根、右司馬皇甫真等帥步騎二萬助慕容評攻鄴。

辛卯[79]，燕人斬冉閔於龍城。會大旱、蝗，燕王儁謂閔為祟[80]，遣使祀之，諡曰悼武天王。

初，謝尚使戴施據枋頭[81]。施聞蔣幹求救，乃自倉垣徙屯棘津[82]，止幹使者[83]求傳國璽。劉猗使繆嵩還鄴白幹，幹疑尚不能救[84]，沈吟未決[85]。六月，施帥壯士百餘人入鄴，助守三臺[86]，紿[87]之曰：「今燕寇在外，道路不通，璽未敢送也。卿且出以付我，我當馳白天子。天子聞璽在吾所，信卿至誠，必多發兵糧以相救餉[88]。」幹以為然，出璽付之。施宣言[89]使督護何融迎糧，陰令[90]懷璽送于枋頭[91]。甲子[92]，蔣幹帥銳卒五千及晉兵出戰，慕容評大破之，斬首四千級，幹脫走入城。

甲申[93]，秦主健還長安[94]。

謝尚、姚襄共攻張遇于許昌。秦主健遣丞相東海王雄[95]、衛大將軍平昌王菁[96]略地關東[97]，帥步騎二萬救之。丁亥[98]，戰于潁水之誡橋[99]，尚等大敗，死者萬五千人，尚奔還淮南。襄棄輜重[100]，送尚于芍陂[101]，尚悉以後事付襄。殷浩聞尚敗，退屯壽春。

秋，七月，秦丞相雄徙張遇及陳、潁、許、洛之民五萬餘戶於關中，以右衛將軍楊羣為豫州刺史，鎮許昌。○謝尚降號建威將軍。

趙故西中郎將王擢遣使請降，拜擢秦州刺史。○丁酉[102]，以武陵王晞[103]為太宰。○丙辰[104]，燕王儁如中山。

王午聞魏敗，時鄧恆已死，午自稱安國王。八月戊辰[105]，燕王儁遣慕容恪、封奕、陽騖攻之。午閉城自守，送冉操[106]詣燕軍，燕人掠其禾稼而還[107]。

庚午(108)，魏長水校尉馬願等開鄴城納燕兵。戴施、蔣幹懸縋(109)而下，奔于倉垣。慕容評送魏后董氏、太子智、太尉申鍾、司空條攸[8]等及乘輿服御(110)于薊。尚書令王簡、左僕射張乾、右僕射郎肅皆自殺。燕王儁詐云董氏得傳國璽獻之(111)，賜號奉璽君，賜冉智爵海賓侯。以申鍾為大將軍右長史，命慕容評鎮鄴。桓溫使司馬勳助周撫討蕭敬文於涪城(112)，斬之。◯謝尚自枋頭迎傳國璽至建康，百僚畢賀(113)。◯秦以雷弱兒為大司馬，毛貴為太尉，張遇為司空。

殷浩之北伐也，中軍將軍王羲之以書止之，不聽。既而無功，復謀再舉。羲之遺浩書曰：「今以區區江左(114)，天下寒心(115)，固已久矣。力爭武功(116)，非所當作。自頃(117)處內外之任(118)者，未有深謀遠慮，而疲竭根本(119)，各從所志(120)，竟無一功可論，遂令天下將有土崩之勢(121)。任其事者(122)，豈得辭四海之責哉！今軍破於外，資竭於內，保淮之志(123)，非所復及(124)。莫若還保長江，督將(125)各復舊鎮，自長江以外，羈縻而已(126)。引咎責躬(127)，更為善治，省其賦役，與民更始(128)，庶可以救倒懸(129)之急也。使君起於布衣(130)，任天下之重，當董統(131)之任，而敗喪(132)至此，恐闔朝羣賢(133)未有與人分其謗(134)者。若猶以前事為未工(135)，故復求之於[9]分外(136)，宇宙雖廣，自容何所(137)？此愚智所不解也(138)。」

又與會稽王昱牋[139]曰：「為人臣者[10]，誰不願尊其主[140]，比隆前世[141]，況遇難得之運[142]哉！顧[143]力有所不及，豈可不權輕重[144]而處之也。今雖有可喜之會[145]，內求諸己[146]，而所憂乃重於所喜。功未可期[147]，遺黎殲盡[148]，勞役無時[149]，徵求日重[150]，以區區吳、越[151]經緯[152]天下十分之九[153]，不亡何待！而不度德量力，不弊不已[154]，此封內[155]所痛心歎悼而莫敢吐誠[156]者也。『往者不可諫，來者猶可追[157]。』願殿下更垂三思[158]，先為不可勝之基[159]，須根立勢舉[160]，謀之未晚[161]。若不行，恐麋鹿之游，將不止林藪[162]而已。願殿下蹔廢虛遠之懷[163]，以救倒懸之急，可謂以亡為存[164]，轉禍為福也。」不從。

九月，浩屯泗口[165]，遣河南太守戴施據石門[166]，滎陽太守劉遯據倉垣。浩以軍興[167]罷遣太學生徒[168]，學校由此遂廢。

冬，十月，謝尚遣冠軍將軍王俠攻許昌，克之。秦豫州刺史楊羣退屯弘農。徵尚為給事中，戍石頭。

丁卯[169]，燕王儁還薊。

故趙將擁兵據州郡者各遣使降燕，燕王儁以王擢為益州刺史，夔逸為秦州刺史，張平為并州刺史，李歷為兗州刺史，高昌為安西將軍，劉寧為車騎將軍。

慕容恪屯安平[170]，積糧，治攻具，將討王午。丙戌[171]，中山蘇林起兵於無極[172]，自稱天子。恪自魯口還討林。閏月戊子[173]，燕王儁遣廣威將軍慕輿根助恪攻林，斬之。王午為其將秦興所殺。呂護殺興，復自稱安國王。

燕羣僚共上尊號於燕王儁，儁許之。十一月丁卯[174]，始置百官，以國相封奕為太尉，左長史陽騖為尚書令，右司馬皇甫真為尚書左僕射，典書令張悕為右僕射，其餘文武，拜授有差。戊辰[175]，儁即皇帝位，大赦。自謂[176]獲傳國璽，改元元璽。追尊武宣王[177]為高祖武宣皇帝，文明王[178]為太祖文明皇帝。時晉使適至燕，儁謂曰：「汝還白汝天子，我承人乏[179]，為中國[180]所推，已為帝矣！」改司州[181]為中州，建留臺[182]於龍都[183]。以玄菟太守乙逸為尚書，專委留務[184]。

秦丞相雄攻王擢于隴西，擢奔涼州，雄還屯隴東[185]。張重華以擢為征虜將軍、秦州刺史，特寵待之。

【章旨】以上為第二段，寫晉穆帝永和八年（西元三五二年）一年間的大事。主要寫了苻健在關中即皇帝位，國號曰「秦」，即歷史上所說的「前秦」。寫了魏主冉閔大破劉顯，劉顯敗回襄國，部下開城降魏，冉閔入據襄國，殺劉顯，焚襄國宮室，遷其民於鄴；寫燕將慕容恪攻魏，大破冉閔於常山，俘獲冉閔，燕斬冉閔於龍城；寫了燕將慕容評等攻鄴，冉閔的部將蔣幹以鄴城降晉；寫殷浩統謝尚、荀羨北伐，進屯壽春，謝尚部將戴施率軍入鄴城助蔣幹抗燕，被慕容評大破之。最後冉閔部將開門降燕，戴施、蔣幹僅縋城以身免；燕將慕容評佔領鄴城，冉閔勢力遂徹底被滅，晉將戴施之收穫在於得到了歷代帝王的傳國玉璽，送回了晉王朝；寫了羌族頭領姚弋仲死，遺言令諸子自歸於晉，其子姚襄不從，乃與秦兵戰，被秦兵所敗，姚襄只好率部歸晉。寫了謝尚與姚襄共攻張遇於許昌，苻健派兵救張遇，大破謝尚、姚襄。謝尚南逃而回，委後事於姚襄，殷浩的第一次北伐，一敗於燕，二敗於秦，遂退回壽春；寫了殷浩北伐前，王羲之就以書勸止，殷浩不聽；敗回後，復謀再舉，王羲之又遺書勸阻，以為「力爭武功，非所當作」；又上書司馬昱，以為「今雖有可喜之會，內求諸己，而所憂乃重於所喜」云云，以及慕容儁在薊城即皇帝位等等。

【注　釋】❶正月辛卯　正月初一。❷正尊號　意即明確地自稱皇帝。❸石氏之初　謂石虎等人皆先稱「天王」，後即皇帝位。❹單于所以統壹百蠻　單于的職責是統率諸蠻。單于，苻健稱帝前自稱大單于。百蠻，總稱苻氏所轄境內的諸多少數民族。❺非天子所宜領　不應該由皇帝兼任。領，兼任。❻宜秋　古城名，在今陝西涇陽西北。❼右族　即豪門大族。也稱「右姓」。❽清河王寧　清河郡人姓王名寧。清河郡的郡治在今河北清河縣東南。❾棗彊　亦作「棗強」。縣名，縣治在今河北棗強東南的東故縣村。❿汝陰王琨　石琨，石虎之子，被封為汝陰王。⓫比來眾情　前些日子表現出的朝臣們的心思。情，心思；情態。指桓溫蔑視朝廷，朝臣一片混亂。⓬使君　敬稱殷浩。漢時稱刺史、太守為使君，漢以後成為對州郡長官的尊稱。此時殷浩為揚州刺史，參綜朝權。⓭明受任之方　劃清各個官員的職務權限。方，方位，引申為區域，職權範圍。⓮韓彭　韓信、彭越，都是劉邦手下的大將。這裡代指武臣，如桓溫等。⓯蕭曹　蕭何、曹參，都是劉邦手下文臣。這裡以喻殷浩等。⓰守管籥　為朝廷掌管鎖匙，意即當好家，做好日常的行政工作。蕭何在楚漢戰爭中，為漢丞相，留守關中，掌管府庫，輸送士卒糧餉，支援作戰。漢朝建立後，曹參相繼為相，仍是這樣做。守，掌管。⓱內外之任　守管籥為內，專征伐為外。任，責任；職責。⓲各有攸司　各有所管，各負其責。攸，助詞。所。司，主管；掌管。⓳廉藺屈身之義　廉頗和藺相如為了國家利益而彼此委曲求全。廉頗、藺相如都是戰國時趙國的大臣，藺相如因在「完璧歸趙」與「澠池會」兩次外交活動中立有大功，位升廉頗之上。廉頗不服，揚言要侮辱藺相如，藺相如退避謙讓，認為應「先國家之急，而後私仇」，藺相如的精神使廉頗愧悟，負荊請罪，兩人遂成刎頸之交。事見《史記・廉頗藺相如列傳》。⑳平勃交歡之謀　陳平、周勃都是劉邦的開國功臣。劉邦去世後，呂后臨朝，諸呂擅權，欲危劉氏。右丞相陳平感到憂慮，陸賈為其謀劃說：「天下安，注意相；天下危，注意將。將相和調，則士務附；士務附，天下雖有變，即權不分。為社稷計，在兩君掌握耳。」陳平聽從陸賈之謀，與掌握兵權的太尉周勃結交，二人互相配合，終於誅滅諸呂。事詳《史記・呂太后本紀》與《酈生陸賈列傳》。㉑穆然無間　和睦相親的樣子。無間，一點縫隙也沒有。㉒保大定功　保衛、光大王室的基業，為國家建立功勳。《左傳》宣公十二年，楚莊王有所謂：「夫武，禁暴、戢兵、保大、定功、安民、和眾、豐財者也。」㉓降附之徒　指歸順晉朝的段龕、張遇、姚襄等人。㉔難以義感　不可能靠恩義使之感動。㉕許洛　許昌、洛陽。㉖謝尚　謝鯤之子，時鎮歷陽（今安徽和縣）。事見《晉書》卷七十九。㉗荀羨　荀崧之子，時鎮京口（今鎮江市）。㉘不能撫慰張遇　張遇原是魏國的豫州牧，見魏亂而降晉，在謝尚部下，謝尚未能加以撫慰。㉙倉垣　古城名，一名倉垣亭，在今河南開封西北。㉚下邳　郡名，郡治在今江蘇邳州西南。㉛乙巳　正月十五。㉜亟　趕緊。㉝固執　堅守；堅決保持。㉞祕不發喪　不讓外界知道姚弋仲已死的消息。發喪，人死公告於眾。㉟陽平元城發干　皆縣名，陽平縣的縣治即今河北館陶，元城縣治在今河北大名東，發干縣的縣治在今山東聊城西。陽平、元城、發干三縣均在灄頭南。㊱碻磝津　一作敲囂津，在今山東茌平西南的古黃河上。南岸有碻磝城，東晉、南北朝時為軍事要地。㊲廡田　地名，在今河南洛陽東。㊳濟　成功，這裡指渡過難關。㊴蒲阪　縣名，縣治即今山西永濟西南的蒲州鎮。㊵譙城　古城名，在今河南夏邑北。㊶仗衛　儀仗隊與衛隊。㊷幅巾待之　指不穿官服，穿著便服相見，表示平等親密。幅巾，古代男子用一幅絹帶束髮，稱為幅巾，是平民的打扮。㊸歡若平生　像是接待老朋友一樣的高興。平生，平素；平時。㊹遊食　帶著軍隊到處找食物吃，哪裡有吃的就到哪裡去，可見當時的社會之貧困。㊺段勤　段末柸之子。段末柸是段匹磾之弟。傳見《晉書》卷六十三。㊻繹幕　縣名，縣治在今山東平原縣西北。㊼四月甲子　四月初五。㊽特進　官名，漢制凡大臣功德最盛者，得賜位特進，位在三公下。魏晉南北朝因之，皆為加官。㊾安喜　縣名，縣治在今河北定州東南。㊿從之　追了過去。從，追；找。(51)丙子　四月十七。(52)及于魏昌之廉臺　追到魏昌縣的廉臺追上了。魏昌，縣名，縣治在今河北定州東南。廉臺，古地名，在今河北無極東北。(53)巡陳　到自己的軍陣前面巡視。陳，同「陣」。(54)一夫敵　只能對付一個人，言有勇無謀，只憑武力廝殺。(55)甲兵　甲盾兵器，這裡代指兵士。(56)其實難用　難以發揮他們的作用。用，發揮；使用。(57)將趣林中　準備進入樹林。趣，趨；進入。(58)邀　半路截擊。邀，襲擊。(59)既合而陽走　開戰以後，再假裝敗逃。合，開戰。陽，假裝。(60)輕銳　喜好進攻求戰。(61)致死於我　找著我們拼命、決死。(62)厚集中軍之陳　集中主力部隊的人馬不要動。中軍，古代作戰常分左、右、中（或上、下、中）三軍，由主將所處的中軍發號施令。(63)俟其合戰　等他的主力與我們的主力正式開戰後。俟，等候。(64)大幢　主將的華蓋。幢是古代儀仗的一種，形狀像傘。(65)魯口　古城名，即今河北饒陽。(66)被創　受傷。創，兵器所致的傷口。(67)己卯　四月二十。(68)妄　狂妄；非分。(69)中土　猶中原、中國。(70)何為不得稱帝邪　怎麼就不能稱帝。(71)甲申　四月二十五。(72)癸巳　五月初五。(73)劉寧　原為劉顯大司馬，清河王，本年正月以棗強降魏。(74)晉陽　古城名，在今山西太原西南，當時為太原郡的郡治所在地。(75)張遇　原為冉閔的豫州牧，永和七年八月以廩丘降晉。八年初，又據許昌叛晉，投降苻健。(76)宜秋　古城名，在今陝西涇陽西北。(77)請降　請降於晉。(78)庚寅　五月初二。(79)辛卯　五月初三。(80)為祟　死者的鬼魂作怪。(81)據枋頭　駐兵枋頭。枋頭即今河南浚縣西南的淇門渡，北距鄴都已經不遠。(82)棘津　渡口名，一名「南津」，亦名「石濟津」，在今河南滑縣西南的古黃河上。今湮。(83)止幹使者　扣留起蔣幹所派的使者。(84)疑尚不能救　懷疑謝尚能否派兵來鄴相救。(85)沈吟未決　拿不定主意，猶豫是不是把傳國璽送給戴施。(86)三臺　即銅雀臺、金虎臺、冰井臺，都在當時鄴城城內的西北部。(87)紿　欺騙。(88)救餉　派兵相救，運糧以供軍食。(89)宣言　揚言；表面上說。(90)陰令　暗中派人。(91)懷璽送于枋頭　傳國璽至此始歸晉。此前東晉無璽，中原稱之為「白版天子」。(92)甲子　六月初六。(93)甲申　六月二十六。(94)還長安　謂其從宜秋返回長安。(95)東海王雄　苻雄，苻健之弟，被封為東海王。(96)平昌王菁　苻菁，苻健之子，被封為平昌王。(97)略地關東　出函谷關向東拓展地盤。(98)丁亥　六月二十九。(99)誠橋　據吳熙載《資治通鑑地理今釋》：「誠橋，疑河南許州襄城縣之潁橋。」在今河南襄城東北。(100)棄輜重　丟下沉重的軍用物資不要。(101)芍陂　堤壩名，又名「期思陂」、「安豐塘」，在今安徽壽縣南。(102)丁酉　七月初十。(103)武陵王晞　司馬晞，晉元帝司馬睿之子，被封為武陵王。(104)丙辰　七月二十九。(105)八月戊辰　八月十一。(106)冉操　冉閔之子。(107)燕人掠其禾稼而還　胡三省曰：「慕容恪善用兵，知魯口之未可取，徒久攻以斃士卒，故掠其禾稼，全師而退。金城湯池，非粟不守，孤城之外，春取其麥而秋取其禾，彼將焉仰哉？」禾稼，泛指莊稼。禾在秦漢以前皆指粟，即今之小米，後世始以稻為禾。(108)庚午　八月十三。(109)懸縋　以繩將人從城上懸下。(110)乘輿服御　泛指帝王所用的衣服車馬之類。(111)詐云董氏得傳國璽獻之　歷代帝王均以得傳國璽為福瑞，慕容儁詐稱得璽，是為表明天命所在，為登帝位製造輿論。(112)討蕭敬文於涪城　蕭敬文原為晉將，桓溫滅成漢回師後，留楊謙守西蜀，當時蜀人作亂，重佔成都，蕭敬文殺楊謙，佔據涪城，自稱益州牧。事見本書〈晉紀〉十九永和三年。(113)百僚畢賀　百官都向晉穆帝祝賀。畢，都。(114)區區江左　意謂東晉王朝如今只有江東的區區之地。江左即江東，這裡指東晉而言。(115)天下寒心　一想起來就令人擔心，怕被北方的少數民族所滅。(116)力爭武功　想靠武力與北方政權爭勝。(117)自頃近些年來。(118)處內外之任　謂做朝官和任地方官的人。(119)疲竭根本　指為北伐而消耗國力。根本，國力；民力。(120)各從所志　按著他們個人的想法行事。(121)將有土崩之勢　指民不堪命，將有揭竿而起之憂。漢代徐樂將國內發生內戰比作瓦解，將人民起義比作土崩。(122)任其事者　猶謂執政的人、當權的人，此指殷浩等人而言。(123)保淮之志　指以淮河為邊界並加以守衛的設想。(124)非所復及　已經辦不到了。(125)督將　為北伐徵調來的各路將領。(126)羈縻而已　可有可無地籠著點就行了。羈，馬籠頭。縻，牽牛繩。意即把長江以北、淮河以南的土地與人民，不必強烈地視為自己所有，能歸屬更好，不歸屬也不勉強。(127)引咎責躬　承認過去的急躁冒進，深刻自我批評。(128)與民更始　重新開始一種不圖進取的路線。(129)倒懸　頭朝下腳朝上地倒掛，比喻黎民百姓處境的極端困苦。(130)起於布衣　出身於平民。(131)董統　總統，總理國家大事。董，治理。(132)敗喪　失敗和損失。(133)闔朝羣賢　指滿朝文武大臣。(134)分其謗　分擔責任，分擔罵名。(135)猶以前事為未工　還認為上次的北伐有可改進之處。未工，有局部的毛病。(136)復求之於分外　還想去幹一些本來做不到的事情。分外，本來不屬自己的。(137)自容何所　意思是說，如果再次失敗，你還能到哪裡去尋找容身之地呢。(138)此愚智所不解也　這是我的智力所不能理解的。愚，王羲之自我的謙稱。(139)牋　文體名，寫給高層官僚的書信。(140)尊其主　提高其主子的威望。(141)比隆前世　與以往的興隆盛世相比美。(142)難得之運　千古難逢的好時機，指中原大亂。(143)顧　轉折語詞，相當現在的「問題在於」、「關鍵在於」。(144)權輕重　衡量自己的實際情況。輕重，猶言「利弊」、「短長」。(145)可喜之會　有利的好時機。(146)內求諸己　檢查一下我們國家的自身。(147)功未可期　建功立業的希望是很渺茫的。期，希望；期待。(148)遺黎殲盡　所剩不多的漢族百姓將要死光。遺黎，北方淪陷區的漢族百姓。(149)勞役無時　不分季節、遙遙無期的服勞役。無時，沒有固定時間與期限。(150)徵求日重　國家的賦稅一天比一天加重。徵求，徵收；徵調。(151)吳越　此處指東晉。東晉王朝地處春秋時代吳國和越國（約當今江蘇、浙江一帶）的地盤。(152)經緯　猶言「經略」、「經營」。(153)天下十分之九　指廣大的長江以北地區。把中國分成十份，東晉只佔十分之一，其餘佔十分之九。(154)不弊不已　不把最後的家當打光不罷休。弊，困窮；敗壞。(155)封內　四境之內，這裡指東晉士民。(156)吐誠　傾訴真情；說真話。(157)往者不可諫二句　二句出自《論語·微子》。用在這裡的意思是過去的失敗是無法挽回了，但未來的事情還是可以力爭做得好一點。(158)更垂三思　希望能夠再三考慮。垂，敬詞，意即給予、加以。(159)先為不可勝之基　首先要創造使自己不致被敵人戰勝的條件。基，基礎；條件。此語乃化用《孫子·形篇》中「善戰者，先為不可勝，以待敵之可勝」的句意。(160)須根立勢舉　等到基礎牢固，時機成熟。須，等。(161)謀之未晚　那時再謀求北伐也不算晚。(162)麋鹿之游二句　意思是還要遊到我們的都城、遊到我們宮殿裡來。相傳當年伍子胥勸諫吳王夫差有所謂「臣今見麋鹿游姑蘇之臺也」，意思是我們的都城、宮殿將要成為廢墟，成為麋鹿出沒的場所。163暫廢虛遠之懷　暫時停止一下清虛玄遠的雅興。司馬昱好談玄，故王羲之以此譏之。164以亡為存　意即轉亡為存，改變危亡的處境。165泗口　泗水與淮水的匯合之口，在今江蘇洪澤西。166石門　地址不詳。167以軍興用軍事緊急動員的名義。168罷遣太學生徒　暫停各地區向都城太學派送學生的做法。元帝建武元年，始立太學，至今廢免。169丁卯　十月十一。170安平　縣名，縣治即今河北安平。171丙戌　閏十月初一。172無極　縣名，即今河北無極。173閏月戊子　閏十月初三。174十一月丁卯　十一月十二。175戊辰　十一月十三。176自謂　自稱；聲稱。177武宣王　指慕容廆，諡武宣王。178文明王　指慕容皝，諡文明王。179承人乏　謙詞，意思是說該職位一時暫無適當人選，故只好由自己充數。承，接受；擔任。180中國　中原地區。181司州　州名，石趙置司州於鄴。182留臺　留守朝廷，朝廷的派出機構。183龍都　即龍城，在今遼寧朝陽西南。燕國初都棘城，即今遼寧義縣。咸康七年，慕容皝在柳城之北，龍山之西，今遼寧朝陽西南築建新城，命名龍城，咸康八年遷都於此。後來又遷都於薊，故建留臺於龍城，稱龍都。184留務　留守朝廷的一切事務。185隴東　郡名，郡治涇陽，在今甘肅平涼西北。

【校　記】1慰　原作「尉」。據章鈺校，十二行本、孔天胤本皆作「慰」，今據改。2宜　據章鈺校，十二行本、乙十一行本皆作「請」。3丙子　原無此二字。據章鈺校，十二行本、乙十一行本、孔天胤本皆有此二字，張敦仁《通鑑刊本識誤》同，今據補。4兩　據章鈺校，十二行本、乙十一行本皆作「雙」。5董閏　原誤作「董閔」。胡三省注云：「當作『董閏』。」據章鈺校，孔天胤本正作「董閏」，今據改。按，《晉書》卷一百七〈石季龍載記下〉有冉閔大將軍董閏，與孔本合。6何為不得稱帝邪　此句原作「何得不稱帝邪」。據章鈺校，十二行本、乙十一行本、孔天胤本皆作「何為不得稱帝邪」，張敦仁《通鑑刊本識誤》同，今據改。7使　據章鈺校，十二行本、乙十一行本皆作「遣」。8條攸　原作「條枚」。嚴衍《通鑑補》改作「條攸」，今據校改。按，《晉書》卷一百七〈石季龍載記下〉作「條攸」。9於　原無此字。據章鈺校，十二行本、乙十一行本皆有此字，今據補。10者　原無此字。據章鈺校，十二行本、乙十一行本皆有此字，張敦仁《通鑑刊本識誤》同，今據補。

【語　譯】八年（壬子　西元三五二年）

春季，正月初一日辛卯，發生日蝕。

秦國以丞相苻雄為首的眾大臣奏請秦王苻健明確地自稱皇帝，依照漢朝、晉朝直接稱帝的先例，不必效法後趙石虎等人先稱天王，後即皇帝位的做法。苻健接受群臣的建議，即位為皇帝，同時頒布大赦令，諸位公爵全都進爵為王。並且說「單于」職責是統一天下諸蠻，作為皇帝不應該兼任「單于」，遂將「單于」這一頭銜授予了皇太子苻萇。

東晉司馬勳戰敗後返回漢中，杜洪與張琚率軍屯紮在宜秋。杜洪自以為出身於豪門大族，身分高貴，遂看不起張琚，張琚於是殺死了杜洪，自立為秦王，改年號為建昌。

佔據襄國、自稱皇帝的劉顯率軍攻打常山，魏主冉閔留下大將軍蔣幹輔佐太子冉智守衛京師鄴城，自己親自率領八千名騎兵救援常山。劉顯手下擔任大司馬的清河人王寧獻出棗彊城向魏主投降。冉閔攻打劉顯，將劉顯打得大敗，追殺劉顯一直追到襄國。劉顯手下的大將軍曹伏駒打開襄國城門，將魏主冉閔放入城中，冉閔殺死了劉顯及其屬下擔任公卿以下官職的一百多人，焚毀了襄國的宮室，將襄國的居民強行遷徙到鄴城。

後趙汝陰王石琨帶著自己的妻妾前來建康投奔東晉，東晉朝廷把他綁縛到建康鬧市區斬首，石姓家族遂完全滅絕。

東晉擔任尚書左丞的孔嚴對擔任中軍將軍的殷浩說：「前些日子，朝臣們對桓溫大軍東下所表現出來混亂心態，實在讓人感到寒心，不知將軍採用什麼辦法使他們恢復安寧？我認為應該明確劃清各個官員的職務權限，如漢朝的韓信、彭越等武將專管征伐，蕭何、曹參等文臣為朝廷管好鑰匙，當好家，守好鑰匙為內，專管征伐為外，各有所管，各負其責。深思戰國時期趙國的武將廉頗、文臣藺相如為了國家的利益而委曲求全的義舉，西漢時期右丞相陳平與掌握兵權的太尉周勃結交為友、互相配合，終於誅滅諸呂，保住了劉氏天下的謀略，所以應該使大臣之間和睦相親，彼此之間沒有一點嫌隙，然後才能保衛、光大王室的基業，為國家建立功勳。觀察近來歸降的人，全都是人面獸心，貪圖權力而沒有仁愛之心，恐怕難以用恩義來感動他們。」殷浩沒有採納孔嚴的建議。孔嚴，是孔愉的姪子。

東晉中軍將軍殷浩上疏給朝廷請求從許昌、洛陽出兵北伐，朝廷下詔批准，遂任命安西將軍謝尚、北中郎將荀羨二人同時擔任負責總指揮的督統，率軍進駐壽春。謝尚對張遇未能實行有效的撫慰，張遇發怒，遂據守許昌叛變，並派他的部將上官恩據守洛陽，樂弘也率軍在倉垣攻擊東晉擔任督護的戴施，殷浩的大軍不能前進。〇三月，東晉朝廷令荀羨駐守淮陰，不久，又加授荀羨監青州諸軍事，兼任兗州刺史，鎮所設在下邳。

正月十五日乙巳，燕王慕容儁從龍城返回薊城，開始逐漸地把軍人家屬從龍城遷往薊城。

姚弋仲有四十二個兒子，等到姚弋仲患病，他對自己的兒子們說：「石氏待我恩深德厚，我本來想要為石氏效力。如今石氏已經滅絕，中原地區沒有主人，我死之後，你們要趕緊回歸東晉，要堅守臣節，不要做出不義的事情來。」姚弋仲去世後，他的兒子姚襄將姚弋仲逝世的消息封鎖起來沒有對外發布，他率領六萬戶部眾南下攻克了陽平、元城、發干，將軍隊駐紮在碻磝津。姚襄任命太原人王亮為長史，任命天水人尹赤為司馬，太原人薛瓚、略陽人權翼為參軍。

姚襄與秦兵交戰，失敗，損失了三萬多戶，他繼續率眾南下，到達滎陽時，才開始為自己的父親姚弋仲發喪。又與秦將高昌、李歷在麻田交戰，座下的戰馬被流矢射中倒地而死，姚襄的弟弟姚萇把自己的馬讓給姚襄，姚襄說：「你把馬給了我，你還怎麼逃生？」姚萇說：「只要哥哥能成功渡過難關，那些小子就不敢殺害我！」恰巧救兵趕到，姚襄、姚萇二人都得以脫身。尹赤投奔了秦國，秦國任命尹赤為并州刺史，鎮所設在蒲阪。

姚襄率領部眾回歸東晉，他將五弟送到建康作為人質。東晉朝廷下詔令姚襄屯駐在譙城。姚襄單人匹馬渡過淮河，到壽春晉見安西將軍謝尚。謝尚早就聽說過姚襄的大名，所以就命令撤去自己的儀仗隊與衛隊，然後換上平民的服裝等待與姚襄相見，兩人第一次見面，就像接待自己多年的老朋友一樣高興。姚襄博學多才，善於談論，江東的士大夫都很敬重他。

魏主冉閔攻克了襄國之後，遂帶著部隊在常山、中山諸郡之間到處找食物吃，哪裡有吃的就到哪裡去。〇故後趙立義將軍段勤聚集起一萬多名胡人、羯人據守繹幕縣，自稱趙帝。

夏季，四月初五日甲子，燕王慕容儁派遣慕容恪等率軍攻擊魏國，派慕容霸等率軍攻打段勤。魏主冉閔準備親自出兵與燕軍交戰，大將軍董閏、車騎將軍張溫全都勸阻說：「鮮卑人乘勝進軍，士氣正盛，其勢不可阻擋，而且燕軍人數眾多，我軍數量又少，應該先避一避，等到燕軍驕傲怠惰的時候再出兵攻打他們。」冉閔大怒說：「我想率領這些兵眾平定幽州，斬殺慕容儁。今天只是遇到慕容恪就要迴避，人們將會怎麼看我！」擔任司徒的劉茂、位在特進的郎闓互相議論說：「我們的君主此次出兵，肯定回不來了，我等何必在這裡坐等殺戮的恥辱！」於是都自殺而死。

魏主冉閔將軍隊駐紮在安喜縣，燕國的慕容恪率軍隨後趕到。冉閔拔營前往常山，慕容恪率軍隨後追趕，四月十七日丙子，在魏昌縣的廉臺將冉閔追上。冉閔與燕軍經過十次戰鬥，燕軍都不能取勝。冉閔一向以作戰勇猛聞名於世，他所率領的又都是精銳，所以燕軍很懼怕他。慕容恪到自己的軍陣前進行巡視，他對將士們說：「冉閔雖然勇猛，然而缺少謀略，只不過是一個單打獨鬥的勇士罷了。他手下的士卒飢餓、疲倦，雖然裝備精良，其實已經很難再發揮作用，將其攻破並不是什麼難事。」冉閔因為自己所率領的大多是步兵，而燕軍全都是騎兵，遂準備率領軍隊轉移到樹林中。在慕容恪手下擔任參軍的高開對慕容恪說：「我們是騎兵，利於在平地作戰，如果冉閔率軍隊進入密林，我們將對他無可奈何。應該趕緊派輕騎兵在半路上進行截擊，雙方開戰之後，再假裝敗走，將他們引誘到平地，然後就可以出動大軍將他們擊敗。」慕容恪同意高開的意見。魏國的軍隊果然被燕軍引誘到平地，慕容恪將軍隊分為三部，他對諸將領說：「冉閔喜好進攻求戰，又自認為兵少，必然會找我們拼命決一死戰。我們將主力部隊集中在中軍，布好陣勢等待魏軍前來攻打，等他的主力與我們的主力開戰後，你們就從側翼發動進攻，沒有不獲勝的道理。」遂從鮮卑人中挑選出五千名善於射箭的，用鐵索將他們的戰馬鏈接起來，組成方陣向前推進。冉閔所騎的駿馬名叫朱龍，一天可以奔跑一千里。冉閔左手拿著兩面帶刃的長矛，右手拿著帶鉤的鐵戟，向燕軍陣地殺來，他一連斬殺了三百多名燕軍。他抬頭看見了燕軍主將的華蓋，知道了中軍所在的位置，便逕直向中軍殺來。燕國的另外兩支軍隊同時從冉閔的兩側進行夾擊，於是大敗魏軍。燕軍將魏主冉閔重重包圍在中間，冉閔突破重圍向東逃出二十多里，座下的駿馬朱龍突然倒地而死，遂被燕軍活捉。燕軍殺死了魏國的僕射劉羣，活捉了董閏、張溫和冉閔，這些俘虜都被送往薊城。冉閔的兒子冉操逃往魯口。高開因為身受重傷，不治身亡。慕容恪繼續進軍，屯紮在常山，燕王慕容儁命慕容恪鎮守中山。

四月二十日己卯，魏主冉閔被押送到薊城。燕王慕容儁頒布大赦令，讓冉閔站在自己面前，責備他說：「你原本是一個奴僕，才能下等，怎麼竟敢狂妄地自稱起皇帝來！」冉閔說：「天下大亂，像你們這些如同禽獸一樣的夷人、狄人尚且自稱皇帝，何況我這個中原地區的英雄人物，憑什麼就不能稱皇帝！」慕容儁大怒，命人抽了冉閔三百下鞭子之後，送往龍城關押。

慕容霸率軍抵達繹幕，段勤與他的弟弟段思聰立即獻出繹幕，向慕容霸投降。

四月二十五日甲申，燕王慕容儁派遣慕容評以及擔任中尉的侯龕率領一萬名精騎兵攻打鄴城。五月初五日癸巳，大軍抵達鄴城，魏國大將軍蔣幹以及魏太子冉智緊閉城門堅守，而城外的魏軍則全部向燕軍投降，劉寧和他的弟弟劉崇率領三千名胡人騎兵逃往晉陽。

秦國任命降將張遇為征東大將軍、豫州牧。

五月，秦主苻健率軍攻打佔據宜秋、自稱秦王的張琚，大獲全勝，將張琚斬首。

魏國的都城鄴城之中，糧食極度短缺，人們餓得人吃人，故後趙時的宮人被飢餓的士卒宰殺烹煮，幾乎吃光了。大將軍蔣幹派擔任侍中的繆嵩、擔任詹事的劉猗帶著降書向東晉投降，並且向安西將軍謝尚請求救援。五月初二日庚寅，燕王慕容儁派遣廣威將軍慕容軍、殿中將軍慕輿根、右司馬皇甫真等率領二萬名步兵、騎兵協助慕容評圍攻鄴城。

五月初三日辛卯，燕國人在龍城將冉閔斬首。恰逢燕國遭遇大旱災、蝗災，燕王慕容儁認為是冉閔的鬼魂在作祟，遂派遣使者前往龍城祭祀冉閔，並追諡冉閔為悼武天王。

當初，東晉安西將軍謝尚派戴施據守枋頭。戴施聽說蔣幹向謝尚求救，遂擅自率軍從倉垣挺進到棘津渡口駐紮，他扣留了蔣幹的使者繆嵩、劉猗，向他們索要傳國玉璽。劉猗遂派繆嵩返回鄴城向蔣幹稟報，蔣幹懷疑謝尚能否派兵前來鄴城相救，所以對是不是要把傳國玉璽送給戴施拿不定主意。六月，戴施率領一百多名勇士進入鄴城，幫助守衛三臺，戴施欺騙蔣幹說：「如今燕軍都在鄴城城外，道路不通，傳國玉璽不能直接送往建康朝廷。你先把玉璽交給我，我立即派人騎馬趕往建康奏報天子。天子聽到玉璽在我手裡，就會相信你的投降是出於至誠，一定會多派兵相救、多發糧以供軍食。」蔣幹認為戴施說得有道理，就拿出傳國玉璽交給戴施。戴施表面上說派擔任督護的何融出城去迎接東晉援救的糧秣，暗中卻令何融懷揣傳國玉璽送到自己的鎮所枋頭。初六日甲子，蔣幹率領五千名精銳以及東晉戴施所率領的軍隊出城迎戰燕軍，結果被慕容評所率領的燕軍打得大敗，斬殺了四千人，蔣幹逃回鄴城。

六月二十六日甲申，秦主苻健從宜秋返回都城長安。

東晉安西將軍謝尚與姚襄一起攻打據守許昌的張遇。秦主苻健派遣擔任丞相的東海王苻雄、擔任衛大將軍的平昌王苻菁出函谷關向東拓展地盤，二人便率領二萬名步兵、騎兵前往許昌救援張遇。六月二十九日丁亥，在潁水的誡橋與晉軍展開決戰，謝尚等被秦軍打得大敗，被殺死了一萬五千多人，謝尚逃回淮南。姚襄拋棄了所有沉重的軍用物資，將謝尚護送到芍陂，謝尚把一切善後事宜全部託付給姚襄。中軍將軍殷浩聽到謝尚戰敗的消息，便率軍退回壽春駐守。

秋季，七月，秦國丞相、東海王苻雄將豫州牧張遇以及陳留、潁川、許昌、洛陽的五萬多戶居民遷徙到函谷關以西地區。秦國任命擔任右衛將軍的楊羣為豫州刺史，鎮所設在許昌。○東晉安西將軍謝尚降職為建威將軍。

故後趙西中郎將王擢派遣使者來到東晉的都城建康，請求投降，東晉任命王擢為秦州刺史。○七月初十日丁酉，東晉朝廷任命武陵王司馬晞為太宰。○二十九日丙辰，燕王慕容儁從薊城前往中山。

王午聽到魏國已經敗亡的消息，當時征東將軍鄧恆已死，王午遂自稱安國王。八月十一日戊辰，燕王慕容儁派慕容恪、封奕、陽騖率軍攻打魯口。王午緊閉城門堅守，卻把魏主冉閔的兒子冉操送給了燕軍，燕軍在城外掠奪性地收割了地裡的莊稼，然後撤軍。

八月十三日庚午，魏國長水校尉馬願等打開鄴城城門放進燕軍。東晉幫助守城的戴施與魏國大將軍蔣幹從城上順下繩索，然後順著繩子爬出鄴城，倉惶逃往倉垣。慕容評將魏國皇后董氏、皇太子冉智、太尉申鍾、司空條攸等以及皇帝所用的車馬服飾等全部運往薊城。魏國的尚書令王簡、左僕射張乾、右僕射郎肅全都自殺而死。燕王慕容儁謊稱魏國董皇后得到傳國玉璽，並將傳國玉璽送給燕國，遂賜封董皇后為奉璽君，封魏太子冉智為海賓侯。任命申鍾為大將軍右長史，令慕容評鎮守鄴城。

東晉征西大將軍桓溫令梁州刺史司馬勳協助益州刺史周撫前往涪城討伐蕭敬文，將蕭敬文斬首。〇東晉建威將軍謝尚從枋頭把傳國玉璽送往京師建康，文武百官全來向皇帝祝賀。〇秦國任命雷弱兒為大司馬，任命毛貴為太尉，任命張遇為司空。

東晉中軍將軍殷浩率軍北伐的時候，中軍將軍王羲之給殷浩寫信進行勸阻，殷浩不聽。結果無功而返，現在殷浩又準備再次北伐。中軍將軍王羲之再次寫信給殷浩說：「現在朝廷只擁有江東這麼一塊區區之地，一想起來就令人感到擔心，怕被佔據北方的少數民族政權所消滅，這種情形由來已久了。想靠武力來與北方政權爭勝，目前形勢下這樣做是不合適的。近些年來，在朝廷內外擔負重要責任的人，不為國家的長遠利益考慮，竟不惜為北伐而耗盡國家的財力物力，只是按照個人的意願，想怎麼做就怎麼做，結果，竟然沒有收到一點功效，反倒使國家面臨土崩瓦解的危險。那些執政、當權的人，怎能不遭到全國人民的譴責！如今軍隊在國境之外遭遇失敗，國境之內物資枯竭，以淮河為邊界並加以守衛的設想，恐怕已經辦不到了。不如回過頭來保護長江，讓那些因為北伐而徵調來的各路將領返回自己原來的鎮所，對於長江以北、淮河以南地區，只要表面上歸順國家就可以了。要承認過去急躁冒進的錯誤，深刻地進行自我反省，然後實行變革，制定出一套好的治國方法，減輕人民的賦稅徭役，與民眾一起除舊布新，大概才有可能解救人民的倒懸之苦。閣下出身於平民，肩負著國家興亡的重任，應當擔負起總理國家大事的責任，卻使國家遭受失敗、損失到如此地步，恐怕滿朝文武大臣沒有人能為你分擔責任、分擔罵名。如果認為上次北伐有可改進之處，所以還想去幹一些根本辦不到的事情，如果再次失敗，我想，宇宙雖然廣大，你將到什麼地方去尋找容身之地呢？這是我的智力所無法理解的。」

中軍將軍王羲之又寫信給會稽王司馬昱，王羲之在信中說：「作為人臣的人，誰不願意提高其君主的威望，與以往的興隆盛世相媲美，何況是遭遇中原大亂這樣千載難逢的好時機！關鍵在於有時難免心有餘而力不足，豈能不衡量自己的利弊、短長等實際情況就貿然而動。現在，外部雖然有令人感到驚喜的機遇，然而，回過頭來檢查一下我們國家的自身，恐怕值得擔憂的要遠遠超過可喜的。建功立業的希望是很渺茫的，而剩餘下來的黎民百姓差不多快死光了，不分季節、沒有固定時間和期限的勞役似乎沒有休止的時候，國家向人民徵收的各種苛捐雜稅一天比一天加重，憑藉小小吳、越的力量，想去爭奪天下十分之九的土地，不滅亡還等什麼呢！然而現在卻有些人不度德量力，不把最後的這點家底敗壞光了就不肯罷休，這是四境之內所有人都感到痛心哀悼，卻又不敢傾訴真情、實話實說的事情。俗話說：『過去的失敗已經無法挽回，但未來的事情還可以力爭做得更好一些。』希望殿下能夠三思，首先要創造出使自己不致被敵人戰勝的條件，等到國家根基牢固、時機成熟的時候，再謀求北伐也為時不晚。如若不然，恐怕麋鹿不僅遊蕩在林藪之中，還要遊蕩到我們的都城、我們的皇宮裡來。希望殿下暫且停止一下談論清虛玄遠的情懷，以解救國家倒懸的危急，那可稱得上是轉亡為存、轉禍為福了。」會稽王司馬昱也沒有接受王羲之的意見。

九月，東晉中軍將軍殷浩率軍屯紮在泗口，他派遣河南太守戴施據守石門、派滎陽太守劉遯據守倉垣。殷浩以實行緊急軍事動員的名義，暫停各州郡向都城太學選派學生的做法，同時遣散了所有在太學讀書的學生，學校從此荒廢。

冬季，十月，東晉建威將軍謝尚派遣冠軍將軍王俠率軍攻打許昌，將許昌攻克。秦國豫州刺史楊羣將軍隊撤退到弘農堅守。東晉朝廷徵調謝尚返回建康，任命他為給事中，負責戍守石頭城。

十月十一日丁卯，燕王慕容儁從中山返回都城薊城。

故後趙將領擁兵據守州郡的，各自派遣使者，向燕國投降，燕王慕容儁任命王擢為益州刺史，任命夔逸為秦州刺史，任命張平為并州刺史，李歷為兗州刺史，高昌為安西將軍，劉寧為車騎將軍。

燕國慕容恪率軍屯駐在安平，他積穀屯糧，修治攻城的器具，準備討伐據守魯口的王午。閏十月初一日丙戌，中山人蘇林在無極縣起兵，自稱天子。慕容恪率軍從魯口回師討伐蘇林。初三日戊子，燕王慕容儁派遣廣威將軍慕輿根協助慕容恪攻打蘇林，將蘇林斬首。據守魯口的王午被其部將秦興殺死。王午的另一部將呂護殺死了秦興，又自稱安國王。

燕國所有的文武官員共同給燕王慕容儁奉上皇帝尊號，慕容儁答應了百官的請求。十一月十二日丁卯，開始設置文武百官，任命擔任國相的封奕為太尉，任命擔任左長史的陽騖為尚書令，任命擔任右司馬的皇甫真為尚書左僕射，任命擔任典書令的張悕為右僕射，其餘的文武官員，按照原來的等級，拜官授爵各不相同。十三日戊辰，慕容儁即位為皇帝，大赦天下。慕容儁自稱獲得了傳國玉璽，所以改年號為元璽元年。追尊祖父武宣王慕容廆為高祖武宣皇帝，追尊自己的父親文明王慕容皝為太祖文明皇帝。當時東晉的使者恰好到達燕國，慕容儁便對東晉的使者說：「你回去告訴你家天子，我因為中原無主，所以接受了中原人的推戴，已經做了皇帝了！」改稱司州為中州，在龍城舊都設立留守朝廷。任命玄菟太守乙逸為尚書，負責留守朝廷的一切事務。

秦國丞相苻雄率軍前往隴西攻打燕國所任命的益州刺史王擢，王擢逃奔涼州，苻雄回師，駐紮在隴東。涼王張重華任命王擢為征虜將軍、秦州刺史，對王擢特別寵信優待。

九年（癸丑　西元三五三年）

春，正月乙卯朔❶，大赦。

二月庚子❷，燕主儁立其妃可足渾氏為皇后，世子曄為皇太子，皆自龍城遷于薊宮。

張重華遣將軍張弘、宋修會王擢帥步騎萬五千伐秦。秦丞相雄、衛將軍菁拒之，大敗涼兵於龍黎[3]，斬首萬二千級，虜張弘、宋修。王擢棄秦州，奔姑臧[4]。秦主健以領軍將軍苻願為秦州刺史，鎮上邽[5]。

三月，交州[6]刺史阮敷討林邑[7]，破五十餘壘[8]。

趙故衛尉常山李犢聚眾數千人叛燕。

西域胡劉康詐稱劉曜子[9]，聚眾於平陽[10]，自稱晉王。夏，四月，秦左衛將軍苻飛討擒之。

以安西將軍謝尚為尚書僕射。

五月，張重華復使王擢帥眾二萬伐上邽，秦州郡縣多應之。苻願戰敗，奔長安。重華因上疏請伐秦，詔進[11]重華涼州牧。

燕主儁遣衛將軍恪討李犢，犢降，遂東擊呂護於魯口。

六月，秦苻飛攻氐王楊初[12]於仇池[13]，為初所敗。丞相雄、平昌王菁帥步騎四萬屯于隴東。

秦主健納張遇繼母韓氏為昭儀[14]，數於眾中謂遇曰：「卿，吾假子[15]也。」遇恥之。因雄等精兵在外，陰結關中豪傑，欲滅苻氏，以其地來降。秋，七月，遇與黃門劉晃謀夜襲健，晃約開門以待之。會健使晃出外，晃固辭，不得已而行。遇不知，引兵至門，門不開。事覺，伏誅。於是孔持[1]起池陽⑯，劉珍、夏侯顯起鄠⑰，喬秉起雍⑱，胡陽赤起司竹⑲，呼延毒起灞城⑳，眾數萬人，各遣使來請兵㉑。

秦以左僕射魚遵為司空。◯九月，秦丞相雄帥眾二萬還長安，遣平昌王菁略定上洛㉒，置荊州于豐陽川㉓，以步兵校尉金城郭敬為刺史。雄與清河王法㉔、苻飛分討孔持等。

姚襄屯歷陽㉕，以燕、秦方彊，未有北伐之志，乃夾淮㉖廣興屯田，訓厲㉗將士。殷浩在壽春，惡其彊盛，囚襄諸弟，屢遣刺客刺之。刺客皆以情㉘告襄。安北將軍魏統㉙卒，弟憬代領部曲。浩潛遣㉚憬帥眾五千襲之，襄斬憬，并其眾。浩愈惡之，使龍驤將軍劉啓守譙㉛，遷襄于梁國蠡臺㉜，表㉝授梁國內史。

魏憬子弟數往來壽春，襄益疑懼，遣參軍權翼使於浩。浩曰：「身㉞與姚平北㉟共為王臣，休戚同之㊱。平北每舉動自專㊲，甚失輔車㊳之理，豈所望也㊴！」翼曰：「平北英姿絕世，擁兵數萬而[2]遠歸晉室者，以朝廷有道，宰輔明哲㊵故也。今將軍輕信讒慝㊶之言，與平北有隙，愚謂猜嫌之端㊷，在此不在彼㊸也。」

浩曰：「平北姿性豪邁[44]，生殺自由，又縱小人掠奪吾馬，王臣之體[45]，固若是乎！」翼曰：「平北歸命[46]聖朝，豈肯妄殺無辜！姦宄之人，亦王法所不容也，殺之何害？」浩曰：「然則掠馬何也？」翼曰：「將軍謂平北雄武難制，終將討之，故取馬欲以自衛耳。」浩笑曰：「何至是也[47]！」

初，浩陰遣人誘秦[3]梁安、雷弱兒[48]，使殺秦王健，許以關右之任[49]。弱兒等[4]偽許之，且請兵應接。浩聞張遇作亂，健兄子輔國將軍黃眉自洛陽西奔，以為安等事已成。冬，十月，浩自壽春帥眾七萬北伐，欲進據洛陽，修復園陵[50]。吏部尚書王彪之上會稽王昱牋，以為「弱兒等容有詐偽[51]，浩未應輕進。」不從。浩以姚襄為前驅[52]。襄引兵北行，度浩將至，詐令部眾夜遁，陰伏甲以邀之[53]。浩聞而追襄至山桑[54]，襄縱兵擊之。浩大敗，棄輜重，走保譙城。襄俘斬萬餘，悉收其資仗，使兄益守山桑，襄復如淮南[55]。會稽王昱謂王彪之曰：「君言無不中，張、陳[56]無以過也。」

西平敬烈公[57]張重華有疾，子曜靈纔十歲，立為世子，赦其境內。重華庶兄長寧侯祚有勇力，吏幹[58]而傾巧[59]，善事內外[60]，與重華嬖臣[61]趙長、尉緝等結異姓兄弟。都尉常據請出之[62]，重華曰：「吾方以祚為周公，使輔幼子，君是何言也！」

謝艾[63]以枹罕之功[64]有寵於重華，左右疾[65]之，譖艾[66]，出為酒泉太守。艾上疏言：「權倖[67]用事，公室[68]將危，乞聽臣入侍[69]。」且言：「長寧侯祚及趙長等將為亂，宜盡逐之。」十一月己未[70]，重華疾甚，手令徵艾為衛將軍[71]，監中外諸軍事，輔政。祚、長等匿而不宣。丁卯[72]，重華卒，世子曜靈立，稱大司馬、涼州刺史、西平公。趙長等矯重華遺令，以長寧侯祚為都督中外諸軍事、撫軍大將軍，輔政。

殷浩使部將劉啓、王彬之攻姚益于山桑，姚襄自淮南擊之，啓、彬之皆敗死，襄進據芍陂。

趙末，樂陵朱禿、平原杜能、清河丁嬈、陽平孫元各擁兵分據城邑，至是皆請降於燕。燕王儁以禿為青州刺史，能為平原太守，嬈為立節將軍，元為兗州刺史，各留撫其營[73]。

秦丞相雄克池陽，斬孔持。十二月，清河王法、苻飛克鄠[74]，斬劉珍、夏侯顯。

姚襄濟淮，屯盱眙[75]，招掠流民，眾至七萬，分置守宰，勸課農桑。遣使詣建康罪狀殷浩[76]，并自陳謝[77]。詔以謝尚都督江西、淮南諸軍事、豫州刺史，鎮歷陽。

涼右長史趙長等建議，以為「時難未夷[78]，宜立長君，曜靈沖幼[79]，請立長寧侯祚。」張祚先得幸[80]於重華之母馬氏，馬氏許之，乃廢張曜靈為涼寧侯，立祚為大都督、大將軍、涼州牧、涼公。祚既得志，恣為淫虐[81]，殺重華妃裴氏及謝艾。

燕衛將軍恪、撫軍將軍軍、左將軍彪[5]等屢薦給事黃門侍郎霸有命世之才[82]，宜總大任[83]。是歲，燕王儁以霸為使持節、安東將軍、北冀州刺史，鎮常山[84]。

十年（甲寅　西元三五四年）

春，正月，張祚自稱涼王，改建興[85]四十二年為和平元年，立妻辛氏為王后，子太和為太子，封弟天錫為長寧侯，子庭堅為建康侯[86]，曜靈弟玄靚為涼武侯。置百官，郊祀天地，用天子禮樂。尚書馬岌切諫，坐免官。郎中丁琪復諫曰：「我自武公[87]以來，世守臣節，抱忠履謙[88]五十餘年[89]。故能以一州之眾，抗舉世之虜[90]，師徒歲起[91]，民不告疲[92]。殿下動德未高於先公，而亟謀革命[93]，臣未見其可也。彼士民所以用命[94]，四遠[95]所以歸嚮者，以吾能奉晉室[96]故也。今而自尊[97]，則中外離心，安能以一隅[98]之地，拒天下之彊敵乎！」祚大怒，斬之於闕下[99]。

故魏降將周成反[100]，自宛[101]襲洛陽。辛酉[102]，河南太守戴施奔鮪渚[103]。

秦丞相雄克司竹，胡陽赤奔霸城[104]，依呼延毒。

中軍將軍、揚州刺史殷浩連年北伐，師徒屢敗，糧械都盡。征西將軍桓溫因朝野之怨，上疏數浩之罪，請廢之。朝廷不得已，免浩為庶人，徙東陽之信安[105]。自此內外大權一歸於溫矣。

浩少與溫齊名，而心競不相下[106]，溫常輕之。浩既廢黜，雖愁怨不形辭色[107]，常書空[108]作「咄咄怪事[109]」字。久之，溫謂掾郗超[110]曰：「浩有德有言[111]，嚮為令僕[112]，足以儀刑百揆[113]，朝廷用違其才[114]耳。」將以浩為尚書令，以書告之，浩欣然許焉。將答書，慮有謬誤[115]，開閉者十數[116]，竟達空函[117]。溫大怒，由是遂絕，卒於徙所[118]。以前會稽內史王述[119]為揚州刺史。

二月乙丑[120]，桓溫統步騎四萬發江陵，水軍自襄陽入均口[121]，至南鄉[122]，步兵自淅川[123]趣武關[124]，命司馬勳出子午道[125]以伐秦。

燕衛將軍恪圍魯口，三月，拔之。呂護奔野王[126]，遣弟奉表謝罪於燕，燕以護為河內[127]太守。

姚襄遣使降燕。

燕王儁以慕容評為鎮南將軍，都督秦、雍、益、梁、江、揚、荊、徐、兗、豫十州諸軍事，權[128]鎮洛水[129]。以慕容彊為前鋒都督，督荊、徐二州、緣淮[130]諸軍事，進據河南[131]。

桓溫別將[132]攻上洛[133]，獲秦荊州刺史郭敬，進擊青泥[134]，破之。司馬勳掠秦西鄙[135]，涼秦州刺史王擢攻陳倉[136]以應溫。秦主健遣太子萇、丞相雄、淮南王生、平昌王菁、北平王碩帥眾五萬，軍于嶢柳[137]以拒溫。夏，四月己亥[138]，溫與秦兵戰于藍田[139]。秦淮南王生單騎突陳，出入以十數，殺傷晉將士甚眾。溫督眾力戰，秦兵大敗。將軍桓沖[140]又敗秦丞相雄于白鹿原[141]。沖，溫之弟也。溫轉戰而前，壬寅[142]，進至灞上[143]。秦太子萇等退屯城南，秦主健與老弱六千固守長安小城，悉發精兵三萬，遣大司馬雷弱兒等與萇合兵以拒溫。三輔郡縣皆來降，溫撫諭[144]居民，使安堵[145]復業，民爭持牛酒迎勞，男女夾路觀之。耆老[146]有垂泣者，曰：「不圖[147]今日復覩官軍[148]！」

秦丞相雄帥騎七千襲司馬勳於子午谷[149]，破之，勳退屯女媧堡[150]。

戊申[151]，燕王儁封撫軍將軍軍為襄陽王，左將軍彭為武昌王。以衛將軍恪為大司馬、侍中、大都督、錄尚書事，封太原王，鎮南將軍評為司徒、驃騎將軍，封上庸王。封安東將軍霸為吳王，左賢王友為范陽王，散騎常侍厲為下邳王，散騎常侍宜為廬江王，寧北將軍度為樂浪王。又封弟桓為宜都王，逮為臨賀王，徽為河間王，龍為歷陽王，納為北海王，秀為蘭陵王，嶽為安豐王，德為梁公，默為始安公，僂為南康公。子臧[152][6]為樂安王，亮為勃海王，溫為帶方[153]王，涉為漁陽[154]王，暐為中山王。以尚書令陽騖為司空，仍守[155]尚書令。

命冀州刺史吳王霸徙治信都[156]。初，燕王皝奇霸之才，故名之曰霸，將以為世子，羣臣諫而止，然寵遇猶踰於世子。由是儁惡之，以其嘗墜馬折齒，更名曰䶎。尋以其應讖文[157]，更名曰垂[158]，遷侍中，錄留臺事[159]，徙鎮龍城。垂大得東北之和[160]，儁愈惡之，復召還。

五月，江西流民郭敞等千餘人[7]執陳留內史[161]劉仕，降于姚襄，建康震駭。以吏部尚書周閔為中軍將軍[162]，屯中堂[163]，豫州刺史謝尚自歷陽還衛京師，固江備守。

王擢拔陳倉，殺秦扶風內史毛難。

北海王猛[164]少好學，倜儻[165]有大志，不屑細務[166]，人皆輕之。猛悠然自得，隱居華陰[167]。聞桓溫入關，披褐詣之[168]，捫蝨[169]而談當世之務[170]，旁若無人。溫異[171]之，問曰：「吾奉天子之命，將銳兵十萬為百姓除殘賊，而三秦豪傑未有至者，何也？」猛曰：「公不遠數千里深入敵境，今長安咫尺[172]而不度灞水[173]，百姓未知公心[174]，所以不至[175]。」溫嘿然[176]無以應，徐曰[177]：「江東無卿比[178]也。」乃署[179]猛軍謀祭酒[180]。

溫與秦丞相雄等戰于白鹿原，溫兵不利，死者萬餘人。初，溫指[181]秦麥以為糧，既而秦人悉芟麥[182]，清野[183]以待之。溫軍乏食，六月丁丑[184]，徙關中三千餘戶而歸。以王猛為高官督護[185]，欲與俱還，猛辭不就。◯呼延毒帥眾一萬從溫還。秦太子萇等隨溫擊之，比至潼關，溫軍屢敗，失亡以萬數。

溫之屯灞上也，順陽[186]太守薛珍勸溫徑進逼長安，溫弗從。珍以偏師獨濟[187]，頗有所獲。及溫退，乃還，顯言[188]於眾，自矜[189]其勇而咎溫之持重[190]，溫殺之。

秦丞相雄擊司馬勳、王擢於陳倉，勳奔漢中，擢奔略陽[191]。◯秦以光祿大夫趙俱為洛州[8]刺史，鎮宜陽[192]。

秦東海敬武王雄[193]攻喬秉于雍，丙申[194]，卒。秦主健哭之嘔血，曰：「天不欲吾平四海邪？何奪吾元才[195]之速也！」贈魏王，葬禮依晉安平獻王故事[196]。雄以佐命元勳[197]，位兼將相[9]，權侔人主[198]，而謙恭汎愛[199]，遵奉法度，故健重之。常曰：「元才，吾之周公[200]也。」子堅襲爵。堅性至孝，幼有志度[201]，博學多能，交結英豪，呂婆樓、彊汪及略陽梁平老皆與之善。

燕樂陵[202]太守慕容鉤，翰[203]之子也，與青州刺史朱禿共治厭次[204]。鉤自恃宗室[205]，每陵侮禿。禿不勝忿，秋，七月，襲鉤，殺之，南奔段龕[206]。

秦太子萇攻喬秉于雍，八月，斬之，關中悉平。秦主健賞拒桓溫之功，以雷弱兒為丞相，毛貴為太傅，魚遵為太尉，淮南王生為中軍大將軍，平昌王菁為司空。健勤於政事，數延[207]公卿咨講治道[208]。承趙人苛虐奢侈之後，易以寬簡節儉[209]，崇禮儒士[10]，由是秦人悅之。

燕大調兵眾，因發詔之日，號曰丙戌舉[210]。

九月，桓溫還自伐秦[211]，帝遣侍中、黃門勞溫于襄陽[212]。

或告燕黃門侍郎宋斌等謀奉冉智[213]為主而反，皆伏誅。斌，燭之子也。

秦太子萇之拒桓溫也，為流矢所中，冬，十月，卒，諡曰獻哀。

燕王儁如龍城。

桓溫之入關也，王擢遣使告涼王祚，言溫善用兵，其志難測。祚懼，且畏擢之叛己，遣人刺之。事泄，祚益懼，大發兵，聲言東伐，實欲西保敦煌，會溫還而止。既而遣秦州刺史牛霸等帥兵三千擊擢，破之。十一月，擢帥眾降秦，秦以擢為尚書，以上將軍啖鐵為秦州刺史。

秦王健叔父武都王安自晉還[214]，為姚襄所虜，以為洛州刺史。十二月，安亡歸秦，健以安為大司馬、驃騎大將軍、并州刺史，鎮蒲阪。

是歲，秦大饑，米一升直布一匹。

【章旨】以上為第三段，寫晉穆帝永和九年（西元三五三年）、十年共兩年間的大事。主要寫了涼州張重華兩次派王擢伐秦，有敗有勝；寫了涼州張重華誤用族人張祚，外放其功臣謝艾；重華死後，張祚廢重華子曜靈，自稱涼王；寫秦主苻健因殺部將張遇，致關中之池陽、鄠縣、雍縣、灞城等多處起而反秦，請降於晉；寫了姚襄降晉後，屯兵歷陽，殷浩惡其強大，多次謀欲殺之，致雙方結怨；寫了殷浩北伐，以姚襄為前鋒，結果姚襄叛變，兩次大破殷浩於山桑，事後又自動向朝廷請罪，後又降燕；寫了桓溫趁朝野之怒，上書數殷浩之罪，於是殷浩被削職流放，死於貶所；寫了桓溫率步騎四萬分兩路，再加司馬勳出子午道，一齊北伐關中。桓溫的步兵由武關入，大破秦軍於藍田，桓沖又破秦軍於白鹿原，晉軍遂進抵灞上，距長安只剩咫尺之遙，三輔百姓皆來降；後桓溫又與秦兵戰於白鹿原，桓溫失敗，加以晉軍乏糧，遂徙關中三千戶而歸；晉將司馬勳與涼將王擢在陳倉一帶與秦軍戰，互有勝敗，最後被秦丞相苻雄打敗，司馬勳返回漢中，王擢降秦；寫了苻健既挫敗桓溫，又平定了各地的反抗勢力，最後遂穩定了在關中的統治。苻健「勤於政事，數延公卿咨講治道。承趙人苛虐奢侈之後，易以寬簡節儉，崇禮儒士，由是秦人悅之」。此外還寫了燕將慕容恪、慕容評等大力掃蕩黃河流域，並大舉進軍黃河以南。寫了慕容霸因受慕容儁忌恨被改名慕容垂，然此人先後得慕容恪、慕容軍等人的讚揚與推崇，為日後慕容垂之崛起做了伏筆。

【注釋】❶正月乙卯朔　正月初一是乙卯日。❷二月庚子　二月十七。❸龍黎　地名，吳熙載《資治通鑑地理今釋》以為在陝西鳳翔府之隴州。隴州，即今陝西隴縣。❹姑臧　即今甘肅武威，當時涼州張氏政權的都城。❺上邽　即今甘肅天水市，當時秦州的州治所在地。❻交州　晉州名，州治龍編，在今越南河內東北。❼林邑　古國名，在今越南國的南部地區。❽五十餘壘　五十多個軍事據點。❾詐稱劉曜子　假說是前趙主劉曜的兒子。❿平陽　前趙早期的都城，在今山西臨汾的西南部。⓫進　提升。⓬楊初　氐族部落的頭領，殺氐王楊毅，併有其眾，稱王於今甘肅成縣一帶地區。⓭仇池　古地名，在今甘肅成縣西。⓮昭儀　帝王妃嬪的位號名，位在王后之下。昭儀，言昭顯其儀容。⓯假子　養子。⓰池陽　縣名，縣治在今陝西涇陽西北。⓱鄠　縣名，縣治在今陝西戶縣北。⓲雍　縣名，縣治在今陝西鳳翔西南的豆腐村、河南屯一帶。⓳司竹　園名，在今陝西周至東南。⓴灞城　即灞城縣，縣治在今陝西長安東北。㉑請兵　向晉王朝請兵援助伐秦。㉒略定上洛　平定上洛郡。上洛郡的郡治即今陝西商州。㉓豐陽川　古地名，即上洛郡的豐陽縣，今陝西山陽。㉔清河王法　苻法，苻雄之子。㉕歷陽　晉縣名，即今安徽和縣。㉖夾淮　在淮河兩岸。㉗訓厲　訓練、教育。㉘以情　把真情實況。㉙魏統　原為魏國的兗州刺史，永和七年八月降晉。㉚潛遣　祕密派遣。㉛譙　縣名，即今安徽亳州。㉜梁國蠡臺　睢陽城內的高臺，又名升臺，在今河南商丘南古睢陽城內。梁是古郡國名，郡治在今河南商丘城南。㉝表　上表推薦。㉞身　自稱之詞，猶言「我」。㉟姚平北　敬稱姚襄，姚襄時為平北將軍。㊱休戚同之　猶言同甘苦、共患難。休，喜樂。戚，哀愁。㊲自專　自作主張，獨斷專行。㊳輔車　「輔車相依，脣亡齒寒」的減縮。輔，頰骨。車，牙床。二者相互依存。《左傳》僖公五年：「諺所謂輔車相依，脣亡齒寒者，其虞、虢之謂也。」甚失輔車之理，意即不顧同僚之誼，不明脣亡齒寒之理。㊴豈所望也　這哪裡是人們所希望的樣子呢。㊵明哲　英明、睿智。㊶讒慝　好進讒言的邪惡之人。㊷猜嫌之端　矛盾的開始。㊸在此不在彼　在你不在他。㊹姿性豪邁　這裡實指性情暴戾。㊺王臣之體　作為一個朝廷大臣的作風。體，行為作風。㊻歸命　歸順；投降。㊼何至是也　哪裡會這樣呢。㊽梁安雷弱兒　此時為苻健的部將。㊾關右之任　關中地區的最高長官。㊿園陵　指西晉諸帝的陵墓，在洛陽。(51)容有詐偽　可能有假。容，或許；可能。(52)前驅　前鋒。(53)伏甲以邀之　埋伏軍隊以襲擊之。邀，襲擊。(54)山

桑　縣名，縣治在今安徽蒙城北三十七里。(55)淮南　晉郡名，郡治壽春，即今安徽壽縣。(56)張陳　指張良和陳平，都是劉邦部下的得力謀士。事詳《史記》之〈留侯世家〉、〈陳丞相世家〉。(57)西平敬烈公　西平公是張重華的封爵，敬烈是其謚。(58)吏幹　精明幹練。(59)傾巧　狡詐而善於看風行事。(60)善事內外　善於和朝裡朝外的人搞好關係。(61)嬖臣　寵臣，多帶有男寵的性質。(62)請出之　請將張祚、趙長等調出京城。(63)謝艾　涼州張氏政權的名將。(64)枹罕之功　指謝艾擊敗趙將麻秋多次進攻涼州之功。事見本書卷九十永和三年。(65)疾　嫉妒。(66)譖艾　在張重華面前說謝艾的壞話。(67)權倖　有權勢而又被帝王寵幸的人。倖，同「幸」。(68)公室　帝王的家族。(69)乞聽臣入侍　請讓我進宮侍奉主子。(70)十一月己未　十一月初十。(71)衛將軍　帝王禁衛軍的統領長官。(72)丁卯　十一月十八。(73)各留撫其營　都在當地統領自己的軍隊。(74)克鄠　攻克鄠縣，即今陝西戶縣。(75)盱眙　縣名，縣治在今江蘇盱眙東北。(76)罪狀殷浩　向朝廷列舉殷浩的罪狀。(77)自陳謝　也向朝廷說明自己的不對之處。陳謝，道歉；請罪。(78)未夷　未平；未安定。(79)沖幼　幼小。(80)幸　寵愛，實指與馬氏私通。(81)恣為淫虐　肆無忌憚地荒淫殘暴。(82)命世之才　著名於一世的傑出人才。(83)宜總大任　意即為丞相之職。總，總管；總領。(84)常山　古城名，也稱「正定」、「真定」，在今石家莊之東北部，當時為常山郡的郡治所在地。(85)建興　晉愍帝的年號。張氏心向晉室，奉建興年號至四十二年，至此始改。(86)建康侯　建康是涼州張氏所立的郡名，郡治在今甘肅高臺西南。(87)武公　張軌的謚號。張軌是涼州張氏政權的創立者，張駿的祖父，張重華的曾祖父。(88)抱忠履謙　恪守忠信，保持謙遜。履，施行；執行。指張氏從未自己稱王。(89)五十餘年　自惠帝永寧元年張軌鎮涼州，至此已五十四年。(90)舉世之虜　指進攻過涼州的各個少數民族政權，如前趙、後趙、苻秦等等。(91)師徒歲起　雖然每年都得出兵抗敵。(92)民不告疲　但百姓們從未訴說痛苦、表示厭倦。(93)亟謀革命　著急於改朝換代，自己稱王。革命，改換天命。古代統治者都說自己是受命於天，因而稱朝代更換為「革命」。(94)用命　接受張氏政權的統治。(95)四遠　四方遠近的百姓。(96)能奉晉室　能擁戴晉王朝，聽從晉王朝的命令。(97)自尊　自大；自己稱帝稱王。(98)一隅　一角；一方。(99)闕下　宮殿的正門之前。古代宮殿的正門左右，築有兩臺，以發布命令，此臺稱作「觀」，也稱作「闕」。(100)周成反　周成原是冉閔的部將，於咸和七年降晉，駐兵於宛縣。(101)宛　縣名，縣治即今河南南陽。(102)辛酉　正月十三。(103)鮪渚　地名，在今河南鞏縣北。(104)霸城　也寫作「灞城」，在今西安的東北部。(105)徙東陽之信安　流放到東陽郡的信安縣，縣治即今浙江衢州。徙，流放；發配。(106)心競不相下　暗中爭勝互不服氣。競，爭勝；相互較勁。(107)不形辭色　在形跡上不表露。辭色，言辭、面色。(108)書空　用手指在空中虛畫字形。(109)咄咄怪事　「咄咄」是感歎聲。「怪事」指奇特而難以理解的事情。(110)掾郗超　桓溫的僚屬姓郗名超。掾，僚屬的總稱。郗超，郗鑒之孫。傳見《晉書》卷六十七。(111)有德有

言　古人所講究的「三不朽」（立德、立功、立言）中的兩項。(112)嚮為令僕　前不久任尚書僕射，即主持朝政的時候。令僕，指尚書令與尚書僕射，尚書省的正、副兩位主官，職同丞相。(113)儀刑百揆　為朝廷百官的榜樣。儀刑，也作「儀形」，猶言法式、楷模。百揆，百官。(114)用違其才　即所用非其所長。指明明不會用兵，卻偏要讓他去當統帥，以致弄得身名俱敗。(115)慮有謬誤　害怕自己的回信上有錯字。(116)開閉者十數　封好後又打開看，一直折騰了十來回，極言殷浩的患得患失之狀。(117)竟達空函　結果竟然寄回去了一個空信封。空函，空信封。(118)卒於徙所　死在了流放之地，即今浙江衢州。(119)王述　王湛之孫，王承之子，一個正直而胸襟坦蕩的人。傳見《晉書》卷七十五。(120)二月乙丑　此語有誤，二月朔己卯，無乙丑日。乙丑疑為己丑之誤。己丑是二月十一。(121)均口　地名，即今湖北老河口市，為均水（今丹江）入漢水之口。(122)南鄉　郡名，郡治在今河南淅川縣西南，舊淅川城的東南。(123)淅川　縣名，疑應為析縣，北魏方在析縣地置淅川縣，縣治即今河南西峽縣。(124)武關　關塞名，在今陝西丹鳳東南的武關鎮。(125)子午道　古山道名，是從關中翻越秦嶺，南到漢中的南北通道。古人以「北」為「子」，「南」為「午」，故名。其北口杜陵，在今陝西長安東北；其南口在今陝西石泉東南。(126)野王　縣名，即今河南沁陽。(127)河內　郡名，郡治懷縣，即今河南武陟。野王縣即屬河內郡。(128)權　臨時；暫且。(129)洛水　河水名，自今河南盧氏一帶流來，在洛陽東北入黃河。(130)緣淮　沿淮河。(131)河南　黃河以南。(132)別將　與桓溫主力相配合作戰的將領。(133)上洛　郡名，郡治即今陝西商縣。(134)青泥　古城名，在今陝西藍田。(135)西鄙　西部的邊境地區。(136)陳倉　縣名，縣治在今陝西寶雞東，地當故道（由雍縣到漢中的通道）的北口。(137)嶢柳　古城名，曹魏曾在城中置青泥軍，故俗亦謂之青泥城。按，嶢柳已為溫將所破，秦軍不應軍於嶢柳，蓋或軍於城東南的嶢關。(138)四月己亥　四月二十二。(139)藍田　縣名，縣治在今陝西藍田西北。(140)桓沖　桓彝之子，桓溫之弟，為東晉名將。傳見《晉書》卷七十四。桓彝是東晉名臣，死於蘇峻之亂。(141)白鹿原　一名霸陵原，在今陝西西安東藍田西的灞、滻二水之間，南連秦嶺，北抵灞岸，東西十五里，南北四十里。(142)壬寅　四月二十五。(143)灞上　也寫作「霸上」，在今陝西西安東白鹿原的北頭。(144)撫諭　安撫告慰。(145)安堵　安居，生活照舊。(146)耆老　西晉遺留下來的老人。六十為耆，七十為老。(147)不圖　沒想到。(148)官軍　朝廷的軍隊。(149)子午谷　山道名，即前文所說的子午道。(150)女媧堡　地名，在今陝西長安南。(151)戊申　五月初二。(152)子臧　慕容臧。(153)帶方　郡名，轄地約當今朝鮮境內的黃海南道、黃海北道一帶地區。(154)漁陽　郡名，郡治即今北京市的懷柔。(155)守　兼任。(156)信都　古城名，即今河北冀州。(157)應讖文　和一種迷信預言的說法相合。(158)更名曰垂　據《晉書》卷一百二十三〈慕容垂載記〉云：慕容儁即位，改霸名為𡙇，表面上是仰慕春秋晉國名將郤缺而改名，內實惡而改之。不久，由於應讖，又去「夬」，以「垂」為名。(159)錄留臺事　管理留守朝廷的事務。(160)大得東

北之和　深得東北地區人民群眾的擁護。和，人和；人心所向。(161)陳留內史　陳留郡的行政長官。陳留原是今河南境內的郡名，郡治在今開封東。但這裡所指的是東晉境內的僑郡，郡治在今安徽亳州東。(162)中軍將軍　統領皇帝警衛部隊的長官。(163)屯中堂　將指揮部設在宮廷內部。中堂，宮廷中的殿堂。(164)王猛　字景略，北海劇縣（今山東昌樂西）人，為前秦主苻堅的重要謀臣。傳見《晉書》卷一百十四〈苻堅傳〉。(165)倜儻　瀟灑豪邁。(166)不屑細務　猶言「不拘小節」。不屑，不顧；重視。細務，細節；小事情。(167)華陰　縣名，因在西嶽華山之北，故名，縣治在今陝西華陰東南。(168)披褐詣之　穿著一件粗布衣服去求見他。這就是上文所說的「不屑細務」。褐，粗布衣，貧者所服。詣，到；往。這裡指求見。(169)捫蝨　用指甲碾死蝨子。當著貴客的面摸出蝨子，放在桌上用指甲碾死，這就是下文所說的「旁若無人」。(170)談當世之務　縱談當前的時局以及如何治國安邦的大事情。(171)異　驚奇；認為不同凡響。(172)長安咫尺　極言離長安之近。八寸曰咫，十寸曰尺。(173)不度灞水　意即不向長安進兵。灞水，也作「霸水」，從南山流來，經當時的長安城東北流入渭水。(174)未知公心　不知道你究竟是怎麼想的。(175)所以不至　所以沒有人來投奔你。(176)嘿然　同「默然」。不言語，無言可答的樣子。(177)徐曰　過了一會兒才說。(178)江東無卿比　東晉沒有一個像你這樣的人才。胡三省曰：「猛蓋指出溫之心事。以為溫之伐秦，但欲以功名鎮服江東，非真有心於伐罪弔民，恢復境土。不然，何以不渡灞水，徑攻長安？此溫所以無以應也。然余觀桓溫用兵，伐秦至灞上，伐燕至枋頭，皆乘勝進兵，逼其國都，乃持重觀望，卒以取敗。蓋溫姦雄也，乘勝進兵，逼其國都，冀其望風畏威，有內潰之變也。逼其國都而敵無內變，故持重以待之。情見勢屈，敵因而乘之，故至於敗。蘇子由所謂『以智遇智，則其智不足恃』者此也。」(179)署　任命。(180)軍謀祭酒　軍中參謀人員的首席長官。軍謀，原作「軍師」，晉人為避「司馬師」之諱，改稱軍謀。祭酒，部門長官。(181)指　指望；計劃利用。(182)悉芟麥　把麥子全部割走了。芟，收割。(183)清野　把田野收拾得乾乾淨淨。謂戰時轉移人口物資，使入侵敵人無所掠奪。(184)六月丁丑　六月初一。(185)高官督護　官職為督護，而外加高官。(186)順陽　郡名，郡治南鄉，在今河南淅川縣南。(187)獨濟　單獨地渡過了灞河。(188)顯言　公開地張揚。(189)自矜　自己誇耀。(190)咎溫之持重　責怪桓溫的過於謹慎小心。咎，責怪。(191)略陽　郡名，郡治即今甘肅天水市。(192)宜陽　縣名，縣治在今河南宜陽西北。(193)東海敬武王雄　苻雄，苻健之弟，被封為東海王，敬武是諡。(194)丙申　六月二十。(195)元才　指苻雄。苻雄字元才。(196)葬禮依晉安平獻王故事　葬禮的規格就如同晉王朝安葬司馬懿的弟弟司馬孚一樣。司馬孚被封為安平王，獻字是諡。傳見《晉書》卷三十七。司馬孚死時，晉武帝司馬炎親自臨喪，拜弔盡哀。及葬又幸都亭，望柩而拜。給鑾輅輕車，介士武賁百人，吉凶導從二千餘人，前後鼓吹，配饗太廟。(197)佐命元勳　意即幫著苻健即位稱帝的大功臣。古代帝王都自稱是「承天受命」，故稱其大功臣為「佐命元勳」。

198權侔人主　權勢大得與帝王一樣。侔，相同；相等。199汎愛　博愛；對任何人都有愛心。200吾之周公　周公是周武王之弟，既幫著周武王滅商建國，又幫著周武王建立制度，穩定周王朝。這裡既是苻健高度地讚揚苻雄，同時也是以周武王自比，自命不凡。201志度　志向、氣度。202樂陵　郡名，郡治在今山東惠民東北。203翰　慕容翰，慕容廆之子，慕容儁之伯父，是慕容皝時代的燕國名將，曾為燕國滅了高句麗與鮮卑族的宇文氏，被慕容皝所殺。事見《晉書》卷一百九。204共治厭次　意思是當時慕容鉤樂陵郡的郡治與朱禿青州的州治都在厭次縣。厭次縣的縣治在今山東惠民東北的桑落垈。205宗室　帝王的同族。206段龕　鮮卑段蘭之子，降晉後，為青州刺史，駐兵於今山東淄博工業區南的廣固城。207數延　總是邀請。208咨講治道　徵詢、研討治理國家的辦法。209易以寬簡節儉　改而實行一種寬大簡明、勤儉節約的政策。210丙戌舉　猶今所謂代號丙戌行動。丙戌，即八月十一。211還自伐秦　從伐秦前線返回荊州。212襄陽　即今湖北襄樊之襄陽區，當時荊州刺史的駐地。213冉智　冉閔的太子。永和八年，鄴城陷落，被燕軍俘虜，慕容儁封之為海賓侯。214武都王安自晉還　武都王安即苻安。苻安奉苻健之命到東晉請求歸附，見本書上卷之咸和六年。

【校　記】①孔持　嚴衍《通鑑補》改作「孔特」。按，《晉書》卷一百十二〈苻健載記〉作「孔特」。②而　原無此字。據章鈺校，十二行本、乙十一行本皆有此字，今據補。③秦　原無此字。據章鈺校，十二行本、乙十一行本、孔天胤本皆有此字，張敦仁《通鑑刊本識誤》同，今據補。④等　原無此字。據章鈺校，十二行本、乙十一行本皆有此字，今據補。⑤彪　嚴衍《通鑑補》改作「彭」。⑥臧　原作「咸」。嚴衍《通鑑補》改作「臧」。按，慕容儁之子樂安王臧，見載於《晉書》卷一百十〈慕容儁載記〉、卷一百十一〈慕容暐載記〉、卷一百十三〈苻堅載記上〉，名皆作「臧」，又本書下文亦作「臧」，今據以校正。⑦千餘人　原無此三字。據章鈺校，十二行本、乙十一行本、孔天胤本皆有此三字，今據補。⑧洛州　原作「洛陽」。據章鈺校，十二行本、乙十一行本、孔天胤本皆作「洛州」，張敦仁《通鑑刊本識誤》同，今據改。⑨位兼將相　原無此句。據章鈺校，十二行本、乙十一行本皆有此句，張瑛《通鑑校勘記》同，今據補。⑩崇禮儒士　據章鈺校，此句十二行本、乙十一行本、孔天胤本皆作「崇儒禮士」。

【語　譯】九年（癸丑　西元三五三年）

春季，正月初一日乙卯，東晉朝廷頒布大赦令。

二月十七日庚子，燕主慕容儁立自己的王妃可足渾氏為皇后，立世子慕容暐為皇太子，可足渾氏皇后、皇太子慕容曄都從龍城遷入薊城的皇宮。

涼王張重華派遣將軍張弘、宋修會同征虜將軍、秦州刺史王擢率領一萬五千名步兵、騎兵討伐秦國。秦國丞相苻雄、衛將軍苻菁率軍抵抗，在龍黎將涼王人馬打得大敗，斬殺了一萬二千人，俘虜了張弘、宋修。王擢丟棄秦州，逃回姑臧。秦主苻健任命領軍將軍苻願為秦州刺史，鎮所設在上邽。

三月，東晉交州刺史阮敷率軍討伐林邑國，攻破了五十多個軍事據點。

故後趙擔任衛尉的常山人李犢聚集起數千人背叛了燕國。

西域胡人劉康詐稱是前趙主劉曜的兒子，在平陽聚集部眾，自稱晉王。夏季，四月，秦國左衛將軍苻飛率軍討伐劉康，將劉康活捉。

東晉任命安西將軍謝尚為尚書僕射。

五月，涼王張重華又派王擢率軍二萬攻伐上邽，秦州有許多郡縣起兵響應王擢。苻願戰敗，逃回秦國的都城長安。張重華遂給東晉朝廷上疏，請求討伐秦國，朝廷下詔提升張重華為涼州牧。

燕主慕容儁派遣衛將軍慕容恪率軍討伐李犢，李犢向燕國投降，慕容恪乘勢進軍討伐佔據著魯口的呂護。

六月，秦國苻飛率軍前往仇池攻打氐王楊初，結果被楊初打敗。秦國丞相苻雄、平昌王苻菁率領四萬人馬駐守隴東。

秦主苻健把擔任司空的張遇的繼母韓氏納入後宮，封為昭儀，並多次當著眾人的面對張遇說：「你，是我的養子。」張遇感到這是一種極大的恥辱。他趁著苻雄等人率領精兵在外駐守隴東的機會，暗中勾結關中的豪傑，準備滅掉苻氏，然後獻出關中，投降東晉。秋季，七月，張遇與黃門官劉晃陰謀趁黑夜襲擊苻健，劉晃與張遇約定，在某某時間打開宮門等候張遇到來。恰好苻健派劉晃外出，劉晃堅決推辭，迫不得已只得執行命令。而張遇不知道劉晃不在宮內，到了約定時間，就率兵來到宮門，而宮門卻沒有打開。謀殺苻健的事情遂敗露，張遇被殺。與此同時，孔持在池陽縣起兵，劉珍、夏侯顯在鄠縣起兵，喬秉在雍縣起兵，胡陽赤在司竹起兵，呼延毒在灞城起兵，人數達到數萬，他們分別派遣使者到東晉請求出兵援助伐秦。

秦主苻健任命擔任左僕射的魚遵為司空。〇九月，秦國丞相苻雄率領部眾二萬人返回長安，派平昌王苻菁率軍攻取上洛郡，在豐陽川設置荊州，任命擔任步兵校尉的金城人郭敬為荊州刺史。苻雄與清河王苻法、苻飛各自率軍分別討伐起兵叛亂的孔持、劉珍等。

東晉姚襄率軍屯駐在歷陽，因為燕國、秦國此時勢力強大，朝廷無意北伐，姚襄遂在淮河兩岸大面積的開荒墾田，訓練、教育將士。中軍將軍殷浩則率軍駐紮在壽春，他忌恨姚襄勢力逐漸強大，就把姚襄的弟弟們囚禁起來，並屢次派刺客刺殺姚襄。刺客把事情的真相告訴了姚襄。安北將軍魏統逝世，魏統的弟弟魏憬遂接替魏統統領他的部眾。殷浩便暗中派遣魏憬率領五千名士卒襲擊姚襄，魏憬反被姚襄斬殺，姚襄遂兼併了魏憬的部眾。殷浩就越加的忌恨姚襄，他運用手中的職權，任用龍驤將軍劉啓鎮守譙城，將姚襄調往梁國的蠡臺，又上表舉薦姚襄為梁國內史。

魏憬的子弟多次往來於壽春，姚襄就越加感到懷疑和恐懼，他派遣屬下參軍權翼去晉見殷浩。殷浩對權翼說：「我與平北將軍姚襄同為天子駕下的臣子，應該同甘苦、共患難。而平北將軍做事卻往往自作主張、獨斷專行，完全不顧同僚之誼，不明輔車相依、脣亡齒寒的道理，豈是我所希望於平北將軍的！」權翼回答說：「平北將軍姚襄英姿勃發、氣度蓋世，擁有數萬兵眾，而從萬里之遙前來歸順朝廷，就是認為朝廷政治清明，宰輔大臣英明、睿智。如今將軍輕易地相信那些邪惡之人挑撥離間的讒言，與平北將軍產生矛盾，我認為造成相互猜忌的責任，是在這裡而不是在平北將軍。」殷浩說：「平北將軍姚襄性情暴戾，想讓誰活就讓誰活，想殺死誰就殺死誰，又放縱部下搶奪我的馬匹，作為一個朝廷大臣，其作風難道應該是這個樣子嗎！」權翼說：「平北將軍姚襄回歸朝廷，怎麼肯濫殺無辜！如果是奸佞小人，也是王法所不能容忍的，殺死又有什麼關係？」殷浩說：「掠奪我的戰馬這件事，你怎麼解釋？」權翼說：「將軍認為平北將軍英雄勇武，很難控制，早晚要討伐他，所以奪取戰馬用以自衛罷了。」殷浩笑著說：「哪裡會到這種地步！」

當初，東晉中軍將軍殷浩暗中派人誘惑秦國的重臣梁安、大司馬雷弱兒，唆使他們殺掉秦王苻健，許諾將來成功之後，任用他們為關中地區的最高行政長官。雷弱兒等假裝應許，並且請求殷浩派兵前來接應。恰巧此時殷浩聽說張遇作亂，苻健哥哥的兒子、輔國將軍苻黃眉從洛陽西逃的消息，以為梁安等已經將苻健殺死，大功告成。冬季，十月，殷浩遂從壽春出發，率領七萬人馬北伐，準備首先攻取洛陽，修復西晉諸位皇帝的陵墓。擔任吏部尚書的王彪之寫信給會稽王司馬昱，王彪之認為「秦國雷弱兒等可能有詐，殷浩不應該輕率進兵。」司馬昱不同意王彪之的看法。

殷浩任命平北將軍姚襄為前鋒。姚襄率軍向北行進，估計殷浩將要到達，遂令部眾假裝在夜間逃散，卻暗中埋伏下軍隊準備襲擊殷浩。殷浩得知消息，遂率軍追殺姚襄，一直追到山桑縣，姚襄縱兵攻擊。殷浩大敗，丟棄了所有軍用物資，逃到譙城堅守。姚襄俘獲、斬首了一萬多人，將殷浩丟棄的所有物資全部收拾起來，派自己的哥哥姚益守衛山桑，姚襄率軍返回淮南。會稽王司馬昱對吏部尚書王彪之說：「你說的話沒有不應驗的，就連張良、陳平也不能超越你。」

西平敬烈公張重華身患重病，他的兒子張曜靈才十歲，被立為世子，在其境內實行大赦。張重華庶母所生的哥哥長寧侯張祚孔武有力，精明幹練，卻生性狡詐，善於看風使舵，善於和朝廷內外的人搞好關係，與張重華所寵幸的趙長、尉緝等結為異姓兄弟。擔任都尉的常據請求將張祚、趙長等調出姑臧，張重華卻說：「我正想讓張祚擔當起周公的角色，輔佐我幼小的兒子，先生說的是什麼話！」

軍師將軍謝艾因為保護枹罕有功而受到張重華的寵信，不禁引起張重華身邊人的嫉妒，他們不斷的在張重華面前說謝艾的壞話，張重華遂將謝艾調去擔任酒泉太守。謝艾上疏給張重華說：「有權勢而又被君主寵幸的人掌管國家政權，帝王的家族將面臨危險，請允許我入朝侍奉主人。」又說：「長寧侯張祚與趙長等人即將作亂，應該把他們全都逐出朝廷。」十一月初十日己未，張重華病情加重，遂親手寫下詔書徵調謝艾入宮擔任統領禁衛軍的衛將軍、監中外諸軍事，輔佐朝政。張祚、趙長等將張重華的手令隱藏起來沒有宣布。十八日丁卯，張重華逝世，世子張曜靈即位，稱大司馬、涼州刺史、西平公。趙長等假傳張重華遺命，任命長寧侯張祚為都督中外諸軍事、撫軍大將軍，輔佐朝政。

東晉中軍將軍殷浩派部將劉啓、王彬之率軍前往山桑攻打姚益，姚襄從淮南出兵前往迎擊，劉啓、王彬之全都戰敗而死，姚襄進軍佔領了芍陂。

後趙末年，樂陵人朱禿、平原人杜能、清河人丁嬈、陽平人孫元各自擁兵分別佔據著城邑，此時全都向燕國請求投降。燕主慕容儁任命朱禿為青州刺史，任命杜能為平原太守，任命丁嬈為立節將軍，任命孫元為兗州刺史，令其各自留在當地統領自己的軍隊。

秦國丞相苻雄攻克了池陽，將佔據池陽謀亂的孔持斬首。十二月，清河王苻法、苻飛攻克了鄠縣，斬殺了劉珍、夏侯顯。

東晉姚襄率軍渡過淮水，駐紮在盱眙，招納、劫掠那些流亡的難民，部眾很快發展到七萬人，分別委任郡守縣宰，督促鼓勵從事農業生產。他同時派遣使者前往建康向朝廷舉報中軍將軍殷浩的罪狀，也向朝廷說明自己不對的地方，請求處分。朝廷下詔任命謝尚為都督江西、淮南諸軍事、豫州刺史，鎮所設在歷陽。

涼州擔任右長史的趙長等人建議，他們認為「時局尚未安定，國家應該立年長的為君主，張曜靈年紀幼小，請求廢掉張曜靈，立長寧侯張祚為主人。」張祚先前就得到張重華嫡母馬氏的寵信，馬氏於是答應了趙長等人的請求，廢張曜靈為涼寧侯，立張祚為大都督、大將軍、涼州牧、涼公。張祚的政治野心已經實現，他肆無忌憚地胡作非為、荒淫暴虐，他殺死了張重華的妃子裴氏和擔任酒泉太守的謝艾。

燕國的衛將軍慕容恪、撫軍將軍慕容軍、左將軍慕容彪等屢次向燕主慕容儁舉薦擔任給事黃門侍郎的慕容霸，稱頌慕容霸是著名於當世的傑出人才，適宜擔當大任。這一年，燕主慕容儁任命慕容霸為使持節、安東將軍、北冀州刺史，鎮所設在常山。

十年（甲寅　西元三五四年）

春季，正月，涼州張祚自稱涼王，改建興四十二年為和平元年，立自己的妻子辛氏為王后，兒子張太和為太子，封自己的弟弟張天錫為長寧侯，兒子張庭堅為建康侯，封張曜靈的弟弟張玄靚為涼武侯。設置文武百官，在姑臧城的南郊、北郊祭祀天地神靈，使用皇帝才能使用的禮儀和音樂。擔任尚書的馬岌情辭懇切地進行勸諫，卻因此獲罪被免掉了官職。擔任郎中的丁琪又來勸諫說：「我們從晉惠帝永寧元年武公張軌鎮守涼州的時候起，一直到現在，已經五十多年，世世代代尊奉晉朝，始終堅守臣屬的節操，恪守忠信，保持謙遜，未嘗敢建國稱王。所以才能以一州的人眾，抗衡進攻涼州的各個少數民族建立起來的政權，戰爭雖然每年都有，民眾卻從來未有訴說痛苦、表示厭倦。殿下的功勳品德沒有高過先公，卻迫不及待的謀求改朝換代，自己稱王，我看不出這樣做有什麼好處。民眾所以願意接受張氏政權的統治、願意為張氏政權效力，四面八方不論遠近的人所以紛紛前來歸附，就是因為我們能夠尊奉東晉朝廷、聽從東晉朝廷命令的緣故。如今要自己稱帝、稱王，恐怕要引起內外的離心離德，怎麼能以一個角落的力量抗拒全天下的強敵呢！」張祚竟然大怒，立即將丁琪殺死在宮門之下。

故魏國將領周成投降東晉之後又起兵叛變，他率領部眾從宛城出發襲擊洛陽。正月十三日辛酉，河南太守戴施拋棄洛陽，逃往鮪渚。

秦國丞相苻雄率軍攻克了司竹，佔據司竹的胡陽赤逃往霸城，依附於呼延毒。

東晉中軍將軍、揚州刺史殷浩連年率軍北伐，卻屢次兵敗而回，糧食、器械消耗殆盡。擔任征西將軍的桓溫藉著朝廷、民間對殷浩的怨恨，遂上疏給朝廷列數殷浩的罪狀，請求朝廷罷免殷浩。朝廷迫不得已，免除殷浩所有的職務，將他貶為平民，並流放到東陽郡的信安縣。從此以後，朝廷內外大權全都掌握在桓溫手中。

殷浩年輕的時候與桓溫享有同樣的聲望，而在他們心中卻互相爭勝，誰也不服誰，桓溫一向看不起殷浩。殷浩此時已經被廢黜，雖然憂愁、怨恨的情緒從不在言語、臉色上流露出來，但他常常用手指在空中書寫「咄咄怪事」的字樣。過了很久，桓溫對自己的僚屬郗超說：「殷浩能夠樹立德業、著書立說，如果早先就讓他擔任中書令、尚書令，或是僕射等職務，完全可以成為文武百官的榜樣，朝廷對他的任用，違背了他的特長。」遂準備任用殷浩為尚書令，於是寫信告訴了殷浩，殷浩很高興地應承下來。他準備給桓溫回信，又擔心回信上有什麼差錯，所以將寫好的信封好又打開，打開又封好，如此反覆了十多次，最後送達的竟然是一個空信封。桓溫看了大怒，從此遂跟殷浩斷絕聯繫，殷浩最終死在流放地。朝廷任命前會稽內史王述為揚州刺史。

二月乙丑日，東晉征西將軍桓溫統領步兵、騎兵四萬人從江陵出發，水軍從襄陽進入均口，到達南鄉，步兵從淅川前往武關，命梁州刺史司馬勳從梁州出發，經過子午谷北上，討伐秦國。

燕國衛將軍慕容恪率軍圍攻魯口，三月，將魯口攻克。自稱安國王的呂護逃往野王，他派自己的弟弟帶著表章向燕國請罪、投降，燕國任命呂護為河內太守。

東晉姚襄派遣使者向燕國投降。

燕王慕容儁任命慕容評為鎮南將軍，都督秦、雍、益、梁、江、揚、荊、徐、兗、豫十州諸軍事，暫時將鎮所設在洛水；任命慕容彊為前鋒都督、督荊・徐二州及沿淮河諸軍事，進駐河南。

東晉征西將軍桓溫的另一支軍隊攻打上洛，擒獲了秦國荊州刺史郭敬，進軍攻打青泥城，將青泥城攻佔。梁州刺史司馬勳率軍在秦國的西部邊境地區進行劫掠，涼王張祚管轄之下的秦州刺史王擢趁機攻打陳倉以響應桓溫。秦主苻健派太子苻萇、丞相苻雄、淮南王苻生、平昌王苻菁、北平王苻碩率領五萬兵馬駐紮在嶢柳以抵抗桓溫。夏季，四月二十二日己亥，桓溫與秦兵在藍田開戰。秦國淮南王苻生單騎匹馬衝入晉軍的陣地，殺入殺出十多次，殺死了很多晉軍將士。桓溫指揮軍隊奮勇拼殺，秦兵大敗。晉軍將軍桓沖又在白鹿原打敗了秦國丞相苻雄。桓沖，是桓溫的弟弟。桓溫率領大隊人馬轉戰向前，二十五日壬寅，晉軍抵達灞上。秦國太子苻萇等撤退到長安城南駐紮，秦主苻健帶領老弱病殘六千人堅守長安小城，把所有的三萬名精兵全部動員出來，派擔任大司馬的雷弱兒等與太子苻萇合兵一處抵禦桓溫的進攻。三輔地區的所有郡縣全部派人向桓溫投降，桓溫安撫告慰居民，讓他們照常生活，百姓爭相拿著牛肉、美酒前來歡迎慰勞晉軍，男女老少站在大路兩旁觀看。有些西晉的遺老忍不住掉下淚來，說：「沒有想到今天還能看見朝廷的軍隊！」

秦丞相苻雄率領七千名騎兵到子午谷襲擊東晉梁州刺史司馬勳，將司馬勳打敗，司馬勳率軍撤退到女媧堡駐紮。

五月初二日戊申，燕主慕容儁封撫軍將軍慕容軍為襄陽王，封左將軍慕容彭為武昌王。任命衛將軍慕容恪為大司馬、侍中、大都督、錄尚書事，封為太原王，鎮南將軍慕容評為司徒、驃騎將軍，封為上庸王。封安東將軍慕容霸為吳王，左賢王慕容友為范陽王，擔任散騎常侍的慕容厲為下邳王，散騎常侍慕容宜為廬江王，寧北將軍慕容度為樂浪王。又封自己的弟弟慕容桓為宜都王，慕容逮為臨賀王，慕容徽為河間王，慕容龍為歷陽王，慕容納為北海王，慕容秀為蘭陵王，慕容嶽為安豐王，慕容德為梁公，慕容默為始安公，慕容僂為南康公。封自己的兒子慕容臧為樂安王，慕容亮為勃海王，慕容溫為帶方王，慕容涉為漁陽王，慕容暐為中山王。任命擔任尚書令的陽騖為司空，仍然兼任尚書令。

燕主慕容儁令擔任冀州刺史的吳王慕容霸將治所從常山遷移到信都。當初，燕王慕容皝對慕容霸的才能感到驚奇，所以給他取名叫做「霸」，並準備立慕容霸為世子，因為群臣勸阻，才立慕容儁為世子而沒有立慕容霸，然而慕容皝對慕容霸的寵愛還是超過了對世子的寵愛。因為這個原因，所以慕容儁很討厭慕容霸，因為慕容霸曾經從馬上摔下來磕掉了牙齒，就給他改名叫慕容𡙇。後來，因為𡙇字與一種迷信預言的說法相合，所以又改名為慕容垂，現在提升慕容垂為侍中，負責管理留守朝廷的事務，將鎮所遷往龍城。慕容垂到了龍城不久，便深受東北地區民眾的擁護，燕主慕容儁因此更加厭惡他，又把他從龍城召回薊城。

五月，東晉江西境內的流民郭敞等一千多人抓獲了陳留內史劉仕，向姚襄投降，東晉朝廷十分震驚。立即任命吏部尚書周閔為統領皇帝警衛部隊的中軍將軍，指揮部就設在宮廷之內的中堂，擔任豫州刺史的謝尚也率軍從歷陽返回建康護衛京師，同時加強了長江沿岸的戒備和防守。

涼國秦州刺史王擢攻破了陳倉，殺死了秦國扶風內史毛難。

北海郡人王猛從小就喜歡讀書，舉止瀟灑豪邁，胸懷大志，不拘小節，當時的人都有點看不起他。王猛卻悠然自得、毫不在意，隱居於華陰。他聽說桓溫率大軍進入關中，就身穿粗布衣服前去拜訪桓溫，他一面捉著身上的蝨子一面與桓溫縱情談論著當前的時局以及如何治國安邦的大事情，旁若無人。桓溫大為驚異，問他說：「我奉了東晉皇帝的命令，率領著十萬精兵為百姓消滅殘餘的賊寇，而三秦的英雄豪傑卻沒有人前來投奔，這是為什麼？」王猛回答說：「先生不遠數千里，率領軍隊深入敵人的境內，現在長安近在咫尺，而閣下的大軍卻不肯渡過灞水去攻取長安，百姓不知道先生心裡是怎麼想的，所以才沒有人前來投奔你。」

桓溫默然無語，沒法回答王猛的疑問，過了一會兒，桓溫才說：「江東沒有人能跟你相比。」遂任命王猛為軍謀祭酒。

桓溫與秦國丞相苻雄等在白鹿原會戰，桓溫的軍隊處於劣勢，損失了一萬多人。當初，桓溫指望利用秦國地裡的小麥充當軍糧，想不到秦人在桓溫大軍到來之前就把小麥全部收割走了，把田野收拾得乾乾淨淨等待晉軍的到來。桓溫的軍隊缺乏糧食，六月初一日丁丑，遷移了關中的三千多戶而後撤軍。桓溫任命王猛為督護，外加高官，希望王猛能與自己一塊兒撤回江東，王猛推辭不往。○呼延毒率領一萬名部眾跟隨桓溫。秦國太子苻萇等率領軍隊尾隨在桓溫之後追擊攻打，等到達潼關之時，桓溫的軍隊已經是屢戰屢敗，又損失了一萬多人。

桓溫屯駐灞上的時候，東晉順陽太守薛珍勸說桓溫率軍進逼長安，桓溫沒有採納他的意見。薛珍率領一支部隊單獨渡過灞水，並打了勝仗，很有收穫。等到桓溫撤退的時候，薛珍才跟隨桓溫一起撤回江東，他當著眾人的面公開張揚此事，誇耀自己的勇敢而責備桓溫的過分謹慎小心，桓溫殺死了薛珍。

秦國丞相苻雄率軍前往陳倉攻打東晉梁州刺史司馬勳和涼國秦州刺史王擢，司馬勳兵敗逃往漢中，王擢則逃往略陽。○秦主苻健任命光祿大夫趙俱為洛州刺史，鎮所設在宜陽。

秦國丞相、東海敬武王苻雄率軍前往雍城攻打喬秉，六月二十日丙申，苻雄在雍城去世。秦主苻健痛哭得口吐鮮血，他說：「上天難道不想讓我平定四海嗎？為什麼這麼快就奪走元才的性命！」追贈苻雄為魏王，喪葬的規格就如同西晉安葬安平獻王司馬孚一樣。苻雄是輔佐秦主苻健即位稱帝的大功臣，位兼將相，權勢大得與君主一樣，然而為人謙恭博愛，又遵紀守法，所以秦主苻健很倚重他，常說：「元才，是我的周公。」苻雄的兒子苻堅繼承了父親的爵位為東海王。苻堅非常孝敬父母，自幼就有志向，有氣度，博學多才，喜歡結交英雄豪傑，呂婆樓、彊汪以及略陽人梁平老都與苻堅關係很好。

燕國樂陵太守慕容鉤，是慕容翰的兒子，他與青州刺史朱禿都把治所設在了厭次。慕容鉤倚仗自己是王室的同族，每每欺辱朱禿。朱禿不勝憤怒，秋季，七月，朱禿率人襲擊慕容鉤，將慕容鉤殺死後，便向南去投奔段龕。

秦國太子苻萇率軍攻打佔據雍城的喬秉，八月，將喬秉斬首，關中完全平定。秦主苻健賞賜抵抗桓溫進犯的有功人員，於是任命雷弱兒為丞相，任命毛貴為太傅，任命魚遵為太尉，任命淮南王苻生為中軍大將軍，任命平昌王苻菁為司空。秦主苻健勤勉於政務，總是邀請公卿，向他們諮詢、與他們一起研討治理國家的辦法。秦國接續後趙之後，後趙刑罰苛刻殘酷，社會風氣崇尚奢侈，秦主苻健一改前代的做法，而實行一種寬大簡明、勤儉節約的政策，尊崇、禮遇儒家學派的知識分子，因此秦人都很高興。

燕國大規模調動軍隊，因為發布詔令之日是八月十一日丙戌，所以便稱之為丙戌之舉。

九月，東晉征西將軍桓溫從討伐秦國的前線返回荊州刺史的駐地襄陽，晉穆帝司馬聃派侍中、黃門前往襄陽慰勞桓溫。

有人告發燕國擔任黃門侍郎的宋斌等陰謀叛變，想要擁戴冉閔的太子冉智為君主，於是，宋斌等全部被誅殺。宋斌，是宋燭的兒子。

秦國太子苻萇在抵禦桓溫的時候，被流矢射中，冬季，十月，苻萇去世，諡號為獻哀。

燕主慕容儁前往舊都龍城。

在東晉征西將軍桓溫進入關中的時候，涼國秦州刺史王擢派使者告訴涼王張祚，說桓溫很會用兵，其志向難以預測。張祚很恐懼，又怕王擢背叛了自己，於是便派人去刺殺王擢。事情洩露之後，張祚更加恐懼，遂大規模集結軍隊，公開宣稱要率軍東伐秦國，而實際上是為了應對突發事件，一旦情況緊急，就向西退守敦煌，恰好此時桓溫兵敗撤退，張祚才停止。後來又派秦州刺史牛霸等率領三千人馬攻擊王擢，將王擢打敗。十一月，王擢率領屬下部眾向秦國投降，秦國任命王擢為尚書，任命擔任上將軍的啖鐵為秦州刺史。

秦主苻健的叔父、武都王苻安從東晉出使返回途中，被姚襄俘虜，姚襄任命苻安為洛州刺史。十二月，苻安逃回秦國，苻健委任苻安為大司馬、驃騎大將軍、并州刺史，鎮所設在蒲阪。

這一年，秦國發生大饑荒，一匹布只能換取一升米。

【研　析】本卷寫晉穆帝永和七年（西元三五一年）至永和十年共四年間的各國大事。在這四年中令人感到興奮的首先是燕國慕容氏政權所表現出的強有力的鋒芒與銳氣，它幾乎沒有付出太多的代價就消滅了強大一時的冉閔政權，而且極其漂亮地俘獲了冉閔，並將其斬首。而後就大張旗鼓掃蕩了黃河流域，將燕國的南境推到了淮河流域。而慕容氏的傑出將領如慕容恪、慕容評、慕輿根、封裕等等都給讀者留下了深刻的印象。其次是寫了氐族苻氏開拓關中，並在關中地區穩定了統治的過程，顯示了其動人的勃勃生機。而對比之下令人感到厭惡、感到痛恨的則是東晉王朝上上下下的一片昏庸、腐朽，其皇帝早從司馬睿開始就讓人「望之不似人君」；其執政大臣則只會空談，只會勾心鬥角，只會在窩裡鬥，而置淮河以北的大片國土淪陷於胡、羯、氐、羌、鮮卑等族於不顧，而醉生夢死，無所作為，畏敵如虎，投降主義的論調甚囂塵上，許多文化史、文學史、藝術史上的大名人都以妥協苟活為宗旨，講出的話讓換一個時代的人聽了只會感到惋惜與驚奇。王夫之《讀通鑑論》說：「宋之南渡，自汪（伯彥）、黃（潛善）、秦（檜）、湯（思退）而外，無不以報讎為言，而進畏懦之說者皆為公論之所不容。若晉則蔡謨、孫綽、王羲之皆當代名流，非有懷姦誤國之心也，乃其侈敵之威、量己之弱，創朒縮退阻之說以坐困江東，而當時服為定論，史氏侈為訏謨，是非之舛錯亦至此哉？讀蔡謨駁止庾亮經略中原之議，苟有生人之氣者，未有不憤者也。謨等何以免汪、黃、秦、湯之誅於天下後世邪？……則晉之所謂『賢』，宋之所謂『姦』，不必深察其情，而繩以古今之大義則一也。蔡謨、孫綽、王羲之惡得不與汪、黃、秦、湯同受名教之誅乎？」蔡謨反對庾亮北伐的言論，見於本書〈晉紀〉十八成帝咸康五年。而大書法家王羲之竟在本卷中公開高唱：「區區江左，天下寒心，固已久矣。力爭武功，非所當作」；他主張：「今軍破於外，資竭於內，保淮之志，非所復及。莫若還保長江，督將各復舊鎮，自長江以外，羈縻而已。」敵人已經佔領的地方就不要了，敵人快要佔領的地方也乾脆扔掉算了。如果都是這種心態，光一道長江就能擋住敵兵的南侵麼？石勒、石虎、冉閔，都曾強大一時，為什麼不看一看慕容廆、慕容皝、慕容儁、苻洪、姚弋仲是怎麼白手起家，打出一片天地來的？更何況以石虎、冉閔時代的殘暴，各州郡起義的地區之廣、之多，東晉王朝怎麼就不能有一點作為呢？

東晉不是沒有人才，可惜他們或者是位處下僚，無權無勢；或者是孤軍奮起，獨力無援；再有就是朝廷的執政者與地方上的軍政大員彼此對抗、相互拆臺。如殷浩與桓溫就是最明顯的一對。歷來之讀史者往往既批評殷浩之庸妄，又指責桓溫之「居心不端」，最終仍落腳於空談而無所作為。其實，殷浩對桓溫的挑釁是明顯的，有目共睹；而桓溫之對待殷浩卻沒有多少可指責之處。正如王夫之所說：「北伐之舉，溫先請之，而浩沮之；既乃自行，而置溫於局外，不資其一旅之援，溫亦安坐上流而若罔聞。固溫之樂禍以乘權，抑浩擯之而使成乎坐視。嚮令東西並進，而吾擁中樞之制，溫固吾之爪牙，抑又惡足以逞？」當殷浩北伐失敗而回，桓溫並未對之全盤否定，他仍然肯定他的「有德」、「有言」，只是說他在「建功立業」的能力上稍差而已。而且他給殷浩寫信，準備推薦他「為令僕」，也就是當丞相，讓他繼續管理國家的行政事務，以用其所長。這不是很好麼？而殷浩則患得患失，竟莫名其妙的像得了神經病一樣：「欣然許焉。將答書，慮有謬誤，開閉者十數，竟達空函」。王夫之《讀通鑑論》對殷浩與桓溫的這種相互矛盾評論說：「桓溫能用殷浩，殷浩不能用桓溫。溫曰：『浩有德有言，為令僕，足以儀刑百辟，朝廷用違其才耳。』此溫之能用浩也。溫請北伐，而浩沮之，浩之不能用溫也。能用之而後能制之；不能用矣，而欲制之，必敗之道也。」宋代的胡寅、明代的袁黃都對殷浩提出過尖銳批評，這裡不再徵引。

《晉書》的材料相當一部分取自於《世說新語》，而《資治通鑑》寫這段歷史又大篇幅的抄自《晉書》，於是《世說新語》中許多具有「識鑒」、「賞譽」、「品藻」性質的「預言」都被收了進來。於是桓溫從他的一露面就被貼上了「生有反骨」的標籤。於是他的一切舉動都是別有用心的，於是他的北伐關中而不取長安等等便都受到了當時的政客與後代讀者的譴責。對此，王夫之《讀通鑑論》一掃陳言地說：「晉之失久矣，殷浩廢，桓溫受征討之命，敗苻萇於藍田，進軍灞上；敗姚襄於伊水，收復雒陽，亦壯矣哉！當是時，石、冉初亡，苻、姚乍興，健雖鷙而立國未固；襄甫颺去，乍集平曠之壤，勢益飄搖，故挫之也易。善攻者攻其瑕，乘瑕以收功，而積衰之氣以振。溫可謂知所攻矣。其入關也，糧匱而還；其復雒也，置戍而返。說者曰：『溫有逆心，舍外而圖內。』此以劉裕例之，而逆其詐也。溫之歸鎮，未嘗內偪朝廷，如裕之為也。浩既廢，會稽才弱而不足相難，王、謝得政新而望淺，非溫內顧之憂也，溫何汲汲焉？乃其所以不能進圖全功而亟撤以還者，孤軍乘銳氣快於一擊，而無以繼其後也。晉偏安於江左，而又分焉。建業擁天子以為尊而力弱，荊襄挾重兵以為彊而權輕，且相離以相猜而分為二。溫以荊襄之全力為孤注，其進其退，一委之溫，而朝廷置之若忘。溫即有忠誠亦莫能自遂，而況乎其懷二心哉？臣與主相離也，相與將相離也，東與西相離也，以此而欲懸軍深入，爭勝於蠭起之寇，萬不可得之數矣。尤可嗟異者，溫方有事於關雒，而荀羨東出山茌以伐燕，欲與溫競功，而忘其力之不逮；且燕非苻、姚新造之比也。慕容儁三世雄桀，而植根深固，攖勢重難搖之虜以自取敗衄，曾不知以一旅翼溫，乘勝以復故都，豈不傎乎？秦寇平，燕之氣奪；兩都復，晉之勢成，合天下之力以嚮燕，則燕不能孤立以相抗；協於溫以成將就之功，則溫之心折而不足以騁。乃彼方西嚮，我且東指，徒為立異而生其歎怨，謝萬之愚，荀羨之妄，會稽之闇，懷忮以居中，欲溫之成功於外，其可得乎？謀國若此，不亡為幸耳。其不亡也，猶溫兩捷之威有以起荼懦之氣，讋凶狡之心也。」

卷第一百

晉紀二十二

起旃蒙單閼（乙卯　西元三五五年），盡屠維協洽（己未　西元三五九年），凡五年。

【題　解】本卷寫晉穆帝永和十一年（西元三五五年）至升平三年（西元三五九年）共五年間的東晉及各國大事。主要寫了秦主苻健死，苻健極其殘暴的兒子苻生繼位。在苻生即位前，先有苻菁欲殺苻生而被苻健所殺；苻生即位後，寵用嬖幸小人，先後殺了梁皇后、梁楞、梁安、雷弱兒、王墮、強平、苻黃眉、魚遵、牛夷等；又懷疑欲殺其堂兄弟苻堅、苻法，結果消息走漏，被苻堅、呂婆樓等所滅；隨後苻堅被擁立為大秦天王，其朝廷班底主要有苻融、呂婆樓、王猛、鄧羌等；接著苻堅自將以討張平，大破張平於銅壁，張平畏懼降秦；寫了苻堅對王猛絕對信任支持，王猛時年三十六歲，一歲之中五遷；而王猛則輔佐苻堅「舉異材，修廢職，課農桑，恤困窮，禮百神，立學校，旌節義，繼絕世」，致使秦民大悅；寫了苻堅於秦地大旱之際能「開山澤之利，公私共之，息兵養民」，致使「旱不為災」；寫了涼王張祚殘虐無道，並忌恨其部將張瓘，圖欲滅之，結果被張瓘、宋混等所殺，張瓘等立張重華之子張玄靚為涼王；張瓘為政苛虐，人心不附，又欲殺宋混、宋澄，廢張玄靚而自立，結果被宋混、宋澄所殺，宋混勸張玄靚去涼王之號，仍稱晉之涼州牧；寫了燕國大將慕容恪先破鮮卑段氏的殘餘段龕於廣固城，青州一帶遂盡入燕人之手；又寫了燕將慕容垂大破敕勒於塞北、慕輿根協助慕容評破軍閥馮鴦於上黨、慕容評又討降秦之張平於并州，張平請降於燕；寫了晉將荀羨攻燕之泰山太守於山茌，燕將慕容塵派兵往救，大破晉將荀羨於山茌；寫了燕將慕容垂一向受燕主慕容儁之歧視，慕容儁利用慕容垂妃段氏之短羅織罪名，欲連及於慕容垂，事雖未成，但兄弟之間的矛盾已不可調和；寫了燕主儁因病而欲改立慕容恪為接班人，慕容恪則誠懇表示自己願做周公，盡力輔佐太子慕容暐；寫了晉將桓溫多次請移都洛陽、修復園陵，朝廷不許；寫了桓溫破姚襄於伊水，進而攻克洛陽；桓溫修復西晉諸陵後，留毛穆之、陳午、戴施等駐守洛陽，自己回師江陵；寫了晉之泰山太守諸葛攸率兵擊燕，被燕將慕容評大破於東阿；寫了晉王朝命謝萬、郗曇兩路進兵擊燕，結果郗曇因病退軍彭城，謝萬則因畏懼燕兵之強，引兵回退，造成了全軍潰散，致使許昌、潁川、譙郡、沛郡都落入燕人之手等等。

孝宗穆皇帝中之下

永和十一年（乙卯　西元三五五年）

春，正月，故仇池公楊毅❶弟宋奴使其姑子梁式王刺殺楊初。初子國誅式王及宋奴，自立為仇池公。桓溫表國為鎮北將軍、秦州刺史。

二月，秦大蝗，百草無遺，牛馬相噉毛❷。

夏，四月，燕王儁自和龍❸還薊。先是，幽、冀之人以儁為東遷❹，互相驚擾，所在屯結❺，羣臣請討之。儁曰：「羣小以朕東巡，故相惑為亂耳。今朕既至，尋❻當自定，不足討也。」○蘭陵❼太守孫黑、濟北❽太守高柱、建興❾太守高瓮及秦河內⑩太守王會、黎陽⑪太守韓高皆以郡降燕。

秦淮南王生幼無一目，性麤暴，其祖父洪嘗戲之曰：「吾聞瞎兒一淚⑫，信乎⑬？」生怒，引佩刀自刺出血，曰：「此亦一淚也！」洪大驚，鞭之。生曰：「性耐刀槊⑭，不堪鞭棰⑮。」洪謂其父健曰：「此兒狂悖⑯，宜早除之。不然，必破人家⑰。」健將殺之，健弟雄止之曰：「兒長自應改，何可遽爾⑱！」及長，力舉千鈞，手格猛獸⑲，走及奔馬⑳，擊刺騎射，冠絕一時㉑。獻哀太子㉒卒，彊后㉓欲立少子晉王柳，秦主健以讖文有「三羊五眼」，乃立生為太子。以司空、平昌王菁㉔為太尉，尚書令王墮為司空，司隸校尉梁楞為尚書令。

姚襄所部多勸襄北還，襄從之。五月，襄攻冠軍將軍高季於外黃㉕。會季卒，襄進據許昌。

六月丙子㉖，秦主健寢疾㉗。庚辰㉘，平昌王菁[1]勒兵入東宮㉙，將殺太子生而自立。時生侍疾西宮㉚。菁以為健已卒，攻東掖門㉛。健聞變，登端門㉜，陳兵自衛。眾見健，惶懼，皆捨仗㉝逃散。健執菁，數㉞而殺之，餘無所問。

壬午㉟，以大司馬、武都王安㊱都督中外諸軍事。甲申㊲，健引太師魚遵、丞相雷弱兒、太傅毛貴、司空王墮、尚書令梁楞、左僕射梁安、右僕射段純、吏部尚書辛牢等受遺詔輔政。健謂太子生曰：「六夷酋帥[38]及大臣執權者，若不從汝命，宜漸除之。」

臣光曰：「顧命大臣[39]，所以輔導嗣子，為之羽翼也。為之羽翼而教使翦[40]之，能無斃[41]乎？知其[42]不忠，則勿任而已矣。任以大柄[43]，又從而猜之，鮮有不召亂[44]者也。」

乙酉[45]，健卒，諡曰景明皇帝，廟號高祖。丙戌[46]，太子生即位，大赦，改元壽光[47]。羣臣奏曰：「未踰年而改元[48]，非禮也。」生怒，窮推議主[49]，得右僕射段純，殺之。

秋，七月，以吏部尚書周閔為左僕射。○或告會稽王昱曰：「武陵王第中[50]大脩器仗，將謀非常[51]。」昱以告太常王彪之，彪之曰：「武陵王之志，盡於[52]馳騁畋獵而已耳，深願靜之[53]，以安異同之論[54]，勿復以為言[55]。」昱善之。

秦主生尊母彊氏曰皇太后，立妃梁氏為皇后。梁氏，安之女也。以其嬖臣[56]太子門大夫[57]南安趙韶[58]為右僕射，太子舍人趙誨為中護軍，著作郎董榮為尚書。

涼王祚淫虐無道，上下怨憤。祚惡河州[59]刺史張瓘之彊，遣張掖太守索孚代瓘守枹罕，使瓘討叛胡，又遣其將易揣、張玲帥步騎萬三千以襲瓘。張掖人王鸞知術數(60)，言於祚曰：「此軍出，必不還，涼國將危。」并陳祚三不道(61)。祚大怒，以鸞為訞言(62)，斬以徇(63)。鸞臨刑曰：「我死，軍敗於外，王死於內，必矣！」祚族滅之。瓘聞之，斬孚，起兵擊祚。傳檄州郡(64)，廢祚，以侯還第(65)，復立涼寧侯曜靈(66)。易揣、張玲軍始濟河(67)，瓘擊破之。揣等單騎奔還，瓘軍躡(68)之，姑臧振恐。驍騎將軍敦煌宋混兄脩與祚有隙，懼禍。八月，混與弟澄西走，合眾萬餘人以應瓘，還向姑臧。祚遣楊秋胡將曜靈於東苑(69)，拉(70)其腰而殺之，埋於沙阬，諡曰哀公。

秦王生封衛大將軍黃眉為廣平王，前將軍飛為新興王，皆素所善也。徵大司馬武都王安領太尉(71)。以晉王柳為征東大將軍、并州牧，鎮蒲阪，魏王廋(72)為鎮東大將軍、豫州牧，鎮陝城(73)。

中書監胡文、中書令王魚言於生曰：「比有(74)星孛于大角(75)，熒惑入東井(76)。大角，帝坐(77)；東井，秦分(78)。於占(79)不出三年，國有大喪(80)，大臣戮死，願陛下脩德以禳之(81)。」生曰：「皇后與朕對臨(82)天下，可以應大喪(83)矣。毛太傅、梁車騎、梁僕射受遺輔政，可以應大臣(84)矣。」九月，生殺梁后及毛貴、梁楞、梁安。貴，后之舅也。

右僕射趙詔、中護軍趙誨，皆洛州刺史俱之從弟也，有寵於生，乃以俱為尚書令。俱固辭以疾，謂詔、誨曰：「汝等不復顧祖宗，欲為滅門之事。毛、梁何罪而誅之？吾何功而代之？汝等可自為，吾其死矣！」遂以憂卒。

涼宋混軍于武始大澤[85]，為曜靈發哀[86]。閏月[87]，混軍至姑臧，涼王祚收張瓘弟琚及子嵩，將殺之。琚、嵩聞之，募市人[88]數百，揚言：「張祚無道，我兄大軍已至城東，敢舉手[89]者誅三族！」遂開西門納混兵。領軍將軍趙長等懼罪，入閤呼張重華母馬氏出殿，立涼武侯玄靚[90]為主。易揣等引兵入殿，收長等殺之。祚按劍殿上，大呼，叱左右力戰。祚素失眾心，莫肯為之鬭者，遂為兵人所殺。混等梟其首[91]，宣示中外[2]，暴尸道左，城內咸稱萬歲。以庶人禮葬之，并殺其二子。混、琚上[92]玄靚為大將軍、涼州牧、西平公，赦境內，復稱建興四十三年[93]。時玄靚始七歲。

張瓘至姑臧，推[94]玄靚為涼王，自為使持節、都督中外諸軍事、尚書令、涼州牧、張掖郡公，以宋混為尚書僕射。隴西人李儼據郡[95]不受瓘命，用江東年號[96]，眾多歸之。瓘遣其將牛霸討之，未至，西平人衛綝亦據郡叛，霸兵潰，奔還。瓘遣弟琚擊綝，敗之。酒泉太守馬基起兵以應綝，瓘遣司馬張姚、王國擊斬之。

冬，十月，以豫州刺史謝尚督并、冀、幽三州，鎮壽春[97]。

鎮北將軍段龕[98]與燕王儁書，抗中表之儀[99]，非其稱帝[100]。儁怒，十一月，以太原王恪為大都督、撫軍將軍，陽騖副之以擊龕。

秦以辛牢守尚書令[101]，趙韶為左僕射，尚書董榮為右僕射，中護軍趙誨為司隸校尉。

十二月，高句麗王釗遣使詣燕納質修貢[102]，以請其母[103]。燕王儁許之，遣殿中將軍刁龕送釗母周氏歸其國，以釗為征東大將軍、營州刺史，封樂浪公，王如故[104]。

上黨人馮鴦逐燕太守段剛，據安民城[105]，自稱太守，遣使來降。

秦丞相雷弱兒性剛直，以趙韶、董榮亂政，每公言[106]於朝，見之常切齒。韶、榮譖之於秦主生。生殺弱兒及其九子、二十七孫，於是諸羌皆有離心。

生雖在[3]諒陰[107]，遊飲自若[108]。彎弓露刃[109]，以見朝臣。錘鉗鋸鑿[110]，可以害人之具，備置左右。即位未幾，后妃、公卿已下至于僕隸，凡殺五百餘人，截脛[111]、拉脅[112]、鋸項[113]、刳胎[114]者，比比有之。

燕王儁以段龕方彊，謂太原王恪曰：「若龕遣軍拒河[115]，不得渡者，可直取呂護而還[116]。」恪分遣輕軍[117]先至河上，具舟楫[118]，以觀龕志趣[119]。龕弟羆，驍勇有智謀，言於龕曰：「慕容恪善用兵，加之眾盛，若聽其濟河，進至城下，恐雖乞降，不可得也。請兄固守，羆帥精銳拒之於河，幸而戰捷，兄帥大眾繼之，必有大功。若其不捷，不若早降，猶不失為千戶侯也。」龕不從。羆固請不已，龕怒，殺之。

【章旨】以上為第一段，寫晉穆帝永和十一年（西元三五五年）一年間的大事。主要寫了秦主苻健立其極端勇猛而又極端殘暴的兒子苻生為太子，當苻健病危時，苻菁欲殺苻生自立為帝，未成，苻菁被苻健所殺；苻健死後，苻生繼位，肆行無禮，寵用嬖幸小人趙韶、趙誨等。苻生聽用讒言，以天變為藉口，先殺了梁皇后、梁楞、梁安等；又殺害了功高而耿直的大將雷弱兒與公卿以下五百餘人；寫了涼王張祚殘虐無道，並忌恨其部將張瓘的勢力太強，圖欲滅之。張瓘聞知，起兵討張祚，張祚部將宋混等應張瓘，諸軍攻克姑臧，殺掉張祚，立張重華子張玄靚為涼王；寫了鮮卑段氏的殘餘段龕佔據廣固城，自稱青州刺史，依違於燕、晉之間，又對燕主慕容儁倨傲不遜，燕使大將慕容恪起兵伐之；以及晉王朝命謝尚率兵進駐壽春，圖謀北伐等等。

【注釋】❶楊毅　仇池地區的氐族頭領楊茂搜之孫，楊難敵之子，繼其父自稱氐王，後被其族兄楊初所殺。事見本書〈晉紀〉成帝咸康三年。❷牛馬相噉毛　無草可食，故相噉毛。噉，吃。❸和龍　即龍城，今遼寧朝陽，當時燕國的前都城。❹東遷　和龍城在幽州東北，故有人疑其東遷。❺所在屯結　到處都有人集聚起來，準備武裝自衛。❻尋　不久；很快地。❼蘭陵　郡名，郡治丞縣，即今山東棗莊之嶧城鎮。❽濟北　郡名，郡治盧縣，在今山東長清南。❾建興　郡名，郡治在今河北冀州西南。❿河內　郡名，郡治懷縣，在今河南武陟西南。⓫黎陽　郡名，郡治在今河南浚縣東南。⓬一淚　只能一隻眼睛流淚。⑬信乎　果真如此嗎。⑭性耐刀槊　能夠忍受刀矛的砍刺。耐，承受；忍受。槊，長矛。⑮不堪鞭棰　不能忍受鞭子抽、棍子打。棰，杖；棍棒。「鞭棰」在這裡都用如動詞。⑯狂悖　狂妄背理。悖，不可理喻；不聽招呼。⑰必破人家　一定會招來家破人亡。人家，自家；我們家。⑱何可遽爾　怎麼能就這樣處理。遽，急速；一下子。爾，如此。⑲手格猛獸　空手與猛獸格鬥。⑳走及奔馬　奔跑之快能趕得上飛奔的馬。㉑冠絕一時　同時沒人能與之相比。冠，謂超出眾人，位居第一。時，同個時代。㉒獻哀太子　苻健的太子苻萇，前已死，謚獻哀。㉓彊后　苻健的皇后彊氏。㉔平昌王菁　苻菁，苻健之姪。㉕外黃　縣名，縣治在今河南民權西北。㉖丙子　六月初六。㉗寢疾　臥病在床。㉘庚辰　六月初十。㉙勒兵入東宮　帶兵進入太子苻生所居之宮。東宮，太子所居之宮。㉚西宮　秦主苻健所居之宮。㉛東掖門　西宮的東門。掖門，宮廷的旁門。㉜端門　西宮的南門。㉝捨仗　丟掉兵器。㉞數　列舉其罪狀。㉟壬午　六月十二。㊱武都王安　苻安，苻健的叔父。㊲甲申　六月十四。㊳六夷酋帥　各少數民族的頭領。㊴顧命大臣　老皇帝臨終前委託以輔佐幼主的大臣。「顧命」是《尚書》中的篇名，「言臨將死去，回顧而為語」，即取臨終遺命之意。㊵翦　除掉。㊶斃　謂自取滅亡。㊷其　指受顧命的六夷酋帥和執政大臣。㊸大柄　大權。㊹鮮有不召亂　很少有不造成亂子的。鮮，少。㊺乙酉　六月十五。㊻丙戌　六月十六。㊼改元壽光　改稱本年為「壽光元年」。改元，改換年號，再稱元年。㊽未踰年而改元　老皇帝剛死，新皇帝就在當年內改用自己的年號。按古禮，老國君死，太子即位，應在次年的正月初一改用自己的年號。㊾窮推議主　徹底追查誰是提這個意見的主謀。議主，意同「主謀」。㊿武陵王第中　武陵王司馬晞的庭院內。司馬晞是晉元帝司馬睿的兒子，被封為武陵王。第，宅第。(51)非常　非常之事，指圖謀篡位稱帝。(52)盡於　到頭也不過是。(53)深願靜之　非常希望你們能夠沉住氣。(54)以安異同之論　讓那些種種猜測平息下來。(55)勿復以為言　不要再提這件事情。(56)嬖臣　寵臣；男寵。(57)太子門大夫　官名，為太子宮看管門戶。(58)南安趙韶　南安人趙韶。南安是郡名，郡治即今甘肅隴西縣。(59)河州　涼州張氏所設的郡名，郡治枹罕，在今甘肅臨夏西南。(60)術數　以觀測天文星象、推演陰陽五行之理，以預言人事吉凶的迷信方術，如占候、卜筮等。(61)陳祚三不道　指出了張祚有三項不合仁義之道的行為。(62)訞言　邪說；蠱惑人心的言論。訞，同「妖」。(63)斬以徇　斬其人頭，持之巡行示眾。(64)傳檄州郡　給涼州地區的各州郡發出通告。檄，文體名，猶今所謂通告、通報。(65)以侯還第　以侯爵的身分回家賦閒。(66)復立涼寧侯曜靈　重新接回被張祚所廢的張重華的兒子張曜靈為涼王。(67)濟河　渡黃河。張瓘駐兵的枹罕在黃河以東，涼州的都城（今武威）在黃河以西，故易揣等欲攻枹罕需要渡黃河。(68)躡　跟蹤追擊。(69)將曜靈於東苑　把張曜靈挾持到東郊獵場。將，扶；攜帶。這裡即劫持。(70)拉　扭；折斷。(71)領太尉　兼任太尉之職。(72)魏王庾　苻庾，與上述晉王苻柳皆苻健之子。

(73)陝城　即今河南陝縣，在三門峽市西南。(74)比有　近來有。(75)星孛于大角　彗星出現在亢宿的附近。星孛，一顆火光四射的星，即彗星。《晉書・天文志》有所謂「彗星……見則兵起……。主掃除，除舊布新。……光芒所及則為災。」大角，星名，屬亢宿。《晉書・天文志》：「亢四星，天子之內朝也，總攝天下奏事。」《史記・天官書》：「大角者，天王帝廷。」總括以上意思，有星孛于大角，即將有戰事於帝王之廷，於人主不利。(76)熒惑入東井　火星運行到了井宿的附近。熒惑即火星，因其隱現不定，令人迷惑，故名。《晉書・天文志》有所謂「熒惑法使行無常，出則有兵，入則兵散。……為亂為賊，為疾為喪，為飢為兵，所居國受殃。」又曰：「熒惑……司天下群臣之過，司驕奢亡亂妖孽，主歲成敗。」東井是星宿名，即井宿。井宿在參宿東，故稱東井。井宿是雍州、秦國的分野。熒惑入東井，說明秦國的禮失，將有大喪，有大臣被殺戮。(77)帝坐　上帝的座位附近。(78)秦分　秦國地區的分野。從春秋戰國時代開始，人們就根據地上的區域來劃分天上的星宿，把天上的星宿分別指配於地上的州、國，使它們互相對應。就天文說稱分星；就地上說稱分野。(79)於占　根據這種占測。(80)大喪　指帝王、皇后或其嫡長子的喪事。(81)脩德以禳之　帝王的努力修德，可以改變災星運行的方向，可以免除人世的災難。禳，通過祭祀以除去災難。(82)對臨　共同掌管。臨，君臨；統治。(83)可以應大喪　可以承擔上天所降的頭號災難。應，對；承擔。(84)應大臣　承擔大臣該受的罪責。(85)武始大澤　武始澤，即古谷水，一名郭河，又名沙河，即今石羊河。源出祁連山東段北麓，流經今甘肅武威城西，再東北流經民勤，再北流至內蒙古阿拉善旗匯入古休屠澤。又據吳熙載《資治通鑑地理今釋》：「大澤，在甘肅涼州府理番縣。」清代的理番縣，即今甘肅民勤。(86)發哀　即發喪，將人死消息公告於眾，並舉行祭弔。(87)閏月　閏九月。(88)募市人　招集市民。(89)舉手　動手，指動手收捕張琚、張嵩。(90)涼武侯玄靚　張玄靚，張重華之子，張靈曜之弟。(91)梟其首　將張祚的人頭懸掛高竿示眾。(92)上　尊奉。(93)復稱建興四十三年　仍恢復張重華及張重華以前使用的西晉愍帝的年號，既不自立年號，也不奉行東晉的正朔。(94)推　推尊；推舉。(95)據郡　據隴西郡而不聽張瓘的指令，因其擁立張玄靚稱王故也。(96)用江東年號　用東晉穆帝的「永和」年號。(97)鎮壽春　胡三省稱壽春、蕪湖、歷陽、牛渚為「建康四藩」，並說「進取則屯壽春，守江則多在歷陽」。(98)鎮北將軍段龕　段龕是段蘭之子，此時佔據今山東之淄博東南的廣固城，名義上歸降了東晉，其實是割地獨立的軍閥。(99)抗中表之儀　行表兄弟的對等之禮。抗，對等。行對等的禮節叫抗儀。中表，父親姐妹（姑母）的兒女叫外表，母親的兄弟（舅父）姐妹（姨母）的兒女叫內表，互稱中表。慕容儁的母親為段氏女，故段龕與之「抗中表之儀」。(100)非其稱帝　譴責他的擅自稱帝。(101)守尚書令　暫時代理尚書令的職務。守，以低級別代理高職務。(102)納質修貢　派出人質，重按原來的樣子進貢。修，照以前的樣子。(103)以請其母　請求將他的母親放還。咸康八年，慕容皝率兵伐高句麗，俘獲釗母周氏及其妻。事見本書卷九十七咸康八年。(104)王如故　使其照舊為高句麗王。(105)安民城　古城名，為慕容儁上黨郡的郡治所在地，在今山西襄垣北十里。永嘉中，劉琨遣張倚所築，以安上黨之民，因以為名。(106)公言　公開議論。(107)諒陰　也寫作「諒闇」、「梁闇」、「亮陰」，指天子、諸侯的為其父母守喪。其儀式包括離室居廬、不問朝政、摒除酒色、靜心獨居等等。(108)遊飲自若　遊獵飲酒如常。自若，如常；像原來那樣。(109)彎弓露刃　弓上弦、刀出鞘。(110)鍾鉗鋸鑿　泛指可以摧殘人體的各種刑具。(111)截脛　截斷小腿。(112)拉脅　折斷兩肋。(113)鋸項　鋸斷脖子。(114)刳胎　剖出胎兒。(115)拒河　在黃河邊拒守。(116)可直取呂護而還　可以只攻取呂護所據的野王縣（今河南沁陽）而後收兵。直，只。(117)輕軍　快速部隊。(118)具舟楫　準備渡河船隻。舟楫，船和槳。(119)觀龕志趣　觀察段龕的意圖與動向。志趣，意圖；動向。

【校　記】[1]平昌王菁　原作「平昌公菁」。據章鈺校，十二行本、乙十一行本、孔天胤本皆作「平昌王菁」，今據改。按，上文亦作「平昌王菁」。[2]中外　據章鈺校，十二行本、乙十一行本皆作「內外」。[3]在　此字原無。據章鈺校，十二行本、乙十一行本、孔天胤本皆有此字，今據補。

【語　譯】孝宗穆皇帝中之下

永和十一年（乙卯　西元三五五年）

春季，正月，故仇池公楊毅的弟弟楊宋奴派遣他姑姑的兒子梁式王刺殺了氐王楊初。楊初的兒子楊國又誅殺了梁式王和楊宋奴，遂自立為仇池公。東晉征西大將軍桓溫上表給東晉朝廷舉薦任命楊國為鎮北將軍、秦州刺史。

二月，秦國境內蝗蟲成災，地上的各種草類全被蝗蟲吃光，連一點遺留都沒有，牛馬飢餓難忍，就互相啃吃對方身上的毛。

夏季，四月，燕主慕容儁從和龍返回薊城。先前，幽州、冀州二州的百姓以為燕主慕容儁要將都城遷回龍城，因此驚恐不安，發生騷亂，到處都有民眾聚集起來，準備武裝自衛，燕國朝中的大臣全都請求出兵討伐。燕主慕容儁說：「這些小民百姓因為我到東方巡視，心中疑惑，以為我要東遷，所以才起兵作亂；如今我已經回到薊城，不久他們便會自行安定下來，不值得動用兵力。」○東晉蘭陵太守孫黑、濟北太守高柱、建興太守高瓮以及秦國河內太守王會、黎陽太守韓高全都獻出本郡，向燕國投降。

秦國淮南王苻生自幼便有一隻眼睛失明，性情又很粗暴，他的祖父苻洪曾經跟他開玩笑說：「我聽說瞎眼的孩子在哭的時候，只有一隻眼睛會流眼淚，果真是這樣的嗎？」苻生非常生氣，立即抽出身上的佩刀就向自己的身上刺去，刺得鮮血直流，他說：「這是另一隻眼睛在流淚！」苻洪對苻生的舉動感到非常震驚，就用鞭子抽打他。苻生說：「我生來就能忍受刀砍槊刺，卻不能忍受鞭子抽、棍棒打。」苻洪對苻生的父親苻健說：「這個孩子生性狂妄、不可理喻，應該早點把他除掉。不然的話，必然會被他弄得家破人亡。」苻健遂準備將苻生殺死，苻健的弟弟苻雄勸阻說：「孩子長大以後，自然會改變，怎麼能就這樣處理！」等苻生長大之後，力氣大得可以舉起千鈞的重物，赤手空拳可以格殺猛獸，跑起來能追上飛奔的駿馬，無論是用短兵器攻擊還是騎馬射箭，其技藝在當時都是首屈一指。獻哀太子苻萇去世之後，皇后彊氏想立小兒子晉王苻柳為皇太子，秦主苻健因為讖文上有「三隻羊五隻眼」的字句，遂立苻生為皇太子。任命擔任司空的平昌王苻菁為太尉，任命擔任尚書令的王墮為司空，擔任司隸校尉的梁楞為尚書令。

姚襄的部屬大多勸說姚襄返回北方，姚襄聽從了部屬的建議。五月，姚襄率軍進攻鎮守外黃的東晉冠軍將軍高季。恰逢高季去世，姚襄遂順利的佔據了許昌。

六月初六日丙子，秦主苻健臥病在床。初十日庚辰，平昌王苻菁率軍進入太子苻生所居住的東宮，準備殺掉太子苻生，自己接續苻健當皇帝。當時苻生正在苻健所住的西宮侍奉秦主苻健。苻菁遂以為皇帝苻健已經去世，便率軍進攻西宮的東掖門。秦主苻健聽到苻菁政變的消息，便親自登上西宮的南門——端門，集結衛隊進行自我保護。苻菁屬下的兵眾看見苻健仍然健在，立即驚慌失措，他們全都扔掉手中的兵器四散逃走。秦主苻健遂抓獲了苻菁，列數苻菁的罪狀之後，將苻菁殺死，而對那些隨從則沒有進行追究。

六月十二日壬午，秦主苻健任命自己的叔父、擔任大司馬的武都王苻安為都督中外諸軍事。十四日甲申，秦主苻健召見太師魚遵、丞相雷弱兒、太傅毛貴、司空王墮、尚書令梁楞、左僕射梁安、右僕射段純、吏部尚書辛牢等接受遺詔輔佐朝政。苻健對太子苻生說：「六夷酋長以及掌權的大臣，如果不聽從你的命令，你就應該一個一個地把他們除掉。」

司馬光說：「顧命大臣，是用以輔佐引導皇太子，幫助皇太子處理朝政的助手。既然是皇太子的助手，卻又叫皇太子除掉他們，怎麼能不自取滅亡呢？如果知道接受顧命的六夷酋帥和執政大臣對太子不忠，那就不要任用他們為顧命大臣。既然任用他們，將大權授予了他們，卻又對他們心懷猜忌，很少有不造成禍亂的。」

六月十五日乙酉，秦主苻健去世，諡號景明皇帝，廟號高祖。十六日丙戌，皇太子苻生即位為秦國皇帝，在境內實行大赦，改年號為壽光。群臣向苻生奏請說：「先皇剛剛駕崩，陛下在當年就改用自己的年號，這不符合古代的禮法。」苻生大怒，對提出這種意見的主謀進行徹底追查，最後查出是擔任右僕射的段純，苻生立即把段純殺死。

秋季，七月，東晉朝廷任命擔任吏部尚書的周閔為左僕射。○東晉有人對會稽王司馬昱說：「武陵王司馬晞在自己的府第中大量製造兵器，陰謀篡位稱帝。」司馬昱將此話告訴了擔任太常的王彪之，王彪之說：「武陵王司馬晞的最大志向，只不過是騎著馬東奔西跑，馳騁於獵場圍攻獵物而已，我非常希望你們能夠沉住氣，不要聽信，使那些猜測、謠言逐漸平息下來，千萬不要再提及此事。」會稽王司馬昱很贊同王彪之的看法。

秦主苻生尊奉自己的母親彊氏為皇太后，立太子妃梁氏為皇后。梁氏，是擔任左僕射的梁安的女兒。苻生任用自己的寵臣、擔任太子門大夫的南安人趙韶為右僕射，接任被殺死的段純，任命太子舍人趙誨為中護軍，任命著作郎董榮為尚書。

涼王張祚荒淫暴虐，是個無道的昏君，朝廷上下都對他心懷怨恨與憤怒。張祚厭惡擔任河州刺史的張瓘勢力強大，就派遣擔任張掖太守的索孚代替張瓘鎮守枹罕，派張瓘率軍討伐叛變的胡人，又派遣將領易揣、張玲率領一萬三千名步兵、騎兵襲擊張瓘。張掖人王鸞擅長於觀測天文星相、推演陰陽五行之理，能夠預言人事吉凶，他對涼王張祚說：「此次軍隊出征討伐叛胡，肯定回不來，涼國恐怕危險了。」並列舉張祚三項不合仁義之道的行為。張祚大怒，認為王鸞是妖言惑眾，便將王鸞斬首示眾。王鸞在臨刑前說：「我死之後，大軍在外被打敗，大王死於國內，這是一定的！」張祚將王鸞的整個家族全部誅滅。張瓘聽到消息便斬殺了張掖太守索孚，起兵攻擊涼王張祚。給涼州地區的各州郡發出通告，廢掉涼王張祚，讓他以侯爵的身分返回自己的府第賦閒，重新接回涼寧侯張曜靈，立為涼王。張祚派去襲擊張瓘的易揣、張玲剛剛率軍渡過黃河，就被張瓘率軍打敗。易揣等單人匹馬逃回姑臧，張瓘乘勝率軍跟蹤追擊，姑臧城中大為震動，人人恐懼。擔任驍騎將軍的敦煌人宋混的哥哥宋脩因為與張祚有矛盾，每天提心吊膽，懼怕大禍臨頭。八月，宋混與自己的弟弟宋澄向西逃走，聚集了一萬多人起兵響應張瓘，回軍挺進姑臧。張祚派將領楊秋胡把張曜靈劫持到東苑，扭斷了張曜靈的腰，將張曜靈殺死，然後將屍體埋在沙坑中，給張曜靈的謚號是哀公。

秦主苻生封擔任衛大將軍的苻黃眉為廣平王，封前將軍苻飛為新興王，這二人都是苻生一向最喜愛的。徵調大司馬武都王苻安回京師兼任太尉。任命晉王苻柳為征東大將軍、并州牧，鎮所設在蒲阪，魏王苻廋為鎮東大將軍、豫州牧，鎮所設在陝城。

擔任中書監的胡文、擔任中書令的王魚對秦主苻生說：「近來有一顆光芒四射的彗星出現在大角星的附近，火星運行到井宿的附近。大角星，是帝王的座星；東井星，是秦國的分野。根據占卜的卦象來看，不出三年，國家將有大喪事，大臣會遭殺戮而死，希望陛下努力修養品德，以化解這場災難。」秦主苻生說：「皇后與我共同君臨天下，可以讓皇后來承擔上天所降下的這場大災難，以應『國有大喪』之說。太傅毛貴、車騎將軍梁楞、僕射梁安全都接受遺詔輔佐朝政，可以讓他們來承擔大臣該受的罪責，以應『大臣戮死』之說。」九月，苻生殺死了梁皇后、擔任太傅的毛貴、擔任尚書令的梁楞、梁安。毛貴，是皇后的舅舅。

擔任右僕射的趙韶與擔任中護軍的趙誨，都是擔任洛州刺史趙俱的堂弟，因為趙韶與趙誨都受到苻生的寵幸，所以苻生便任用趙俱為尚書令。趙俱以自己身體患病為由堅決推辭，他對趙韶、趙誨說：「你們這些人連自己的祖宗都不顧了，竟然去做那些能導致滿門抄斬的事情。太傅毛貴、尚書令梁楞等人犯了什麼罪，你們竟然把他們殺掉？我又有什麼功勞而讓我代替梁楞擔任尚書令？你們可以自己去做，我大概快死了！」遂因憂慮過度而死。

涼國驍騎將軍宋混將軍隊駐紮在武始澤，他發布了哀王張曜靈被害的消息，並為張曜靈舉行哀悼祭奠儀式。閏九月，宋混率軍抵達都城姑臧，涼王張祚下令抓捕張瓘的弟弟張琚以及張瓘的兒子張嵩，準備將他們殺死。張琚、張嵩得到消息，就招募了數百名市民，對外宣傳說：「張祚是一個殘暴昏庸的君主，我哥哥張瓘已經率領大軍抵達姑臧城東，誰敢動手收捕我們，就誅滅他的三族！」張琚、張嵩打開姑臧城的西門放宋混的軍隊進入姑臧。當初主張立張祚的領軍將軍趙長等人懼怕受牽連遭到懲處，遂進入皇宮呼喚張重華的母親馬氏來到前殿，宣布另立張重華的幼子、涼武侯張玄靚為涼王。張祚的親信將領易揣等率兵闖入金殿，將趙長等逮捕起來，當場殺死。張祚在金殿之上手按寶劍，大聲呼喊，叱令左右衛士奮力反抗。張祚其實早就失去了民心，所以當時根本就沒有人肯為他拼命，張祚遂在混戰中被兵士殺死。宋混等砍下張祚的首級，向朝廷內外宣告張祚已經伏誅，張祚的屍體被拋棄在路邊示眾，姑臧城內全都高喊萬歲。宋混等按照一般平民的葬禮草草將張祚埋葬，他的兩個兒子也與張祚一同被殺死。宋混、張琚等遂尊奉張玄靚為大將軍、涼州牧、西平公，在境內實行大赦，同時恢復了「建興」年號，稱建興四十三年。當時張玄靚年僅七歲。

涼河州刺史張瓘率軍抵達京師姑臧，推戴張玄靚為涼王，張瓘自封為使持節、都督中外諸軍事、尚書令、涼州牧、張掖郡公，任命宋混為尚書僕射。隴西人李儼佔據隴西郡，拒絕接受張瓘的命令，他使用的是東晉穆帝的「永和」年號，很多民眾都歸附於李儼。張瓘派遣自己的部將牛霸率軍征討李儼，牛霸還沒有到達隴西，而西平人衛綝此時也佔據郡城叛變，牛霸所率領的軍隊立時潰散，牛霸逃回了姑臧。張瓘派遣自己的弟弟張琚率軍攻擊衛綝，將衛綝打敗。擔任酒泉太守的馬基起兵響應衛綝，張瓘派遣擔任司馬的張姚、王國率軍攻打馬基，將馬基斬首。

冬季，十月，東晉任命豫州刺史謝尚為都督并、冀、幽三州，鎮所設在壽春。

被東晉任命為鎮北將軍的段龕寫信給燕主慕容儁，他倚仗自己與慕容儁是中表兄弟，便對慕容儁擅自稱帝一事橫加譴責。慕容儁大怒，十一月，任命太原王慕容恪為大都督、撫軍將軍，任命陽騖做慕容恪的副手率軍襲擊段龕。

秦國任命擔任吏部尚書的辛牢暫時代理尚書令的職務，任命趙韶為左僕射，任命擔任尚書的董榮為右僕射，任命擔任中護軍的趙誨為司隸校尉。

十二月，高句麗王釗派遣使者護送人質前往燕國，重又按照以前的樣子向燕國繳納貢品，請求燕國將他的母親放回高句麗。燕主慕容儁答應了高句麗王釗的請求，遂派遣擔任殿中將軍的刁龕護送高句麗王釗的母親周氏返回高句麗國，並任命高句麗王釗為征東大將軍、營州刺史，封為樂浪公，讓他依舊當高句麗國王。

燕國上黨人馮鴦驅逐了燕國上黨郡太守段剛，佔據了上黨郡郡治所在地安民城，自稱上黨郡太守，同時派遣使者來到東晉的京都建康請求歸降。

秦國丞相雷弱兒性情剛正不阿，他認為擔任左僕射的趙韶、擔任尚書的董榮擾亂了朝政，於是常常在朝堂之上公開表達自己的不滿，每次見到趙韶、董榮，都恨得咬牙切齒。趙韶、董榮遂在秦主苻生面前說丞相雷弱兒的壞話。苻生殺死了雷弱兒和他的九個兒子、二十七個孫子。因為雷弱兒是南安羌酋長，所以那些羌人部落都對秦國產生了叛離之心。

秦主苻生雖然還在居喪期間，然而遊樂飲食還與往常一樣。他在接見朝臣的時候，左右的侍衛全都刀出鞘、箭上弦。錘子、鉗子、鋸子、鑿子，凡是可以用來摧殘人體的刑具，全都一樣不缺地放置在身邊。他即位的時間雖然不長，然而，後宮的嬪妃、朝廷中上至公卿大臣，下到一般的奴僕差役，總計殺死了五百多人，被砍掉雙腿的、被拉斷肋骨的、被鋸斷脖子的、被剖開肚子拉出胎兒的，隨處可見。

燕主慕容儁因為段龕勢力正在強盛，遂對太原王慕容恪說：「如果段龕派遣軍隊沿著黃河邊據守，我軍不能順利渡過黃河的話，就可以改變原來的行動計畫，只攻取佔據野王的呂護，然後撤軍而回。」慕容恪遂派遣一支輕裝快速部隊先行抵達黃河岸邊，準備渡河的船隻，以試探段龕的反應。段龕的弟弟段羆，驍勇善戰而且很有謀略，他對哥哥段龕說：「慕容恪很會用兵，加上他所率領的人馬眾多，如果聽任他們渡過黃河，挺進到我們的城下，到那時，恐怕我們向他們請求投降，也是不可能的。請哥哥固守城池，讓我率領精銳部隊沿著黃河進行阻截，有幸獲勝的話，就請哥哥率領大軍隨後趕來接應，必定能夠獲得很大的成功。如果我沒有取得勝利，就不如早點向燕國投降，還可以獲得千戶侯的封賞。」段龕沒有採納弟弟段羆的建議。段羆堅決請求，段龕大怒，竟然將段羆殺死。

十二年（丙辰　西元三五六年）

春，正月，燕太原王恪引兵濟河，未至廣固百餘里❶，段龕帥眾三萬逆戰❷。丙申❸，恪大破龕於淄水❹，執其弟欽，斬右長史袁範等。齊王友辟閭蔚❺被創❻，恪聞其賢，遣人求❼之。蔚已死，士卒降者數千人。龕脫走，還城固守，恪進軍圍之。

秦司空王墮性剛峻❽，右僕射董榮、侍中強國皆以佞幸❾進，墮疾之如讎，每朝，見榮未嘗與之言。或謂墮曰：「董君貴幸無比，公宜小降意接之❿。」墮曰：「董龍⓫是何雞狗，而令國士⓬與之言乎！」會有天變⓭，榮與強國言於秦主生曰：「今天譴⓮甚重，宜以貴臣應之⓯。」生曰：「貴臣惟有大司馬⓰及司空耳。」榮、國[1]曰：「大司馬，國之懿親⓱，不可殺也。」乃殺王墮。將刑，榮謂之曰：「今日復敢比董龍於雞狗乎？」墮瞋目叱之。洛州刺史杜郁，墮之甥也，左僕射趙韶惡之，譖於生，以為貳於晉⓲而殺之。

壬戌⑲，生宴羣臣於太極殿，以尚書令辛牢為酒監⑳。酒酣，生怒曰：「何不彊人酒㉑而猶有坐者㉒！」引弓㉓射牢，殺之。羣臣懼，莫敢不醉，偃仆㉔失冠㉕，生乃悅。

匈奴大人㉖劉務桓卒，弟閼頭立，將貳於代㉗。二月，代王什翼犍引兵西巡臨河㉘，閼頭懼，請降。

燕太原王恪招撫段龕諸城㉙。己丑㉚，龕所署徐州刺史陽都公王騰舉眾降，恪命騰以故職還屯陽都㉛。

秦征東大將軍晉王柳遣參軍閻負、梁殊使於涼，以書說涼王玄靚㉜。負、殊至姑臧，張瓘見之曰：「我，晉臣也。臣無境外之交㉝，二君何以來辱㉞？」負、殊曰：「晉王與君鄰藩㉟，雖山河阻絕㊱，風通道會㊲，故來修好，君何怪焉？」瓘曰：「吾盡忠事晉，於今六世㊳矣。若與苻征東㊴通使，是上違先君㊵之志，下隳㊶士民之節，其可乎？」負、殊曰：「晉室衰微，墜失天命㊷，固已久矣。是以涼之二王㊸[2]北面二趙㊹，唯知機也㊺。今大秦威德方盛，涼王若欲自帝河右㊻，則非秦之敵，欲以小事大，則曷若㊼捨晉事秦，長保福祿乎？」瓘曰：「中州㊽好食言，嚮者石氏使車適返㊾，而戎騎已至㊿，吾不敢信也。」負、殊曰：「自古帝王居中州者，政化各殊[51]，趙為姦詐，秦敦信義[52]，豈得一概待之[53]乎！張先[54]、楊初[55]皆阻兵不服[56]，先帝討而擒之[57]，赦其罪戾[58]，寵以爵秩[59]，固非石氏之比也。」璀曰：「必如君言，秦之威德無敵，何不先取江南，則天下盡為秦有，征東何辱命焉[60]！」負、殊曰：「江南文身之俗[61]，道污先叛，化隆後服[62]。主上[63]以為江南必須兵服，河右[64]可以義懷[65]，故遣行人[66]先申大好。若君不達天命[67]，則江南得延數年之命，而河右恐非君之土也。」璀曰：「我跨據三州[68]，帶甲十萬，西苞葱嶺[69]，東距大河[70]，伐人有餘，況於自守，何畏於秦！」負、殊曰：「貴州山河之固，孰若殽、函[71]？民物之饒，孰若秦、雍[72]？杜洪、張琚，因趙氏成資[73]，兵彊財富，有囊括關中、席卷四海之志。先帝戎旗[74]西指，冰消雲散，旬月之間，不覺易主[75]。主上若以貴州不服，赫然奮怒[76]，控弦[77]百萬，鼓行而西[78]，未知貴州將何以待之[79]？」璀笑曰：「茲事當決之於王，非身所了[80]。」負、殊曰：「涼王雖英睿夙成[81]，然年在幼沖[82]。君居伊、霍之任[83]，國家安危，繫君一舉耳。」璀懼，乃以玄靚之命[84]遣使稱藩於秦，秦因玄靚所稱官爵而授之[85]。

將軍劉度攻秦青州刺史王朗於盧氏[86]；燕將軍慕輿長卿入軹關[87]，攻秦幽州刺史彊哲于裴氏堡[88]。秦王生遣前將軍新興王飛[89]拒度，建節將軍鄧羌拒長卿。

飛未至而度退。羌與長卿戰，大破之，獲長卿及甲首[90]二千餘級。

桓溫請移都洛陽，修復園陵[91]。章[92]十餘上，不許。拜溫征討大都督，督司、冀二州諸軍事，以討姚襄。

三月，秦王生發三輔民治渭橋[93]，金紫光祿大夫程肱諫，以為妨農，生殺之。夏，四月，長安大風，發屋[94]拔木。秦宮中驚擾，或稱賊至，宮門晝閉，五日乃止。秦主生推告賊者[95]，刳出其心。左光祿大夫強平諫曰：「天降災異[96]，陛下當愛民事神[97]，緩刑崇德以應之，乃可弭[98]也。」生怒，鑿其頂而殺之。衛將軍廣平王黃眉、前將軍新興王飛、建節將軍鄧羌，以平太后之弟，叩頭固諫。生弗聽，出黃眉為左馮翊[99]，飛為右扶風[100]，羌行咸陽太守，猶惜其驍勇，故皆弗殺。五月，太后彊氏以憂恨卒，諡曰明德。

姚襄自許昌攻周成[101]于洛陽。

六月，秦王生下詔曰：「朕受皇天之命，君臨萬邦。嗣統[102]以來，有何不善，而謗讟[103]之音，扇滿[104]天下！殺不過千，而謂之殘虐！行者比肩[105]，未足為希[106]。方當峻刑極罰[107]，復如朕何[108]！」

自去春以來，潼關[109]之西，至于長安，虎狼為暴，晝則繼[3]道[110]，夜則發屋，不食六畜[111]，專務食人，凡殺七百餘人。民廢耕桑，相聚邑居[112]，而為害不息。秋，七月，秦羣臣奏請禳災[113]。生曰：「野獸飢則食人，飽當自止，何禳之有[114]！且天豈不愛民哉！正以犯罪者多，故助朕殺之耳。」

丙子[115]，燕獻懷太子曄[116]卒。

姚襄攻洛陽，踰月不克。長史王亮諫曰：「明公英名蓋世，兵彊民附。今頓兵堅城之下[117]，力屈威挫[118]，或為它寇所乘[119]，此危亡之道也。」襄不從。

桓溫自江陵北伐，遣督護高武據魯陽[120]，輔國將軍戴施屯河上[121]，自帥大兵繼進。與寮屬登平乘樓[122]，望中原，歎曰：「遂使神州陸沈[123]，百年丘墟，王夷甫[124]諸人不得不任其責！」記室陳郡袁宏[125]曰：「運[126]有興廢，豈必諸人之過。」溫作色[127]曰：「昔劉景升[128]有千斤大牛，噉芻豆[129]十倍於常牛，負重致遠[130]，曾不若一羸牸[131]。魏武[132]入荊州，殺以享軍[133]。」

八月己亥[134]，溫至伊水[135]。姚襄撤圍拒之，匿精銳[136]於水北林中，遣使謂溫曰：「承[137]親帥王師[138]以來，襄今奉身歸命[139]，願敕三軍小卻[140]，當拜伏道左[141]。」溫曰：「我自開復中原[142]，展敬山陵[143]，無豫君事[144]。欲來者便前，相見在近，無煩使人[145]。」襄拒水[146]而戰。溫結陳而前[147]，親被甲督戰。襄眾大敗，死者數千人，襄帥麾下數千騎奔于洛陽北山(148)。其夜，民棄妻子隨襄者五千餘人。襄勇而愛人，雖戰屢敗，民知襄所在，輒扶老攜幼，奔馳而赴之。溫軍中傳言襄病創已死，許、洛(149)士女為溫所得者，無不北望而泣。襄西走，溫追之不及。弘農(150)楊亮自襄所來奔，溫問襄之為人，亮曰：「襄神明器宇(151)，孫策之儔(152)，而雄武過之。」

周成帥眾出降，溫屯故太極殿(153)前，既而(154)徙屯金墉城(155)。己丑(156)，謁諸陵(157)，有毀壞者修復之，各置陵令(158)。表鎮西將軍謝尚都督司州諸軍事，鎮洛陽。以尚未至，留潁川(159)太守毛穆之、督護陳午、河南(160)太守戴施以二千人戍洛陽，衛山陵。徙降民三千餘家於江、漢之間，執周成以歸。

姚襄奔平陽(161)，秦并州刺史尹赤(162)復以眾降襄，襄遂據襄陵(163)。秦大將軍張平擊之，襄為平所敗，乃與平約為兄弟，各罷兵。

段龕遣其屬(164)段蘊[4]來求救(165)，詔徐州刺史荀羨將兵隨蘊救之。羨至琅邪(166)，憚燕兵之彊不敢進。王騰寇鄄城(167)，羨進攻陽都，會霖雨城壞，獲騰斬之。

冬，十月癸巳朔(168)，日有食之。

秦主生夜食棗多，旦而有疾，召太醫令程延使診之。延曰：「陛下無它疾，食棗多耳。」生怒曰：「汝非聖人，安知吾食棗！」遂斬之。

燕大司馬恪圍段龕於廣固，諸將請急攻之，恪曰：「用兵之勢，有宜緩者，有宜急者，不可不察。若彼我勢敵(169)，外有彊援，恐有腹背之患(170)，則攻之不可不急；若我彊彼弱，無援於外，力足制之者，當羈縻守之(171)，以待其斃。兵法十圍五攻(172)，正謂此也。龕兵尚眾，未有離心。濟南之戰(173)，非不銳(174)也，但龕用之無術，以取敗耳。今憑阻堅城(175)，上下戮力(176)，我盡銳(177)攻之，計數日可拔(178)，然殺(179)吾士卒必多矣。自有事中原(180)，兵不暫息，吾每念之，夜而忘寐，柰何輕用其死(181)乎！要在取之，不必求功之速也。」諸將皆曰：「非所及也。」軍中聞之，人人感悅，於是為高牆深塹(182)以守(183)之。齊人爭運糧以饋(184)燕軍。

龕嬰城(185)自守，樵采路絕(186)，城中人相食。龕悉眾(187)出戰，恪破之於圍裏(188)，先分騎屯諸門(189)。龕身自衝盪(190)，僅而得入(191)，餘兵皆沒。於是城中氣沮(192)，莫有固志(193)。十一月丙子(194)，龕面縛(195)出降，并執朱禿(196)送薊。恪撫安新民，悉定齊地，徙鮮卑、胡、羯三千餘戶于薊。燕王[5]儁具朱禿五刑(197)，以段龕為伏順將軍。恪留慕容塵鎮廣固，以尚書左丞鞠殷為東萊(198)太守，章武太守鮮于亮為齊郡(199)太守，乃還。

殷，彭之子也。彭時為燕大長秋(200)，以書戒殷曰：「王彌(201)、曹嶷(202)，必有子孫，汝善招撫，勿尋舊怨，以長亂源。」殷推求，得彌從子立、嶷孫巖於山中，請與相見，深結意分(203)。彭復遣使遺以車馬衣服，郡民由是大和(204)。

荀羨聞段[6]龕已敗，退還下邳(205)，留將軍諸葛攸、高平太守劉莊將三千人守琅邪(206)，參軍譙國戴逯等將二千人守泰山(207)。燕將慕容蘭屯汴城(208)，羨擊斬之。

詔遣兼司空、散騎常侍車灌等持節如洛陽修五陵(209)。十二月庚戌(210)，帝及羣臣皆服緦(211)，臨於太極殿三日(212)。司州都督謝尚以疾不行，以丹陽尹王胡之代之，未行而卒[7]。胡之，廙(213)之子也。

是歲，仇池公楊國(214)從父俊殺國自立，以俊為仇池公。國子安奔秦。

【章旨】以上為第二段，寫晉穆帝永和十二年（西元三五六年）一年間的大事。主要寫了秦主苻生聽信佞幸董榮等人的讒言殺害了司空王墮與洛州刺史杜郁；又殺了諫臣強平，苻飛、苻黃眉、鄧羌等人因勸止而遭貶斥，其母彊太后以憂死；寫了燕將慕容恪大破段龕於濟水之南後，進兵包圍廣固城，慕容恪築長圍，守而不戰，以待其敝。最後段龕突圍不成，只好面縛出降，青州一帶遂盡入燕人之手；寫了晉將桓溫多次請移都洛陽、修復園陵，朝廷不許，而派桓溫為征討都督，北討姚襄；寫了桓溫破姚襄於伊水，姚襄北逃平陽；桓溫攻克洛陽，軍閥周成投降；桓溫修復西晉諸陵後，表請謝尚鎮洛陽，謝尚因病未至，遂留毛穆之、陳午、戴施等為留守，自己回師江陵；此外還寫了秦將苻柳派使者閻負、梁殊入涼，勸說張瓘使涼王張玄靚取消王號，稱藩於秦，雙方互聘辭令，最後折服張瓘，張瓘以張玄靚的名義稱藩於秦等等。

【注　釋】❶未至廣固百餘里　距離廣固城還有百餘里。未至，距離。廣固，古城名，在今山東淄博東南。❷逆戰　迎戰。逆，迎。❸丙申　正月三十。❹淄水　今名淄河，源出山東萊蕪東北，流經淄博之臨淄城東，北流合於小清河注入萊州灣。❺齊王友辟閭蔚　段龕的僚屬姓辟閭名蔚。友，在這裡可以看作是一種官名，是對僚屬的一種敬稱，意思說他不是段龕的僚屬，而只是一種朋友關係，在他身邊起參謀作用。當時段龕自稱「齊王」，故稱辟閭蔚為「齊王友」。❻被創　被燕軍的兵器所傷。❼求　尋訪；尋找。❽剛峻　剛直不阿。❾佞幸　以花言巧語、諂媚逢迎而受到寵幸。佞，以巧言求媚於人。❿小降意接之　稍微屈尊一點地與他往來。小，稍稍。降意，客氣一點；放下點架子。接，交往；往來。⓫董龍　董榮的小名叫「龍」。稱人小名，表示輕賤。⓬國士　國中才德出眾的人。⓭會有天變　這時正好有天象變異，如日蝕、月蝕之類。會，正趕上。⓮天譴　老天爺要對人類社會進行懲罰。⓯宜以貴臣應之　應該殺死一個大臣來沖抵上天的懲罰。應，回應；沖抵。⓰大司馬　指武都王苻安，秦主苻生的叔祖，時任大司馬之職。⓱國之懿親　國家帝王的至親至美之人。懿，美；崇高。⓲貳於晉　給晉王朝當奸細。貳，二心，居秦而暗通於晉。⓳壬戌　二月二十六。⓴酒監　宴會上臨時派定的監督該飲酒而逃避不飲的人。㉑彊人酒　強迫人飲酒。㉒猶有坐者　意思是一強迫人飲，那時就會出現因不肯飲而該受罰的了。坐，違規該罰。㉓引弓　彎弓；拉弓。㉔偃仆　猶今所謂「前仰後合」，紛紛醉倒的樣子。偃，向後躺倒。仆，向前摔倒。㉕失冠　都把帽子弄到了地上。㉖大人　頭領。㉗將貳於代　想要脫離代國。以劉務桓為首領的匈奴部落，當時活動在今內蒙古的西部地區，在此之前依附於代國。代國是鮮卑族拓跋氏建立的國家，都城盛樂，在今內蒙古和林格爾城北。㉘臨河　臨近內蒙古河套一帶的黃河。㉙招撫段龕諸城　段龕堅守廣固未下，故慕容恪先招撫其境內其他城池。㉚己丑　此語有誤，二月朔丁酉，無己丑日，疑為乙丑之誤。乙丑是二月二十九。㉛以故職還屯陽都　仍為徐州刺史，仍舊率部駐紮於陽都縣。陽都縣的縣治在今山東沂水縣南，為段龕徐州州治的所在地。㉜說涼王玄靚　勸說涼王張玄靚歸附於秦國。㉝臣無境外之交　做臣子的無權私自與其他國家的人相來往、有私交。㉞何以來辱　有何事情來找我。辱，謙詞，意即因來光顧我而使你蒙受恥辱。㉟晉王與君鄰藩　我們的晉王苻柳，與你身任涼州牧的張君，都是鄰近國家的諸侯。諸侯對皇帝稱「藩」，苻柳時稱晉王，是秦國的諸侯；張瓘封為張掖郡公，是涼國的諸侯，秦、涼二國相鄰，故對二臣以「鄰藩」相稱。㊱山河阻絕　當時苻柳駐兵蒲阪，在今山西永濟西南的蒲州鎮，張瓘身為涼國大臣，遠在姑臧，也就是今天的甘肅武威，山高水遠，故稱「山河阻絕」。㊲風通道會　意謂雖然彼此相隔遙遠，但通過風雲、通過道路還是可以溝通的。㊳六世　指張軌、張寔、張茂、張駿、張重華、張曜靈。張祚是篡位稱王，又是被張瓘等所殺掉的，故將其排除在世數之外。㊴苻征東　指苻柳，時任征東將軍。㊵先君　指歷代的涼州君主。㊶隳　毀棄；喪失。㊷墜失天命　丟掉了上天的任命，已經不再受上天所眷顧。㊸涼之二王　指張茂和張駿。㊹北面二趙　曾先後向前趙、後趙稱臣。張茂曾向前趙的劉曜稱臣；張駿曾向後趙的石勒稱臣。舊時帝王接見諸侯大臣，皆面向南坐以接受朝拜。故後世遂以「北面」代指向人稱臣。㊺唯知機也　這是一種識時務的表現。機，事物變化的跡象、徵兆。㊻自帝河右　在河西自己稱帝。㊼曷若　何如；哪裡比得上。㊽中州　此謂中原之國，如前趙、後趙等等。㊾使車適返　友好談判的使者的車子剛走。適返，剛剛離去。㊿戎騎已至　侵略的軍隊已經來到門前。永和二年，張重華嗣位，遣使奉章於石虎，虎繼而遣王擢進攻涼州。(51)政化各殊　所推行的政策路線各不相同。(52)秦敦信義　秦國講究信義。敦，重視；講究。(53)一概待之　同等對待，不加區別。概，量米粟時刮平斗斛用的木板。(54)張先　原是軍閥杜洪的征虜將軍，駐守長安。與秦苻菁戰於渭北，兵敗被擒，遂降於秦。事見本書卷九十八永和六年。(55)楊初　仇池地區的氐族頭領。(56)阻兵不服　倚仗武力強盛，不肯歸依苻氏勢力。阻，倚仗；憑藉。(57)先帝討而擒之　張先的確是被苻健的部將苻菁所擒，但楊初無被苻氏所擒事。(58)罪戾　罪過。(59)寵以爵秩　封給他們很高的爵位。秩，級別；等級。(60)何辱命焉　何勞你來教訓我。辱，謙詞，猶言承蒙。(61)文身之俗　古代吳、越一帶有斷髮紋身的風俗，即截短頭髮，身繪花紋，以避水中蛟龍之害。閻負、梁殊引此以說明江南的落後。(62)道污先叛二句　意謂如果中原朝廷的道德淪喪，則江南率先叛亂；如中原朝廷教化隆盛，則江南也是最後歸服，極言江南人的生性之壞。(63)主上　指秦主苻生。(64)河右　河西，指張氏涼州政權。(65)可以義懷　可以通過道義的說服使之歸附。懷，使之因感恩而接受統治。(66)行人　外交官員。(67)不達天命　看不清天命之所歸。(68)三州　指涼州、河州、沙州三州，都在今之甘肅境內。(69)西苞葱嶺　向西一直越過葱嶺。葱嶺在過去是對帕米爾高原和昆侖山、喀喇昆侖山脈西部諸山的總稱。(70)東距大河　向東一直到今甘肅、青海東部的黃河沿岸。(71)殽函　崤山與函谷關。崤山在今河南洛寧北，山分東、西二崤，相距三十五里，十分險峻。函谷關在今河南靈寶北三十里。東自崤山，西至潼關，深險如函，故名函谷。(72)秦雍　秦州和雍州。秦州的州治即今之甘肅天水市，雍州的州治長安，即今之西安北部。(73)成資　固有的基礎；現成的資本。(74)戎旗　軍旗，這裡即指大兵。(75)不覺易主　不知不覺地這關中地區就成了苻家的天下。苻健以仁義得天下，使百姓未受驚擾事，見本書卷九十八永和六年。(76)赫然奮怒　勃然大怒。(77)控弦　拉弓，拉弓者，這裡即指士兵。(78)鼓行而西　擂鼓長驅而進，極言其氣勢之足，不用一切詭詐的手段。(79)何以待之　如何對待；如何應付。(80)非身所了　不是我可以做主的。身，猶言「我」。了，了斷；做主。81英睿夙成　聰明才智與生俱來。夙，早；與生俱來。82幼沖　幼弱。沖，幼小。83居伊霍之任　處於伊尹、霍光的位置。伊尹、霍光都是以輔佐幼主而聞名的執政大臣。事跡詳見《史記・殷本紀》與《漢書・霍光傳》。84以玄靚之命　假借張玄靚的名義。85因玄靚所稱官爵而授之　意即秦王苻生按著張玄靚對張瓘的封任又重新任命了一回。86盧氏　即今河南盧氏。87軹關　關名，關當軹道之險，故名。在今河南濟源西北。88裴氏堡　在今山西聞喜境內。據吳熙載《資治通鑑地理通解》：「裴氏堡，在山西絳州聞喜縣。」89新興王飛　苻飛，苻健之子，被封為新興王。90甲首　春秋車戰，兵車一乘，馬四匹，車上立三人，左執弓，披甲，謂之甲首。這裡指披甲的戰士。91園陵　西晉諸帝的陵墓。陵墓所佔地盤叫園，園中墓穴上突起的土山叫陵。92章　奏章；向皇帝陳述事由的文書。93渭橋　長安城附近渭水上的橋，有三座：其一，中渭橋，本名橫橋，在今西安北。秦都咸陽，渭南有興樂宮，渭北有咸陽宮，因此建橋以通二宮。其二，東渭橋，又名渭橋渡，在今西安東北，漢景帝時建。其三，西渭橋，又名便橋、便門橋，在今咸陽南。94發屋　風捲屋瓦，掀翻屋頂。95推告賊者　推問喊叫有賊的人。推，審問。告，報告；傳言。96災異　反常的自然現象，如日蝕、月蝕、地震、洪水等等，陰陽家們把這些說成是上天對人間帝王的警告。97事神　恭敬地侍奉神靈。98乃可弭　才可以消除這些可怕的天譴。弭，消除；化解。99左馮翊　左馮翊地區的行政長官。左馮翊是長安東部地區的郡名，也是其行政長官的官名，級別與郡太守相同。100右扶風　右扶風地區的行政長官。右扶風是長安西部地區的郡名，也是其行政長官的官名，級別與郡太守相同。右扶風與左馮翊、京兆尹三郡合稱「三輔」。101周成　原是冉閔的部將，冉閔死後一度降晉，去年又叛變晉朝，攻佔了晉將施逸所駐守的洛陽城。102嗣統　繼承皇位。統，帝王的統系。103謗讟　誹謗；怨言。104扇滿　散布得沸沸揚揚。105比肩　並肩；一個挨一個。形容路上的行人之多。106未足為希　不能再說是人口稀少。希，同「稀」。少。107方當峻刑極罰　我正想實行嚴厲的法制。峻刑，嚴刑。108復如朕何　看你們又能對我怎麼樣。109潼關　關塞名，在今陝西潼關縣境內，地處陝西、河南、山西三省的交界點。110繼道　在路上絡繹不絕。111六畜　牛、馬、羊、豕、雞、犬。112相聚邑居　都聚集在村鎮裡，不敢出來。113禳災　祭祀鬼神以求消災。114何禳之有　有什麼可祭祀祈求的呢。115丙子　七月十二。116獻懷太子曄　慕容曄，慕容儁之子，獻懷二字是謚。117頓兵堅城之下　把軍隊投放在久攻不克的城池之下。頓，投；扔在。118力屈威挫　戰鬥力與勇氣消耗淨盡。119所乘　所乘隙攻擊。120魯陽　即今河南魯山縣。121河上　河南洛陽附近的黃河邊上。122平乘樓　大船上的樓臺。123陸沈　大地像沉沒於大海一樣地淪陷於他族的統治之下。124王夷甫　王衍，字夷甫，西晉時期的執政大臣，一生尚清談，不恤國事，致使國事混亂，中原淪喪，是千古歷史罪人。事見《晉書》卷四十三。125袁宏　字彥伯，小字虎，初為安西將軍謝尚參軍，後為大司馬桓溫府記室，直而不阿，官至東陽太守。撰有《後漢紀》三十卷。傳見《晉書》卷九十二。[126]運　國運。[127]作色　面容變色，生氣的樣子。[128]劉景升　即劉表，字景升，東漢末期人，任荊州刺史多年，因不參與當時的軍閥混戰，故其所據地區破壞較少，中原人往投之避難者甚眾。後病死，其子劉琮遂降於曹操。傳見《後漢書》卷七十四下。[129]啖芻豆　平時所吃的草料。[130]負重致遠　等需要牠拉著車子運送東西到遠方去的時候。[131]曾不若一羸牸　還比不上一頭瘦母牛。羸，病瘦。牸，母牛。[132]魏武　指曹操，其子曹丕稱帝後，追諡曹操曰魏武帝。曹操入據荊州，在漢獻帝建安十三年（西元二〇八年）。[133]殺以享軍　殺了這頭廢物牛以犒賞士兵。按，桓溫講這個故事，乃是以牛之無用與可憎，以比喻東晉當時那些居高官、享厚祿、尚清談，而無經世安邦之用的一大群廢物。[134]八月己亥　八月初六。[135]伊水　今名伊河，源出河南盧氏東南的悶頓嶺，東北流往嵩縣、伊川、洛陽，至偃師南注入洛河。此時桓溫所到達的即洛陽城南的伊水。[136]匿精銳　把他的精銳部隊埋伏在……。[137]承　承蒙，對人敬稱的常用語。[138]親帥王師　親自統率晉軍。王師，對晉軍的敬稱。[139]奉身歸命　意即親身前來歸順。奉，進獻；送上。[140]願敕三軍小卻　希望你命令你的軍隊稍稍向後退一點。敕，命令。小卻，略退一點。[141]拜伏道左　我將拜伏於道左參見你。古代尊崇右，以左為較低級的位置。[142]開復中原　收復中原。開復，開拓、收復。[143]展敬山陵　對先朝的列祖列宗表示敬意。展敬，表示敬意。山陵，以稱帝王的墳墓。[144]無豫君事　和你沒有關係；不關你什麼事。豫，干係；相關。[145]無煩使人　沒必要讓別人向後退。[146]拒水　以伊水為依托。[147]結陳而前　整個軍陣山岳般地壓了過去。[148]洛陽北山　洛陽城北的北芒山，也寫作「北邙山」。[149]許洛　許昌、洛陽。[150]弘農　縣名，縣治在今河南靈寶北。[151]神明器宇　神聖英明、器度豪邁。[152]孫策之儔　孫策一流的人物。孫策，字伯符，孫堅之子，孫權之兄，三國時代東吳政權的奠基者。孫權稱帝後，追諡之為長沙桓王。傳見《三國志》卷四十六。[153]太極殿　洛陽皇宮的正殿名。[154]既而　不久。[155]金墉城　洛陽城內的小城名，位於洛陽故城的西北隅。[156]己丑　九月二十六。[157]謁諸陵　拜祭西晉歷代帝王的陵墓。謁，拜見；拜祭。[158]陵令　管理帝王陵墓的官員，上屬太常，其級別相當於縣令，負責陵墓的護衛與日常祭掃。[159]潁川　郡名，郡治陽翟，即今河南禹州。[160]河南　郡名，郡治即今洛陽。[161]平陽　古城名，在今山西臨汾的西南部。[162]并州刺史尹赤　尹赤原為姚襄的司馬，永和八年，襄敗於秦兵，尹赤奔秦。并州的州治晉陽，在今山西太原的西南部。[163]襄陵　縣名，縣治在今山西臨汾東南的古城莊。[164]屬僚屬；部下。[165]來求救　來東晉求救，因其所據的青州被燕軍所攻故也。[166]琅邪　郡國名，治所開陽，在今山東臨沂北。[167]鄄城　僑縣名，在今山東沂水縣。胡三省注：「此非古鄄城縣，蓋僑縣也。」據《資治通鑑地理通釋》：「此指山東沂州府沂水縣。」[168]十月癸巳朔　十月初一是癸巳日。[169]勢敵　兵力相當。敵，相等。[170]腹背之患　謂遭受內外夾攻。[171]羈縻守之稍微寬鬆地圍困著它。羈縻，鬆鬆地捆著、攏著。[172]十圍五攻　《孫子兵法・謀攻》云：「用兵之法，十則圍之，五則攻之。」意思是說，有十倍於敵的絕對優勢兵力，就要四面包圍，迫敵屈服；有五倍於敵的優勢兵力，就要進攻敵人。[173]濟南之戰　濟水之南的那個戰役，即本年年初的淄水之戰。濟南，濟水之南。濟水發源於今河南濟源，東流經今河南之封丘、山東之定陶、濟南、博興入渤海。[174]非不銳　並不是不精銳，指段龕的軍隊。[175]憑阻堅城　憑藉堅固的城池進行防守。阻，依靠。[176]戮力　努力；合力。[177]盡銳　出動全部精兵。[178]計數日可拔　估計也得用好幾天才能攻下。[179]殺　犧牲。[180]有事中原　謂用兵於中原。[181]輕用其死　輕易地犧牲士兵。[182]高牆深塹　修築高牆，挖掘深溝，以防止被圍之敵的反衝鋒，做長久地圍困準備。[183]守　圍困。[184]饋　輸送；供應。[185]嬰城　環城；四面防守。[186]樵采路絕　連個上山砍柴、採點野果的小路都沒有了。[187]悉眾　集中全部兵力。[188]圍裏　包圍圈裡。因慕容恪在城外築成長圍，故戰於「圍裏」。[189]屯諸門　牢牢地堵住廣固城的各個城門。[190]衝盪　來回衝擊。[191]僅而得入　只剩了他一個人逃進城去。[192]氣沮　士氣低落，軍心渙散。[193]莫有固志　沒有一點信心。[194]十一月丙子　十一月十四。[195]面縛　兩手反綁於身後而面向前，表示投降。[196]并執朱禿　把朱禿也逮捕起來。朱禿原為燕國的青州刺史，永和十年，他殺了慕容翰的兒子慕容鉤，南奔段龕。事見本書卷九十九永和十年。[197]具朱禿五刑　讓朱禿受遍了各種刑法。具，遍；所有。五刑指墨刑、劓刑、刵刑、宮刑、大辟。一說指甲兵、斧鉞、刀鋸、鑽笮、鞭扑。[198]東萊　郡名，郡治即今山東萊州。[199]齊郡　郡治即今淄博之臨淄。[200]大長秋　官名，皇后的近侍，掌宮中宣命。在西漢，或用宦官，或用士人，東漢後多用宦官。[201]王彌　西晉時東萊（今山東萊州）人，永興三年（西元三〇六年）率家僮隨劉伯根反晉。伯根死，搜集亡散轉戰青、徐、兗、豫一帶，攻殺官吏，人稱「飛豹」。永嘉二年（西元三〇八年）攻洛陽，為晉軍所敗。後歸劉淵，任征東大將軍。與劉曜、石勒攻破洛陽，回師青州途中，為石勒襲殺。傳見《晉書》卷一百。[202]曹嶷　西晉東萊人，初為王彌左長史、鎮東將軍、青州刺史，與王彌共歸劉淵。王彌死，曹嶷附晉，為安東將軍、廣饒侯、琅邪公。又以建康懸遠，與石勒通和。明帝太寧元年（西元三二三年）石虎圍廣固，嶷降，送至襄國，被殺。[203]深結意分　建立了濃厚的情誼。意分，情分；情誼。[204]大和　和睦、融洽，情緒穩定。[205]下邳　即今江蘇邳州，當時為下邳郡的郡治所在地。[206]琅邪　郡名，郡治即今山東臨沂。[207]泰山　指泰山郡，郡治在今山東泰安東南。[208]汴城　胡三省注，「汴」當作「卞」。即卞縣縣城，在今山東泗水縣東南五十里。[209]五陵　指宣帝司馬懿、景帝司馬師、文帝司馬昭、武帝司馬炎、惠帝司馬衷五人的陵墓。[210]十二月庚戌　十二月十九。[211]服緦　身穿孝服。緦即緦麻，是五種喪服中最輕的一種。五種喪服的名稱是斬衰、齊衰、大功、小功、緦麻。緦麻是用疏織的細麻布製成孝服，服喪三個月。凡疏遠親屬都服緦麻。[212]臨於太極殿三日　在建康城裡的太極殿一連哭弔了三天。臨，哭弔。(213)廙 王廙，王敦的堂弟。傳見《晉書》卷七十六。(214)仇池公楊國 前仇池公楊初之子。仇池是地名，在今甘肅成縣境內。仇池地區的楊氏是氐族部落的頭領。

【校 記】①國 原無此字。據章鈺校，十二行本、乙十一行本、孔天胤本皆有此字，今據補。②二王 據章鈺校，十二行本、乙十一行本、孔天胤本皆作「先王」，張瑛《通鑑校勘記》同。③繼 胡三省注云：「蜀本作『斷』。」④段蘊 嚴衍《通鑑補》改作「蘊」。⑤燕主 原作「燕王」。據章鈺校，十二行本、乙十一行本、孔天胤本皆作「燕主」，今據改。按，本卷上下文皆稱「燕主儁」。⑥段 原無此字。據章鈺校，十二行本、乙十一行本皆有此字，今據補。⑦未行而卒 原無此句。據章鈺校，十二行本、乙十一行本、孔天胤本皆有此句，張敦仁《通鑑刊本識誤》、張瑛《通鑑校勘記》同，今據補。

【語 譯】十二年（丙辰 西元三五六年）

春季，正月，燕國太原王慕容恪率領燕軍渡過黃河，在距離廣固還有一百多里的地方，段龕率領著三萬軍隊迎戰慕容恪。三十日丙申，燕國太原王慕容恪在淄水大破段龕，活捉了段龕的弟弟段欽，斬殺了段龕的右長史袁範等。齊王段龕的僚屬辟閭蔚被燕軍的兵器所傷，慕容恪聽說辟閭蔚很賢能，於是派人四處尋訪他。辟閭蔚已經因為傷勢過重而死去，段龕的部眾向慕容恪投降的有數千人。段龕脫身逃走，回到廣固堅守，慕容恪率軍而進，將廣固城團團圍困起來。

秦國擔任司空的王墮性情剛正不阿，擔任右僕射的董榮、擔任侍中的強國都是依靠花言巧語、阿諛奉承而受到秦主苻生的寵幸，王墮仇恨他們就如同仇恨敵人一樣，每次在朝堂上相見，王墮從來不與董榮說話。有人對王墮說：「董榮地位尊貴，深受主上的寵信，滿朝文武沒有人能比得上他，你應該稍微屈尊一點與他交往。」王墮叫著董榮的小名說：「董龍是什麼雞狗，竟想讓我這樣的傑出人物與他說話！」正巧遇到天象發生變化，董榮與強國便趁機對秦主苻生說：「如今上天正要對人類進行懲罰，應該殺死一個地位尊貴的大臣來沖抵上天的這種懲罰。」苻生說：「只有擔任大司馬的武都王苻安和擔任司空的王墮算得上地位尊貴的大臣。」董榮、強國說：「大司馬、武都王苻安是主上的至親，不能殺死他。」秦主苻生於是準備殺死王墮。即將行刑的時候，董榮對王墮說：「今天你還敢把我比作雞狗嗎？」王墮對董榮怒目而視，大聲叱責。擔任洛州刺史的杜郁，是王墮的外甥，擔任左僕射的趙韶很討厭杜郁，於是就在秦主苻生面前誣陷杜郁，說杜郁對秦國有二心，一直想投降東晉，秦主苻生於是又殺死了杜郁。

二月二十六日壬戌，秦主苻生在太極殿設宴招待群臣，他任命擔任尚書令的辛牢擔任酒監，負責監督那些該飲酒而不飲的人。君臣酒興正濃的時候，苻生忽然怒氣沖沖地對酒監辛牢說：「為什麼不強迫他們飲酒？到現在還有人該飲不飲，違規該罰！」說完就拉開弓向辛牢射去，立時將辛牢射死。群臣都很恐懼，沒有人敢不喝得酩酊大醉，於是一個個醉得前仰後合、東倒西歪，有人連頭上的官帽都不知丟到哪裡去了，苻生這才高興起來。

匈奴首領劉務桓去世，他的弟弟劉闕頭即位，劉闕頭想要率領匈奴人背叛代國。二月，代王拓跋什翼犍率軍向西巡視，當拓跋什翼犍臨近內蒙古河套一帶的黃河岸邊的時候，劉闕頭害了怕，於是請求投降。

燕國太原王慕容恪招降段龕轄境之內的各處城邑。己丑日，段龕所任命的徐州刺史、陽都公王騰率領手下的所有部眾向燕軍投降，太原王慕容恪仍舊任用王騰為徐州刺史，令他率眾返回原來的治所陽都駐紮。

秦國征東大將軍、晉王苻柳派遣擔任參軍的閻負、梁殊出使涼國，苻柳寫信給涼王張玄靚，想勸說他歸附秦國。閻負、梁殊來到涼國的都城姑臧，張瓘接見了他們二人，張瓘對他們說：「我們涼王，是晉國的臣屬。臣屬無權私自與其他國家的人互相來往、建立私交，二位先生有什麼事情要找我？」閻負、梁殊說：「秦國的晉王苻柳，與你這位身為涼州牧的張君，都是臨近國家的諸侯，雖然中間有千山萬水將雙方阻斷，然而通過風雲、通過道路，還是可以互相溝通的，所以晉王苻柳才派我二人前來與貴處締結友好，閣下何必感到奇怪呢？」張瓘回答說：「我們涼王，歷來盡忠於東晉，從前任的張軌、張寔、張茂、張駿、張重華到現在的涼王張曜靈，已經有六世。如果現在與秦國的征東將軍、晉王苻柳互通使者，恐怕對上違背了先君的本意，對下喪失了士民的氣節，那怎麼可以呢？」閻負、梁殊說：「晉室勢力衰微，失去了上天的眷顧，本來已經很久了。所以先前的二位涼王張茂和張駿曾經先後向前趙劉氏、後趙石氏俯首稱臣，這是他們識時務的一種表現。如今我們大秦國的威勢和恩德正在蒸蒸日上，涼王如果想要在河西地區自行稱帝，則不是秦國的對手，如果想要以小國侍奉大國，那麼何不捨棄東晉而侍奉我們秦國，以求長久保有榮華富貴呢？」張瓘說：「中原之國容易說話不算數，過去後趙石氏所派來進行友好談判的使者的車子才剛剛離去，而他們的侵略大軍就已經來到門前，所以我不敢相信。」閻負、梁殊說：「自古以來，身居中原地區的帝王，所實行的政令教化各不相同，後趙帝王好用奸詐，而秦國崇尚信義，怎能不加區別地一概而論呢！張先、楊初都曾經憑武力強盛而不肯向秦國歸順，先帝苻健親自統率大軍對他們進行討伐，將他們擒獲，先帝不僅赦免了他們的罪過，還封給他們很高的爵位，這本來就是後趙石氏所無法相比的。」張瓘說：「假如秦國確實像先生所說的那樣，秦國的威勢與恩德天下無敵，為何不先攻取江南，那樣的話，天下都將屬於秦國所有，又何勞征東將軍令你二人前來教訓我！」閻負、梁殊說：「長江以南之人，其風俗斷髮紋身，如果中原朝廷道德淪喪，則江南率先叛亂；如果中原朝廷教化隆盛，則江南也是最後歸附。我們君主認為必須用武力才能征服江南，而對於河右地區，則可以用道義去說服、去感化，使之歸附，所以才派我們為使者，先行前來表達我們的善意，如果閣下看不清天命之所歸，那麼江南還有可能延長數年的壽命，而河右地區恐怕將不再屬於閣下。」張瓘說：「我們佔有涼州、河州、沙州三州之地，擁有十萬武裝部隊，向西一直越過葱嶺，向東一直到黃河沿岸，用來攻伐別的國家已經綽綽有餘，何況是用來自衛，我們為什麼要懼怕秦國！」閻負、梁殊說：「貴國雖然山河堅固，但與崤山、函谷關比起來，哪一個更為堅固？貴國人口眾多、財物充盈，如果與秦州、雍州比起來怎麼樣？杜洪、張琚，憑藉著後趙現成的資本，兵力強盛、財富如山，他們都有囊括關中、席捲天下的大志。先帝苻健的軍旗往西方一指，便立即像冰雪融化、像風捲殘雲一樣消失得無影無蹤，而這一切只不過經歷了十幾天，不知不覺間這關中地區就更換了主人，成了苻家的天下。我們君主如果認為貴國不肯服從秦國，赫然震怒，親自率領百萬雄師，擂動戰鼓向西長驅而進，我不知貴國將如何應付？」張瓘笑著說：「這樣的事情應當由我們的君主來裁決，不是我可以做主的。」閻負、梁殊說：「涼王張玄靚雖然天生英明睿智，但畢竟年紀還小。閣下身負伊尹、霍光那樣的重任，國家的安危，完全取決於閣下的一舉一動。」張瓘感到很恐懼，遂假借涼王張玄靚的名義，派遣使者前往秦國的都城長安，向秦國稱臣，做了秦國的藩屬國。秦國依照張玄靚對張瓘所封任的官爵，又重新任命了一回。

東晉將軍劉度率軍攻打秦國所任命的青州刺史王朗所駐守的盧氏城；燕國將軍慕輿長卿率領燕軍進入軹關，攻打秦國所任命的幽州刺史彊哲所駐守的裴氏堡。秦主苻生派遣前將軍、新興王苻飛率軍抵禦東晉的劉度，派遣擔任建節將軍的鄧羌率軍抵禦燕國的慕輿長卿。苻飛率領秦軍還沒有抵達盧氏城，東晉的劉度就已經將軍隊撤回東晉境內。建節將軍鄧羌率領秦軍與燕國慕輿長卿所率領的燕軍交戰，秦軍將燕軍打得大敗，擒獲了燕將慕輿長卿以及武裝士卒二千多人。

東晉征西大將軍桓溫請求將都城遷回洛陽，重新修復西晉諸位皇帝的陵墓。奏章遞交了十多次，東晉朝廷一律不予批准。東晉朝廷任命桓溫為征討大都督、督司、冀二州諸軍事，令他率軍討伐姚襄。

三月，秦主苻生徵調三輔的民眾在京師長安附近的渭河上修建大橋，擔任金紫光祿大夫的程肱進行勸阻，認為妨礙了農業生產，苻生一怒之下就將程肱殺死。

夏季，四月，秦國首都長安城中颳起大風，大風捲走了屋瓦，掀翻了屋頂，拔斷了樹木。秦國皇宮之內人心驚慌擾亂，有人報告說是來了盜賊，於是大白天也是宮門緊閉，一連混亂了五日才逐漸平靜下來。秦主苻生下令審查那些報告有盜賊入宮的人，一律剖胸挖心。擔任左光祿大夫的強平勸諫苻生說：「天象出現了異常變化，陛下就應該愛惜民眾、恭敬地侍奉神靈，用放寬刑罰、培養恩德來應對，才可以消除這些可怕的天譴。」秦主苻生仍然怒氣沖沖，竟然用重物鑿碎了強平的頭頂而將其殺死。擔任衛將軍的廣平王苻黃眉、前將軍新興王苻飛、建節將軍鄧羌因為強平是太后強氏的弟弟，所以向秦王苻生磕頭苦諫。苻生不僅不聽，反而將他們逐出了朝廷，將擔任衛將軍的廣平王苻黃眉外放為左馮翊太守，將擔任前將軍的新興王苻飛外放為右扶風太守，將建節將軍鄧羌外放為代理咸陽太守，因為苻生對他們的驍勇善戰還有些珍愛，所以才沒有將他們殺死。五月，太后彊氏因為過度憂愁悔恨而死，諡號明德。

姚襄背叛東晉、投降了燕國之後，又率軍從許昌出發前往洛陽攻打東晉的另一叛將周成。

六月，秦主苻生下詔說：「我接受了皇天的命令，君臨天下，統治萬邦。自從登基以來，我有什麼不好，誹謗的聲音竟然在天下散布得沸沸揚揚！我殺死的人還不到一千，就有人說我殘忍暴虐！路上的行人多得一個挨著一個，不能再說是人口稀少。我正準備對他們施用嚴酷的法制，誰又能把我怎麼樣！」

自去年春季以來，潼關以西地區，一直到長安，有大批的虎豹豺狼出來危害，白天則是一群接一群地出沒於大道之上，夜間則毀壞居民的房屋，牠們不吃牛、羊、豬、狗、雞、鴨之類的六畜，卻專門吃人，先後咬死、吃掉了七百多人。農民不敢再到田間耕作，所以農事生產全部廢止，人們都聚居在村落裡，而虎豹豺狼的危害仍然無法制止。秋季，七月，秦國的群臣奏請秦主苻生祭祀天地神靈以化解災難。苻生說：「野獸飢餓就要吃人，吃飽了自然就不再吃了，有什麼必要進行祭祀化解呢！再說，難道上天不愛惜民眾嗎！正是因為犯罪的人多了，所以上天才借助於虎豹豺狼來幫助我除掉他們。」

七月十二日丙子，燕國獻懷太子慕容曄去世。

姚襄率軍攻打據守洛陽的周成，一個多月過去了卻仍然沒有攻克。擔任長史的王亮勸諫姚襄說：「明公英名蓋世，兵力強盛，民心歸附。現在卻把軍隊投放在這久攻不下的洛陽城牆之下，戰鬥力與勇氣消耗殆盡，如果再有其他賊寇乘虛而入，攻擊我們，那就有被滅亡的危險了。」姚襄沒有接受王亮的勸諫。

東晉桓溫率軍從江陵出發進行北伐，他派遣擔任督護的高武率軍據守魯陽，派擔任輔國將軍的戴施率軍駐紮在洛陽附近的黃河岸邊，桓溫自己親率大軍隨後進發。桓溫與自己的僚屬一起登上大船的樓臺，遙望中原，他歎息著說：「竟然使神州大地像沉沒於大海一樣地淪陷於夷狄的統治之下，百年之間成了無人居住的廢墟，王衍那些人必須承擔這種歷史責任！」擔任記室的陳郡人袁宏說：「國運有興有廢，難道一定就是那些人的過錯。」桓溫立時拉下臉來，生氣地說：「過去荊州劉表養了一頭千斤重的大牛，平時所吃的草料是普通牛的十倍，可是一旦需要牠拉著車子運送東西到遠方去的時候，竟然比不上一頭羸弱的老母牛。魏武帝佔領了荊州之後，就把那頭重一千斤的廢物牛宰殺犒賞了士兵。」

八月初六日己亥，桓溫率軍抵達伊水。姚襄解除了對洛陽的圍困，把軍隊專門用來對付桓溫，他把精銳部隊埋伏在伊水北岸的密林中，然後派遣使者對桓溫說：「承蒙閣下親率王師前來征討，我現在就請求投降，希望閣下下令三軍稍微向後撤退一些，我將拜伏於道左來參見您。」桓溫說：「我奉命收復中原，祭拜先朝列祖列宗的陵墓，不關你什麼事。如果想來投降，就請前來，相見不遠，沒有必要要求別人向後退。」姚襄憑藉伊水迎戰桓溫。桓溫的軍陣像山岳般向姚襄的軍隊壓過去，桓溫身披鎧甲親自指揮。姚襄軍被打得大敗，死了數千人，姚襄率領部下的數千名殘敗騎兵逃往洛陽城北的北邙山。當天夜裡，當地的民眾拋棄妻子追隨姚襄的有五千多人。姚襄作戰勇敢而且愛惜士卒，雖然經過多次失敗，但民眾只要知道了姚襄在哪裡，就會扶老攜幼，飛速地前往投奔他。桓溫軍中傳說姚襄傷勢嚴重，已經死亡，凡是被桓溫俘虜的許昌、洛陽的男女，無不面向北方一邊遙望一邊哭泣。姚襄兵敗之後向西方逃走，桓溫率軍追趕卻沒有趕上。弘農人楊亮從姚襄那裡跑出來歸順了桓溫，桓溫便向楊亮打聽姚襄的為人，楊亮回答說：「姚襄神聖英明、氣度豪邁，是孫策一流的人物，而英雄勇武更超過了孫策。」

據守洛陽的周成率領自己的部眾出城向桓溫投降，桓溫把自己的指揮部設在原來太極殿的故址前面，後來又轉移到金墉城。九月二十六日己丑，桓溫祭拜了西晉時期歷任皇帝的陵墓，發現有損壞的地方就派人修復，並為各陵分別設置了一名陵令。桓溫上表給朝廷，舉薦鎮西將軍謝尚為都督司州諸軍事，鎮所設在洛陽。因為謝尚目前還沒有到達洛陽，遂留下潁川太守毛穆之、督護陳午、河南太守戴施帶領二千名人馬暫時戍守洛陽，護衛皇家陵園。將投降的三千多戶遷徙到長江、漢水之間，活捉了周成，班師而回。

姚襄逃往平陽，秦國的并州刺史尹赤率領自己的部眾投降了姚襄，姚襄於是佔據了襄陵。秦國大將軍張平率軍攻擊襄陵，姚襄被張平打敗，就與張平結拜為異姓兄弟，然後各自罷兵。

自稱齊王的段龕派自己的部屬段蘊前來建康請求出兵救援，晉穆帝司馬聃下詔令徐州刺史荀羨率軍跟隨段蘊前往救援段龕。荀羨到達琅邪，因為懼怕燕軍的強大而不敢前進。王騰率軍掠奪鄄城，荀羨趁機率軍進攻王騰的治所所在地陽都，恰遇大雨連綿，泡塌了陽都城牆，荀羨遂生擒了王騰，並將王騰斬首。

冬季，十月初一日癸巳，發生日蝕。

秦主苻生夜裡吃了很多棗，早晨便開始生病，他召擔任太醫令的程延來為自己治病。程延說：「陛下沒有別的毛病，就是棗吃多了。」苻生大怒說：「你又不是聖人，怎麼知道我吃棗了！」竟因此而將太醫令程延殺死。

燕國擔任大司馬的慕容恪將齊王段龕圍困在廣固城中，諸將都請求加緊攻城，慕容恪說：「用兵打仗，要根據不同形勢，有時需要緩慢，有時需要迅速，不能不分辨清楚。如果敵我雙方勢均力敵，敵人又有強大的外援，我們擔心腹背受敵，就不能不對敵人採取緊急攻勢；如果是我方強大，敵方勢力弱小，又沒有外援，我們的力量足以將對方制服，就應當稍微寬鬆地圍困住他，等他自行倒斃。兵法說：有十倍於敵的絕對優勢兵力，就要四面包圍，迫使敵人屈服；有五倍於敵人的優勢兵力，就要進攻敵人，正是說的這個道理。段龕的軍隊人數目前還很多，軍心還沒有瓦解。濟水之南的那次戰役，段龕的軍隊不是不精銳，而是段龕指揮不當，所以才導致失敗。如今他憑藉著堅固的城池進行據守，全軍上下同心合力，如果我們拿出所有的精銳去攻打，估計也得需要好幾天時間才能將廣固城攻克，然而我們必然會犧牲很多士卒。自從用兵於中原地區，戰爭就沒有停息過，每當我想到這些，夜裡就無法入睡，怎能輕易地犧牲士卒的生命！只要能夠奪取，就沒必要要求非得迅速成功。」諸將都說：「這是我們所考慮不到的。」軍隊中的士卒聽到這個消息，人人心懷感激，情緒振奮，於是深挖溝高築牆，做好長久圍困的準備，將廣固城嚴密的圍困起來。齊地的百姓爭相運送糧食供給圍城的燕軍。

段龕在已經陷入重重包圍而又孤立無援的廣固城中四面進行防守，城外就連砍柴、採點野果的小路都被燕軍封鎖了，廣固城中因為沒有糧食吃，人們已經開始互相殘殺，發生了人吃人的慘劇。段龕迫不得已，只得集中全部兵力出城與燕軍交戰，燕國大司馬慕容恪就在包圍圈內將段龕擊敗，並分別派出騎兵牢牢地封鎖住廣固城所有城門。段龕親自來回衝擊，僅有他一個人得以逃入城內，其餘的兵將全部覆沒。於是廣固城中剩餘的守軍人心沮喪，士氣低落，完全失去了堅守城池的信心。十一月十四日丙子，段龕反綁雙手出城投降，燕軍同時還抓獲了朱禿，將其送回燕國的都城薊城。大司馬慕容恪安撫新歸順的居民，段龕統轄之下的齊地全部平定，將齊地的鮮卑人、胡人、羯人三千多戶遷徙到燕國的都城薊城。燕主慕容儁讓朱禿受盡了諸如臉上刺字、削鼻子、砍下雙腳、鞭子抽、棍子打等等各種殘酷的刑法後將朱禿處死，任命段龕為伏順將軍。大司馬慕容恪留下慕容塵鎮守廣固，任命擔任尚書左丞的鞠殷為東萊太守，改任擔任章武太守的鮮于亮為齊郡太守，這才班師而回。

新任東萊太守鞠殷，是鞠彭的兒子。當時鞠彭擔任燕國的大長秋，鞠彭寫信告誡鞠殷說：「王彌和曹嶷，一定還有子孫，你要善待他們，不要再找尋舊日的仇怨，以免引發災禍和叛亂。」鞠殷在東萊派人仔細推究搜求，終於在山中找到了王彌的姪子王立、曹嶷的孫子曹巖，鞠殷邀請他們出來相見，與他們建立了深厚的情誼。鞠彭還派人將車馬衣服等送給他們，東萊郡因此呈現出一派和諧、融洽的氣氛，居民情緒穩定。

東晉荀羨得知段龕已經失敗的消息，便率軍退回下邳，只留下將軍諸葛攸、高平太守劉莊率領三千人馬守衛琅邪，派擔任參軍的譙國人戴逯等率領二千人馬守衛泰山郡。燕將慕容蘭率軍屯紮在汴城，被荀羨擊敗、斬首。

東晉晉穆帝司馬聃下詔派遣兼任司空、散騎常侍的車灌等人手持符節前往故都洛陽，整修宣帝司馬懿、景帝司馬師、文帝司馬昭、武帝司馬炎、惠帝司馬衷五位皇帝的陵墓。十二月十九日庚戌，晉穆帝司馬聃以及朝中的文武百官全都身穿用疏織的細麻布製成的孝服，在建康城裡的太極殿一連祭祀、哭弔了三天。司州都督謝尚因為患病不能前去赴任，遂任命擔任丹陽尹的王胡之代替他，王胡之沒有走就去世了。王胡之，是王廙的兒子。

這一年，仇池公楊國的叔父楊俊殺死了楊國，自稱為仇池公，東晉遂封楊俊為仇池公。楊國的兒子楊安逃往秦國。

升平元年（丁巳　西元三五七年）

春，正月壬戌朔❶，帝加元服❷。太后詔歸政❸，大赦，改元。太后徙居崇德宮❹。

燕王儁徵幽州刺史乙逸為左光祿大夫。逸夫婦共載鹿車❺，子璋從數十騎❻，服飾甚麗，奉迎於道。逸大怒，閉車不與言。到城❼，深責之，璋猶不悛❽。逸常憂其敗，而璋更被擢任，歷中書令、御史中丞。逸乃歎曰：「吾少自脩立❾，克己守道，僅能免罪❿。璋不治節檢⓫，專為奢縱，而更居清顯⓬。此豈惟璋之忝幸⓭，實時世之陵夷⓮也。」

二月癸丑⓯，燕王儁立其子中山王暐為太子，大赦，改元光壽。

太白入東井⓰。秦有司⓱奏：「太白罰星⓲，東井秦分⓳，必有暴兵⓴起京師。」秦主生曰：「太白入井㉑，自為渴耳，何所怪乎？」

姚襄將圖㉒關中，夏，四月，自北屈㉓進屯杏城㉔，遣輔國將軍姚蘭略地敷城㉕，曜武將軍姚益生、左將軍王欽盧各將兵招納諸羌、胡。蘭，襄之從兄。益生，襄之兄也。羌、胡及秦民歸之者五萬餘戶。秦將苻飛龍擊蘭，擒之。襄引兵進據黃落㉖，秦主生遣衛大將軍廣平王黃眉、平北將軍苻道、龍驤將軍東海王堅、建節將軍鄧羌將步騎萬五千以禦之，襄堅壁不戰。羌謂黃眉曰：「襄為桓溫、張平所敗，銳氣喪矣。然其為人彊狠㉗，若鼓譟㉘揚旗，直壓其壘㉙，彼必忿恚㉚而出，可一戰擒也。」五月，羌帥騎三千壓其壘門而陳[31]。襄怒，悉眾出戰。羌陽不勝[32]而走，襄追之至于三原[33]，羌迴騎[34]擊之。黃眉等以大眾繼至，襄兵大敗。襄所乘駿馬曰黧眉騧，馬倒，秦兵擒而斬之，弟萇帥其眾降。襄載其父弋仲之柩[35]在軍中，秦主生以王禮葬弋仲於孤磐[36]，亦以公禮葬襄。廣平王[1]黃眉等還長安，生不之賞[37]，數眾辱黃眉[38]。黃眉怒，謀弒生。發覺，伏誅，事連王公親戚，死者甚眾。

戊寅[39]，燕王儁遣撫軍將軍垂、中軍將軍虔、護軍將軍平熙帥步騎八萬攻敕勒[40]於塞北[41]，大破之，俘斬十餘萬，獲馬十三萬匹，牛羊億萬頭。

匈奴單于賀賴頭帥部落三萬五千口降燕，燕人處之代郡平舒城[42]。

秦主生夢大魚食蒲[43]，又長安謠曰：「東海大魚化為龍，男皆為王女為公。」生乃誅太師、錄尚書事、廣寧公魚遵并其七子、十孫。金紫光祿大夫牛夷懼禍，求為荊州[44]。生不許，以為中軍將軍。引見，調[45]之曰：「牛性遲重[46]，善持轅軛[47]，雖無驥足[48]，動負百石[49]。」夷曰：「雖服[50]大車，未經峻壁[51]，願試重載[52]，乃知勳績[53]。」生笑曰：「何其快也[54]？公嫌所載輕[55]乎？朕將以魚公爵位處公[56]。」夷懼，歸而自殺。

生飲酒無晝夜，或連月不出。奏事不省[57]，往往寢落[58]。或醉中決事，左右因以為姦，賞罰無準。或至申酉[59]乃出視朝[60]，乘醉多所殺戮。自以眇目[61]，諱言「殘」、「缺」、「偏」、「隻」、「少」、「無」、「不具」之類，誤犯而死者，不可勝數。好生剝牛、羊、驢、馬，燖[62]雞、豚、鵝、鴨，縱之殿前，數十為羣。或剝人面皮，使之歌舞，臨觀以為樂。嘗問左右曰：「自吾臨天下，汝外間何所聞？」或對曰：「聖明宰世[63]，賞罰明當，天下唯歌太平。」怒曰：「汝媚我也[64]！」引而斬之。它日又問，或對曰：「陛下刑罰微過[65]。」又怒曰：「汝謗我也[66]！」亦斬之。勳舊親戚，誅之殆盡，羣臣得保一日，如度十年。

東海王堅素有時譽[67]，與故姚襄參軍薛讚、權翼善。讚、翼密說堅曰：「主上猜忍[68]暴虐，中外離心。方今宜主秦祀[69]者，非殿下而誰？願早為計，勿使他姓得之。」堅以問尚書呂婆樓，婆樓曰：「僕，刀鐶上人[70]耳，不足以辦大事。僕里舍[71]有王猛者[2]，其人謀略不世出[72]，殿下宜請而咨之[73]。」堅因婆樓以招猛，一見如舊友。語及時事，堅大悅，自謂如劉玄德之遇諸葛孔明也。

六月，太史令康權言於秦王生曰：「昨夜三月並出，孛星入太微[74]，連東井[75]。自去月上旬，沈陰不雨[76]，以至于今，將有下人謀上之禍。」生怒，以為妖言，撲殺[77]之。

特進、領御史中丞梁平老等謂堅曰：「主上失德，上下嗷嗷[78]，人懷異志[79]。燕、晉二方，伺隙[80]而動。恐禍發之日，家國俱亡。此殿下之事[81]也，宜早圖之。」堅心然之[82]。畏生趫勇[83]，未敢發。

生夜對侍婢言曰：「阿法兄弟[84]亦不可信，明[85]當除之。」婢以告堅及堅兄清河王法。法與梁平老及特進光祿大夫彊汪帥壯士數百潛入雲龍門[86]，堅與呂婆樓帥麾下三百人鼓譟繼進，宿衛將士皆舍仗歸堅[87]。生猶醉寐。堅兵至，生驚問左右曰：「此輩何人？」左右曰：「賊也！」生曰：「何不拜之？」堅兵皆笑。生又大言：「何不速拜，不拜者斬之！」堅兵引生置別室，廢為越王，尋殺之，謚曰厲王[88]。

堅以位讓法，法曰：「汝嫡嗣[89]，且賢，宜立。」堅曰：「兄年長，宜立。」堅母苟氏泣謂羣臣曰：「社稷事重，小兒[90]自知不能，他日有悔[91]，失在諸君[92]。」羣臣皆頓首請立堅。堅乃去皇帝之號，稱大秦天王，即位於太極殿，誅生倖臣中書監董榮、左僕射趙韶等二十餘人，大赦，改元永興。追尊父雄為文桓[93]皇帝，母苟氏為皇太后，妃苟氏為皇后，世子宏為皇太子，以清河王法為都督中外諸軍事、丞相、錄尚書事、東海公，諸王皆降爵為公。以從祖右光祿大夫、永安公侯[94]為太尉，晉公柳為車騎大將軍、尚書令。封弟融為陽平公，雙為河南公，子丕為長樂公，暉為平原公，熙為廣平公，叡為鉅鹿公。以漢陽李威為左僕射，梁平老為右僕射，彊汪為領軍將軍，呂婆樓為司隸校尉，王猛為中書侍郎。

融好文學，明辨[95]過人，耳聞則誦[96]，過目不忘；力敵百夫，善騎射擊刺，少有令譽[97]。堅愛重之，常與共議國事。融經綜內外[98]，刑政修明，薦才揚滯[99]，補益弘多。丕亦有文武才幹，治民斷獄，皆亞於融[100]。

威[101]，苟太后之姑子也，素與魏王雄友善。生屢欲殺堅，賴威營救得免。威得幸於苟太后，堅事之如父。威知王猛之賢，常勸堅以國事任之。堅謂猛曰：「李公知君，猶鮑叔牙之知管仲[102]也。」猛以兄事之。

燕主儁殺段龕，阬其徒三千餘人。

秋，七月，秦大將軍冀州牧張平遣使請降[103]，拜并州刺史。

八月丁未[104]，立皇后何氏。后，故散騎侍郎廬江何準[105]之女也，禮如咸康[106]而不賀[107]。秦王堅以權翼為給事黃門侍郎[108]，薛讚為中書侍郎，與王猛並掌機密。九月，追復太師魚遵等官，以禮改葬，子孫存者皆隨才擢敘[109]。

張平據新興、鴈門、西河、太原、上黨、上郡[110]之地，壁壘[111]三百餘，夷、夏十餘萬戶，拜置征、鎮[112]，欲與燕、秦為敵國[113]。冬，十月，平寇略[114]秦境。秦王堅以晉公柳都督并、冀州諸軍事，加并州牧，鎮蒲阪以禦之。

十一月癸酉[115]，燕王儁自薊徙都鄴。

秦太后苟氏遊宣明臺[116]，見東海公法之第門車馬輻湊[117]，恐終不利於秦王堅，乃與李威謀，賜法死。堅與法訣於東堂，慟哭歐血[118]。諡曰獻哀公，封其子陽為東海公，敷為清河公。

十二月乙巳[119]，燕王儁入鄴宮，大赦。復作銅雀臺[120]。

以太常王彪之為左僕射。

秦王堅行至尚書[121]，以文案不治[122]，免左丞[123]程卓官，以王猛代之。堅舉異材[124]，修廢職[125]，課農桑[126]，恤困窮[127]，禮百神，立學校，旌[128]節義，繼絕世[129]，秦民大悅。

【章旨】以上為第三段，寫晉穆帝升平元年（西元三五七年）一年間的大事。主要寫了羌族頭領姚襄欲圖關中，從山西進入陝西北部，結果被秦將苻黃眉、鄧羌等大破於黃落，姚襄被殺，姚襄之弟姚萇率眾降秦；寫了秦主苻生，對破姚襄有大功的苻黃眉不賞賜反而侮辱，激起了苻黃眉的憤怒，欲殺苻生未成，被苻生所殺，連帶被殺者甚眾。苻生又因夢大魚食蒲，而殺了朝廷大臣魚遵、牛夷；苻生又懷疑欲誅其堂兄弟苻堅、苻法，結果消息走漏，被苻堅、呂婆樓等所滅，苻堅被擁立為大秦天王，其朝廷班底主要有苻融、呂婆樓、王猛等。王猛佐苻堅「舉異材，脩廢職，課農桑，恤困窮，禮百神，立學校，旌節義，繼絕世」，致使秦民大悅；寫了燕主慕容儁遣慕容垂等大破敕勒於塞北，匈奴單于賀賴頭率眾降燕，居於代郡之平舒城；還寫了晉穆帝娶何氏女為皇后，以王彪之主管朝政，秦將張平據山西地區遣使請降於晉，張平又倚其兵力強大欲攻擊秦境，秦派苻柳駐兵蒲阪以禦之等等。

【注釋】❶正月壬戌朔　正月初一是壬戌日。❷加元服　行加冠禮。元服，即帽子。古代帝王行加冠禮，意味著已到成年，開始親自掌管國家大權。❸詔歸政　太后宣告天下自己把政權交給皇帝。❹徙居崇德宮　意即搬出了皇帝居住的西宮。崇德宮是太后居住之處。❺共載鹿車　共同乘坐著一種鹿拉的小車，以言其簡樸，不張揚。❻從數十騎　帶領著幾十號人馬。從，使跟從；帶領。❼城　指燕都薊城，今北京市。❽不悛　不思悔改。❾脩立　修身立名。❿僅能免罪　才勉勉強強地保持不犯錯誤。⓫不治節檢　不注意儉樸自律。治，講究；注重。檢，自律。⓬而更居清顯　反而一再地身居要職。清顯，位高而權重的職務。⓭忝幸　有愧於（皇帝的）寵幸。忝，羞辱；愧。⓮時世之陵夷　社會政治、社會風氣的墮落。意思是由於整個的社會道德水準低，所以乙璋的問題才不成為問題。⓯二月癸丑　二月二十三。⓰太白入東井　太白即金星，金星運行到了井宿的位置。東井，星宿名，二十八宿之一。⓱有司　主管該項事務的官吏。古代設官分職，各有專司，故稱有司。⓲罰星　古人認為太白星主殺伐，故稱罰星。參見《晉書・天文志中》。⓳東井秦分　東井是秦國的分星。⓴暴兵　暴亂之兵。㉑入井　進入水井。㉒圖　謀劃；謀取。㉓北屈　縣名，縣治在今山西吉縣東北二十一里，西距黃河不遠。㉔杏城　城名，在今陝西黃陵西南的故邑村。㉕略地敷城　向敷城一帶擴展地盤。敷城在今陝西洛川縣東北的韓城村。㉖黃落　即今陝西銅川市西南的黃堡鎮。㉗彊狠　爭強好勝。㉘鼓譟　擊鼓呼叫。㉙直壓其壘　我們的大軍一直向著他們的營壘壓過去。壘，營壘；營盤。㉚忿恚　憤怒。恚，惱怒。㉛壓其壘門而陳　堵著他的營門擺開陣式。陳，同「陣」。列陣。㉜陽不勝　假裝失敗。陽，假裝。㉝三原　古地名，在今陝西淳化東的嵯峨山北。㉞迴騎　回馬；掉轉馬頭。㉟柩　裝有屍體的棺材。人死，在床曰尸，在棺曰柩。㊱孤磐　谷名，在今甘肅甘谷縣東。㊲不之賞　不對之進行封賞。即「不賞之」。㊳數眾辱黃眉　屢次地當眾侮辱苻黃眉。眾，當眾。㊴戊寅　五月十九。㊵敕勒　我國古代的北方民族名，也稱鐵勒。其先臣服於匈奴，至南北朝時為突厥所併。其習多乘高輪車，故北魏時也稱之為高車部。㊶塞北　指古長城以北，包括今甘肅、寧夏以及內蒙古的北部地區等等。㊷平舒城　即漢代的平舒縣縣治，今山西廣靈的平水城。㊸蒲　植物名，又名甘蒲、香蒲。苻氏，本姓蒲。㊹求為荊州　請求出京城去任地方官，當荊州刺史。前秦政權的荊州州治豐陽，即今陝西山陽。㊺調　調笑；開玩笑。㊻遲重　遲緩笨拙。㊼善持轅軛　意即善於拉車。持，負帶。轅，車轅。軛，套牛拉車用於其項的部件。㊽無驥足　沒有駿馬跑得那樣快。㊾動負百石　很容易地就能拉動重百石的車。動，動不動地，以言其容易。㊿雖服　雖能拉動。(51)未經峻壁　沒有拉車行過險路。峻壁，峭壁；高聳陡峭的山崖。(52)重載　更艱難的任務，指出任荊州刺史，與晉王朝的桓溫一較高低。(53)乃知勳績　到那時才能看出我所能建立的功勳。(54)何其快也　你這頭遲重的牛怎麼突然變得快速起來了。(55)所載輕　拉的東西少，意即嫌官小。(56)處公　任用你；讓你擔任。(57)奏事不省　群臣上的奏章不看。省，閱；批示。(58)往往寢落　經常如石沉大海。寢落，意同「寢格」。被擱置，沒有回音。(59)申酉　十五時至十七時為申時，十七時至十九時為酉時。申酉，相當於現在的下午三時至七時。(60)乃出視朝　才出來看大臣們一眼。視朝，臨朝；出見群臣。(61)眇目　瞎了一隻眼睛。(62)燖　用熱水脫毛。(63)聖明宰世　聖明的天子主宰天下。(64)汝媚我也　你是討好我。(65)微過　稍微過頭一點。(66)汝謗我也　你是誹謗我。(67)素有時譽　一向受到當時人們的讚揚。(68)猜忍　殘忍。(69)宜主秦祀　意即合適在秦國做皇帝，因為只有皇帝才能主持對天地宗廟的祭祀。(70)刀鐶上人　魏晉期間常以刀環築人，呂婆樓這裡是說自己可能隨時被苻生所殺。或曰，刀是以鋒刃為用，刀環是無用之物，以比喻自己的無能。(71)里舍　住在同一里巷，也就是鄰居。(72)不世出　人世不常出現的人物。(73)請而咨之　請他來向他詢問。(74)孛星入太微　流星出現在太微垣附近。孛，火光四射的樣子。太微垣在北斗之南，軫宿和翼宿之北，有星十顆。古人認為這是天子之星（參見《晉書・天文志》）。流星入太微，不利於天子。(75)連東井　流星與東井相連。東井是秦地的分星，與流星相連，意味將不利於秦國。(76)沈陰不雨　陰雲很厚而不下雨。沈，同「沉」。(77)撲殺　古代把犯人從高處擲地處死的刑罰。(78)嗷嗷　眾聲嘈雜，形容人們的怨憤。(79)異志　叛離之心。(80)伺隙　窺測時機；找空子。(81)此殿下之事　這是殿下你應該關心、注意的事情，意思是勸他及早動手。(82)心然之　心裡認為這是對的。(83)趫勇　輕捷勇猛。(84)阿法兄弟　指清河王苻法，與其弟苻堅。苻法、苻堅都是苻雄之子，苻生的堂兄弟。(85)明　天亮之後。(86)雲龍門　長安皇宮的正南門。(87)舍仗歸堅　放下兵器，投歸苻堅。(88)謚曰厲王　《謚法解》：「殺戮無辜曰厲。」(89)嫡嗣　苻堅之母苟氏是苻雄的正妻，故稱堅「嫡嗣」。(90)小兒　指其子苻堅。(91)他日有悔　日後如有辦事不當。悔，過錯。(92)失在諸君　這錯立君主的責任應由諸位來負。按，苻堅之母大有見識，在此緊要時刻為其子幫了大忙。(93)文桓　《諡法解》：「經緯天地曰文；道德博聞曰文；慈惠愛民曰文。」「辟土服遠曰桓；辟土兼國曰桓。」(94)永安公侯　苻侯。(95)明辨　觀察識別的能力強。(96)耳聞則誦　耳朵聽一遍就能念出來。誦，背誦。(97)令譽　好名聲。(98)經綜內外　管理朝內朝外的各種事務。經綜，綜理；總攬。(99)揚滯　提拔被埋沒的人才。(100)亞於融　比不上苻融。亞，次；僅次一等。(101)威　李威。(102)鮑叔牙之知管仲　管仲、鮑叔牙均為春秋時齊人。管仲少與鮑叔牙相交往，後管仲事公子糾，鮑叔牙事小白。公子糾與小白爭為諸侯，被小白打敗。小白即位為齊桓公，欲用鮑叔牙為相，鮑叔牙薦管仲。事詳《史記・管晏列傳》。(103)張平遣使請降　張平原為後趙的并州刺史，永和七年降秦，今又來請降晉。(104)八月丁未　八月十九。(105)何準　成帝時宰相何充之弟，有高名，徵為散騎侍郎，何準不就。傳見《晉書》卷九十三。(106)禮如咸康　迎娶何氏為皇后之禮，與咸康二年成帝迎娶杜皇后的禮節一樣，都是具備「六禮」，即「納采」、「問名」、「納吉」、「納徵」、「請期」、「親迎」六項。(107)不賀　成帝娶杜皇后時除備「六禮」外，還有接受百官的朝賀，這次穆帝娶何皇后，則免去了這一項，以示謙謹。(108)給事黃門侍郎　皇帝的貼身近臣，負責為之起草文件、詔令等事，與中書侍郎等賧宰相之職。(109)隨才擢敘　根據才能授予適當的官職。擢，選拔。敘，任用。(110)新興鴈門西河太原上黨上郡　都是今山西和與之鄰近的陝西境內的古郡名，新興郡的郡治即今山西忻州，鴈門郡的郡治即今山西代縣，西河郡的郡治即今山西離石，太原郡的郡治晉陽，在今山西太原西南，上黨郡的郡治潞縣，在今山西長治東北，上郡的郡治在今陝西榆林南。(111)壁壘　營壘；軍事據點。(112)拜置征鎮　設置並任命「四征」、「四鎮」等高級武官。四征指征東、征西、征南、征北四將軍；四鎮指鎮東、鎮西、鎮南、鎮北四將軍。(113)為敵國　為同等地位的國家。敵，勢均力敵，地位相等。(114)寇略　進攻、侵犯。略，佔地。(115)十一月癸酉　十一月十七。(116)宣明臺　臺名，在長安城。(117)車馬輻湊　到其府第賓客的車馬之多，有如車輪輻條之集中於軸心。輻湊，也作「輻輳」。(118)歐血　吐血。歐，嘔吐。(119)十二月乙巳　十二月十九。(120)復作銅雀臺　銅雀臺在鄴縣城北，原是三國時曹操所建，至石虎時又大力增修，今又重修。(121)尚書　此指尚書臺，尚書省的辦事衙門，意思如同「丞相府」。(122)文案不治　各種文書案卷混亂而不齊全。(123)左丞　即尚書左丞，與尚書右丞分管尚書省所轄各個部門的事務，有如今時國務院的副長官。(124)舉異材　提拔有特殊才幹的人。(125)修廢職　重建或改革不幹實事的政府部門。(126)課農桑　督促、檢查發展農業。(127)恤困窮　救濟困窮無依的人。(128)旌　表彰。(129)繼絕世　為已經滅絕世襲的前輩英賢尋找並建立繼承人。《論語・堯曰》有所謂「興滅國，繼絕世，舉逸民，天下之民歸心焉。」

【校　記】①廣平王　原無此三字。據章鈺校，十二行本、乙十一行本、孔天胤本皆有此三字，今據補。②者　原無此字。據章鈺校，十二行本、乙十一行本皆有此字，今據補。

【語　譯】升平元年（丁巳　西元三五七年）

春季，正月初一日壬戌，東晉為穆帝司馬聃舉行加冠典禮。皇太后褚氏詔告天下，自己將把政權交還給皇帝司馬聃，頒布大赦令，改年號為升平元年。皇太后褚氏從皇帝居住的西宮，搬到崇德宮居住。

燕主慕容儁徵調擔任幽州刺史的乙逸回朝擔任左光祿大夫。乙逸夫婦共同乘坐著一種用鹿拉的小車，乙逸的兒子乙璋卻帶著數十名騎兵，全都穿著華麗的服飾，在道旁迎接。乙逸大怒，關閉車門不搭理乙璋。到了薊城之後，乙逸狠狠地責備了乙璋一通，乙璋仍然不思改悔。乙逸常常擔憂乙璋會失敗，而乙璋反而被提升了官職，歷任中書令、御史中丞。乙逸遂歎息著說：「我從很小的時候起就開始修身立名，克制自己的欲望，嚴守正道，也僅僅能夠保持不犯錯誤而已。乙璋不注意儉樸自律，一味地追求奢侈享樂，反而一再地身居要職。這豈只是乙璋有愧於皇帝的寵幸，也是社會政治、社會風氣的墮落。」

二月二十三日癸丑，燕主慕容儁立自己的兒子中山王慕容暐為皇太子，在境內實行大赦，改年號為光壽。

金星運行到了井宿的位置。秦國有關部門向秦主苻生奏報說：「金星是一顆象徵殺伐的星，東井星是秦國的分星，表明京師長安將會有亂軍暴動。」秦主苻生說：「太白星進入水井，自然是因為太白星渴了要喝水，這有什麼值得大驚小怪的？」

佔據襄陵的姚襄謀劃奪取關中地區，夏季，四月，姚襄率軍從北屈進駐杏城，他派遣擔任輔國將軍的姚蘭率軍向敷城一帶拓展地盤，派擔任曜武將軍的姚益生、擔任左將軍的王欽盧各自率軍去招納那些羌人和胡人。姚蘭，是姚襄的堂兄。姚益生，是姚襄的哥哥。羌人、胡人以及秦國的民眾歸附姚襄的多達五萬多戶。秦國將領苻飛龍率軍攻擊姚蘭，將姚蘭擒獲。姚襄率軍進駐黃落，秦主苻生派遣衛大將軍廣平王苻黃眉、平北將軍苻道、龍驤將軍東海王苻堅、建節將軍鄧羌率領一萬五千名步兵、騎兵抵禦姚襄，姚襄堅壁清野不與交戰。鄧羌對苻黃眉說：「姚襄連續被桓溫、張平打敗，銳氣已經完全喪失。然而姚襄為人爭強好勝，如果我們大軍擂鼓吶喊揮舞旗幟，逕直逼近他的營壘，姚襄一定會憤怒出戰，就可以一戰將姚襄擒獲。」五月，鄧羌率領三千名騎兵堵住姚襄的營門布開陣勢。姚襄憤怒已極，便集中所有兵力投入戰鬥。鄧羌假裝無法取勝而向後退走，姚襄率軍隨後追趕，一直追到三原，鄧羌指揮騎兵調轉馬頭向姚襄發起攻擊。苻黃眉率領大隊人馬隨後趕來，前後夾擊，姚襄軍被打得大敗。姚襄所騎的駿馬名叫黧眉騧，黧眉騧忽然栽倒，秦兵遂將姚襄擒獲、斬首，姚襄的弟弟姚萇率領姚襄的部眾向秦國投降。姚襄父親姚弋仲的靈柩還被姚襄帶在軍中，秦主苻生按照王爵的禮儀將姚弋仲安葬在孤磐，又用公爵的禮儀埋葬了姚襄。廣平王苻黃眉等人返回長安，秦主苻生不但沒有獎賞他們，反而數次當著眾人侮辱苻黃眉。苻黃眉非常生氣，就謀劃殺死苻生。事情被發覺，苻黃眉被苻生處死，事情牽連到王爵公爵、皇親貴戚，很多人因此被殺。

五月十九日戊寅，燕主慕容儁派遣擔任撫軍將軍的慕容垂、擔任中軍將軍的慕容虔、擔任護軍將軍的平熙率領八萬名步兵騎兵前往塞北攻打敕勒，燕軍大敗敕勒，俘虜、斬首了十多萬敕勒人，繳獲了十三萬匹馬，繳獲的牛羊有億萬頭。

匈奴單于賀賴頭率領自己部落的三萬五千人投降了燕國，燕國人把他們安置在代郡的平舒城。

秦主苻生夢見一條大魚在吃蒲草，長安城中又有童謠說：「東海大魚化為龍，男皆為王女為公。」苻生遂誅殺了被封為太師、錄尚書事、廣寧公的魚遵和他的七個兒子、十個孫子。擔任金紫光祿大夫的牛夷擔心大禍臨頭，便請求朝廷委派自己去擔任荊州刺史。苻生不允許，任命他為中軍將軍。苻生召見了他，跟他開玩笑說：「牛的性情遲緩笨拙，卻善於駕轅拉車，雖然沒有駿馬跑得那樣快，卻很容易地就能拉動重百石的車子。」牛夷說：「雖然能夠拉動沉重的大車，卻從來沒有拉車走過崎嶇險峻的道路，我希望試一試更艱難的任務，到那時才能看出我所能建立的功勳。」苻生笑著說：「你這頭遲重的牛怎麼突然變得快速起來了？你嫌負擔的責任太輕嗎？我就讓你擔任魚遵的職務。」牛夷更加恐懼，回到家中就自殺了。

秦主苻生不分白天黑夜地飲酒作樂，有時一連幾個月不出皇宮。大臣所上的奏章他看也不看就擱置起來，經常如石沉大海沒有了消息。有時又是在醉酒狀態下裁決政事，他身邊的人便藉機為非作歹，所以獎賞和處罰完全沒有了標準。有時已經到了下午三點或七點，苻生才開始登上金殿看大臣們一眼，他在醉意朦朧中，殺戮了許多人。因為自己瞎了一隻眼，所以就忌諱別人說帶有「殘」、「缺」、「偏」、「隻」、「少」、「無」、「不具」等字眼的話，因為犯了這類錯誤而被誅殺的多得不可勝數。他還喜歡活剝牛、羊、驢、馬的皮，喜歡將活的雞、豚、鵝、鴨扔進滾燙的水中，退掉牠們身上的毛，然後把牠們放在金殿前，數十隻為一群，看著牠們痛苦地掙扎、奔跑來取樂。有時還把人臉上的皮活活地剝下來，再讓他血流滿面地唱歌跳舞，苻生親臨觀看取樂。苻生曾經問自己身邊的人說：「自從我當上秦國的皇帝，你們聽到外面的人議論我什麼？」有人回答說：「聖明的天子主宰天下，賞罰公平恰當，人們齊聲歌頌天下太平。」苻生怒氣沖沖地說：「你是在討好我！」立即命人拉出去斬首。過了一陣子，苻生又問這個問題，有人就回答說：「陛下執行刑罰稍微嚴厲了一些。」苻生又發怒說：「你在誹謗我！」也被拉出去斬首。那些為國家建立過功勳的老臣舊友以及皇親國戚，幾乎都被他殺光了，群臣能夠熬過一天，就好像熬過了十年一樣。

東海王苻堅一向受到當時人們的讚譽，他與已故姚襄的參軍薛讚、權翼關係非常密切。薛讚、權翼就暗中勸說苻堅：「秦主苻生為人猜忌、殘忍，生性暴虐，朝廷內外已經與他離心離德。如今適合在秦國做皇帝的人，除去殿下還能有誰呢？希望殿下早點做打算，不要讓外姓人把政權奪走。」苻堅便去詢問擔任尚書的呂婆樓，呂婆樓說：「我，就像一個被掛在刀環上的人，隨時都有可能被殺死，恐怕沒有能力成就大事。我有一個鄰居名叫王猛，他的謀略之高，恐怕是世上不經常出現的，殿下應該把他請來，向他詢問詢問。」苻堅便通過呂婆樓將王猛請來，兩人一見，就如同老朋友久別重逢一樣。談到對時事的看法時，苻堅非常高興，自己覺得就像當年劉備遇見了諸葛亮一般。

六月，擔任太史令的康權對秦主苻生說：「昨天夜裡，天空同時出現了三個月亮，彗星進入太微星座，與東井星相連。從上月上旬以來，天氣總是陰沉沉的，卻沒有下雨，一直到現在都是這樣，預示將有地位低下的人要謀害地位尊貴的人。」苻生聽了大怒，認為這是妖言惑眾，就把太史令康權從高處扔到地上活活地摔死了。

享受特進待遇、兼任御史中丞的梁平老等對東海王苻堅說：「主上苻生的美德完全喪失，全國上下無不怨聲載道，人人都有叛離之心。燕國和東晉，全都在尋找機會準備發動戰爭。恐怕災禍發生的那一天，家與國會同時滅亡。拯救國家，這是殿下的責任，應該早點做好準備。」苻堅心裡認為梁平老的話很有道理。但因為懼怕苻生的輕捷勇猛，所以沒敢採取行動。

秦主苻生夜裡對服侍自己的宮女說：「清河王苻法和他的兄弟苻堅也不可信賴，明天天亮之後就把他們除掉。」那個宮女把苻生的話告訴了東海王苻堅和苻堅的哥哥清河王苻法。苻法遂與梁平老以及特進、光祿大夫彊汪率領數百名壯士偷偷地進入皇宮的正南門——雲龍門，苻堅與擔任尚書的呂婆樓率領自己屬下的三百名親兵擂鼓吶喊緊隨其後，皇宮中擔任宿衛的將士全都放下手中的兵器投歸了苻堅。此時苻生還醉醺醺地躺在寢宮的床上。苻堅的親兵進入苻生的寢宮，苻生驚奇地問自己身邊的人說：「這些是什麼人？」苻生身邊的人回答說：「他們是賊人！」苻生說：「你們怎麼不下拜？」苻堅的親兵都忍不住笑起來。苻生又大聲地說：「還不趕緊下拜，不下拜的一律斬首！」苻堅的親兵把苻生帶到別的宮室之中，苻堅將苻生廢為越王，不久又將苻生殺死，並根據苻生生前濫殺無辜而給苻生諡號「厲王」。

苻堅將皇位讓給自己的哥哥苻法，苻法說：「你是父親的嫡子，而且賢能，這個皇帝應該由你來當。」苻堅說：「哥哥年紀大，應該由哥哥來當。」苻堅的母親苟氏流著眼淚對群臣說：「這是事關國家社稷的大事，責任重大，我的兒子知道自己沒有能力承擔，如果將來辦事不當，那錯立君主的責任應該由諸位大臣來負。」群臣全都磕頭請求立苻堅為皇帝。苻堅遂去掉了皇帝的稱號，改稱大秦天王，在太極殿即位，誅殺苻生的親信中書監董榮、左僕射趙韶等二十多人，實行大赦，改年號為永興。追尊自己的生父苻雄為文桓皇帝，封自己的母親苟氏為皇太后，自己的妃子苟氏為皇后，世子苻宏為皇太子，任命自己的庶兄清河王苻法為都督中外諸軍事、丞相、錄尚書事、東海公，其他諸王爵都降級為公爵。任命自己的叔祖父、擔任右光祿大夫的永安公苻侯為太尉，任命晉公苻柳為車騎大將軍、尚書令。封自己的弟弟苻融為陽平公，苻雙為河南公，封自己的兒子苻丕為長樂公，苻暉為平原公，苻熙為廣平公，苻叡為鉅鹿公。任命漢陽人李威為左僕射，任命梁平老為右僕射，任命彊汪為領軍將軍，任命呂婆樓為司隸校尉，任命王猛為中書侍郎。

苻融喜好文學，他的觀察識別能力遠遠超過了一般人，耳朵聽一遍就能背誦出來，眼睛看一遍就不會忘記；力氣大得一個人能戰勝一百人，又擅長騎馬射箭，用戈矛擊刺，很小的時候就已經有了很高的名聲。苻堅很喜愛他，器重他，經常與他一起磋商國家大事。苻融處理朝廷內外的各種政務，闡明刑法政令，為國家舉薦、提拔那些有才能卻被埋沒的人才，為朝廷做了許多有益的工作。苻堅的兒子苻丕也很有文韜武略，無論是處理民事還是審理訴訟，其才能都僅次於苻融。

左僕射李威，是苟太后姑母的兒子，一向與魏王苻雄關係友善。苻生多次想要殺掉苻堅，都仗著有李威的搭救，苻堅才幸免於難。李威很受苟太后的寵愛，苻堅對待李威就像對待自己的父親一樣。李威知道王猛很賢能，經常勸說苻堅把國家大事交給王猛處理。苻堅對王猛說：「李公瞭解先生，就跟鮑叔牙瞭解管仲一樣。」王猛把李威當做自己的兄長一樣對待。

燕主慕容儁將伏順將軍段龕殺死，將段龕的三千多名徒眾全部活埋。

秋季，七月，秦國擔任大將軍、冀州牧的張平派遣使者到建康請求投降，東晉任命張平為并州刺史。

八月十九日丁未，東晉皇帝司馬聃封何氏為皇后。何皇后，是已故散騎侍郎廬江人何準的女兒，司馬聃迎娶何氏為皇后的禮儀，與咸康二年晉成帝司馬衍迎娶杜氏為皇后的禮節一樣，但沒有舉行慶賀典禮。

秦王苻堅任命權翼為給事黃門侍郎，任命薛讚為中書侍郎，與王猛一起掌管朝廷機密。九月，追認被苻生枉殺的太師魚遵等恢復原職，以隆重的禮儀將他們改葬，活著的子孫，全都根據他們的實際才能而授予適當的官職。

張平佔據了新興、雁門、西河、太原、上黨、上郡的廣大地區，建立的軍事據點有三百多處，擁有夷人、漢人總計十多萬戶，拜官授爵，設置並任命四征、四鎮等高級武官，想要與慕容氏所建立的燕國、苻氏所建立的秦國為同等地位的國家。冬季，十月，張平率軍侵擾掠奪秦國的邊境地區。秦王苻堅任命晉公苻柳為都督并、冀二州諸軍事，加授并州牧，鎮所設在蒲阪，以此抵禦張平的入侵。

十一月十七日癸酉，燕主慕容儁把都城從薊城遷到了鄴城。

秦國皇太后苟氏遊覽宣明臺，看見東海公苻法的府第門前，賓客拜訪的車馬多得就像車輪的輻條湊集於軸心一樣，因此擔心苻法勢力強大後對秦王苻堅不利，遂與表兄弟李威一起密謀，賜苻法自殺。苻堅與苻法在東堂訣別，苻堅哀痛得口吐鮮血。給苻法的諡號是獻哀公，封苻法的兒子苻陽為東海公，另一個兒子苻敷為清河公。

十二月十九日乙巳，燕主慕容儁入住鄴城皇宮，實行大赦。重新修復銅雀臺。

東晉朝廷任命擔任太常的王彪之為左僕射。

秦王苻堅前往尚書臺視察，發現各種文書案件十分混亂不整，便免除了擔任尚書左丞的程卓的官職，由中書侍郎王猛代替。秦王苻堅注意選拔那些有特殊才能的人，重建或改革不幹實事的政府部門，督促、檢查農民耕種土地、植桑養蠶，救助貧窮困苦而又無依無靠的人，禮敬各種神靈，設立學校，對堅持操守品節、主持正義的人給與表彰，為已經滅絕世襲的前輩英賢尋找並確立繼承人，秦國境內的人都非常高興。

二年（戊午　西元三五八年）

春，正月，司徒昱稽首歸政，帝不許。

初，馮鴦❶既以上黨來降，又附於張平，又自歸於燕，既而復叛燕。二月，燕司徒上庸王評❷討之，不克。

秦王堅自將討張平，以鄧羌為前鋒督護，帥騎五千，軍于汾上❸，平使養子蚝禦之。蚝多力趫捷，能曳牛卻走❹，城無高下，皆可超越。與羌相持旬餘，莫能相勝。三月，堅至銅壁❺，平盡眾❻出戰，蚝單馬大呼，出入秦陳者四、五。堅募人生致❼之，鷹揚將軍呂光刺蚝，中之，鄧羌擒蚝以獻，平眾大潰。平懼，請降。堅拜平右將軍，以蚝為虎賁中郎將。蚝，本姓弓，上黨人也。堅寵待甚厚，常置左右，秦人稱鄧羌、張蚝皆萬人敵。光，婆樓之子也。堅徙張平部民三千餘戶于長安。

甲戌❽，燕王儁遣領軍將軍慕輿根將兵助司徒評攻馮鴦，根欲急攻之，評曰：「鴦壁堅，不如緩之。」根曰：「不然。公至城下經月，未嘗交鋒。賊謂國家力止於此，遂相固結❾，冀幸萬一❿。今根兵初至，形勢方振，賊眾恐懼，皆有離心，計慮未定，從而攻之，無不克者。」遂急攻之。鴦與其黨果相猜忌，鴦奔野王依呂護⓫，其眾盡降。

夏，四月，秦王堅如雍，祠五時⓬。六月，如河東⓭，祠后土⓮。

秋，八月，豫州刺史謝奕卒。奕，安之兄也。司徒昱以建武將軍桓雲代之。雲，溫之弟也。訪於僕射王彪之，彪之曰：「雲非不才，然溫居上流⓯，已割天下之半，其弟復處西藩⓰，兵權萃於一門⓱，非深根固蒂⓲之宜。人才非可豫量⓳，但當今不與殿下作異[20]者耳。」昱頷之[21]曰：「君言是也。」壬申[22]，以吳興太守謝萬為西中郎將、監司・豫・冀・并四州諸軍事、豫州刺史。

王羲之與桓溫牋曰：「謝萬才流經通[23]，使之處廊廟[24]，固是[25]後來之秀。今以之俯順荒餘[26]，近是違才易務[27]矣。」又遺萬書曰：「以君邁往不屑之韻[28]，而俯同羣碎[29]，誠難為意[30]也。然所謂通識[31]，正當隨事行藏[32]耳。願君每與士卒之下者同甘苦[33]，則盡善[34]矣。」萬不能用。

徐、兗二州刺史荀羨有疾，以御史中丞郗曇為羨[1]軍司[35]。曇，鑒之子也。

九月庚辰[36]，秦王堅還長安，以太尉侯守[37]尚書令。於是[38]秦大旱，堅減膳徹樂[39]，命后妃以下悉去羅紈，開山澤之利，公私共之[40]，息兵養民，旱不為災[41]。

王猛日親幸用事[42]，宗親勳舊多疾之，特進[43]、姑臧侯樊世本氐豪，佐秦主健定關中，謂猛曰：「吾輩耕之，君食之邪？」猛曰：「非徒使君耕之，又將使君炊之[44]！」世大怒曰：「要當[45]懸汝頭於長安城門，不然，吾不處世[46]！」猛以白堅，堅曰：「必殺此老氐，然後百寮可肅[47]。」會世入言事，與猛爭論於堅前。世欲起擊猛，堅怒，斬之，於是羣臣見猛皆屏息[48]。

趙之亡也，其將張平、李歷、高昌皆遣使降燕，已而降晉，又降秦，各受爵位，欲中立以自固。燕王儁使司徒評討張平於并州，司空陽鶩討高昌於東燕[49]，樂安王臧討李歷於濮[50]。陽鶩攻昌別將於黎陽[51]，不拔。歷奔滎陽，其眾皆降。并州壁壘百餘降於燕，儁以右僕射悅綰為并州刺史以撫之。平所署征西將軍諸葛驤等帥壁壘百三十八降於燕，儁皆復其官爵[52]。平帥眾三千奔平陽[53]，復請降於燕。

冬，十月，泰山太守諸葛攸[54]攻燕東郡，入武陽[55]。燕王儁遣大司馬恪統陽鶩及樂安王臧之兵以擊之。攸敗走，還泰山。恪遂渡河，略地河南，分置守宰。

燕王儁欲經營秦、晉，十二月，令州郡校實見丁[56]，戶留一丁，餘悉發為兵，欲使步卒滿一百五十萬，期[57]來春大集洛陽。武邑劉貴上書，極陳「百姓彫弊，發兵非法[58]，必致土崩之變[59]。」儁善之，乃更令三五發兵[60]，寬其期日，以來冬集鄴。時燕調發繁數[61]，官司[62]各遣使者，道路旁午[63]，郡縣苦之。太尉、領[64]中書監封奕奏[2]請：「自今非軍期嚴急，不得遣使。自餘賦發[65]，皆責成州郡[66]，其羣司所遣彈督[67]先[3]在外者，一切攝還[68]。」儁從之。

燕泰山太守賈堅屯山茌[69]，荀羨引兵擊之。堅所將纔七百餘人，羨兵十倍於堅。堅將出戰，諸將皆曰：「眾少，不如固守。」堅曰：「固守亦不能免，不如戰也。」遂出戰，身先士卒，殺羨兵千餘人，復還入城。羨進攻之，堅歎曰：「吾自結髮，志立功名，而每值窮阨[70]，豈非命乎！與其屈辱而生，不若守節而死。」乃謂將士曰：「今危困，計無所設，卿等可去，吾將止死[71]。」將士皆泣曰：「府君[72]不出，眾亦俱死耳！」乃扶堅上馬。堅曰：「我如欲逃，必不相遣[73]。今當為卿曹[74]決鬬，若勢不能支，卿等可趣去[75]，勿復顧我也！」乃開門直出。羨兵四集，堅立馬橋上，左右射之，皆應弦而倒。羨兵眾多，從塹[76]下斫橋，堅人馬俱陷，生擒之，遂拔山茌。羨謂堅曰：「君父祖世為晉臣，柰何背本不降？」堅曰：「晉自棄中華[77]，非吾叛也。民既無主，彊則託命[78]。既已事人，安可改節！吾束脩自立[79]，涉趙歷燕[80]，未嘗易志，君何怱怱相謂降乎[81]！」羨復責之，堅罵 4
曰：「豎子[82]，兒女御乃公[83]！」羨怒，執置雨中。數日，堅憤惋[84]而卒。

燕青州刺史慕容塵遣司馬悅明救泰山，羨兵大敗，燕復取山茌。燕王儁以賈堅子活為任城[85]太守。

荀羨疾篤，徵還，以郗曇為北中郎將、都督徐・兗・青・冀・幽五州諸軍事、徐・兗二州刺史，鎮下邳。

燕吳王垂娶段末柸女，生子令、寶。段氏才高性烈，自以貴姓[86]，不尊事可足渾后[87]，可足渾氏銜之[88]。燕王儁素不快於垂，中常侍涅皓因希旨[89]告段氏及吳國典書令[90]遼東高弼為巫蠱[91]，欲以連汙垂[92]。儁收段氏及弼下大長秋、廷尉考驗[93]。段氏及弼志氣確然[94]，終無撓辭[95]。掠治日急[96]，垂愍[97]之，私使人謂段氏曰：「人生會當[98]一死，何堪楚毒如此[99]，不若引服[100]。」段氏歎曰：「吾豈愛死者耶？若自誣以惡逆[101]，上辱祖宗，下累於王[102]，固不為也！」辯答益明[103]，故垂得免禍，而段氏竟死於獄中。出垂為平州[104]刺史，鎮遼東[105]。垂以段氏女弟[106]為繼室[107]，可足渾氏黜[108]之，以其妹長安君妻垂，垂不悅，由是益惡之。

匈奴劉閼頭[109]部落多叛，懼而東走，乘冰度河，半度而冰解，後眾[110]悉[5]歸劉悉勿祈[111]，閼頭奔代。悉勿祈，務桓之子也。

【章旨】以上為第四段，寫晉穆帝升平二年（西元三五八年）一年間的大事。主要寫了苻堅自將以討張平，大破張平於銅壁，張平之子張蚝被秦將鄧羌所擒，張平畏懼降秦；寫了苻堅於秦地大旱之際能「開山澤之利，公私共之，息兵養民」等等，致使「旱不為災」；寫了苻堅倚重王猛，保護王猛不受侵陵的故事；寫了燕將慕輿根協助燕將慕容評圍攻依違不定之軍閥馮鴦於上黨，大破之，上黨地入於燕；寫了燕將慕容評討降秦之張平於并州，張平大敗，逃於平陽，又請降於燕；寫了晉將荀羨攻燕之泰山太守賈堅於山茌，賈堅兵少城破被俘，誓死不降，燕將慕容塵派兵往救，大破晉將荀羨於山茌；寫了燕將慕容垂一向受燕主慕容儁之歧視，慕容儁又利用慕容垂妃段氏之短羅織罪名，欲連及於慕容垂，事雖未成，但兄弟之間的矛盾已不可調和；寫了晉會稽王司馬昱欲任桓溫之弟桓雲為豫州刺史，王彪之反對，以為不能將權力集中於一門，而改任傲慢腐敗的謝萬為豫州刺史。王羲之致書謝萬，勸他放下架子，與士兵同甘苦，謝萬不聽，為其日後的失敗做了鋪墊。

【注釋】❶馮鴦　上黨人，於永和十一年驅逐燕國設立的上黨太守而自稱太守，據安民城請降於晉。事見本卷第一段。❷上庸王評　慕容評，被封為上庸王。❸汾上　汾水之上。汾水自山西的西北部流來，經太原、臨汾、侯馬，西折至河津入黃河。❹曳牛卻走　拉著牛尾使牛倒退。曳，拖；向後拉。卻，退行。❺銅壁　地名，據吳熙載《資治通鑑地理今釋》：「銅壁，疑山西汾州府介休縣石桐水之壁。」石桐水又名綿水，又名洪山水，在今山西介休東二十里。❻盡眾　悉眾；出動全部人馬。❼生致　生擒活捉。❽甲戌　三月二十。❾固結　牢固團結。❿冀幸萬一　僥倖等待萬一的可乘之機以破敵致勝。⓫呂護　原是魏主冉閔的部將，後降燕，又自立稱安國王，失敗後，逃到野王自守。野王即今河南沁陽。⓬祠五時　到秦漢時代留傳下來的五座祭祀上帝的高臺舉行祭祀大典。此五時的名稱是：鄜時、吳陽上時、吳陽下時、畦時、北時。在當時的雍縣城南，今陝西鳳翔南二十里。⓭河東　郡名，郡治在今山西夏縣西北。⓮祠后土　祭祀后土之神。古時稱地神或土神為后土，漢武帝立后土祠於河東郡汾陰縣的睢丘，在今山西萬榮的榮河城北。⓯上流　都城建康的上游。當時桓溫為荊州刺史，鎮江陵，在建康的上游。⓰西藩　在都城的西側把持一個地區的軍政大權。東晉時的豫州州治邾城，在今湖北黃岡西北。因其地處建康的西方，故稱「西藩」。⓱萃於一門　集中到一個家族。⓲深根固蔕　以比喻鞏固皇室的權力而言。⓳非可豫量　不好對他們的未來做出估計。⓴作異　作對；唱反調。㉑頷之　點頭同意。頷，下巴，這裡用如動詞，即點頭。㉒壬申　八月二十一。㉓才流經通　謂其才具在流輩中確實卓異，可以經邦濟世。㉔處廊廟　意即在朝廷做官。廊，大殿四周的走廊。廟，太廟。這些都是古代帝王和大臣議論政事的地方。㉕固是　的確是。㉖俯順荒餘　意即讓他去管理一個兵荒馬亂、動盪不定的地區。俯順，安撫、穩定。俯，意思同「撫」。㉗近是違才易務　差不多可以說既是朝廷用非其才，也是讓謝萬去幹其所不能勝任的事情。易務，從事其不能勝任的工作。㉘以君邁往不屑之韻　就憑你這種「率性而為，不拘小節」的風度。邁往，率意而為；不瞻前顧後。不屑，不拘細節。韻，風度；風派。㉙俯同羣碎　勉強地去做那些具體而瑣碎的事情。俯，勉強；勉為其難。羣碎，指軍中的諸多瑣細軍務。㉚誠難為意　實在不是你可以應付得了的。為意，用心思。㉛所謂通識　一般人對世事的看法與處理事物的態度。㉜隨事行藏　在什麼位置就得說什麼話、做什麼事。《論語・述而》有所謂「用之則行，舍之則藏，唯吾與爾有是夫！」謂出仕為官即實行所學之道，否則便退隱藏道以待時機。後用「行藏」指出世或退隱。㉝每與士卒之下者同甘苦　每與，多與。每，往往；經常。《史記‧孫子吳起列傳》：「起之為將，與士卒最下者同衣食。」㉞盡善最好不過。㉟軍司　意同「軍師」，這裡是協助主官總理軍中事務的官員。㊱九月庚辰　此語有誤，九月朔壬午，無庚辰日。庚辰應是八月二十九。㊲守　兼任。㊳於是　這時。㊴減膳徹樂　古代帝王遇天災或天象變異時，常以減膳、撤樂等表示自責。減膳指素食或減少餚饌。徹樂，同「撤樂」。停止聲色之樂。㊵公私共之　國家與百姓私人都可以開採。共，共同分享。㊶旱不為災　雖然天旱，但沒有造成災害。㊷用事　執政；當權。㊸特進　官名，漢制，凡諸侯功德優勝為朝廷所敬重者，得封此官，位在三公下。通常為閒散職務。魏、晉、南北朝多因之，為本職外的加官。㊹又將使君炊之　我還要讓你給我做熟了（我才吃）。㊺要當　一定要。㊻吾不處世　我就不在這個世上活著。㊼百寮可肅　其他文武百官才能安定。肅，肅靜；安定。㊽屏息　憋住氣；不敢大聲呼吸。㊾東燕　郡名，郡治南燕縣，在今河南延津東北。㊿濮　郡國名，郡治濮陽，在今河南范縣之濮城東二十里。(51)黎陽　縣名，縣治在今河南浚縣東北。(52)復其官爵　恢復其原來的封號與職務，即原任何職，歸燕後仍任其職。(53)平陽　郡名，郡治平陽，在今山西臨汾的西南部。(54)諸葛攸　晉將名，時任泰山太守。泰山郡的郡治在今山東泰安東南。(55)武陽　縣名，縣治在今山東莘縣的朝城鎮西。(56)校實見丁　統計、核實成年男子的數目。校，核查。見，同「現」。現有。(57)期　約定時間；定好時間。(58)發兵非法　以「戶留一丁，餘悉發為兵」的規定不合古法。(59)土崩之變　指農民起義。漢代徐樂給漢武帝上書稱吳楚七國之亂為「瓦解」，稱陳涉、吳廣起義為「土崩」，認為「瓦解」危害不會太大，而「土崩」之害最為致命。(60)三五發兵　即三丁抽二，五丁抽三。(61)繁數　頻繁；次數多而密。(62)官司　朝廷的各個職能部門、各個辦事衙門。(63)道路旁午　在道路上你來我往，縱橫交錯。旁午，相互穿插、碰撞的樣子，以形容來往的使者之多。(64)領　兼任。(65)自餘賦發　軍事動員以外的其他徵調。賦發，賦指斂取錢財，發指徵調人力。(66)責成州郡　交給州郡地方長官去辦。(67)彈督　負責檢查與督促的人員。彈，檢查；彈劾。(68)攝還　收回；招回。(69)山茌　縣名，縣治在今山東長清東北。(70)窮阨　困厄；災難。(71)止死　留下戰死；與城池共存亡。(72)府君　也稱「使君」，兩漢、魏、晉時對太守的敬稱。(73)相遣　打發你們走。(74)卿曹　卿等；你們諸位。卿，敬稱對方。曹，輩；類。(75)趣去　趕緊逃走。趣，同「促」。速。(76)塹　護城河。(77)自棄中華　自己扔掉了中原地區。(78)彊則託命　遇到一個強有力的政權，便只好投靠之以寄託生命。(79)束脩自立　從入學讀書，便有志於自立。束脩，十條肉乾。脩，乾肉。古人入學求師必用束脩，故後人遂以「束脩」指入學讀書。(80)涉趙歷燕　賈堅原為後趙的殿中督，趙亡，回鄉擁部曲自保。永和六年，被慕容評擒獲，燕主儁愛其才，以為樂陵太守。涉，經歷。(81)君何忽忽相謂降乎　你為什麼總是對我說「投降」這兩個字呢。忽忽，一再地；總是。(82)豎子　罵人語，猶謂「小子」、「奴才」。(83)兒女御乃公　小子們竟想管老子的事。兒女，小孩子；小子們。御，管；駕御。(84)憤惋　悲憤、歎息。(85)任城　郡名，郡治在今山東濟寧東南。(86)貴姓　名門大姓。段氏與慕容氏均為鮮卑大族，兩國原又為抗衡之國，故自以為「貴姓」。(87)不尊事可足渾后　對慕容儁的王后可足渾氏不尊敬，不以禮相待。尊事，尊敬、侍奉。(88)銜之　對之懷恨在心。(89)希旨　迎合慕容儁的心思。(90)吳國典書令　吳王慕容垂屬下的官員，當時在諸侯王國均置典書令、典祠令和學官令。典書令掌選拔和任免官吏，相當於後代朝廷的吏部尚書。(91)巫蠱　一種祈求鬼神以加害於人的巫術。(92)欲以連汙垂　想把罪名連加到慕容垂頭上。汙，玷汙。(93)收段氏及弼下大長秋廷尉考驗　把段妃與高弼交給大長秋與廷尉審問。下，交給。大長秋，主管皇后宮事務的官員。廷尉，主管全國刑獄的最高長官。考驗，審問、驗證。(94)志氣確然　意志堅定，氣度軒昂。(95)終無撓辭　始終沒有一句認錯、屈服的話。(96)掠治日急　嚴刑逼供越來越厲害。掠治，用棍棒打人逼供。(97)愍　憐憫；同情。(98)會當　必有。(99)何堪楚毒如此　怎能忍受如此殘酷的折磨。楚毒，殘酷狠毒。本作「焚炙」，即古代炮烙之刑。這裡泛指酷刑。(100)引服　認罪；服罪。(101)自誣以惡逆　委屈地承認了這種大逆不道的罪名。(102)下累於王　向下連累到你。累，牽連。(103)辯答益明　辯論、回答得越來越清楚。(104)平州　州治即今遼寧遼陽。(105)遼東　郡名，郡治在今之遼陽。(106)女弟　即妹。(107)繼室　續娶之妻，也稱「續弦」。(108)黜　廢免不要。(109)劉閼頭　已故匈奴大人劉務桓之弟。(110)後眾　因為河冰融解而沒有渡河的部眾。(111)劉悉勿祈　劉務桓之子。

【校記】[1]義　原無此字。據章鈺校，十二行本、乙十一行本、孔天胤本皆有此字，張敦仁《通鑑刊本識誤》同，今據補。[2]奏　原無此字。據章鈺校，十二行本、乙十一行本皆有此字，今據補。[3]先　原無此字。據章鈺校，十二行本、乙十一行本皆有此字，今據補。[4]罵　原作「怒」。據章鈺校，十二行本、乙十一行本、孔天胤本皆作「罵」，今據改。[5]悉　據章鈺校，十二行本、乙十一行本皆作「盡」。

【語譯】二年（戊午　西元三五八年）

春季，正月，東晉擔任司徒的會稽王司馬昱在金殿之上向皇帝司馬聃磕頭，請求將朝政大權歸還給皇帝，晉穆帝司馬聃沒有同意。

當初，上黨人馮鴦已經獻出上黨，向東晉投降，後來又歸順了張平，之後又歸附了燕國，不久又背叛燕國。二月，燕國擔任司徒的上庸王慕容評率軍討伐馮鴦，卻沒能將馮鴦擊敗。

秦王苻堅親自率軍討伐張平，秦王苻堅任命鄧羌為前鋒督，率領五千名騎兵，在汾水沿岸布防，張平派遣自己的養子張蚝率軍抵禦鄧羌。張蚝力大無比、行動敏捷，能拉著牛尾巴使牛倒退，不論城牆有多高，他都能翻越而過。張蚝與鄧羌在汾水岸邊相持了十多天，誰也沒能戰勝對方。三月，秦王苻堅率大軍抵達銅壁，張平出動了全部軍隊與苻堅決戰，張蚝單人獨騎，大聲呼喊著殺入秦軍的陣地，然後殺出，如此殺進殺出四五次。苻堅募人希望將張蚝生擒活捉，擔任鷹揚將軍的呂光一下子刺中了張蚝，鄧羌遂將張蚝擒獲送到秦王苻堅面前，張平的軍隊立時潰散。張平非常恐懼，向秦王苻堅請求投降。苻堅任命張平為右將軍，任命張蚝為虎賁中郎將。張蚝，原本姓弓，上黨人。苻堅對張蚝十分寵愛，對他特別優待，經常將他帶在自己身邊，秦國人稱讚鄧羌、張蚝都可以力敵萬人。呂光，是呂婆樓的兒子。秦王苻堅將張平屬地的民眾三千多戶遷徙到長安。

三月二十日甲戌，燕主慕容儁派遣擔任領軍將軍的慕輿根率軍協助司徒慕容評攻打佔據上黨的馮鴦，慕輿根主張對馮鴦發動猛攻，慕容評說：「馮鴦所佔據的上黨城城池堅固，不如採用長久圍困的策略。」慕輿根說：「不對，公來到上黨城下已經有一個多月的時間了，卻未曾與馮鴦軍交過戰。賊人將會認為燕軍的力量不過如此，因而會更加緊密地團結在一起，希望等待哪怕只有萬分之一的可乘之機以取得戰勝燕軍的勝利。現在我所率領的軍隊剛剛到達，正是士氣高漲之時，而賊眾心中卻更加恐懼，人人都心懷背叛之心，只是還沒有下定最後決心，趁現在進行攻擊，沒有不能取勝的道理。」遂下令緊急攻打。馮鴦與他的黨羽之間果然互相產生猜忌，馮鴦逃往野王去投靠呂護，他的部眾全部向燕軍投降。

夏季，四月，秦王苻堅前往雍城秦漢時期遺留下來的祭祀上帝的五座高臺，在這裡祭祀五帝。六月，前往河東郡，祭祀后土之神。

秋季，八月，東晉豫州刺史謝奕去世。謝奕，是謝安的哥哥。擔任司徒的會稽王司馬昱準備任用擔任建武將軍的桓雲接替謝奕的職務。桓雲，是征西大將軍桓溫的弟弟。司馬昱就這項決定去徵求擔任僕射的王彪之的意見，王彪之說：「桓雲並不是沒有才幹，然而現在桓溫佔據著長江上游，他所控制的地盤已經佔了國土面積的一半，如果再讓他的弟弟在都城的西側把持一個地區的軍政大權，使兵權集中到一個家族，這可不是使國家根基穩固的好辦法。對於人才，雖然不好對他的未來做出估計，但起碼要使他不與殿下唱反調。」司馬昱點頭說道：「先生說得很對。」二十一日壬申，任用吳興太守謝萬為西中郎將、監司・豫・冀・并四州諸軍事、豫州刺史。

東晉右軍將軍王羲之寫信給桓溫說：「謝萬的才具在流輩中確實卓異，可以經邦濟世，如果讓他在朝廷供職，的確是後起之秀。現在卻讓他去治理一個兵荒馬亂、動盪不安的地區，差不多可以說朝廷是用非其才，也是讓謝萬去幹他根本無法勝任的事情，當然也就沒有什麼成功可言了。」又寫信給謝萬說：「憑您那種率意而為、辦事不能瞻前顧後卻又不拘小節的作風，現在卻要勉為其難地去處理那些具體而又瑣碎的事務，確實不是您可以應付得了的。然而一般人對世事的看法與處理事物的態度，就是在什麼位置就說什麼話、做什麼事。我希望您能夠多與級別最低的士卒同甘共苦，那就最好不過了。」然而謝萬也沒有採納王羲之的建議。

東晉擔任徐州、兗州二州刺史的荀羨生了病，朝廷遂任命御史中丞郗曇為荀羨的軍司。郗曇，是郗鑒的兒子。

九月庚辰日，秦王苻堅返回首都長安，他任命擔任太尉的苻侯兼任尚書令。此時秦國正遭遇大旱災，於是秦王苻堅便減少自己的飲食，停止各種娛樂，命令皇后嬪妃以下全都不許穿綾羅綢緞，開放山林湖澤，國家與人民共同享有其中的利益，停止一切軍事行動，休養民眾，所以秦國雖然遭遇大旱，卻沒有造成很大的災害。

秦國王猛越來越受到秦王苻堅的寵愛和信任，權力也就越來越大，皇親國戚以及那些為國家建立過功勳的老臣因此都很嫉恨他，位在特進、被封為姑臧侯的樊世，原本是氐族部落的一個酋長，曾經輔佐秦主苻健平定了關中地區，他對王猛說：「我們這一代人耕種的糧食，由你來吃現成的是不是？」王猛說：「不但讓你耕種糧食，還必須要你把糧食做熟了我才吃！」樊世憤怒到了極點，他說：「我一定要把你的人頭懸掛在長安城門之上，否則的話，我就不活在這個世界上！」王猛把情況向秦王苻堅做了彙報，苻堅說：「我一定要殺死這個老氐，然後才能使文武百官安定下來。」正趕上樊世入宮談論政事，遂與王猛在秦王苻堅面前發生爭執。樊世想站起來擊打王猛，苻堅大怒，立即將樊世斬首，從此以後，群臣見到王猛，連大氣都不敢出。

後趙滅亡的時候，後趙的將領張平、李歷、高昌都曾經派使者投降燕國，之後又投降了東晉，再後來又向秦國投降，他們在燕國、東晉、秦國都接受了封爵和官職，卻又一心想保持獨立狀態，不願意歸屬任何一方。燕主慕容儁派擔任司徒的慕容評進兵并州討伐張平，派擔任司空的陽騖率軍前往東燕郡討伐高昌，派樂安王慕容臧率軍討伐李歷所據守的濮城。司空陽騖率軍首先攻打由高昌部將所堅守的黎陽，沒有攻克。據守濮城的李歷逃往滎陽，他的部眾全部向燕軍投降。并州管轄之下的一百多處軍事營壘全部投降了燕國，燕主慕容儁任命擔任右僕射的悅綰為并州刺史，以安撫并州的民眾。由張平所任命的征西將軍諸葛驤等率領一百三十八處堡寨投降了燕國，燕主慕容儁就根據他們原來的官職重新加以任命。張平率領三千名殘兵敗將逃往平陽，並再次請求投降燕國。

冬季，十月，東晉泰山郡太守諸葛攸率軍攻打燕國的東郡，進入武陽。燕主慕容儁派遣擔任大司馬的慕容恪統帥司空陽騖以及樂安王慕容臧的兵馬迎擊諸葛攸。諸葛攸戰敗後從武陽退走，返回泰山。慕容恪趁機渡過黃河南下，侵佔了東晉的河南地區，並在河南地區分別設置郡守和縣令。

燕主慕容儁想要征服秦國和東晉，十二月，下令各州郡，核實每戶現有男丁的人數，規定每戶只能留下一名男丁，其餘的都被徵調服兵役，準備使國家的步兵湊滿一百五十萬，約定來年春天全部彙集洛陽。武邑人劉貴上疏給燕主慕容儁，他在奏疏中極力陳述「百姓貧窮困苦，已經到了極點，這種每戶只留一名男子的徵兵規定不合古法，必然引發大規模的農民起義，使國家土崩瓦解。」慕容儁認為劉貴分析得有道理，遂下令改為三個男丁徵調二人、五個男丁徵調三人出去當兵打仗，並延緩了集結的時間，將原來約定的來年春天改為來年冬季，在鄴城集結。當時燕國頻繁地徵兵徵夫，抽取稅捐，於是各個官署都紛紛派出使者到各地對徵兵徵稅進行監督、催促，道路之上使者你來我往、縱橫交錯，郡縣無法應付，苦不堪言。擔任太尉兼任中書監的封奕奏請：「從今往後，如果不是處於戰爭時期需要緊急傳達軍令，一律不准派遣使者。軍事動員以外的其他徵調，都交給州郡的地方長官去辦理，各官署早先派遣到地方負責檢查與督促的使者，一律召回。」慕容儁批准了封奕的建議。

燕國泰山太守賈堅率軍屯駐在山茌，東晉荀羨率軍攻打賈堅。賈堅屬下只有七百多人，而荀羨的兵力是賈堅的十倍。賈堅準備率軍出戰，諸將都說：「我們人數太少，不如固守城池。」賈堅說：「固守城池也不能免死，還不如出戰。」遂率軍出戰，賈堅身先士卒，殺死荀羨軍一千多人，然後返回城裡。荀羨率軍進前攻城，賈堅歎口氣說：「我從年輕時起，就立志要建立功名，卻總是遭遇困厄，這難道不是命該如此嗎！與其遭受屈辱，苟且求生，還不如堅守臣節而死呢。」遂對屬下的將士說：「如今我們的處境十分的危險、困難，我已經沒有辦法扭轉目前的局勢，你們可以早早的離開這裡，我將留下來戰到死。」將士們都哭泣著說：「如果您不肯出城逃命，我們眾人也願意留下來跟您死在一起！」遂強行將賈堅扶持上馬。賈堅說：「我如果想要逃命，就一定不會打發你們走。我現在就去為你們決一死戰，如果實在支持不下去，你們就趕緊逃走，不要再顧及我！」遂打開城門向外衝殺。荀羨的軍隊從四面八方圍攻上來，賈堅勒住戰馬站立在橋頭之上，他向左右開弓射擊，敵人全都應弦而倒。然而荀羨的軍隊人數眾多，他們從護城河裡砍壞橋樑，賈堅連人帶馬同時落入護城河，被荀羨軍生擒活捉，晉軍遂佔領了山茌。荀羨對賈堅說：「你的父親、祖父，世代都是晉國的臣子，你卻為什麼忘了自己的根本，不肯向晉國投降？」賈堅說：「晉國是自己丟棄了中原地區，而不是我們背叛了晉國。民眾既然沒有了君主，遇到一個勢力強大的政權自然就要投靠他以寄託生命。現在既然已經侍奉了別人，又怎麼能改變臣節呢！我自從繳納束脩拜師求學時開始便有志於自立，我親身經歷了後趙、燕國，從來沒有改變過志向，你為什麼總是一再地向我說『投降』這兩個字呢！」荀羨仍舊責備他，賈堅罵道：「小子，竟敢管老子的事情！」荀羨憤怒至極，便把賈堅綑綁投置在雨地裡。幾天之後，賈堅因憂憤過度而死。

燕國青州刺史慕容塵派遣擔任司馬的悅明率軍前往救援泰山，東晉荀羨的軍隊被悅明打得大敗，燕國重新奪回了山茌。燕主慕容儁任命賈堅的兒子賈活為任城太守。

東晉徐州、兗州二州刺史荀羨病勢沉重，朝廷將他徵調回京，任命郗曇為北中郎將、都督徐・兗・青・冀・幽五州諸軍事、徐州・兗州二州刺史，鎮所設在下邳。

燕國吳王慕容垂娶了段氏部落酋長段末柸的女兒為王妃，段氏所生的兒子名叫慕容令、慕容寶。段氏才華極高，性情剛烈，又認為自己姓氏高貴，因而對燕主慕容儁的皇后可足渾氏不太尊敬，不能以禮相待，可足渾氏皇后因此而對其懷恨在心。燕主慕容儁原本就不太喜歡慕容垂，擔任中常侍的涅皓遂迎合燕主慕容儁的心思，告發段氏以及在吳王府擔任典書令的遼東人高弼，說他們進行巫蠱活動，想用此事把慕容垂牽連進去而加以治罪。慕容儁遂下令將段氏與高弼逮捕起來交與大長秋、廷尉進行審理。段氏與高弼都是那種意志堅強的人，雖然經受了各種嚴刑拷打，卻始終不屈不撓，沒有一句認錯、屈服的話。於是對他們的拷打逼供就越加殘酷，慕容垂非常憐憫妻子，便私下裡派人對段氏說：「人生在世總有一死，怎能忍受如此殘酷的折磨，不如屈打成招吧。」段氏歎了一口氣說：「我豈是那種貪生怕死的人？但是如果我委屈地承認了自己犯了這種大逆不道的罪名，不僅對上有辱於祖宗，向下還要連累於你，所以我絕對不會屈服！」在後來的審問中，段氏的答辯更加清楚明白，沒有給審判官員留下一點把柄，所以慕容垂得以免禍，而段氏王妃竟然屈死在牢獄之中。燕主慕容儁將慕容垂逐出朝廷，讓他去擔任平州刺史，鎮所設在遼東。慕容垂又娶了段氏的妹妹為繼室，可足渾氏下令將她廢黜，並把自己的妹妹長安君嫁給慕容垂為王妃，慕容垂心裡實在不樂意，可足渾氏皇后對慕容垂就更加憎惡。

匈奴部落酋長劉閼頭的部眾中，有很多人都背叛了他，劉閼頭非常恐懼，遂率領剩餘的部眾向東方逃走，他們在黃河結冰期踏冰渡河，沒想到剛剛有一半人過了黃河，河冰卻突然融化，走在後面的部隊無法渡河，便都歸降了劉悉勿祈，劉閼頭逃往代國。劉悉勿祈，是劉務桓的兒子。

三年（己未　西元三五九年）

春，二月，燕主儁立子泓為濟北王，沖為中山王。

燕人殺段勤❶，勤弟思來奔。

燕主儁宴羣臣于蒲池❷，語及周太子晉❸，潸然流涕曰：「才子❹難得。自景先之亡❺，吾鬢髮中白❻。卿等謂景先何如？」司徒左長史李績對曰：「獻懷太子之在東宮❼，臣為中庶子❽，太子志業❾，敢不知之！太子大德有八：至孝，一也；聰敏，二也；沈毅❿，三也；疾諛喜直⓫，四也；好學，五也；多藝，六也；謙恭，七也；好施，八也。」儁曰：「卿譽之雖過，然此兒在，吾死無憂矣。景茂⓬何如？」時太子暐侍側，績曰：「皇太子天資岐嶷⓭，雖八德已聞，而二闕未補⓮，好遊畋⓯而樂絲竹⓰，此其所以為[1]損⓱也。」儁顧謂暐曰：「伯陽⓲之言，藥石之惠⓳也。汝宜誡之。」暐甚不平⓴。

儁夢趙王虎齧其臂㉑，乃發虎墓㉒，求尸不獲，購以百金㉓。鄴女子李菟知而告之，得尸於東明觀㉔下，僵而不腐。儁蹋而罵之曰：「死胡㉕，何敢怖生天子㉖！」數其殘暴之罪而鞭之，投於漳水㉗，尸倚橋柱不流。及秦滅燕，王猛為之誅李菟，收而葬之。

秦平羌護軍高離據略陽叛，永安威公侯㉘討之，未克而卒。夏，四月，驍騎將軍鄧羌、秦州刺史啖鐵討平之。

匈奴劉悉勿祈卒，弟衛辰殺其子而代之。

五月，秦王堅如河東。六月，大赦，改元甘露。

涼州牧張瓘猜忌苛虐，專以愛憎為賞罰，郎中殷郇諫之。瓘曰：「虎生三日，自能食肉，不須人教也。」由是人情不附。輔國將軍宋混性忠鯁㉙，瓘憚之，欲殺混及弟澄，因廢涼王玄靚而代之。徵兵數萬，集姑臧。混知之，與澄帥壯士楊和等四十餘騎奄入南城㉚，宣告諸營曰：「張瓘謀逆，被太后令㉛誅之！」俄而㉜眾至二千，瓘帥眾出戰，混擊破之。瓘麾下玄臚㉝刺混，不能穿甲，混擒之，瓘眾悉降。瓘與弟琚皆自殺，混夷其宗族。玄靚以混為使持節、都督中外諸軍事、驃騎大將軍、酒泉郡侯，代瓘輔政。混乃請玄靚去涼王之號，復稱涼州牧。混謂玄臚曰：「卿刺我，幸而不傷。今我輔政，卿其懼乎？」臚曰：「臚受瓘恩，唯恨刺節下㉞不深耳，竊無所懼。」混義之，任為心膂㉟。

高昌㊱不能拒燕，秋，七月，自白馬㊲奔滎陽。

秦王堅自河東還，以驍騎將軍鄧羌為御史中丞。八月，以咸陽內史王猛為侍中、中書令，領京兆尹。特進、光祿大夫彊德，太后之弟也，酗酒豪橫，掠人財貨子女，為百姓患。猛下車[38]收德，奏未及報[39]，已陳尸於市。堅馳使赦之，不及。與鄧羌同志[40]，疾惡糾案[41]，無所顧忌。數旬之間，權豪貴戚，殺戮刑免[42]者二十餘人，朝廷震栗[43]，姦猾屏氣[44]，路不拾遺。堅歎曰：「吾始今知天下之有法也！」

泰山太守諸葛攸將水陸二萬擊燕，入自石門[45]，屯于河渚[46]。燕上庸王評、長樂太守傅顏帥步騎五萬與攸戰于東阿[47]，攸兵大敗。

冬，十月，詔謝萬軍下蔡[48]、郗曇軍高平[49]以擊燕。萬矜豪傲物[50]，但以嘯詠自高[51]，未嘗撫眾[52]。兄安深憂之，謂萬曰：「汝為元帥，宜數接對諸將[53]，以悅其心，豈有傲誕如此而能濟事[54]也！」萬乃召集諸將，一無所言，直以如意指四坐[55]云：「諸將皆勁卒[56]。」諸將益恨之[57]。安慮萬不免[58]，乃自隊帥[59]以下，無不親造[60]，厚相親託[61]。既而萬帥眾入渦、潁[62]以援洛陽。郗曇以病退屯彭城，萬以為燕兵大盛，故曇退，即引兵還，眾遂驚潰。萬狼狽單歸，軍士欲因其敗而圖之[63]，以安故而止。既至，詔廢萬為庶人，降曇號建武將軍。於是許昌、潁川、譙、沛諸城相次[64]皆沒於燕[65]。

秦王堅以王猛為吏部尚書，尋遷太子詹事[66]。十一月，為左僕射，餘官如故。十二月，封武陵王晞子遵為梁王。○大旱。

辛酉[67]，燕主儁寢疾，謂大司馬太原王恪曰：「吾病必不濟[68]，今二方未平[69]，景茂沖幼，國家多難，吾欲效宋宣公[70]，以社稷屬汝[71]，何如？」恪曰：「太子雖幼，勝殘致治[72]之主也。臣實何人，敢干正統[73]！」儁怒曰：「兄弟之間，豈虛飾[74]邪？」恪曰：「陛下若以臣能荷天下之任[75]者，豈不能輔少主乎？」儁喜曰：「汝能為周公[76]，吾復何憂？李績清方忠亮[77]，汝善遇之。」召吳王垂還鄴。

秦王堅以王猛為輔國將軍、司隸校尉，居中宿衛[78]，僕射、詹事[79]、侍中、中書令、領選如故[80]。猛上疏辭讓，因薦散騎常侍陽平公融、光祿・散騎[81]西河任羣、處士京兆朱彤[82]自代[83]。堅不許，而以融為侍中、中書監、左僕射，任羣為光祿大夫、領太子家令[84]，朱彤為尚書侍郎[85]、領太子庶子[86]。猛時年三十六，歲中五遷[87]，權傾內外[88]。人有毀之者，堅輒罪之，於是羣臣莫敢復言。以左僕射李威領護軍[89]，右僕射梁平老為使持節、都督北垂[90]諸軍事、鎮北大將軍，戍朔方[91]之西，丞相司馬[92]賈雍為雲中護軍[93]，戍雲中之南。

燕所徵郡國兵悉集鄴城[94]。

【章　旨】以上為第五段，寫晉穆帝升平三年（西元三五八年）一年間的大事。主要寫了涼州牧張瓘為政苛虐，人心不附，又欲殺宋混、宋澄，廢涼王張玄靚而自立，陰謀洩露，被宋混、宋澄所殺，宋混勸張玄靚去涼王之號，仍稱晉之涼州牧；寫了燕主慕容儁為夢見石虎咬其臂，而掘虎之墓，鞭其屍，而投其屍於漳水；寫了燕主慕容儁因病而說欲改立慕容恪為接班人，慕容恪則誠懇表示自己願做周公，盡力以輔佐太子慕容暐；寫了秦主苻堅以王猛為中書令，領京兆尹，彊太后之弟橫行不法，為百姓患，被王猛陳屍於市，從而使奸猾屏氣；寫了苻堅將朝廷一切大權都交給王猛，王猛時年三十六歲，一歲之中五遷，「人有毀之者，堅輒罪之」，群臣莫敢復言；寫了晉之泰山太守諸葛攸率兵擊燕，被燕將慕容評大破於東阿；接著朝廷命謝萬、郗曇分頭進兵擊燕，結果郗曇因病退軍彭城，謝萬因畏懼燕兵之強，軍中矛盾眾多，而造成全軍潰散，致使許昌、潁川、譙郡、沛郡都落入燕人之手等等。

【注　釋】❶段勤　段末柸之子。永和八年，與弟思降燕。按，段勤被殺與慕容垂妃段氏之死有關，段勤受到牽連。❷蒲池　湖水名，在鄴都。❸周太子晉　即王子喬，姬姓，名晉，周靈王的太子，聰慧而早卒。弟貴立，是為景王。景王死，子朝、子丐爭立，周遂亂。參見《左傳》昭公二十二年和定公六年。❹才子　有才幹的兒子。❺景先之亡　燕主慕容儁的太子慕容曄，字景先。慕容曄病死於永和十二年，見本卷前文。❻中白　猶半白。❼獻懷太子之在東宮　意即慕容曄為太子的時候。慕容曄死後諡獻懷。在東宮，即指為太子。東宮是太子居住的地方。❽中庶子　即太子中庶子，太子的屬官，職如侍中。晉中庶子職比散騎常侍。❾志業　其雄心大志與其未來可建的功業。❿沈毅　深沉剛毅。⓫疾諛喜直　討厭諂媚奉承，喜歡正直敢言。⓬景茂　指現時的燕太子慕容暐，字景茂。⓭岐嶷　峻茂的樣子，後多借以形容幼年聰慧。⓮二闕未補　還有兩個缺點沒有糾正。闕，同「缺」。缺點。⓯好遊畋　喜歡打獵。⓰樂絲竹　喜歡音樂歌舞。絲，指絃樂器。竹，指管樂器。這裡泛指音樂。⓱損　虧損；缺陷。⓲伯陽　指李績。李績字伯陽。⓳藥石之惠　像是給病人藥物一般的恩惠。藥，方藥。石，砭石。都是治病所用的東西。後人多以藥石比喻規戒、勸諫。⓴不平　不滿意。㉑齧其臂　咬他的胳膊。齧，咬。㉒發虎墓　挖開石虎的墳墓。㉓購以百金　懸百金之賞以尋找石虎之屍骨所在的消息。金，漢時的一金相當於銅錢一萬枚。㉔東明觀　臺觀名，在古鄴城的城東。胡三省注曰：「洹水東北流經鄴城南，又東分為二水，北逕東明觀下。」㉕死胡　已死的胡子，稱石虎。石虎本屬羯族，當時的人們常把羯族石勒、石虎的後趙，與匈奴人劉淵、劉曜的前趙，統稱為「胡人」的政權。㉖怖生天子　嚇唬活著的皇帝。㉗漳水　發源於山西境內，東流經當時鄴城的西北側，東北流入古清河。㉘永安威公侯　苻侯，被封為永安公，威字是謚。㉙忠鯁　忠貞正直。㉚奄入南城　突然衝入張瓘等所據的姑臧城南部。據王隱《晉書》，涼州城有龍形，南北七里，東西三里。又據〈張駿傳〉：「駿於姑臧城南築作五殿，四面各依方色，四時遞居之。則南城，張氏所居也。」㉛被太后令　接受了太后的命令。被，奉；接受。㉜俄而　頃刻之間；工夫不大。㉝玄臚　人名，姓玄名臚。㉞節下　對將軍的敬稱。節，指將軍所持的旌節。節下即指持節將軍跟前之人與跟前之地，與敬稱人曰「殿下」、「閣下」意思相同。㉟心膂　猶心腹、親信。膂，脊樑骨。㊱高昌　原是石虎的部將，後降晉，又降燕，又自立，此時駐兵東燕，在今河南延津東北。㊲白馬　縣名，也是渡口名，在今河南滑縣東北。㊳下車　從車上下來。後指官吏初到任。語出《禮記・樂記》：「武王克殷反商，未及下車而封黃帝之後於薊。」㊴奏未及報　奏章上去還沒等得到苻堅的批覆。㊵同志　志同道合。㊶糾案　審查、處置。㊷殺戮刑免　或遭殺戮，或被處罰免官。㊸震栗　震驚恐懼。栗，戰慄。㊹姦猾屏氣　奸險狡猾的惡人，都嚇得大氣不敢出。屏，憋；強忍。㊺石門　地名，在今山東平陰北。㊻河渚　黃河邊上。渚，水邊平地。㊼東阿　縣名，縣治即今山東陽穀東北的阿城鎮。㊽下蔡　縣名，縣治在今安徽鳳臺。㊾高平　郡國名，郡治昌邑，在今山東巨野南。㊿矜豪傲物　驕矜狂放、傲視眾人。(51)以嘯詠自高　以長嘯吟詠，自命風流。嘯，打口哨。詠，吟詠詩文。自高，自負。(52)撫眾　統領將士。撫，關心；管理。(53)宜數接對諸將　應該經常地接待部下，回答他們提出的種種問題。(54)濟事　辦成事情；完成任務。(55)直以如意指四坐　只是用手中所拿的如意指著在座的將軍們。如意，當時貴族、文人喜歡手持的一種表示「風雅」的器物，相當於現在的「癢癢撓」（或稱「老頭樂」、「不求人」）。梵語叫阿那律。柄端作手指形，用以搔癢，可如人意，因此得名。也有柄端作心字形的。以骨、角、竹、木、玉、石、銅、鐵等製成，長三尺左右。古時持以指劃，後來和尚講經時，也持如意，記經文於上，以備遺忘。近代如意，其端多作芝形、雲形，不過因其名吉祥，以供玩賞而已。(56)諸將皆勁卒　你們都是精壯的大兵。勁卒，猶今言「大兵」。(57)諸將益恨之　古時行伍出身的將領，多忌諱「卒」、「兵」等字眼。已經為將，又稱之為「卒」，故越發痛恨。(58)慮萬不免　擔心謝萬要落得個喪師辱國，身敗名裂。(59)隊帥　猶隊主、隊長。此句的實際意思是指上自副將，下至隊帥的各個高級以及下級軍官。(60)親造　親自登門。(61)厚相親託　深深地表達請他們多加關照、多多幫忙之情。(62)渦潁　二水名，渦水從河南太康一帶流來，東行經安徽的亳州、渦陽，在安徽懷遠入淮河。潁水從河南登封一帶流來，經周口、項城，再經安徽的阜陽，至潁上入淮河。(63)欲因其敗而圖之　想趁著失敗而殺掉謝萬。(64)相次　依次。(65)皆

沒於燕　都淪陷在燕人的手裡。袁俊德《增評歷史綱鑑補》曰：「荒誕如謝萬，豈堪元帥之任？謝安素稱明達者，乃欲以世俗周旋，思濟其美，亦可鄙矣！」(66)太子詹事　官名，掌太子家的事務。太子庶子、家令等皆屬詹事。(67)辛酉　十二月十七。(68)不濟　不能痊癒。(69)二方未平　指南有東晉，西有苻秦。(70)效宋宣公　和宋宣公一樣，把帝位傳之於弟。宋宣公是春秋初期的宋國國君，在位十九年。臨死時捨其子與夷而立其弟和，是為宋穆公。(71)以社稷屬汝　把我們的國家政權交付給你。(72)勝殘致治　戰勝兇殘，使天下獲得太平。(73)敢干正統　怎敢破壞國家的正常統系。干，干擾；破壞。正統，正常的父子相傳。(74)豈虛飾　怎麼能講客套。虛飾，虛情假意。(75)能荷天下之任　能擔當起治理國家的重任。荷，承當；擔任。(76)為周公　像周公那樣輔佐年幼的周成王管理天下。周公是周武王之弟，先輔佐周武王滅殷建國，又輔佐周武王年幼的兒子成王管理國家，被古代傳說為最忠心耿耿、大公無私的人。(77)清方忠亮　廉潔公正，忠誠無私。亮，真誠無私。(78)居中宿衛　在宮中值夜，擔任警衛。(79)詹事　管理太子宮事務的官員。(80)領選如故　還像過去一樣兼管官員任命方面的事。領，兼任。選，選拔、任命官員。(81)光祿散騎　以光祿大夫職務充當為散騎常侍。(82)處士京兆朱彤　京兆地區的隱士姓朱名彤。(83)自代　以上述三個人來分別代替自己的上述職務。(84)太子家令　太子宮的管理官員，上屬詹事。(85)尚書侍郎　尚書臺的官員。尚書臺置尚書令、僕射各一人。下屬各曹設尚書、左右丞各一人，尚書郎六人。專掌文書詔令的起草，初任時稱守尚書郎，滿一年稱尚書郎，至三年稱侍郎。(86)太子庶子　太子宮的管理官員，上屬詹事。(87)歲中五遷　一年之中五次提升。指王猛由尚書左丞遷咸陽內史；又遷侍中、中書令，領京兆尹；又遷吏部尚書；不久又遷太子詹事，為左僕射；今又遷輔國將軍、司隸校尉。(88)權傾內外　壓倒了朝內朝外的所有官員。(89)護軍　護軍將軍的簡稱。護軍將軍統領禁軍，並主管武官的選任。(90)北垂　北部邊疆。垂，今通作「陲」。(91)朔方　郡名，郡治在今內蒙古烏拉特前旗。(92)丞相司馬　丞相屬下主管武事的司馬官。(93)雲中護軍　雲中郡裡主管軍事的官員。雲中郡的郡治盛樂，即今內蒙古和林格爾西北二十里的土城子。(94)悉集鄴城　全部聚集到鄴城。去年開始徵集，至今徵集完畢。

【校　記】[1]為　原無此字。據章鈺校，十二行本、乙十一行本皆有此字，張敦仁《通鑑刊本識誤》同，今據補。

【語　譯】三年（己未　西元三五九年）

春季，二月，燕主慕容儁封自己的兒子慕容泓為濟北王，封慕容沖為中山王。

燕國人殺死了段勤，段勤的弟弟段思逃奔東晉。

燕主慕容儁在蒲池大擺宴席款待文武百官，談話中提到了周靈王的太子姬晉，慕容儁忍不住潸然落淚，慕容儁歎息著說：「有才幹的兒子很難得。自從景先去世，我的頭髮已經白了一半。你們認為景先怎麼樣？」擔任司徒左長史的李績回答說：「景先在東宮為太子的時候，我擔任太子中庶子，景先太子的雄心大志和未來可能建立的功業，我怎能不知道！太子偉大的品德表現在以下八個方面：第一，非常孝順；第二，聰慧而又反應敏捷；第三，深沉剛毅；第四，痛恨諂媚奉承，喜歡正直敢言；第五，喜愛讀書學習；第六，多才多藝；第七，為人謙虛恭敬；第八，慷慨樂施。」慕容儁說：「你雖然讚揚得有些過分，然而，如果我的這個兒子還活著，我就是死了也沒有什麼值得擔憂的了。你覺得景茂如何？」當時皇太子慕容暐就在燕主慕容儁的身旁侍候，李績說：「皇太子自幼聰慧，雖然具備了景先太子的八項美德，然而還有兩項缺點沒有糾正，那就是喜好打獵、喜好音樂歌舞，這是景茂太子不足的地方。」慕容儁回過頭來對太子慕容暐說：「李績的話，是苦口的良藥。你要經常告誡自己。」慕容暐認為李績說了自己的壞話，因此對李績很不滿意。

燕主慕容儁夢見後趙皇帝石虎咬自己的手臂，遂派人去挖掘石虎的墳墓，然而石虎的墓中卻沒有石虎的屍體，於是懸百金之賞尋找石虎的屍骨所在。鄴城的一個女子名叫李菟的知情，便報告了燕主慕容儁，按照李菟提供的線索，在鄴城東明觀的下面找到了石虎的屍體，屍體僵硬卻沒有腐爛。慕容儁一面用腳踢著石虎的屍體一面罵道：「你這個已死的胡人，竟敢來嚇唬活著的天子！」遂列數石虎生前所犯下的種種罪行，用皮鞭抽打石虎的屍體，最後將屍體扔進了漳水，然而屍體竟然靠著橋柱子停了下來，沒有被水沖走。等到秦國滅掉燕國之後，王猛為石虎誅殺了告密的女子李菟，並將石虎的屍體收殮起來，重新安葬。

秦國擔任平羌護軍的高離據守略陽背叛了秦國，秦國永安威公苻侯率軍討伐高離，還沒有成功，苻侯就去世了。夏季，四月，秦國驍騎將軍鄧羌、秦州刺史啖鐵率軍將高離消滅。

匈奴部落首領劉悉勿祈去世，劉悉勿祈的弟弟劉衛辰殺死了劉悉勿祈的兒子，自己即位。

五月，秦王苻堅前往河東地區視察。六月，實行大赦，改年號為甘露元年。

涼州牧張瓘為人猜忌，兇暴苛刻，實行賞罰全憑自己的愛憎，郎中的殷郇勸諫他，張瓘說：「老虎出生三天，自己就會吃肉，用不著別人來教牠。」因此人們心中全都不擁護他。擔任輔國將軍的宋混，性情忠貞正直，張瓘很怕他，總想著殺掉宋混和他的弟弟宋澄，然後再廢掉涼王張玄靚，自己取而代之。張瓘徵調了數萬人軍隊，在姑臧集結。宋混知道消息後，便與弟弟宋澄一起率領著壯士楊和等四十多名騎兵，突然衝入張瓘等所據守的姑臧城南部，向各營士卒宣告說：「張瓘想要謀反，我奉了太后的命令前來誅殺張瓘！」不一會兒的功夫，就有二千人站出來支持宋混，張瓘率領手下的部眾出來迎戰，被宋混打敗。張瓘的部將玄臚手持兵器逕直刺向宋混，因為宋混身穿鎧甲，所以玄臚的兵器沒有刺透，結果被宋混活捉，張瓘的部眾於是全部向宋混投降。張瓘與他的弟弟張琚全都自殺，宋混夷滅了張瓘的宗族。涼王張玄靚任命宋混為使持節、都督中外諸軍事、驃騎大將軍、酒泉郡侯，接替張瓘輔佐朝政。宋混遂請求張玄靚去掉涼王的稱號，仍舊稱涼州牧。宋混對玄臚說：「你刺殺我，幸虧沒有刺傷。如今是我輔佐朝政，你害怕不害怕？」玄臚回答說：「玄臚受張瓘厚恩，只恨當時沒有將你刺死，我無所畏懼。」宋混很看重玄臚的義氣，便把他作為自己的心腹。

故後趙將領高昌無法抵禦燕軍的攻打，秋季，七月，他從白馬逃往滎陽。

秦王苻堅從河東地區返回京都長安，他任命擔任驍騎將軍的鄧羌為御史中丞。八月，任命擔任咸陽內史的王猛為侍中、中書令，兼任京兆尹。位在特進、職務為光祿大夫的彊德，是皇太后彊氏的弟弟，彊德酗酒鬧事、豪橫兇暴，憑藉權勢強搶別人的財貨、子女，成為百姓的一大禍患。王猛一到京兆尹任上，就立即抓捕了彊德，他將奏章呈遞朝廷後，沒等批覆，彊德的屍體就已經被陳列在鬧市中示眾。秦王苻堅派使者騎著馬飛速趕來赦免彊德，使者趕到的時候，彊德早已人頭落地。王猛與鄧羌二人志同道合，嫉惡如仇，審查、處置罪犯，毫無顧忌。幾十天的工夫，那些倚仗權勢為非作歹的豪強、貴戚，或被殺戮、或被處罰免官的就有二十多人，朝廷官員都為之感到震驚恐懼，那些奸險狡猾的惡人則嚇得連大氣都不敢出，京師治安狀況立即好轉，出現了路不拾遺的太平景象。苻堅感慨地說：「我從今天才知道實行法治的重要！」

東晉泰山郡太守諸葛攸率領二萬人水陸聯軍攻打燕國，他率軍從石門穿過，進駐黃河邊上的一個小渚。

燕國上庸王慕容評、長樂太守傅顏率領五萬名步兵、騎兵在東阿與諸葛攸交戰，諸葛攸被燕軍打得大敗。

冬季，十月，東晉皇帝司馬聃下詔令擔任豫州刺史的謝萬率軍進駐下蔡，令擔任北中郎將的郗曇率軍進駐高平，準備反擊燕國。豫州刺史謝萬驕矜狂放，把誰都不放在眼裡，每日裡長嘯吟詠，自命風流，卻從未關心、撫慰過將士。他的哥哥謝安對此深感擔憂，就提醒謝萬說：「你身為元帥，應該經常地接待部下，回答他們提出的各種問題，讓他們從心裡喜愛你，豈有像你這樣態度傲慢、行為怪誕而能夠成就事業的！」謝萬遂把諸將召集起來，卻又無話可說，只是用手中所拿的如意指著諸將說：「你們都是精銳的大兵。」諸將對謝萬更加痛恨。謝安擔心謝萬會落得個喪師辱國、身敗名裂，於是就親自出馬，上自副將，下至隊帥以及下級軍官，全都一一登門拜訪，深深地表達請他們多加關照、多多幫忙之意。不久，謝萬率軍進入渦水、潁水，逆流而上救援洛陽。北中郎將郗曇因為有病而撤回到彭城駐紮，謝萬以為郗曇撤退是燕軍兵力太強盛，所以自己也立即率軍返回，不料軍隊竟然自相驚恐，立時潰散。謝萬狼狽不堪，只剩下獨自一人逃回，軍士本想趁著謝萬兵敗的機會殺掉謝萬，因為謝安曾經一一拜託的情義，才饒過了謝萬。謝萬跑回京師建康，皇帝下詔，解除謝萬的一切職務，將他貶為庶民，將北中郎將郗曇降職為建武將軍。於是，許昌、潁川、譙郡、沛郡諸城先後淪陷於燕人之手。

秦王苻堅任命王猛為吏部尚書，不久又提升為太子詹事。十一月，任命王猛為左僕射，其他官職仍然保留。

十二月，東晉皇帝司馬聃封武陵王司馬晞的兒子司馬璲為梁王。〇中國全境遭遇大旱災。

十二月十七日辛酉，燕主慕容儁病情加重，他對擔任大司馬的太原王慕容恪說：「我的病肯定不能痊癒，如今秦國、東晉兩個地方還沒有平定，景茂年紀還小，國家多難，我想要效法宋宣公，把我們的國家政權交付給你，你認為如何？」慕容恪說：「太子雖然年幼，卻是能夠戰勝殘暴，使國家獲得太平的君主。我是什麼人，怎敢擾亂國家的正常統系！」慕容儁大怒說：「我們是親兄弟，難道還會虛情假意，跟你講客套嗎？」慕容恪說：「陛下如果認為我能夠擔負起治理國家的重任，難道就不能輔佐少主治理好國家嗎？」慕容儁立即高興地說：「你如果能像周公那樣輔佐年幼的周成王治理天下，我還有什麼可憂慮的？李績這個人廉潔公正、忠誠無私，你要好好地對待他。」將吳王慕容垂召回鄴城。

秦王苻堅任命王猛為輔國將軍、司隸校尉，令他在宮中值夜，擔任警衛，僕射、詹事、侍中、中書令、領選職務仍舊保留。王猛上疏推辭，同時舉薦擔任散騎常侍的陽平公苻融、擔任光祿・散騎的西河人任羣、京兆地區的隱士朱彤分別接替自己的上述職務。苻堅不同意，苻堅另行任命陽平公苻融為侍中、中書監、左僕射，任命任羣為光祿大夫、兼任太子家令，任命朱彤為尚書侍郎、兼任太子庶子。王猛當時年僅三十六歲，一歲之中，已經是五次升遷，權勢壓倒了朝廷內外的所有官員。如果有人詆毀王猛，秦王苻堅立即就會對其進行懲處，所以文武百官沒有人再敢開口說王猛的壞話。苻堅任命左僕射李威兼任護軍，右僕射梁平老為使持節、都督北垂諸軍事、鎮北大將軍，戍守朔方郡西部地區，任丞相司馬的賈雍為雲中護軍，戍守雲中郡南部地區。

燕國所徵調的郡國兵全部聚集到鄴城。

【研　析】本卷寫晉穆帝永和十一年（西元三五五年）至升平三年（西元三五九年）共五年間的各國大事，其中佔篇幅最多的是寫苻氏的前秦。其中所寫的苻健之子苻生，其勇敢善戰、殘忍狂暴完全像是後趙政權的石虎。所不同的是由於苻生的殘忍狂暴為苻堅的上臺鋪平了道路，從而使前秦政權發展到了五胡十六國的巔峰狀態。苻堅政權之所以能獲得如此輝煌的勝利，與他能深信不疑地任用王猛有莫大關係。本卷詳細地寫了苻堅一年裡對王猛的五次升遷；寫了苻堅對王猛執政的種種維護，和對忌妒、反對王猛之人的嚴厲打擊。苻堅自稱他之有王猛，就如同劉備之有諸葛亮。對此，後人的評論不少，鄭賢《人物論》引張氏曰：「猛誠將才，古今亦難得者也。」又引南宮靖一曰：「道不拾遺，兵強國富，垂及升平，猛之力也。」袁黃《歷史綱鑑補》則提出王猛的缺點說：「以眾望，誅苻法而不能救；以辱己，譖樊世而殺之，視開誠布公者又遠矣。」袁氏所言，確實有其道理。吳養心對比王猛與苻堅，說：「孔明，天下之遺才，王猛豈其儔匹哉？若論劉玄德之信任，則堅實無愧之矣。」袁俊德則指出苻堅的做法過於片面，認為：「有毀輒罪之，雖因深知其賢，然箝眾口而任一人，適自蔽聰明，非正道也。」都有其顛撲不破的合理性。

本卷也用相當的篇幅寫了燕國慕容儁政權大規模對中原地區與對北部沿邊地區的大力擴張，其各路將領都時有精彩的表現，而特別是對燕國名將慕容恪在圍困段龕於廣固城時的圍而不攻，給人留下了深刻的印象。王夫之《讀通鑑論》對此說：「五胡旋起旋滅，而中原之死於兵刃者不可殫計。殫中原之民於兵刃，而其旋起者亦必旋滅。其能有人之心而因以自全者，唯慕容恪乎？故中國之君一姓不再興，而慕容氏既滅而復起。恪圍段龕於廣固，諸將請亟攻之，恪曰：『龕兵尚眾，未有離心，盡銳攻之，殺吾士卒必多矣。自有事中原，兵不暫息，吾每念之，夜而忘寐。要在取之，不必求功之速。』嗚呼！悱惻之言，自其中發，功成而人免於死，恪可不謂夷中之錚錚者乎？……用兵之殺人也其途非一，而毆人為無益之死者，莫甚於攻城。投鴻毛於烈燄，而亟稱其勇以獎之，有人之心，尚於此焉變哉！」

本卷所寫的第三個重要問題是晉王朝的幾股北伐行動，其中包括泰山太守諸葛攸率兵擊燕，被燕將慕容評大破於東阿；寫了晉王朝命謝萬、郗曇兩路進兵擊燕，結果郗曇因病退軍彭城，謝萬則因畏懼燕兵之強，引兵回退，造成了全軍潰散，致使許昌、潁川、譙郡、沛郡都落入燕人之手。而比較能讓人提氣的是桓溫的破姚襄於伊水，進而攻克洛陽；桓溫修復西晉諸陵後，留毛穆之、陳午、戴施等駐守洛陽，自己回師江陵，保持了不敗的記錄。其實早在這次出兵前，桓溫就多次請求移都洛陽、修復園陵，但掌握在會稽王司馬昱、宰相王彪之等一群昏聵無能的貴族權幸手裡的東晉朝廷堅持不許。司馬昱曾一度想讓桓溫之弟桓雲出任豫州刺史，而王彪之反對，理由是不能讓桓家的勢力再大了。最後任命的是狂妄而昏庸畏怯的貴族謝萬，結果遇敵潰散而回。《晉書》的材料相當一部分取自於《世說新語》，而《資治通鑑》寫這段歷史又大篇幅的抄自《晉書》，上卷研析已有略述。此外，《歷史綱鑑》引尹起莘的〈發明〉有所謂：「溫有經緯之才，倘有英主驅而用之，克復有不難者；唯晉無駕御之君，故溫有跋扈之志。至其經略之功，則不可掩也。」說得也相當精彩。

卷第一百一

晉紀二十三

起上章涒灘（庚申 西元三六〇年），盡著雍執徐（戊辰 西元三六八年），凡九年。

【題 解】本卷寫晉穆帝升平四年（西元三六〇年）至海西公太和三年（西元三六八年）共九年間的東晉及各國大事。主要寫了燕主慕容儁死，幼子慕容暐繼位，太原王慕容恪為太宰，慕容恪「雖綜大任，而朝廷之禮，兢兢嚴謹，……虛心待士，諮詢善道，量才授任，人不踰位」；寫了燕將呂護攻晉將戴施、陳祐於洛陽，桓溫遣庾希、鄧遐率軍助守；慕容恪欲取洛陽，先招納四周士民，遠近堡塢皆歸之。沈充之子沈勁欲改變其父之惡名，上表願佐陳祐守洛陽，慕容恪、慕容垂等攻陷洛陽，沈勁被殺，燕軍遂西略地至崤山、澠池，秦國大震。寫了慕容恪病篤，向燕主慕容暐極力推薦慕容垂之才。又分別囑咐慕容暐之兄弟慕容臧、慕容沖，以及太傅慕容評等，結果慕容評不聽，乃以慕容沖為大司馬，執掌朝政。時秦國分裂內亂，慕容德以為應乘機伐秦。慕容評胸無大志，只想維持現狀；寫了秦王苻堅令地方長官舉孝悌、廉直、文學、政事，舉得其人者賞，非其人者罰。「當是之時，內外之官，率皆稱職，田疇修闢，倉庫充實，盜賊屏息」；寫了秦主苻堅親臨太學，考第諸生經義，並與博士講論，每月一至。苻堅令苻氏諸公皆延英儒為師傅僚佐，有人延引非類，苻堅遂黜其爵為侯；苻堅之堂兄弟屢起作亂，先有苻騰、苻幼，隨後苻柳、苻廋、苻武，以及苻堅之胞弟苻雙又同時起兵，苻堅派王猛、鄧羌、楊安、楊成世、毛嵩等分別討滅之。寫了晉穆帝司馬聃死，成帝長子司馬丕繼位，是為晉哀帝。桓溫表請移都洛陽，並強制北來之人一律回歸江北。孫綽上疏極言其不可；王述知桓溫乃故作姿態，並非真心，建議朝廷答應其請，並予勉勵；溫又請移洛陽鐘虡來南，王述對以「方當蕩平區宇，旋軫舊京。若其不爾，宜改遷園陵，不應先事鐘虡。」桓溫只好作罷。寫了益州刺史周撫卒，其子周楚代之。梁州刺史司馬勳志欲據蜀自立，入蜀圍成都，桓溫派江夏相朱序率軍救之，朱序、周楚遂破殺司馬勳；寫了晉哀帝辟穀餌藥以求長生，因藥發不能臨朝，不久晉哀帝死，其弟海西公司馬奕繼位。寫了涼之權臣宋混死，其弟宋澄繼其任；其後張邕殺宋澄，與張天錫同時輔政；張天錫又殺張邕，其後又弒其主張玄靚，自立為西平公；寫了秦將王猛、姜衡、姚萇等率兵討依違於秦、涼之間的軍閥李儼於枹罕，涼州張天錫亦出兵討李儼，取李儼之大夏、武始二郡，與秦兵相持於枹罕城下。王猛致書張天錫，說明秦兵只為討叛，不與涼軍交戰。張天錫遂退兵西歸，王猛亦襲取李儼而東歸。此外還寫了代王什翼犍的種種英明舉動，以及其勢力日益強大等等。

孝宗穆皇帝下

升平四年（庚申　西元三六〇年）

春，正月癸巳❶，燕主儁大閱❷于鄴，欲使大司馬恪、司空陽鶩將之入寇❸。會疾篤，乃召恪、鶩及司徒評、領軍將軍慕輿根等受遺詔輔政。甲午❹，卒。戊子❺，太子暐即皇帝[1]位，年十一。大赦，改元建熙。

秦王堅分司隸❻置雍州，以河南公雙❼為都督雍・河・涼三州諸軍事、征西大將軍、雍州刺史，改封趙公，鎮安定❽。封弟忠為河南公。

仇池公楊俊❾卒，子世立。

二月，燕人尊可足渾后為皇太后。以太原王恪為太宰，專錄❿朝政，上庸王評為太傅，陽騖為太保，慕輿根為太師，參輔朝政。

根性木強⓫，自恃先朝勳舊⓬，心不服恪，舉動倨傲。時太后可足渾氏頗預外事⓭，根欲為亂，乃言於恪曰：「今主上幼沖，母后干政，殿下宜防意外之變，思有以自全。且定天下者，殿下之功也。兄亡弟及⓮，古今成法⓯。俟畢山陵⓰，宜廢主上為王，殿下自踐尊位⓱，以為大燕無窮之福。」恪曰：「公醉邪？何言之悖⓲也！吾與公受先帝遺詔⓳，云何而遽有此議⓴？」根愧謝而退。恪以告吳王垂，垂勸恪誅之。恪曰：「今新遭大喪，二鄰㉑觀釁，而宰輔自相誅夷㉒，恐乖遠近之望㉓，且可忍之。」祕書監皇甫真言於恪曰：「根本庸豎㉔，過蒙㉕先帝厚恩，引參顧命。而小人㉖無識，自國哀已來，驕很㉗日甚，將成禍亂。明公今日居周公之地，當為社稷深謀，早為之所㉘。」恪不聽。

根又言於可足渾氏及燕王暐曰：「太宰、太傅將謀不軌，臣請帥禁兵㉙以誅之。」可足渾氏將從之。暐曰：「二公，國之親賢㉚，先帝選之，託以孤嫠㉛，必不肯爾[32]，安知非太師欲為亂也？」乃止。根又思戀東土[33]，言於可足渾氏及暐曰：「今天下蕭條，外寇非一，國大憂深，不如還東。」恪聞之，乃與太傅評謀，密奏根罪狀，使右衛將軍傅顏就內省[34]誅根，并其妻子黨與。大赦[35]。

是時新遭大喪，誅夷狼籍[36]，內外恟懼。太宰恪舉止如常，人不見其有憂色，每出入，一人步從[37]。或說以宜自嚴備，恪曰：「人情方懼，當安重[38]以鎮之，柰何復自驚擾，眾將何仰[39]？」由是人心稍定。

恪雖綜大任[40]，而朝廷之禮，兢兢[41]嚴謹，每事必與司徒評議之，未嘗專決。虛心待士，諮詢善道，量才授任，人不踰位[42]。官屬[43]朝臣或有過失，不顯其狀[44]，隨宜他敘[45]，不令失倫[46]，唯以此為貶[47]。時人以為大愧，莫敢犯者。或有小過，自相責曰：「爾復欲望宰公遷官邪[48]？」朝廷初聞燕王儁卒，皆以為中原可圖。桓溫曰：「慕容恪尚在，憂方大耳[49]！」

三月己卯[50]，葬燕王儁於龍陵[51]，諡曰景昭皇帝，廟號烈祖。所徵郡國兵，以燕朝多難，互相驚動，往往擅自散歸，自鄴以南，道路斷塞[52]。太宰恪以吳王垂為使持節、征南將軍、都督河南諸軍事、兗州牧、荊州刺史，鎮梁國之蠡臺[53]；孫希為并州刺史，傅顏為護軍將軍，帥騎二萬，觀兵河南[54]，臨淮而還，境內乃安。希，泳[55]之弟也。

匈奴劉衛辰遣使降秦，請田內地[56]，春來秋返。秦王堅許之。夏，四月，雲中護軍賈雍遣司馬徐贇帥騎襲之[57]，大獲而還。堅怒曰：「朕方以恩信懷[58]戎狄，而汝貪小利以敗之，何也？」黜雍以白衣領職[59]，遣使還其所獲，慰撫之。衛辰於是入居塞內，貢獻相尋[60]。

夏，六月，代王什翼犍[61]妃慕容氏卒。秋，七月，劉衛辰如代會葬，因求婚，什翼犍以女妻之。

八月辛丑朔[62]，日有食之，既[63]。

謝安少有重名[64]，前後徵辟[65]，皆不就。寓居會稽[66]，以山水文籍[67]自娛。雖為布衣，時人皆以公輔期之[68]，士大夫至[69]相謂曰：「安石不出，當如蒼生何[70]？」安每遊東山[71]，常以妓女自隨。司徒昱[72]聞之，曰：「安石既與人同樂，必不得不與人同憂，召之必至。」安妻，劉惔之妹也[73]，見家門貴盛[74]，而安獨靜退，謂曰：「丈夫不如此也[75]。」安掩鼻[76]曰：「恐不免耳[77]。」及弟萬廢黜[78]，安始有仕進之志，時已年四十餘。征西大將軍桓溫請為司馬，安乃赴召。溫大喜，深禮重之。

冬，十月，烏桓獨孤部、鮮卑沒奕干各帥眾數萬降秦，秦王堅處之塞南[79]。陽平公融諫曰：「戎狄人面獸心，不知仁義。其稽顙內附[80]，實貪地利，非懷德[81]也。不敢犯邊，實憚兵威，非感恩也。今處之塞內，與民雜居，彼窺郡縣虛實，必為邊患，不如徙之塞外，以防未然。」堅從之。

十一月，封桓溫為南郡公[82]，溫弟沖[83]為豐城縣公[84]，子濟為臨賀縣公。

燕太宰恪欲以李績為右僕射，燕王暐不許。恪屢以為請，暐曰：「萬機之事[85]，皆委之叔父。伯陽一人[86]，暐請獨裁[87]。」出為章武[88]太守，以憂卒。

五年（辛酉　西元三六一年）

春，正月戊戌[89]，大赦。

劉衛辰掠秦邊民五十餘口為奴婢以獻於秦，秦王堅責之，使歸所掠[90]。衛辰由是叛秦，專附於代。

東安簡伯郗曇[91]卒。二月，以東陽太守范汪都督徐、兗、冀、青[2]、幽五州諸軍事，兼徐、兗二州刺史。

平陽[92]人舉郡降燕，燕以建威將軍段剛為太守，遣督護韓苞將兵共守平陽。

方士[93]丁進有寵於燕王暐，欲求媚於太宰恪，說恪令殺太傅評。恪大怒，奏收斬之。

高昌[94]卒，燕河內太守呂護并其眾，遣使來降，拜護冀州刺史。護欲引晉兵以襲鄴。三月，燕太宰恪將兵五萬，冠軍將軍皇甫真將兵萬人，共討之。燕兵至野王[95]，護嬰城[96]自守。護軍將軍傅顏請急攻之，以省大費。恪曰：「老賊經變[97]多矣。觀其守備，未易猝攻[98]，而多殺[99]士卒[3]。頃攻黎陽[100]，多殺精銳，卒不能拔，自取困辱。護內無蓄積，外無救援。我深溝高壘，坐而守之，休兵養士，離間其黨，於我不勞而賊勢日蹙[101]，不過十旬，取之必矣，何為多殺士卒，以求旦夕之功乎！」乃築長圍守之。

夏，四月，桓溫以其弟黃門郎豁[102]都[4]督沔中七郡[103]諸軍事、兼新野・義城[104]二郡太守，將兵取許昌[105]，破燕將慕容塵。

涼驃騎大將軍宋混疾甚，張玄靚及其祖母馬氏往省[106]之，曰：「將軍萬一不幸，寡婦孤兒將何所託？欲以林宗[107]繼將軍，可乎？」混曰：「臣子林宗幼弱，不堪大任。殿下儻未棄臣門[108]，臣弟澄政事愈於臣[109]，但恐其儒緩[110]，機事不稱[111]耳，殿下策勵而使之[112]可也。」混戒澄及諸子曰：「吾家受國大恩，當以死報，無恃勢位以驕人。」又見朝臣，皆戒之以忠貞。及卒，行路[113]為之揮涕[114]。玄靚以澄為領軍將軍，輔政。

五月丁巳[115]，帝崩無嗣。皇太后令曰：「琅邪王丕[116]，中興正統[117]，義望情地[118]，莫與為比，其[119]以王奉大統[120]。」於是百官備法駕[121]，迎于琅邪第。庚申[122]，即皇帝位，大赦。壬戌[123]，改封東海王奕[124]為琅邪王[125]。秋，七月戊午[126]，葬穆帝于永平陵，廟號孝宗。

燕人圍野王數月，呂護遣其將張興出戰，傅顏擊斬之，城中日蹙。皇甫真戒部將曰：「護勢窮奔突[127]，必擇虛隙[128]而投之。吾所部[129]士卒多羸[130]，器甲不精，宜深為之備。」乃多課櫓楯[131]，親察行夜[132]者。護食盡，果夜悉精銳趨真所部突圍，不得出。太宰恪引兵擊之，護眾死傷殆盡，棄妻子奔滎陽[133]。恪存撫[134]降民，給其廩食[135]，徙士人、將帥於鄴，自餘各隨所樂。以護參軍廣平梁琛[136]為中書著作郎[137]。

九月戊申[138]，立妃王氏為皇后。后，濛之女也。穆帝何皇后稱穆皇后，居永安宮。

涼右司馬張邕惡宋澄專政，起兵攻澄，殺之，併滅其族。張玄靚以邕為中護軍，叔父天錫為中領軍，同輔政。

張平襲燕平陽，殺段剛、韓苞。又攻鴈門，殺太守單男。既而為秦所攻，平復謝罪於燕以求救。燕人以平反覆，弗救也，平遂為秦所滅。○乙亥[139]，秦大赦。

徐、兗二州刺史范汪素為桓溫所惡，溫將北伐，命汪帥眾出梁國[140]。冬，十月，坐失期[141]，免為庶人，遂廢，卒於家。子寧[142]好儒學，性質直，常謂王弼、何晏[143]之罪深於桀、紂。或以為貶之太過，寧曰：「王、何蔑棄典文[144]，幽沈仁義[145]，游辭浮說[146]，波蕩後生[147]，使搢紳之徒[148]翻然改轍[149]，以至禮壞樂崩，中原傾覆[150]，遺風餘俗，至今為患。桀、紂縱暴一時，適足以喪身覆國，為後世戒，豈能迴百姓之視聽[151]哉！故吾以為一世之禍[152]輕，歷代之患[153]重，自喪之惡[154]小，迷眾之罪[155]大也。」

呂護復叛，奔燕。燕人赦之，以為廣州刺史[156]。

涼張邕驕矜淫縱，樹黨專權，多所刑殺，國人患之。張天錫所親敦煌劉肅謂天錫曰：「國家事欲未靜[157]。」天錫曰：「何謂也？」肅曰：「今護軍[158]出入，有似長寧[159]。」天錫驚曰：「我固疑之，未敢出口。計將安出？」肅曰：「正當速除之耳！」天錫曰：「安得其人[160]？」肅曰：「肅即其人也。」肅時年未二十。天錫曰：「汝年少，更求其助。」肅曰：「趙白駒與肅二人足矣。」十一月，天錫與邕俱入朝。肅與白駒從天錫(161)，值邕於門下[5]。肅斫(162)之不中，白駒繼之，又不克。二人與天錫俱入宮中，邕得逸走(163)，帥甲士三百餘人攻宮門。天錫登屋大呼曰：「張邕凶逆無道，既滅宋氏，又欲傾覆我家。汝將士世為涼臣，何忍以兵相向(164)邪？今所取者(165)，止張邕耳，它(166)無所問！」於是邕兵悉散走。邕自刎死，盡滅其族黨。玄靚以天錫為使持節、冠軍大將軍、都督中外諸軍事，輔政。十二月，始改建興四十九年(167)，奉升平年號(168)。詔以玄靚為大都督、督隴右諸軍事、涼州刺史、護羌校尉、西平公。

燕大赦。

秦王堅命牧伯守宰(169)各舉孝悌、廉直、文學、政事(170)，察其所舉得人(171)者賞之，非其人(172)者罪之。由是人莫敢妄舉，而請託(173)不行，士皆自勵(174)，雖宗室外戚，無才能者皆棄不用。當是之時(175)，內外之官，率(176)皆稱職，田疇修闢(177)，倉庫充實，盜賊屏息(178)。

是歲，歸義侯李勢(179)卒。

【章　旨】以上為第一段，寫晉穆帝升平四年（西元三六〇年）、五年共兩年間的大事。主要寫了燕主慕容儁死，幼子慕容暐繼位，太原王慕容恪為太宰，專錄朝政。慕輿根不服，挑動是非欲為亂，被誅；慕容恪「雖綜大任，而朝廷之禮，兢兢嚴謹，每事必與司徒評議之，未嘗專決。虛心待士，諮詢善道，量才授任，人不踰位。」桓溫有云：「慕容恪尚在，憂方大耳」；寫了秦主苻堅令地方長官舉孝悌、廉直、文學、政事，舉得其人者賞，非其人者罰。「當是之時，內外之官，率皆稱職，田疇修闢，倉庫充實，盜賊屏息」；寫了燕之河內太守呂護降晉，慕容恪率兵討之，圍護於野王，築長圍以守之。呂護食盡突圍奔滎陽，燕人遂取野王；寫了涼之權臣宋混死，其弟宋澄繼其任；後張邕殺宋澄，與張天錫同時輔政；張天錫又殺張邕，使其主張玄靚奉行東晉年號；寫了晉穆帝司馬聃死，成帝長子司馬丕繼位；寫了范汪之子范寧，性質直，以為「王弼、何晏之罪深於桀、紂。……中原傾覆，遺風餘俗，至今為患」；寫了謝安少有重名，寓居會稽，桓溫聘以為司馬，深禮重之等等。

【注釋】❶正月癸巳　正月二十。❷大閱　古代每年舉行閱兵稱蒐，三年閱兵稱大閱，五年大規模閱兵稱大蒐。大閱在這裡即泛指大規模地檢閱軍隊。❸入寇　指南下攻晉。❹甲午　正月二十一。❺戊子　此語有誤，正月甲戌朔，戊子為正月十五，在甲午前，故慕容暐即位恐是戊戌。戊戌是正月二十五。❻司隸　本官名，即司隸校尉，掌糾察京師百官及所轄三輔、三河及弘農七郡，相當於州刺史，治所在長安城內，在今陝西西安的西北部。魏、晉以後，在司隸校尉所屬地區置司州。晉之司州轄河南、滎陽、弘農、上洛、平陽、河東、汲郡、河內、廣平、陽平、魏郡、頓丘十二郡，治所在洛陽城內。另分司隸所轄置雍州，下轄京兆、馮翊、扶風、安定、北地、始平、新平七郡，治所在長安城內。十六國時，前秦苻健都長安，於雍州置司隸校尉。至苻堅時，又分司隸置雍州。❼河南公雙　苻雙，苻堅之弟。❽安定　郡名，郡治在今甘肅涇川縣北的涇河北岸。❾楊俊　氐族頭領，於晉穆帝永和十二年殺楊國自立為仇池公。仇池在今甘肅成縣境內。❿專錄　獨攬。⓫木強　樸直而倔強。⓬先朝勳舊　從上一任皇帝手下來的有功勳的老臣。⓭外事　後宮以外的朝廷之事，即朝廷大政。⓮兄亡弟及　哥哥死了，弟弟來繼承皇位。及，接續。⓯成法　自古已存的繼統法，指殷代而言。⓰畢山陵　指安葬老皇帝事畢。山陵，帝王的墳墓。⓱自踐尊位　自己登皇帝寶座。踐，登。⓲悖　荒謬。⓳受先帝遺詔　意即受遺詔共同輔佐幼主。⓴云何而遽有此議　怎麼忽然說出這樣的話來。遽有，突然提出。㉑二鄰　指東晉與苻秦。㉒誅夷　誅殺。夷，平，也是「殺」的意思。㉓乖遠近之望　違背全國人士的希望。乖，違背。㉔庸豎　見識淺陋的卑賤小人。豎，罵人語。小子；奴才。㉕過蒙　錯誤地蒙受；不該蒙受而蒙受。㉖小人　指慕輿根。㉗驕很　傲慢悖拗。很，通「狠」。悖拗。㉘早為之所　及早給他安排個地方，意即動手解決他。㉙禁兵　皇帝的警衛部隊。㉚親賢　既親近又賢明。慕容恪、慕容評二人均為慕容儁之弟，慕容暐之叔。㉛託以孤嫠　把我們孤兒寡母託付他們。孤嫠，孤兒寡婦。喪父叫孤，喪夫叫嫠。㉜不肯爾　不會做這樣的事。爾，如此；這樣。㉝思戀東土　想要回到東北的舊都龍城去。龍城在鄴城東北，故稱東土。㉞就內省　趁便在宮內。㉟大赦　古代常於新君即位或國有重大變故時，宣布大赦，以求穩定人心。慕輿根是前朝的勳舊大臣，今忽殺之，恐人心不穩，故行大赦。㊱誅夷狼籍　指殺慕輿根連及殺人不少。狼籍，縱橫散亂，形容多的樣子。㊲一人步從　只有一個人跟在身邊，極言其內心之平靜從容。㊳安重　安詳穩重。㊴眾將何仰　大家還能倚靠誰、仰仗誰。仰，指看到信心、看到力量。㊵綜大任　總攬朝權。㊶兢兢　小心謹慎的樣子。㊷人不踰位　意即各就各位，人盡其才。㊸官屬　自己部下的僚屬。㊹不顯其狀　不當眾指出他的毛病。顯，曝光。狀，過錯。㊺隨宜他敘　根據情況，適當地另外安置其他職務。敘，按次序提升。㊻不令失倫　不會讓他亂了等級秩序。㊼唯以此為貶　就是依據這個準則來調整官員的職務。㊽爾復欲望宰公遷官邪　你莫非也想讓宰相大人給你調換個地方麼。宰公，時慕容恪為太宰，故尊稱之為「宰公」。遷官，貶官；降職。㊾憂方大耳　可憂慮的事情正大得很呢。以上兩句說明慕容恪能輔幼主，桓溫有料敵之明。㊿己卯　三月初六。51龍陵　陵在龍城，因以為名。52道路斷塞　指道路上紛紛擾擾充滿了亂兵。53蠡臺　方位不詳，應在今河南商丘附近。54觀兵河南　到黃河以南向東晉炫耀武力。觀兵，向敵方展示、炫耀武力。55泳　孫泳，慕容皝時代的燕國將領，曾任朝鮮令，帶兵抗擊石虎的入侵軍。事見本書卷九十六咸康四年。56請田內地　請求到內地墾種荒地，以獲取糧食。田，用如動詞。57襲之　襲擊了這些來內地耕種荒地的匈奴人。58懷　使之感恩。意即招撫、招納。59以白衣領職　以平民的身分代理雲中護軍之職。60貢獻相尋　向秦國之進貢、送禮不斷。相尋，相繼；接連不斷。61什翼犍　鮮卑拓跋氏的首領，國號稱代，都城盛樂，在今內蒙古和林格爾城北。62八月辛丑朔　八月初一是辛丑日。63既　很快地變成了日全蝕。64重名　大名；赫赫的名聲。65徵辟　朝廷之徵與大官之辟。徵、辟，都是聘請、聘任的意思。66寓居會稽　謝安祖籍陳郡，後遷於豫章，又遷於會稽。會稽即今浙江紹興。67文籍　文章、書籍。68以公輔期之　估計他日後定能任三公、輔相之職。69至　有人甚至。70當如蒼生何　黎民百姓，也就是整個國家的事情可怎麼辦哪。71東山　山名，在今浙江上虞城南。72司徒昱　司馬昱，晉元帝司馬睿之子，被封為會稽王，此時在朝廷任司徒，也就是皇帝的首輔。73安妻二句　劉惔，當時的名士。傳見《晉書》卷七十五。74家門貴盛　謝氏一門所出的謝尚、謝奕、謝萬當時都是鎮守一方的國家重臣。75丈夫不如此也　意思是說出身於這樣一種家庭的人，不能甘於白衣不仕。76掩鼻　表示輕蔑不屑一聽。(77)恐不免耳　恐怕免不了還是要走這條路的。是一種很自負的口氣。(78)弟萬廢黜　其堂弟謝萬任豫州刺史率兵北伐被燕軍大敗的詳情，見本書上卷穆帝升平三年。(79)塞南　約指今內蒙古地區的長城以南。(80)稽顙內附　磕頭至地，請求臣服。(81)非懷德　不是出於感謝我們的恩德。懷，感念。(82)南郡公　封號名，公表示爵位，南郡是其封地。南郡的郡治即今湖北江陵。(83)溫弟沖　桓沖，在桓溫北伐關中時，桓沖曾大破苻雄於白鹿原。事見本書卷二十一永和十年。(84)豐城縣公同是公爵，「縣公」比「郡公」低一級。豐城縣在今江西境內。(85)萬機之事　指整個國家的大事。(86)伯陽一人　關於李績個人升遷處置。李績，字伯陽。李績曾當面指出慕容暐的兩個缺點事，見本書上卷升平三年。(87)暐請獨裁　請讓我自己決定。(88)章武　郡名，郡治即今河北大城。(89)戊戌　正月初一。(90)使歸所掠　把劫掠的邊民都放回去。(91)東安簡伯郗曇　郗曇是東晉名臣郗鑒之子，被封為東安伯，伯是爵位，東安是封地名，簡字是謚。生前任下句范汪所接任的諸項職務。(92)平陽　郡名，郡治在今山西臨汾的西南部，當時屬張平。(93)方士　以侈談長生之術或以其他各種迷信手段為職業的人。(94)高昌　原是後趙的將領，趙亡後，據南燕城（今河南延津東北）先降燕，又降晉，又降秦，各受爵位，欲中立以自固。(95)野王　縣名，縣治即今河南沁陽。(96)嬰城　環城四面。(97)經變　經過的變亂以及應對突發事件的經驗。(98)猝攻　一下子就能攻下。猝，突然；立刻。(99)殺　犧牲。(100)頃攻黎陽　前不久的攻黎陽。頃，不久前。黎陽，古城名，也是古黃河渡口名，在今河南浚縣東南。不久前的燕將陽騖攻黎陽，見本書卷一百升平二年。(101)日蹙　日困；越來越艱難。蹙，萎縮。(102)黃門郎豁　桓豁，官任黃門郎，是皇帝的侍從官員。(103)沔中七郡　指漢水流域的魏興、新城、上庸、襄陽、義成、竟陵、江夏七郡。沔中，沔水流域。沔水即今漢水。(104)新野義城　二郡名，新野郡的郡治即今河南新野。義城，應作「義成」，郡治即今湖北襄樊之襄陽區。(105)許昌古城名，在今河南許昌東。(106)省　看視。(107)林宗　宋林宗，宋混之子。(108)儻未棄臣門　意即假如您還想讓我們家裡的人來出任此職。儻，同「倘」。假如。(109)政事愈於臣　處理政務的能力比我強。愈，勝過；超出。(110)儒緩　優柔寡斷，辦事舒緩。儒，優柔；懦弱。(111)機事不稱　隨機應變的能力跟不上。(112)策勵而使之　在使用的過程中多加督促勉勵。(113)行路　路上的行人，以喻那些平素毫無關係者。(114)揮涕　拭淚。(115)丁巳　五月二十二。(116)琅邪王丕　司馬丕，晉成帝司馬衍之子。晉成帝死時，庾亮以司馬丕年小為由，改立了司馬衍之弟司馬岳，即晉康帝。(117)中興正統　東晉建國以來的嫡系繼承人。因司馬丕是晉成帝的嫡長子，晉成帝是晉明帝司馬紹的嫡長子，司馬紹是晉元帝司馬睿的嫡長子，一脈相承，故稱「正統」。(118)義望情地　其人的道德聲望與其在皇族中的血緣關係。義望，美好的聲望。情地，親情關係上的地位。(119)其　表示命令、祈請的副詞。(120)奉大統　意即承繼皇位。大統，帝位的傳承系統。(121)法駕　皇帝的車駕。《史記·孝文本紀》之《索隱》引《漢官儀》云：「天子鹵簿有大駕、法駕。大駕，公卿奉引，大將軍參乘，屬車八十一乘；法駕，公卿不在鹵簿中，唯京兆尹、執金吾、長安令奉引，侍中參乘，屬車三十六乘。」122庚申　五月二十五。123壬戌　五月二十七。124東海王奕　司馬丕的胞弟。125為琅邪王頂替司馬丕繼承琅邪王的傳統。126七月戊午　七月二十三。127奔突　突圍逃跑。128虛隙　空隙，謂包圍圈的薄弱環節。129吾所部　我所統領的這部分軍隊。部，統率；指揮。130羸　原指瘦弱，這裡即指老弱病殘的人多，戰鬥力不強。131多課櫓楯更多地製作了一些大小盾牌。課，督促檢查。櫓，大盾牌。楯，通「盾」。132行夜　巡夜；夜間巡邏。133滎陽　古城名，即今河南滎陽東北的古滎鎮。134存撫　安撫。存，撫恤。135廩食　官府供給的糧食，這裡即指糧食。136護參軍廣平梁琛　呂護的參軍廣平郡人姓梁名琛。廣平郡的郡治在今河北雞澤東北。137中書著作郎　在朝廷主管起草文件的官員。魏明帝太和中，詔置著作郎，隸中書省。晉惠帝元康二年，改隸祕書省。又由於晉武帝時曾以祕書併於中書省，故稱中書著作郎。138九月戊申九月十四。139乙亥　此語有誤，本年九月朔乙未，無乙亥日。乙亥當是十月十二。140梁國　晉代的諸侯國名，都城在今河南商丘城南。141坐失期　因為沒按規定時間到達指定位置而犯罪。142子寧　范汪的兒子范寧（《晉書》作「范甯」），字武子，當時著名的學者，長於經學，注《尚書》、《論語》，並撰《春秋穀梁傳集解》傳世。傳附《晉書》卷七十五〈范汪傳〉。143王弼何晏　都是三國、西晉時期的玄學家，好老莊，開清談之風，嚴重影響到整個時代風氣。王弼著有《周易注》、《周易略例》、《老子注》、《老子指略》等。何晏字叔平，著有〈道德論〉、〈無名論〉、〈無為論〉。144蔑棄典文　否定與拋棄儒家的經典文獻。145幽沈仁義　貶斥孔、孟的仁義學說。幽沈，貶斥使之不能行於世。146游辭浮說　指侈談浮虛不實的玄學理論。147波蕩後生嚴重地影響了後一代。148搢紳之徒　指各級官僚與所有的文人士大夫。古代仕宦之人都繫帶垂紳、腰插笏板，故稱官員曰「搢紳」。紳是大帶。後代也以「搢紳」泛指朝野一切有身分的人。149翻然改轍　改變了從前讀儒書、行仁義，講究修身養性、齊家治國的一套，而崇尚虛無、企慕老莊，居官而不任事，甚或醉酒放蕩等等。150中原傾覆　指西晉滅亡，中原淪陷。傾覆，翻車；垮臺。151迴百姓之視聽　改變黎民百姓對問題的看法。迴，改變。視聽，猶今所謂固有的思想、信念。152一世之禍波及一代人的災難。153歷代之患　影響世世代代的罪惡。154自喪之惡　造成自身滅亡的罪過。155迷眾之罪　迷惑整個社會的罪惡。156以為廣州刺史　燕無廣州，僅以廣州刺史的名號授呂護。157國家事欲未靜　我們國家的局勢將要動盪不安了。欲，將要。未靜，不安定。158今護軍　今天的中護軍，指張邕。159有似長寧　像是當年的長寧侯張祚。160安得其人　哪裡有能辦如此大事的人。161從天錫　跟在張天錫身後。162斫　用刀砍。163逸走　逃走。164以兵相向　把兵器對著我。165今所取者　我們要捉拿的人。取，捉拿。166它　其他人。167建興四十九年　「建興」是西晉愍帝最末的年號，建興四十九年，即西元三六一年。晉愍帝於建興五年已死，但涼州張氏一直使用「建興」的年號至今，表示他們擁護晉王朝，但又不完全承認東晉的小朝廷。(168)奉升平年號　意思是從現在起，涼州開始使用東晉皇帝的年號。(169)牧伯守宰　泛指各級地方官。牧伯，指州刺史。刺史也稱「牧」，因其是一方諸侯之長，故也稱「方伯」。守，指太守，郡的長官。宰，縣令。(170)孝悌廉直文學政事　均為不同類型的人才科目名。悌，弟弟順從兄長。(171)所舉得人　所舉薦的確實是人才。(172)非其人　與舉薦所說的情況不相副。(173)請託　猶今言「走後門」，找關係。(174)自勵　自勉；自己發憤進取。(175)當是之時　當時。(176)率　大概；一般。(177)田疇修闢　土地得以開墾耕種。田疇，田畝；耕種的土地。(178)屏息　憋住氣不敢出，這裡即指絕跡。(179)李勢　蜀地成漢政權的末代君主，桓溫於穆帝永和三年滅漢時，李勢向桓溫投降，被晉王朝封為「歸義侯」。

【校　記】①皇帝　據章鈺校，十二行本、乙十一行本、孔天胤本皆無此二字，張瑛《通鑑校勘記》同。②冀青　據章鈺校，十二行本、乙十一行本二字互乙。③而多殺士卒　據章鈺校，十二行本、乙十一行本皆無此句，張敦仁《通鑑刊本識誤》、張瑛《通鑑校勘記》同。④都　據章鈺校，十二行本、乙十一行本皆無此字。⑤值邕於門下　原無此句。據章鈺校，十二行本、乙十一行本、孔天胤本皆有此句，張敦仁《通鑑刊本識誤》、張瑛《通鑑校勘記》同，今據補。

【語　譯】孝宗穆皇帝下

升平四年（庚申　西元三六〇年）

春季，正月二十日癸巳，燕主慕容儁在首都鄴城大規模地檢閱軍隊，準備派遣擔任大司馬的慕容恪、擔任司空的陽騖率軍南下大舉進攻東晉。適逢燕主慕容儁已經病勢沉重，於是，慕容儁召大司馬慕容恪、司空陽騖以及司徒慕容評、領軍將軍慕輿根等接受遺詔，讓他們共同輔佐朝政。二十一日甲午，燕主慕容儁去世。戊子日，太子慕容暐即位為燕國皇帝，年僅十一歲。實行大赦，改年號為建熙。

秦王苻堅將司隸校尉所管轄的一部分地區劃分出來，設置為雍州，任命河南公苻雙為都督雍、河、涼三州諸軍事、征西大將軍、雍州刺史，改封為趙公，鎮所設在安定。封自己的弟弟苻忠為河南公。

仇池公楊俊去世，他的兒子楊世即位為仇池公。

二月，燕國人尊奉慕容儁的皇后可足渾氏為皇太后。任命大司馬、太原王慕容恪為太宰，獨攬朝廷政務，上庸王慕容評為太傅，陽騖為太保，慕輿根為太師，全都參與輔佐朝政。

燕國新任太師慕輿根性情樸直而倔強，仗恃自己是上一任皇帝手下有功勳的老臣，心中便有些不服氣太原王慕容恪，所以表現在言談舉止上就未免顯得有些傲慢無禮。當時皇太后可足渾氏常常干預朝政，慕輿根想趁機奪取政權，於是對慕容恪說：「如今主上年紀幼小，他的母親可足渾氏皇太后又喜歡干預朝政，殿下應該及早預防突發事件，想出自我保全的辦法。而且平定天下，完全是殿下的功勞。哥哥去世了，由弟弟來繼承皇位，這是自古以來就有的繼承法。等將先帝安葬之後，應該把小皇帝慕容暐廢掉，封他一個王爵，殿下自己即位為皇帝，為我們燕國謀求無窮無盡的幸福。」慕容恪吃驚地說：「您是不是喝醉了？不然怎麼會說出如此狂悖、荒謬的話！我與您同時接受了先帝的遺詔共同輔佐幼主，卻為何突然說出這樣的言論？」慕輿根很慚愧，於是告辭而退。慕容恪將此事告訴了吳王慕容垂，慕容垂勸說慕容恪殺掉慕輿根。慕容恪說：「現在國家剛剛遭遇了大喪，秦國、東晉二個強大的鄰國都在虎視眈眈尋找機會攻打我們，如果朝廷宰輔之間互相誅殺，恐怕會令全國的人感到失望，不妨暫且先忍耐一時。」擔任祕書監的皇甫真對慕容恪說：「慕輿根原本是一個見識平庸的卑賤小人，承蒙先帝的過分厚愛，被列入輔政大臣的名單。然而這個小人缺乏見識，自從國家大喪以來，他的傲慢悖拗一天比一天嚴重，終將構成禍亂。明公今天位居周公的地位，應當為國家社稷深謀遠慮，早點為他安置一個所在。」慕容恪沒有採納皇甫真的建議。

慕輿根又對皇太后可足渾氏以及燕主慕容暐說：「太宰慕容恪、太傅慕容評將要圖謀不軌，我請求率領禁衛軍將他們除掉。」皇太后可足渾氏想聽從慕輿根。燕主慕容暐說：「二位叔父，既是皇帝的親屬，又很賢明，先帝挑選他們輔佐朝政，把我們孤兒寡母託付給他們，他們一定不會做這樣的事，說不定是太師慕輿根想要謀亂呢？」事態才沒有進一步發展。慕輿根又想回到北方的舊都龍城，於是對皇太后可足渾氏以及燕主慕容暐說：「如今國家經濟蕭條，外面的賊寇又不止一家，國家疆域遼闊，值得憂慮的事情很多，不如返回舊都龍城。」太宰慕容恪聽到消息，便與太傅慕容評商議，於是給皇帝上了一道密奏，指控慕輿根的罪狀，命令擔任右衛將軍的傅顏趁便在宮中誅殺了慕輿根，連同慕輿根的妻兒以及他的黨羽。隨後實行大赦。

當時國家新遭大喪，誅殺了慕輿根，受牽連被殺的人很多，朝廷內外人心惶惶。太宰慕容恪從容鎮定，舉止與平時沒有什麼兩樣，人們也沒有從他的臉上看出憂愁的面容，每次出入，只有一名侍從步行跟隨在他的身旁。有人提醒他應該加強自我保護，慕容恪說：「目前正是人心惶恐的時候，我應該用安詳穩重的舉止使人心安定下來，為什麼反要自己驚擾自己，眾人還將依靠誰、仰仗誰呢？」因為如此，人心逐漸安定下來。

燕國太宰慕容恪雖然總攬朝政，大權在握，然而對執行國家的法律規章、對待幼主，總是小心謹慎、戰戰兢兢，唯恐做錯了事、失了禮，每一件事情都要與司徒慕容評商議之後才做出決定，從未獨斷專行。他虛心對待士人，向他們諮詢治理國家的好辦法；他注重選拔人才，根據才能授予相應的職務，使人盡其才。自己部下的官屬如果有了過失，慕容恪也從不在公開場合當眾指出他的毛病，而是根據實際情況，適當地給他另行安排一個職務，不讓他擾亂了等級秩序，就是根據這個準則來調整官員的職務。被這樣調整了職務的人全都感到非常慚愧，所以沒有人敢再輕易犯錯。有時偶爾犯有一些小過錯，便會責備自己說：「你難道也想讓太宰大人給你調換個地方嗎？」東晉朝廷剛聽到燕主慕容儁去世消息的時候，還都以為是收復中原的好機會。只有征西大將軍桓溫說：「燕國太宰慕容恪還活著，我們的憂患恐怕比以往還要大！」

三月初六日己卯，燕國人將燕主慕容儁安葬在龍陵，諡號為景昭皇帝，廟號烈祖。燕主慕容儁在世時從各郡、國徵調到鄴城的新兵，因為朝廷多難，軍心震動，於是便不斷有人擅自逃跑回家，從鄴城往南，道路上紛紛攘攘的都是逃兵，道路都被他們堵塞了。擔任太宰的慕容恪任命吳王慕容垂為使持節、征南將軍、都督河南諸軍事、兗州牧、荊州刺史，鎮所設在梁國的蠡臺；任命孫希為并州刺史，任命傅顏為護軍將軍，率領二萬名騎兵，到黃河以南地區向東晉炫耀武力、展示軍威，一直抵達淮河才返回，燕國境內全部安定下來。孫希，是孫泳的弟弟。

匈奴部落首領劉衛辰派遣使者投降了秦國，請求從邊塞地區進入內地開荒種地，春天來，秋天返回。秦王苻堅答應了劉衛辰的要求。夏季，四月，擔任雲中護軍的賈雍派遣屬下司馬徐贇率領騎兵襲擊劉衛辰，俘獲了大量的人口和牲畜，而後返回。秦王苻堅非常憤怒地說：「我正要用恩德誠信使那些夷狄歸附秦國，你竟然為了貪圖小利而破壞了我的這項政策，是什麼原因？」遂罷免了賈雍的一切職務，讓他以平民的身分代理雲中護軍的職責，又派遣使者將賈雍所繳獲的全部財產歸還給劉衛辰，對劉衛辰大加撫慰。劉衛辰遂率領自己的部眾遷入塞內居住，每年向秦國進貢不斷。

夏季，六月，代王拓跋什翼犍的王妃慕容氏去世。秋季，七月，匈奴部落首領劉衛辰前往代國參加慕容王妃的葬禮，並藉此機會向代國求婚，代王拓跋什翼犍把自己的女兒嫁給劉衛辰為妻。

八月初一日辛丑，發生日蝕，很快就變成了日全蝕。

東晉謝安在年輕的時候，就很負盛名，朝廷先後多次徵聘他出來做官，他都不肯就職。寓居於會稽郡，以遊山玩水、文章書籍自娛自樂。雖然是平民身分，而當時的人們卻都估計他日後定能出任三公、宰輔之職，士大夫中有人甚至說：「謝安如果不出來做官，國家的事情可怎麼辦呢？」謝安每次前往東山遊覽，身邊常常帶有妓女。擔任司徒的會稽王司馬昱聽說之後，說：「謝安既然能夠與別人共同分享歡樂，就一定能夠與人分擔憂患，現在徵聘他出來做官，他一定會來。」謝安的妻子，是劉惔的妹妹，她看到自己家門日漸尊貴、權勢日盛，只有謝安一個人淡泊退讓，於是就對謝安說：「大丈夫不應該這個樣子。」謝安聽了趕緊用手掩住鼻子，說：「我所擔心的是，最終還得像諸兄弟那樣非得出去做官不可。」等到謝安的堂弟謝萬被免掉官職之後，謝安才開始有出去做官的志向，當時他已經四十多歲了。擔任征西大將軍的桓溫聘請謝安擔任司馬，謝安於是應召而往。桓溫喜出望外，對他格外禮遇、器重。

冬季，十月，烏桓人獨孤部落酋長、鮮卑沒奕干部落酋長各率數萬部眾投降了秦國，秦王苻堅將他們安置在邊塞長城以南。陽平公苻融勸阻說：「這些戎狄人面獸心，不懂得什麼是仁義。他們所以要向秦國磕頭、請求內附，目的是貪圖塞內肥沃的土地，而不是因為感念大王的恩德。他們不敢侵犯秦國的邊境，實際是懼怕秦國強大的軍事實力，而不是感激秦國對他們的恩惠。現在把他們安置在邊塞之內，與秦國邊境的民眾混雜居住，他們一旦窺探到郡縣的虛實，必然成為邊境的禍患，不如把他們遷徙到邊塞之外，以防患於未然。」苻堅採納了苻融的建議。

十一月，東晉朝廷封征西大將軍桓溫為南郡公，封桓溫的弟弟桓沖為豐城縣公，封桓溫的兒子桓濟為臨賀縣公。

燕國太宰慕容恪想任命李績為右僕射，燕主慕容暐堅決不同意。慕容恪多次就此事向慕容暐請求，慕容暐說：「朝廷的各種政務，都委託給叔父處理。只有李績這個人的職務，我要自己獨自做主。」慕容暐竟將李績外放為章武太守，李績憂憤而死。

五年（辛酉　西元三六一年）

春季，正月初一日戊戌，東晉實行大赦。

匈奴部落酋長劉衛辰劫掠了秦國邊境地區的五十多名居民充作奴婢獻給秦王苻堅，秦王苻堅責備劉衛辰，並責令他把劫掠來的邊民都放回去。劉衛辰因此背叛了秦國，歸附了代國。

東晉東安簡伯郗曇去世。二月，東晉朝廷任命擔任東陽太守的范汪都督徐、兗、冀、青、幽五州諸軍事，兼任徐、兗二州刺史。

秦國右將軍張平所屬的平陽人全部投降了燕國，燕國任命擔任建威將軍的段剛為平陽太守，同時派遣擔任督護的韓苞率軍與段剛共同守衛平陽。

方士丁進深受燕主慕容暐的寵愛，他還想討好太宰慕容恪，遂勸說慕容恪殺掉太傅慕容評。慕容恪大怒，立即奏請燕主慕容暐將丁進逮捕、斬首。

高昌去世，燕國擔任河內太守的呂護兼併了高昌的部眾，派使者前往東晉的都城建康，向東晉請求投降，東晉朝廷遂任命呂護為冀州刺史。擔任了冀州刺史的呂護想率領東晉的軍隊襲擊燕國的首都鄴城。三月，燕國太宰慕容恪率領五萬人馬，擔任冠軍將軍的皇甫真率領一萬人馬共同討伐呂護。燕軍抵達野王，呂護環城四面防守。燕國護軍將軍傅顏請求加緊攻城，以節省大批軍費。太宰慕容恪說：「呂護這個老賊經歷的變亂以及應付突發事件的經驗太多了。觀察他的防禦設施，很難一下子將城攻破，強行進攻反而會增加我軍的傷亡。此前攻打黎陽，我們雖然損失了很多精銳，最終也沒能攻克黎陽，反而自取其辱。呂護城內沒有蓄積，外無救兵。我軍深挖溝高築牆，儘管坐在這裡守候，休養我們的士卒，離間呂護的黨羽。這樣一來，對於我軍來說是以逸待勞，而對於賊人來說，卻是越來越艱難，不超過一百天，我們必能取勝，何必要犧牲許多士卒以求得一朝一夕的功勞呢！」遂修築長長的圍牆將呂護團團包圍起來。

夏季，四月，東晉桓溫任命自己的弟弟擔任黃門郎的桓豁為都督沔中七郡諸軍事、兼任新野・義城二郡太守，桓豁率領晉軍攻擊許昌，擊敗了燕國守將慕容塵。

涼國驃騎大將軍宋混病情危重，涼州牧張玄靚及其祖母馬氏親自前往宋混的府第探視，他們對宋混說：「將軍萬一有個好歹，我們孤兒寡母將依靠何人？我們想讓你的兒子宋林宗繼承你的職位，你覺得可以嗎？」宋混說：「我兒子林宗既年輕又懦弱，承擔不了如此重任。倘若殿下不嫌棄我宋氏一門，還想讓我們家裡人出任此職，我的弟弟宋澄在處理政事的能力方面倒是勝過我，只是擔心他優柔寡斷、辦事舒緩，沒有應對突發事件的能力，殿下在使用他的過程中只要勤加督促鼓勵，還是可以的。」宋混又告誡宋澄以及自己的兒子們，他說：「我家世代蒙受國家大恩，應當以死報效國家，不要倚仗權勢地位而以傲慢無禮的態度對待別人。」宋混還接見了朝廷的官員，都告誡他們要對國家盡職盡忠。等到宋混去世的消息傳出去之後，就連路上的行人都為他的去世感到傷心落淚。涼州牧張玄靚遵照宋混的意願任命宋澄為領軍將軍，讓他輔佐朝政。

五月二十二日丁巳，東晉皇帝司馬聃去世，司馬聃沒有子嗣。皇太后褚氏下詔說：「琅邪王司馬丕，他是中興以來皇位的嫡系繼承人，無論是從道德聲望還是在皇族中的血緣關係，都沒有人能與他相比，就由琅邪王司馬丕入繼大統。」於是，滿朝的文武百官立即備齊法駕前往琅邪王的府邸迎接琅邪王司馬丕入宮。二十五日庚申，司馬丕登基即皇帝位，東晉實行大赦。二十七日壬戌，改封東海王司馬奕為琅邪王。秋季，七月二十三日戊午，將晉穆帝司馬聃安葬於永平陵，廟號孝宗。

燕軍包圍了野王數月之久，呂護派遣部將張興出城與燕軍交戰，結果被燕國的護軍將軍傅顏斬殺，野王城中的情勢於是更加危急。燕國冠軍將軍皇甫真告誡屬下的將領說：「呂護已經到了山窮水盡的地步，必然要率軍突圍逃跑，他必定會選擇我們防守力量最薄弱的地方作為突破口。我所率領的這支部隊大多是老弱殘兵，器械、鎧甲也不精良，所以應該更加嚴密的進行防守。」於是便徵集了很多大大小小的盾牌，親自在夜間進行巡視。呂護軍中糧食吃盡，果然在夜間出動所有精銳逕直衝向皇甫真的部隊，攻勢猛烈，企圖突破包圍，卻無法衝出。太宰慕容恪親自率軍趕來攻擊呂護，呂護的部眾死傷慘重，幾乎全軍覆沒，呂護拋棄了妻兒逃往滎陽。慕容恪安慰撫恤那些向燕軍投降的民眾，為他們提供糧食，將野王城中的士大夫以及將領強行遷徙到燕國的都城鄴城，其餘人員隨自己的意願，樂意從事什麼就從事什麼。任命呂護的參軍廣平郡人梁琛為中書著作郎。

九月十四日戊申，東晉皇帝司馬丕立王妃王氏為皇后。王皇后，是王濛的女兒。穆帝司馬聃的皇后何氏被稱為穆皇后，居住在永安宮。

涼國擔任右司馬的張邕嫉恨宋澄專擅朝政，遂起兵攻擊宋澄，將宋澄殺死，並滅掉了宋澄的家族。涼州牧張玄靚只得任命張邕為中護軍，任命張邕的叔父張天錫為中領軍，共同輔佐朝政。

張平率軍襲擊燕國的平陽，殺死了平陽守將段剛和韓苞。又率軍攻擊雁門，殺死了雁門太守單男。不久遭到秦軍的攻擊，張平便又向燕國請罪並請求燕國出兵救援。燕國認為張平是個反覆無常的人，所以拒絕救援，張平遂被秦國消滅。〇乙亥日，秦國實行大赦。

東晉徐、兗二州刺史范汪，一向被桓溫所嫌惡，桓溫即將率軍北伐，他命令范汪率領自己的部眾從梁國出兵。冬季，十月，范汪因為沒有按照指定日期到達指定地點而獲罪，他被免除了一切職務，成為了一介平民，遂賦閒在家，後來死在家中。范汪的兒子范寧，喜好儒家經典，性情質樸耿直，經常說王弼、何晏的罪惡比夏桀、商紂的罪惡還要大。有人認為范寧對王弼、何晏的貶損太過分，范寧說：「王弼、何晏否定並拋棄了儒家的經典文獻，貶斥孔、孟的仁義學說，一味地奢談那些虛浮不實的玄學理論，嚴重地影響了下一代，致使那些繫帶垂紳、腰插笏板的各級官僚以及所有的文人士大夫完全改變了從前讀儒書、行仁義，講究修身養性、齊家治國平天下的做法，而變成崇尚虛無、企慕老莊，居官而不任事，甚至醉酒放蕩，以致國家禮崩樂壞，中原淪陷於夷狄之手，他們遺留下來的社會風氣至今還在危害著社會。夏桀、商紂縱然兇殘暴虐，危害只是一時，恰足以導致他們亡國喪身，成為後世的鑑戒，豈能成為改變社會風俗、影響黎民百姓社會觀念的力量呢！所以我才認為波及一代人的災難罪過輕，危害世世代代人的罪過重，造成自身喪命的罪惡小，迷惑整個社會的罪惡大。」

呂護再次背叛東晉，投降了燕國。燕國人不僅赦免了呂護，還任命呂護為廣州刺史。

涼國張邕日漸驕傲，且又荒淫放縱，培植自己的黨羽，專擅朝政，濫用刑罰，誅殺了很多人，國人都為此感到擔憂。張天錫的親信敦煌人劉肅對張天錫說：「我們國家的局勢恐怕從此要動盪不安了。」張天錫吃驚地說：「我本來也懷疑他，只是沒敢說出口。我們應該怎麼辦？」劉肅說：「唯有盡快地把他除掉！」張天錫說：「你說的話是什麼意思？」劉肅說：「今天的中護軍張邕出入朝廷，很有點像當年的長寧侯張祚。」張天錫說：「到哪裡去找能辦成如此大事的人？」劉肅說：「我就是合適的人選。」劉肅當時年紀未滿二十歲。張天錫說：「你年紀太小，還得另外找一個助手才行。」劉肅說：「有趙白駒和我兩個人就足夠了。」十一月，張天錫與張邕同時入朝。劉肅與趙白駒跟隨在張天錫的身後，在朝門碰到了張邕。劉肅舉刀砍向張邕，結果沒有砍中，趙白駒跟著出手，還是沒有把張邕砍倒。二人於是全都跟隨張天錫進入皇宮，張邕得以逃走，隨後便率領三百多名部眾前來攻打宮門。張天錫登上皇宮屋頂大聲呼喊說：「張邕兇惡叛逆，多行無道，他已經滅掉了宋氏，又想滅亡我們張家。你們這些將士世代都是國家的臣屬，怎麼忍心把兵器對準我呢？現在我們要捉拿的，只有張邕一人而已，其他人一律不予追究！」於是跟隨張邕而來的人全都一哄而散。張邕自殺而死，張邕的家人、黨羽全部被消滅。涼州牧張玄靚任命張天錫為使持節、冠軍大將軍、都督中外諸軍事，輔佐朝政。十二月，開始取消使用西晉愍帝建興四十九年年號，改用東晉穆帝升平年號。東晉皇帝司馬丕下詔任命張玄靚為大都督、督隴右諸軍事、涼州刺史、護羌校尉、西平公。

燕國實行大赦。

秦王苻堅下令各州牧、郡守、縣令，都要向朝廷舉薦有關孝悌、廉直、文學、政事方面的特殊人才，經過考察，如果被舉薦的人確實是有用的人才，就對舉薦人進行獎賞；如果被舉薦的人與舉薦所說的情況不相符，就要對舉薦人進行懲罰。因此沒有人敢隨便地向朝廷舉薦，而請託、送禮、走後門找關係等現象再也行不通了，知識分子都能勤奮自勉，即使是皇室人員、皇親國戚，沒有真才實學也都被摒棄不用。在那個時期，朝廷內外的官員大多都能稱職，農田得以耕種，荒地得以開墾，國庫中的糧食儲備充盈，盜賊銷聲匿跡。

這一年，東晉歸義侯李勢去世。

哀皇帝❶

隆和元年（壬戌　西元三六二年）

春，正月壬子❷，大赦，改元。◯甲寅❸，減田租❹，畝收二升。

燕豫州刺史孫興請攻洛陽，曰：「晉將陳祐弊卒❺千餘，介守❻孤城，不足取❼也。」燕人從其言，遣寧南將軍呂護屯河陰❽。

二月辛未❾，以吳國內史庾希為北中郎將、徐・兗二州刺史，鎮下邳，龍驤將軍袁真為西中郎將、監護豫・司・并・冀四州諸軍事、豫州刺史，鎮汝南❿，並假節⓫。希，冰⓬之子也。

丙子⓭，拜帝母周貴人⓮為皇太妃，儀服擬於太后⓯。

燕呂護攻洛陽。三月乙酉⓰，河南太守⓱戴施奔宛⓲，陳祐告急。五月丁巳⓳，桓溫遣庾希及竟陵⓴太守鄧遐帥舟師三千人助祐守洛陽。遐，嶽㉑之子也。

溫上疏請遷都洛陽，自永嘉之亂㉒播流江表㉓者，請[1]一切北徙㉔，以實河南㉕。朝廷畏溫，不敢為異㉖。而北土蕭條，人情疑懼，雖並知不可，莫敢先諫。散騎常侍領著作郎孫綽㉗上疏曰：「昔中宗龍飛㉘，非惟信順協於天人㉙，實賴萬里長江畫而守之㉚耳。今自喪亂已來㉛，六十餘年，河、洛㉜丘墟，函、夏㉝蕭條。士民播流江表，已經數世㉞，存者老子長孫㉟，亡者丘隴成行㊱。雖北風之思㊲感其素心㊳，目前之哀㊴實為交切㊵。若遷都旋軫㊶之日，中興五陵㊷，即復緬成遐域㊸。泰山之安既難以理保㊹，烝烝之思㊺豈不纏於聖心哉？溫今此舉，誠欲大覽始終㊻，為國遠圖㊼。而百姓震駭，同懷危懼㊽，豈不以反舊之樂賒㊾，而[2]趨死之憂促㊿哉？何者(51)？植根江外(52)，數十年矣，一朝頓欲拔之(53)，驅蹙於窮[3]荒之地(54)，提挈萬里(55)，踰險浮深(56)，離墳墓(57)，棄生業(58)，田宅不可復售(59)，舟車無從而得，捨安樂之國，適習亂之鄉(60)，將頓仆(61)道塗，飄溺(62)江川，僅有達者(63)。此仁者所宜哀矜(64)，國家所宜深慮也。臣之愚計，以為且宜遣將帥有威名資實(65)者，先鎮洛陽，掃平梁、許(66)，清壹河南(67)。運漕之路(68)既通，開墾之積已豐，豺狼遠竄(69)，中夏小康(70)，然後可徐議遷徙耳。柰何捨(71)百勝之長理，舉天下而一擲(72)哉！」綽，楚(73)之孫也。少慕高尚(74)，嘗著遂初賦(75)以見志。溫見綽表，不悅，曰：「致意與公[76]，何不尋君遂初賦[77]，而知人家國事邪[78]！」

時朝廷憂懼，將遣侍中止溫。揚州刺史王述[79]曰：「溫欲以虛聲威朝廷[80]耳，非事實也。但從之[81]，自無所至[82]。」乃詔溫曰：「在昔喪亂[83]，忽涉五紀[84]，戎狄肆暴，繼襲凶迹[85]，眷言西顧[86]，慨歎盈懷。知欲躬帥三軍[87]，蕩滌氛穢[88]，廓清中畿[89]，光復舊京[90]，非夫外身徇國[91]，孰能若此？諸所處分[92]，委之高筭[93]。但河、洛丘墟，所營者廣[94]，經始之勤[95]，致勞懷也[96]。」事果不行。溫又議移洛陽鍾虡[97]。述曰：「永嘉不競[98]，暫都江左。方當蕩平區宇[99]，旋軫舊京[100]。若其不爾[101]，宜改遷園陵[102]，不應先事鍾虡[103]。」溫乃止。○朝廷以交、廣遼遠，改授溫都督并、司、冀三州[104]，溫表辭不受[105]。

秦王堅親臨太學，考第[106]諸生經義[107]，與博士[108]講論，自是每月一至焉。

六月甲戌[109]，燕征東參軍劉拔刺殺征東將軍、冀州刺史、范陽王友於信都[110]。

秋，七月，呂護退守小平津[111]，中流矢而卒。燕將段崇收軍北渡，屯于野王。鄧遐進屯新城[112]。八月，西中郎將袁真進屯汝南，運米五萬斛以饋洛陽。

冬，十一月，代王什翼犍納女於燕[113]，燕人亦以女妻之。

十二月戊午朔[114]，日有食之。

庾希自下邳退屯山陽[115]，袁真自汝南退屯壽陽[116]。

興寧元年（癸亥　西元三六三年）

春，二月己亥[117]，大赦，改元。

三月壬寅[118]，皇太妃周氏[119]薨于琅邪第。癸卯[120]，帝就第治喪，詔司徒會稽王昱總內外眾務。帝欲為太妃服三年[121]，僕射江虨啓：「於禮應服緦麻[122]。」又欲降服朞[123]，虨曰：「厭屈私情[124]，所以上嚴祖考[125]。」乃服緦麻。

夏，四月，燕寧東將軍慕容忠攻滎陽太守劉遠，遠奔魯陽[126]。

五月，加征西大將軍桓溫侍中、大司馬、都督中外諸軍、錄尚書事，假黃鉞[127]。溫以撫軍司馬王坦之為長史[128]。坦之，述之子也。又以征西掾郗超[129]為參軍，王珣[130]為主簿，每事必與二人謀之，府中為之語曰：「髯參軍[131]，短主簿[132]，能令公喜，能令公怒。」溫氣概高邁，罕有所推，與超言，常自謂不能測[133]，傾身待之[134]，超亦深自結納[135]。珣，導之孫也，與謝玄[136]皆為溫掾，溫俱重之。曰：「謝掾年四十必擁旄杖節[137]，王掾當作黑頭公[138]，皆未易才[139]也。」玄，奕之子也。

以西中郎將袁真都督司、冀、并三州諸軍事，北中郎將庾希都督青州諸軍事。

癸卯[140]，燕人拔密城[141]，劉遠奔江陵。

秋，八月，有星孛于角、亢142。

張玄靚祖母馬氏卒，尊庶母143郭氏為太妃144。郭氏以張天錫專政，與大臣張欽等謀誅之，事泄，欽等皆死。玄靚懼，以位讓天錫，天錫不受。右將軍劉肅等勸天錫自立。閏月145，天錫使肅等夜帥兵入宮弒玄靚，宣言暴卒146，謚曰沖公。天錫自稱使持節、大都督、大將軍、涼州牧、西平公，時年十八。尊母劉美人147曰太妃。遣司馬綸騫148奉章詣建康請命149，并送御史俞歸150東還。

癸亥151，大赦。

冬，十月，燕鎮南將軍慕容塵攻陳留太守袁披于長平152。汝南太守朱斌乘虛襲許昌，克之。

代王什翼犍擊高車153，大破之，俘獲萬餘口，馬、牛、羊百餘萬頭。

以征虜將軍桓沖154為江州刺史。十一月，姚襄故將張駿155殺江州督護趙毗，帥其徒北叛，沖討斬之。

二年（甲子　西元三六四年）

春，正月丙辰156，燕大赦。

二月，燕太傅評、龍驤將軍李洪略地河南。

三月庚戌朔[157]，大閱戶口[158]，令所在土斷[159]，嚴其法制[160][4]，謂之「庚戌制」。帝信方士言，斷穀餌藥[161]，以求長生。侍中高崧諫曰：「此非萬乘[162]所宜為。陛下茲事[163]，實日月之食[164]。」不聽。辛未[165]，帝以藥發，不能親萬機，褚太后復臨朝攝政[166]。

夏，四月甲辰[167]，燕李洪攻許昌、汝南，敗晉兵於懸瓠[168]。潁川太守李福戰死，汝南太守朱斌奔壽春，陳郡太守朱輔退保彭城。大司馬溫遣西中郎將袁真等禦之，溫帥舟師屯合肥。燕人遂拔許昌、汝南、陳郡，徙萬餘戶於幽、冀二州，遣鎮南將軍慕容塵屯許昌。

五月戊辰[169]，以揚州刺史王述為尚書令。加大司馬溫揚州牧、錄尚書事。壬申[170]，使侍中召溫入參朝政。溫辭不至。

王述每受職，不為虛讓，其所辭必於不受[171]。及為尚書令，子坦之白述：「故事當讓[172]。」述曰：「汝謂我不堪邪？」坦之曰：「非也，但克讓[173]自美事耳。」述曰：「既謂堪之，何為復讓？人言汝勝我，定不及也。」

六月，秦王堅遣大鴻臚拜張天錫為大將軍、涼州牧、西平公。

秋，七月丁卯[174]，詔復徵大司馬溫入朝。八月，溫至赭圻[175]，詔尚書車灌[176]止之[177]，溫遂城赭圻居之，固讓內錄[178]，遙領[179]揚州牧。

秦汝南公騰謀反，伏誅。騰，秦王生之弟也。是時，生弟晉公柳等猶有五人。王猛言於堅曰：「不去五公，終必為患。」堅不從。

燕侍中慕輿龍詣龍城，徙宗廟及所留百官皆詣鄴。○燕太宰恪將取洛陽，先遣人招納[180]士民，遠近諸塢[181]皆歸之，乃使司馬悅希[182]軍于盟津，豫州刺史孫興軍于成皋。

初，沈充之子勁，以其父死於逆亂[183]，志欲立功以雪舊恥。年三十餘，以刑家不得仕[184]。吳興太守王胡之為司州刺史，上疏稱勁才行[185]，請解禁錮[186]，參其府事[187]。朝廷許之。會胡之以病不行。及燕人逼洛陽，冠軍將軍陳祐守之，眾不過二千。勁自表[188]求配祐效力，詔以勁補冠軍長史，令自募壯士，得千餘人以行。勁屢以少擊燕眾，摧破之。而洛陽糧盡援絕，祐自度不能守，乃以救許昌為名，九月，留勁以五百人守洛陽，祐帥眾而東。勁喜曰：「吾志欲致命[189]，今得之矣！」祐聞許昌已沒，遂奔新城[190]。燕悅希引兵略河南諸城，盡取之。

秦王堅命公國各置三卿[191]，并餘官皆聽自采辟[192]，獨為置郎中令[193]。富商趙掇等車服僭侈[194]，諸公競引以為卿[195]。黃門侍郎安定程憲言於堅[5]，請治之[196]，堅乃下詔稱：「本欲使諸公延選英儒[197]，乃更猥濫[198]如是！宜令有司推檢[199]，辟召非其人[200]者，悉降爵為侯，自今國官[201]皆委之銓衡[202]。自非命士[203]已上，不得乘車馬；去京師百里內[204]，工商皁隸[205]不得服金銀錦繡，犯者棄市。」於是平陽、平昌、九江、陳留、安樂五公皆降爵為侯。

三年（乙丑　西元三六五年）

春，正月庚申[206]，皇后王氏崩。

劉衛辰復叛代[207]，代王什翼犍東渡河[208]，擊走之。

什翼犍性寬厚，郎中令許謙盜絹二匹，什翼犍知而匿[209]之，謂左長史燕鳳曰：「吾不忍視謙之面，卿慎勿泄[6]。若謙慚而自殺，是吾以財殺士[210]也。」嘗討西部叛者，流矢中目。既而獲射者，羣臣欲臠割之，什翼犍曰：「彼各為其主鬬耳，何罪！」遂釋之。

大司馬溫移鎮姑孰[211]。二月乙未[212]，以其弟右將軍豁監荊州、揚州之義城[213]、雍州之京兆[214]諸軍事，領[215]荊州刺史，加江州刺史桓沖監江州及荊、豫八郡[216]諸軍事，並假節[217]。

司徒昱聞陳祐棄洛陽，會大司馬溫于洌洲[218]，共議征討。丙申[219]，帝崩于西堂[220]，事遂寢[221]。○帝無嗣，丁酉[222]，皇太后詔以琅邪王奕[223]承大統，百官奉迎于琅邪第，是日，即皇帝位，大赦。

秦大赦，改元建元。

燕太宰恪、吳王垂共攻洛陽。恪謂諸將曰：「卿等常患吾不攻，今洛陽城高而兵弱，易克也，勿更畏懦而怠惰。」遂攻之。三月，克之，執揚武將軍沈勁。勁神氣自若，恪將宥[224]之。中軍將軍慕輿虔曰：「勁雖奇士，觀其志度[225]，終不為人用。今赦之，必為後患。」遂殺之。恪略地至崤、澠[226]，關中大震，秦王堅自將屯陝城[227]以備之。

燕人以左中郎將慕容筑為洛州刺史，鎮金墉[228]；吳王垂為都督荊・揚・洛・徐・兗・豫・雍・益・涼・秦十州諸軍事、征南大將軍、荊州牧，配兵一萬，鎮魯陽[229]。

太宰恪還鄴，謂僚屬曰：「吾前平廣固，不能濟辟閭蔚[230]，今定洛陽，使沈勁為戮[231]。雖皆非本情，然身為元帥，實有愧於四海。」朝廷嘉勁之忠，贈東陽太守。

臣光曰：「沈勁可謂能為[7]子[232]矣！恥父之惡，致死以滌之，變凶逆之族為忠義之門。易曰：『幹父之蠱，用譽[233]。』蔡仲之命[234]曰：『爾尚蓋前人之愆[235]，惟忠惟孝。』其是之謂乎[236]？」

太宰恪為將不事[237]威嚴，專用恩信，撫士卒務綜大要[238]，不為苛令[239]，使人人得便安。平時營中寬縱，似若可犯。然警備嚴密，敵至莫能近者，故未嘗負敗[240]。

壬申[241]，葬哀帝及靜皇后[242]于安平陵。

夏，四月壬午[243]，燕太尉武平匡公封奕[244]卒。以司空陽騖為太尉，侍中、光祿大夫皇甫真為司空，領中書監。騖歷事四朝[245]，年耆望重，自太宰恪以下皆拜之。而騖謙恭謹厚，過於少時。戒束[246]子孫，雖朱紫羅列[247]，無敢違犯其法度者。

六月戊子[248]，益州刺史建城襄公周撫[249]卒。撫在益州三十餘年[250]，甚有威惠。詔以其子犍為太守楚[251]代之。

秋，七月己酉[252]，徙會稽王昱復為琅邪王[253]。○壬子[254]，立妃庾氏為皇后。后，冰之女也。

甲申[255]，立琅邪王昱子昌明為會稽王。昱固讓，猶自稱會稽王。

匈奴右賢王曹轂、左賢王劉衛辰皆叛秦。轂帥眾二萬寇杏城[256]，秦王堅自將討之，使衛大將軍李威、左僕射王猛輔太子宏留守長安。八月，堅擊轂，破之，斬轂弟活，轂請降，徙其豪傑六千餘戶于長安。建節將軍鄧羌討衛辰，擒之於木根山[257]。

九月，堅如朔方[258]，巡撫諸胡。○冬，十月，征北將軍、淮南公幼[259]帥杏城之眾乘虛襲長安，李威擊斬之。

鮮卑禿髮椎斤卒，年一百一十，子思復鞬代統其眾。椎斤，樹機能[260]從弟務丸之孫也。

梁州刺史司馬勳為政酷暴，治中、別駕[261]及州之豪右[262]言語忤意，即於坐梟斬之，或親射殺之。常有據蜀[263]之志，憚周撫，不敢發。及撫卒，勳遂舉兵反。別駕雍端、西戎司馬隗粹切諫，勳皆殺之，自號梁、益二州牧、成都王。十一月，勳引兵入劍閣[264]，攻涪[265]，西夷校尉毌丘暐棄城走。乙卯[266]，圍益州刺史周楚于成都。大司馬溫表[267]鷹揚將軍江夏相義陽朱序[268]為征討都護以救之。

秦王堅還長安，以李威守太尉[269]，加侍中。以曹轂為鴈門公，劉衛辰為夏陽公，各使統其部落。

十二月戊戌[270]，以尚書王彪之為僕射[271]。

【章　旨】以上為第二段，寫晉哀帝隆和元年（西元三六二年）至興寧三年（西元三六五年）共四年間的大事。主要寫了燕將呂護攻晉將戴施、陳祐於洛陽，桓溫遣庾希、鄧遐率軍助守；燕將攻拔許昌、汝南、陳郡，遷萬餘戶於幽、冀。慕容恪欲取洛陽，先招納四周士民，遠近堡塢皆歸之。沈充之子沈勁欲改變其父之惡名，上表願佐陳祐守洛陽，慕容恪、慕容垂等攻克洛陽，沈勁被殺。燕軍略地至崤山、澠池，秦國大震；寫了桓溫表請移都洛陽，並令北來之人一律回歸江北。孫綽上疏極言其不可；王述知桓溫乃故作姿態，並非真心，建議朝廷答應其請，並予勉勵；溫又請移洛陽鐘虡來南，王述對以「方當蕩平區宇，旋軫舊京。若其不爾，宜改遷園陵，不應先事鍾虡。」桓溫只好作罷；寫了益州刺史周撫卒，其子周楚代之。梁州刺史司馬勳志欲據蜀自立，入蜀圍成都，桓溫派江夏相朱序率軍救之；寫了秦主苻堅親臨太學，考第諸生經義，並與博士講論，每月一至。苻堅令苻氏諸公皆延英儒為師傅僚佐，有人延引非類，堅遂黜其爵為侯；苻堅之堂兄弟屢有造反，先是苻生之弟苻騰謀反被殺，其後淮南公苻幼欲乘虛襲長安，被守將所斬；寫了涼州張玄靚之母欲除張天錫，結果事洩，張玄靚被弒，張天錫自立為西平公；寫了晉哀帝辟穀餌藥以求長生，因藥發不能臨朝，太后稱制；不久晉哀帝死，其弟海西公司馬奕繼位。

【注　釋】❶哀皇帝　名丕，字千齡，成帝長子。咸康八年，封琅邪王。西元三六一—三六五年在位。事詳《晉書》卷八〈哀帝紀〉。《謚法》：恭仁短折曰「哀」。❷正月壬子　正月二十。❸甲寅　正月二十二。❹減田租　成帝咸和五年，始丈量百姓田地，每畝國家徵收收成的十分之一，即收稅米三升。今減稅，畝收二升。❺弊卒　困弱疲憊之兵。❻介守　獨守。❼不足取　猶言不堪一擊。足，值得。❽河陰　縣名，縣治在今河南洛陽東北的黃河南岸。❾二月辛未　二月初十。❿汝南　郡名，治所懸瓠城，即今河南汝南縣。⓫並假節　對庾希、袁真二人都授予「假節」的權號。古代派將出征，有「使持節」、「持節」、「假節」三種權號，分別代表著不同程度的生殺之權。⓬冰　庾冰，庾亮之弟，在成帝、康帝時期曾掌管朝廷大權。⓭丙子　二月十五。⓮周貴人　晉哀帝之生母，晉成帝的嬪妃。「貴人」是嬪妃的一種名號。⓯儀服擬於太后　所使用的儀仗和所穿戴的服飾，都與太后相同。擬，相等；相同。⑯三月乙酉　此語有誤，三月朔壬辰，無乙酉日。疑為己酉之誤。己酉，三月十八。⑰河南太守　東晉的河南郡太守，河南郡的郡治即今洛陽。⑱戴施奔宛　永和十二年，桓溫攻克洛陽後，留戴施鎮守洛陽，今畏敵奔宛。宛，古城名，即今河南南陽。⑲五月丁巳　五月二十七。⑳竟陵　晉郡名，郡治即今湖北鍾祥。㉑嶽　鄧嶽，原是王敦的部將，王敦失敗後，遇赦免罪；後為陶侃將，平郭默有功，為廣州刺史。傳見《晉書》卷八十一。㉒永嘉之亂　指晉懷帝永嘉年間，西晉的都城洛陽淪陷，懷帝被匈奴人所俘，中原淪陷於胡人之手的大事變。「永嘉」是晉懷帝的年號（西元三〇七—三一二年）。㉓播流江表　逃難到長江以南。播流，漂泊；流浪。江表，猶言「江外」，長江以南地區。㉔一切北徙　一律向北搬遷。㉕以實河南　以充實河南郡的人口。桓溫上疏建議遷都洛陽，所以要求永嘉之亂流亡到江南的人都遷回河南郡，以充實京師。㉖不敢為異　不敢提出反對意見。㉗孫綽　字興公，當時的著名文學家，玄言派詩人，著有〈遊天台山賦〉等。㉘中宗龍飛　指晉元帝司馬睿在長江以南建立東晉王朝。「中宗」是晉元帝的廟號。人們習慣地用「龍飛」稱一個普通人忽然登基做了皇帝。㉙信順協於天人　其信義與順從得到了上天與百姓的認可。《易大傳》曰：「天之所助者順也，人之所助者信也。」㉚畫而守之　給作戰雙方劃出了各自防守的界線。畫，通「劃」。劃分界線。㉛自喪亂已來　指自八王之亂、五胡亂華以來。㉜河洛　指黃河與洛河流域，即東都洛陽一帶。㉝函夏　指函谷關與西京長安一帶地區。夏，西周豐、鎬與其周圍地區。㉞已經數世　已經過去了好幾代。㉟存者老子長孫　還活著的人當年為人子者現已年老，為人孫者也已長大成人。㊱亡者丘隴成行　已經死去者的墳墓，已經成行成列。極言其多。丘隴，也作「丘壟」。小墳叫「丘」，大墳叫「隴」。㊲北風之思　指懷念北方故土的心情。古詩有「胡馬依北風，越鳥巢南枝」之句，以喻人的思鄉之情切。㊳感其素心　經常在其心中泛起。素心，經常存在的心思。㊴目前之哀　指眼下北方形勢的艱難，與以往北伐的失敗等等。㊵交切　迫切；急迫。㊶遷都旋軫　意指遷回洛陽以後。旋軫，回車，即回歸舊都洛陽。軫，車。㊷中興五陵　埋在建康附近的五個東晉皇帝的陵墓，指元帝建平陵、明帝武平陵、成帝興平陵、康帝崇平陵、穆帝永平陵。㊸即復緬成遐域　又立刻成了當今皇帝所朝思暮想的遠在異域的東西。緬，思念。㊹泰山之安既難以理保　意思是說遷都洛陽，與北方民族爭高低，是難以保其必勝的。㊺烝烝之思　縈迴心頭的對中興五陵的深沉思念。㊻大覽始終　縱觀前後。㊼為國遠圖　為國家做長遠打算。㊽同懷危懼　都害怕一敗塗地。㊾反舊之樂賒　打回老家去的美夢過於遙遠。賒，遙遠。㊿趨死之憂促　自尋失敗滅亡的痛苦就在眼前。促，緊迫。(51)何者　為什麼這麼說。(52)植根江外　北方逃到南方來的人都已經在南方紮下根。(53)一朝頓欲拔之　忽然想把他們都連根拔起。頓，即時；立刻。(54)驅踧於窮荒之地　驅趕他們到一片窮荒破落的地方上去。驅踧，這裡意即驅趕。(55)提挈

萬里　讓他們扶老攜幼地顛簸於萬里長路。(56)蹈險浮深　跨越險難的高山，渡過深深的大河。(57)離墳墓　離開新埋在江南的父、祖之墳。(58)棄生業　拋棄自己所熟悉的謀生的職業。(59)不可復售　沒法再賣給別人。(60)適習亂之鄉　到一個動亂不休的地方去。適，往。習亂，動亂不休。(61)頓仆　困頓、跌倒。(62)飄溺　被沖走、被淹死。(63)僅有達者　只有少數的人能到達目的地。(64)哀矜　同情；可憐。(65)資實　有資歷、有實際才幹。(66)梁許　梁國與許昌。梁國的都城在今河南商丘南，許昌古城在今河南許昌東。二城都在洛陽的東南方。(67)清壹河南　掃清和統一整個黃河以南地區。壹，同「一」。(68)運漕之路　全國各地向洛陽運送糧食的道路。陸路運輸曰「運」，水路運輸曰「漕」。(69)豺狼遠竄　佔領中原地區的少數民族都已被趕走。(70)中夏小康　中原地區的人民生活呈現小康狀態。(71)捨　放棄不顧。(72)舉天下而一擲　拿整個國家來孤注一擲，做沒有把握的冒險。(73)楚　孫楚，西晉時期的狂傲之士。傳見《晉書》卷五十六。(74)高尚　指不屬於仕途，想當隱士。(75)遂初賦　孫綽的代表作之一，主旨即侈談自己蔑棄仕途，追求隱逸的思想情趣。見《昭明文選》。(76)致意興公　你們替我問問孫綽。(77)何不尋君遂初賦　你為什麼不按著你寫的〈遂初賦〉去當隱士。尋，沿著；按照。(78)而知人家國事邪　而來過問別人所管的國家大事呢。知，過問。(79)王述　王承之子，王坦之之父。傳見《晉書》卷七十五。(80)以虛聲威朝廷　以大話威嚇朝廷群臣。虛聲，大話；虛張聲勢。威，震懾；使懾服。(81)但從之　儘管隨他去辦。(82)自無所至　他什麼也幹不成。(83)在昔喪亂　從前那次國破家亡。(84)忽涉五紀　已經很快地過去了六十年。五紀，六十年。十二年為一紀。從惠帝永興元年劉淵始亂，至隆和元年已五十九年。(85)繼襲凶迹　一代接一代地繼續其罪惡活動。(86)眷言西顧　很懷戀已淪陷多年的舊日都城的情景。眷言，回顧的樣子。言，語氣詞。(87)知欲躬帥三軍　聽說你要親自統領大軍。躬，親自。三軍，古代的大諸侯國有中軍、上軍、下軍三支大軍，這裡即泛指「大軍」。(88)蕩滌氛穢　掃除一切妖氛邪氣，指少數民族的統治勢力。(89)廓清中畿　肅清中原地區的一切罪惡勢力。廓，澄清。中畿，又稱王畿，古稱天子所領之地。後指京城管轄的地區。據《周禮》古代有九畿，即侯、甸、男、采、衛、蠻、夷、鎮、蕃，各五百里。王畿方千里，在九畿之中，故稱中畿。(90)光復舊京　收復舊日的都城。(91)非夫外身徇國　倘若不是捨身為國的義士。非夫，倘若不是。外身，捨身。(92)諸所處分　你的各項安排。處分，處置；安排。(93)委之高筭　可以委派有能力的僚屬去分別進行。委，委派。高筭，智謀高、能力強的人。筭，同「算」。(94)所營者廣　需要做的事情是很多的。(95)經始之勤　開始經營的辛勞。勤，辛勞。(96)致勞懷也　是會很讓人傷腦筋的，這些就都得麻煩你了。(97)移洛陽鍾虡　把洛陽舊日朝廷與宗廟裡所陳列與所使用的鐘虡都遷到建康來。鍾虡，鍾指編鐘；虡是懸掛編鐘的架子。鐘虡為國家重器，故桓溫要將它由洛陽移往建康。(98)不競　軟弱；不強。(99)方當蕩平區宇　我們正要掃平天下，統一全國。區宇，全部國土。(100)旋軫舊京　返回我們舊日的京城。旋軫，回車；回鑾。(101)不爾　不能這樣，指不能返回舊京。(102)改遷園陵　將洛陽的陵墓遷到建康來。(103)先事鍾虡　先動這些鐘虡。事，行事；運作。(104)改授溫都督并司冀三州　意思是將偏遠的交州、廣州收回朝廷，將中原地區的并州、司州、冀州劃歸桓溫管轄。并州的都城晉陽，在今山西太原西南，司州的州治即今洛陽，冀州的州治即今河北冀州。(105)溫表辭不受　因當時并州、司州、冀州基本都在北方民族的統治下，當這些地區的長官是有名無實，故桓溫「表辭不受」。(106)考第　考試與評定名次。第，成績的等級。(107)經義　指儒家經典的義理。(108)博士　即國子博士，當時太學裡的教官。(109)六月甲戌　六月十五。(110)信都　郡名，郡治即今河北冀州。(111)小平津　渡口名，在今河南孟津東北。(112)新城　縣名，縣治在今河南伊川縣西南。(113)納女於萇　嫁女於萇王慕容暐。(114)十二月戊午朔　十二月初一是戊午日。(115)山陽　郡名，郡治即江蘇淮安。(116)壽陽　縣名，即今安徽壽縣，當時稱作壽春，晉人避諱稱作「壽陽」。(117)二月己亥　此語有誤，二月朔丁巳，無己亥日。疑為乙亥之誤。乙亥是二月十九。(118)壬寅　三月十七。(119)皇太妃周氏　成帝之妃，哀帝的生母。(120)癸卯　三月十八。(121)服三年　服喪三年。古禮，諸侯對天子，或子、未嫁女對父母，媳對公婆，承重孫對祖父母，妻對夫，都服斬衰，服喪三年。參見《周禮・春官・司服》、《儀禮・喪服》、《禮記・喪服小記》。(122)應服緦麻　緦麻是喪服名，用疏織細麻布製成的孝服，服喪三月。凡疏遠親屬都服緦麻。或者諸侯死，天子也為之服緦衰（緦麻、緦服）。另外過繼給別人的男子，父母死，服斬衰三年；而親生父母死，則降服緦麻，減少服期。參見《周禮・司服》、《儀禮・喪服》。江虨認為周氏是哀帝為琅邪王時的生母，不是皇太后（皇太后是穆帝生母褚蒜子），且既為帝，已成為褚后之子，故應對其生母降服緦麻。(123)降服朞　降低為服喪一年。降，謂降低服喪等級。朞，同「期」。一年。(124)厭屈私情　抑制個人的私情。厭屈，抑制；壓制。私情，指哀帝對生母的私人感情。(125)上嚴祖考　是為了對先祖統系的尊重，過繼於人就得按過繼的章程辦。嚴，尊重；敬重。(126)魯陽　縣名，縣治即今河南魯山縣。(127)假黃鉞　授予黃鉞。黃鉞是金色的大斧，授予黃鉞即授予其征討大權、生殺大權。(128)長史　諸史之長，大將手下的高級僚屬，權任甚重。(129)征西掾郗超　郗超是郗愔之子，東晉名臣郗鑒之孫。征西掾，征西將軍桓溫手下的僚屬。(130)王珣　王導之孫，王洽之子。傳見《晉書》卷六十五。(131)髯參軍　郗超的兩頰多毛，故人戲稱曰「髯參軍」。鬍鬚之在腮曰鬚，在頰曰髯。(132)短主簿　王珣個子矮小，故人戲稱曰「短主簿」。(133)不能測　不能摸透其思想。(134)傾身待之　虛心對待。傾身，盡心。(135)深自結納　盡量地搞好關係。(136)謝玄　謝安之姪，謝奕之子。傳見《晉書》卷七十九。(137)擁旄杖節　意即為大將。擁，持。旄，竿頂用旄牛尾為飾的旗，作為古代大將出征時的儀仗。杖節，手持旌節。古代大將出征，皇帝授予旌節，作為權力的象徵。(138)黑頭公　指頭未白即身居高位。公，三公，朝廷的最高爵位。(139)未易才　不可多得的人才。

140 癸卯　七月二十。

141 密城　密縣縣治，即今河南密縣東南三十里的古密城。

142 有星孛于角亢　有流星出現在角、亢兩個星座的附近。孛，火光四射的樣子，這裡即指彗星。角，星宿名，有星二顆，亢，星宿名，有星四顆。角、亢都是二十八宿中的星名，二星的分野是鄭國與兗州。

143 庶母　父親的側室，諸子女稱之為庶母。郭氏本張玄靚的生母，但因其母非正室，故也得稱之為庶母。

144 太妃　以稱父皇遺留下的妃嬪。

145 閏月　閏八月。

146 暴卒　得暴病而死。

147 劉美人　張駿之妃，張天錫的生母。張天錫是張駿的庶子，張重華的異母弟。

148 綸騫　姓綸名騫。

149 請命　請東晉朝廷照准、加封自己所稱的一系列爵位與官號。

150 俞歸　東晉的侍御史，穆帝永和三年十月出使涼州。

151 癸亥　九月十一。

152 長平　縣名，縣治在今河南西華東北。

153 高車　也稱「敕勒」，以乘高輪車為俗，故人稱之「高車」，當時活動在今蒙古國烏蘭巴托的西北方。

154 桓沖　桓溫之弟，時為征虜將軍。

155 姚襄故將張駿　當年桓溫打敗姚襄，俘獲姚襄的部將張駿、楊凝等，遷之於尋陽，此時張駿等殺趙毗率部北逃。

156 正月丙辰　正月初六。

157 三月庚戌朔　三月初一是庚戌日。

158 大閱戶口　大規模地清查、核實戶口。

159 令所在土斷　意即不論本地人還是外地遷來的人，一律在現時生活的所在郡縣落實戶口，並在此地納稅服役。西晉末年以來，由於戰亂，中原豪族多遷居江南，仍用原來郡籍，形成諸多僑置郡縣。桓溫實行土斷法，以此作為一種加強中央統治，與豪門爭奪勞動力，擴大賦役和兵源的手段。

160 嚴其法制　意即強制嚴格實行。

161 斷穀餌藥　不吃糧食，專門吃藥。藥，指方士煉製的所謂可使人長生不死的丹、散等藥物。

162 萬乘　指皇帝。周制，天子地方千里，置兵車萬乘。故人們遂習慣地以「萬乘」稱天子。

163 茲事　此事；這種事。

164 實日月之食　實在是像日蝕、月蝕似的一個汙點。《論語・子張》：「君子之過也，如日月之食焉，過也，人皆見之；更也，人皆仰之。」

165 辛未　三月二十二。

166 褚太后復臨朝攝政　褚太后是晉康帝之妻、晉穆帝之母，穆帝初年曾臨朝執政；穆帝死後無子，故立穆帝之堂弟為嗣；今哀帝有疾不能臨朝，故仍由褚太后攝政。

167 四月甲辰　四月二十五。

168 懸瓠　古城名，一作「懸壹城」，即今河南汝南縣，東晉、南北朝時為軍事要地，置重兵戍守於此。

169 五月戊辰　五月二十。

170 壬申　五月二十四。

171 必於不受　一定不接受。

172 故事當讓　從過去的先例上都是要表示一回推辭。

173 克讓　能表示謙讓。

174 七月丁卯　七月二十。

175 赭圻　古城名，在今安徽繁昌西四十里的赭圻嶺下。

176 尚書車灌　尚書郎姓車名灌。

177 止之　讓桓溫半路上停下來。按，既三番五次地徵桓溫入朝，當桓溫真的來了，又讓桓溫半路停下來，豈不是故意折騰人，王述等究竟想幹什麼？無怪乎桓溫瞧不起這群廢物！

178 固讓內錄　堅決拒絕入朝任錄尚書事的職務。

179 遙領　領有虛名，而不到任管事。

180 招納　招募；招收。

181 諸塢　各塢堡的武裝居民。塢，戰亂年代起而築壘自保的集居民眾。

182 悅希　姓悅名希，慕容恪的司馬官。司馬在軍中主管司法。

183 死於逆亂　沈充是跟隨王敦作亂的骨幹分子，為部將吳儒所殺。

事見本書卷九十三太寧二年。(184)以刑家不得仕　因出身於罪人之家，不能居官任職。(185)才行　才能和品德。(186)請解禁錮　意即解除禁令，允許其進入仕途。禁錮，禁止進入仕途，猶後世的「永不敘用」。(187)參其府事　讓其在自己的刺史府內充當僚屬。參，加入，協助謀劃事務。(188)自表　向朝廷上表自薦。(189)志欲致命　立志為國捐軀。致命，效命；獻出生命。(190)新城　縣名，在今河南伊川縣南。(191)三卿　指郎中令、中尉、大農三官。晉制，王國置郎中令、中尉、大農，為三卿。苻秦沿用其制。(192)聽自采辟　任由諸公自行選任。(193)郎中令　為皇帝或諸侯國君主守衛宮廷門戶並統領侍從警衛的官員。(194)僭侈　超越等級規定的奢侈豪華。僭，越分。(195)引以為卿　引以為自己的高級僚屬。卿，爵位低於「公」的高級官員。(196)請治之　請求對趙掇予以懲治。(197)延選英儒　延請、選拔有才學的儒生到自己身邊。(198)猥濫　低俗而雜亂。猥，曲；低俗。濫，氾濫；良莠錯雜。(199)推檢　追究；審查。(200)辟召非其人　選拔任用了不合資格的人。辟召，聘請；任用。(201)國官　諸公國的下屬官吏。(202)皆委之銓衡　一律由朝廷的吏部進行選任。銓衡，衡量輕重的工具，這裡即指掌管官吏選拔和任免的吏部尚書。(203)自非命士　除了接受朝廷任命的官員與有身分的人。命士，受過朝廷賜與儀物、爵位或任命為官職的人。(204)去京師百里內　離京城方圓百里之內。(205)工商皁隸　手工業者、商人與奴隸。皁，奴隸。(206)正月庚申　正月十六。(207)劉衛辰復叛代　劉衛辰是匈奴人，原屬苻堅，升平五年因受苻堅責備而降代，今又叛代。(208)東渡河　據《魏書》卷一，此處似應作「西渡河」，即向西渡過黃河，進入今內蒙古之伊克昭盟地區。(209)匿　隱瞞；不給他張揚。(210)以財殺士　為了一點財物而殺人。(211)姑孰　也寫作「姑熟」，即今安徽當塗。因當時桓溫兼任揚州牧，故可公然東移。(212)乙未　二月二十一。(213)荊州揚州之義城　當初桓宣曾隨祖約退屯淮南郡（屬揚州），後鎮襄陽（屬荊州），陶侃便將他們帶到襄陽的淮南部曲安置在穀城，置義成郡（故治在今湖北老河口市西北）。又在郡下僑置淮南郡的平阿、下蔡二縣。這就使本屬於荊州的義成郡又統領揚州淮南的平阿、下蔡二縣，所以稱荊州、揚州之義成。義成取以義成軍之意，後人誤作「義城」。(214)雍州之京兆　京兆郡屬雍州，當時亦僑置於襄陽，故令桓豁兼管。(215)領　代理。(216)江州及荊豫八郡　桓沖為江州刺史，領西陽、譙二郡太守。今又加監荊州的江夏、隨郡，豫州的汝南、西陽、新蔡、潁川，共八郡。(217)並假節　意謂令桓豁、桓沖皆假節。「假節」是朝廷給予大將的權力與榮寵，最顯貴的是「使持節」，其次是「持節」，再其次是「假節」。(218)洌洲　在今江蘇南京西南江寧鎮西的長江中。洲可泊舟以避烈風，故名烈洲，又稱洌洲。又洲上有山，山形如栗，因此亦稱溧洲。(219)丙申　二月二十二。(220)西堂　建康宮太極殿有東西堂，東堂接見群臣，西堂為皇帝的就近安歇之處，哀帝即死於此。(221)事遂寢　指桓溫與司馬昱所議論的「征討」事，遂因皇帝之死而擱置。(222)丁酉　二月二十三。(223)琅邪王奕　司馬奕，晉成帝司馬衍之子，晉哀帝司馬丕之胞弟。其兄入承大統後，司馬奕繼任為琅邪王。(224)宥寬恕；赦免。㉕志度　志向、氣度。㉖崤澠　崤山與澠池。崤山在今河南三門峽市東南，澠池是縣名，縣治在今河南澠池縣西。㉗陜城　即今河南陜縣。㉘金墉　洛陽城內的小城名，在當時洛陽城的西北部。㉙魯陽　古代軍事要塞名，即今河南魯山縣。㉚不能濟辟閭蔚　沒能救活辟閭蔚。濟，救活。不能救辟閭蔚事，見本書卷一百永和十二年。㉛為戮　被殺。㉜能為子　能做個好兒子。㉝幹父之蠱二句　能改變父親留下的壞名聲，因此受到稱讚。幹，匡正；糾正。蠱，食物因腐敗而生蟲，用以比喻毀壞國家的邪惡之人，即指沈充而言。用，因此。兩句出自《易・蠱卦・六五・爻辭》。㉞蔡仲之命　古文《尚書》的篇名。㉟尚蓋前人之愆　善於為先人掩蓋過失。尚，表示祈求、勸勉，這裡意即「善於」。㊱其是之謂乎　就是說的沈勁這種事吧。㊲不事　不需要；不講究。㊳務綜大要　講究的是抓大事、抓大節。㊴不為苛令　不制定酷苛、煩瑣的法令。㊵負敗　失敗。㊶壬申　三月二十九。㊷靜皇后　即王皇后，諡曰靜。靜，《晉書》作「靖」。㊸四月壬午　四月初九。㊹武平匡公封奕　封奕的爵位為公，封地為武平縣，諡曰匡。《諡法解》：「貞心大度曰匡。」㊺四朝　指慕容廆、慕容皝、慕容儁、慕容暐四代君主。㊻戒束　管教、約束。㊼朱紫羅列　指官大爵高，服飾華貴。朱紫，指高級官員的朱衣、紫綬。㊽六月戊子　六月十六。㊾建城襄公周撫　周撫的爵位為公，封地是建城郡，襄字是諡。《諡法解》：「因事有功曰襄。」㊿撫在益州三十餘年　穆帝永和三年，桓溫平蜀，留周撫鎮守益州，至今只十九年。大概因東晉在未得益州以前置益州於巴東縣，周撫先已為益州刺史；桓溫克蜀之後，周撫仍為益州刺史，進鎮彭模城（在今四川彭山縣東南），兩者相加，故稱三十餘年。(51)犍為太守楚　周楚，周撫之子，時為犍為太守。犍為郡的郡治即今四川宜賓。(52)七月己酉　七月初七。(53)復為琅邪王　司馬昱是晉元帝司馬睿之子，元帝即位後，司馬昱頂替司馬睿繼其祖為琅邪王，後改為會稽王。今司馬奕入承大統，琅邪王位缺，故又移封司馬昱為琅邪王。(54)壬子　七月初十。(55)甲申　八月十三。(56)杏城　縣名，縣治在今陜西黃陵西北。(57)木根山　山名，在今內蒙古鄂托克旗西南。(58)朔方　郡名，治所臨戎縣，在今內蒙古磴口北。(59)淮南公幼　苻幼，苻生之弟，苻堅之姪。(60)樹機能　鮮卑族另一部落的頭領，西晉武帝時曾作亂於涼州。(61)治中別駕　都是州刺史手下的高級僚佐。治中，全稱為治中從事史。由於居中治事，主眾曹文書，故名。別駕，以其在刺史屬下的地位崇高，隨刺史出行時能單獨另乘一輛車而得名。(62)豪右　豪強大戶。(63)據蜀　意即據蜀獨立稱王。(64)入劍閣　劍閣是蜀郡北邊的縣名，縣治在今四川劍閣東北的古劍門鎮，地形險要，李白曾稱它「一夫當關，萬夫莫開」。司馬勳任梁州刺史，州治即今陜西漢中，離成都不遠。而自漢中入成都，必須經由劍閣。(65)涪　蜀縣名，即今四川綿陽。(66)乙卯　十一月十五。(67)表　上表舉薦。(68)江夏相義陽朱序　義陽郡人朱序，當時任江夏相。義陽郡的郡治即今河南信陽。江夏相是江夏國的行政長官。江夏國的都城在今湖北安陸東南。(69)守太尉　代理太尉之職。(270)十二月戊戌 十二月二十九。(271)僕射 即尚書僕射，尚書令的副職，位同副宰相。

【校 記】[1]請 原無此字。據章鈺校，十二行本、乙十一行本皆有此字，今據補。[2]而 原無此字。據章鈺校，十二行本、乙十一行本皆有此字，張敦仁《通鑑刊本識誤》同，今據補。[3]窮 據章鈺校，十二行本、乙十一行本皆作「空」。[4]制 據章鈺校，十二行本、乙十一行本、孔天胤本皆作「禁」。[5]言於堅 原無此三字。據章鈺校，十二行本、乙十一行本、孔天胤本皆有此三字，今據補。[6]卿慎勿泄 原無此句。據章鈺校，十二行本、乙十一行本、孔天胤本皆有此句，張瑛《通鑑校勘記》同，今據補。[7]為 原無此字。據章鈺校，十二行本、乙十一行本、孔天胤本皆有此字，今據補。

【語 譯】哀皇帝

隆和元年（壬戌 西元三六二年）

春季，正月二十日壬子，東晉實行大赦，改年號為隆和元年。○二十二日甲寅，東晉開始減輕百姓的田租，由原來的每畝地徵收三升米減少為每畝地徵收二升米。

燕國擔任豫州刺史的孫興請求率軍攻打東晉駐防的洛陽，孫興說：「東晉將領陳祐率領著一千多名老弱殘兵，獨守一座孤城，很容易攻取。」燕國朝廷聽取了孫興的意見，遂派遣擔任寧南將軍的呂護屯駐於河陰。

二月初十日辛未，東晉任命吳國內史庾希為北中郎將、徐・兗二州刺史，鎮所設在下邳，任命龍驤將軍袁真為西中郎將、監護豫・司・并・冀四州諸軍事、豫州刺史，鎮所設在汝南，對庾希與袁真全都授予「假節」的權號。庾希，是庾冰的兒子。

二月十五日丙子，東晉皇帝司馬丕尊奉自己的生母周貴人為皇太妃，所使用的儀仗和穿戴的服飾都與皇太后相同。

燕國寧南將軍呂護率軍攻打東晉統轄之下的洛陽。三月乙酉日，東晉擔任河南郡太守的戴施逃往宛城，擔任冠軍將軍的陳祐向朝廷告急。五月二十七日丁巳，桓溫派遣庾希以及擔任竟陵太守的鄧遐率領三千名水軍協助陳祐戍守洛陽。鄧遐，是鄧嶽的兒子。

東晉桓溫上疏朝廷請求將都城遷往洛陽，同時請求把西晉永嘉之亂後流亡到長江以南的難民，一律遷回北方，以充實河南郡的人口。朝廷懼怕桓溫，不敢表達反對的意見。而北方的中原地區，早已沒有了往日的繁華，土地荒蕪，人煙稀少，一片蕭條景象，因此人心惶恐不安，雖然知道不可以那樣做，卻沒有人敢先站出來阻止。擔任散騎常侍兼著作郎的孫綽上疏給朝廷說：「過去中宗皇帝司馬睿在江南建立王朝，不僅僅是其信義與順從得到了上天與百姓的認可，實際上還有賴於萬里長江給南北雙方劃出了各自防守的界限。現在距離當年的八王之亂、五胡亂華以來，已經過去了六十多年，東都洛陽一帶早已成為一片廢墟，中原地區一派蕭條。士大夫和普通民眾流亡江南，也已經過去了好幾代，現在還活著的人，當年為人兒子的年輕人已經進入老年，當年為人孫子的小兒已經長大成人，已經死去者的墳墓，已經成行成列。雖然在北風颳起的時候，總免不了要引起對北方故土的思念，然而，眼下北方形勢的艱難與以往北伐失敗的哀痛，更加令人感到迫切。如果遷都成為既定的事實，車馬回轉洛陽之日，中興以來埋在建康附近的五座皇帝陵寢則被遠遠地拋棄在江南，又將成為當今皇帝所朝思暮想的地方。以理推斷，遷都洛陽，與北方民族爭高下，很難保證洛陽能像泰山那樣穩固平安；而對中興五陵的深切思念，豈不又將日夜縈繞在陛下的心中？桓溫今天的遷都之舉，確實是綜觀前後，為國家利益做出的長遠考慮。然而百姓震恐驚駭，都害怕一敗塗地，難道不是因為返回故鄉的歡樂還很遙遠，而死亡的憂慮近在眼前嗎？為什麼會這樣說呢？因為他們將根紮在江南已經幾十年了，一旦要將他們連根拔起，驅趕他們前往一片窮荒破落的地方去，還要扶老攜幼地跋涉萬里之遙，路途之上既要翻越險峻的高山、渡過深不可測的溪水河流，離開埋葬在江南的父、祖的墳墓，拋棄了自己所熟悉的賴以謀生的職業，田產屋宅不可能再出售給別人，舟船車輛更無從獲得，捨棄了平安快樂的國土，前往那還處在戰亂中的故鄉，勢必困頓、倒斃於路途之上，漂浮、沉溺於河流溪水之中，能夠抵達目的地的人肯定是少而又少。這是心懷仁慈的人所應該哀憐，國家應該深思熟慮的。依照我的看法，目前應該派遣那些有威望、有資歷、有實際才能的將帥，先往洛陽鎮守，掃平梁州、許昌一帶，徹底清除黃河以南地區的賊寇，統一黃河以南。全國各地向洛陽運送糧食的道路暢通無阻，開荒墾田的積儲已經豐富，佔領中原地區的少數民族都已經被趕走，中原地區的人民生活基本呈現小康狀態，到那時才可以慢慢地商議將都城遷往洛陽之事。為什麼要放棄百戰不殆的正確路線而不顧，偏要冒毫無把握的風險把整個國家拿來做孤注一擲呢！」孫綽，是孫楚的孫子，他從小就不屑於仕途，希望能當一名隱士，曾經寫作了一篇〈遂初賦〉以表達自己的心志。桓溫看了孫綽所上的表章，心裡很不高興地說：「你們替我問問孫綽，為何不把自己的〈遂初賦〉找出來，按照裡面所說的去做一個隱士，而要跑出來過問別人所管的國家大事！」

當時，東晉朝廷上下憂懼，於是便準備派侍中去阻止桓溫。擔任揚州刺史的王述說：「桓溫只不過是想以大話來威嚇朝廷群臣罷了，並不是真心想要遷都。儘管隨他去辦，他什麼也辦不成。」於是朝廷下詔給桓溫說：「自從遭遇那次國破家亡，已經很快地過去了六十年，戎狄肆暴於中原，一代接一代地繼續著他們的罪惡活動，回顧已經淪陷多年的舊日都城，感慨悲愴之情不由得盈滿胸懷。聽說將軍準備親自率領三軍，去掃除中原地區的一切妖氛邪氣，光復舊都，倘若不是將生死置之度外，抱定以身殉國的雄心壯志，誰能夠做到這樣？你的各項安排，可以委派有能力的僚屬去分別進行。只是洛陽一帶早已是一片廢墟，需要做的事情還很多，開始經營的辛勞，是很讓人傷腦筋的。」遷都洛陽之事，桓溫果然不再提起。桓溫又建議將洛陽城中舊日朝廷與宗廟裡所陳列與使用的鐘虡全部搬遷到建康來。揚州刺史王述說：「永嘉以來，國力不強，只得暫且把江南建康作為都城。目前我們正要掃平天下，統一全國，將都城遷回舊京洛陽。如果辦不到，也應該先把洛陽歷任先皇的陵墓遷往江東，而不應該先搬遷鐘虡。」桓溫於是打消了搬遷鐘虡的念頭。○東晉朝廷因為交州、廣州距離京師建康路途遙遠，遂改任桓溫為都督并、司、冀三州，桓溫上表推辭，不肯接受這一任命。

秦王苻堅親自前往太學，用儒家經典的義理測試學生，按照成績評定名次，並與國子博士一起研討儒家經典，從此之後，每月都到太學來一次。

六月十五日甲戌，燕國擔任征東參軍的劉拔在信都刺殺了征東將軍、冀州刺史、范陽王慕容友。

秋季，七月，呂護被迫退守小平津，不幸被流矢射死。燕國將領段崇集結其殘兵敗將渡過黃河北上，將軍隊屯紮在野王。東晉竟陵太守鄧遐率軍進駐新城。八月，東晉西中郎將袁真率軍進駐汝南，為洛陽守軍運送了五萬斛稻米。

冬季，十一月，代王拓跋什翼犍把自己的女兒獻給燕主慕容暐，燕國也把皇室的女兒嫁給什翼犍為妻。

十二月初一日戊午，發生日蝕。

東晉庾希率軍從下邳撤退到山陽，西中郎將袁真率軍從汝南撤退到壽陽。

興寧元年（癸亥　西元三六三年）

春季，二月己亥日，東晉實行大赦，改年號為興寧元年。

三月十七日壬寅，東晉皇太妃周氏在琅邪王府邸去世。十八日癸卯，東晉哀帝司馬丕前往琅邪王府為自己的生母周氏皇太妃主持喪事，下詔擔任司徒的會稽王司馬昱總理朝廷內外政務。司馬丕想為皇太妃服喪三年，擔任僕射的江虨啟奏說：「按照禮儀規定，陛下只能穿用疏織細麻布製成的孝服，服喪三個月。」司馬丕又想降低服喪等級，為皇太妃穿一年的喪服，江虨說：「克制自己的私情，正是為了對先祖統系的尊重。」司馬丕於是只為周太妃穿三個月的喪服。

夏季，四月，燕國擔任寧東將軍的慕容忠率領燕軍攻打東晉滎陽太守劉遠，劉遠放棄了滎陽，逃往魯陽。

五月，東晉加授征西大將軍桓溫為侍中、大司馬、都督中外諸軍事、錄尚書事，同時授予其代表得以征伐、生殺大權的黃鉞。桓溫任用擔任撫軍司馬的王坦之為長史。王坦之，是王述的兒子。又任用擔任征西掾的郗超為參軍，任用王珣為主簿，遇事必定與這兩個人商議，征西大將軍府中因此編出這樣的話說：「多髯的參軍，矮個的主簿，能讓桓將軍喜，能使桓將軍怒。」桓溫氣度高雅豪邁，很少推崇別人，但與郗超談話時，常常認為自己摸不透郗超的思想，所以對郗超虛心相待，郗超也極力與桓溫搞好關係。王珣，是王導的孫子，與謝玄同時充任桓溫的掾屬，桓溫對他們都很器重。桓溫曾經說：「謝玄四十歲的時候必定能成為擁旄杖節的大將，王珣頭髮烏黑的時候，就會位列三公，謝玄、王珣都是不可多得的英才。」謝玄，是謝奕的兒子。

東晉任命擔任西中郎將的袁真為都督司、冀、并三州諸軍事，任命北中郎將庾希為都督青州諸軍事。

七月二十日癸卯，燕軍攻克了東晉所屬的密城，滎陽太守劉遠又從魯陽逃往江陵。

秋季，八月，有彗星出現在角星、亢星兩個星座的附近。

張玄靚的祖母馬氏去世，張玄靚遂尊奉生母郭氏為太妃。郭氏因為張天錫獨攬朝政，遂與大臣張欽等密謀除掉張天錫，事情洩露，張欽等參與此事的大臣全都被張天錫處死。張玄靚很恐懼，就將自己的權位讓與張天錫，張天錫沒有接受。擔任右將軍的劉肅等人便勸說張天錫自立。閏八月，張天錫派劉肅等人率軍趁黑夜衝入宮中，殺死了張玄靚，對外宣稱張玄靚是暴病身亡，給張玄靚上的謚號是沖公。張天錫於是自稱使持節、大都督、大將軍、涼州牧、西平公，當時張天錫只有十八歲。張天錫尊奉自己的母親劉美人為太妃。然後派擔任司馬的綸騫帶著表章前往東晉的都城建康請求東晉朝廷照准、加封自己所稱的一系列爵位與官號，同時把御史俞歸送回東晉。

九月十一日癸亥，東晉實行大赦。

冬季，十月，燕國鎮南將軍慕容塵率軍前往長平縣攻打東晉陳留太守袁披。東晉汝南太守朱斌趁敵人後方防守空虛之機，率軍攻打許昌，將許昌攻克。

代王拓跋什翼犍率軍襲擊敕勒人，將敕勒人打敗，俘獲了一萬多人口，劫掠的馬、牛、羊有一百多萬頭。東晉任命擔任征虜將軍的桓沖為江州刺史。十一月，姚襄的故將張駿殺死了擔任江州督護的趙毗，率領自己的部眾叛變，向北逃走，江州刺史桓沖率軍討伐，將張駿斬首。

二年（甲子　西元三六四年）

春季，正月初六日丙辰，燕國實行大赦。

二月，燕國太傅慕容評、龍驤將軍李洪率軍攻取黃河以南地區。

三月初一日庚戌，東晉進行大規模的戶口普查，不論是江南的本地人還是那些從北方流亡到江南的僑民，一律把戶口落實在現在所居住的郡縣，並在此地納稅服役，要求嚴格執行這項規定，人們稱這項規定為「庚戌制」。

東晉皇帝司馬丕特別相信那些方士的話，不吃五穀，專門吃藥，以求長生不老。擔任侍中的高崧勸諫司馬丕說：「擁有萬乘兵車的皇帝不應該做這種事情。陛下如此行為，就像日蝕、月蝕一樣，出現了汙點，全國的人都會知道。」司馬丕不聽高崧的勸告。三月二十二日辛未，哀帝司馬丕因為服用的長生不老藥毒性發作，不能親自處理朝政，皇太后褚氏再次臨朝攝政。

夏季，四月二十五日甲辰，燕國龍驤將軍李洪率領燕軍攻打東晉的許昌、汝南，在懸瓠打敗了東晉的軍隊。東晉潁川太守李福戰死，汝南太守朱斌丟棄了汝南逃往壽春，陳郡太守朱輔撤退到彭城據守。大司馬桓溫派遣西中郎將袁真等率軍抵禦燕軍的進攻，桓溫親自率領水軍屯駐在合肥。燕軍攻佔了東晉的許昌、汝南、陳郡之後，把一萬多戶居民強行遷往幽州、冀州，同時派鎮南將軍慕容塵率軍鎮守許昌。

五月二十日戊辰，東晉任命擔任揚州刺史的王述為尚書令。加授大司馬桓溫為揚州牧、錄尚書事。二十四日壬申，朝廷派侍中召請桓溫入朝主持朝政。桓溫推辭，沒有前往。

擔任尚書令的王述每次接受職務任命，從來不虛情假意地進行辭讓，如果是他推辭的職務，他就絕對不會接受。等到朝廷任命他為尚書令時，他的兒子王坦之對他說：「按照以往的慣例，都應該表示一回辭讓。」王述說：「難道你認為我勝任不了此項工作嗎？」王坦之說：「不是這個意思，只是覺得能夠表示謙讓總是一件美事。」王述說：「既然認為我能夠勝任，何必還要謙讓？人們都說你的才能勝過我，我看還比不上我呢。」

六月，秦王苻堅派遣大鴻臚前往涼州任命張天錫為大將軍、涼州牧、西平公。

秋季，七月二十日丁卯，東晉朝廷再次徵召大司馬桓溫入朝主持朝政。八月，桓溫奉召東下，已經到達春穀縣的赭圻，朝廷又下詔讓擔任尚書郎的車灌制止桓溫入朝，桓溫遂在赭圻築城暫住，他堅決拒絕入朝擔任錄尚書事的職務，只遙領揚州牧。

秦國的汝南公苻騰謀反，被殺。苻騰，是故秦主苻生的弟弟。當時，苻生的弟弟還有晉公苻柳、淮南公苻幼、魏公苻廋、燕公苻武以及苻騰五個人。王猛對秦王苻堅說：「不除掉苻柳、苻幼等五個公爵，最終必定會給國家帶來禍患。」苻堅沒有聽從王猛的意見。

燕國擔任侍中的慕輿龍前往舊都龍城，把龍城的宗廟以及留守龍城的文武百官全部遷往鄴城。○燕國太宰慕容恪準備率軍攻取東晉據守的洛陽，他先派人去洛陽一帶招募士民，洛陽附近各個民間自衛塢堡的武裝居民全都歸附了燕國，然後才派擔任司馬的悅希率軍駐紮於盟津，派擔任豫州刺史的孫興率軍駐紮於成皋。

當初，東晉大臣沈充的兒子沈勁，因為自己的父親跟隨王敦謀反而被殺，所以立志要為國家建立功勳以洗刷父親帶給家族的恥辱。當時沈勁已經三十多歲了，因為是叛臣的家屬，所以不能進入仕途。擔任吳興太守的王胡之升任司州刺史，他上疏給朝廷，極力稱讚沈勁的才能和品德，請求朝廷解除對沈勁的政治禁錮，允許沈勁參與自己刺史府的事務。朝廷批准了王胡之的請求。不巧的是此時王胡之忽然患病，沒能前往司州赴任。等到燕國軍隊逼近洛陽，只剩擔任冠軍將軍的陳祐守衛洛陽，而陳祐屬下的部眾不過是不足二千人的老弱病殘。沈勁於是給朝廷上疏自薦，請求隸屬陳祐，為國效力，朝廷於是下詔，任命沈勁為冠軍將軍陳祐屬下的長史，讓他自己招募人馬，沈勁招募了一千多人之後，便率領著向洛陽進發。沈勁多次以很少的兵力襲擊人數眾多的燕軍，而且每次都取得了勝利。然而洛陽城中已經是糧食吃盡、外援斷絕，陳祐估計自己守不住洛陽，就以救援許昌為名，九月，他留下沈勁率領五百人守衛洛陽，自己則率軍東下。沈勁興奮地說：「我立志要為國捐軀，現在我可以如願以償了！」陳祐聽到許昌已經陷落的消息，就投奔了新城。燕國悅希率領燕軍攻取東晉河南郡所屬的各城，全部攻克。

秦王苻堅下令各公爵府都要設置三卿，連同其他官職，都由公爵自行遴選、任命，只有郎中令一個職務由朝廷委任。富商趙掇等所乘坐的車馬、身上的服飾，其豪華奢侈程度都超越了國家的等級規定，各公爵都爭相任用這些富商作為自己的僚屬。擔任黃門侍郎的安定人程憲把這一情況向苻堅說了，請求苻堅對趙掇等人予以懲治，苻堅於是下詔說：「我的本意是希望諸位公爵能夠藉此機會延聘、選拔那些有才學的儒生到自己身邊，不料諸公所任用的人員竟然如此的低俗而雜亂！現在就令有關部門進行追究、審查，凡是選拔、任用了不合格的人，一律從公爵降為侯爵，從今以後，諸公國的所有屬官一律由朝廷的吏部負責進行選拔和委任。除了接受朝廷任命的官員與有身分的人，一律不准乘車騎馬，距離京師方圓一百里以內，凡是從事手工業者、商人與奴隸，都不准佩戴金銀飾物，不准穿綢緞衣服，違反者一律斬首示眾。」按照這一規定，平陽、平昌、九江、陳留、安樂五位公爵都被降為侯爵。

三年（乙丑　西元三六五年）

春季，正月十六日庚申，東晉司馬丕的皇后王氏去世。

匈奴部落酋長劉衛辰又背叛了代國，代王拓跋什翼犍率軍從東向西渡過黃河，將劉衛辰打跑。

代王拓跋什翼犍性情寬和仁厚，擔任郎中令的許謙偷盜了二匹絹，代王什翼犍知道此事後，就替他隱瞞下來，什翼犍對擔任左長史的燕鳳說：「我不忍心看許謙的臉，你千萬不要洩露。如果許謙因為慚愧而自殺，豈不等於我為了一點財物而殺死了一位士人。」什翼犍曾經親自率軍討伐西部的叛逆者，被流矢射中了眼睛。後來他抓獲了那個射他的人，群臣全都想將那人一點一點地割為碎塊，什翼犍說：「他也是為了自己的主人而戰鬥，何罪之有！」竟將那個人釋放。

東晉大司馬桓溫將鎮所從赭圻遷往姑孰。二月二十一日乙未，桓溫任用自己的弟弟、擔任右將軍的桓豁擔任荊州、揚州之義成、雍州之京兆諸軍事，同時兼任荊州刺史，加授擔任江州刺史的桓沖為江州之西陽、譙郡，荊州之江夏、隨郡，豫州之汝南、西陽、新蔡、潁川總計八郡諸軍事，桓豁、桓沖都為假節。

東晉擔任司徒的會稽王司馬昱聽到陳祐放棄了洛陽的消息，遂前往洌洲會見大司馬桓溫，與桓溫一同商議討伐燕國之事。二月二十二日丙申，東晉哀帝司馬丕在建康宮太極殿的西堂駕崩，討伐燕國之事便被擱置下來。○晉哀帝司馬丕沒有子嗣，二十三日丁酉，皇太后褚氏下詔，令琅邪王司馬奕承繼大統，滿朝文武百官遂前往琅邪王府邸奉迎司馬奕，當天，司馬奕即皇帝位，實行大赦。

秦國實行大赦，改年號為建元。

燕國太宰慕容恪、吳王慕容垂率軍進攻洛陽。慕容恪對諸將說：「你們過去總是擔心我不向敵人發動猛烈進攻，如今洛陽城牆雖然高大，而守衛洛陽的軍隊力量卻很薄弱，很容易攻克，因此不許畏敵不前，心生怯懦與怠惰。」遂下令攻城。三月，燕軍攻克了洛陽，活捉了東晉守將揚武將軍沈勁。沈勁雖然被俘，卻神態自若，慕容恪準備赦免他。擔任中軍將軍的慕輿虔說：「沈勁雖然是一個難得的奇才，然而觀察他的志向和氣度，絕對不會為我國所用。現在赦免了他，以後必然成為我們的禍患。」慕容恪於是下令殺死了沈勁。

燕國慕容恪大軍已經推進到了崤山、澠池，關中大為震動，秦王苻堅親自率軍屯紮在陝城以防備燕軍。

燕國朝廷任命擔任左中郎將的慕容筑為洛州刺史，鎮所設在金墉城；任命吳王慕容垂為都督荊・揚・洛・徐・兗・豫・雍・益・涼・秦十州諸軍事、征南大將軍、荊州牧，配備一萬人軍隊，鎮守魯陽。

燕國太宰慕容恪返回京師鄴城，他對僚屬說：「我從前打敗段龕、攻克廣固的時候，沒能救活辟閭蔚，如今平定洛陽，又使沈勁被殺。雖然都不是出自我的本意，然而我身為元帥，實在有愧於天下。」東晉朝廷為表彰沈勁對國家的忠誠，追贈沈勁為東陽太守。

司馬光說：「沈勁可以算得上是一個好兒子了！他對自己父親參與叛亂的罪行深感恥辱，就用效忠而死來洗刷這種恥辱，把兇惡叛逆的家族改成了忠義之門。《易經・蠱卦》上說：『能改變父親留下的壞名聲，因此受到稱讚。』《尚書・蔡仲之命》說：『善於為前人掩蓋過失，只有用忠和孝。』所說的就是沈勁這類的事情嗎？」

燕國太宰慕容恪擔任大軍統帥，不講究威嚴，專門使用恩德和誠信，撫恤士卒時講究抓主要問題，不制定酷苛、繁瑣的法令，使每個人在軍中都感到很隨意、很踏實。平時軍營之中，軍紀很寬鬆，好像很容易被擊敗。然而警戒非常嚴密，敵人根本無法接近，所以從來沒有失敗過。

三月二十九日壬申，東晉將晉哀帝司馬丕以及靜皇后安葬於安平陵。

夏季，四月初九日壬午，燕國擔任太尉的武平匡公封奕去世。燕國又任命擔任司空的陽鶩為太尉，接替已故的封奕，任命擔任侍中、光祿大夫的皇甫真為司空，兼任中書監。陽鶩一連侍奉燕國的慕容廆、慕容皝、慕容儁、慕容暐四代君主，年過六旬，德高望重，上至太宰慕容恪，下及朝中的諸位官員都向他行跪拜禮。而陽鶩在為人謙虛恭敬、處事謹慎厚道方面，更超過了自己年少的時候。他管教、約束自己的子孫，即使子孫中已經有不少人官高爵顯，也沒有人敢違犯他的家法。

六月十六日戊子，東晉擔任益州刺史的建城襄公周撫去世。周撫在益州任職三十多年，在益州很有威望，益州人得到周撫不少的恩惠。東晉皇帝司馬奕下詔任命周撫的兒子、擔任犍為太守的周楚接替周撫為益州刺史。

秋季，七月初七日己酉，東晉皇帝司馬奕改封會稽王司馬昱復為琅邪王。〇初十日壬子，東晉皇帝司馬奕封王妃庾氏為皇后。庾皇后，是庾冰的女兒。

八月十三日甲申，東晉皇帝司馬奕封琅邪王司馬昱的兒子司馬昌明為會稽王。司馬昱堅決辭讓，還是自稱會稽王。

匈奴右賢王曹轂、左賢王劉衛辰全都背叛了秦國。曹轂率領二萬部眾劫掠杏城，秦王苻堅親自率軍討伐曹轂，他派擔任衛大將軍的李威、擔任左僕射的王猛輔佐太子苻宏留守京都長安。八月，秦王苻堅率領大軍進攻匈奴右賢王曹轂，將曹轂打敗，斬殺了曹轂的弟弟曹活，曹轂向秦王苻堅請求投降，秦王苻堅將曹轂部落中的豪族以及有影響力的人物一共六千多戶強制遷徙到長安。秦國建節將軍鄧羌率軍討伐匈奴左賢王劉衛辰，在木根山將劉衛辰活捉。

九月，秦王苻堅前往朔方，巡視、安撫那裡的胡人。〇冬季，十月，秦國擔任征北將軍、爵位為淮南公的苻幼率領杏城的軍隊乘虛襲擊京師長安，被李威擊敗、斬殺。

鮮卑部落酋長禿髮椎斤去世，享年一百一十歲，禿髮椎斤的兒子思復鞬代替他統領部眾。禿髮椎斤，是鮮卑另一部落首領禿髮樹機能的堂弟務丸的孫子。

東晉梁州刺史司馬勳施政殘酷暴虐，在他屬下擔任治中、別駕的高級僚佐以及梁州的豪族大戶，言談話語之間只要稍微不合他的心意，就立即令人從座位上拉出去斬首，有時甚至親自用箭將其射死。他還常有割據蜀地、獨立稱王的野心，只是因為懼怕擔任益州刺史的周撫，才沒敢採取行動。等到周撫一死，司馬勳遂起兵謀反。擔任別駕的雍端、擔任西戎司馬的隗粹言辭懇切地勸諫他，他就把他們全都殺死，自稱梁、益二州牧、成都王。十一月，司馬勳率領軍隊進入劍閣，攻取涪城，擔任西夷校尉的毌丘暐棄城逃走。十五日乙卯，司馬勳率軍將新任益州刺史的周楚圍困在成都城中。東晉大司馬桓溫上表舉薦擔任鷹揚將軍、江夏相的義陽郡人朱序為征討都護，率軍救援成都。

秦王苻堅返回長安，任命李威代理太尉之職，加授侍中。封曹轂為雁門公，封劉衛辰為夏陽公，依舊讓他們統領自己的部落。

十二月二十九日戊戌，東晉朝廷任命擔任尚書的王彪之為尚書僕射。

海西公❶上

太和元年（丙寅　西元三六六年）

春，三月，荊州刺史桓豁使督護桓羆攻南鄭❷，討司馬勳。

燕太宰・大司馬恪、太傅・司徒評稽首歸政，上章綬❸，請歸第，燕主暐不許。

夏，五月戊寅❹，皇后庾氏崩。◯朱序、周楚擊司馬勳，破之，擒勳及其黨，送大司馬溫。溫皆斬之，傳首建康。

代王什翼犍遣左長史燕鳳入貢于秦。

秋，七月癸酉❺，葬孝皇后❻于敬平陵。

秦輔國將軍王猛、前將軍楊安、揚武將軍姚萇❼等帥眾二萬寇荊州，攻南鄉郡❽，荊州刺史桓豁救之。八月，軍于新野❾。秦兵掠安陽❿民萬餘戶而還。

九月甲午⓫，曲赦⓬梁、益二州。

冬，十月，加司徒昱丞相、錄尚書事⓭，入朝不趨，讚拜不名，劍履上殿。

張天錫遣使至秦境上，告絕於秦。

燕撫軍將軍下邳王厲⓮寇兗州，拔魯、高平⓯數郡，置守宰而還。

初，隴西⓰李儼以郡降秦，既而復通於張天錫。十二月，羌斂岐⓱以略陽⓲四千家叛秦，稱臣於儼，儼於是拜置牧守，與秦、涼絕。

南陽督護趙億據宛城⓳降燕，太守桓澹走保新野。燕人遣南中郎將趙盤自魯陽戍宛。

徐、兗二州刺史庾希⓴以后族故，兄弟貴顯㉑，大司馬溫忌之。

二年（丁卯　西元三六七年）

春，正月，庾希坐不能救魯、高平，免官。

二月，燕撫軍將軍下邳王厲、鎮北將軍宜都王桓襲敕勒㉒。

秦輔國將軍王猛、隴西太守姜衡、南安太守南安邵羌、揚武將軍姚萇等帥眾萬七千討斂岐。三月，張天錫遣前將軍楊遹向金城㉓，征東將軍常據向左南㉔，游擊將軍張統向白土㉕，天錫自將三萬人屯倉松㉖，以討李儼。斂岐部落先屬姚弋仲，聞姚萇至，皆降，王猛遂克略陽，斂岐奔白馬㉗。秦王堅以萇為隴東㉘太守。

夏，四月，燕慕容塵寇竟陵㉙，太守羅崇擊破之。

張天錫攻李儼大夏、武始㉚二郡，下之。常據敗儼兵于葵谷㉛，天錫進屯左南。儼懼，退守枹罕㉜，遣其兄子純謝罪於秦，且請救。秦王堅使前將軍楊安、建威將軍王撫帥騎二萬會王猛以救儼。

猛遣邵羌追斂岐，王撫守侯和㉝，姜衡守白石㉞，猛與楊安救枹罕。天錫遣楊遹逆戰于枹罕東，猛大破之，俘斬萬七千級，與天錫相持於城下。邵羌禽斂岐於白馬，送之。猛遺天錫書曰：「吾受詔救儼，不令與涼州戰。今當深壁高壘，以聽後詔。曠日持久，恐二家㉟俱弊，非良算也。若將軍退舍㊱，吾執儼而東，將軍徙民西旋㊲，不亦可乎？」天錫謂諸將曰：「猛書如此，吾本來伐叛，不來與秦戰。」遂引兵歸。

李儼猶未納秦師㊳，王猛白服乘輿㊴，從者數十人，請與儼相見。儼開門延㊵

之，未及為備，將士繼入，遂執儼。以立忠將軍彭越為平西將軍、涼州刺史，鎮枹罕。

張天錫之西歸也，李儼將賀肫說儼曰：「以明公神武，將士驍悍，柰何束手於人？王猛孤軍遠來，士卒疲弊；且以我請救，必不設備。若乘其怠而擊之，可以得志。」儼曰：「求救於人以免難，難既免而擊之，天下其謂我何？不若固守以老之㊶，彼將自退。」猛責儼以不即出迎，儼以賀肫之謀告，猛斬肫，以儼歸。至長安，堅以儼為光祿勳，賜爵歸安侯。

燕太原桓王恪言於燕主暐曰：「吳王垂，將相之才十倍於臣，先帝以長幼之次，故臣得先之㊷。臣死之後，願陛下舉國以聽吳王。」五月壬辰㊸，恪疾篤，暐親視之，問以後事。恪曰：「臣聞報恩莫大於薦賢，賢者雖在板築㊹，猶可為相，況至親㊺乎！吳王文武兼資㊻，管、蕭之亞㊼，陛下若任以大政，國家可安。不然，秦、晉必有窺窬㊽之計。」言終而卒。

秦王堅聞恪卒，陰有圖燕之計。欲覘其可否，命匈奴曹轂發使如燕朝貢，以西戎主簿㊾馮翊[1]郭辯為之副。燕司空皇甫真㊿兄腆及從子奮、覆皆仕秦，腆為散騎常侍。辯至燕，歷造(51)公卿，謂真曰：「僕本秦人，家為秦所誅，故寄命曹王(52)，貴兄常侍及奮、覆兄弟並相知有素[53]。」真怒曰：「臣無境外之交，此言何以及我？君似奸人[54]，得無因緣假託乎[55]？」白暐，請窮治[56]之。太傅評不許。辯還，為堅言：「燕朝政無綱紀，實可圖也。鑒機識變[57]，唯皇甫真耳。」堅曰：「以六州[58]之眾，豈得不使有智士一人哉！」

曹轂尋卒，秦分其部落為二，使其二子分統之，號東、西曹[59]。

荊州刺史桓豁、竟陵太守羅崇攻宛，拔之。趙億走，趙盤退歸魯陽。豁追擊盤於雉城[60]，擒之，留兵戍宛而還。

秋，七月，燕下邳王厲等破敕勒，獲馬牛數萬頭。

初，厲兵過代地，犯其穄田[61]，代王什翼犍怒。燕平北將軍武強公埿以幽州兵戍雲中[62]。八月，什翼犍攻雲中，埿棄城走，振威將軍慕輿賀辛戰沒[63]。

九月，以會稽內史郗愔[64]為都督徐．兗．青．幽．揚州之晉陵諸軍事、徐．兗二州刺史，鎮京口[65]。

秦淮南公幼之反也，征東大將軍、并州牧、晉公柳，征西大將軍、秦州刺史趙公雙，皆與之通謀。秦王堅以雙，母弟[66]至親，柳，健之愛子，隱而不問。柳、雙復與鎮東將軍．洛州刺史魏公廋[67]、安西將軍．雍州刺史燕公武謀作亂。鎮東主簿南安姚眺諫曰：「明公以周、邵之親[68]，受方面之任[69]，國家有難，當竭力除之，況自為難[70]乎！」廋不聽。堅聞之，徵[71]柳等詣長安。冬，十月，柳據蒲阪[72]，雙據上邽[73]，廋據陝城[74]，武據安定[75]，皆舉兵反。堅遣使諭之曰：「吾待卿等恩亦至[76]矣，何苦而反？今止不徵[77]，卿宜罷兵，各定其位，一切如故。」各齧梨[78]以為信，皆不從。

代王什翼犍擊劉衛辰，河冰未合，什翼犍命以葦絙[79]約流澌[80]。俄而冰合[81]，然猶未堅。乃散葦於其上，冰草相結，有如浮梁[82]，代兵乘之以渡。衛辰不意兵猝至，與宗族西走。什翼犍收其部落什六七[83]而還。衛辰奔秦，秦王堅送衛辰還朔方，遣兵戍之[84]。

十二月甲子[85]，燕太尉建寧敬公陽騖卒。以司空皇甫真為侍中、太尉，光祿大夫李洪為司空。

三年（戊辰　西元三六八年）

春，正月，秦王堅遣後將軍楊成世、左將軍毛嵩分討上邽、安定，輔國將軍王猛、建節將軍鄧羌攻蒲阪，前將軍楊安、廣武將軍張蚝攻陝城。堅命蒲、陝之軍皆距城三十里，堅壁勿戰，俟秦、雍已平[86]，然後并力取之。

初，燕太宰恪有疾，以燕主暐幼弱，政不在己[87]，太傅評多猜忌，恐大司馬之任不當其人[88]，謂暐兄樂安王臧[89]曰：「今南有遺晉，西有彊秦，二國常蓄進取之志，顧[90]我未有隙耳。夫國之興衰，繫於輔相。大司馬總統六軍，不可任非其人。我死之後，以親疏言之，當在汝及沖[91]。汝曹雖才識明敏，然年少，未堪多難[92]。吳王天資英傑，智略超世。汝曹若能推大司馬以授之，必能混壹四海[93]，況外寇，不足憚[94]也。慎無冒利而忘害[95]，不以國家為意也。」又以語太傅評。及恪卒，評不能[2]用其言。二月，以車騎將軍中山王沖為大司馬。沖，暐之弟也。以荊州刺史吳王垂為侍中、車騎大將軍、儀同三司。

秦魏公廋以陝城降燕，請兵應接[96]。秦人大懼，盛兵守華陰[97]。

燕魏尹范陽王德[98]上疏，以為：「先帝應天受命[99]，志平六合[100]。陛下纂統[101]，當繼而成之[102]。今苻氏骨肉乖離[103]，國分為五[104]，投誠請援[105]，前後相尋[106]，是天以秦賜燕也。天與不取，反受其殃[107]，吳、越之事[108]，足以觀矣。宜命皇甫真引并、冀之眾徑趨蒲阪，吳王垂引許、洛之兵馳解廋圍，太傅總京師虎旅為二軍後繼，傳檄三輔[109]，示以禍福[110]，明立購賞[111]，彼必望風響應，渾壹之期[112]，於此乎在矣！」時燕人多請救陝，因[113]圖關中者。太傅評曰：「秦，大國也，今雖有難，未易可圖。朝廷[114]雖明，未如先帝[115]，吾等智略，又非太宰[116]之比，但能閉關保境足矣，平秦非吾事也。」

魏公庾遺吳王垂及皇甫真牋曰：「苻堅、王猛，皆人傑也，謀為燕患久矣。今不乘機取之，恐異日燕之君臣將有甬東之悔[117]矣！」垂謂真曰：「方今為人患者必在於秦，主上富於春秋[118]，觀太傅識度[119]，豈能敵苻堅、王猛乎！」真曰：「然，吾雖知之，如言不用何[120]？」

三月丁巳朔[121]，日有食之。○癸亥[122]，大赦。

秦楊成世為趙公雙將苟興所敗，毛嵩亦為燕公武所敗，奔還。秦王堅復遣武衛將軍王鑒、寧朔將軍呂光、將軍馮翊郭將、翟傉等帥眾三萬討之。夏，四月，雙、武乘勝至于榆眉[123]，以苟興為前鋒。王鑒欲速戰，呂光曰：「興新得志，氣勢方銳，宜持重[124]以待之。彼糧盡必退，退而擊之，蔑不濟[125]矣。」二旬而興退。光曰：「興可擊矣。」遂追之，興敗，因擊雙、武，大破之，斬獲萬五千級。武棄安定，與雙皆奔上邽，鑒等進攻之。

晉公柳數出挑戰，王猛不應，柳以猛為畏之。五月，留其世子良守蒲阪，帥眾二萬西趨長安。去蒲阪百餘里，鄧羌帥精騎七千夜襲，敗之。柳引軍還，猛邀擊之，盡俘其眾。柳與數百騎入城，猛、羌進攻之。

秋，七月，王鑒等拔上邽，斬雙、武，宥其妻子。以左衛將軍苻雅為秦州刺史。八月，以長樂公丕[126]為雍州刺史。

九月，王猛等拔蒲阪，斬晉公柳及其妻子。猛屯蒲阪，遣鄧羌與王鑒等會攻陝城。

燕王公貴戚多占民為蔭戶[127]，國之戶口，少於私家，倉庫空竭，用度[128]不足。尚書左僕射廣信公悅綰曰：「今三方鼎峙[129]，各有吞併之心。而國家政法不立，豪貴恣橫[130]，至使民戶殫盡[131]，委輸無入[132]，吏斷常俸[133]，戰士絕廩[134]，官貸粟帛以自贍給[135]。既不可聞於鄰敵，且非所以為治[136]。宜一切罷斷諸蔭戶，盡還郡縣。」燕王暐從之，使綰專治其事，糾擿姦伏[137]，無敢蔽匿，出戶[138]二十餘萬，舉朝怨怒。綰先有疾，自力釐校戶籍[139]，疾遂亟。冬，十一月，卒。

十二月，秦王猛等拔陝城，獲魏公庾，送長安。秦王堅問其所以反，對曰：「臣本無反心，但以弟兄屢謀逆亂，臣懼并死，故謀反耳。」堅泣曰：「汝素長者，固知非汝心也；且高祖[140]不可以無後。」乃賜庾死，原[141]其七子。以長子襲魏公，餘子皆封縣公，以嗣越厲王[142]及諸弟之無後者。苟太后曰：「庾與雙俱反，雙獨不得置後，何也？」堅曰：「天下者，高祖之天下，高祖之子不可以無後。至於仲羣[143]，不顧太后，謀危宗廟[144]，天下之法，不可私也！」以范陽公抑為征東大將軍、并州刺史，鎮蒲阪；鄧羌為建武將軍、洛州刺史，鎮陝城。擢姚眺為汲郡[145]太守。

加大司馬溫殊禮，位在諸侯王上。

是歲，以仇池公楊世為秦州刺史，世弟統為武都太守。世亦稱臣於秦，秦以世為南秦州[146]刺史。

【章　旨】以上為第三段，寫海西公太和元年（西元三六六年）至太和三年共三年間的大事。主要寫了晉將朱序、周楚討司馬勳，司馬勳被破殺；寫了秦將王猛、楊安、姚萇等寇晉之荊州，攻南鄉郡，擄萬餘戶而還。燕軍寇晉之兗州，拔魯、高平數郡，置守宰而還；寫了隴西人李儼先依秦，後依涼，又據隴西自立，羌人斂岐原依秦，又叛秦依李儼。秦將王猛、姜衡、姚萇等率兵討李儼，李儼部下多降姚萇，李儼退守枹罕。涼州張天錫亦出兵討李儼，取李儼之大夏、武始二郡，與秦軍相持於枹罕城下。王猛致書張天錫，說明秦兵只為討叛，不與涼軍交戰。張天錫遂退兵西歸，王猛亦襲劫李儼而東歸；寫了燕之大司馬慕容恪病篤，向燕主慕容暐極力推薦慕容垂之才，以為他「文武兼資，管、蕭之亞」，若委政於他，則國家可安。又分別囑咐慕容暐之兄慕容臧、其弟慕容沖，以及太傅慕容評等，結果慕容評不聽，乃以慕容沖為大司馬，執掌朝政。時秦國內亂，慕容德以為應乘機伐秦。慕容評胸無大志，只想維持現狀；寫了苻堅之堂兄弟苻柳、苻廋、苻武，以及苻堅之胞弟苻雙同時起兵作亂，苻堅派王猛、鄧羌、楊安、楊成世、毛嵩等分別討之。最後苻雙、苻武被呂光、王鑒所破殺，苻柳被王猛所破殺，苻廋被王猛、鄧羌等所擒，大亂全部平定。此外還寫了代王什翼犍的種種英明舉動，以及其勢力日益強大等等。

【注釋】❶海西公　司馬奕，字延齡，成帝次子，哀帝的同母弟。成帝咸康八年，封東海王。穆帝升平五年，改封琅邪王。西元三六五至三七一年在位。被桓溫廢為海西公。事詳《晉書》卷八〈海西公紀〉。❷南鄭　縣名，縣治在今陝西漢中東，當時為漢中郡的郡治與梁州的州治所在地。❸上章綬　把官印與綬帶交還朝廷。章，印章。綬，用來繫印的絲帶。古代常用不同顏色的綬帶，標誌官位的等級不同。❹五月戊寅　五月十二。❺七月癸酉　七月初八。❻孝皇后　即庾皇后，孝字是謚。❼姚萇　姚弋仲之子，姚襄之弟，羌族的頭領，此時依附苻氏。❽南鄉郡　郡名，郡治在今河南淅川縣西南的舊淅川城東南。❾新野　縣名，在今河南南陽南。❿安陽　此語疑誤，胡三省以為應作「漢陽」，漢水之北，即今河南之南陽、新野一帶地區。⓫九月甲午　九月二十九。⓬曲赦　因特殊情況而赦免。意即因司馬勳謀反被平定，特赦其黨羽與脅從者。⓭錄尚書事　總理尚書省的事務，即任尚書令。錄，總管。⓮下邳王厲　慕容厲，被封下邳王。⓯魯高平　二郡名，魯郡的郡治即今山東曲阜，高平郡的郡治在今山東金鄉西北。⓰隴西　郡名，郡治在今甘肅隴西縣東南。⓱羌斂岐　羌族的首領名叫「斂岐」。⓲略陽　郡名，郡治在今甘肅天水市。⓳宛城　即今河南南陽，當時為南陽郡的郡治所在地。⓴庾希　庾冰之子，其妹曾為今皇帝之皇后。㉑兄弟貴顯　庾希之弟有庾襲、庾友、庾蘊、庾倩、庾邈、庾柔等人。庾倩最有才器，最被桓溫所深忌。㉒敕勒　當時活動在今蒙古國境內的少數民族名。㉓金城　古城名，在今甘肅蘭州西北，當時為金城郡的郡治所在地。㉔左南　縣名，上屬晉興郡。晉興郡的郡治在今青海民和西北。㉕白土　縣名，縣治在今青海循化北的黃河北岸。㉖倉松　縣名，縣治在今甘肅武威東，十六國後涼改名昌松縣。㉗白馬　古城名，當時白馬氐族居住的地區，在當時的武都郡（郡治下辨，在今甘肅成縣西）境內。舊甘肅武都縣東二百四十里有白馬關。㉘隴東　郡名，郡治在今甘肅平涼西北。㉙竟陵　郡名，郡治即今湖北鍾祥。㉚大夏武始　二郡名，十六國前涼張駿十八年，分武始、興晉、廣武置大夏郡，治所大夏縣，在今甘肅廣河縣西北。武始郡的郡治狄道，即今甘肅臨洮。㉛葵谷　地名，在今甘肅永靖境內。㉜枹罕　縣名，在今甘肅臨夏東北。㉝侯和　縣名，據吳熙《資治通鑑地理今釋》：「侯和在甘肅鞏昌府岷州西北。」清岷州即今甘肅岷縣。㉞白石　縣名，縣治即今甘肅臨夏。㉟二家　指秦、涼雙方。㊱退舍　退兵。㊲西旋　西歸；回師向西。㊳未納秦師　不准秦兵進入自己的營盤。㊴白服乘輿　身穿便衣，乘著和平時期的轎車。白服，白衣，古未仕者穿白衣。輿，平時乘坐的車子，以區別戰車而言。王猛白服乘輿，表示以私人身分相見。㊵延　引；迎接。㊶固守以老之　堅守城池，使圍城之敵陷於疲憊。㊷先之　領先享有了更高的職務與爵位，位次在他之前。㊸五月壬辰　此語有誤，五月朔壬戌，無壬辰日。「壬辰」應是六月初二。㊹板築　築牆用的工具。板，夾板。築，杵。築牆時，以兩板夾土，用杵夯實，使之堅固。相傳殷高宗武丁曾舉傅說於板築之間，使之為相，見《孟子・告子下》。後因以「板築」指隱遁之士或地位低微的人。㊺至親　慕容垂是慕容儁的弟弟，慕容暐的叔父。㊻兼資　兼備；雙全。㊼管蕭之亞　是管仲、蕭何一流的人物。㊽窺窬　窺視；伺隙而動。意即打我們的主意。㊾西戎主簿　西戎校尉的副手，是管理西戎少數民族事務的長官。㊿皇甫真　本安定郡（今甘肅涇川縣北）人，仕於燕。(51)歷造　逐個拜訪。(52)寄命曹王　寄託在曹轂手下。寄命，使生命有所寄託，這裡即「依附」的意思。(53)並相知有素　都是相知很久的老朋友。(54)奸人　奸細；密探。(55)得無因緣假託乎　莫非是假裝的使臣麼。因緣，得便而為。假託，假裝。(56)窮治　徹底審問清楚。(57)鑒機識變　善於觀察局勢並迅速做出反應。鑒識，猶明識、明察。機變，隨機應變。(58)六州　指燕國統轄的幽、并、冀、司、兗、豫六州。(59)東西曹　據胡三省注，當時曹轂的部眾集中居住在貳城周圍。苻堅將貳城以西的兩萬餘落，使轂長子璽統領，號西曹；將貳城以東兩萬餘落，使轂次子寅統領，號東曹。(60)雉城　雉縣縣城，在今河南南召東南。(61)穄田　種著穄子的農田。穄，也叫糜子，即黍之不粘者。(62)雲中　郡名，郡治在今內蒙古托克托東北。(63)戰沒　戰死。沒，同「歿」。(64)郗愔　郗鑒之子，郗超之父。(65)京口　即今江蘇鎮江市。(66)母弟　同胞弟。(67)魏公廋　苻廋，苻健之子，苻堅之叔。(68)周邵之親　像周公姬旦、邵公姬奭與周成王那樣的叔叔與姪子的關係。周公姬旦、邵公姬奭都是周武王之弟。邵，也寫作「召」。周公、召公的事跡，見《史記》之〈魯周公世家〉、〈燕召公世家〉。(69)方面之任　鎮守一個地區的軍政長官。方面，謂鎮守一方、獨當一面。(70)自為難　指造反，反對自己的國家政權。(71)徵　調；招之使來。(72)蒲阪　縣名，縣治在今山西永濟西，臨近黃河。(73)上邽　古城名，即今甘肅天水市，當時為秦州的州治所在地。(74)陝城　陝縣縣城，在今河南三門峽市西南。(75)安定　安定郡的郡治所在地，也是前秦所置的雍州的州治所在地，在今甘肅鎮原東南。(76)至　極；到家。(77)今止不徵　我收回調你們進京的命令。(78)齧棃　咬梨。棃，通「梨」。咬梨極易，比喻親人離叛，則國力脆弱，極易為敵人所乘。故苻堅咬梨分送諸王以為憑信。(79)葦絙　用蘆葦擰成的大繩。(80)約流澌　把河水上的浮冰籠結、固定起來。流澌，初結冰時尚未凝聚在一起的冰塊。(81)俄而冰合　很快地冰塊就凝結在一起了。(82)浮梁　浮橋。(83)什六七　十分之六、七。(84)遣兵戍之　派兵駐紮在他們居住的地方，一方面是監督，一方面是保衛。(85)十二月甲子　疑是「十一月甲子」之誤。十一月甲子，即十一月初六。(86)俟秦雍已平　等上邽與安定攻克後。(87)政不在己　大權不在慕容暐手裡。(88)恐大司馬之任不當其人　擔心自己去世後，繼任自己為大司馬的人品質才幹有問題。不當其人，任職的人與其職務不相副。89樂安王臧　慕容臧，慕容儁之子，慕容暐之兄。90顧　關鍵在於。91汝及沖　你與慕容沖。92未堪多難　沒法對付這個多災多難的複雜局面。93混壹四海　統一天下。壹，同「一」。94不足憚　用不著害怕。95冒利而忘害　只顧爭利而忘掉危害，指貪於獲得大司馬的職位。冒利，為利所蔽，為獲利而不顧一切。96應接　接應。97華陰　縣名，縣治在今陝西華陰東南。在陝城之西，有潼關之險，是進入關中的門戶。98魏尹范陽王德　慕容德，被封為范陽王，官任魏尹，即魏郡太守。當時燕國的國都在鄴城，故魏郡太守又是國家都城的行政長官。99應天受命　即順應天命而為帝王。100志平六合　早就有雄心統一天下。六合，上下四方的範圍之內，即全國。101纂統　繼承帝位。102繼而成之　繼續先帝的未竟之功，以完成統一天下的大業。103骨肉乖離　叔姪之間、兄弟之間相互背離，相互爭鬥。104國分為五　苻柳據蒲阪，苻雙據上邽，苻廋據陝城，苻武據安定，苻堅都長安。105投誠請援　投降燕國，請求燕國援助。106前後相尋　一起接一起。相尋，相繼。107天與不取二句　該滅的敵人不滅，日後反而遭受他的禍難。殃，災禍。108吳越之事　春秋末期，吳王夫差在夫椒（今太湖中的西洞庭山）大敗越軍，而吳王夫差沒有及時滅掉越國，後來越王句踐刻苦圖強，乘夫差北上與晉國爭霸中原之際，一舉滅掉了吳國。夫差在滅亡前又向句踐求和。句踐說：「昔天以越賜吳，而吳不受；今天以吳賜越，孤敢不聽天之命而聽君之令乎？」事詳《史記》之〈吳太伯世家〉、〈越王句踐世家〉和《國語》之〈吳語〉、〈越語〉。109三輔　指秦都長安與其周邊的京兆尹、左馮翊、右扶風三郡地區。110示以禍福　給那裡的軍民講明形勢，指出道路。111明立購賞　明確標出殺掉或俘獲什麼人，給什麼樣的賞錢。112渾壹之期　全國一統的日子。113因　順便。114朝廷　隱稱其主慕容暐。115先帝　指慕容儁。116太宰　指慕容恪。117甬東之悔　像當年吳王夫差被越國所滅時所表現的悔恨。句踐敗吳後，想不殺夫差，讓夫差去居於甬東，享受一百戶人家的供奉。夫差說：「孤老矣，不能事君王也。吾悔不用子胥之言，自令陷此。」事見《史記‧吳太伯世家》。甬東，甬縣以東，即今浙江之舟山島。118富於春秋　指年紀輕。119識度　見識與氣度。120如言不用何　意謂我們說話人家不聽，那有什麼辦法呢。如何，奈何。121三月丁巳朔　三月初一是丁巳日。122癸亥　三月初七。123榆眉　縣名，縣治在今陝西千陽東三十里。124持重　穩重，指不輕易出戰。125蔑不濟　沒有不成功，意即一定成功。126長樂公丕　苻堅的長庶子。127蔭戶　躲避在豪族世家門下不向國家交納賦稅的農戶。晉代規定，凡宗室、官員、國賓、先賢之後，皆可按官品等級，佔有一定的農戶，稱作「蔭戶」。蔭戶為貴族私人部曲，不編入國家戶口。128用度　指國家的開支。129三方鼎峙　指燕、晉、秦三方並立。130恣橫　任意橫行。131民戶殫盡　歸於國家的戶口很少。殫盡，淨盡。132委輸無入　沒有人向國家交納租稅、糧食。133吏斷常俸　做官的領不到每月的俸祿。134戰士絕廩　當兵的得不到國家的糧食供應。廩，本指糧倉，這裡用如動詞，意即供應。(135)官貸粟帛以自贍給　甚至連皇帝也得向別人借吃的穿的，以使自己存活。官，國家；皇帝。贍，養；供給。(136)非所以為治　這不是治理國家的辦法。(137)糾擿姦伏　把所有隱祕的壞人壞事都清查了出來。糾擿，清查、揭發。(138)出戶　清查出的黑戶口。(139)自力釐校戶籍　自己努力支撐著清理、核查戶籍。釐校，清理、改正。(140)高祖　苻健的廟號。苻廋為苻健之子。(141)原　赦免。(142)越厲王　即苻生。苻生被推翻後，先被降為越王，後又被殺，謚曰厲。(143)仲羣　苻雙，字仲羣，苻堅的同母弟。(144)謀危宗廟　意即圖謀危害國家。宗廟是帝王祭祀祖先的處所，封建帝王把天下據為一家所有，世代相傳，故以宗廟作為「王室」、「國家」的代稱。(145)汲郡　郡治汲縣，在今河南衛輝南。(146)南秦州　十六國前秦苻堅置，治所武都縣，在今甘肅成縣西北。

【校 記】[1]馮翊　原無此二字。據章鈺校，十二行本、乙十一行本皆有此二字，張瑛《通鑑校勘記》同，今據補。[2]能　原無此字。據章鈺校，十二行本、乙十一行本皆有此字，今據補。

【語 譯】海西公上

太和元年（丙寅　西元三六六年）

春季，三月，東晉擔任荊州刺史的桓豁派遣擔任督護的桓羆率軍攻打南鄭，討伐司馬勳。

燕國太宰．大司馬慕容恪、太傅．司徒慕容評在金殿之上磕頭，將朝政大權歸還給皇帝慕容暐，同時把朝廷頒發的印章與綬帶交還朝廷，請求辭官回歸府第，燕主慕容暐沒有批准他們的請求。

夏季，五月十二日戊寅，東晉皇后庾氏去世。○東晉朱序與周楚一同率軍攻擊叛將司馬勳，將司馬勳所率領的叛軍擊敗，活捉了司馬勳和他的黨羽，然後將他們押送給大司馬桓溫。桓溫把司馬勳以及他的黨羽全部斬首，將首級送到京師建康進行示眾。

代王拓跋什翼犍派擔任左長史的燕鳳為使者前往秦國，向秦國進貢。

秋季，七月初八日癸酉，東晉將孝皇后庾氏安葬於敬平陵。

秦國擔任輔國將軍的王猛、擔任前將軍的楊安、擔任揚武將軍的姚萇等率領著二萬人馬進犯東晉荊州屬下的南鄉郡，東晉荊州刺史桓豁率軍趕往南鄉郡救援。八月，桓豁將軍隊駐紮於新野。秦軍劫掠了漢水北岸的一萬多戶居民後返回秦國境內。

九月二十九日甲午，東晉朝廷發布特赦令，赦免司馬勳叛亂時梁、益二州那些脅從的民眾和司馬勳的黨羽。

冬季，十月，東晉朝廷加授擔任司徒的琅邪王司馬昱為丞相、錄尚書事，入朝時可以不必小步快走，奏報事情、拜見皇帝時不傳報姓名、可以佩戴寶劍、穿著靴子上殿。

張天錫派遣使者到秦國邊境，宣布與秦國斷絕交往。

燕國擔任撫軍將軍的下邳王慕容厲率軍進攻東晉所屬的兗州，攻佔了魯郡、高平等幾個郡，並為那裡委派了郡守、縣令，而後返回。

當初，隴西人李儼獻出隴西郡投降了秦國，不久又與張天錫互通使節。十二月，羌人首領斂岐率領著略陽的四千家羌人背叛了秦國，歸附於李儼，李儼遂在自己的屬地分別選派州牧、郡守，與秦國苻堅、西平公張天錫絕交。

東晉擔任南陽督護的趙億據守宛城投降了燕國，南陽太守桓澹退守新野。燕國派遣擔任南中郎將的趙盤從魯陽前往戍守宛城。

東晉徐州、兗州二州刺史庾希，因為是皇后家族的緣故，兄弟數人都身居要職，地位尊貴，權勢顯赫，大司馬桓溫對庾氏非常嫉恨。

二年（丁卯　西元三六七年）

春季，正月，東晉庾希因為沒有援救魯郡、高平郡，致使二郡落入燕軍之手而遭到指控，被判有罪，免去了官職。

二月，燕國撫軍將軍、下邳王慕容厲，鎮北將軍、宜都王慕容桓率軍襲擊敕勒。

秦國擔任輔國將軍的王猛、擔任隴西太守的姜衡、擔任南安太守的南安人邵羌、擔任揚武將軍的姚萇等率領一萬七千人馬討伐背叛了秦國而歸附於李儼的羌人首領斂岐。三月，張天錫派遣屬下擔任前將軍的楊遹率軍向金城進軍，派遣擔任征東將軍的常據率軍向左南進軍，派遣擔任游擊將軍的張統率軍向白土進軍，張天錫則親自率領三萬人馬屯紮在倉松，攻打據守隴西的李儼。羌人首領斂岐的部落原先歸屬於姚弋仲，現在聽說秦國揚武將軍姚萇率軍前來，於是便全都逃離了斂岐向姚萇投降，秦國輔國將軍王猛於是佔領了略陽，羌人首領斂岐逃往武都的白馬。秦王苻堅任命姚萇為隴東太守。

夏季，四月，燕國鎮南將軍慕容塵率軍攻掠東晉所屬的竟陵，竟陵太守羅崇擊敗了慕容塵。

張天錫率軍攻擊李儼所佔有的大夏、武始二郡，將二郡全部攻克。征東將軍常據又在葵谷打敗了李儼的軍隊，張天錫率軍乘勝進駐左南。李儼非常恐懼，便率軍撤退到枹罕據守，同時派自己的姪子李純前往秦國，向秦國謝罪，並請求出兵援助。秦王苻堅遂派遣擔任前將軍的楊安、擔任建威將軍的王撫率領二萬名騎兵，會合王猛，救援李儼。

秦國輔國將軍王猛派南安太守邵羌率軍追趕斂岐，派建威將軍王撫守衛侯和，派隴西太守姜衡守衛白石，王猛與前將軍楊安率軍救援困守枹罕的李儼。張天錫派前將軍楊遹前往枹罕城東迎戰秦軍，被王猛軍打敗，王猛軍俘獲、斬殺了張天錫的一萬七千人，之後與張天錫在枹罕城下進行對峙。被王猛派去追趕斂岐的邵羌在白馬將斂岐擒獲，送往王猛大營。王猛寫信給張天錫說：「我接受了秦王苻堅的詔命，前來解救李儼。秦王並沒有讓我們與涼州交戰，現在我們要深挖戰壕，高築圍牆，等候秦王的下一道詔令。在此曠日持久的相持，恐怕秦、涼雙方都會筋疲力盡，不是好辦法。如果將軍肯率軍退後，我就帶著李儼返回東方，將軍可以把這裡的居民遷往西方，豈不兩全其美？」張天錫對屬下諸將說：「王猛的書信如此，我的本意也是為了討伐叛逆的李儼，而不是來與秦國交戰。」於是率軍而回。

李儼還是不准秦軍進入自己的營盤，秦國輔國將軍王猛於是換上便裝，坐上和平時期才乘坐的車子，後面跟隨著幾十個隨從，到枹罕城門請與李儼相見。李儼打開城門迎接王猛進城，卻沒有來得及做好防範，秦軍將士遂趁機衝入，活捉了李儼。王猛任命擔任立忠將軍的彭越為平西將軍、涼州刺史，鎮守枹罕。

在張天錫撤軍西歸的時候，李儼的部將賀肫對李儼說：「憑藉明公的神明勇武，將士的驍勇精悍，為什麼要等著別人來捆住自己的雙手？王猛率領一支孤軍遠道而來，士卒疲憊；而且又是我們請來的救兵，必定不會防備我們。如果趁著秦軍懈怠的機會攻擊他們，一定可以大獲全勝。」李儼說：「我們請求人家前來解救我們的災難，災難解除之後，卻要出兵攻打解救我們的人，天下人將會怎樣評論我們？不如固守枹罕城，等他們疲憊不堪的時候，自然會退走。」王猛責備李儼沒有快速出城迎接秦軍入城，李儼便把賀肫的陰謀告訴了王猛，王猛立即將賀肫斬首，然後帶著李儼返回長安。到了長安以後，秦王苻堅任命李儼為光祿勳，賜予他歸安侯的爵位。

燕國太原桓王慕容恪對燕主慕容暐說：「吳王慕容垂，具有宰相和大將的才能，勝過於我十倍，先帝按照長幼的次序，所以才使我領先享有了更高的職務與爵位，位次在他之前。我死之後，希望陛下將全國的軍政大權託付給吳王。」五月壬辰日，慕容恪病情危重，燕主慕容暐親自前往他的府第探望，向他詢問身後之事。慕容恪說：「我聽說報答大恩，莫過於舉薦賢能，賢能的人即使是一個隱遁之士或是地位卑微的人，還可以任用為宰相，何況是自己的至親骨肉呢！吳王文武兼備，屬於管仲、蕭何一流的人物，陛下如果把國家大政委任給他，國家可以獲得安定。不然的話，秦國、東晉必定會伺隙而動，策劃滅亡燕國。」說完之後就去世了。

秦王苻堅聽到燕國太宰慕容恪去世的消息，心中就有了吞併燕國的想法。為了試探有沒有成功的可能，便令匈奴右賢王、雁門公曹轂派使者前往燕國朝見燕主、進獻貢品，任命擔任西戎主簿的馮翊人郭辯充當副使。燕國司空皇甫真的哥哥皇甫腆、堂姪皇甫奮、皇甫覆都在秦國為官，皇甫腆擔任散騎常侍。郭辯到達燕國後，便逐個的拜訪燕國的公卿大臣，他對皇甫真說：「我本來是秦國人，因為家人都被秦國誅殺了，所以才寄託在匈奴右賢王曹轂手下，你的哥哥、擔任散騎常侍的皇甫腆和你的堂姪皇甫奮、皇甫覆，我們之間都是相知很久的老朋友。」皇甫真大怒說：「作為臣屬絕不允許與境外之人建立私交，你為什麼要對我說這些話？看起來你像個奸細，是不是另有企圖而假裝為副使呢？」遂將情況向燕主慕容暐做了彙報，並請求徹底審查清楚。擔任太傅的慕容評沒有同意。郭辯返回秦國，對秦王苻堅說：「燕國政治混亂，沒有人遵守法紀，確實有機可乘。善於觀察、分析局勢，並能根據形勢變化迅速做出反應的只有皇甫真一人而已。」苻堅說：「燕國擁有幽州、并州、冀州、兗州、司州、豫州六個州的土地和眾多的人口，豈能不讓它有一個智士能人！」

曹轂去世，秦國將居住在貳城周圍的曹轂的部眾一分為二，令曹轂的兩個兒子分別統領：貳城以西的二萬多落，歸曹轂的長子曹璽統領，號稱西曹；貳城以東的二萬多落歸曹轂的次子曹寅統領，號稱東曹。

東晉擔任荊州刺史的桓豁、擔任竟陵太守的羅崇共同率軍攻打宛城，將宛城攻克。趙億逃離宛城，趙盤退回魯陽。桓豁率軍追擊趙盤，一直追到雉城，將趙盤擒獲，桓豁留下一部分軍隊戍守宛城，然後率軍返回。

秋季，七月，燕國下邳王慕容厲等率軍打敗敕勒，繳獲了數萬頭牛馬。

當初，燕國的下邳王慕容厲出兵攻打敕勒的時候，從代國的領土經過，人馬踐踏了代國人種有穈子的農田，代王拓跋什翼犍非常憤怒。燕國平北將軍、武強公慕容埿率領幽州兵戍守雲中。八月，代王拓跋什翼犍率軍攻打雲中，慕容埿棄城逃走，燕國的振威將軍慕輿賀辛戰死。

九月，東晉朝廷任命擔任會稽內史的郗愔為都督徐・兗・青・幽・揚州之晉陵諸軍事、徐・兗二州刺史，鎮所設在京口。

秦國淮南公苻幼謀反的時候，秦國征東大將軍、并州牧、晉公苻柳，征西大將軍、秦州刺史、趙公苻雙，都暗中與苻幼訂有盟約。秦王苻堅因為苻雙是自己的同母弟弟、至親骨肉，苻柳是先帝苻健的愛子，遂將真相隱瞞起來沒有對他們進行追究。苻柳、苻雙竟然又與鎮東將軍、洛州刺史魏公苻廋以及安西將軍、雍州刺史燕公苻武密謀作亂。在鎮東將軍府擔任主簿的南安人姚眺勸諫苻廋說：「您以古代周公姬旦、邵公姬奭與周成王姬誦那樣的骨肉至親的身分，又是擔負鎮守一方重任的軍政長官，如果國家遇到了危難，還應當竭盡全力為國家排憂解難，怎麼反倒自己起來謀反，反對自己的國家政權呢！」苻廋不聽姚眺的勸告。苻堅得知苻柳、苻雙等人準備謀反的消息，立即下詔徵召苻柳等回長安。冬季，十月，苻柳佔據了蒲阪，苻雙佔據了上邽，苻廋佔據了陝城，苻武佔據了安定，他們全都起兵造反。秦王苻堅派使者向他們解釋說：「我待你們的恩義，也算是至高至厚了，你們何苦還要謀反？我現在取消徵召你們回京師的詔令，你們應該罷兵，各自返回自己的鎮所，一切還與從前一樣。」並將親口咬過的梨分別送給諸王以作為憑信，然而苻柳等還是拒絕和解。

代王拓跋什翼犍率軍攻擊匈奴左賢王劉衛辰，當時黃河雖然已經結冰，但還沒有合攏，拓跋什翼犍就令士兵把葦草擰成粗大的繩索橫放在河面上籠住順流而下的浮冰。很快地，浮冰就凍結在一起，然而冰面還不夠堅固。拓跋什翼犍又讓士卒將葦草撒到冰面上，這樣，冰與草凍結在一起，就像是架起的一座浮橋，代國兵馬就從這樣的浮橋上渡過了黃河。劉衛辰沒有料到代兵會突然而至，他慌忙帶著宗族向西逃走。拓跋什翼犍將劉衛辰部落中十分之六七來不及逃走的人全部俘虜，而後返回。左賢王劉衛辰逃奔秦國，秦王苻堅派兵護送劉衛辰返回朔方，並派軍協助他進行防守。

十二月甲子日，燕國擔任太尉的建寧敬公陽騖去世。燕國任用擔任司空的皇甫真為侍中、太尉，任用擔任光祿大夫的李洪為司空。

三年（戊辰　西元三六八年）

春季，正月，秦王苻堅派遣擔任後將軍的楊成世、擔任左將軍的毛嵩分別率軍討伐佔據上邽的苻雙和佔據安定的苻武，派遣輔國將軍王猛、建節將軍鄧羌率軍攻打佔據蒲阪的苻柳，派擔任前將軍的楊安、擔任廣武將軍的張蚝率軍攻打佔據陝城的苻廋。苻堅命令攻打蒲阪、陝城的各路人馬都要在距離城池三十里遠近的地方安營紮寨，堅守營寨而不與叛軍交戰，等秦州刺史苻雙所佔據的上邽與雍州刺史苻武所佔據的安定被攻克之後，再集中力量攻打苻柳所佔據的蒲阪和苻廋所佔據的陝城。

當初，燕國太宰慕容恪患病期間，因為燕主慕容暐年紀尚小，還不能自己掌握大權，而太傅慕容評又生性猜忌，擔心自己去世後，接替自己擔任大司馬的人選不合適，於是便對燕主慕容暐的哥哥、樂安王慕容臧說：「如今，南方有殘留的晉國，西方有強大的秦國，這兩個國家都有進取中原的志向，只是因為我們一直沒有給他們留下可乘之機罷了。一個國家的興盛與衰微，關鍵在於宰輔一級的大臣。大司馬一職，負責統領國家的全部武裝，必須選擇一個非常合適的人來擔任。我死之後，如果根據關係親疏來決定的話，一定會在你和慕容沖之間選擇一人。你們雖然都天賦聰明、有見識、有才能，然而年紀太小，還無法對付這個多災多難的複雜局面。吳王慕容垂天資英明、才能出眾，其智謀和膽略，當世沒有人能與他相比。你們如果能把大司馬的職務推讓給他，他一定可以統一天下，何況是外寇的入侵，根本用不著害怕。千萬不要因為貪圖得到大司馬的職位這點小利而忘記了亡國敗家的大害，不把國家的利益放在心上。」又把同樣的意思告訴了太傅慕容評。等到太宰慕容恪去世之後，慕容評沒有按照慕容恪所說的意見去做。二月，任命擔任車騎將軍的中山王慕容沖為大司馬。慕容沖，是燕主慕容暐的弟弟。任命擔任荊州刺史的吳王慕容垂為侍中、車騎大將軍、儀同三司。

秦國魏公苻廋獻出陜城投降了燕國，並請求燕國出兵接應。秦國人非常恐懼，遂在華陰設重兵進行防守。燕國擔任魏郡太守的范陽王慕容德上疏給燕主慕容暐，他認為：「先帝順應天命而成為帝王，並立志要掃平寰宇、統一中國。陛下繼承了大統，就應當繼續先帝的未竟之功，以完成統一天下的大業。如今秦國苻氏叔姪之間、兄弟之間互相背離，互相爭鬥，一個國家已經分裂成了五個獨立王國，前來向我們燕國投降並請求救援的一起接一起，這是上天有意把秦國賞賜給我們燕國。上天已經把秦國賜予了燕國，而燕國卻不接受，不去把秦國滅掉，日後一定會受到上天的責罰，讓秦國給燕國帶來災禍，當初吳國不肯滅掉越國，最終反被越國滅掉的教訓，就足夠引起我們的警惕了。現在應該命令太尉皇甫真率領并州、冀州的兵眾逕直出兵蒲阪，令吳王慕容垂率領著許昌、洛州的兵馬飛速趕往陜城為苻廋解圍，令太傅慕容評統領京師的禁衛軍作為上述兩路兵馬的後續部隊，然後向三輔地區發布文告，為那裡的民眾講清形勢、指明出路，明確標出殺掉或俘虜什麼樣的人，給與什麼樣的獎賞，他們必然望風響應，天下統一的日子，就在於此了！」當時燕國很多人都主張出兵救援陜城的苻廋，趁機奪取關中，而擔任太傅的慕容評卻說：「秦國，是一個實力強大的國家，如今雖然遭遇內亂，但並不容易徹底將它征服。主上雖然英明睿智，卻趕不上先帝，我們這些人的智慧和謀略，又比不上已故的太宰慕容恪，我們只要能緊緊地守住邊境、保證國內的平安就足夠了，平定秦國不是我的事情。」

秦國魏公苻廋又寫信給吳王慕容垂和太尉皇甫真說：「秦王苻堅、輔國將軍王猛都是人中豪傑，他們企圖吞併燕國已經很久了。如今不趁機奪取秦國，恐怕日後燕國的君臣將有當年吳國被越國滅掉、吳王夫差準備被流放甬東時那樣的悔恨！」吳王慕容垂對太尉皇甫真說：「如今能夠帶給燕國災禍的只有秦國，主上年紀太輕，觀察太傅慕容評的見識與氣度，哪裡是秦王苻堅與王猛的敵手呢！」皇甫真說：「確實如此，我雖然知道，但我們的建議不被人家採納，又能有什麼辦法呢？」

三月初一日丁巳，發生日蝕。○初七日癸亥，東晉實行大赦。

秦楊成世被趙公苻雙的部將苟興打敗，毛嵩也被燕公苻武打敗，二人全都逃回了長安。秦王苻堅又派擔任武衛將軍的王鑒、擔任寧朔將軍的呂光，以及將軍馮翊人郭將、翟傉等率領三萬人馬再次前往討伐苻雙與苻武。夏季，四月，苻雙、苻武乘勝率軍挺進到榆眉，苻雙任命部將苟興為前鋒。武衛將軍王鑒主張速戰速決，寧朔將軍呂光說：「苟興剛剛打了勝仗，部隊的士氣正在高漲，我們應該謹慎對待。他們一旦糧盡必然會退兵，等到他們撤退的時候再攻擊，沒有不勝的道理。」過了二十多天，苟興率軍撤走。呂光說：「現在我們可以發動進攻了。」遂率軍追擊，苟興戰敗，呂光等趁勢攻擊苻雙、苻武，將兩路叛軍打得大敗，斬首、俘獲了一萬五千人。苻武丟棄了安定，與苻雙一起逃往上邽，王鑒等也率軍緊隨其後，攻打上邽。

晉公苻柳多次出兵向前來征討的朝廷軍挑戰，輔國將軍王猛就是不肯接戰，苻柳於是認為王猛懼怕自己。五月，苻柳留下自己的世子苻良堅守蒲阪，自己親自率領二萬人馬準備向西去奪取京師長安。在離開蒲阪一百多里的地方，建節將軍鄧羌率領著七千名精騎兵在夜間偷襲了苻柳軍，將苻柳軍打敗。苻柳率領著殘兵敗將返回蒲阪，路上又遭到輔國將軍王猛的截擊，將他的部眾全部俘虜。苻柳只帶著幾百名騎兵進入蒲阪城，王猛、鄧羌於是組織兵力猛攻蒲阪城。

秋季，七月，秦國的武衛將軍王鑒等率領朝廷軍攻克了上邽，斬殺了叛將苻雙、苻武，赦免了他們的妻小。任命擔任左衛將軍的苻雅為秦州刺史。八月，任命長樂公苻丕為雍州刺史。

九月，秦國輔國將軍王猛等攻下了蒲阪，斬殺了晉公苻柳以及他的妻子。王猛將軍隊屯駐在蒲阪，然後派建節將軍鄧羌與武衛將軍王鑒等率軍攻打仍然據守陜城的苻廋。

燕國的王公大臣以及皇親貴戚私自佔有大批的農戶，於是形成了向國家繳納賦稅的戶數遠遠少於那些被王公貴族私自佔有而不向國家繳納賦稅戶數的怪現象，致使國家國庫空虛，財政不足。擔任尚書左僕射的廣信公悅綰說：「如今三國並立，各自都有吞併對方的野心。而我們燕國的法令規章和政治制度都還沒有建立起來，豪門貴族為所欲為、橫行不法，導致歸於國家所有的戶數很少，沒有多少人向國家繳納賦稅、糧食，致使做官的領不到每月的薪俸，當兵的得不到國家的糧餉，就連皇帝也需要向人借貸糧食和布帛來維生。這種情況既不能讓敵國知道，又不是治理國家的辦法。應該取消宗室等豪門世家可以佔有一定農戶的規定，所有農戶完全歸屬郡縣所有。」燕主慕容暐採納了悅綰的建議，並派悅綰專門負責處理此事，把所有隱祕的壞人全部清查出來，沒有人敢再藏匿，清理出的黑戶總計有二十多萬戶，而滿朝的文武官員因此都對悅綰充滿怨恨和憤怒。悅綰原本就身體有病，自從努力支撐著病體清理、核查戶籍，病情於是加重。冬季，十一月，悅綰去世。

十二月，秦國輔國將軍王猛等攻克了陜城，抓獲了魏公苻廋，並將他押送回長安。秦王苻堅審問苻廋為何謀反，苻廋回答說：「我本來沒有謀反之心，只是因為兄弟們屢次密謀叛亂，我害怕受他們牽連而被一齊處死，所以才謀反。」苻堅哭泣著說：「你一向是個忠厚的長者，我原本知道謀反不是出自你的本意；再說高祖也不能斷絕了後代。」遂令苻廋自殺，苻堅赦免了苻廋的七個兒子。讓他的長子繼承了魏公的爵位，其他的六個兒子全都封為縣公，令他們分別過繼給越厲王苻生以及苻生諸弟兄中沒有後代的人。苟太后說：「苻廋與苻雙同時謀反，唯獨不給苻雙留下後代，這是為什麼？」苻堅說：「天下，是高祖創建的，所以不能使高祖的後代絕了後。至於我的弟弟仲羣，他不顧及太后，陰謀危害宗廟社稷，就要根據國家的法律予以制裁，而不能徇私情！」任命范陽公苻抑為征東大將軍、并州刺史，鎮所設在蒲阪；任命鄧羌為建武將軍、洛州刺史，鎮所設在陜城。擢升姚眺為汲郡太守。

東晉皇帝司馬奕給予大司馬桓溫以特殊的禮遇，使他在金殿上朝見皇帝時的位置在諸侯王之上。

這一年，東晉任命仇池公楊世為秦州刺史，任命楊世的弟弟楊統為武都太守。楊世也向秦國稱臣，秦國任命楊世為南秦州刺史。

【研　析】本卷寫晉穆帝升平四年（西元三六〇年）至海西公太和三年（西元三六八年）共九年間的各國大事。其中比較重大而又值得議論的主要有以下幾件：

其一是有關桓溫的問題。桓溫由於在東晉權勢太大，而且其子桓玄後來又曾謀反稱帝，所以當時人都由以後的結局反看以前的事情，早早地就給桓溫戴上了「奸詐」、「不臣」等一系列的帽子。說來也怪，既然晉朝諸名流如殷浩、劉惔等等早就看到了桓溫腦後的「反骨」，為什麼當時的卓越人物諸如郗超、王珣、謝安、謝玄，甚至連王述的兒子王坦之等都雲集到桓溫部下去給他當幕僚，而且相處得那麼和諧、那麼知遇，乃至相互吹捧呢？造成當時朝廷與桓溫這種過早的相互猜疑、相互對立，究竟對不對？究竟是誰的責任？更為奇怪的是朝廷既然不信任桓溫，又三番五次要請他到朝廷任尚書令，等到桓溫推辭再三，答應要來了，朝廷又趕忙下令讓他在半路打住。不知當時在朝廷掌權的王述究竟是在玩什麼拙劣的把戲！其結果不過是讓桓溫更加瞧不起這群朝廷的窩囊廢而已。

桓溫前幾年的伐秦、入洛，前面已經談過了，本卷又寫到了桓溫的請求移都洛陽。當時的洛陽地處燕、秦、晉三方爭奪的拉鋸地區，連桓溫自己也不想久駐大兵於此，而只是派了一支小部隊象徵性地駐守著。現在忽然提出要讓皇帝遷都到洛陽去，這當然是不可能的，是耍嘴。而不明底裡的朝廷群臣遂驚恐起來，惶惶不可終日；以寫〈遂初賦〉聞名的文人孫綽還居然為此一本正經地給朝廷上書，深論其不可，這些反應都只能讓桓溫看著暗中發笑。而看透了桓溫心思的朝廷重臣王述，建議朝廷儘管順著桓溫說話。當桓溫再次提出請移洛陽鐘虡到江南來時，王述遂運用其如簧之舌替朝廷回答桓溫說：「永嘉不競，暫都江左。方當蕩平區宇，旋軫舊京。若其不爾，宜改遷園陵，不應先事鐘虡。」用詞之巧，不亞張儀、蘇秦，又說得桓溫無言可對，遂告罷休。王述在這裡其實也是在耍嘴，而絲毫無補於當時的大政大局。

清代王夫之《讀通鑑論》論桓溫之請移都說：「桓溫請遷都雒陽，誠收復之大計也。然溫豈果有遷都之情哉？慕容恪方遣呂護攻雒，溫所遣援者，舟師三千人而止。溫果有經略中原之志，固當自帥大師以鎮雒，然後請遷未晚。惴惴然自保荊楚，而欲天子渡江以進圖天下，夫誰信之？為此言也，特以試朝廷所以答之者。而舉國驚憂，孫綽陳百姓震駭之說，貽溫以笑。溫固曰：『吾一言而人皆震恐，吾何求而不得哉？』夫溫以虛聲動朝廷，朝廷亦豈可以虛聲應之？王述之議亦虛聲也。使果能率三吳、兩淮之眾渡江而嚮壽、譙，詔溫移屯於雒，繕城郭、修塢戍，為戰守計，而車駕以次遷焉，溫且不能中止；外可以捍燕、秦，而內亦可折溫之逆志，乘其機而用吾制勝之策，誠百年一日之會，而晉不能也。燕、秦測之，溫諒之，晉不亡者幸耳！慕容恪之沈鷙，苻堅之恢豁，東西交偪以相吞，而唯與溫相禁制於虛聲，曾不念彊夷之心馳於江介也，是足悲也！晉不成乎其為君臣，而溫亦不固為操、懿者也。」說得精彩，可惜桓溫沒有後來劉裕那種氣魄，他既不敢與燕、秦做無畏之一搏，也不敢效法曹操、司馬懿代晉室以自立。許多人不從這裡看問題，而空自讚美孫綽的敢於斥責桓溫之無禮，似乎不關大旨。

其二是關於沈勁的表現。沈勁是沈充之子，沈充曾是王敦的親信，在王敦的叛亂中扮演了重要角色，故而給家族帶來了莫大恥辱。其子沈勁志欲為國立功，以湔洗其父的罪過。文章這段故事充滿了感情：「沈充之子勁，以其父死於逆亂，志欲立功以雪舊恥。年三十餘，以刑家不得仕。吳興太守王胡之為司州刺史，上疏稱勁才行，請解禁錮，參其府事。朝廷許之。會胡之以病不行。及燕人逼洛陽，冠軍將軍陳祐守之，眾不過二千。勁自表求配祐效力，詔以勁補冠軍長史，令自募壯士，得千餘人以行。勁屢以少擊燕眾，摧破之。而洛陽糧盡援絕，祐自度不能守，乃以救許昌為名，九月，留勁以五百人守洛陽，祐帥眾而東。勁喜曰：『吾志欲致命，今得之矣！』」後來城破被俘，被燕人所殺。燕將慕容恪救沈勁未得，感慨地說：「吾前平廣固，不能濟辟閭蔚，今定洛陽，使沈勁為戮。雖皆非本情，然身為元帥，實有愧於四海。」晉王朝也嘉獎沈勁之忠，追贈為東陽太守。司馬光對此議論說：「沈勁可謂能為子矣！恥父之惡，致死以滌之，變凶逆之族為忠義之門。《易》曰：『幹父之蠱，用譽。』〈蔡仲之命〉曰：『爾尚蓋前人之愆，惟忠惟孝。』其是之謂乎？」

袁黃《歷史綱鑑補》評論說：「嵇康為晉文帝所殺，子紹以山濤之薦拜祕書丞，而死於惠帝蕩陰之難；沈充助王敦構逆而被殺，子勁以王胡之之薦，自表求助陳祐守洛陽，城陷而遇害。二人並見〈忠義傳〉，其死事一也，君子謂『紹忠以奉父仇，勁忠以雪父恥』，充尤為有子也。」

其三是關於慕容恪。慕容恪是燕主慕容皝之子，其兄是燕主慕容儁，其弟有慕容垂、慕容德等，別的不說，就這慕容儁、慕容恪、慕容垂、慕容德四人，可以說是慕容皝的「四虎」。首先，慕容儁為燕主時，滅了冉閔的魏國，把燕國的國境向西推到了今山西、河南的西部，向南推到了淮河沿線。晉王朝的幾次「北伐」，都被燕國所粉碎。王夫之《讀通鑑論》稱：東晉之所以未被燕國所滅，實在是一種僥倖。慕容儁在位時期，燕國之所以如此強大，關鍵在於有慕容恪，慕容恪不僅忠心耿耿、大公無私地輔佐慕容儁，執政有方，而且是位軍事天才。慕容恪的攻取廣固、攻取野王、攻取洛陽，都可以說是古代的經典戰役。他既珍惜民命、愛護士兵，又能臨事制宜，不墨守成規，從而保證了他的百戰百勝，所向無敵。《通鑑》寫慕容恪有所謂「太宰恪為將不事威嚴，專用恩信，撫士卒務綜大要，不為苛令，使人人得便安。平時營中寬縱，似若可犯。然警備嚴密，敵至莫能近者，故未嘗負敗。」這段文字活像司馬遷之寫飛將軍李廣，但慕容恪的整個作為是李廣所絕對難以望其項背的。當慕容儁去世時，東晉人感到舒了一口氣，甚至有人想趁機打燕國的主意。桓溫說：「慕容恪尚存，憂方大耳。」慕容恪當其病危時，向燕主慕容暐極力推薦其弟慕容垂，又分別向慕容暐之兄弟以及當時權勢最大的慕容評說明任用慕容垂的重要性。可惜慕容暐、慕容評等都不聽。如果慕容垂當時被重用，則燕國的政權肯定不會衰落，苻堅的勢力不會如此突然膨脹，那時東晉王朝又將難逃此厄了。但慕容垂、慕容德畢竟是英雄，前燕滅後，慕容垂憑著自己的本事又活脫脫地打出了一個「後燕」，慕容德又打出了一個「南燕」。正如俗話所說：是金子就會發光！

卷第一百二

晉紀二十四

起屠維大荒落（己巳 西元三六九年），盡上章敦牂（庚午 西元三七〇年），凡二年。

【題 解】本卷寫海西公太和四年（西元三六九年）與太和五年兩年間的東晉及各國大事。主要寫了桓溫率桓沖、袁真等北出伐燕，郗超建議大軍直趨燕都鄴城，或駐兵於河濟，以待來年進兵；桓溫不聽，率軍進抵枋頭；燕主與慕容評欲退奔龍城，慕容垂率慕容楷等連續打敗晉軍；桓溫連戰不利，糧食匱乏，秦國又出兵助燕，於是焚舟、棄輜重南撤；慕容垂、慕容楷等追擊，大破晉軍於襄邑、譙縣，晉軍死者三萬人；桓溫為掩蓋真相，歸罪於袁真，袁真憤而據壽春降燕，不久袁真病死，部屬擁立其子袁瑾主事，桓溫率軍破之而圍壽春；晉朝直臣孫盛作《晉春秋》，直書桓溫的枋頭之敗，雖遭桓溫壓抑，最後終於使真相大白於天下；寫了慕容垂破晉兵後威名大振，慕容評與燕國太后謀欲殺之，慕容垂率子姪親信西投苻堅；苻堅對慕容垂傾心接待，信用不疑，而王猛則深知慕容垂「非可馴之物」，勸苻堅及早殺之，苻堅不從；寫了燕使梁琛受命入秦求救，頗有使者之節，回國後，建議慕容評要嚴格提防秦國的入侵，慕容評不納；寫了燕向秦國求救時，答應割虎牢以西之地歸秦，事後反悔不認帳，苻堅大怒，派王猛率軍伐燕，燕將慕容筑率洛陽降秦；寫了王猛為陷害慕容垂，請慕容垂之子慕容令參其軍事，中途派人偽造慕容垂的書信，呼慕容令離秦返燕，慕容令不辨真假，遂率部逃入燕軍；王猛遂上表苻堅，敘慕容令「叛逃」事，慕容垂見狀出逃，中途被俘獲押回，苻堅深諒其情，待之如初；寫了王猛二次受命大舉伐燕，先破燕軍於壺關、晉陽，進而大破慕容評軍於潞川，進而包圍鄴城，鄴城內叛，開門納秦兵，慕容暐逃出鄴城後，被追兵捉回，遂率文武降秦，前燕從此告滅；還寫了慕容令受騙歸燕，燕人不信，最後輾轉數地，終被燕人所殺等等。

海西公下

太和四年（己巳　西元三六九年）

春，三月，大司馬溫請與徐、兗二州刺史郗愔、江州刺史桓沖、豫州刺史袁真等伐燕❶。初，愔在北府❷，溫常云：「京口酒可飲，兵可用❸。」深不欲愔居之❹。而愔暗於事機❺，乃遺溫牋❻，欲共獎王室❼，請督所部出河上❽。愔子超為溫參軍，取視❾，寸寸毀裂。乃更作愔牋❿，自陳非將帥才，不堪軍旅，老病，乞閒地⓫自養，勸溫并領己所統。溫得牋大喜，即轉愔冠軍將軍、會稽內史⓬。溫自領徐、兗二州刺史。夏，四月庚戌⓭，溫帥步騎五萬發姑孰⓮。

甲子⓯，燕主暐立皇后可足渾氏，太后從弟尚書令豫章公翼之女也。

大司馬溫自兗州⓰伐燕。郗超曰：「道遠，汴水⓱又淺，恐漕運⓲難通。」溫不從。六月辛丑⓳，溫至金鄉⓴，天旱，水道絕。溫使冠軍將軍毛虎生鑿鉅野㉑三百里，引汶水會于清水[22]。虎生，寶[23]之子也。溫引舟師自清水入河[24]，舳艫[25]數百里。郗超曰：「清水入河，難以通運[26]。若寇不戰，運道又絕，因敵為資[27]，復無所得，此危道也。不若盡舉見眾[28]，直趨鄴城[29]。彼畏公威名，必望風逃潰，北歸遼、碣[30]。若能出戰，則事可立決；若欲城鄴而守之，則當此盛夏，難為功力[31]，百姓布野，盡為官有[32]，易水以南[33]必交臂請命[34]矣。但恐明公以此計輕銳[35]，勝負難必[36]。欲務持重，則莫若頓兵河、濟[37]，控引漕運[38]，俟資儲充備，至來夏[39]乃進兵。雖如賒遲[40]，然期於成功[41]而已。捨此二策而連軍北上，進不速決[42]，退必愆之[43]。賊因此勢以日月相引[44]，漸及秋冬，水更澀滯[45]。且北土早寒，三軍裘褐者少[46]，恐於時所憂[47]，非獨無食而已。」溫又不從[48]。

溫遣建威將軍檀玄攻湖陸[49]，拔之，獲燕寧東將軍慕容忠。燕主暐以下邳王厲為征討大都督，帥步騎二萬逆戰于黃墟[50]，厲兵大敗，單馬奔還。高平太守徐翻舉郡來降。前鋒鄧遐、朱序敗燕將傅顏於林渚[51]。暐復遣樂安王臧統諸軍拒溫，臧不能抗，乃遣散騎常侍李鳳求救于秦。

秋，七月，溫屯武陽[52]。燕故兗州刺史孫元帥其族黨起兵應溫，溫至枋頭[53]。暐及太傅評大懼，謀奔和龍[54]。吳王垂曰：「臣請擊之，若其不捷，走未晚也。」

暐乃以垂代樂安王臧為使持節、南討大都督，帥征南將軍范陽王德等眾五萬以拒溫。垂表司徒左長史申胤、黃門侍郎封孚、尚書郎悉羅騰[55]皆從軍。胤，鍾[56]之子。孚，放[57]之子也。

暐又遣散騎侍郎樂嵩請救于秦，許賂以虎牢[58]以西之地。秦王堅引群臣議于東堂，皆曰：「昔桓溫伐我，至灞上[59]，燕不救我[1]，今溫伐燕，我何救焉？且燕不稱藩於我，我何為救之？」王猛密言於堅曰：「燕雖彊大，慕容評非溫敵也。若溫舉山東[60]，進屯洛邑[61]，收幽、冀之兵，引并、豫之粟[62]，觀兵崤、澠[63]，則陛下大事去矣。今不如與燕合兵以退溫，溫退，燕亦病[64]矣；然後我承其弊而取之，不亦善乎？」堅從之。八月，遣將軍苟池、洛州刺史鄧羌帥步騎二萬以救燕，出自洛陽，軍至潁川[65]，又遣散騎侍郎姜撫報使于燕。以王猛為尚書令。

太子太傅封孚問於申胤[66]曰：「溫眾彊士整，乘流直進。今大軍[67]徒逡巡高岸[68]，兵不接刃[69]，未見克殄[70]之理，事將何如？」胤曰：「以溫今日聲勢，似能有為。然在吾觀之，必無成功。何則？晉室衰弱，溫專制其國，晉之朝臣未必皆與之同心。故溫之得志，眾所不願也，必將乖阻[71]以敗其事。又溫驕而恃眾[72]，怯於應變[73]。大眾深入，值可乘之會[74]，反更逍遙中流[75]，不出赴利[76]，欲望持久，坐取全勝。若糧廩衍懸(77)，情見勢屈(78)，必不戰自敗，此自然之數也(79)[2]。」

溫以燕降人段思為鄉導(80)，悉羅騰與溫戰，生擒思。溫使故趙將李述徇趙、魏(81)，騰又與虎賁中郎將染干津共[3]擊斬之。溫軍奪氣(82)。

初，溫使豫州刺史袁真攻譙、梁(83)，開石門(84)以通水運。真克譙、梁而不能開石門，水運路塞。

九月，燕范陽王德帥騎一萬、蘭臺治書[4]侍御史(85)劉當帥騎五千屯石門，豫州刺史李邽帥州兵(86)五千斷溫糧道。當，佩(87)之子也。德使將軍慕容宙(88)帥騎一千為前鋒，與晉兵遇。宙曰：「晉人輕剽(89)，怯於陷敵(90)，勇於乘退(91)，宜設餌以釣之(92)。」乃使二百騎挑戰，分餘騎為三伏(93)。挑戰者兵未交而走(94)，晉兵追之，宙帥伏以擊之，晉兵死者甚眾。

溫戰數不利，糧儲復竭，又聞秦兵將至，丙申(95)，焚舟，棄輜重鎧仗，自陸道奔還。以毛虎生督東燕(96)等四郡諸軍事，領東燕太守。

溫自東燕出倉垣(97)，鑿井而飲(98)，行七百餘里。燕之諸將爭欲追之，吳王垂曰：「不可，溫初退惶恐，必嚴設警備，簡(99)精銳為後拒(100)。擊之未必得志，不如緩之。彼幸吾未至，必晝夜疾趨。俟其士眾力盡氣衰，然後擊之，無不克矣。」

乃帥八千騎徐行躡其後[101]。溫果兼道而進[102]。數日，垂告諸將曰：「溫可擊矣。」乃急追之，及溫於襄邑[103]。范陽王德先帥勁騎四千伏於襄邑東澗中，與垂夾擊溫，大破之，斬首三萬級。秦苟池邀擊溫於譙，又破之，死者復以萬計。孫元遂據武陽以拒燕，燕左衛將軍孟高討擒之。

冬，十月己巳[104]，大司馬溫收散卒，屯于山陽[105]。溫深恥喪敗，乃歸罪於袁真，奏免真為庶人，又免冠軍將軍鄧遐官。真以溫誣己，不服，表溫罪狀，朝廷不報[106]。真遂據壽春叛降燕，且請救，亦遣使如秦。溫以毛虎生領淮南太守，守歷陽[107]。

燕、秦既結好，使者數往來。燕散騎侍郎太原[5]郝晷、給事黃門侍郎梁琛相繼如秦。晷與王猛有舊[108]，猛接以平生[109]，問晷[6]以東方之事。晷見燕政不脩而秦大治，知燕將亡[7]，陰欲自託於猛[110]，頗泄其實[111]。

琛至長安，秦王堅方畋於萬年[112]，欲引見琛。琛曰：「秦使至燕，燕之君臣朝服備禮，灑掃宮廷[8]，然後敢見。今秦王[9]欲野見[113]之，使臣不敢聞命[114]。」尚書郎辛勁謂琛曰：「賓客入境，惟主人所以處之[115]，君焉得專制其禮[116]！且天子稱『乘輿』[117]，所至曰『行在所』[118]，何常居之有[119]？又春秋亦有遇禮[120]，何為不可乎？」琛曰：「晉室不綱[121]，靈祚歸德[122]，二方承運[123]，俱受明命[124]。而桓溫猖狂，闚我王略[125]，燕危秦孤[126]，勢不獨立[127]，是以秦主同恤時患，要結好援[128]。東朝[129]君臣，引領[130]西望，愧其不競，以為鄰憂[131]，西使之辱[132]，敬待有加[133]。今彊寇既退，交聘[134]方始，謂宜崇禮篤義[135]，以固二國之歡。若忽慢使臣[136]，是卑燕也，豈脩好之義乎！夫天子以四海為家，故行曰『乘輿』，止曰『行在』。今海縣分裂[137]，天光分曜[138]，安得以『乘輿』、『行在』為言哉！禮：『不期而見曰遇。』蓋因事權行[139]，其禮簡略，豈平居容與[140]之所為哉！客使單行[141]，誠勢屈於主人[142]。然苟不以禮[143]，亦不敢從也。」堅乃為之設行宮[144]，百僚陪位[145]，然後延客[146]，如燕朝[147]之儀。事畢，堅與之私宴[148]，問：「東朝名臣為誰？」琛曰：「太傅上庸王評明德茂親[149]，光輔王室，車騎大將軍吳王垂雄略冠世，折衝禦侮[150]，其餘或以文進，或以武用，官皆稱職，野無遺賢。」

琛從兄奕為秦尚書郎，堅使典客[151]館琛於奕舍[152]。琛曰：「昔諸葛瑾[153]為吳聘蜀[154]，與諸葛亮惟公朝相見[155]，退無私面[156]，余竊慕之[157]。今使之即安私室[158]，所不敢也。」乃不果館[159]。奕數來就邸舍[160]，與琛臥起[161]，間問[162]琛東國事。琛曰：「今二方分據，兄弟並蒙榮寵，論其本心，各有所在[163]。琛欲言東國之美，恐非西國之所欲聞，欲言其惡，又非使臣之所得論[164]也，兄何用問為[165]？」

堅使太子延琛[166]相見。秦人欲使琛拜太子，先諷[167]之曰：「鄰國之君，猶其君也，鄰國之儲君[168]，亦何以異乎？」琛曰：「天子之子視元士[169]，欲其由賤以登貴也。尚不敢臣其父之臣[170]，況它國之臣乎？苟無純敬[171]，則禮有往來[172]，情豈忘恭[173]，但恐降屈為煩[174]耳。」乃不果拜。王猛勸堅留琛[175]，堅不許。

燕主暐遣大鴻臚溫統拜袁真使持節、都督淮南諸軍事、征南大將軍、揚州刺史，封宣城公。統未踰淮[176]而卒。

吳王垂自襄邑還鄴，威名益振，太傅評愈忌之。垂奏：「所募將士忘身立效[177]，將軍孫蓋等摧鋒陷陳[178]，應蒙殊賞。」評皆抑而不行[179]。垂數以為言，與評廷爭[180]，怨隙愈深。太后可足渾氏素惡垂[181]，毀其戰功，與評密謀誅之。太宰恪之子楷及垂舅蘭建知之，以告垂曰：「先發制人，但除評及樂安王臧[182]，餘無能為矣！」垂曰：「骨肉相殘而首亂於國，吾有死而已，不忍為也。」頃之，二人又以告，曰：「內意[183]已決，不可不早發。」垂曰：「必不可彌縫[184]，吾寧避之於外，餘非所議。」

垂內以為憂[185]，而未敢告諸子。世子令請曰：「尊[186]比者[187]如有憂色，豈非以主上幼沖，太傅疾賢，功高望重，愈見猜[188]邪？」垂曰：「然。吾竭力致命[189]以破彊寇，本欲保全家國，豈知功成之後，返令身無所容。汝既知吾心，何以為吾謀？」令曰：「主上闇弱[190]，委任太傅。一日禍發，疾於駭機[191]。今欲保族全身，不失大義，莫若逃之龍城，遜辭[192]謝罪，以待主上之察，若周公之居東[193]，庶幾可以[10]感寤[194]而得還，此幸之大者也。如其不然，則內撫燕、代[195]，外懷羣夷[196]，守肥如之險[197]以自保，亦其次也。」垂曰：「善！」

十一月辛亥朔[198]，垂請畋于大陸[199]，因微服出鄴，將趨龍城。至邯鄲[200]，少子麟素不為垂所愛，逃還告狀，垂左右多亡叛[201]。太傅評白燕主暐，遣西平公強帥精騎追之，及於范陽[202]。世子令斷後[203]，強不敢逼。會日暮，令謂垂曰：「本欲保東都[204]以自全，今事已泄，謀不及設[205]。秦主方招延英傑，不如往歸之。」垂曰：「今日之計，舍此安之[206]！」乃散騎滅迹，傍南山[207]復還鄴，隱于趙之顯原陵[208]。俄有獵者數百騎四面而來，抗之則不能敵，逃之則無路，不知所為。會獵者鷹皆飛颺[209]，眾騎散去。垂乃殺白馬以祭天，且盟從者。

世子令言於垂曰：「太傅忌賢疾能，搆事[210]以來，人尤忿恨。今鄴城之中，莫知尊處，如嬰兒之思母，夷、夏同之。若順眾心，襲其無備，取之如指掌[211]耳。

事定之後，革弊簡能[212]，大匡[213]朝政，以輔主上，安國存家，功之大者也。今日之便[214]，誠不可失，願給騎數人，足以辦之。」垂曰：「如汝之謀，事成誠為大福，不成悔之何及！不如西奔，可以萬全。」子馬奴[215]潛謀逃歸，殺之而行。至河陽[216]，為津吏所禁，斬之而濟，遂自洛陽與段夫人[217]、世子令、令弟寶、農、隆、兄子楷[218]、舅蘭建、郎中令高弼俱奔秦，留妃可足渾氏[219]於鄴。乙泉戍主[220]吳歸追及於閿鄉[221]，世子令擊之而退。

初，秦王堅聞太宰恪卒，陰有圖燕之志，憚垂威名，不敢發。及聞垂至，大喜，郊迎[222]，執手曰：「天生賢傑，必相與共成大功，此自然之數也。要當與卿共定天下，告成岱宗[223]，然後還卿本邦[224]，世封幽州，使卿去國不失為子之孝[225]，歸朕不失事君之忠[226]，不亦美乎！」垂謝曰：「羇旅之臣[227]，免罪為幸[228]。本邦之榮[229]，非所敢望。」堅復愛世子令及慕容楷之才，皆厚禮之，賞賜鉅萬[230]。每進見，屬目觀之[231]。關中士民素聞垂父子名，皆嚮慕[232]之。王猛言於堅曰：「慕容垂父子，譬如龍虎，非可馴[233]之物。若借以風雲[234]，將不可復制，不如早除之。」堅曰：「吾方收攬英雄以清四海，柰何殺之！且其始來，吾已推誠納之[235]矣。匹夫猶不棄言，況萬乘[236]乎！」乃以垂為冠軍將軍，封賓徒侯[237]，楷為積弩將軍。

燕魏尹范陽王德[238]素與垂善，及車騎從事中郎[239]高泰等[11]，皆坐免官。尚書右丞申紹言於太傅評曰：「今吳王出奔，外口籍籍[240]，宜徵王僚屬[241]之賢者顯進之[242]，粗可消謗[243]。」評曰：「誰可者？」紹曰：「高泰其領袖[244]也。」乃以泰為尚書郎。泰，瞻[245]之從子。紹，胤之兄[12]也。

秦留梁琛月餘，乃遣歸。琛兼程而進，比至鄴，吳王垂已奔秦。琛言於太傅評曰：「秦人日閱[246]軍旅，多聚糧於陝東[247]，以琛觀之，為和必不能久。今吳王又往歸之，秦必有窺燕之謀，宜早為之備。」評曰：「秦豈肯受叛臣而敗和好[248]哉！」琛曰：「今二國分據中原，常有相吞之志。桓溫之入寇，彼以計相救[249]，非愛燕也。若燕有釁[250]，彼豈忘其本志[251]哉！」評曰：「秦王何如人？」琛曰：「明而善斷。」問王猛，曰：「名不虛得。」評皆不以為然。琛又以告燕主暐，暐亦不然之。以告皇甫真，真深憂之，上疏言：「苻堅雖聘問相尋[252]，然實有窺上國[253]之心，非能慕樂德義，不忘久要[254]也。前出兵洛川[255]，及使者繼至，國之險易虛實，彼皆得之矣。今吳王垂又往從之，為其謀主[256]，伍員之禍[257]，不可不備。洛陽、太原、壺關[258]，皆宜選將益兵，以防未然[259]。」暐召太傅評謀之，評曰：「秦國小力弱，恃我為援[260]。且苻堅庶幾善道[261]，終不肯[262]納叛臣之言，絕二國之好，不宜輕自驚擾，以啓寇心[263]。」卒不為備。

秦遣黃門郎石越聘於燕，太傅評示之以奢，欲以誇燕之富盛。高泰及太傅參軍河間劉靖言於評曰：「越言誕而視遠[264]，非求好也，乃觀釁[265]也。宜耀兵以示之，用折其謀。今乃示之以奢，益為其所輕矣。」評不從，泰遂謝病歸。

是時太后可足渾氏侵橈[266]國政，太傅評貪昧[267]無厭，貨賂上流[268]，官非才舉[269]，羣下怨憤。尚書左丞申紹上疏，以為：「守宰[270]者，致治之本[271]。今之守宰，率非其人，或武臣出於行伍[272]，或貴戚生長綺紈[273]。既非鄉曲之選[274]，又不更[275]朝廷之職。加之黜陟[276]無法，貪惰者無刑罰之懼，清修[277]者無旌賞之勸[278]。是以百姓困弊，寇盜充斥，綱頹紀紊，莫相糾攝[279]。又官吏猥多[280]，踰於前世，公私紛然[281]，不勝煩擾。大燕戶口，數兼二寇[282]，弓馬之勁，四方莫及。而比者[283]戰則屢北[284]，皆由守宰賦調不平[285]，侵漁[286]無已，行留俱窘[287]，莫肯致命[288]故也。後宮之女四千餘人，僮侍廝役[289]尚在其外，一日之費，厥直萬金[290]，士民承風，競為奢靡。彼秦、吳僭僻[291]，猶能條治所部[292]，有兼并之心。而我上下因循[293]，日失其序。我之不脩，彼之願也。謂宜精擇守宰，併官省職[294]，存恤兵家，使公私兩遂[295]，節抑浮靡，愛惜用度[296]，賞必當功[297]，罰必當罪。如此則溫、猛可梟[298]，二方可取，豈特保境安民而已哉！又索頭[299]什翼犍疲病昏悖，雖乏貢御[300]，無能為患，而勞兵遠戍[301]，有損無益。不若移於并土[302]，控制西河[303]，南堅壺關[304]，北重晉陽[305]，西寇來則拒守，過則斷後[306]，猶愈於[307]戍孤城守無用之地也。」疏奏，不省[308]。

辛丑[309]，丞相昱與大司馬溫會涂中[310]，以謀後舉[311]。以溫世子熙為豫州刺史、假節。

初，燕人許割虎牢以西賂秦。晉兵既退，燕人悔之，謂秦人曰：「行人失辭[312]。有國有家者，分災救患[313]，理之常也。」秦王堅大怒，遣輔國將軍王猛、建威將軍梁成、洛州刺史鄧羌帥步騎三萬伐燕。十二月，進攻洛陽。

大司馬溫發徐、兗州民築廣陵城[314]，徙鎮之[315]。時征役[316]既頻，加之疫癘[317]，死者什四五[318]，百姓嗟怨。祕書監太原[13]孫盛[319]作晉春秋，直書時事。大司馬溫見之，怒，謂盛子曰：「枋頭誠為失利，何至乃如尊君所言[320]！若此史遂行[321]，自是關君門戶事[322]！」其子遽[323]拜謝請改之。時盛年老家居，性方嚴[324]，有軌度[325]，子孫雖斑白[326]，待之愈峻[327]。至是諸子乃共號泣稽顙[328]，請為百口切計[329]。盛大怒，不許，諸子遂私改之。盛先已寫別本，傳之外國。及孝武帝[330]購求異書，得之於遼東人，與見本[331]不同，遂兩存之。

【章　旨】以上為第一段，寫海西公太和四年（西元三六九年）一年間的大事。主要寫了桓溫率桓沖、袁真等北出伐燕，郗超建議大軍直趨燕都鄴城，或駐兵於河濟，進行準備，以待來年進兵；桓溫不聽，率軍進抵枋頭；燕主與慕容評欲退奔龍城，慕容垂請戰，率慕容楷等連續打敗晉軍；桓溫連戰不利，糧食匱乏，秦國又出兵助燕，於是焚舟、棄輜重南撤；慕容垂、慕容楷等追擊，大破晉軍於襄邑、譙縣，晉軍死者三萬人；桓溫為掩蓋真相，歸罪於袁真，袁真憤而據壽春降燕；晉朝直臣孫盛作《晉春秋》，直書桓溫的枋頭之敗，雖遭桓溫百般壓抑，最後終於使真相大白於天下；寫了慕容垂破晉兵後威名大振，慕容評與燕國太后謀欲殺之，慕容垂初欲東奔龍城自保而未果，只好率子姪親信西投苻堅；苻堅對慕容垂傾心接待，信用不疑，而王猛則深知慕容垂「非可馴之物」，勸苻堅及早殺之，苻堅不從；寫了燕使梁琛受命入秦求救，頗有使者之節，回國後，建議慕容評要嚴格提防秦國的入侵，慕容評不納；燕臣申紹上書列舉燕國的弊政與諸種措施的失宜，執政者亦無人理睬；寫了燕向秦國求救時，答應割虎牢以西之地歸秦，事後反悔不認帳，苻堅大怒，遂派王猛率軍伐燕等等。

【注　釋】❶請與徐兗二州刺史句　時燕國的大將慕容恪死，桓溫以為燕國可取，故有此請。❷北府　指京口，即今江蘇鎮江市。晉都建康，以京口為「北府」，歷陽為「西府」，姑孰為「南州」。❸兵可用　意謂這裡的士兵訓練有素，能征慣戰。❹深不欲愔居之　很不願意讓郗愔擔任這一職務，因郗愔一心忠於晉室，不與桓溫同心。深，甚；很。居，任職。郗愔任徐、兗二州刺史，此二州當時被燕國佔領，故東晉此二州的軍府設在京口。❺暗於事機　政治嗅覺不敏感，看不清桓溫思想的苗頭。❻遺溫牋　給桓溫寫信。遺，給。牋，文體名，給王公大臣所寫的書信。❼共獎王室　共同輔佐晉朝皇帝。獎，扶助。❽請督所部出河上　請求讓自己率所部駐守到黃河邊上。河上，黃河邊。❾取視　拆看。❿更作愔牋　替他的父親另寫了一封給桓溫的信。⓫乞閒地　請求改派到一個清閒的地方。⓬會稽內史　會稽王國的行政長官，位同郡太守。會稽國的都城即今浙江紹興。⓭四月庚戌　四月初一。⓮發姑孰　由姑孰出發北上。⓯甲子　四月十五。⓰兗州　東晉之兗州治僑置在今江蘇鎮江市，當時稱曰京口。⓱汴水　即汴渠，自今河南滎陽東北接黃河，東南流經今開封南、商丘北，再東南流經今安徽碭山縣北，至江蘇徐州北入泗水。上游又稱鴻溝或狼湯渠，中、下游又稱汳水、獲水。魏晉時為中原通往東南沿海地區的重要水運幹道。⑱漕運　水路運輸；通過水路運送糧食與人力補給。⑲六月辛丑　此語有誤，六月朔庚戌，無辛丑日。疑為「五月辛丑」之誤。「五月辛丑」即五月二十二。⑳金鄉　縣名，縣治在今山東嘉祥南。㉑鑿鉅野　挖渠引鉅野澤的水與汴水相通連。鉅野澤在今山東巨野北，古時水面南北三百里，東西百餘里。㉒引汶水會于清水　意即使清水與汶水通連起來。汶水即今大汶河，源出山東萊蕪北，流至今東平西南流注入濟水。清水是古濟水下游的別名，故道起今山東梁山縣，東北流經東阿、平陰、長清、濟南、濟陽、博興等縣，東流注入渤海。㉓竇　毛竇，東晉名將，在討伐蘇峻叛亂中立有大功。傳見《晉書》卷八十一。㉔自清水入河　自清水西行繞道進入黃河。㉕舳艫　船後有舵者曰舳；艫指船頭。這裡即泛指艦船。㉖難以通運　從清水進入黃河，為逆流，道路又迂迴遙遠，故言難以通運。㉗因敵為資　指進入敵區，奪取敵方的糧草以供己用。因，依靠；憑藉。㉘盡舉見眾　率領現有的全部大軍。見，同「現」。㉙直趨鄴城　直撲燕國的首都鄴城，在今河北臨漳西南。㉚北歸遼碣　向北逃到他們固有的碣石山與遼河一帶去。碣石山在今河北昌黎附近；遼河在今遼寧境內。燕國舊時的都城曾先後在棘城（今遼寧義縣西）、龍城（今遼寧朝陽）。㉛難為功力　指燕人難以固守成功。㉜盡為官有　全部為東晉所有。官，指國家、皇帝。㉝易水以南　指整個今北京市以南地區。易水在今河北西部。有北、中、南三支，均源出易縣境內，下流注入大清河，再東北流向天津市入海。㉞交臂請命　自縛雙臂，請求投降。請命，請求給予處治。㉟輕銳　輕舉冒進。㊱勝負難必　沒有必勝的把握。難必，難以保證必勝。㊲頓兵河濟　駐軍於黃河、濟水流域，即今河南北部與山東西北部一帶地區。㊳控引漕運　控制並利用各條水路向前方調送物資。㊴來夏　明年夏天。㊵雖如賒遲　看起來像是緩慢了一點。賒遲，緩慢；遙遠。㊶期於成功　希望全勝。期，盼望。㊷進不速決　向敵進攻，不能速戰速決。㊸退必愆乏　向後退卻，就要難以避免失誤與糧食匱乏。愆，失誤。乏，糧食匱乏。㊹以日月相引　指故意拖延時間。引，拉長。㊺溜滯　河水更淺，更難以行船。㊻裘褐者少　能有長皮袍或粗毛短褐穿的人很少。㊼於時所憂　到那時該憂慮的問題。㊽溫又不從　胡三省曰：「郗超之謀略豈常人所及哉？宜桓溫重之也。重之而不從其計者，直趨鄴城，決勝負於一戰，溫所不敢；頓兵河、濟以待來年，使燕得為備，溫亦不為也。」㊾湖陸　縣名，縣治在今山東魚臺東南六十里。㊿黃墟　即黃城之墟，在今河南民權北。(51)林渚　即故柴城，在今河南新鄭東北。(52)武陽　即東武陽縣，縣治在今山東莘縣西南朝城鎮西四十里。(53)枋頭　即今河南浚縣西南的淇門渡，因當年曹操攻袁尚，曾在這裡用枋木做堰，遏使淇水進入白溝，以供運輸而得名。(54)和龍　即龍城，在今遼寧朝陽，燕國的舊日都城。(55)悉羅騰　少數民族人，姓悉羅名騰。悉羅是其部落名，用以為姓。(56)鍾　中鍾。事跡見本書前文卷九十五成帝咸和九年。(57)放　封放。事跡見本書前文卷九十九穆帝永和十年。(58)虎牢　虎牢關，在今河南滎陽西北之古汜水鎮。

(59)桓溫伐我二句　事見本書前文卷九十九穆帝永和十年。(60)舉山東　佔領全部太行山以東地區。(61)洛邑　即洛陽。(62)引并豫之粟　收取并州、豫州的糧食。并州指今山西一帶地區，豫州指今河南東部一帶地區。(63)觀兵崤澠　向崤山、澠池以西炫耀武力，意即進攻關中。崤山、澠池縣都在今河南之西部。(64)病　疲弊。(65)潁川　郡名，郡治所許昌，在今河南許昌東。(66)申胤　燕國之有學問的官員，曾任給事黃門侍郎。(67)大軍　敬指燕軍。(68)逡巡高岸　指在黃河北岸徘徊。逡巡，徘徊不前的樣子。(69)兵不接刃　指不與晉兵交鋒。兵，武器。(70)克殄　戰勝並消滅敵人。(71)乖阻　不合作，唱反調。乖，背離。阻，阻撓。(72)恃眾　仗恃兵多。(73)怯於應變　不敢果斷地採取隨機應變的行動，如上述郗超之建議攻取鄴城。(74)值可乘之會　面對燕國有可乘之機。會，時機。(75)逍遙中流　指黃河的流水徘徊不前。逍遙，悠哉遊哉，不圖進取的樣子。(76)不出赴利　不迅速出擊爭取勝利。(77)糧廩愆懸　指軍糧供應不上。愆懸，因路遠未及時運到。愆，誤期。懸，路遠。(78)情見勢屈　不利的方面逐漸暴露。見，同「現」。屈，不利因素。(79)自然之數也　必然的道理。胡三省曰：「溫攻秦而不渡霸水，攻燕而徘徊枋頭，人皆咎其不進；知彼知己，溫蓋臨敵而方有見乎此也。溫之智雖不足以禁暴定功，然其去眾人亦遠矣。」(80)鄉導　即嚮導，為大軍帶路的人。(81)徇趙魏　帶兵在今河北南部一帶巡遊示威並進行宣傳。徇，巡行諭告。(82)奪氣　喪氣；失去信心。(83)譙梁　譙郡、梁國。譙郡的郡治即今安徽亳州，梁國的都城在今河南商丘南。(84)開石門　在石門開渠，引黃河水以通漕運。石門在今河南滎陽北，臨近黃河。(85)蘭臺治書侍御史　御史中丞的屬官，主管為帝王起草文件。(86)州兵　州里的地方武裝。燕國的豫州州治許昌，在今河南許昌東。(87)佩　李佩，慕容皝時代的燕國名將，曾在打敗石虎、宇文氏部落的戰鬥中立有大功。(88)慕容宙　慕容皝之孫，慕容德之姪。(89)輕剽　輕捷剽悍，帶有浮躁的意思。(90)怯於陷敵　不敢攻入敵陣。陷，攻入。(91)乘退　乘敵方之退而攻擊之。(92)設餌以釣之　假裝敗退以引誘其出擊，而中途設伏以消滅之。餌，釣魚用的魚食。(93)三伏　三支伏兵。(94)兵未交而走　雙方還沒有交鋒燕軍就回頭逃走了。(95)丙申　九月十九。(96)東燕　郡名，郡治在今河南衛輝東南。(97)倉垣　古城名，在今河南開封東南，靠近汴水。(98)鑿井而飲　汴水、濟水皆自北向南流，桓溫恐追兵在上流投毒，故鑿井而不飲河水。(99)簡　選擇。(100)後拒　後衛，掩護大軍撤退的防衛部隊。(101)躡其後　跟隨在其大軍的身後。躡，跟隨。(102)兼道而進　應說「兼道而退」，晝夜兼程地向南方撤退。(103)及溫於襄邑　在襄邑追上了桓溫的軍隊。襄邑縣治在今河南睢縣西一里。(104)十月己巳　十月二十二。(105)山陽　郡名，治所在今江蘇淮安東南。(106)不報　不答覆。(107)歷陽　即今安徽和縣。(108)有舊　舊時相識，有老交情。(109)接以平生　像接待老朋友一樣接待郝晷。(110)自託於猛　在王猛這裡留一條後路。(111)頗泄其實　將燕內部的一些實情告訴了王猛。(112)畋於萬年　正在萬年縣打獵。畋，打獵。萬年縣的縣治在今陝西臨潼東北的古城村南。(113)野見　在郊外接見。野，野外；郊外。與在朝廷接見相比，顯得不重視、不禮貌。(114)不敢聞命　意即不接受你的這種安排。(115)惟主人所以處之　意即聽從主人的安排。惟，一切聽從。所以處之，所做的各項安排。(116)專制其禮　在接待的禮儀上怎麼能由你說了算。(117)天子稱乘輿　此處是辛勁偷換概念。群臣不敢指稱皇帝，故以「乘輿」敬稱之，而不是另有稱呼曰「乘輿」。(118)所至曰行在所　皇帝走到哪裡，就稱那個地方叫「行在所」，也簡稱「行在」。(119)何常居之有　哪裡有什麼固定的居住地點。(120)遇禮　指國君在宮廷外與他國客人的相逢之禮。如《春秋》隱公四年有所謂「公（魯隱公）及宋公遇於清。」《公羊傳》云：「遇者何？不期也。」杜預注云：「遇者，草次之期，二國各簡其禮，若道路相逢遇也。」(121)晉室不綱　晉國的政治沒有章法。不綱，沒有倫常。(122)靈祚歸德　神靈的福佑給予有德的一方。(123)二方承運　秦、燕兩方正在受著老天爺的照顧。承運，膺受天命。(124)俱受明命　都是稟承著天命。(125)闚我王略　侵犯燕國的疆土。闚，偷看，隱指侵犯。王略，燕王的封疆。(126)燕危秦孤　燕國一旦滅亡，秦國就要陷於孤立。危，這裡隱指被滅。(127)勢不獨立　一定不能單獨存在。(128)要結好援　與燕國建立友好聯盟。(129)東朝　指燕國。(130)引領　伸長脖子，形容盼望的殷切。(131)愧其不競二句　燕國君臣深愧自己的不夠強大，從而使得鄰國（指秦）為自己擔憂。不競，不強。(132)西使之辱　凡是秦國的使臣到達燕國。辱，謙詞，即指來燕。(133)敬待有加　總是給予高規格的接待。(134)交聘　兩國間的相互友好訪問。(135)崇禮篤義　提高禮數，加深信義。篤，深厚，這裡用如動詞。(136)若忽慢使臣　如果你們對我輕視怠慢。(137)海縣分裂　中國正四分五裂。中國古代稱「赤縣神州」，並說其外圍有大海環繞，故稱「海縣」。(138)天光分曜　日光分別照耀著不同區域。以喻全國分裂，各自為政。(139)因事權行　那是趕巧權變的一種做法。權，臨機制宜。(140)平居容與　平時無事，逍遙散蕩。容與，逍遙散蕩的樣子，指苻堅不過是在打獵遊戲而已。(141)客使單行　出訪的使者單獨在外。(142)誠勢屈於主人　當然是沒有你們的勢力大。(143)不以禮　不以合適的禮節相待。(144)設行宮　搭建起一座臨時的宮殿。(145)百僚陪位　安排一定數量的百官做陪同。(146)延客　引梁琛進見。(147)燕朝　平居無事的友好朝見。燕，安閒。(148)私宴　以私人身分舉行的宴會，表示苻堅的禮賢下士。(149)明德茂親　有才德的親屬。(150)折衝禦侮　打退敵人的進攻，抵禦寇盜的侵侮。(151)典客　負責接待賓客。典客也是官名，掌管接待少數民族的諸侯來朝等事務。典，掌管。(152)館琛於奕舍　把梁琛安排在其兄梁奕的住所居住。館，住宿。(153)諸葛瑾　字子瑜，諸葛亮之兄。三國時期歷任吳國的長史、南郡太守。孫權稱帝後，任為大將軍。傳見《三國志》卷五十二。(154)為吳聘蜀　為吳國出使西蜀的劉備政權。(155)惟公朝相見　當時諸葛亮任蜀漢丞相，只有在公開場合以官方身分相見。(156)退無私面　退朝之後，從不以兄弟的身分私下會面。(157)竊慕之　暗中仰慕諸葛兄弟的為人。竊，謙詞。(158)即安私室　就便居住在私人住所。(159)不果館　沒到其兄的住所居住。(160)來就邸舍　前來客館看望。

邸，外出官員臨時居住的住所。[161]與琛臥起　陪著其弟一道住宿。[162]間問　乘便而問。間，空隙；機會。[163]各有所在　各有所盡忠的主子。[164]非使臣之所得論　不是我所應該說的。使臣，梁琛自稱。[165]何用問為　即何為用問，「為」字倒置即成疑問句式。[166]延琛　邀請梁琛。[167]諷　暗示性地提醒。[168]儲君　未來的君主，即太子。[169]視元士　級別相等於「元士」。天子的士稱「元士」，天子的嫡長子稱元子。視，相等。《禮記・郊特牲》：「天子元子，士也，天下無生而貴者也。」[170]不敢臣其父之臣　意即尊敬其父手下的大臣，不把他們看作自己的臣子。[171]苟無純敬　如果不是出於純粹的恭敬。[172]則禮有往來　則必然要講究個「禮尚往來」。指自己拜秦太子，秦太子按禮也應當答拜。[173]情豈忘恭　從自己本心講，我是挺想對秦太子表示恭敬的。[174]但恐降屈為煩　我是怕讓你們太子降低身分給我還禮添麻煩。降屈，降低身分。[175]留琛　把梁琛扣留在秦國。[176]未踰淮　還沒有渡過淮水，亦即還沒有走到袁真駐軍的壽春，即今安徽壽縣。[177]忘身立効　意即捨死立功。効，功勳。[178]椎鋒陷陳　挫敗敵人進攻的鋒芒，攻克敵兵防守之堅陣。椎，摧折。陷，攻克。[179]抑而不行　壓制而不予行賞。[180]廷爭　在朝廷上當眾爭論。[181]可足渾氏素惡垂　事見本書前文卷一百升平元年。素惡垂，一向討厭慕容垂。[182]樂安王臧　慕容臧，燕主慕容暐之胞兄。[183]內意　宮裡的意思，即太后可足渾氏之意。[184]必不可彌縫　骨肉之間的裂痕一定無法彌補。[185]內以為憂　內心裡感到焦慮。[186]尊　對父親的敬稱。[187]比者　近來。[188]愈見猜　越發受到猜忌。[189]致命　忘身；豁出性命。[190]闇弱　愚昧、怯懦。[191]疾於駭機　比強弓上的箭還快。疾，迅速。駭機，突然觸發的弓弩，因令人驚駭，故稱「駭機」。[192]遜辭　用謙卑的言語。[193]周公之居東　西周成王初即位時年紀幼小，由其叔周公代掌朝政，管、蔡二叔散布流言，說周公圖謀篡位，發兵造反；成王對周公的信任也發生動搖，於是周公只好逃到東方避難。後來成王發現了周公當年請求自己一死以換取武王健康的禱詞，深受感動，遂把周公請了回來。事見《史記・周本紀》。[194]感寤　意即使燕王慕容暐能有所感悟。[195]內撫燕代　對內安定好燕、代一帶地區，意即佔據燕、代一帶地區而自立。燕，指今之北京市與其周圍地區。代，指今河北西北部與山西東北部一帶地區。[196]外懷羣夷　對外安撫好周邊的其他少數民族地區。懷，實行好的政策使之感恩。[197]肥如之險　指盧龍塞。肥如是縣名，縣治在今河北盧龍北。[198]十一月辛亥朔　此語有誤，十一月朔丁丑，無辛亥日。辛亥應是十二月初五，「朔」字疑是衍文。[199]畋于大陸　到大陸澤一帶打獵。大陸澤又名「巨鹿澤」，在今河北的巨鹿、隆堯、任縣三縣之間，匯聚太行山區之水，下流注入漳水。《爾雅・釋地》列為「十藪」之一。清時分割為南泊、北泊，今已淤為平地。[200]邯鄲　古城名，在今河北邯鄲之西南部。[201]亡叛　叛變、逃跑。[202]及於范陽　追到范陽時，追上了慕容垂。范陽，郡名，郡治即今河北涿州。[203]斷後為後衛；押後陣。[204]保東都　依托龍城以自保。龍城在鄴都東北，故稱東都。[205]謀不及設　來不及做別的計畫。[206]舍此安之除了這條路還能到哪裡去。安之，何往。(207)傍南山　指沿中山國、常山郡的山谷南行還鄴。(208)趙之顯原陵　即後趙主石虎的假造墓地。(209)鷹皆飛颺　他們的獵鷹都忽然飛走。颺，飛散而去。(210)搆事　製造事端，指策劃殺慕容垂之事。(211)指掌　指劃手掌之紋，以喻事成之極易。(212)革弊簡能　革除弊政，選用能臣。(213)匡　扶之使正。(214)便　指有利的條件。(215)子馬奴　慕容垂兒子的管馬奴隸。(216)河陽　縣名，縣治在今河南孟州西三十五里。(217)段夫人　慕容垂前妃之妹。(218)兒子楷　慕容恪之子慕容楷。(219)可足渾氏　可足渾太后之妹。可足渾太后強令慕容垂娶其妹事，見本書卷一百升平二年。(220)乙泉戍主　乙泉塢的塢主。乙泉塢在今河南宜陽西南洛河的北原上，當時屬燕。塢是民眾結集而居的軍事據點名，「戍主」、「塢主」即該據點的頭領。(221)闃鄉　鄉邑名，即今河南靈寶西北的闃鄉城，當時上屬湖縣。(222)郊迎　到郊外迎接，以示隆重。(223)告成岱宗　統一稱帝後到泰山祭天，向上帝報告成功，即所謂「封禪」，是古代帝王在道德、功業都獲得完成時的一種壯舉。岱宗，即泰山，在今山東泰安北。(224)還卿本邦　意即封你到你的本土燕國一帶去。(225)去國不失為子之孝　在離開燕國的時候能保持對自己列祖列宗的孝心。(226)歸朕不失事君之忠　雖然歸順於我而不改變對燕國君主的忠誠。(227)羇旅之臣　一個漂泊在外、寄居異鄉的小臣。(228)免罪為幸　能夠不受責罰就已經是幸運了。(229)本邦之榮　封回故土的榮耀。(230)鉅萬　大萬；萬萬。即今之所謂「億」。(231)屬目觀之　定著眼睛看，表示喜愛、讚賞。屬，通「矚」。注目。(232)嚮慕　嚮往、仰慕。(233)可馴　可馴養以為己用。(234)若借以風雲　一旦他有了權勢、有了時機。風雲，以喻對之有利的條件。(235)推誠納之　敞開胸懷誠意相待。納，接待。(236)萬乘　指萬輛兵車，通常即用以指大國之君。(237)賓徒侯　封爵為侯，領地為賓徒縣。賓徒縣的縣治在今遼寧錦州北。(238)魏尹范陽王德　慕容德，慕容垂異母弟。此時為魏郡太守，亦稱府尹，是燕國國都鄴城所在郡的行政長官。後為南燕政權的建立者。(239)車騎從事中郎　車騎將軍屬官。垂為燕車騎大將軍，以高泰為從事中郎。(240)外口籍籍　外面的人議論紛紛。籍籍，說個不停的樣子。(241)王僚屬　吳王慕容垂的僚屬。(242)顯進之　突出地提拔他。(243)粗可消謗　可以稍稍地減少一些誹謗之語。粗可，略可。(244)領袖　衣服的領子和袖口，以比喻有影響、有號召力的人物。(245)瞻　高瞻，慕容廆時代的名臣。傳見《晉書》卷一百八。(246)日閱　每天都在操練、檢閱。(247)陝東　陝縣以東。(248)敗和好　破壞友好關係。(249)以計相救　是從其自身利益考慮才救我們。計，權衡利害。(250)有釁　有了可乘之機。釁，間隙。(251)本志　固有的吞併燕國之志。(252)聘問相尋　友好訪問往來不斷。相尋，一次接一次。(253)窺上國　暗中窺測燕國。古代諸侯稱朝廷為上國。(254)不忘久要　不忘記兩國固有的友好條約。久要，固有的約定。(255)出兵洛川　指苻堅派苟池、鄧羌救燕之事。(256)為其謀主　為其出謀劃策。謀主，主謀之人。(257)伍員之禍　伍員，字子胥，原春秋時楚人，因其父兄被楚平王所殺，伍員奔吳，助闔閭奪取王位。闔閭九年（西元前五〇六年），伍員率吳軍攻入楚都，差點滅掉楚國。事詳《史記・伍子胥列傳》。(258)壺關　在今山西長治北。(259)防未然　即提防秦國的進攻燕國。(260)恃我為援　是仰仗我們對他的援助。(261)庶幾善道　多少還是講究點睦鄰友好的。庶幾，差不多。善道，指睦鄰友好而言。(262)終不肯　無論如何也不會。(263)以啓寇心　以引發秦國的入侵之心。(264)言誕而視遠　說話不著邊際，眼神高深莫測。(265)觀釁　觀察燕國的破綻，伺隙而欲有所動。(266)侵橈　妨礙；干擾。(267)貪昧　貪財昧利。昧利，為利而不顧一切。(268)貨賂上流　財貨從下往上流，指下級官吏向其上級公開行賄。(269)官非才舉　各級官吏都不是憑著才能被提拔的。(270)守宰　郡太守與縣令兩級官員。(271)致治之本　是使國家達到太平的基礎，因為這兩級官員最接近百姓，最關係到社會的和諧與穩定。(272)出於行伍　來自軍隊。古代軍隊的編制，五人為伍，二十五人為行，故以「行伍」代指軍隊。(273)生長綺紈　出身於貴族之家。綺紈，兩種華貴的絲織品，故用以代指貴族、權豪之家。(274)鄉曲之選　地方基層所推薦。鄉曲，猶言「鄉里」、「鄉邑」。(275)不更　沒有經過。(276)黜陟　降職與提升。(277)清修　廉潔、勤勉。(278)無旌賞之勸　得不到表彰、獎賞這樣的鼓勵。勸，勉；鼓勵。(279)莫相糾攝　沒有人來舉發、整頓。(280)猥多　既不正又眾多。(281)紛然　事務眾多而混雜的樣子。(282)數兼二寇　相當於晉、秦兩國的總和。二寇，指晉、秦。(283)比者　近些時候以來。(284)戰則屢北　作戰則屢敗。北，敗。(285)賦調不平　徵兵徵稅不公平。(286)侵漁　侵奪吞沒百姓的財物。漁，以漁民捕魚比喻官府、豪族的掠奪百姓。(287)行留俱窘　被拉去當兵的與留在家鄉為農的，日子都非常艱難。(288)莫肯致命　因而不肯為國家奮勇戰鬥。致命，捨生忘死。(289)僮侍廝役　泛指各種供驅遣的僕役、奴隸。僮，僕人。侍，侍者。廝、役，都是做粗活的佣人。(290)厥直萬金　其花費多達萬金。直，同「值」。古之「一金」約當銅錢一萬枚。(291)秦吳僭僻　即秦僭吳僻，意思是秦國雖是僭號稱帝，東晉是偏安江南。吳，這裡指東晉。(292)猶能條治所部　還能管好並統領他們的下屬。所部，所屬。(293)上下因循　上下相互仿效、相互遷就。(294)併官省職　意即精減機構，罷免冗官。(295)兩遂　雙方滿意；雙方得利。(296)愛惜用度　意即節省開支。(297)賞必當功　頒發的獎賞必與其功相當。當，副；相稱。(298)溫猛可梟　桓溫、王猛可以被我們擒來梟首示眾。(299)索頭　指鮮卑拓跋氏部落，因其生活習慣是編髮為辮，故稱。(300)雖乏貢御　雖然他們不向我們進獻貢品。貢御，意即進貢。(301)遠戍　指燕國派兵到雲中郡戍邊防守。前燕的雲中郡應在今山西的西北邊境，具體方位不詳。(302)移於并土　南移到并州境內，并州的州治晉陽，在今山西太原西南。(303)西河　指今山西、陝西兩省中間的那段黃河。(304)南堅壺關　南方堅守壺關要塞。(305)北重晉陽　北部重點防守晉陽。(306)過則斷後　敵軍撤退時就斬下它的最後部分。(307)猶愈於　還勝過。(308)不省　不看；不理睬。(309)辛丑　十一月二十五。(310)涂中　地名，指今安徽、江蘇滁河流域的滁州、全椒及六合一帶地區。(311)後舉　以後的北伐行動。(312)行人失辭　使臣當時說錯了話。行人，外交使者。(313)分災救患　給鄰居分擔一些受災損失，給予一定的救助。(314)築廣陵城　在今江蘇揚州的周圍築城。(315)徙鎮之　把自己的軍事指揮部遷到那裡。(316)征役　徵調築城的勞工。役，役夫；勞工。(317)疫癘　瘟疫。(318)什四五　十分之四五。(319)孫盛　孫楚之孫，當時著名的歷史家，著有《魏氏春秋》、《晉春秋》。(320)何至乃如尊君所言　哪裡像你父親所寫的那種樣子。尊君，你父親。(321)遂行　一旦流傳開。(322)自是闔君門戶事　肯定要關係到你們家族的命運問題，意思是要被滅族。(323)遽　趕緊。(324)性方嚴　性格方正嚴肅。(325)有軌度　有稜角；講原則。(326)雖斑白　鬚髮花白，以喻其年老。(327)愈峻　越發嚴厲。(328)稽顙　磕頭碰地。(329)請為百口切計　請為這全家百餘口切實考慮。(330)孝武帝　司馬曜，會稽王（日後的簡文帝）司馬昱之子，西元三七三—三九六年在位。(331)見本　晉王朝所流行現存版本。見，同「現」。

【校　記】[1]救我　據章鈺校，十二行本、乙十一行本皆作「我救」，張敦仁《通鑑刊本識誤》同。[2]也　原無此字。據章鈺校，十二行本、乙十一行本、孔天胤本皆有此字，張敦仁《通鑑刊本識誤》同，今據補。[3]共　原無此字。據章鈺校，十二行本、乙十一行本、孔天胤本皆有此字，今據補。[4]治書　原無此二字。據章鈺校，十二行本、乙十一行本皆有此二字，張瑛《通鑑校勘記》同，今據補。[5]太原　原無此二字。據章鈺校，十二行本、乙十一行本、孔天胤本皆有此二字，張敦仁《通鑑刊本識誤》同，今據補。[6]晷　原無此字。據章鈺校，十二行本、乙十一行本皆有此字，今據補。[7]知燕將亡　原無此句。據章鈺校，十二行本、乙十一行本、孔天胤本皆有此句，張敦仁《通鑑刊本識誤》、張瑛《通鑑校勘記》同，今據補。[8]廷　原作「庭」。據章鈺校，十二行本、乙十一行本皆作「廷」，今從改。[9]秦王　據章鈺校，十二行本、乙十一行本皆作「秦主」。[10]可以　原無此二字。據章鈺校，十二行本、乙十一行本皆有此二字，今據補。[11]等　原無此字。據章鈺校，十二行本、乙十一行本皆有此字，張敦仁《通鑑刊本識誤》同，今據補。[12]兄　原作「子」。據章鈺校，十二行本、乙十一行本皆作「兄」，張瑛《通鑑校勘記》同，今據改。[13]太原　原無此二字。據章鈺校，十二行本、乙十一行本、孔天胤本皆有此二字，張瑛《通鑑校勘記》同，今據補。

【語　譯】海西公下

太和四年（己巳　西元三六九年）

春季，三月，東晉大司馬桓溫向朝廷請求與擔任徐、兗二州刺史的郗愔、江州刺史桓沖、豫州刺史袁真等率軍北伐燕國。當初，郗愔在北府京口的時候，桓溫就曾經說過：「京口的酒很好，可以喝；京口的軍隊訓練有素、能征慣戰，可以使用。」桓溫內心實在不希望郗愔在那裡任職。然而郗愔的政治嗅覺並不靈敏，看不清桓溫思想的苗頭，竟然給桓溫寫信，希望與桓溫一起共同輔佐東晉王室，請求允許自己所部駐守到黃河邊上。郗愔的兒子郗超當時正在桓溫手下擔任參軍，他拆看了父親郗愔寫給桓溫的信後，便把父親的信撕得粉碎。然後又以父親郗愔的口氣另行寫了一封信給桓溫，在信中述說自己缺乏將帥的才能，承擔不了軍旅的重任，年紀又老又有病，請求把自己改派到一個清閒的地方養老，並勸說桓溫接管自己所統領的部隊。桓溫得到郗超替父親郗愔寫給他的這封信後非常高興，立即擢升郗愔為冠軍將軍、會稽內史。桓溫遂自己兼任了徐、兗二州刺史的職務。夏季，四月初一日庚戌，大司馬桓溫率領步兵、騎兵總計五萬人馬從姑孰出發北上，大舉討伐燕國。

四月十五日甲子，燕主慕容暐立可足渾氏為皇后，可足渾氏皇后，是皇太后的堂弟、現任尚書令的豫章公可足渾翼的女兒。

東晉大司馬桓溫從兗州率軍出發討伐燕國。在他手下擔任司馬的郗超對桓溫說：「從兗州出兵，路途遙遠，汴水又淺，恐怕從水上運送糧草很困難。」桓溫對郗超的提醒沒有在意。六月辛丑日，桓溫率領大軍到達金鄉，由於天旱，水道斷絕。桓溫遂派遣冠軍將軍毛虎生率兵眾在鉅野挖掘了三百里運河，將汶水引入，使與清水連通起來。毛虎生，是毛寶的兒子。桓溫率領水軍從清水西行，繞道進入黃河，艦船前後連接，長達數百里。郗超又提醒桓溫說：「從清水進入黃河，不僅需逆流而上，而且道路迴遠，運輸困難。如果燕國堅壁清野不與我們交戰，運輸糧食的道路一旦斷絕，想要奪取敵方的糧秣以供應自己的需要，卻又無法得到，那可就危險了。不如率領現有的全部大軍，逕直前往攻打燕國的京師鄴城。燕國畏懼您的威勢與聲望，必然會望風而逃、四處潰散，向北逃到他們原有的遼河與碣石山一帶去。如果能夠出來與我們交戰，那麼立即就可獲得勝利；如果他們堅守鄴城不與我們交戰，當此盛夏之際，他們很難固守成功，而散布在田野之中的百姓，將會全部歸我們東晉所有，易水以南的廣大地區必定會自行綁起雙臂請求向我們投降。只是擔心您可能會認為這個計策過於輕舉冒進，勝負難以預料。如想採取比較謹慎、穩妥的辦法，那就不如沿著黃河、濟水一帶駐防，控制各條水路向前方運送物資，等到一切軍用物資儲蓄充足完備的時候，差不多已經到了來年的夏季，那時再開始出擊。雖然看起來行動有些遲緩，然而可以預期獲得成功。如果放棄這兩種策略而揮師北上，進擊敵人，卻不能速戰速決，向後退卻，就難以避免失誤與遭遇糧運匱乏。燕人憑藉著有利的形勢，故意拖延時日，於是逐漸進入秋冬，河水水位降低，更加不便於行船。況且北方嚴寒來得早，三軍將士中能有長皮袍或粗毛短褐穿的人很少，恐怕到了那時，所擔憂的將不僅僅是沒有糧食而已。」桓溫還是沒有認真考慮郗超的意見。

東晉大司馬桓溫派遣建威將軍檀玄率軍攻取湖陸，檀玄很快將湖陸攻克，並且活捉了湖陸守將、燕國的寧東將軍慕容忠。燕主慕容暐任命下邳王慕容厲為征討大都督，率領步兵、騎兵二萬人前往黃城之墟迎戰晉軍，結果，慕容厲也被晉軍打得大敗，單人匹馬逃回。燕國高平太守徐翻率領全郡人投降了東晉。東晉前鋒部隊鄧遐、朱序在林渚打敗了燕將傅顏。燕主慕容暐又派遣樂安王慕容臧率領諸軍抵禦桓溫，慕容臧抵抗不住晉軍的強大攻勢，慕容暐只好派遣擔任散騎常侍的李鳳向秦國求救。

秋季，七月，東晉大司馬桓溫率軍屯紮在武陽。燕國故兗州刺史孫元率領自己的家族和黨羽起兵響應東晉的桓溫，桓溫遂順利抵達枋頭。燕主慕容暐以及擔任太傅的慕容評此時非常恐懼，就打算放棄鄴城逃往故都和龍。吳王慕容垂說：「請允許我率軍去攻擊晉軍，如果我不能取勝，那時再走也不晚。」燕主慕容暐遂任用慕容垂取代樂安王慕容臧為使持節、南討大都督，率領征南將軍、范陽王慕容德等以及五萬兵眾前往抵禦桓溫。吳王慕容垂上表請求朝廷派遣擔任司徒左長史的申胤、擔任黃門侍郎的封孚、擔任尚書郎的悉羅騰跟隨軍隊參與軍事行動。申胤，是申鍾的兒子。封孚，是封放的兒子。

燕主慕容暐又派擔任散騎侍郎的樂嵩前往秦國請求出兵相救，答應事情成功之後，燕國將虎牢關以西的土地割讓給秦國作為酬勞。秦王苻堅在太極殿東堂召開會議，聽取群臣的意見，群臣都說：「過去東晉大司馬桓溫率軍攻伐我們秦國的時候，他們的先頭部隊已經抵達灞上，燕國不肯出兵相救，現在桓溫攻伐燕國，我們秦國為什麼要去解救燕國呢？而且燕國也沒有向秦國稱臣，不是秦國的藩屬國，我們為什麼要救燕國？」

輔國將軍王猛私下裡對秦王苻堅說：「燕國雖然強大，太傅慕容評可不是東晉大司馬桓溫的對手。如果桓溫攻取了整個太行山以東地區，將大軍推進到洛陽，然後徵召幽州、冀州的軍隊，收取并州、豫州的糧食，向崤山、澠池以西炫耀武力，則陛下的大事去矣。現在不如與燕國聯合起來打退桓溫的進攻，桓溫雖然撤退，而燕國經過如此嚴重的打擊，肯定是已經疲敝不堪了；我軍趁此機會攻取燕國，不是很好嗎？」秦王苻堅聽取了王猛的建議。八月，苻堅派將軍苟池、洛州刺史鄧羌率領二萬人馬救援燕國，他們穿過燕國的洛陽，挺進到潁川，又派擔任散騎侍郎的姜撫前往燕國的都城向燕主慕容暐報告秦軍已經出兵的消息。秦王苻堅任命王猛為尚書令。

燕國擔任太子太傅的封孚向申胤詢問說：「東晉大司馬桓溫所率領的軍隊實力強大、訓練有素，他們利用河流逕直向前推進。如今我們燕國的大軍卻在黃河北岸徘徊不前，又不與晉軍交戰，看不出他們將要採取什麼能夠克敵制勝的辦法，你認為事態將如何發展？」申胤說：「以今天桓溫的聲威陣勢來看，似乎是能夠有一番大的作為。然而在我看來，必定不會成功。什麼原因呢？因為晉室勢力衰微，桓溫專擅晉國的朝政大權，晉國朝中的大臣未必都與桓溫同心同德。所以桓溫獲取滅燕的成功，那是朝臣所不願意看到的事情，他們必然會採取不合作的態度，從中進行阻撓，使桓溫失敗。再有，桓溫倚仗自己人多勢眾而心懷傲慢，已經顯示出缺少隨機應變的能力。他率領大軍深入敵境，目前面對燕國有可乘之機，他反而在黃河中徘徊不前，不敢迅速出擊以爭取勝利，卻希望與燕國打持久戰，坐在那裡等待大獲全勝。如果一旦遇到糧食供應不上，對晉軍不利的形勢逐漸暴露出來，晉軍就會不戰自敗，這是必然的道理。」

東晉大司馬桓溫任用向晉軍投降的燕國人段思為嚮導，燕國的尚書郎悉羅騰率軍與桓溫軍交戰，活捉了為晉軍擔任嚮導的段思。桓溫派遣故後趙將領李述率軍在故趙國與故魏國一帶巡行示威並進行宣傳，悉羅騰又與虎賁中郎將染干津一起擊殺了李述。桓溫軍中的士氣頓時受挫。

當初，東晉大司馬桓溫派遣豫州刺史袁真攻取譙郡、梁國，負責在石門開渠，引來黃河之水，以便於大軍的漕運。袁真攻佔了譙郡、梁國，卻無法開鑿石門運河，桓溫從水路運輸糧食的計畫於是無法實現。

九月，燕國范陽王慕容德率領一萬名騎兵、擔任蘭臺治書侍御史的劉當率領五千名騎兵駐守石門，燕國的豫州刺史李邽率領五千名豫州兵截斷了桓溫運糧的通道。劉當，是劉佩的兒子。范陽王慕容德派遣將軍慕容宙率領一千名騎兵充當先鋒，慕容宙進軍途中遭遇晉兵。慕容宙說：「晉國的軍隊輕捷剽悍，性情急躁，遇到敵人時，沒有膽量衝入敵陣，只有當敵人敗退時，他們才鼓足勇氣追擊敵人，應該假裝敗退引誘他們出擊，而我們在中途設下埋伏以消滅他們。」於是便派出二百名騎兵向前挑戰晉軍，把其餘的騎兵分成三路埋伏起來。負責向晉軍挑戰的二百名騎兵還沒等與晉軍交手，就急忙向後撤退，晉軍果然隨後追擊，慕容宙率領埋伏的騎兵奮起攻擊，晉軍死傷慘重。

桓溫與燕軍交戰，屢次失敗，儲備的糧食差不多就要吃光了，又聽說秦國救援的軍隊即將來到，九月十九日丙申，桓溫下令燒毀了艦船，拋棄了輜重、鎧甲、兵器，從陸路向南撤退。桓溫任命毛虎生為督東燕等四郡諸軍事，兼任東燕太守。

東晉大司馬桓溫率軍從東燕穿過倉垣向南撤退，擔心燕軍在汴水、濟水上游投毒，因此不敢飲用喝水，一路之上全靠現打井取水飲用，如此行軍七百多里。燕國的諸將都爭先恐後地想要追擊晉軍，吳王慕容垂說：「不能追，桓溫剛剛撤退時，心中惶恐，必定會嚴加戒備，挑選精銳部隊作為殿後。此時攻擊未必能夠取勝，不如再緩一緩。當他們慶幸我們沒有隨後追趕時，必然會日夜兼程地向南撤退。等到他們的士卒力氣消耗得差不多的時候，再攻擊他們，沒有不大獲全勝的道理。」慕容垂於是親自率領八千名騎兵，跟隨在晉國大軍之後。桓溫果然日夜兼程，加速向南方撤退。過了幾天之後，吳王慕容垂告訴諸將說：「現在可以向桓溫所率領的晉軍發起猛攻了。」於是急行追趕，在襄邑追上了桓溫的人馬。燕國范陽王慕容德搶先率領四千名精騎兵埋伏在襄邑東邊的山澗中，與吳王慕容垂前後夾擊桓溫，將桓溫打得大敗，斬殺了三萬人。秦國派遣的援救燕國的將軍苟池又率軍在譙郡截擊桓溫，再一次將桓溫打敗，桓溫又損失了上萬人。燕國故兗州刺史孫元率領自己的家族和黨羽投降了桓溫後，遂佔據了武陽，抵抗燕軍，燕國擔任左衛將軍的孟高率軍討伐孫元，將孫元活捉。

冬季，十月二十二日己巳，東晉大司馬桓溫招集起殘兵敗將，屯駐於山陽郡。桓溫對此次攻燕的失敗，深感恥辱，竟然將罪責推卸到豫州刺史袁真的身上，他奏請朝廷，免除袁真的一切職務，將袁真貶為平民，又奏請朝廷免除了冠軍將軍鄧遐的職務。袁真認為桓溫是在誣陷自己，很不服氣，就上表列數桓溫的罪狀，朝廷沒有給與答覆。袁真遂佔據壽春叛變，投降了燕國，並且請求燕軍前來救援，同時還派使者前往秦國。大司馬桓溫任命毛虎生兼任淮南太守，守衛歷陽。

燕國、秦國已經結為友好國家，雙方多次派遣使者互通往來。燕國擔任散騎侍郎的太原人郝晷、擔任給事黃門侍郎的梁琛作為燕國的使者相繼前往秦國訪問。郝晷與秦國尚書令王猛原本是舊相識，有老交情，王猛就像接待老朋友那樣接待郝晷，不斷地向郝晷詢問東方燕國的情況。郝晷看到自己國家官場腐敗、政治混亂的情況越來越嚴重，而秦國卻呈現出一派欣欣向榮的景象，預感到燕國不久將亡，心裡也打算結交王猛，為自己留一條後路，所以他將燕國內部的一些實情向王猛透露了不少。

燕國擔任給事黃門侍郎的梁琛作為使者來到秦國的都城長安，秦王苻堅當時正在萬年縣打獵，他想立即召見燕國的使者梁琛。梁琛卻說：「秦國的使者到達我們燕國的時候，我們燕國的君臣都是身穿朝服、備齊禮數，灑掃了宮廷，然後才召見秦國的使節。如今秦王竟然準備在野外接見燕國的使臣，我不敢接受這樣的安排。」擔任尚書郎的辛勁對梁琛說：「賓客進入別國的境內，一切都要聽從主人的安排，在接待的禮儀上怎麼能由你說了算！而且，臣子不敢指稱皇帝，所以就以『乘輿』代指皇帝，皇帝走到哪裡，就管哪裡叫做『行在所』，由此看來，皇帝何嘗有固定的居住地點？再說，《春秋》上也記載有國君在宮廷之外與他國客人的相逢之禮，怎麼能說不可以呢？」梁琛說：「東晉朝廷的政治沒有章法，神靈的福佑給予有德的一方，燕國與秦國正在受到上天的眷顧，都是秉承著天命。而東晉大司馬桓溫猖狂到了極點，竟然對燕國發動戰爭，侵犯燕國的領土，燕國一旦滅亡，秦國就要陷於孤立，形勢迫使秦國、燕國都不能單獨存在，所以秦王苻堅才同情、憐憫燕國當時遭遇的憂患，出兵相救，與燕國建立友好聯盟。我們燕國的君臣，正在伸長脖子向西眺望，慚愧自己沒有發憤圖強、治理好自己的國家，從而使鄰國為自己擔憂，所以對待秦國派往燕國的使者，總是給予高規格的接待。如今強大的東晉賊寇已經撤退，燕國與秦國間的相互友好訪問才剛剛開始，我認為應該提高禮數，加深信義，以鞏固兩國之間的友好。如果秦國輕視、怠慢了燕國的使臣，就是看低了燕國，豈能達到鞏固兩國友好的目的呢！天子以四海為家，所以天子在路上叫『乘輿』，止宿的地方叫『行在』。如今海內已經四分五裂，上天的光芒分別照耀著不同的地區，怎麼能以『乘輿』、『行在』作為解說呢！《禮記》上說：『沒有事先約定時間而相見，稱為遇見。』那是因為趕巧遇上而不得不如此的一種權變，所以禮節十分簡略，豈是在正常情況之下所應採用的呢！出訪的使者獨身在外，當然沒有主人的勢力大。雖然如此，如果主人不按照合適的禮節對待客人，我也不敢服從主人的安排。」秦王苻堅遂在郊外搭建起一座臨時的宮殿，在文武百官的陪同下接見了梁琛，與平居無事時友好朝見的禮節一樣。秦王苻堅在接見燕國使者的儀式完成之後，又擺下宴席以私人身分宴請梁琛，苻堅向梁琛詢問說：「燕國著名的大臣是哪一個？」梁琛回答說：「首先是擔任太傅的上庸王慕容評，他是有才德的皇室至親，光榮地擔負著輔佐王室的重任；還有擔任車騎大將軍的吳王慕容垂，他的雄才偉略，在當今之世無人能比，打退敵人的進攻，抵禦賊寇的欺辱全仰仗吳王之力；其他的大臣，有的人憑藉文才被擢用，有的靠武略被擢用，總而言之，每個官員都很稱職，民間沒有被遺忘的賢才。」

燕國使者梁琛的哥哥梁奕在秦國擔任尚書郎，秦王苻堅派專門負責接待客人的典客，將梁琛安排在他哥哥梁奕的住所居住，梁琛拒絕說：「過去，東吳的諸葛瑾作為吳國的使節前往蜀漢進行訪問，他與自己的弟弟、蜀漢丞相諸葛亮只有在公開場合以官方身分相見，退下之後，從來沒有在私下裡會過面，我心裡暗自仰慕諸葛兄弟的為人。如今卻讓我順便到堂兄的私宅居住，這是我所不敢遵從的。」最終也沒到堂兄的家中居住。梁琛的堂兄反而多次到梁奕所住的賓館探望梁琛，有時就陪著梁琛一起住宿，趁便還向梁琛詢問一些有關燕國的事情。梁琛說：「如今燕國、秦國各自割據一方，咱們兄弟二人同時享有寵信和榮耀，但論起本心，我們都各有所盡忠的主子。我如果讚揚燕國的美好，恐怕不是秦國所希望聽到的，如果我宣揚燕國的醜惡，這絕不是一個使臣所應該做的事情，兄長何必要詢問這些呢？」

秦王苻堅指使太子苻宏接見燕國的使節梁琛。秦國人想讓梁琛向太子苻宏行叩拜大禮，於是就派人先暗示性地提醒他說：「鄰國的君主，就如同自己國家的君主，鄰國的太子，與自己國家的太子有什麼不同嗎？」梁琛回答說：「天子的嫡子稱為元子，級別等同於元士，就是為了使他們從低賤逐漸升為高貴。太子應該尊敬其父手下的大臣，不敢把父親的臣屬看作自己的臣子，更何況是別國的臣屬呢？如果不是出自純粹的尊敬，那麼必然要講究個禮尚往來，從我本心來講，挺想對秦國太子表示恭敬，只是怕讓你們太子降低身分給我還禮增添麻煩。」遂始終沒有向秦國太子下拜。秦國尚書令王猛勸說秦王苻堅把梁琛扣留在秦國，苻堅沒有同意。

燕主慕容暐派遣擔任大鴻臚的溫統前往壽春，加授東晉降將袁真為使持節、都督淮南諸軍事、征南大將軍、揚州刺史，封為宣城公。溫統還沒有渡過淮河到達袁真駐軍的壽春就去世了。

燕國吳王慕容垂從襄邑返回京師鄴城，其威望與名聲越來越高，擔任太傅的慕容評就越加的嫉恨他。慕容垂向燕主慕容暐奏報說：「我所招募的將士都能捨生忘死建立功勳，將軍孫蓋等挫敗了敵人進攻的鋒芒，攻克了敵人防守堅固的陣地，應該對他們給與特殊的獎賞。」太傅慕容評將慕容垂的提議壓制下來而沒有對有功之人進行獎賞。慕容垂為此多次請求，並與慕容評在朝廷之上當著眾臣的面發生爭執，二人之間的矛盾也就越來越深。皇太后可足渾氏一向厭惡吳王慕容垂，遂詆毀慕容垂的戰功，並與慕容評一起密謀除掉慕容垂。已故太宰慕容恪的兒子慕容楷以及慕容垂的舅舅蘭建得知了消息，趕緊告訴慕容垂說：「應該採取先發制人的策略，只要除掉慕容評和樂安王慕容臧，其他人就不會有什麼作為了！」慕容垂說：「骨肉之間互相殘殺而給國家帶來禍亂，我就是罪魁禍首，我寧可死，也不忍心那樣去做。」不久，慕容楷與蘭建又告訴慕容垂說：「皇太后可足渾氏除掉你的決心已定，你必須早點動手才行。」慕容垂說：「如果骨肉之間的裂痕確實沒有辦法彌補的話，我寧可逃往國外避難，至於其他的辦法，都不在我的考慮之內。」

燕國吳王慕容垂內心非常焦慮，卻不敢把實情告訴自己的兒子。世子慕容令向慕容垂詢問說：「父親近來臉上常常顯露出憂愁的神色，難道是因為主上年紀幼小，太傅慕容評嫉賢妒能，父親功高望重，就愈發受到猜忌嗎？」慕容垂回答說：「的確如此。我竭盡全力、豁出性命，打敗了強大的賊寇，本來是想要保全國家，哪裡料到事情成功之後，反而讓我沒有了容身之地。你既然知道我的心思，你就幫我拿個主意，我該怎麼辦？」慕容令說：「主上愚昧、怯懦，把大權全都交付給太傅慕容評。一旦禍亂爆發，其速度比強弩射出的箭還快，令人感到驚駭。現在如果想要保全家族和自身，又不違背大義，最好是逃往龍城，然後用最謙卑的言辭，向朝廷謝罪，等待主上的明察，就像當年周公姬旦逃往東方避難一樣，希望可以使主上有所感悟，讓父親返回鄴城，這是最大的幸運。如果不能如此，那就對內佔據燕、代一帶地區自立，對外安撫好周邊的其他少數民族地區，牢牢守住肥如要塞，以圖自保，這是第二條路。」慕容垂說：「你的主意太好了！」

十一月辛亥朔，燕國的吳王慕容垂向燕主慕容暐請求到大陸澤一帶打獵，於是趁機改換平民服裝偷偷逃離了京師鄴城，準備逃往龍城。當他們到達邯鄲的時候，慕容垂最小的兒子慕容麟，因為一向得不到慕容垂的喜愛，遂逃回了鄴城，將自己的父親慕容垂等準備逃往龍城的事情向朝廷告發，慕容垂左右的侍從得知消息後，也有很多人叛變、逃跑。太傅慕容評將吳王慕容垂準備逃離鄴城前往龍城的事情奏報了燕主慕容暐，慕容暐於是派西平公慕容強率領精騎兵追趕慕容垂，一直追到范陽才把慕容垂一行追上。慕容垂的世子慕容令率人斷後，慕容強不敢逼近。恰好太陽落山，慕容令對慕容垂說：「本來準備據守故都龍城，以圖能夠自我保全，如今我們的意圖已經洩露，龍城看來是去不成了，時間緊迫，又來不及做其他的打算。秦王苻堅目前正在招納英雄豪傑之士，我們不如前往依附於他。」慕容垂說：「到了今天這種地步，除此之外也沒有別的地方好去！」於是大家四散分開，消滅掉逃亡的痕跡，然後沿著中山國、常山郡的山谷南行，祕密返回鄴城，隱藏在後趙的顯原陵。不一會兒，有數百名打獵的騎兵從四面八方圍攏過來，如果與他們對抗，肯定打不過，如果逃跑，則無路可逃，不知如何是好。此時那些獵人的獵鷹突然紛紛飛走，眾騎兵也都四散去追趕。慕容垂遂殺掉一匹白馬祭祀上天，並且與跟隨他們一起逃往的侍從訂立盟誓。

吳王慕容垂的世子慕容令對父親慕容垂說：「太傅慕容評嫉賢妒能，自從他製造事端，設計謀殺我們以來，人心無不忿恨。如今鄴城之中，沒有人知道您的下落，就如同嬰兒思念母親一樣，無論是夷人還是漢人，都是如此。如果順應人心，趁其無備發動襲擊，奪取政權就如同用手指劃手掌上的紋路一樣容易。事情成功之後，革除弊政，選用賢能，匡扶朝政，輔佐皇帝，安定國家，這是最大的一件功勞。今天的有利條件確實難得而易失，千萬不要錯過，希望撥給我幾名騎兵，就完全能把事情辦好。」慕容垂說：「按照你的計謀，事情如果成功，確實是天大的幸福，但如果不能成功，後悔可就來不及了！不如向西逃往秦國，可保萬無一失。」慕容垂兒子的一個負責管馬的奴隸準備偷偷逃回鄴城，被發覺之後，慕容垂就殺死了那個馬奴，然後繼續西行。當他們到達河陽時，又被把守渡口的小官吏發覺，禁止他們渡河，慕容垂又殺死了那個小吏，於是渡過了黃河。到達洛陽後，慕容垂便與段氏夫人、世子慕容令、慕容令的弟弟慕容寶、慕容農、慕容隆，以及姪子慕容楷、舅舅蘭建、郎中令高弼一起投奔了秦國，只把皇太后強行嫁給自己的王妃可足渾氏留在了鄴城。燕國乙泉塢的塢主吳歸率眾追擊慕容垂，一直追到閿鄉，被慕容垂的世子慕容令將其打退。

當初，秦王苻堅聽到燕國太宰慕容恪去世的消息，暗中便有謀取燕國的打算，只因為懼怕慕容垂的威名，所以一直沒敢發兵。當他聽說慕容垂前來投奔的消息，大喜過望，親自到郊外迎接，他拉著慕容垂的手說：「上天生就英雄豪傑，必定會使他們聚在一起，共同成就偉大的功業，這是自然規律。我一定要與你共同平定天下，到那時，我將前往泰山祭天向上帝報告我們的成功，然後讓你返回你的故土，世世代代，封於幽州，使你雖然離開了燕國卻能保持對自己列祖列宗的孝心，雖然投奔於我，卻沒有失去對故國國君的忠誠，不也是一件美事嗎！」慕容垂答謝說：「一個漂泊在外、寄居異鄉的人，能夠免遭刑罰就已經是很幸運了。封到故土的榮耀，卻是我所不敢奢望的。」秦王苻堅很愛惜慕容垂的世子慕容令以及姪子慕容楷的才華，對他們都很優待，光是賞賜的財物就有數萬萬之多，每次朝見，苻堅都會情不自禁地對他們定著眼睛看。關中不論是士大夫還是平民百姓早就知道慕容垂父子的威名，因此都非常仰慕他們。擔任尚書令的王猛對秦王苻堅說：「慕容垂父子，就如同水中的蛟龍、山中的猛虎一樣，不是可以馴養成能為自己所用的人物。一旦他們遇到風雲變化，有了權勢、有了時機，就沒有人能夠控制得住，不如趁早把他們除掉。」苻堅說：「我正在招攬英雄豪傑，以肅清四海，怎麼能殺掉慕容垂父子！而且他們剛來的時候，我已經敞開胸懷、誠心誠意地接納了他們。一個平民百姓說話還要算數，何況我這個大國的君主怎能不守信用呢！」於是任命慕容垂為冠軍將軍，封為賓徒侯，任命慕容楷為積弩將軍。

燕國擔任魏郡府尹的范陽王慕容德因為一向與慕容垂關係密切，以及被車騎大將軍慕容垂任命為車騎從事中郎的高泰等人，都因此受到牽連而被免官。擔任尚書右丞的申紹對太傅慕容評說：「如今吳王慕容垂棄國出逃，外面的人對此議論紛紛，應該把吳王僚屬中的賢能人物突出地提拔起來，或許可以稍稍地減少一些人們的誹謗。」慕容評問：「哪一個是賢者？」申紹說：「高泰就是其中比較有影響力、有號召力的人物。」於是慕容評便任命高泰為尚書郎。高泰，是高瞻的姪子。申紹，是申胤的哥哥。

秦國將燕國的使者梁琛挽留了一個多月，才允許他返回燕國。梁琛倍道兼程向燕國進發，等到達鄴城的時候，吳王慕容垂已經投奔了秦國。梁琛對太傅慕容評說：「秦國每天都在操練人馬，在陝東積蓄了很多糧食，以我看來，燕國與秦國的友好一定不會長久。現在吳王慕容垂又投奔了秦國，秦國一定會有吞併燕國的陰謀，我們燕國應該早些做好準備。」慕容評說：「秦國怎麼可能接納燕國的叛臣而破壞了兩國之間的友好呢！」梁琛說：「如今秦國與燕國分別佔據著中原地區，互相都有吞併對方的志向。東晉大司馬桓溫入侵燕國，秦國是從自身的利害得失考慮，才決定出兵救援燕國，並不是因為愛護燕國。如果燕國有了可乘之機，秦國怎麼會忘記固有的吞併燕國的志向呢！」太傅慕容評向梁琛詢問說：「秦王苻堅是怎麼樣的一個人？」梁琛回答說：「英明而又善於決斷。」又詢問王猛的為人，梁琛說：「名不虛傳。」慕容評根本不把梁琛的話當回事。梁琛又把同樣的意思報告了燕主慕容暐，慕容暐也不贊同梁琛的看法。梁琛將自己的看法又告訴了太尉皇甫真，皇甫真深感憂慮，遂上疏給燕主慕容暐說：「秦王苻堅雖然不斷地派出使節前來燕國進行友好訪問，然而確實有暗中窺測燕國之心，他不是那種仰慕恩德、愛好仁義，永遠不會忘記兩國固有的友好盟約的人。此前率軍出兵洛川，後來又不斷地派遣使者前來燕國，我們燕國境內的險要地勢、情況虛實，秦國已經完全掌握了。如今吳王慕容垂又前往秦國跟隨了苻堅，成為為苻堅出謀劃策的主謀之人，像古代伍子胥帶給楚國那樣的災禍，我們不能不加以防備。洛陽、太原、壺關，都應該挑選精兵良將增加防守，以提防秦國進攻燕國。」燕主慕容暐召見太傅慕容評一起商議此事，慕容評說：「秦國國土面積小而力量弱，完全仰仗我國對他的支援。而且秦王苻堅在外交上多少還是講究點睦鄰友好的，無論如何也不會聽信叛臣的言論而斷絕了與燕國的友好關係。我們不應該無緣無故地自己先驚慌擾亂起來，以引發秦國進犯燕國之心。」燕國始終沒有對秦國進行戒備。

秦國派遣擔任黃門郎的石越出使燕國進行友好訪問，燕國太傅慕容評竭盡所有，向秦國的使者展示豪華奢侈，想以此誇耀燕國的富庶和強盛。尚書郎高泰以及擔任太傅參軍的河間人劉靖都提醒慕容評說：「秦國的使者石越說話不著邊際，眼神高深莫測，此來不是為了鞏固友好，而是來觀察燕國的破綻，伺隙而欲有所為。現在應該向他炫耀武力，以摧毀他們的陰謀。如今卻向他展示奢華，恐怕更被秦國所輕視。」慕容評還是聽不進去，高泰遂宣稱有病，辭職回家了。

當時，皇太后可足渾氏妨礙、干擾朝政，太傅慕容評貪財昧利，為了利益不顧一切，而且永遠沒有滿足的時候，於是賄賂公行，金銀財貨全都從下級流入了上級的口袋，各級官員的任職升遷都不再憑藉才能而是全靠賄賂，下層民眾人人充滿怨憤。擔任尚書左丞的申紹上疏給朝廷，申紹認為：「郡守和縣宰這兩級官員，是使國家達到太平的基礎。如今擔任郡守縣宰的人，大多都不是合適的人選，有的武將來自於行伍，有的則是生長於富貴之家的紈袴子弟。他們既不是由郡、縣推舉出來，又沒有在朝廷中擔任過任何職務。再加上官員的罷免與升遷沒有一定的法制標準，貪贓枉法、怠惰政事的不必擔心刑罰會落到自己身上，為政清廉、勤勉的官員也得不到任何表彰、獎賞這樣的鼓勵。所以導致民窮財匱，盜賊遍地，政治秩序混亂，沒有人出來對此進行舉發與整頓。還有，官吏雖然人數眾多，超過了以往的任何朝代，然而公私事務眾多雜亂，官吏卻無法勝任這些煩雜的事務。大燕國的人口數量，是秦國與東晉加起來的總和，軍事力量之強大，四方都趕不上。而近來卻屢戰屢敗，都是因為郡守縣宰賦稅徵收、差役攤派不公平，侵奪吞沒百姓的財物沒完沒了，被拉去當兵出征的與留在家鄉種田的，日子過得都非常艱難，所以沒有人願意為國家捨生忘死地去奮力作戰的緣故。皇帝後宮中的宮女就有四千多人，那些供驅使的僕役、奴隸還不包括其中，一日的花費，就多達萬金，士大夫與平民受這種奢侈之風的影響，全都互相攀比，看誰最能奢侈靡費。秦國苻堅僭稱帝號，而吳地的晉國僻居江南一隅，雖然如此，尚且能管理好他們的下屬，有兼併別國的心志。而我們燕國上下互相仿效、相互遷就，情形一天比一天嚴重。我們國家治理得不好，正是秦、晉所希望看到的。我認為應該嚴格地挑選任用郡守、縣宰，精簡機構，罷免冗官，安慰撫恤軍人家屬，使公私雙方都滿意，雙方都得利，節省開支，抑制浮華奢靡，珍惜錢財，節省用度，獎賞必須與功勞相當，懲罰也必須與罪行相符。如此的話，則東晉大司馬桓溫、秦國尚書令王猛就可以被我們擒來梟首示眾，秦國、東晉兩個敵國就可以被我們消滅，豈止限於保護邊境、安定人民而已呢！再有，鮮卑人索頭部落首領拓跋什翼犍既老且病、昏聵狂妄，雖然沒有向燕國進貢方物，卻沒有能力對我們燕國構成危害，而我們卻辛勞士卒到遙遠的雲中郡去戍邊防守，以防範拓跋什翼犍的侵擾，這樣做只會給國家帶來損失而沒有任何好處。不如把這一部分軍隊轉移到并州境內，以控制西河地區，南方可以堅守壺關要塞，北部重點防守晉陽，如果西方的賊寇前來進犯則用來據守，賊寇撤退時可以用來截斷他們的殿後部隊，這總比派兵戍守雲中郡一座孤城、保衛一塊無用之地好得多。」奏疏呈遞之後，竟然沒有人理睬。

十一月二十五日辛丑，東晉丞相司馬昱與大司馬桓溫在涂中相會，商討以後的北伐行動計畫。任命桓溫的世子桓熙為豫州刺史、假節。

當初，燕國許諾割讓虎牢關以西地區給秦國，作為酬謝。等到東晉兵馬撤退之後，燕國人又心生悔意，派人對秦國說：「燕國從未答應割讓虎牢以西地區給秦國，是使者當時說錯了話，才發生了這樣的誤會。有國有家的人，相互之間分擔一些受災損失，對受災一方給與一定的援助，這是人之常情。」秦王苻堅聽到燕國說出這樣的話，不禁勃然大怒，立即派遣輔國將軍王猛、建威將軍梁成、洛州刺史鄧羌率領三萬名步騎兵討伐燕國。十二月，秦軍開始進攻洛陽。

東晉大司馬桓溫徵調徐州、兗州的民眾修築廣陵城，把自己的軍事指揮部遷到廣陵城。由於頻繁地徵調勞工築城，再加上瘟疫流行，死亡的人數竟然佔到了當時人口的十分之四五，百姓怨聲載道。擔任祕書監的太原人孫盛於是寫了一本《晉春秋》，毫不隱諱的記載了當時發生的事情。大司馬桓溫看到了孫盛的《晉春秋》之後，非常憤怒，他對孫盛的兒子說：「枋頭戰役，確實是失敗了，但何至於像你父親書中所寫的那種樣子！如果一旦讓這本史書流傳開去，這可是關係到你們家族命運的大事！」孫盛的兒子趕緊向桓溫謝罪，請求允許自己的父親改寫這段歷史。當時孫盛年老家居，性情方正嚴肅，有稜角，講原則，子孫即使到了鬚髮斑白的年紀，孫盛要求他們卻越發的嚴厲。這件事情發生之後，孫盛的兒子們全都嚎啕痛哭，給他磕頭，請求他為了全家這一百多口人的命運考慮，改寫《晉春秋》。孫盛大怒，就是不肯答應，諸子遂私下裡進行了刪改。沒有想到的是，孫盛此前已經抄寫了一個副本，早已流傳到國外。等到東晉孝武皇帝司馬曜時期搜求天下異書的時候，竟然從遼東人那裡購得此書，與當時所流行的刪改本不同，於是兩種版本同時留存於世。

五年（庚午　西元三七〇年）

春，正月己亥❶，袁真以梁國內史沛郡朱憲及弟汝南內史斌陰通大司馬溫❷，殺之。

秦王猛遺燕荊州❸刺史武威王筑書曰：「國家❹今已塞成皋之險❺，杜❻盟津之路❼。大駕❽虎旅百萬，自軹關❾取鄴都。金墉窮戍❿，外無救援，城下之師，將軍所監⓫，豈三百弊卒所能支也！」筑懼，以洛陽降，猛陳師受之⓬。燕衛大將軍樂安王臧⓭城新樂⓮，破秦兵于石門⓯，執秦將楊猛。

王猛之發長安也，請慕容令參其軍事，以為鄉導。將行，造⓰慕容垂飲酒，從容謂垂曰：「今當遠別，卿[1]何以贈我？使我覩物思人。」垂脫佩刀贈之。猛至洛陽，賂垂所親金熙，使詐為垂使者，謂令曰：「吾父子來此，以逃死[17]也。今王猛疾人如讎，讒毀日深。秦王雖外相厚善，其心難知。丈夫逃死而卒不免，將為天下笑。吾聞東朝[18]比來始更悔悟，主后相尤[19]。吾今還東，故遣告汝。吾已行矣，便可速發。」令疑之，躊躇終日，又不可審覆[20]。乃將舊騎[21]，詐為出獵，遂奔樂安王臧於石門。猛表令叛狀[22]，垂懼而出走，及藍田[23]，為追騎所獲。秦王堅引見東堂，勞[24]之曰：「卿家國失和，委身投朕。賢子[25]心不忘本，猶懷首丘[26]，亦各其志，不足深咎。然燕之將亡，非今所能存，惜其徒入虎口耳。且父子兄弟，罪不相及，卿何為過懼[27]而狼狽如是[28]乎！」待之如舊。燕人以令叛而復還，其父為秦所厚，疑令為反間[29]，徙之沙城，在龍都[30]東北六百里。

臣光曰：「昔周得微子[31]而革商命[32]，秦得由余[33]而霸西戎，吳得伍員[34]而克彊楚，漢得陳平[35]而誅項籍[36]，魏得許攸[37]而破袁紹。彼敵國之材臣，來為己用，進取[38]之良資也。王猛知慕容垂之心久而難信，獨不念燕尚未滅，垂以材高功盛，無罪見疑，窮困歸秦，未有異心，遽以猜忌殺之，是助燕為無道而塞來者之門[39]也，如何其可哉？故秦王堅禮之以收燕望[40]，親之以盡燕情[41]，寵之以傾燕眾[42]，信之以結燕心，未為過矣。猛何汲汲(43)於殺垂，至[2]乃為市井鬻賣之行(44)，有如嫉其寵而讒之(45)者，豈雅德(46)君子所宜為哉！」

樂安王臧進屯滎陽，王猛遣建威將軍梁成、洛州刺史鄧羌擊走之，留羌鎮金墉，以輔國司馬桓寅(47)為弘農(48)太守，代羌戍陝城而還。

秦王堅以王猛為司徒、錄尚書事，封平陽郡侯。猛固辭曰：「今燕、吳未平，戎車方駕。而始得一城，即受三事(49)之賞，若克殄二寇(50)，將何以加之？」堅曰：「苟不暫抑朕心(51)，何以顯卿謙光之美(52)！已詔有司(53)，權聽所守(54)，封爵酬庸(55)，其勉從朕命(56)！」

二月癸酉(57)，袁真卒。陳郡太守朱輔立真子瑾為建威將軍、豫州刺史，以保壽春，遣其子乾之及司馬爨亮如鄴請命(58)。燕人以瑾為揚州刺史，輔為荊州刺史。

三月，秦王堅以吏部尚書權翼為尚書右僕射。○夏，四月，復以王猛為司徒、錄尚書事，猛固辭，乃止。

燕、秦皆遣兵助袁瑾，大司馬溫遣督護竺瑤等禦之。燕兵先至，瑤等與戰于武丘(59)，破之。南頓(60)太守桓石虔克其南城(61)。石虔，溫之弟子也。

秦王堅復遣王猛督鎮南將軍楊安等十將步騎六萬以伐燕。

慕容令自度終不得免，密謀起兵，沙城中謫戍士[62]數千人，令皆厚撫之。五月庚午[63]，令殺牙門[64]孟嬀。城大[65]涉圭懼，請自效[66]。令信之，引置左右，遂帥謫戍士東襲威德城[67]，殺城郎[68]慕容倉，據城部署[69]，遣人招東西諸戍[70]，翕然[71]皆應之。鎮東將軍勃海王亮鎮龍城，令將襲之。其弟[72]麟以告亮，亮閉城拒守。癸酉[73]，涉圭因侍直[74]擊令，令單馬走，其黨皆潰。涉圭追令至薛黎澤[75]，擒而殺之，詣[76]龍城白亮。亮為之[3]誅涉圭[77]，收令尸而葬之。

六月乙卯[78]，秦王堅送王猛於灞上[79]，曰：「今委卿以關東之任[80]，當先破壺關，平上黨[81]，長驅取鄴，所謂『疾雷不及掩耳』。吾當親督萬眾，繼卿星發[82]，舟車糧運，水陸俱進，卿勿以為後慮[83]也。」猛曰：「臣杖威靈，奉成筭[84]，盪平殘胡，如風掃葉。願不煩鑾輿親犯塵霧[85]，但願速敕所司部置鮮卑之所[86]。」堅大悅。

秋，七月癸酉朔[87]，日有食之。○秦王猛攻壺關，楊安攻晉陽。

八月，燕王暐命太傅上庸王評將中外精兵三十萬以拒秦。暐以秦寇為憂，召散騎侍郎李鳳、黃門侍郎梁琛、中書侍郎樂嵩問曰：「秦兵眾寡何如？今大軍既出，秦能戰乎？」鳳曰：「秦國小兵弱，非王師之敵。景略常才[88]，又非太傅之比，不足憂也。」琛、嵩曰：「勝敗在謀，不在眾寡。秦遠來為寇，安肯不戰！且吾當用謀以求勝，豈可冀其不戰而已[89]乎！」暐不悅。

王猛克壺關，執上黨太守南安王越，所過郡縣，皆望風降附，燕人大震。黃門侍郎封孚問司徒長史申胤曰：「事將何如？」胤歎曰：「鄴必亡矣！吾屬今茲[90]將為秦虜。然越得歲[91]而吳伐之[92]，卒受其禍[93]。今福德在燕[94]，秦雖得志[95]，而燕之復建[96]，不過一紀[97]耳。」

大司馬溫自廣陵帥眾二萬討袁瑾，以襄城太守劉波為淮南內史，將五千人鎮石頭[98]。波，隗[99]之孫也。癸丑[100]，溫敗瑾于壽春，遂圍之。燕左衛將軍孟高將騎兵救瑾，至淮北，未渡，會秦伐燕，燕召高還。

廣漢[101]妖賊李弘詐稱漢歸義侯勢[102]之子，聚眾萬餘人，自稱聖王，年號鳳凰。隴西[103]人李高詐稱成主雄[104]之子，攻破涪城[105]，逐梁州刺史楊亮。九月，益州刺史周楚遣子瓊討高，又使瓊子梓潼[106]太守虓討弘，皆平之。

秦楊安攻晉陽。晉陽兵多糧足，久之未下。王猛留屯騎校尉苟長[4]戍壺關，引兵助安攻晉陽，為地道，使虎牙將軍張蚝帥壯士數百潛入城中，大呼斬關[107]，納秦兵。

辛巳[108]，猛、安入晉陽，執燕并州刺史東海王莊。太傅評畏猛不敢進，屯于潞川[109]。冬，十月辛亥[110]，猛留將軍武都毛當戍晉陽，進兵潞川，與慕容評相持。壬戌[111]，猛遣將軍徐成覘燕軍形要[112]，期以日中，及昏而返。猛怒，將斬之。鄧羌請之曰：「今賊眾我寡，詰朝[113]將戰。成，大將也，宜且宥之。」猛曰：「若不殺成，軍法不立。」羌固請曰：「成，羌之郡將[114]也，雖違期應斬，羌願與成効戰[115]以贖之。」猛弗許。羌怒，還營，嚴鼓勒兵[116]，將攻猛。猛問其故，羌曰：「受詔討遠賊，今有近賊[117]，自相殺，欲先除之！」猛謂羌義而有勇，使語之[118]曰：「將軍止，吾今赦之。」成既免，羌詣猛謝，猛執其手曰：「吾試將軍耳。將軍於郡將尚爾[119]，況國家乎！吾不復憂賊矣！」

太傅評以猛懸軍深入[120]，欲以持久[121]制之。評為人貪鄙[122]，鄣固山泉[123]，鬻樵及水[124]，積錢帛如丘陵。士卒怨憤，莫有鬬志。猛聞之，笑曰：「慕容評真奴才，雖億兆[125]之眾不足畏，況數十萬乎！吾今茲破之必矣。」乃遣游擊將軍郭慶帥騎五千，夜從間道[126]出評營後，燒評輜重，火見鄴中[127]。燕王暐懼，遣侍中蘭伊讓[128]評曰：「王，高祖[129]之子也，當以宗廟社稷為憂，柰何不撫戰士而榷賣樵水[130]，專以貨殖為心[131]乎！府庫之積，朕與王共之，何憂於貧！若賊兵遂進[132]，家國喪亡，王持錢帛欲安所置之[133]！」乃命悉以其錢帛散之軍士，且趨[134]使戰。評大懼，遣使請戰於猛。

甲子[135]，猛陳於渭源[136]而誓之曰：「王景略受國厚恩，任兼內外[137]。今與諸君深入賊地，當竭力致死，有進無退，共立大功，以報國家。受爵明君之朝[138]，稱觴父母之室[139]，不亦美乎！」眾皆踴躍，破釜棄糧[140]，大呼競進[141]。

猛望燕兵之眾，謂鄧羌曰：「今日之事，非將軍不能破勍敵[142]。成敗之機[143]，在茲一舉，將軍勉之！」羌曰：「若能以司隸見與[144]者，公勿以為憂。」猛曰：「此非吾所及[145]也，必以安定[146]太守、萬戶侯相處[147]。」羌不悅而退。俄而兵交[148]，猛召羌，羌寢不應[149]。猛馳就許之[150]，羌乃大飲帳中，與張蚝、徐成等跨馬運矛[151]，馳赴燕陳，出入數四[152]，旁若無人，所殺傷數百。及日中，燕兵大敗，俘斬五萬餘人。乘勝追擊，所殺及降者又十萬餘人。評單騎走還鄴。

崔鴻[153]曰：「鄧羌請郡將[154]以撓法[155]，徇私也。勒兵欲攻王猛，無上[156]也。臨戰豫求司隸，邀君[157]也。有此三者，罪孰大焉！猛能容其所短，收其所長[158]，若馴猛虎，馭悍馬[159]，以成大功。詩曰：『采葑采菲，無以下體[160]。』猛之謂矣！」

秦兵長驅而東，丁卯[161]，圍鄴。猛上疏稱：「臣以甲子之日，大殲醜類[162]。

順陛下仁愛之志，使六州士庶[163]，不覺易主[164]，自非[165]守迷違命[166]，一無所害。」秦王堅報之曰：「將軍役不踰時[167]，而元惡克舉[168]，勳高前古。朕今親帥六軍，星言電赴[169]。將軍其休養將士，以待朕至，然後取之[170]。」

猛之未至也，鄴旁[171]剽劫公行[172]。及猛至，遠近帖然[173]，號令嚴明，軍無私犯[174]，法簡政寬，燕民各安其業。更相謂曰：「不圖[175]今日復見太原王[176]。」猛聞之 [5]，歎曰：「慕容玄恭[177]信奇士[178]也，可謂古之遺愛[179]矣！」設太牢[180]以祭之。

十一月，秦王堅留李威輔太子守長安，陽平公融鎮洛陽，自帥精銳十萬赴鄴，七日而至安陽[181]，宴祖父時故老[182]。猛潛如安陽[183]謁堅。堅曰：「昔周亞夫不迎漢文帝[184]，今將軍臨敵而棄軍[185]，何也？」猛曰：「亞夫前卻人主以求名[186]，臣竊少之[187]。且臣奉陛下威靈，擊垂亡[188]之虜，譬如釜中之魚，何足慮也！監國[189]沖幼，鑾駕遠臨[190]，脫有不虞[191]，悔之何及！陛下忘臣灞上之言[192]邪？」

初，燕宜都王桓帥眾萬餘屯沙亭[193]，為太傅評後繼。聞評敗，引兵屯內黃[194]。堅使鄧羌攻信都[195]。丁丑[196]，桓帥鮮卑五千奔龍城。戊寅[197]，燕散騎侍郎餘蔚帥扶餘、高句麗[198]及上黨質子[199]五百餘人，夜，開鄴北門納秦兵，燕王暐與上庸王評、樂安王臧、定襄王淵、左衛將軍孟高、殿中將軍艾朗等奔龍城。辛巳[200]，秦王堅入鄴宮。

慕容垂見燕公卿大夫及故時僚吏，有慍色[201]。高弼密[6]言於垂曰：「大王憑祖宗積累之資，負英傑高世之略，遭值迍阨[202]，棲集[203]外邦。今雖家國傾覆，安知其不為興運之始[204]邪？愚謂國之舊人[205]，宜恢[206]江海之量，有以慰結其心，以立覆簣之基[207]，成九仞[208]之功，柰何以一怒捐之[209]？愚竊為大王不取也。」垂悅，從之。

燕主暐之出鄴也，衛士猶千餘騎。既出城，皆散，惟十餘騎從行。秦王堅使游擊將軍郭慶追之。時道路艱難，孟高扶侍暐，經護二王[210]，極其勤瘁[211]。又所在遇盜[212]，轉鬬而前[213]。數日，行至福祿[214]，依冢解息[215]。盜二十餘人猝至，皆挾弓矢。高持刀與戰，殺傷數人。高力極，自度必死，乃直前抱一賊，頓擊[216]於地，大呼曰：「男兒窮[217]矣！」餘賊從旁射高，殺之。艾朗見高獨戰，亦還趨賊[218]，并死。暐失馬步走，郭慶追及於高陽[219]，部將巨武將縛之，暐曰：「汝何小人，敢縛天子！」武曰：「我受詔追賊，何謂天子！」執以詣秦王堅。堅詰其不降而走之狀，對曰：「狐死首丘，欲歸死於先人墳墓[220]耳！」堅哀而釋之，令還宮，帥文武出降[221]。暐稱孟高、艾朗之忠於堅，堅命厚加斂葬，拜其子為郎中。

郭慶進至龍城，太傅評奔高句麗，高句麗執評送於秦。宜都王桓殺鎮東將軍勃海王亮，并其眾，奔遼東。遼東太守韓稠先已降秦，桓至，不得入，攻之，不克。郭慶遣將軍朱嶷擊之，桓棄眾單走，嶷獲而殺之。

諸州牧守及六夷渠帥[222]盡降於秦，凡得郡百五十七，戶二百四十六萬，口九百九十九萬。以燕宮人、珍寶分賜將士。下詔大赦，曰：「朕以寡薄[223]，猥承休命[224]，不能懷遠以德，柔服四維[225]，至使戎車屢駕[226]，有害斯民，雖百姓[227]之過，然亦朕之罪也。其大赦天下，與之更始[228]。」

初，梁琛之使秦也，以侍輦[229]苟純為副[230]。琛每應對[231]，不先告純，純恨之，歸言於燕王暐曰：「琛在長安，與王猛甚親善，疑有異謀。」琛又數稱秦王堅及王猛之美，且言秦將興師，宜為之備。已而[232]秦果伐燕，皆如琛言。暐乃疑琛知其情。及慕容評敗，遂收琛繫獄[233]。秦王堅入鄴而釋之，除[234]中書著作郎，引見，謂之曰：「卿昔言上庸王、吳王皆將相奇材，何為不能謀畫，自使亡國？」對曰：「天命廢興，豈二人所能移[235]也！」堅曰：「卿不能見幾而作[236]，虛稱燕美，忠不自防，反為身禍，可謂智乎？」對曰：「臣聞『幾者動之微，吉之先見者也[237]』。如臣愚暗[238]，實所不及[239]。然為臣莫如忠，為子莫如孝，自非有一至[240]之心者，莫能保忠孝之始終。是以古之烈士，臨危不改，見死不避，以徇君親。彼知幾者，心達安危，身擇去就，不顧家國，臣就使知之，尚不忍為，況非所及邪！」

堅聞悅綰之忠，恨不及見，拜其子為郎中。

堅以王猛為使持節、都督關東六州[241]諸軍事、車騎大將軍、開府儀同三司、冀州牧，鎮鄴，進爵清河郡侯，悉以慕容評第中之物賜之。賜楊安爵博平縣侯，以鄧羌為使[7]持節、征虜將軍、安定太守，賜爵真定郡侯，郭慶為持節、都督幽州諸軍事、幽州刺史，鎮薊，賜爵襄城侯，其餘將士封賞各有差。

堅以京兆韋鐘為魏郡太守，彭豹為陽平[242]太守，其餘州縣牧、守、令、長[243]，皆因舊以[8]授之[244]。以燕常山太守申紹為散騎侍郎，使與散騎侍郎京兆韋儒俱為繡衣使者[245]，循行[246]關東州郡，觀省[247]風俗，勸課[248]農桑，振恤[249]窮困，收葬死亡，旌顯[250]節行，燕政有不便於民者，皆變除之。

十二月，秦王堅遷慕容暐及燕后妃、王公、百官并鮮卑四萬餘戶于長安。

王猛表留梁琛為主簿，領記室督[251]。它日，猛與僚屬宴，語及燕朝使者，猛曰：「人心不同，昔梁君[252]至長安，專美本朝[253]，樂君[254]但言桓溫軍盛[255]，郝君[256]微說國弊[257]。」參軍馮誕曰：「今三子皆為國臣[258]，敢問取臣之道何先[259]？」猛曰：

「郝君知幾(260)為先。」誕曰：「然則明公賞丁公而誅季布(261)也。」猛大笑。

秦王堅自鄴如枋頭，宴父老，改枋頭曰[9]永昌，復之終世(262)。甲寅(263)，至長安，封慕容暐為新興侯。以燕故臣慕容評為給事中(264)，皇甫真為奉車都尉，李洪為駙馬都尉，皆奉朝請(265)。李邽為尚書，封衡為尚書郎，慕容德為張掖太守，燕國平叡為宣威將軍，悉羅騰為三署郎，其餘封署[10]各有差。衡，裕(266)之子也。

燕故太史黃泓歎曰：「燕必中興，其在吳王乎？恨吾老，不及見耳(267)！」汲郡趙秋曰：「天道在燕(268)，而秦滅之[11]，不及十五年，秦必復為燕有(269)。」

慕容桓之子鳳，年十一，陰有復讎之志，鮮卑、丁零(270)有氣幹(271)者皆傾身(272)與之交結。權翼(273)見而謂之曰：「兒(274)方以才望自顯(275)，勿效爾父不識天命(276)！」鳳厲色曰：「先王欲建忠而不遂(277)，此乃人臣之節；君侯之言，豈獎勸將來之義(278)乎？」翼改容謝之，言於秦王堅曰：「慕容鳳慷慨有才器(279)，但狼子野心，恐終不為人用耳。」

秦省雍州(280)。

是歲，仇池公楊世(281)卒，子纂立，始與秦絕。叔父武都太守統與之爭國，起兵相攻。

【章　旨】以上為第二段，寫海西公太和五年（西元三七〇年）一年間的大事。主要寫了王猛奉命伐燕，致書燕將慕容筑，示以形勢，慕容筑遂率洛陽降秦；寫了王猛出兵伐燕時，請慕容垂之子慕容令參其軍事，中途派人偽造慕容垂的書信，呼慕容令離秦返燕，慕容令不辨真假，遂率部逃入燕軍；王猛遂上表苻堅，敘慕容令「叛逃」事，慕容垂見狀只好出逃，而中途被俘獲送回，苻堅深諒其情，待之如初；寫了王猛二次受命大舉伐燕，先破燕軍於壺關、晉陽，大破慕容評軍於潞川，進而包圍鄴城，鄴城內叛，開門納秦兵，慕容暐逃出後，被追兵捉回，遂率文武出降，前燕從此告滅；還寫了慕容令受騙歸燕，燕人不信，最後輾轉數地，終被燕人所殺；以及袁真在壽春病死，部屬擁立其子袁瑾主事，桓溫率軍破之而圍壽春等等。

【注　釋】❶正月己亥　正月二十四。❷陰通大司馬溫　暗中與桓溫通謀。❸燕荊州　燕國的荊州州治在洛陽。❹國家　自稱秦國。❺已塞成皋之險　已經堵塞了成皋的險要之地。滎陽在洛陽以東，意即已將洛陽東出與燕國本土的聯絡截斷。成皋之險，即虎牢關一帶的險要之地。成皋在今河南滎陽西北的大邳山上，其東側有汜水鎮，西有虎牢關，自古為黃河以南的東西交通孔道和戰爭要塞。❻杜　堵塞；斷絕。❼盟津之路　盟津一帶的南北通道。盟津是黃河渡口名，在今河南孟津東北，孟縣西南，在洛陽城的北部。杜盟津之路，等於說切斷了慕容筑北逃的歸路。❽大駕　帝王出行的車駕，常用為帝王的代稱，這裡指苻堅親自統率大軍。❾軹關　要塞名，在今河南濟源城南，當時有軹縣，地處孟津渡口的東北方。❿金墉窮戍　洛陽城一個孤立困乏的據點。金墉，當時洛陽城西北角的一個小城，這裡即代指洛陽。⓫將軍所監　是你親眼可以看到的。監，看。⓬陳師受之　布好自己的陣式，接受了慕容筑的投降。所以要「陳師」，蓋受降如受敵，必須防變也。⓭樂安王臧　慕容臧，慕容儁之子，慕容暐之兄。⓮城新樂　在新樂縣築城。新樂城即今河南新鄉。⓯石門　古邑名，應在今河南滎陽之東北部。⓰造　到……處。⓱逃死　躲避為慕容評所殺。⓲東朝　指燕國。⓳主后相尤　指燕王慕容暐與其母可足渾太后已經在互相指責當初加害慕容垂的不對。⓴審覆　調查覆核。㉑舊騎　自燕奔秦時隨行的騎兵。㉒表令叛狀　給苻堅上書報告慕容令叛逃的情形。㉓藍田　縣名，縣治在今陝西藍田西，地處長安城的東南方。㉔勞　安慰；慰勞。㉕賢子　以稱慕容令。㉖猶懷首丘　還心念故鄉。《禮記・檀弓》有所謂「狐死正丘首」之語，意思是說狐狸臨死時必然要讓自己的頭向著自己的窩，後人遂稱不忘故土為「首丘」。㉗過懼　過分害怕。㉘狼狽如是　張皇失措到這種程度。狼狽，張皇失措，無所適從的樣子。㉙反間　這裡即「間諜」、「奸細」。㉚龍都　即龍城，又稱和龍城、黃龍城，即今遼寧朝陽。㉛微子　名啟，商紂王的庶兄。見商將亡，諫紂不聽，乃離國出走。周武王伐紂，微子持祭器稱臣於周。武王滅商後，封微子於宋，為宋國的始祖。事詳《尚書・微子》、《史記・殷本紀》及〈宋微子世家〉。㉜革商命　意即滅掉了商王朝。㉝由余　春秋時戎族的良臣，奉命使秦，受到秦穆公的欣賞。秦穆公用計將其招致到秦國，任以為上卿。由余遂幫助秦穆公謀伐西戎，滅國十二，闢地千里，使秦穆公成為西戎地區的霸主。事詳《史記・秦本紀》。㉞伍員　字子胥，春秋末期楚國人，因其父兄被楚平王所殺，為給父兄報仇遂逃身到吳國，協助闔閭取得吳國政權後，興兵伐楚，差點將楚國滅亡。事見《史記・伍子胥列傳》。㉟陳平　秦末漢初人，原是項羽的部下，因不受項羽重用而逃歸劉邦，成為劉邦手下的重要謀士，在協助劉邦消滅項羽的過程中起了重要作用。傳見《史記・陳丞相世家》。㊱項籍　即項羽，名籍，字羽。㊲許攸　字子遠，東漢末年人，初為袁紹謀士，因給袁紹設謀而不聽，遂改投曹操，為曹軍打敗袁紹、奪取冀州起了重要作用。事詳《三國志》卷十二〈崔琰傳〉，裴松之注引《魏略》。㊳進取　進攻敵方，獲取勝利。㊴塞來者之門　堵塞了所有想來投奔者的門路。來者，前來歸附者。㊵收燕望　收合燕人之心，在燕人心目中樹立起名望。㊶盡燕情　使燕人的感情得到滿足。㊷傾燕眾　使燕人都傾向秦國。㊸汲汲　急不可耐的樣子。㊹市井鬻賣之行　比喻只圖眼前利益而不做長遠打算。鬻賣，市場上的做買賣。㊺嫉其寵而讒之　看到別人受寵而內心不平，於是就去說人家的壞話。㊻雅德　雅量；高尚的氣度。㊼輔國司馬桓寅　時王猛任輔國將軍，桓寅為王猛任司馬。司馬是將軍的高級僚屬。㊽弘農　郡名，郡治在今河南陝縣。秦原以洛州刺史鄧羌鎮陝，今鄧羌進駐金墉，故以桓寅代駐陝城。㊾三事　亦稱「三司」或「三公」，指周代的司徒、司馬、司空，以及秦漢時代的丞相、太尉、御史大夫。㊿克殄二寇　指消滅東晉與燕國。克殄，戰勝、消滅。(51)暫抑朕心　意即稍稍放下一點我的架子。(52)謙光之美　謙恭的美德。謙光，意即謙恭。(53)已詔有司　已下令告知有關官員。(54)權聽所守　暫時還讓你管理原來的事務。權，姑且。聽，聽任；由你。(55)封爵酬庸　加封爵位以獎勵功勞。酬，報；獎勵。庸，功勳。(56)其勉從朕命　還是請你勉強聽從我的命令。其，句首發語詞，表示祈請、命令。勉，勉強；姑且。(57)二月癸酉　二月二十八。(58)如鄴請命　到鄴城請求燕王的批准、任命。(59)武丘　古城名，在今河南沈丘東南。(60)南頓　縣名，縣治在今河南項城西。(61)南城　壽春南城。(62)讁戍士　因有罪被發配、流放戍邊的士卒。(63)五月庚午　此語有誤，五月朔甲戌，無庚午日。「五月」應為「四月」之誤。四月庚午即四月二十六。(64)牙門　牙門將軍的省稱，又稱牙門將。三國時始置，人數較多。(65)城大　城主；城堡的守將。(66)請自效　請求為之效力。(67)威德城　原為宇文涉夜干所居之城，慕容皝改名威德城。或說在今內蒙古西遼河上源西拉木倫河或老哈河流域一帶。(68)城郎　守城官員，意同「城大」、「城主」。(69)據城部署　佔據城堡後給眾人分派任務。(70)諸戍　各個防守據點。(71)翕然　眾心一致的樣子。(72)其弟　慕容令之弟。(73)癸酉　四月二十九。(74)侍直　趁輪班值勤。直，同「值」。值勤。(75)薛黎澤　水澤名，或說在今內蒙古西遼河流域。(76)詣　往；到。(77)為之誅涉圭　為慕容令而殺了涉圭。(78)六月乙卯　六月十二。(79)灞上　指當時長安城東南的灞水西側高原，歷來為駐兵之地。(80)關東之任　即平定關東地區的任務。(81)上黨　地區名，也是郡名，郡治在今山西壺關縣東北。(82)星發　指披星戴月地兼程而行。(83)勿以為後慮　不用擔心後方的供應與補給問題。(84)奉成筭　按照你預定的計謀從事。筭，同「算」。(85)不煩鑾輿親犯塵霧　不用勞動您親臨前方戰線。鑾輿，帝王的車駕，這裡即指苻堅。親犯塵霧，以喻親臨戰場。(86)部置鮮卑之所　安置鮮卑族俘虜即燕國君臣的場所。(87)七月癸酉朔　七月初一是癸酉日。(88)景略常才　王猛的才能又甚一般。王猛字景略。常，平常。(89)已　結束；罷兵。(90)今茲　如今；現在。(91)越得歲　歲星運行到越國的分野。歲，歲星，即木星。古人認為歲星所在，其國有福。(92)吳伐之　吳國進攻越國，事在《左傳》昭公三十二年，西元前五一〇年。時為吳王闔閭五年，越國的君主名叫允常。因為這一年歲星運行到星紀，星紀有斗、牛兩宿，是越國的分星。故而當時的天文學家史墨說：這對越國有利，對吳國不利，並預言四十年以後越國將滅掉吳國。(93)卒受其禍　昭公三十二年吳對越國的用兵，雖然取勝，但到吳王夫差二十三年（西元前四七三年），吳國終於被越王句踐所滅。事見《史記・吳太伯世家》、〈越王句踐世家〉。至於天文學者所說的預言，自然是事後的編造與附會。(94)今福德在燕　意即今年正當歲星運行到燕國的分野，上天保佑燕國。(95)秦雖得志　秦國即使如願地滅掉燕國。(96)復建　重建；重新建立國家。(97)不過一紀　用不了十二年。古稱十二年為一紀。結果慕容垂果然在西元三八四年又建立了後燕。正好相隔十二年。這申胤的夸夸其談，自然也是後來歷史家的編造附會。(98)石頭　石頭城，在當時建康城的旁邊，今南京清涼山麓，歷來為軍事重鎮。(99)隗　劉隗，晉元帝時期的執政大臣，被王敦造反所指名討伐，因之北逃入後趙。傳見《晉書》卷六十九。(100)癸丑　八月十一。(101)廣漢　郡名，郡治在今四川綿竹東南，成都之東北方。(102)歸義侯勢　李勢，西蜀成漢政權的末代君主，穆帝永和三年被晉將桓溫所滅，李勢降晉被封為歸義侯。(103)隴西　郡名，郡治即今甘肅隴西縣。(104)成主雄　李雄，李特之子，成漢政權的創立者，西元三〇四—三三三年在位。(105)涪城　即今四川綿陽。(106)梓潼　郡名，郡治即今綿陽。(107)斬關　砍開城門的栓與鎖。(108)辛巳　九月初十。(109)潞川　水名，即濁漳河，流經今山西潞城東北。(110)十月辛亥　十月初十。(111)壬戌　十月二十一。(112)覘燕軍形要　偵察燕軍的形勢要害。覘，偷偷觀察。形指軍容的外部形態；要指判斷內部原因。(113)詰朝　明旦；明早。(114)羌之郡將　我鄧羌所在郡的太守。王充《論衡》中也多稱太守為「郡將」。徐成曾為鄧羌所在郡的郡守，故羌之曰「羌之郡將」。[115]効戰　效力決戰。[116]嚴鼓勒兵　擂鼓集合軍隊。[117]近賊　身邊的賊，指王猛。[118]使語之　派人對他說。[119]於郡將尚爾　對於一位過去的郡太守竟能有如此情義。爾，如此。[120]懸軍深入　像空降兵一樣地遠離本土而深入敵區。[121]持久　通過長期相持以拖垮他。[122]貪鄙　貪婪、卑俗。[123]鄣固山泉　把山林泉水都佔據、壟斷起來。[124]鬻樵及水　又賣薪柴又賣水。[125]億兆　古代以萬萬為億，萬億為兆，這裡是極言其多。[126]間道　隱蔽的小道。[127]火見鄴中　在鄴城內就可以望見這場大火，極言火勢之盛。[128]讓　責備。[129]高祖　慕容廆的廟號。[130]榷賣樵水　壟斷性地賣柴賣水。榷，獨木橋，以比喻壟斷專賣。[131]專以貨殖為心　意即一腦門子就想賺錢。貨殖，營利；賺錢。[132]遂進　長驅直入，就這樣地打了過來。[133]安所置之　你把這些錢都放到哪裡去。[134]趣　通「促」。催促。[135]甲子　十月二十三。[136]潤源　胡三省注以為作「潤源」，於地理形勢不合。杜佑《通典》作「潞源」。潞水即今濁漳河，源頭在今山西長子西南的發鳩山一帶地區。北流經長治、潞城、襄垣等市、縣，轉東南流經黎城，至河北涉縣東南，與清漳河匯為漳河。[137]任兼內外　身兼朝內朝外的要職，即出將入相。[138]受爵明君之朝　意即獲勝後在朝廷獲國家重賞。[139]稱觴父母之室　回家後與父母一道舉杯慶賀。稱觴，舉杯。稱，舉。[140]破釜棄糧　表示決一死戰，不勝不歸。釜，一種無腳的鍋。[141]競進　爭相奮進。[142]勍敵　強敵。[143]成敗之機　成敗的關鍵。[144]以司隸見與　意即讓我當司隸這個官。司隸，即司州刺史，管轄京輔諸郡。[145]非吾所及　不是我力所能及；不是我所能辦得到。[146]安定　郡名，郡治在今甘肅涇川縣北的涇河北岸。安定是當時秦國的大郡。[147]相處　相安置；相委任。[148]俄而兵交　很快雙方開戰了。俄而，很快地。[149]寢不應　只顧安睡而不予理睬。[150]馳就許之　飛馬趕到他那裡答應他的請求。[151]運矛　挺矛。[152]出入數四　殺出殺入四五次。[153]崔鴻　字彥鸞，崔光之姪，北魏時期人，曾奉命修起居注，後修國史，撰《十六國春秋》。原書亡於北宋，今有明屠喬孫、項琳輯本和清湯球本傳世。傳附《魏書》卷六十七及《北史》卷四十四〈崔光傳〉。[154]請郡將　為其所在郡的太守求情。請，求情。[155]撓法　枉法；使法律不能公平執行。[156]無上　目無上級。[157]邀君　對君主進行要挾。[158]收其所長　利用他的長處。[159]馭悍馬　駕御烈馬。[160]采葑采菲二句　語出《詩・谷風》。意思是採葑、採菲時不因其根不好而放棄其葉。崔鴻引此比喻王猛能容忍鄧羌的過失而用其所長。葑，蔓菁，俗名大頭菜。菲，蘿蔔。無以下體，不要因為它的根不好就將之全部拋棄。[161]丁卯　十月二十六。[162]大殲醜類　意即大破燕軍。醜類，對燕人的蔑稱。[163]六州士庶　指整個燕國的黎民百姓。六州，指燕國所轄全部領土。士庶，士大夫與平民。[164]不覺易主　沒有感覺到是換了主人，以喻秦軍的紀律之好。[165]自非　除非；如果不是。[166]守迷違命　執迷不悟，違抗聖命。命，指秦主苻堅的命令。[167]役不踰時　出征不到三個月。役，出兵。時，季度，即三個月。[168]元惡克舉　燕國的元凶首惡已被打敗。元惡，指慕容評，燕國的實際掌權者。(169)星言電赴　意即將披星早行，像電光一樣地飛臨前線。星言，以喻出發之早。「言」字是語氣詞，沒有意思。「電赴」以喻行軍之迅疾。(170)取之　指攻取鄴城。(171)鄴旁　鄴城周圍。(172)剽劫公行　兵匪公開地進行搶劫。剽，搶奪。(173)帖然　安定、順從的樣子。(174)私犯　指私自侵犯百姓的利益。(175)不圖　沒想到。(176)復見太原王　又見到了太原王慕容恪執政的美好時代。(177)慕容玄恭　即慕容恪，字玄恭。(178)信奇士　確實是一位神奇的人。(179)古之遺愛　古代聖世所遺留的、今世所罕見的令人敬愛的人物。《左傳》昭公二十年，孔子聽到子產死的消息時，流著眼淚說：「古之遺愛也。」(180)太牢　供品單位名，祭時用牛、羊、豕各一頭，是古代最重的祭禮。(181)安陽　縣名，縣治在今河南安陽西南。(182)祖父時故老　指苻洪與苻健、苻雄父子屯駐枋頭時的故舊。(183)潛如安陽　祕密地來到安陽。(184)周亞夫不迎漢文帝　周亞夫，漢文帝、漢景帝時的名將，漢初功臣周勃之子。周亞夫駐兵細柳營時，漢文帝前往勞軍，守壁門的衛士擋住不讓進，並說「軍中聞將軍令，不聞天子之詔」。文帝只好給周亞夫下令，告訴他說我要進營勞軍。周亞夫下令打開壁門，但還不出來迎接。直到文帝至大營前，才見周亞夫全身披掛地迎候，並說「甲冑在身，只能以軍禮見」，遂作了一個揖。詳情見《史記・絳侯周勃世家》。(185)臨敵而棄軍　指身在戰場，而離開軍隊前來謁見。(186)卻人主以求名　壓抑帝王的權威，而為自己揚名。卻，退，意即壓抑。(187)少之　看不起他。少，蔑視。(188)垂亡　行將滅亡。垂，近。(189)監國　指太子苻宏。古時帝王外出，太子留守，代為處理國政，謂之監國。(190)遠臨　遠臨滅燕前線。(191)脫有不虞　萬一出點意外。脫，倘若；如果。不虞，意料不到的事。(192)灞上之言　即勸苻堅不用親自出征，只派人準備好如何處理俘虜就行了。(193)沙亭　又名沙鹿邑、五鹿墟，在今河北大名東。(194)內黃　縣名，縣治在今河南內黃西北，在鄴城的東南方。(195)信都　古城名，即今河北冀州，在鄴城的東北方。(196)丁丑　十一月初六。(197)戊寅　十一月初七。(198)扶餘高句麗　古代東北地區的兩個小國名，扶餘國的領地在今長春、哈爾濱一帶；高句麗的都城丸都，即今之吉林集安。(199)上黨質子　燕國派兵戍守上黨，把戍守將士的子弟留在鄴城作為人質。(200)辛巳　十一月初十。(201)有慍色　有惱怒、怨恨的神情，恨他們招致了燕國的滅亡。(202)遭值迍阨　正趕上時運不好，困頓受挫。迍阨，也作「迍厄」。(203)棲集　停留；暫住。(204)興運之始　是由你重建國家的開端。(205)國之舊人　意即對待這些燕國的老臣。(206)恢　擴大。(207)立覆簣之基　以堆土為山比喻建立自己的新國家，現在是倒下第一筐土。簣，盛土的竹筐。(208)九仞　極喻未來的功業之高大。一仞八尺。(209)捐之　拋棄他們。拋棄人心就是損失自己未來的功業。(210)經護二王　保護著樂安王臧、定襄王淵。經護，維護；保護。慕容臧與慕容淵是慕容暐的胞兄與胞弟。(211)勤瘁　勞苦；艱辛。(212)所在遇盜　經常遇到土匪。所在，經常；到處。(213)轉鬬而前　在行進轉移中邊戰邊行。(214)福祿　地名，具體方位不詳，約在今河北冀州一帶。(215)解息　休息。解，通「懈」。放鬆。(216)頓

擊　打倒。217窮　到頭；已到窮途末路。218趨賊　撲向土匪。219高陽　郡名，郡治在今河北高陽東二十五里。220先人墳墓　慕容氏先人皆埋葬在當時的昌黎，今遼寧義縣。221令還宮二句　還鄴城之宮，集合燕國文武一道出降。按，前燕自慕容廆開始經營；慕容皝於晉成帝咸康三年奉命稱王；慕容儁於晉穆帝永和八年稱帝，至慕容暐亡國，共歷三十四年。222渠帥　大帥；大頭目。223寡薄　寡德少恩。自謙之詞。224猥承休命　想不到接受了上天的命令。猥承，曲受；不當受而受。謙詞。休命，美好的命令，即天命。225柔服四維　以德取得天下。柔服，與憑武力戰勝相對而言。四維，東、西、南、北的四方之中，即普天之下。226戎車屢駕　多次出兵征討。戎車，戰車。227百姓　指各敵對政權的百官。228與之更始　與這些曾經和我作對的官吏平民重新開始。意即過去的事情一概不究。229侍輦　為慕容暐掌管車駕的官員。230為副　為副使，且對正使起監督作用。231每應對　每次與秦王苻堅談話。232已而　過後不久。233繫獄　下獄；被捆綁於牢獄。234除　任命。235所能移　所能改變。236見幾而作　見機行事，意即早日歸附秦國。幾，事情發展的苗頭和預兆。作，行動。237幾者動之微二句　《易·繫辭傳下》：「幾者動之微，吉之先見者也。君子見幾而作，不俟終日。」意為幾是事情變化的苗頭，是未來吉祥的一種提前表現。君子見機行事，一天也不能耽誤。238愚暗　愚蠢糊塗。239實所不及　不可能「見幾而作」。不及，不可能做到。240一至　始終如一，堅守節操不變。241關東六州　即燕政權原來統轄的六個州。242陽平　郡名，郡治即今河北館陶，在魏郡的東北方。按，魏郡與陽平郡為燕都鄴城的京輔之地，故用秦將充之，其餘郡縣則多用燕國舊人，以保持其穩定故也。243牧守令長　州刺史、郡太守、縣令、縣長。大縣的長官稱令，小縣的長官稱長。244皆因舊以授之　都讓其原有的官員任其職。245繡衣使者　即漢代曾設的「繡衣直指」或「繡衣御史」，簡稱「繡衣」，是御史大夫的屬官，奉朝廷之命，到各郡縣視查與調查有關問題。因身穿繡衣，手執斧鉞，擁有特殊權力得名。246循行　巡行。247觀省　觀察；視察。248勸課　鼓勵、督促。249振恤　救濟。250旌顯　表彰。251記室督　公府和軍府的高級僚屬，主管記錄文書，後世多置為記室參軍。252梁君　指梁琛。253專美本朝　專門說自己的燕國好。254樂君　指樂嵩。255但言桓溫軍盛　本卷上文敘樂嵩為燕入秦求救事，並未寫樂嵩如何說及桓溫，《通鑑》此處敘事前後欠照應。256郝君　指郝晷。257微說國弊　即前文所敘之郝晷「陰欲自託於猛，頗泄其實」。258皆為國臣　都已成為秦國之臣。259取臣之道何先　選擇大臣的取向以誰為先。260知幾　能認清局勢，及早歸心於秦。261賞丁公而誅季布　言王猛選擇大臣的條件與劉邦不同。季布是項羽手下將領，曾多次困窘劉邦。項羽滅亡後，受到通緝。後得到朱家和夏侯嬰的幫助，被劉邦赦免，拜為郎中。丁公是季布的同母弟，為楚將，在彭城西追趕劉邦時，放了劉邦。劉邦得天下後，丁公前去討賞，被劉邦以「為項王臣不忠」的罪名處死。事詳《史記·季布欒布列傳》。262復之終世　免除這些老人終身的賦稅徭役。

終世，終身；一直到死。263 甲寅　十二月十四。264 給事中　官名，帝王身邊的參謀顧問人員，在散騎常侍下，給事黃門侍郎上。265 奉朝請　帝王給老臣的一種待遇，只在春秋兩季入朝拜見皇帝。古代諸侯春季朝見天子叫「朝」，秋季朝見天子叫「請」。266 裕　封裕，慕容皝時代的燕國名臣。267 恨吾老二句　黃泓是燕國的老臣，慕容氏之興，黃泓歸之；慕容儁之進取中原，黃泓贊其決。黃泓是一個能預見形勢的人。268 天道在燕　上天的福佑在燕國一方。秦國伐燕時，歲星在燕分，燕國是得天助的。269 秦必復為燕有　類似這樣的預言，必為後人之編造無疑，歷史家寫之入史，只令人感到厭煩。270 丁零　生活在今俄國貝加爾湖一帶的少數民族名。271 氣幹　氣節才幹。272 傾身　傾心曲身，極言其佩服歸心的樣子。273 權翼　苻堅的老臣。274 兒　對年輕人的稱呼。275 方以才望自顯　正將以才氣、名望顯露頭角。276 不識天命　不識天命之所歸在秦，而與之相抗，自取滅亡。277 欲建忠而不遂　欲為燕國盡忠而沒達到目的。278 豈獎勸將來之義　這哪裡是鼓勵後來人忠於秦國的說法呢。279 忼慨有才器　有氣節、有才幹。忼慨，同「慷慨」。才器，才幹與器度。280 省雍州　撤銷了雍州的建制。秦國的雍州原在今陝西與甘肅的交界地區，州治在今甘肅涇川縣北。現將其撤銷歸入司隸校尉管轄。281 楊世　楊俊之子，今甘肅武都、成縣一帶的氐族頭領，世代被晉王朝封為仇池公。

【校　記】[1] 卿　原無此字。據章鈺校，十二行本、乙十一行本皆有此字，今據補。[2] 至　原無此字。據章鈺校，十二行本、乙十一行本、孔天胤本皆有此字，張敦仁《通鑑刊本識誤》同，今據補。[3] 之　原無此字。據章鈺校，十二行本、乙十一行本、孔天胤本皆有此字，張敦仁《通鑑刊本識誤》同，今據補。[4] 苟長　胡三省注云：「恐當作『萇』。」當是。《晉書》卷一百十三〈苻堅載記上〉作「苟萇」，時人多以「萇」為名。[5] 猛聞之　此上原有「王」字。據章鈺校，十二行本、乙十一行本、孔天胤本皆無「王」字，張敦仁《通鑑刊本識誤》同，今據刪。依上下文例，不當有「王」字。[6] 密　原無此字。據章鈺校，十二行本、孔天胤本皆有此字，張敦仁《通鑑刊本識誤》同，今據補。[7] 使　據章鈺校，十二行本、乙十一行本皆無此字，張瑛《通鑑校勘記》同。[8] 以　據章鈺校，十二行本、乙十一行本皆作「而」。[9] 曰　據章鈺校，十二行本、乙十一行本皆作「為」。[10] 署　據章鈺校，十二行本、乙十一行本皆作「授」。[11] 而秦滅之　原無此句。據章鈺校，十二行本、乙十一行本皆有此句，張敦仁《通鑑刊本識誤》、張瑛《通鑑校勘記》同，今據補。

【語　譯】五年（庚午　西元三七〇年）

春季，正月二十四日己亥，袁真因為擔任梁國內史的沛郡人朱憲以及朱憲的弟弟、擔任汝南內史的朱斌暗中與東晉大司馬桓溫通謀，遂將朱憲、朱斌殺死。

秦國輔國將軍王猛寫信給守衛洛陽的燕國荊州刺史、武威王慕容筑，王猛在信中說：「秦國現在已經堵塞了成皋的險要之地，截斷了盟津一帶的南北通道。秦王苻堅親自統領像猛虎一樣的百萬雄師，從軹關出發，逕直去攻取你們燕國的都城鄴城。洛陽的守軍已經陷於孤立困乏的絕境，外無援兵，而圍攻洛陽的強大部隊，是將軍親眼可以看到的，這豈是你手下那區區三百名疲憊不堪的士卒所能抵抗的！」慕容筑非常恐懼，於是獻出洛陽，向秦國投降，王猛列好陣勢，接受了慕容筑的投降。燕國擔任衛大將軍的樂安王慕容臧在新樂縣築城，在石門打敗了入侵的秦兵，活捉了秦國將領楊猛。

秦國輔國將軍王猛從都城長安出發的時候，邀請了慕容垂的世子慕容令擔任軍事參議，並為大軍作嚮導。臨近出發時，王猛又親自登門拜會慕容垂，與慕容垂一起飲酒，王猛從容地對慕容垂說：「現在就要告別遠行了，你贈送我一件什麼禮物？使我能見物思人。」慕容垂立即解下身上的佩刀贈給王猛。王猛到達洛陽後，便賄賂了慕容垂的親信金熙，讓他冒充慕容垂的使者，對慕容令說：「我們父子來到秦國，本來是為了躲避慕容評的迫害。如今王猛忌恨我們就像忌恨仇敵一樣，不斷的在秦王面前進讒言詆毀我們，而且越來越嚴重。秦王苻堅雖然表面上待我們恩重如山，但其心中如何卻很難預料。大丈夫為了逃命出奔國外而最終難逃一死，將會受到天下人的恥笑。我聽說近來燕國已經開始悔悟，燕主慕容暐與他的母親可足渾氏太后已經在互相指責當初不該加害於我。我現在就準備返回祖國，所以派人通知你。我已經上路了，你要趕緊離開王猛返回燕國。」慕容令對此很懷疑，猶豫不決了一整天，又沒有辦法調查覈實。最後只得率領著自己從燕國逃奔秦國時隨行的一些騎兵，假稱出去打獵，趁機投奔了駐紮於石門的燕國安樂王慕容臧。王猛遂給秦王苻堅上疏，奏明慕容令叛逃的情形，慕容垂大為恐懼，於是率領著自己的家屬再度逃亡，當他們逃到藍田縣的時候，被隨後追趕的秦國騎兵拿獲。秦王苻堅在太極殿的東堂接見慕容垂，安慰他說：「你的家庭與燕國朝廷不和，所以才來投奔我。你的兒子慕容令心裡忘記不了自己的根本，仍然眷戀著故國，這也是人各有志，不值得深加責備。然而燕國即將滅亡的事實，不是靠慕容令一個人所能挽救的，只可惜慕容令白白地跳進了虎口。再說，父子兄弟之間，都要對自己的行為負責，有了罪惡，也不會互相牽連，你何必如此過度恐懼，張皇失措到這種程度！」苻堅對待慕容垂仍然像從前那樣。燕國人因為慕容令背叛了祖國，現在又返回來，而他的父親慕容垂仍然在秦國受到秦王苻堅的厚待與尊崇，所以懷疑慕容令是來從事間諜活動的，就把慕容令流放到了沙城，沙城在龍城東北六百里的地方。

司馬光說：「古代的周朝因為得到了微子啟而滅掉了商王朝，嬴秦因為得到由余而稱霸西戎，吳國因為得到伍子胥而打敗了強大的楚國，漢高祖劉邦因為得到陳平而誅殺了楚霸王項羽，魏武帝曹操因為得到許攸而大破袁紹。那些敵國的人才，前來投靠，為自己效力，他們是進攻敵方、獲取勝利最寶貴的人才資源。秦國輔國將軍王猛只知慕容垂的心思是時間越久越難以信賴，唯獨沒有想到燕國還沒有消滅，慕容垂才華蓋世，功勳盛大，沒有罪過卻無端遭到猜忌，在走投無路的情況下才投奔了秦國，對秦國沒有一點圖謀不軌之心，卻因為猜忌而突然要把他除掉，這是在幫助燕國除掉賢能而堵塞了所有想來秦國投奔者的門路，這怎麼可以呢？所以秦王苻堅才禮遇慕容垂，以獲取在燕國人心目中的聲望；親近慕容垂，使燕國人的感情得到滿足；寵信慕容垂，以吸引更多的燕國人前來投奔；信任慕容垂，以獲得燕國人對秦國的好感，秦王苻堅的這些做法並不過分。王猛為何要急不可耐地將慕容垂父子殺掉，竟然做出像市井小民一樣只圖眼前利益而不作長遠打算的事情來，其實說穿了，就是對慕容垂受到秦王苻堅的寵愛而內心不平，因而就去說人家的壞話，這豈是氣度寬宏的君子所應該做的事情呢！」

燕國樂安王慕容臧率軍進駐滎陽，秦國輔國將軍王猛派遣建威將軍梁成、洛州刺史鄧羌將慕容臧打退，王猛留下鄧羌鎮守金墉城，任命擔任輔國司馬的桓寅為弘農郡太守，代替鄧羌戍守陝城，而後撤軍而回。

秦王苻堅任命王猛為司徒、錄尚書事，封為平陽郡侯。王猛堅決推辭，他說：「現在燕國、吳地的晉國還沒有平定，平定天下的軍事行動才剛剛開始。剛得到一座城邑，就接受三公的獎賞，如果將二個賊寇全部消滅，那時該獎賞什麼呢？」苻堅說：「如果我不稍稍放下一點架子，又怎能顯示出你謙恭的美德！我已經下令給有關部門，暫且還讓你管理原來的事務，加封爵位以酬謝功勞，你還是應該聽從我的命令！」

二月二十八日癸酉，袁真去世。陳郡太守朱輔擁立袁真的兒子袁瑾為建威將軍、豫州刺史，據守壽春，又派自己的兒子朱乾之以及擔任司馬職務的爨亮前往燕國的都城鄴城請求燕王的批准和任命。燕國朝廷任命袁瑾為揚州刺史，任命朱輔為荊州刺史。

三月，秦王苻堅任命擔任吏部尚書的權翼為尚書右僕射。○夏季，四月，再次任命王猛為司徒、錄尚書事，王猛依舊堅決推辭，秦王苻堅遂不再堅持。

燕國、秦國都派兵援助袁瑾守衛壽春，東晉大司馬桓溫派遣擔任督護的竺瑤等率軍抵禦秦軍和燕軍。燕國的軍隊率先到達，竺瑤等在武丘迎戰燕軍，將燕軍打敗。東晉南頓太守桓石虔攻克了壽春的南城。桓石虔，是桓溫的姪子。

秦王苻堅又派輔國將軍王猛統領鎮南將軍楊安等十位將領，率領著六萬名步騎兵討伐燕國。

慕容令估計自己最終難逃一死，於是祕密謀劃起兵，沙城中因為有罪被發配、流放戍邊的士卒有數千人，慕容令都厚待他們、撫慰他們。五月庚午日，慕容令殺死了擔任牙門將的孟嬀。沙城守將涉圭非常恐懼，遂請求慕容令，表示自己願意為慕容令效力。慕容令相信了涉圭，便把他留在自己身邊，於是率領著這些戍守沙城的士卒向東襲擊威德城，殺死了守衛威德城的官員慕容倉，佔據了威德城後，給眾人分派任務，慕容令派人前往威德城東西各個防守據點招募人員，眾人全都一致響應。燕國鎮東將軍、勃海王慕容亮鎮守故都龍城，慕容令準備率眾襲擊龍城。慕容令的弟弟慕容麟將消息告訴了慕容亮，慕容亮緊閉城門進行堅守。二十九日癸酉，涉圭趁著在慕容令身邊值勤的機會刺殺慕容令，慕容令單人獨騎逃走，部下的黨羽立即全部潰散。涉圭追趕慕容令，一直追到薛黎澤，終於追上了慕容令，將慕容令活捉、殺死，然後前往龍城告知慕容亮。慕容亮為慕容令而殺死了涉圭，然後收殮了慕容令的屍體，將慕容令安葬。

六月十二日乙卯，秦王苻堅親自到灞上為王猛設宴餞行，苻堅說：「我現在把征服函谷關以東地區的重任交付給你，你應當先攻取壺關，平定上黨，然後長驅直入攻取燕國的首都鄴城，這就是所說的『迅雷不及掩耳』。我將親自率領一萬名兵眾，在你之後，披星戴月地兼程而進，用舟船車輛為遠征大軍運送糧食草料，水路陸路同時進發，你不要擔心後方的供應與補給問題。」王猛說：「我仰仗陛下的神威，遵照陛下早已擬定好的作戰計畫，蕩平殘餘的胡寇，就如同秋風掃落葉一樣。我不希望勞動陛下親臨前線去經歷征戰的辛勞，而是希望陛下快點敕令有關部門為燕國俘虜準備好安置場所。」秦王苻堅聽了王猛的話，非常高興。

秋季，七月初一日癸酉，發生日蝕。○秦國輔國將軍王猛率軍攻打壺關，鎮南將軍楊安率軍攻打晉陽。

八月，燕主慕容暐命令擔任太傅的上庸王慕容評率領朝廷內外所有的三十萬精銳部隊抵抗秦軍的進攻。燕主慕容暐很為秦兵入侵之事感到擔憂，遂召見擔任散騎侍郎的李鳳、擔任黃門侍郎的梁琛、擔任中書侍郎的樂嵩，向他們詢問說：「秦國此次總共出動了多少人馬？現在我們已經派出所有精銳部隊進行抵抗，秦軍能與我軍交戰嗎？」李鳳回答說：「秦國面積很小，兵力也很弱，肯定不是我們燕國軍隊的對手。王猛的才能也很一般，比不上太傅慕容評，陛下用不著擔憂。」梁琛與樂嵩都說：「勝敗的關鍵在於將帥的謀略，而不在於兵眾的多少。秦國遠來進犯，怎麼可能不與燕軍交戰！再說我們應當把取勝的希望寄託在將帥的謀略上，豈能把獲勝的希望寄託在秦軍不戰自退上呢！」燕主慕容暐很不高興。

秦國王猛率軍攻佔了壺關，活捉了燕國上黨太守、南安王慕容越，秦軍進入燕國領土之後，所經過的郡縣，全都望風歸降，燕國人非常震驚和恐慌。

燕國擔任黃門侍郎的封孚向擔任司徒長史的申胤詢問說：「你認為事情的發展趨勢如何？」申胤歎息了一聲說：「鄴必定滅亡了！我們這些人如今都將成為秦軍的俘虜。然而，當年歲星運行到越國的分野，吳國卻伐滅了越國，但是最終吳國還是被越國滅掉。如今正當天上的歲星運行到燕國的分野，秦國此次滅燕的欲望雖然能夠得逞，然而燕國的重建，不會超過十二年。」

東晉大司馬桓溫從廣陵率領二萬人馬討伐袁瑾，桓溫任命襄城太守劉波為淮南內史，讓他率領五千人鎮守石頭城。劉波，是劉隗的孫子。八月十一日癸丑，桓溫在壽春打敗袁瑾，遂趁勢包圍了壽春。燕國擔任左衛將軍的孟高率領騎兵前來救援袁瑾，當他到達淮河北岸，正準備渡過淮河的時候，恰巧此時秦國出兵攻打燕國，燕國將孟高召回。

東晉益州轄境之內的廣漢郡，有一個名叫李弘的賊人，冒充故漢主、投降東晉後被封為歸義侯的李勢的兒子，聚集起一萬多人，自稱聖王，改年號為鳳凰。又有隴西人名叫李高，冒充成主李雄的兒子，率眾攻破了涪城，驅逐了梁州刺史楊亮。九月，東晉益州刺史周楚派遣自己的兒子周瓊率軍討伐李高，又派遣周瓊的兒子、擔任梓潼太守的周虓率軍討伐李弘，他們分別將李高、李弘消滅。

秦國鎮南將軍楊安率軍攻打燕國的晉陽。晉陽城內兵多糧足，攻打了許久也沒有攻克。輔國將軍王猛遂將擔任屯騎校尉的苟長留下守衛壺關，自己親率大軍趕往晉陽協助楊安攻打晉陽城，他令軍士挖掘地道直通晉陽城中，然後令擔任虎牙將軍的張蚝率領數百名壯士從地道潛入晉陽城中，他們大聲吶喊著砍開晉陽城的城門栓和鎖，將城外的秦軍放入城中。

九月初十日辛巳，王猛、楊安率領秦軍進入晉陽，活捉了燕國擔任并州刺史的東海王慕容莊。燕國太傅慕容評因為懼怕王猛而不敢進軍，遂將軍隊屯紮在潞川。冬季，十月初十日辛亥，秦國輔國將軍王猛留下將軍、武都人毛當守衛晉陽，自己率領其他將士向潞川進發，在潞川與慕容評展開對峙。

十月二十一日壬戌，秦國輔國將軍王猛派遣將軍徐成前往燕軍陣前偵察燕軍的形勢和要害，約定日中時分返回，徐成一直到黃昏時分才回來。王猛不禁大怒，就要將徐成斬首。擔任洛州刺史的鄧羌為徐成向王猛求情說：「如今賊人眾多而我軍人少，明天一早就要與燕軍交戰。徐成，乃是一員大將，應該寬恕他。」王猛說：「如果不殺掉徐成，就不能維護軍法的尊嚴。」鄧羌還是堅決請求王猛饒恕徐成，他說：「徐成，是我鄧羌本郡的太守，雖然他現在違犯了軍令應該斬首，我願意與徐成一起效力決戰，用戰功來贖罪。」王猛還是不答應。鄧羌怒氣沖沖地返回自己的營帳，擂起戰鼓集合起軍隊，準備攻擊王猛。王猛質問鄧羌為什麼要這樣做，鄧羌回答說：「我奉了秦王詔令討伐遠方的賊寇，現在我身邊有你這樣一個賊，你想自相殘殺，所以我要先把你除掉！」王猛認為鄧羌為人義氣又作戰勇敢，便派人對鄧羌說：「將軍快別這樣做，我現在就赦免徐成。」徐成被赦免之後，鄧羌立即到王猛面前謝罪，王猛拉著鄧羌的手說：「我是有意在考驗將軍。將軍對於本郡的太守尚且如此有情有義，何況是對國家呢！我不再擔心賊寇不能被消滅了！」

燕國太傅慕容評認為秦國輔國將軍王猛率領著一支孤軍深入燕國境內，就準備用長期相持來拖垮秦軍。慕容評為人貪婪、卑俗，他為了發財，竟然令人封鎖了所在地的山林和泉水，士卒要想打柴汲水，就得向慕容評交錢才能得到允許，慕容評靠賣柴賣水賺取的錢帛就已經堆積如山。而士卒心中卻充滿了怨恨與憤怒，完全喪失了戰鬥意志。王猛得知這個消息，嘲笑地說：「慕容評真是一個奴才，像他這樣的人，即使擁有億兆的兵眾都不值得害怕，何況他僅有幾十萬呢！我現在一定能打敗他。」於是派擔任游擊將軍的郭慶率領五千名騎兵在夜間從隱蔽的小道繞到慕容評的營後，放火燒毀了慕容評的糧草輜重，在鄴城都可以看見這場熊熊燃燒的大火。燕主慕容暐非常恐懼，立即派擔任侍中的蘭伊去責備慕容評說：「大王，是高祖的兒子，應該為國家社稷的安危擔憂，為什麼不懂得撫恤士卒，反而壟斷性地向士卒賣柴賣水，專門把心思用在做生意賺錢上呢！國家府庫中的積蓄，是我與大王共同享有的財富，何必擔憂貧窮！如果秦軍長驅直入，就這樣打了過來，導致國破家亡，大王準備把堆積如山的錢帛安置到哪裡去呢！」遂令慕容評把所有錢帛全部散發給全軍將士，並督促慕容評出戰。慕容評非常害怕，趕緊派使者向王猛下戰書。

十月二十三日甲子，秦國輔國將軍王猛在渭源列陣誓師，他對全軍將士說：「我王猛深受國家厚恩，身兼朝廷內外的要職。如今與諸位一起深入賊人境內，應當竭盡力量、拼死作戰，只有前進，不許後退，讓我們共同建立大功，報效國家。獲勝之後，回到朝廷接受國家拜官封爵的重賞，回到家中，與自己的父母一道舉杯慶賀，盡享天倫之樂，豈不是一件美事哉！」將士們全都踴躍爭先，他們砸碎了鍋碗瓢盆，拋棄了糧秣輜重，喊殺震天，向敵軍陣地衝去。

王猛望見燕軍人數眾多，遂對洛州刺史鄧羌說：「今天這個陣勢，除非將軍，沒有人能夠打敗眼前這些強大的敵人。成敗的關鍵，在此一舉，將軍要努力殺敵！」鄧羌說：「如果你能答應讓我擔任司隸這個官，你就不用擔心打不贏這場戰爭。」王猛說：「任命你擔任司隸，不是我所能辦到的，但我可以擔保讓你擔任安定郡太守，封你為萬戶侯。」鄧羌很不高興地退了出去。不久，秦軍與燕軍交戰，王猛傳令鄧羌進帳，鄧羌只管躺在床上安睡而不予理睬。王猛立即飛馬跑到鄧羌的營帳之中，答應任命他為司隸，於是鄧羌在營帳之中開懷暢飲之後，才與張蚝、徐成等跨上戰馬，挺起長矛，逕直向燕軍陣地殺去，他們殺進殺出四五次，如入無人之境，殺傷了數百名燕軍。等到太陽正午的時候，燕軍已經被打得大敗，秦軍俘虜、斬殺了五萬多人。又乘勝追擊，燕軍被殺死以及向秦軍投降的又有十萬多人。燕國太傅慕容評單人匹馬逃回鄴城。

崔鴻說：「鄧羌為自己所在郡的太守徐成向王猛求情，這是枉法徇私。王猛不同意赦免，鄧羌就想要率眾攻擊王猛，這是目中沒有上級。臨戰之前請求任命自己為司隸，這是對君主進行要挾。有了上述三種過失，罪惡還有比這更大的嗎！王猛能夠容忍鄧羌的短處，發揮他勇敢善戰的長處，就像馴服猛虎、駕御野性十足的烈馬，終於成就了大功。就像《詩經・谷風》所寫的：『採蔓菁、採蘿蔔時，不要因為它們的根不好就把它們全部拋棄不要。』正是對王猛這種用人方式的寫照！」

秦軍從潞川向東長驅直入，十月二十六日丁卯，包圍了燕國的京師鄴城。王猛上疏給秦王苻堅說：「臣在二十三日甲子那天，就已經大敗燕軍。臣順從陛下仁愛的心願，使整個燕國所管轄的六州的黎民百姓，在不知不覺間就已經換了主人，除了那些執迷不悟、繼續違抗聖命的人之外，絲毫沒有受到傷害。」秦王苻堅回覆王猛說：「將軍率軍遠征還沒有超過三個月，就打敗了燕國的首惡元凶，將軍功勳之高超過了古人。我現在就親自統帥六軍，披星早行，風馳電掣般趕往前線。將軍暫且休養將士，等我到達之後，再攻取鄴城。」

王猛還沒有抵達鄴城，而鄴城周邊的社會秩序就已經陷入混亂，盜賊公開地進行搶劫。等到王猛率領大軍抵達後，遠近的社會秩序立即安定下來，秦軍號令嚴明，沒有私自侵犯百姓利益的事情發生，法令簡明，執法寬大，燕國的居民全都安心地從事著各自以往的職業。他們互相議論說：「沒想到今天又見到了太原王慕容恪執政的美好時代。」王猛聽到之後，歎息了一聲說：「慕容恪確實是一個神奇的人，可以稱得上是古代聖世所遺留的、今世所罕見的令人敬愛的人物！」於是準備了太牢祭祀慕容恪。

十一月，秦王苻堅命令李威輔佐太子苻宏留守京都長安，令陽平公苻融率軍鎮守洛陽，苻堅自己親率十萬精銳趕赴鄴城，只用了七天就到達了安陽。秦王苻堅在安陽設宴招待自己祖、父苻洪與苻健、苻雄父子屯駐枋頭時的一些長輩父老。輔國將軍王猛祕密地從鄴城來到安陽晉見秦王苻堅，苻堅對王猛說：「漢代的周亞夫不親自迎接漢文帝，現在將軍身在前方戰場，卻離開大軍而來晉見於我，這是為什麼？」王猛說：「從前周亞夫壓抑帝王的權威而為自己揚名，我的內心實際上很看不起他。再說，我仰仗陛下的威望和神明，攻擊即將滅亡的燕國，就如同面對已經被放在鍋中烹煮的魚，何必擔心魚會跑出來傷人呢！留守長安的太子年紀幼小，陛下遠離京師、親臨滅燕前線，倘若有什麼意外之事發生，後悔哪裡來得及呢！陛下把我在灞上對陛下說過的話忘了吧？」

當初，燕國宜都王慕容桓率領一萬多名兵眾屯駐在沙亭，作為太傅慕容評的後繼部隊。慕容桓聽到慕容評被秦軍打敗的消息，遂率領部下轉移到內黃屯紮。秦王苻堅派洛州刺史鄧羌率軍進攻信都。十一月初六日丁丑，燕國宜都王慕容桓率領著五千名鮮卑人逃往燕國的故都龍城。初七日戊寅，燕國擔任散騎侍郎的餘蔚率領著扶餘人、高句麗人以及被扣留在鄴城充當人質的戍守上黨的將士子弟總計五百多人，他們在夜間打開了城門，放進秦軍，燕主慕容暐與上庸王慕容評、樂安王慕容臧、定襄王慕容淵、左衛將軍孟高、殿中將軍艾朗等逃出鄴城，準備奔往龍城。初十日辛巳，秦王苻堅進入鄴城的皇宮。

慕容垂看見燕國的公卿大夫以及過去自己的僚屬，臉上毫不掩飾地流露出憤怒與怨恨。高弼偷偷地對慕容垂說：「大王憑藉祖宗積累下來的資質，身懷英雄豪傑蓋世的謀略，卻因為遭逢時運不好而備受困頓挫折，被迫暫且棲身於異國他鄉。如今燕國雖然滅亡，又怎知這不是由你重建國家的開始呢？我認為，對待燕國的這些老臣，應該懷有江海一樣的度量，安慰他們、結納他們，使他們的心歸附於大王，就像準備用簸箕堆土成山一樣，現在要打好基礎，才能完成堆積九仞高山的大業，何必因為一時的憤怒就把他們全部拋棄，我認為大王不應該這樣做。」慕容垂頓時醒悟過來，因此非常高興，決心採納高弼的建議。

燕主慕容暐在逃離鄴城的時候，還有一千多名騎兵、衛士相隨。等到逃出鄴城之後，這些衛士便都各自逃散了，只剩下十多名騎兵還跟隨著慕容暐。秦王苻堅派擔任游擊將軍的郭慶率軍追趕燕主慕容暐。當時道路艱險難走，左衛將軍孟高扶持著慕容暐，還得兼顧著樂安王慕容臧、定襄王慕容淵，極其勞苦艱辛。再加上所到之處，經常遇到土匪的打劫搶掠，需要一面作戰一面前進。幾天之後，他們走到了福祿地面，便躲進一家墳地，倚靠著一座墳墓，放鬆休息。突然竄出二十多名盜賊，全都手持弓箭。左衛將軍孟高拿著刀就衝上前去與盜賊展開搏鬥，殺死殺傷了幾個盜賊之後，孟高已經筋疲力盡，估計自己這次非死不可，就逕直撲向前去抱住一個盜賊，將強盜打倒在地，他大聲呼喊說：「男兒的生命已經到了盡頭！」其他的賊人從旁邊用箭向孟高射去，將孟高射死。殿中將軍艾朗看見孟高獨自與盜賊決鬥，自己也衝上前去，遂與孟高一同被殺。燕主慕容暐丟失了馬匹，只能徒步逃走，秦國游擊將軍郭慶率軍追趕到高陽，追上了慕容暐，郭慶的部將巨武擒獲了慕容暐，他準備用繩索將慕容暐捆綁起來，慕容暐說：「你是哪裡來的小人物，竟敢綁縛天子！」巨武說：「我接受秦王的詔令追趕賊人，你算什麼天子！」巨武遂將慕容暐押送到秦王苻堅的面前。苻堅責問慕容暐為什麼不投降，卻要逃跑，慕容暐回答說：「狐狸死的時候，腦袋還要朝向自己丘穴的方向，我只不過是想死在先人的墳墓上罷了！」秦王苻堅很憐憫他，便把他釋放，讓他先回到鄴城的皇宮，然後集合文武官員一道出來投降。慕容暐向秦王苻堅述說孟高、艾朗的忠誠事跡，苻堅下令用厚禮將孟高、艾朗收斂安葬，並任命他們的兒子為郎中。

秦國游擊將軍郭慶率軍挺進燕國的故都龍城，本來準備逃往龍城的太傅慕容評，遂改變主意投奔了高句麗國，高句麗人逮捕了慕容評，送交給秦國。故燕國宜都王慕容桓殺死了鎮東將軍、勃海王慕容亮，兼併了慕容亮的部眾之後，逃往遼東。擔任遼東太守的韓稠，此前已經投降了秦國，慕容桓來到遼東，卻進不了遼東城，率眾攻打，又攻打不下。秦國游擊將軍郭慶派將軍朱嶷攻擊慕容桓，慕容桓丟下部眾，單人獨騎逃走，最後被朱嶷抓獲、殺死。

故燕國各州牧、郡守以及各少數民族的首領全部向秦國投降，秦國總計奪取了一百五十七個郡、二百四十六萬戶、九百九十九萬人。苻堅把燕國皇宮中的宮女、珍寶分別賞賜給有功的將士。並頒布大赦令說：「我寡德少恩，想不到卻能夠上承天命，而我沒有能夠用恩德懷柔遠方、奪取天下，致使多次出兵征討，貽害蒼生，雖然是敵國百官的過錯，然而也是我的罪過。現在實行大赦，讓這些曾經和我作對的官吏、民眾一切重新開始。」

當初，故燕擔任給事黃門侍郎的梁琛出使秦國的時候，曾經任用擔任侍輦的苟純為副使。梁琛每次與秦王苻堅談話，事先都沒有告訴苟純，苟純因此對梁琛懷恨在心，回到燕國後，便對燕主慕容暐說：「梁琛在秦國的都城長安，與秦國的輔國將軍王猛關係非常親密友善，我懷疑他一定有不可告人的陰謀。」梁琛又多次稱讚秦王苻堅以及王猛的優點，並且說秦國將要出兵攻打燕國，請求燕主做好應對的準備。不久，秦國果然出兵伐燕，一切都像梁琛所說的那樣。慕容暐遂懷疑梁琛知道秦國的行動計畫。等到慕容評抗秦失敗，遂把梁琛投入了監牢。秦王苻堅進入鄴城之後，便釋放了梁琛，任命梁琛為中書著作郎，並接見了梁琛，苻堅對梁琛說：「你過去曾說上庸王慕容評、吳王慕容垂都是可以擔當宰相、元帥的奇才，為什麼不能籌謀劃策，而使自己的國家滅亡？」梁琛回答說：「上天已經決定要哪個國家滅亡、讓哪個國家興盛，這豈是上庸王與吳王兩個人的力量所能改變的！」苻堅說：「你不能見機行事，早日歸附秦國，卻說了許多讚美燕國的虛假謊話，你對你的國家雖然懷有一片忠心，卻不能防範別人對你的陷害，反而給自身帶來災禍，可以算作有智慧的人嗎？」梁琛又回答說：「我聽《易經・大傳》說『幾是事物發展變化的苗頭，是未來吉祥的一種提前表現。』像我這樣愚昧的人，不可能做到『見幾而作』。然而最好的臣屬是忠臣，最好的兒子是孝子，如果沒有始終如一、堅守節操不變的心志，就不可能保證始終是忠臣、孝子。所以古代的烈士，在面對危險時，絕對不會改變自己的節操，在面對死亡時也不會苟且逃生，而是寧願獻出生命以報答君主和雙親。那些能夠見幾而行的人，心裡知道什麼是吉什麼是凶，所以早就為自己選擇了避凶就吉的道路，而置國家的安危於不顧，我即使能夠發現事物發展變化的苗頭，能夠看出未來吉祥的跡象，尚且不忍心那樣去做，何況是我根本沒有這樣的能力呢！」

秦王苻堅聽說了悅綰的忠誠，對自己沒有能夠見到他而深感遺憾，遂任命悅綰的兒子為郎中。

秦王苻堅任命王猛為使持節、都督關東六州諸軍事、車騎大將軍、開府儀同三司、冀州牧，鎮所設在鄴城，封為清河郡侯，並把慕容評府邸中的物品全部賞賜給了王猛。封賞鎮南將軍楊安為博平縣侯，任命鄧羌為使持節、征虜將軍、安定太守，封為真定郡侯，郭慶為持節、都督幽州諸軍事、幽州刺史，鎮所設在薊城，封為襄城侯，其他將士也都獲得了不同程度的提升和獎賞。

秦王苻堅任命京兆人韋鐘為魏郡太守，任命彭豹為陽平郡太守，其他的州刺史、郡太守、縣令、縣長，都讓原有的官員擔任，只是重新加以任命。任命故燕國常山太守申紹為散騎侍郎，令申紹與擔任散騎侍郎的京兆人韋儒同時擔任繡衣使者，負責巡行關東各州郡，考察民風民俗，勸勉、督促農民從事農業生產，救濟貧困，掩埋無主屍體，表彰那些堅守節操、有品行的人，對故燕國那些不利於百姓的規章制度，全部進行修改或廢除。

十二月，秦王苻堅將故燕主慕容暐以及故燕國皇后、王爵、公爵、文武百官連同鮮卑人一共四萬多戶遷往秦國的都城長安。

王猛上表給秦王苻堅，請求將梁琛留在自己身邊擔任主簿，兼任記室督。有一天，王猛與自己的僚屬在宴會時談論到故燕國的使者，王猛說：「人心不同，從前，梁琛先生作為燕國的使者來到長安，專門讚美燕國如何如何的好，樂嵩先生只說東晉大司馬桓溫的軍隊如何的強盛，而郝晷先生則稍微透露一些燕國的弊端。」擔任參軍的馮誕說：「如今這三位先生都成了秦國的臣子，請問在選用大臣的取向時，以哪一位優先？」王猛說：「郝晷先生能夠認清形勢，及早歸心於秦國，所以郝晷應該優先。」馮誕說：「如此說來，你是獎賞像漢初丁公那樣的人物而誅殺季布了。」王猛面對馮誕的迂腐不禁放聲大笑起來。

秦王苻堅從鄴城前往枋頭，宴請祖父時期的父老，並將枋頭改名為永昌，表示要全部免除這些老人終身的賦稅和徭役。十二月十四日甲寅，秦王苻堅返回長安，他封故燕主慕容暐為新興侯。任命故燕國太傅慕容評為給事中，任命故燕國太尉皇甫真為奉車都尉，任命故燕國司空李洪為駙馬都尉，三人都有資格參加朝請。又任命李邽為尚書，封衡為尚書郎，慕容德為張掖太守，燕國人平叡為宣威將軍，悉羅騰為三署郎，其餘官員根據原來的級別，都有任命。封衡，是封裕的兒子。

在故燕國擔任太史的黃泓感慨地說：「燕國一定會得到中興，大概應在吳王慕容垂的身上吧？遺憾的是我已經老了，來不及看到燕國的復國中興了！」汲郡人趙秋說：「上天還在福佑著燕國，而秦滅了它，用不了十五年，秦國必定被燕國佔有。」

故燕國宜都王慕容桓的兒子慕容鳳，當時年僅十一歲，心中便暗暗立下為國復仇的大志，鮮卑人、丁零人中有氣節有才幹的人都真心實意地與慕容鳳結交。擔任尚書右僕射的權翼看見慕容鳳，就對慕容鳳說：「少年，你應該憑藉自己的才氣、名望，使自己揚名於天下，千萬不要像你的父親那樣不識天命抗秦而自取滅亡！」慕容鳳非常嚴厲地說：「我父親要為燕國效忠，雖然沒有達到目的，但是為國效忠乃是人臣應有的節操；先生所說的話，哪裡是鼓勵後來人忠於秦國的說法呢？」權翼立時改變了自己的態度，向慕容鳳道歉，他對秦王苻堅說：「慕容鳳為人有氣節，有才幹，但也有狼子野心，恐怕終究不會為秦國效力。」

秦國撤銷了雍州的建制。

這一年，仇池公楊世去世，他的兒子楊纂即位，才與秦國斷絕關係。楊纂的叔父、擔任武都太守的楊統為了與他爭奪繼承權，竟然率軍攻打楊纂。

【研　析】本卷寫海西公太和四年（西元三六九年）與太和五年兩年間的各國大事。主要寫了東晉桓溫率軍伐燕，被燕軍大破於枋頭、襄邑、譙城，損兵三萬餘人；寫了秦將王猛兩次率大軍伐燕，第一次佔領洛陽，第二次大破慕容評，進而攻克燕都鄴城，燕主慕容暐被俘，遂率燕國文武群臣降秦，燕國被滅兩件大事。其中可議論的有如下幾點：

其一是關於桓溫的伐燕之敗。早在燕主慕容儁去世時，東晉就有人以為可以伐燕了，那時的桓溫還頗有料事之明，他說：「慕容恪尚在，憂方大耳！」殆至慕容恪又死，桓溫就誤以為伐燕的時機到了，他萬萬沒有想到慕容垂的本事也絲毫不在慕容恪之下。這方面的情況慕容恪是極為清楚的，他曾向慕容暐推薦說：「吳王垂，將相之才十倍於臣，先帝以長幼之次，故臣得先之。臣死之後，願陛下舉國以聽吳王。」臨死前又向慕容臧、慕容評等推薦說：「吳王天資英傑，智略超世，汝曹若能推大司馬以授之，必能混壹四海，況外寇，不足憚也。」這些問題，連苻堅、王猛也都有相當的認識，可惜桓溫沒有，我們從來沒有聽他提到過慕容垂。

所以在海西公太和四年，桓溫就無所深慮地率領桓沖、袁真等起兵伐燕了。郗超曾提出了河流水淺，糧食運輸會有問題，桓溫不在意；郗超又建議攻其不備，大軍直取鄴城，桓溫又沒有這分膽量。於是「舳艫數百里」、「逍遙中流」，聲勢不小，但實際上漏洞百出。燕國的有識者深知：「晉室衰弱，溫專制其國，晉之朝臣未必皆與之同心。故溫之得志，眾所不願也，必將乖阻以敗其事。又溫驕而恃眾，怯於應變。大眾深入，反更逍遙中流，值可乘之會，不出赴利，欲望持久，坐取全勝。若糧廩愆懸，情見勢屈，必不戰自敗。」這是燕國申胤的預料，精明如慕容垂，焉能不知！於是燕人一方面斷晉軍糧道，一方面以弱形引誘晉軍入其埋伏圈，晉軍死者甚眾。殆至桓溫焚舟、棄輜重，率軍南逃時，慕容德又設伏於襄邑東澗，與慕容垂夾擊晉軍，桓溫遂遭慘敗，被斬首三萬級。這是《通鑑》中第一次有聲有色地描寫慕容垂。

桓溫失敗後，封鎖失敗消息，掩蓋事實真相，他委罪於袁真，袁真上表朝廷說明情況，朝廷不敢惹桓溫，氣得袁真一怒之下率軍舉壽春城投降了燕國。正直的歷史家孫盛寫《晉春秋》如實地寫出了失敗的真相，桓溫以「滅族之罪」相威脅，多虧孫盛已預先將副本傳到了國外，從而使真相終得大白。《歷史綱鑑補》引丁南湖的話說：「余觀孫盛，桓溫之屬吏，從溫平蜀，封安懷侯；從溫平洛，封吳日侯，是溫乃盛之所恩也。及盛與溫牋，詞旨放蕩，被檻囤之辱，則溫亦盛之仇也。恩仇相準，則私心平而公論出，盛枋頭之錄必不妄矣。況以溫之怒言，如彼其可畏也；諸子之請，如彼其可憐也。盛也不顧身老、不顧家門，而但顧公論，毅然有董狐、齊太史之風，謂之『晉春秋』，宜哉！」

其二是寫燕國的權臣慕容評與燕國太后可足渾氏相互勾結，忌恨並欲殺害功勳與謀略蓋世的慕容垂，逼得慕容垂無法在國內存身，只好帶著幾個子姪與貼身的親信西投秦王苻堅。苻堅一見大喜，一來是慕容垂離開燕國，為秦國消滅燕國提供了便利條件；二來是有慕容垂做幫手，苻堅離統一全國稱皇帝的日子就不遠了。於是他對慕容垂傾心接待，深信不疑，其情景是很感人的。但其謀士王猛則一再勸導苻堅，說慕容垂「譬如龍虎，非可馴之物」，應及早將其除掉。王猛甚至為陷害慕容垂，還故意在其出征時將慕容垂之子慕容令帶在身邊，中途他收買一個慕容垂手下的人偽裝是慕容垂派他給慕容令送信，要慕容令迅即離秦返燕，慕容令不辨真假，遂率部逃入燕軍；王猛遂上表苻堅，敘慕容令「叛逃」事，慕容垂見狀出逃，中途被俘獲押回，多虧苻堅深諒慕容垂之情，仍待之如初。對此前人多有評論。首先是司馬光在本卷中評論說：「王猛知慕容垂之心久而難信，獨不念燕尚未滅，垂以材高功盛，無罪見疑，窮困歸秦，未有異心，遽以猜忌殺之，是助燕為無道而塞來者之門也，如何其可哉？故秦王堅禮之以收燕望，親之以盡燕情，寵之以傾燕眾，信之以結燕心，未為過矣。猛何汲汲於殺垂，至乃為市井鬻賣之行，有如嫉其寵而讒之者，豈雅德君子所宜為哉！」其次是明代袁黃說：「苻堅是時方有志并吞，以垂才智過人，窮蹙來歸，待以不次，亦不失駕馭羣雄之略，厥後垂興堅敗，特所以善其後者無策耳。曹操不殺先主，後世未聞議其失計，至堅不殺垂，乃以『小不忍』論之，則所謂『以成敗論人』者。」（《歷史綱鑑補》引）此外還有陳北溪說：「王猛勸苻堅殺垂，范增勸項羽殺季，其忌心一也。蓋方其來奔，能以義辭之而不受，亦可以免矣；若聽其奔，能駕馭之，則彼雖倔強如屈突通之於唐，皆為吾之用矣。何必僕僕行小人之計，因人歸我而殺之乎？縱使殺之，慕容垂雖死，天下其更無慕容垂乎？故以情論之，王猛、范增之欲殺慕容垂、沛公者，人臣之分也；而項羽、苻堅不殺之者，尤有君人之度也。」（《歷史綱鑑補》引）說得都很精彩。

其三是《通鑑》寫王猛為苻堅在不到五個月的時間裡就滅掉了一個龐大的燕國，有些地方寫得相當生動。首先是作品寫燕將慕容評的貪鄙非常好笑：「太傅評以猛懸軍深入，欲以持久制之。評為人貪鄙，鄣固山泉，鬻樵及水，積錢帛如丘陵。士卒怨憤，莫有鬭志。猛聞之，笑曰：『慕容評真奴才，雖億兆之眾不足畏，況數十萬乎！吾今茲破之必矣。』乃遣游擊將軍郭慶帥騎五千，夜從間道出評營後，燒評輜重，火見鄴中。燕主暐懼，遣侍中蘭伊讓評曰：『王，高祖之子也，當以宗廟社稷為憂，柰何不撫戰士而榷賣樵水，專以貨殖為心乎！府庫之積，朕與王共之，何憂於貧！若賊兵遂進，家國喪亡，王持錢帛欲安所置之！』乃命悉以其錢帛散之軍士，且趣使戰。評大懼，遣使請戰於猛。」再有就是作品寫鄧羌的性格非常生動、非常可愛：「猛遣將軍徐成覘燕軍形要，期以日中，及昏而返。猛怒，將斬之。鄧羌請之曰：『今賊眾我寡，詰朝將戰。成，大將也，宜且宥之。』猛曰：『若不殺成，軍法不立。』羌固請曰：『成，羌之郡將也，雖違期應斬，羌願與成劾戰以贖之。』猛弗許。羌怒，還營，嚴鼓勒兵，將攻猛。猛問其故，羌曰：『受詔討遠賊，今有近賊，自相殺，欲先除之！』猛謂羌義而有勇，使語之曰：『將軍止，吾今赦之。』成既免，羌詣猛謝，猛執其手曰：『吾試將軍耳，將軍於郡將尚爾，況國家乎！吾不復憂賊矣！』」應該說，這些地方的描寫肯定誇張不小，但也正因此，人物的性格非常突出。最後作品寫秦軍破燕的關鍵一戰說：「猛望燕兵之眾，謂鄧羌曰：『今日之事，非將軍不能破勍敵。成敗之機，在茲一舉，將軍勉之！』羌曰：『若能以司隸見與者，公勿以為憂。』猛曰：『此非吾所及也，必以安定太守、萬戶侯相處。』羌不悅而退。俄而兵交，猛召羌，羌寢不應。猛馳就許之，羌乃大飲帳中，與張蚝、徐成等跨馬運矛，馳赴燕陳，出入數四，旁若無人，所殺傷數百。及日中，燕兵大敗，俘斬五萬餘人。乘勝追擊，所殺及降者又十萬餘人。評單騎走還鄴。」《通鑑》寫到這裡，引崔鴻的評論說：「鄧羌請郡將以撓法，徇私也。勒兵欲攻王猛，無上也。臨戰豫求司隸，邀君也。有此三者，罪孰大焉！猛能容其所短，收其所長，若馴猛虎，馭悍馬，以成大功。《詩》曰：『采葑采菲，無以下體。』猛之謂矣！」崔鴻讚揚王猛的能用人，是很對的；但說鄧羌有「三大罪」，不明白寫書的人是為了生動而做些添油加醋，一定要認以為真，就未免有些煞風景了。

《綱鑑》之〈發明〉歸結苻堅滅燕說：「堅能用猛，施行有紀，無斬艾屠戮，而滅一大國易如反手；又能就用猛統六州，以安其眾，此堅所以獨盛於五胡也。」

真是「江山如畫，一時多少豪傑」！

卷第一百三

晉紀二十五

起重光協洽（辛未 西元三七一年），盡旃蒙大淵獻（乙亥 西元三七五年），凡五年。

【題 解】本卷寫簡文帝咸安元年（西元三七一年）至孝武帝寧康三年（西元三七五年）共五年間的東晉及各國大事。主要寫了秦主苻堅倚任王猛，令王猛管理東方六州的軍政大事，並以便宜委任地方官員，王猛推辭不受，苻堅堅定委任；至王猛回朝任職，苻堅又加委王猛「都督中外諸軍事」，王猛又力辭，苻堅說「卿之不得辭宰相，猶朕不得辭天下也」的君臣知遇之情；寫了王猛病時秦主苻堅親臨看望，親為祈禱，王猛臨死勸苻堅小心謹慎，善始善終，並囑以「臣沒之後，願勿以晉為圖」；寫了仇池公楊纂、涼州政權張天錫、隴西鮮卑乞伏司繁、吐谷渾王辟奚，或在秦兵攻擊下，或在王猛的馳書曉諭下紛紛歸降秦國；而後苻堅又派將軍王統、朱肜、徐成等進攻東晉的梁、益二州，晉將敗退，蜀人張育、楊光等起兵抗秦，秦國大將楊安、鄧羌等破殺張育、楊光等，梁、益二州終被秦國所佔；寫了秦主苻堅下令秦國官民讀經，各級官員凡「學不通一經、才不成一藝」者，皆「罷遣還民」；秦主苻堅為廣求民隱，而建立聽訟觀，五日一臨；又下令「增崇儒教，禁老、莊、圖讖之學」，圖讖之學遂絕於秦地；寫了桓溫因枋頭之敗而威名大挫，遂採用郗超之謀廢掉了東晉的皇帝司馬奕，另立會稽王司馬昱為帝；寫了桓溫因猜忌而請誅元帝之子武陵王司馬晞，不成，乃遷之於別郡監管；桓溫又忌恨殷氏、庾氏二強族，遂羅織罪名，收殷涓、庾倩而殺之；寫了桓溫又殺廢帝三子與其母，貶之為海西縣公，廢帝遂「專飲酒，恣聲色，有子不育，時人憐之」云云；寫了簡文帝司馬昱病死，臨死前想將晉政權拱手送給桓溫，多虧王坦之、王彪之大力堅持，方使簡文帝的兒子司馬昌明繼立為帝；桓溫原希望簡文帝能臨終禪讓，至少也應得一個「依周公居攝故事」，結果二者都未得到；寫了桓溫病死，死前向朝廷要「九錫」，謝安、王坦之、王彪之三人故意拖延時間，遂使桓溫未能得逞；寫了桓溫臨死令其弟桓沖代統其部眾，桓沖乃以桓溫之子桓玄為嗣，而己輔之。桓沖忠於晉室，不與朝廷的時賢作對，朝權遂由謝安、王彪之、王坦之等執掌等等。

太宗簡文皇帝❶

咸安元年❷（辛未　西元三七一年）

春，正月，袁瑾、朱輔求救於秦。秦王堅以瑾為揚州刺史，輔為交州刺史，遣武衛將軍武都王鑒❸、前將軍張蚝帥步騎二萬救之。大司馬溫遣淮南太守桓伊❹、南頓太守桓石虔等擊鑒、蚝於石橋❺，大破之，秦兵退屯慎城❻。伊，宣之子也。丁亥❼，溫拔壽春，擒瑾及輔，并其宗族送建康，斬之。

秦王堅徙關東豪傑及雜夷十五萬戶于關中，處烏桓于馮翊、北地❽，丁零翟斌❾于新安、澠池❿。諸因亂流移，欲還舊業者，悉聽之。

二月，秦以魏郡太守韋鍾為青州⓫刺史，中壘將軍梁成為兗州⓬刺史，射聲校尉徐成為并州⑬刺史，武衛將軍王鑒為豫州⑭刺史，左將軍彭越為徐州⑮刺史，太尉司馬皇甫覆為荊州⑯刺史，屯騎校尉天水姜宇為涼州⑰刺史，扶風內史王統為益州⑱刺史，秦州刺史、西縣侯雅⑲為使持節、都督秦・晉・涼・雍州諸軍事、秦州牧⑳，吏部尚書楊安為使持節、都督益・梁州㉑諸軍事、梁州刺史。復置雍州，治蒲阪，以長樂公丕㉒為使持節、征東大將軍、雍州刺史。成，平老㉓之子。統，擢㉔之子也。堅以關東初平，守令宜得人，令王猛以便宜簡召㉕英俊，補六州守令，授訖㉖，言臺除正㉗。

三月壬辰㉘，益州刺史建成定公周楚㉙卒。

秦後將軍金城俱難㉚攻蘭陵太守張閔子于桃山㉛，大司馬溫遣兵擊卻之。○秦西縣侯雅、楊安、王統、徐成及羽林左監朱彤、揚武將軍姚萇帥步騎七萬伐仇池公楊纂。

代將長孫斤㉜謀弒代王什翼犍，世子寔㉝格之㉞，傷脅㉟，遂執斤殺之。

夏，四月戊午㊱，大赦。

秦兵至鷲峽㊲，楊纂帥眾五萬拒之。梁州刺史弘農楊亮㊳遣督護郭寶、卜靖帥千餘騎助纂，與秦兵戰于峽中。纂兵大敗，死者什三、四，寶等亦沒，纂收散兵遁還。西縣侯雅進攻仇池[39]，楊統[40]帥武都之眾降秦。纂懼，面縛[41]出降，雅送纂于長安。以統為南秦州[42]刺史，加楊安都督南秦州諸軍事，鎮仇池。

王猛之破張天錫於枹罕[43]也，獲其將敦煌陰據[44]及甲士五千人。秦王堅既克楊纂，遣據帥其甲士還涼州，使著作郎梁殊、閻負送之，因命王猛為書諭天錫曰：「昔貴先公[45]稱藩劉、石[46]者，惟審於彊弱[47]也。今論涼土之力，則損於往時[48]，語[49]大秦之德，則非二趙之匹[50]，而將軍翻然自絕[51]，無乃[52]非宗廟之福也歟？以秦之威，旁振無外[53]，可以回弱水[54]使東流[55]，返江、河使西注。關東既平，將移兵河右[56]，恐非六郡[57]士民所能抗也。劉表[58]謂漢南可保[59]，將軍謂西河可全，吉凶在身[60]，元龜不遠[61]。宜深筭妙慮，自求多福，無使六世[62]之業一旦而墜地[63]也。」天錫大懼，遣使謝罪稱藩。堅拜天錫使持節、都督河右諸軍事、驃騎大將軍、開府儀同三司、涼州刺史、西平公。

吐谷渾王辟奚[64]聞楊纂敗，五月，遣使獻馬千匹、金銀五百斤于秦。秦以辟奚為安遠將軍、漒川侯[65]。辟奚，葉延[66]之子也，好學仁厚，而[1]無威斷[67]。三弟專恣[68]，國人患之。長史鍾惡地，西漒羌豪也，謂司馬乞宿雲曰：「三弟縱橫[69]，勢出王右[70]，幾亡國矣。吾二人位為元輔[71]，豈得坐而視之！詰朝月望[72]，文武並會[73]，吾將討焉。王之左右皆吾羌子，轉目一顧，立可擒也。」宿雲請先白王[74]，惡地曰：「王仁而無斷，白之必不從。萬一事泄，吾屬無類[75]矣。事已出口，何可中變！」遂於坐[76]收三弟，殺之。辟奚驚怖，自投床下[77]，惡地、宿雲趨而扶之曰：「臣昨夢先王敕臣云：『三弟將為逆，不可不討。』故誅之耳。」辟奚由是發病恍惚[78]，命世子視連曰：「吾禍及同生[79]，何以見之於地下！國事大小，任汝治之。吾餘年殘命，寄食而已[80]。」遂以憂卒。

視連立，不飲酒遊畋者七年，軍國之事，委之將佐。鍾惡地諫，以為人主當自娛樂，建威布德。視連泣曰：「孤自先世以來，以仁孝忠恕相承。先王念友愛之不終[81]，悲憤而亡。孤雖纂業[82]，尸存而已[83]，聲色遊娛，豈所安也！威德之建，當付之將來[84]耳。」

代世子寔病傷而卒[85]。

秋，七月，秦王堅如洛陽。

代世子寔娶東部大人賀野干[86]之女，有遺腹子，甲戌[87]，生男，代王什翼犍為之赦境內，名曰涉圭[88]。

大司馬溫以梁、益多寇，周氏[89]世有威名，八月，以寧州刺史周仲孫監益、梁二州諸軍事，領益州刺史。仲孫，光(90)之子也。

秦以光祿勳李儼為河州(91)刺史，鎮武始(92)。

王猛以潞川之功，請以鄧羌為司隸。秦王堅下詔曰：「司隸校尉，董牧皇畿(93)，吏責(94)甚重，非所以優禮名將(95)。光武不以吏事處功臣(96)，實貴之(97)也。羌有廉、李(98)之才，朕方委以征伐之事。北平匈奴，南蕩揚越(99)，羌之任也，司隸何足以嬰之(100)！其(101)進號鎮軍將軍，位特進。」

九月，秦王堅還長安。歸安元侯李儼(102)卒于上邽，堅復以儼子辯為河州刺史。

冬，十月，秦王堅如鄴，獵于西山，旬餘忘返。伶人(103)王洛叩馬(104)諫曰：「陛下羣生所繫(105)，今久獵不歸，一旦患生不虞(106)，柰太后、天下何(107)？」堅為之罷獵還宮。王猛因進言曰：「畋獵誠非急務(108)，王洛之言，不可忘也。」堅賜洛帛百匹，拜官箴左右(109)。自是不復獵。

大司馬溫恃其材略位望(110)，陰蓄不臣之志(111)，嘗(112)撫枕歎曰：「男子不能流芳百世，亦當遺臭萬年！」術士(113)杜炅能知人貴賤，溫問炅以己[2]祿位所至(114)。炅曰：「明公勳格宇宙(115)，位極人臣(116)。」溫不悅。溫欲先立功河朔(117)，以收時望(118)，還受九錫(119)。及枋頭之敗(120)，威名頓挫。既克壽春，謂參軍郗超曰：「足以雪枋頭之恥乎？」超曰：「未也。」久之，超就溫宿[121]，中夜，謂溫曰：「明公都無所慮乎？」溫曰：「卿欲有言邪？」超曰：「明公當[122]天下重任，今以六十之年，敗於大舉[123]，不建不世之勳[124]，不足以鎮愜民望[125]。」溫曰：「然則柰何？」超曰：「明公不為伊、霍之舉[126]者，無以立大威權，鎮壓四海。」溫素有心，深以為然，遂與之定議[127]。以帝素謹[128]無過，而床笫[129]易誣，乃言：「帝早有痿疾[130]，嬖人[131]相龍、計好、朱靈寶等參侍內寢[132]，二美人[133]田氏、孟氏生三男，將建儲立王[134]，傾移皇基[135]。」密播此言於民間，時人莫能審其虛實。

十一月癸卯[136]，溫自廣陵將還姑孰，屯于白石[137]。丁未[138]，詣建康，諷褚太后[139]，請廢帝立丞相會稽王昱，并作令草呈之[140]。太后方在佛屋燒香，內侍啟云：「外有急奏。」太后出，倚戶視奏數行，乃曰：「我本自疑此！」至半便止[141]，索筆益之[142]曰：「未亡人[143]不幸罹[144]此百憂，感念存沒[145]，心焉如割！」

己酉[146]，溫集百官於朝堂[147]。廢立既曠代所無[148]，莫有識其故典者[149]，百官震慄[150]。溫亦色動[151]，不知所為。尚書左僕射王彪之[152]知事不可止，乃謂溫曰：「公阿衡皇家[153]，當倚傍先代[154]。」乃命取漢書霍光傳，禮度儀制[155]，定於須臾[156]。彪之朝服當階[157]，神彩毅然，曾無懼容，文武儀準[158]，莫不取定[159]，朝廷以此服之。

於是宣太后令，廢帝為東海王，以丞相、錄尚書事、會稽王昱統承皇極[160]。百官入太極前殿，溫使督護竺瑤、散騎侍郎劉亨收帝璽綬。帝著白帢單衣[161]，步下西堂，乘犢車[162]出神虎門[163]。羣臣拜辭，莫不歔欷[164]。侍御史、殿中監將兵百人衛送東海第[165]。溫帥百官具乘輿法駕[166]，迎會稽王于會稽邸。王於朝堂變服[167]，著平巾幘[168]、單衣，東向流涕，拜受璽綬。是日，即皇帝位，改元[169]。溫出次中堂[170]，分兵屯衛。溫有足疾，詔乘輿入殿[171]。溫撰辭[172]，欲陳述廢立本意。帝引見，便泣下數十行。溫兢懼[173]，竟不能一言而出。

太宰武陵王晞[174]好習武事，為溫所忌，欲廢之，以事示王彪之。彪之曰：「武陵親尊[175]，未有顯罪，不可以猜嫌之間[176]便相廢徙。公建立聖明[177]，當崇獎王室[178]，與伊、周[179]同美。此大事，宜更深詳[180]。」溫曰：「此已成事[181]，卿勿復言。」乙卯[182]，溫表：「晞聚納輕剽[183]，息綜矜忍[184]，袁真叛逆，事相連染[185]。頃日猜懼[186]，將成亂階[187]。請免晞官，以王歸藩[188]。」從之。并免其世子綜[189]、梁王𤩽[190]等官。

溫使魏郡太守毛安之[191]帥所領宿衛殿中[192]。安之，虎生[193]之弟也。

庚戌[194]，尊褚太后曰崇德太后。

初，殷浩卒，大司馬溫使人齎書[195]弔之。浩子涓不答[196]，亦不詣溫[197]，而與武陵王晞遊[198]。廣州刺史庾蘊，希[199]之弟也，素與溫有隙。溫惡殷、庾宗彊[200]，欲去之[201]。

辛亥[202]，使其弟祕逼新蔡王晃[203]詣西堂[204]叩頭自列[205]，稱與晞及子綜、著作郎殷涓、太宰長史庾倩、掾曹秀、舍人劉彊、散騎常侍庾柔等謀反。帝對之流涕，溫皆收付廷尉[206]。倩、柔，皆蘊之弟也。癸丑[207]，溫殺東海王三子及其母。甲寅[208]，御史中丞[209]譙王恬[210]承溫旨[211]，請依律誅武陵王晞。詔曰：「悲惋惶怛[212]，非所忍聞，況言之哉！其更詳議[213]。」恬，承之孫也。乙卯[214]，溫重表固請誅晞，詞甚酷切[215]。帝乃賜溫手詔曰：「若晉祚靈長[216]，公便宜奉行前詔。如其大運去矣[217]，請避賢路[218]。」溫覽之，流汗變色，乃奏廢[219]晞及其三子，家屬皆徙新安郡[220]。丙辰[221]，免新蔡王晃為庶人，徙衡陽[222]。殷涓、庾倩、曹秀、劉彊、庾柔皆族誅，庾蘊飲酖死。蘊兄東陽太守友子婦[223]，桓豁[224]之女也，故溫特赦之。庾希聞難，與弟會稽王[3]參軍邈及子攸之逃于海陵陂澤[225]中。

溫既誅殷、庾，威勢翕赫[226]，侍中謝安見溫遙拜。溫驚曰：「安石，卿何事乃爾[227]？」安曰：「未有君拜於前，臣揖於後[228]。」

戊午[229]，大赦，增文武位二等[230]。○己未[231]，溫如白石，上書求歸姑孰[232]。庚申[233]，詔進溫丞相，大司馬如故，留京師輔政。溫固辭，乃請還鎮。辛酉[234]，溫自白石還姑孰。

秦王堅聞溫廢立，謂羣臣曰：「溫前敗灞上，後敗枋頭，不能思愆[235]自貶，以謝百姓，方更廢君以自說[236]。六十之叟，舉動如此，將何以自容於四海乎？諺曰：『怒其室而作色於父[237]』，其桓溫之謂矣！」

秦車騎大將軍王猛以六州任重，言於秦王堅，請改授親賢[238]，及府選便宜[239]，輒已停寢[240]，別乞一州自效[241]。堅報曰：「朕之於卿，義則君臣[242]，親踰骨肉[243]，雖復桓、昭之有管、樂[244]，玄德之有孔明[245]，自謂踰之[246]。夫人主勞於求才[247]，逸於得士[248]。既以六州相委，則朕無東顧之憂，非所以為優崇[249]，乃朕自求安逸也。夫取之不易，守之亦難，苟任非其人，患生慮表[250]，豈獨朕之憂，亦卿之責也。故虛位台鼎[251]，而以分陝為先[252]。卿未照[253]朕心，殊乖素望[254]。新政俟才[255]，宜速銓補[256]。俟東方化洽[257]，當袞衣西歸[258]。」仍[259]遣侍中梁讜詣鄴諭旨，猛乃視事[260]如故。

十二月，大司馬溫奏：「廢放之人[261]，屏之以遠[262]，不可以臨黎元[263]。東海王宜依昌邑故事[264]，築第吳郡[265]。」太后詔曰：「使為庶人，情有不忍，可特封王[266]。」

溫又奏：「可封海西縣侯。」庚寅[267]，封海西縣公。

溫威振內外，帝雖處尊位，拱默[268]而已，常懼廢黜。先是，熒惑守太微端門[269]，踰月[270]而海西廢[271]。辛卯[272]，熒惑逆行入太微[273]，帝甚惡之。中書侍郎郗超在直[274]，帝謂超曰：「命之脩短，本所不計，故當無復近日事邪[275]？」超曰：「大司馬臣溫方內固社稷[276]，外恢經略[277]，非常之事[278]，臣以百口保之[279]。」及超請急省其父[280]，帝曰：「致意尊公，家國之事遂至於此，由吾不能以道匡衛[281]，愧歎之深，言何能諭[282]！」因詠庾闡[283]詩云：「志士痛朝危，忠臣哀主辱。」遂泣下霑襟。帝美風儀[284]，善容止[285]，留心典籍，凝塵滿席，湛如也[286]。雖神識恬暢[287]，然無濟世大略[288]。謝安以為惠帝之流[289]，但清談差勝[290]耳。

郗超以溫故[291]，朝中皆畏事之。謝安嘗與左衛將軍王坦之共詣超，日旰未得前[292]。坦之欲去，安曰：「獨不能為性命忍須臾[293]邪？」

秦以河州刺史李辯領興晉[294]太守，還鎮枹罕[295]。徙涼州治金城[296]。張天錫聞秦有兼并之志，大懼，立壇於姑臧[297]西，刑三牲[298]，帥其官屬，遙與晉三公盟。遣從事中郎韓博奉表送盟文，并獻書於大司馬溫，期以明年夏同大舉[4]，會于上邽[299]。

是歲，秦益州刺史王統攻隴西鮮卑乞伏司繁[300]於度堅山[301]，司繁帥騎三萬拒統于苑川[302]。統潛襲度堅山，司繁部落五萬餘皆降於統。其眾聞妻子已降秦，不戰而潰。司繁無所歸，亦詣統降。秦王堅以司繁為南單于，留之長安，以司繁從叔吐雷[303]為勇士護軍[304]，撫其部眾。

【章　旨】以上為第一段，寫簡文帝咸安元年（西元三七一年）一年間的大事。主要寫了秦主苻堅倚任王猛，令王猛管理東方六州的軍政大事，並以便宜委任地方官員，王猛請求另任親賢，自己只任一州，苻堅堅定委任，自稱「桓、昭之有管、樂，玄德之有孔明，自謂踰之」；寫了秦將苻雅、楊安等進攻仇池，晉兵救之，不勝，仇池公楊纂降秦；王猛又致書涼州政權的張天錫，曉諭利害，張天錫遂向秦國「謝罪稱藩」；寫了秦將王統攻隴西鮮卑乞伏司繁於度堅山，乞伏司繁降秦；寫了秦主苻堅獵於鄴之西山，旬餘忘返，伶人諫之，苻堅遂自此不復獵；寫了桓溫遣將破殺佔據壽春降秦的袁瑾、朱輔勢力；寫了桓溫枋頭之敗後威名大挫，郗超為之設謀廢掉東晉皇帝司馬奕，另立會稽王司馬昱為帝；寫了司馬昱為帝後，整天處於悽悽惶惶之中，擔心也一朝被廢；寫了桓溫請誅元帝子武陵王司馬晞，未成，溫乃遷之於新安郡；桓溫又忌殷氏、庾氏二強族，遂羅織罪名，收殷涓、庾倩而殺之；寫了桓溫又殺廢帝三子與其母，欲貶廢帝為庶人，未成，乃廢之為海西縣公等等。

【注　釋】❶太宗簡文皇帝　名昱，字道萬，元帝司馬睿少子。初封琅邪王，徙封會稽王。穆帝即位時，褚太后攝政，司馬昱總理政務。歷事哀帝、海西公，而無建樹，大權一歸桓溫，故被桓溫立為帝。西元三七一—三七二年在位。太宗是他的廟號，簡文二字是謚。事跡詳見《晉書》卷九〈簡文帝紀〉。《謚法》：「一德不懈曰簡」；「道德博聞曰文」。❷咸安元年　是年十一月，皇帝司馬奕被桓溫廢為海西公，立司馬昱為帝，當年改元咸安，《通鑑》編年，因以新元繫之，實際上本卷的前十一個月都是海西公的第六年。❸武都王鑒　武都郡人王鑒。武都郡的郡治在今甘肅成縣西側，武都的東北方。❹桓伊　桓宣之子。桓宣是成帝時期人，佐祖逖，拒祖約，守襄陽，皆有功。傳見《晉書》卷八十一。❺石橋　一作石梁。在今安徽壽縣北的肥水上。❻慎城　慎縣縣城，即今安徽穎上西北的江口集。❼丁亥　正月十七。❽馮翊北地　二郡名，馮翊郡的郡治即今陝西大荔，北地郡的郡治在今陝西耀州。❾丁零翟斌　丁零族的頭領，原屬燕國，後歸苻堅。❿新安澠池　二縣名，新安縣的縣治在今河南澠池縣城的東南側，新安城的西方，澠池縣的縣治在今澠池縣城的西方。⓫青州　州治廣固，在今山東淄博東。⓬兗州　州治倉垣，在今河南開封西北。⓭并州　州治晉陽，在今山西太原西南的古城營西古城。⓮豫州　州治洛陽，在今河南洛陽之城東部。⓯徐州　州治彭城，即今江蘇徐州。⓰荊州　州治魯陽，在今河南魯山縣。⓱涼州　州治在今甘肅通渭東北。⓲益州　州治在今甘肅隴西縣。⓳西縣侯雅　苻雅，苻氏的老臣，在苻生時代曾任右衛將軍。⓴秦州牧　秦州地區的軍政長官。秦州的州治即今甘肅天水市。㉑梁州　州治即今陝西漢中。晉州治所在今青海樂都東南，雍州治所蒲阪，在今山西永濟西南蒲州鎮。㉒長樂公丕　苻丕，苻堅之子。㉓平老　梁平老，苻氏的老臣，在苻生時代曾任特進，領御史中丞，被稱為「才識明達，令行禁止」。㉔擢　王擢，原晉將，於穆帝永和十年降秦。㉕以便宜簡召　根據實際情況加以選拔任命。簡召，選拔而召用之。㉖授訖　任命過後。授，任以官職。㉗言臺除正　再報告朝廷正式辦理任命手續。除正，正式任命。胡三省曰：「嗚乎，荀卿子有言：『兼并易也，堅凝之難。以苻堅之明，王猛之略，簡召英俊以補六州守令，然鮮卑乘亂一呼，翕然為燕，以此知天下之勢，但觀人心之向背何如耳！』」㉘三月壬辰　三月二十三。㉙建成定公周楚　周楚是周撫之子，繼其父任益州刺史，封建成公，定字是謚。《謚法解》：「大慮靜民曰定。」㉚金城俱難　金城郡人姓俱名難。㉛桃山　山名，在今山東滕州東南。㉜長孫斤　姓長孫，名斤。㉝世子寔　什翼犍的太子，名寔。㉞格之　與之格鬥。格，攔擊；迎擊。㉟傷脅　被長孫斤打傷了脅骨。脅，脅骨。㊱四月戊午　四月二十。㊲鷩峽　又名塞峽，在今甘肅西和東南。㊳弘農楊亮　楊亮是弘農縣人，在晉王朝任梁州刺史。梁州的州治即今陝西漢中。㊴仇池　郡名，郡治即今甘肅成縣西北的洛谷鎮，當時氐族楊纂政權的大本營所在地。㊵楊統　楊纂之叔，時為楊氏政權任武都太守。武都郡的郡治在今甘肅成縣西北側，武都之東北方。㊶面縛　兩手反綁身後，面向前，表示認罪。㊷南秦州　州名，秦在上邽置秦州，仇池在南，故稱「南秦州」。㊸王猛之破張天錫於枹罕　事在海西公太和元年，見本書前文卷一百一。㊹敦煌陰據　敦煌人姓陰名據。敦煌是郡名，郡治沙州，即今甘肅敦煌。㊺貴先公　敬稱張天錫的先人張茂、張駿等。㊻稱藩劉石　張茂稱藩於劉曜，事見本書卷九十二太寧元年；張駿稱藩於石勒，事見本書卷九十四咸和五年。㊼惟審於彊弱　只看到誰一時的武力強大。審，看清。㊽損於往時　比過去有所減弱。㊾語　談及；說到。㊿非二趙之匹　不是劉氏的前趙政權和石氏的後趙政權所能比擬。匹，匹敵；對手。(51)自絕指涼與秦國斷交，而歸附於晉。(52)無乃　這恐怕。(53)旁振無外　意即天下無敵。旁振，征討四方；向四方發展。無外，都等於是秦國的領土。(54)弱水　河水名，源出祁連山北麓，經今甘肅張掖，向北流入今內蒙古境內，為額濟納河。上游今名黑河，下游名弱水。(55)使東流　讓弱水掉過頭來向東流，與下句的「返江、河使西注」，都是用來比喻秦國威力無邊。(56)河右　河西，黃河以西，指當時張氏政權所佔據的涼州，今之甘肅河西走廊一帶地區。(57)六郡　指張軌初鎮河西時的涼州六郡，即武威、張掖、酒泉、敦煌、西郡、西海。(58)劉表　即東漢末年的荊州刺史劉表。當時的荊州州治是襄陽，今之湖北襄樊。(59)謂漢南可保　以為自己佔據的漢水以南的荊州地區，不會被曹操所攻克、所征服。(60)吉凶在身　今後出路的光明或黑暗，都在你今天做出的選擇。身，你本人。(61)元龜不遠　你可以引為教訓的事例就是剛才提到的劉表。元龜，指古代用以占卜吉凶的龜甲，這裡用以為「教訓」、「借鑑」的意思。(62)六世　指張軌、張寔、張茂、張駿、張重華、張天錫六世。天錫前尚有張曜靈、張祚、張玄靚三主，均未算在內。(63)一旦而墜地　指被消滅而言。(64)吐谷渾王辟奚　當時活動在今青海東部和與之鄰近甘肅東南部一帶地區的少數民族頭領，名叫辟奚。(65)澆川侯　封之為侯爵，以其當地的河水為名。據吳熙載《資治通鑑地理今釋》說，澆川即源出強臺山，亦即所謂西傾山的白水。強臺山在《北史・吐谷渾傳》作西強山。《水經注》和《元和郡縣志》作巍臺山，今名西傾山，在青海東部和甘肅西南邊境。白水即今白龍江，源出西傾山東南麓，東南流至四川廣元昭化鎮注入嘉陵江。魏、晉時期羌人聚居澆川沿江一帶，分西澆羌、東澆羌。(66)葉延　晉成帝時期活動在今青海東部一帶的鮮卑族頭領。事見本書卷九十四。(67)無威斷　缺乏足夠的威嚴與決斷力。(68)三弟專恣　有三個弟兄都專權而放縱。(69)縱橫　胡作非為。(70)勢出王右　權勢在國王之上。右，此處以右為上。(71)元輔　輔佐國君的主要大臣。長史和司馬都是大將或公府的高級僚屬，故也稱「元輔」。(72)詰朝月望　明天就是這個月的十五。詰朝，明早。(73)文武並會　滿朝文武都要前來聚會。《史記・匈奴列傳》也記載過這種少數民族常在每月十五進行聚會的習俗。(74)請先白王　請求先稟告羌王辟奚一聲。(75)無類　也稱「無遺類」，意即被滅門、滅種。(76)於坐　在第二天文武聚會的座席上。(77)自投床下　從上面的座位上跌了下來。投，跌落。(78)恍惚　神智不清。(79)同生　同胞；親兄弟。(80)寄食而已　給我一口飯吃就行了。寄食，依附他人生活。(81)友愛之不終　指兄弟之間的情誼沒有貫徹到底。不終，沒有做到底。(82)纂業　繼承王業。纂，接續。(83)尸存而已　只要軀體存在就行了，意即居其位而不想做事。(84)付之將來　由日後兒孫輩來做。胡三省曰：「辟奚之死，視連之立，其事非皆在是年，《通鑑》因辟奚入貢於秦，遂連而書之，以見辟奚父子天性仁孝，不可以夷狄異類視之也。」(85)病傷而卒　由於同長孫斤搏鬥時受傷而致死。(86)賀野干　鮮卑賀蘭部的酋長。(87)甲戌　七月初七。(88)涉圭　即未來的北魏道武帝拓跋珪，北魏政權的建立者，西元三八六—四〇九年在位。事詳《魏書》卷二〈太祖道武帝紀〉。(89)周氏　指周訪、周撫、周楚祖孫三代，皆著威名於梁州、益州。(90)光　周光，周訪之子，周撫之弟。周光事見本書卷九十三太寧三年。(91)河州　州名，張駿以興晉、金城、武始、南安、永晉、大夏、武城、漢中八郡為河州，州治枹罕，在今甘肅臨夏西南。(92)武始　郡名，張駿所置，郡治狄道，即今甘肅臨洮。(93)董牧皇畿　督察與管理包括國都在內的畿輔地區。董牧，管理。皇畿，也稱「京畿」，指國家的都城及其附近諸郡，晉代稱為「司州」。(94)吏責　其行政官員的職責。(95)非所以優禮名將　不能用來作為優待某位名將的用途。(96)不以吏事處功臣　不讓功臣們擔任行政方面的職務。處，使……擔當。(97)貴之　尊崇他們。貴，尊崇；看重。(98)廉李　廉頗、李牧，都是戰國時期趙國的名將，被後世看作古代名將的代表。(99)揚越　也稱「於越」，指我國東南部越族聚居的今之浙江、福建、廣東、廣西等一帶地區，因其在古代屬於揚州，故稱「揚越」。此處即指東晉王朝。(100)司隸何足以嬰之　怎能以司隸校尉的行政事務來麻煩他。嬰，干擾；麻煩。(101)其　表示命令、祈請的發語詞。(102)歸安元侯李儼　歸安侯是李儼的封號，元字是諡。(103)伶人　此指在帝王身邊表演音樂或各種雜技藝術的樂官。(104)叩馬　攔住馬頭。(105)羣生所繫　是全國官民的主心骨。繫，仰仗；依托。(106)患生不虞　一旦發生意料之外的災難。患，災難。(107)柰太后天下何　那怎麼向太后與晉天下的黎民百姓交代呢。按，這是漢代袁盎勸阻漢文帝乘車在峻阪馳騁時的用語，見《史記・袁盎鼂錯列傳》，《通鑑》套用之。(108)急務　急需要做的事。(109)官箴左右　官名，苻堅創置，掌勸諫、補缺、拾遺。(110)材略位望　才智謀略和地位聲望。材，通「才」。(111)不臣之志　篡奪皇位的野心。(112)嘗　曾經。(113)術士　通常指以各種迷信手段為業的騙子，如巫祝、占卜、降妖捉鬼以及長生之術等等。(114)祿位所至　官職所能達到的極限。祿位，指官職。(115)勳格宇宙　猶言功高天地，極言功勳之大。格，至；達到。宇宙，天地。(116)位極人臣　在大臣中無人可比。(117)河朔　泛指黃河以北地區。(118)以收時望　以樹立自己在當今社會的威信和聲望。時，現時；當世。(119)還受九錫　回朝時能獲九錫的殊榮。九錫，皇帝賜予權臣的九種特殊待遇，即：入朝不趨、劍履上殿、贊拜不名、納陛以登等九項。(120)枋頭之敗　事見本書上卷太和四年。(121)就溫宿　到桓溫處過夜。(122)當　擔當；掌管。(123)敗於大舉　失敗於大規模的興兵北伐，即枋頭之敗。(124)不建不世之勳　如果再不建立一個舉世所無的大功勳。(125)不足以鎮愜民望　就不可能威懾與滿足全國官民的願望。(126)伊霍之舉　指廢掉現有的皇帝，另立一個新皇帝。伊尹是商初大臣，曾一度廢掉了商王太甲，而自掌朝政。事見《史記・殷本紀》。霍光是西漢的輔政大臣，昭帝死後，迎立昌邑王劉賀為帝，不久又廢掉劉賀，另立了漢宣帝。事詳《漢書・霍光傳》。(127)定議　制定了廢現行皇帝司馬奕，而另立會稽王司馬昱的計畫。(128)素謹　一向言行謹慎。素，一向。(129)床第　指夫妻生活方面的事情。第，床。陳、楚之間謂之第。(130)痿疾　即陽痿。(131)嬖人　即男寵，受皇帝寵愛的男人。(132)參侍

內寢　陪著皇帝一道與皇后、妃嬪們過夜。侍內寢，侍候皇帝睡覺。[133]二美人　皇帝的兩個妃子。「美人」是妃嬪的封號名。[134]建儲立王　有的將立為太子，有的封為諸侯王。建儲，建立儲君，即立太子。[135]傾移皇基　將改變皇家的血統，使司馬氏的基業被顛覆。[136]十一月癸卯　十一月初九。[137]白石　地名，在今安徽采石磯之西南方。[138]丁未　十一月十三。[139]諷褚太后　向褚太后婉轉勸諫示意。[140]并作令草呈之　並事先替褚太后擬定了一個所下命令的草稿，交給褚太后過目。[141]至半便止　讀了一半就不往下讀了。[142]索筆益之　要過筆來向下接著寫道。[143]未亡人　意即寡婦，這裡是褚太后的自稱。[144]罹　遭逢；遇上。[145]感念存沒　想到活著的與死去的人。「存」指海西公與褚太后自己；「沒」指已故的東晉諸帝。[146]己酉　十一月十五。[147]朝堂　正殿左右的百官治事之所。國有大事，均在朝堂會議。[148]曠代所無　多少年來所沒有的事情。曠代，隔了多少代。一代為三十年。[149]莫有識其故典者　沒有人知道如何具體操作這件事情的先例。故典，先例；以往的做法。[150]震慄　恐懼顫抖。[151]色動　緊張；色變。[152]王彪之　王彬之子，時任左僕射，有如副丞相。[153]阿衡皇家　猶言輔佐皇帝。阿衡，原是官名，位同丞相，這裡用如動詞，意即輔佐。[154]當倚傍先代　應該按照先前有關這類事情的做法。[155]禮度儀制　即廢除現行皇帝司馬奕，另立司馬昱為皇帝的具體做法。[156]須臾　頃刻之間。[157]當階　站在殿階之上，對著殿下所站立的群臣。[158]儀準　一舉一動的儀式準則。[159]莫不取定　一切都按著王彪之的樣子做。取定，以……的舉動為準則。[160]統承皇極　繼承皇位。[161]白帢單衣　平民布衣的打扮。白帢，古代未仕者所戴的白帽。單衣，也作「禪衣」，江左人見尊者所穿之服，為僅次於朝服的盛服。[162]犢車　牛車，為王公貴族所乘的一種車。[163]神虎門　當時建康宮的西門。當時本名「神武門」，唐代人避李淵之父李虎諱，故稱「神虎門」。[164]歔欷　哀歎抽泣的聲音。[165]東海第　當年司馬奕為東海王時所居的府第。[166]乘輿法駕　皇帝所乘坐的一種車駕。《史記索隱》引《漢官儀》云：「天子鹵簿有大駕、法駕。大駕，公卿奉引，大將軍參乘，屬車八十一乘；法駕，公卿不在鹵簿中，唯京兆尹、執金吾、長安令奉引，侍中參乘，屬車三十六乘。」[167]變服　更換服飾。[168]平巾幘　一種頭巾，又稱「平上幘」，因幘上平如屋頂，故名。[169]改元　即改司馬奕「太和六年」為司馬昱的「咸安元年」。[170]出次中堂　到殿前的中堂休息。次，停留；歇息。[171]詔乘輿入殿　告訴他可以乘著車子進入殿堂。[172]撰辭　寫一篇講話稿。[173]兢懼　恐懼。[174]武陵王晞　元帝之子，簡文帝司馬昱之兄。出繼武陵哀王喆後。哀王喆是武陵壯王之子，琅邪武王伷之孫，與元帝（亦武王伷孫）為堂兄弟。[175]親尊　既是皇帝的至親，又地位顯貴。[176]猜嫌之間　出自懷疑、妒忌的編排。[177]建立聖明　已經擁立了聖明的新皇帝。[178]當崇獎王室　應該維護與提高皇室家族的聲望與地位。崇獎，維護與提高。[179]伊周　伊尹和周公，都是以輔佐帝王聞名的古代聖賢。[180]深詳　深思熟慮。[181]成事　已經決定的事情。[182]乙卯　應作「乙巳」。乙巳是十一月十一。[183]聚

納輕剽　集聚了一批勇猛好動的匪類。輕剽，勇猛好動。(184)息綜矜忍　其兒子司馬綜尤其傲慢殘忍。息，兒子。(185)連染　牽連。(186)頃日猜懼　近日以來疑懼之心強烈。(187)將成亂階　將要成為叛亂的基礎。(188)以王歸藩　以武陵王的身分回封地賦閒。(189)世子綜　即司馬綜。世子，意同「太子」，帝王的接班人。(190)梁王璡　司馬晞之子，世子綜之弟，被封為梁王。(191)魏郡太守毛安之　毛安之是東晉名將毛寶之子，毛寶在平定蘇峻之亂中有大功。傳見《晉書》卷八十一。真正的魏郡在河北南部，當時屬秦國所有。東晉的「魏郡」上屬於「冀州」，與「徐州」、「兗州」、「幽州」等許多空名的州郡都僑治於京口，即今江蘇鎮江市。(192)宿衛殿中　率領軍隊日夜在宮中值勤，目的即監視、防範。(193)虎生　毛虎生，毛寶的長子，名穆之，「虎生」是其小字。(194)庚戌　十一月十六。(195)齎書　攜帶著弔唁的信件。(196)不答　不還禮致謝。(197)不詣溫　不到桓溫處致謝。(198)與武陵王晞遊　與……遊；與……相交往。(199)希　庾希，庾冰之子。(200)宗彊　家族的勢力強大。(201)欲去之　想把他們都趕出朝廷。(202)辛亥　十一月十七。(203)新蔡王晃　晃父邈本汝南威王司馬祐之子。祐祖父汝南成王亮為司馬懿的第四子。新蔡莊王確為司馬懿弟司馬馗的重孫，無子，故以邈嗣新蔡王後。(204)西堂　建康宮太極殿的西堂。(205)自列　自首；列舉自己的罪狀。(206)廷尉　國家的最高司法長官。(207)癸丑　十一月十九。(208)甲寅　十一月二十。(209)御史中丞　御史臺的主要長官，主管監察彈劾。(210)譙王恬　司馬恬，譙閔王司馬承之孫。(211)承溫旨　稟承桓溫的意旨。(212)悲惋惶怛　悲哀痛苦。(213)其更詳議　再好好地討論一下。(214)乙卯　十一月二十一。(215)酷切　冷酷而嚴厲。(216)若晉祚靈長　如果晉朝的國運還能延續下去。祚，福，這裡指國運。(217)如其大運去矣　如果晉王朝就應該在今天滅亡。(218)請避賢路　我請求退位，為賢人讓路。(219)廢　廢其爵位，降為庶民。(220)新安郡　郡名，郡治始新縣，在今浙江淳安西北。(221)丙辰　十一月二十二。(222)衡陽　郡名，郡治湘南縣，在今湖南湘潭西六十里。(223)子婦　兒媳。(224)桓豁　桓溫之弟。(225)海陵陂澤　海陵縣的沼澤之中。海陵縣治即今江蘇泰州。陂澤，水澤。(226)翕赫　隆盛、顯赫。(227)何事乃爾　為何這個樣子。(228)未有君拜於前二句　從來沒有君主都向你叩拜了，而臣子反而只向你作個揖的道理。(229)戊午　十一月二十四。(230)增文武位二等　給滿朝文武官員各進爵二級。(231)己未　十一月二十五。(232)求歸姑孰　請求離開朝廷，回到他軍政大本營所在的姑孰去。當時的姑孰在今安徽當塗。(233)庚申　十一月二十六。(234)辛酉　十一月二十七。(235)思愆　思過。愆，過失；錯誤。(236)以自說　以寬慰自己。說，同「悅」。(237)怒其室而作色於父　對自己的老婆不滿而把氣出到父親的身上。室，指妻子。作色，生氣；撒氣。(238)請改授親賢　請另選既是親屬又有賢才的人來擔任。親賢，有才德的親屬。(239)府選便宜　根據實際情況，選任地方守令的事情。這年二月，苻堅曾委令王猛全權任命關東六州地方官員。(240)輒已停寢　我已經停止動作。停寢，停止。(241)別乞一州自效　我請求只當一個州的刺史，來為您效力。(242)義則君臣　從道理上說我們是君臣關係。(243)親踰骨肉　從關係密切的程度上，則是比至親骨肉還要親。(244)桓昭之有管樂　齊桓公、燕昭王之有管仲、樂毅。齊桓公在管仲的輔佐下成為諸侯霸主；燕昭王在樂毅的輔佐下打敗了強齊。(245)玄德之有孔明　劉備之有諸葛亮。劉備字玄德，諸葛亮字孔明。劉備在諸葛亮的輔佐下建立了蜀漢政權，與魏、吳成三國鼎立。(246)自謂踰之　我認為我與你的關係，遠遠地超過了他們。(247)勞於求才　應該在搜求人才上多下工夫。勞，勞累；用心。(248)逸於得士　一旦得到賢才，便可以放手叫他們去做，自己就可以清閒了。逸，安閒。《呂氏春秋・士節》有云：「賢主勞於求人，而佚於治事。」王褒〈聖主得賢臣頌〉有云：「君人者勤於求賢，逸於得人。」(249)非所以為優崇　這不是為了特別優待你。(250)患生慮表　就要出現意想不到的災難。慮表，意料之外。(251)虛位台鼎　朝廷裡空著三公之位。古人稱三公為台鼎，如星有三台，鼎有三足。三公是朝廷的最高職位，在周代是司徒、司馬、司空；在秦漢是丞相、太尉、御史大夫；在晉朝則是尚書令、中書令、侍中。(252)分陝為先　首先關注的是方面大員，即一些關鍵地區的軍政長官。分陝，指周初派周公與召公分陝而治天下，周公管陝縣以東，召公管陝縣以西。(253)未照　沒有洞悉；沒有理解。(254)殊乖素望　實在與我平素對你的期望相違背。乖，背。(255)新政俟才　新的政權與新的政策，都需要有才幹的地方官。俟，等待；需要。(256)宜速銓補　應迅速選拔任命。銓，選拔。(257)化洽　思想教育深入普遍，使秩序穩定、風氣變好。(258)袞衣西歸　即衣錦榮歸。袞衣為帝王及上公繡龍的禮服，也稱「袞服」。《詩・九罭》：「九罭之魚鱒魴，我覯之子，袞衣繡裳。」又曰：「是以有袞衣兮！無以我公歸兮！無使我心悲兮！」相傳此詩是周公東征勝利後以上公冕服西歸，東方人的惜別之作。苻堅以此勉勵王猛圓滿完成任務。(259)仍　此處用法同「乃」。(260)視事　理事；處理政事。(261)廢放之人　被廢免放逐的人，此指司馬奕。(262)屏之以遠　斥逐到荒遠之地。屏，同「摒」。斥逐。(263)臨黎元　意即為官治民。(264)依昌邑故事　像霍光當年處治昌邑王那樣地處治司馬奕，指廢為庶民。昌邑王名劉賀，漢武帝之孫。昭帝死後，劉賀嗣立為帝，即位後因淫亂無度，在位二十七日被霍光廢黜，改封晦昏侯。傳見《漢書》卷六十三〈武五子傳〉。(265)築第吳郡　在吳郡蓋一所房子讓他去住。(266)可特封王　可以改封他一個別的王爵。(267)庚寅　十二月二十六。(268)拱默　拱手而默然無語，形容任人擺布，毫無實權之狀。(269)熒惑守太微端門　火星運行到了太微垣的端門附近。熒惑即火星。太微垣的南藩兩星，東稱左執法，西稱右執法，左、右執法之間叫「端門」。(270)踰月　「熒惑守太微端門」這種現象發生後的一個月。(271)海西廢　皇帝司馬奕被廢為海西縣公。(272)辛卯　十二月二十七。(273)熒惑逆行入太微　火星逆行進入了太微垣。古人認為太微是天子之庭，此時熒惑入太微，於天子不利，所以簡文帝感到厭惡。參見《晉書・天文志上》。(274)在直　謂在宮中值班。(275)故當無復近日事邪　莫非還要再鬧一回前些天發生的事情麼。故當無復，當時的口語，大致相當於「莫非還要」。近日事，指前些天的司馬奕被廢。(276)內

固社稷　對內穩定朝廷政權。(277)外恢經略　對外謀劃收復中原。經略，籌劃，指籌劃北伐事宜。(278)非常之事　指再次推翻皇帝、圖謀篡位等等。(279)以百口保之　以全家性命擔保桓溫無此打算。(280)請急省其父　請假去探望他的父親。請急，請假。省，探看。(281)以道匡衛　堅持原則地輔佐、捍衛。(282)言何能諭　意即如何能夠說得清。(283)庾闡　字仲初，其母在石勒攻陷項城時死於戰亂。庾闡不櫛沐、不婚宦、絕酒肉近二十年。仕東晉，為太宰，遷尚書郎，蘇峻作亂時，庾闡出依郗鑒，後為散騎常侍。傳見《晉書》卷九十二。(284)美風儀　風度儀表很好。(285)善容止　形容舉止都很高雅。(286)凝塵滿席二句　坐席上積滿塵土，仍舊非常愉快。(287)神識恬暢　風度氣質恬靜曠達。(288)無濟世大略　沒有治國安邦的思想才幹。(289)惠帝之流　像是晉惠帝司馬衷那樣的一種弱智者。惠帝是武帝司馬炎之子，痴呆弱智，致使國家大亂。(290)清談差勝　在談玄方面的表現略好一些。胡三省曰：「清談無益於國事，謝安當此之時，能立此論，可謂拔乎流俗者也。」(291)以溫故　由於黨附桓溫。(292)日旰未得前　天已經很晚了還沒有見到人。旰，天晚。(293)為性命忍須臾　為了活命而忍耐一會兒。胡三省曰：「史言謝安於風流之中能處事應物。」意即比較圓滑。(294)興晉　郡名，郡治在今甘肅臨夏東側。(295)枹罕　古城名，在今甘肅臨夏的東方。(296)金城　郡名，郡治在今甘肅蘭州西北的黃河南岸。秦將涼州治所自天水徙治金城，以逼近姑臧。(297)姑臧　即今甘肅武威，當時涼州張氏政權的都城所在地。(298)刑三牲　殺牛、羊、豕三牲為供品。古稱牛、羊、豕三牲為「太牢」，是最豐盛的供品。(299)會于上邽　意即聯合伐秦，會師於上邽。上邽即今甘肅天水市，當時屬秦，是秦州的州治所在地。(300)乞伏司繁　姓乞伏，名司繁，是隴西地區鮮卑部落的頭領。(301)度堅山　山名，在今甘肅榆中境內。(302)苑川　地名，在今甘肅榆中東北。(303)司繁從叔吐雷　司繁的堂叔名叫吐雷。(304)勇士護軍　勇士縣的護軍，主管該縣的軍事。勇士縣是漢代的縣名，縣治在今甘肅榆中東北。苑川與度堅山即在舊勇士縣境內。

【校　記】[1]而　原無此字。據章鈺校，十二行本、乙十一行本、孔天胤本皆有此字，張敦仁《通鑑刊本識誤》同，今據補。[2]己　原無此字。據章鈺校，十二行本、乙十一行本、孔天胤本皆有此字，張敦仁《通鑑刊本識誤》同，今據補。[3]會稽王　原脫「王」字。據章鈺校，十二行本、乙十一行本、孔天胤本皆不脫，今據補。[4]同大舉　原無此三字。據章鈺校，十二行本、乙十一行本、孔天胤本皆有此三字，今據補。

【語　譯】太宗簡文皇帝

咸安元年（辛未　西元三七一年）

春季，正月，袁瑾、朱輔派使者前往秦國請求出兵救援。秦王苻堅於是任命袁瑾為揚州刺史，任命朱輔為交州刺史，派遣擔任武衛將軍的武都郡人王鑒、擔任前將軍的張蚝率領二萬名步兵、騎兵前往壽春援救袁瑾。東晉大司馬桓溫派遣擔任淮南太守的桓伊、擔任南頓太守的桓石虔等率軍前往石橋攻擊秦國的武衛將軍王鑒、前將軍張蚝，將秦軍打得大敗，秦軍撤退到慎縣縣城屯守。桓伊，是桓宣的兒子。十七日丁亥，東晉桓溫率軍攻佔了壽春，擒獲了袁瑾、朱輔及其宗族，並將這些人押送京師建康斬首。

秦王苻堅將函谷關以東地區的豪門大族以及各民族十五萬戶強行遷往關中地區，將烏桓人安置在馮翊郡、北地郡，將丁零族首領翟斌所率領的丁零人安置在新安縣、澠池縣。那些因為戰亂而四處流亡的人，如果希望返回故鄉重操舊業的，一律允許。

二月，秦國任命擔任魏郡太守的韋鍾為青州刺史，任命擔任中壘將軍的梁成為兗州刺史，任命擔任射聲校尉的徐成為并州刺史，任命擔任武衛將軍的王鑒為豫州刺史，任命擔任左將軍的彭越為徐州刺史，任命擔任太尉司馬的皇甫覆為荊州刺史，任命擔任屯騎校尉的天水人姜宇為涼州刺史，任命擔任扶風內史的王統為益州刺史，任命擔任秦州刺史、封爵為西縣侯的苻雅為使持節、都督秦・晉・涼・雍州諸軍事、秦州牧，任命擔任吏部尚書的楊安為使持節、都督益・梁州諸軍事、梁州刺史。再次設立雍州，治所設在蒲阪，任命長樂公苻丕為使持節、征東大將軍、雍州刺史。梁成，是梁平老的兒子。王統，是王擢的兒子。秦王苻堅因為關東地區剛剛平定，郡守、縣令的人選必須適當，於是便授予王猛全權辦理此事，有權根據實際情況加以選拔，任命為故燕國轄下六個州中的郡守和縣令，任命之後，再奏報朝廷正式辦理任命手續。

三月二十三日壬辰，東晉擔任益州刺史的建成定公周楚去世。

秦國擔任後將軍的金城郡人俱難率軍前往桃山攻擊東晉擔任蘭陵太守的張閔的兒子，東晉大司馬桓溫派兵將秦將俱難擊退。○秦國西縣侯苻雅、梁州刺史楊安、益州刺史王統、并州刺史徐成以及擔任羽林左監的朱肜、揚武將軍姚萇一同率領七萬名步兵、騎兵攻打仇池公楊纂。

代國將領長孫斤圖謀殺掉代王拓跋什翼犍，拓跋什翼犍的世子拓跋寔為保護代王而與長孫斤進行格鬥，雖然胸部受了重傷，但仍然逮捕了長孫斤，將長孫斤殺死。

夏季，四月二十日戊午，東晉實行大赦。

秦國攻打仇池的軍隊到達了鷲峽，仇池公楊纂率領五萬名兵眾抵抗秦國的侵略。東晉擔任梁州刺史的弘農縣人楊亮派遣擔任督護的郭寶、卜靖率領一千多名騎兵協助仇池公楊纂，與秦兵在峽中展開激戰。楊纂的軍隊被秦兵打得大敗，五萬軍隊死了有十分之三四，東晉督護郭寶等也都戰死，仇池公楊纂招集起屬下的殘兵敗將逃回了大本營仇池。秦國西縣侯苻雅率軍進攻仇池，楊統率領武督部眾投降了秦國。仇池公楊纂非常恐懼，遂反綁雙手出城向秦軍投降，苻雅將楊纂送往秦國的都城長安。秦王苻堅任命楊統為南秦州刺史，加授梁州刺史楊安為都督南秦州諸軍事，鎮所設在仇池。

當初，秦國車騎大將軍、冀州牧王猛在枹罕打敗涼王張天錫的時候，俘獲了張天錫的部將敦煌郡人陰據以及武裝士卒五千人。秦王苻堅打敗了仇池公楊纂之後，便派陰據率領他部下的士卒返回涼州，派遣擔任著作郎的梁殊、閻負一路護送，並藉此機會，令王猛寫信給涼王張天錫說：「過去，貴先公張茂所以要向前趙主劉曜稱臣，張駿所以要向後趙主石勒稱臣，就是因為他們能夠分辨清楚當時誰的軍事實力更強大。現在，論起涼州的實力，則比以往越加衰弱，而說到大秦國的恩德，則不是劉氏所建立的前趙和石氏所建立的後趙所能比擬，而將軍卻與秦國斷絕關係而歸附於東晉，這恐怕不是你家宗廟的福分吧？論起秦國的威勢，可以說是無敵於天下，它可以改變弱水的流向，使它掉過頭來向東流，也可以使長江、黃河改變向東的流向而轉為向西灌注，函谷關以東地區已經被秦國平定，下一步就要揮師黃河以西地區，我敢肯定，涼州六郡的民眾是抵擋不住秦軍的。劉表曾經認為自己所佔據的漢水以南的荊州地區，不會被曹操攻克、征服，而將軍現在則認為黃河以西地區不會被秦國所攻克、所征服，今後涼州的出路是光明還是黑暗，都決定於你今天所做出的選擇，東漢末年的劉表就是你的前車之鑑。將軍應該仔細地進行思考，為自己求得多福，而不要使相傳了六世的基業，在一天之內就化為烏有。」張天錫非常惶恐，於是趕緊派使者前往長安謝罪，請求歸附，做秦國的附屬國。秦王苻堅遂任命張天錫為使持節、都督河右諸軍事、驃騎大將軍、開府儀同三司、涼州刺史、西平公。

吐谷渾王慕容辟奚聽到了仇池公楊纂被秦軍敗亡的消息，五月，派遣使者將一千匹好馬、五百斤金銀獻給秦國。秦國任命辟奚為安遠將軍，封他為漒川侯。慕容辟奚，是慕容葉延的兒子，他勤奮好學，仁慈厚道，但缺少足夠的威嚴和決斷力。他的三個弟弟專擅權柄、為所欲為，吐谷渾國的人都很憂慮。擔任長史的鍾惡地，是西漒部落的豪族，他對擔任司馬的乞宿雲說：「國王的三個弟弟橫行霸道、胡作非為，他們的權勢已經超過了國王，國家恐怕就要滅亡了。我二人身為輔政國君的主要大臣，豈能坐視不管！明天就是十五，文武百官都要在早朝時分到朝廷聚會，我準備討伐國君的三個弟弟。國王身邊的人都是我們羌人的子弟，只要給他們使個眼色，立刻就可以將他們擒獲。」乞宿雲請求先稟明國王辟奚，鍾惡地說：「國王雖然仁慈，卻缺少決斷，向他稟報，他肯定不會同意。萬一事情洩露出去，我們這些人可就全被滅族了。事情已經說出口，怎麼可以中途變卦！」於是，在第二天早朝文武百官都在朝堂之上聚會時，當場將國王辟奚的三個弟弟逮捕、殺死。國王辟奚驚恐萬狀，竟然從上面的座位上摔了下來，鍾惡地、乞宿雲趕緊上前將辟奚攙扶起來，對國王辟奚說：「我昨天夢見先王對我說：『三個弟弟準備發動叛亂，不能不把他們除掉。』所以才殺死他們。」辟奚由於受此驚嚇，竟然生起病來，從此精神恍惚，他下令給世子視連說：「我害死了同胞兄弟，還有什麼臉面見他們於地下！國家的大小事情，任憑你來處治。我剩下來的幾年壽命，只要給我幾口飯吃就行了。」終因憂慮過度而死。

慕容視連即位為吐谷渾王，他不飲酒、不打獵達七年之久，軍國大事，全都交給輔佐大臣和將領。鍾惡地勸諫他，認為國王應該自己尋找快樂，要建立權威、傳布恩德。慕容視連哭著說：「我家自從先世以來，一直以仁愛孝敬、忠厚寬恕世代相傳。先王因為想到兄弟之間的情誼沒有能貫徹到底，因此悲傷憤怒而死。我雖然繼承了先王的事業，也只不過行屍走肉而已，哪裡有安心享受音樂、美色、遊獵、犬馬等的心思！威望與恩德的建立，只能由日後的兒孫輩去做了。」

代國世子拓跋寔因為與長孫斤格鬥受傷而死。

秋季，七月，秦王苻堅前往洛陽巡視。

代國世子拓跋寔娶東部賀蘭部落首領賀野干的女兒為妻，拓跋寔去世的時候，他的妻子已經有孕在身，七月初七日甲戌，生下了一個男孩兒，代王什翼犍為了這個孫兒，實行大赦，並給孫子取名拓跋涉圭。

東晉大司馬桓溫因為梁州、益州盜賊眾多，而周訪、周撫、周楚祖孫三代皆著威名於梁州、益州，所以，在八月，任命擔任寧州刺史的周仲孫為代理益、梁二州諸軍事，兼任益州刺史。周仲孫，是周光的兒子。

秦國任命擔任光祿勳的李儼為河州刺史，鎮所設在武始。

秦國車騎大將軍、冀州牧王猛將攻打潞川的有功之臣上報朝廷，並請求任命鄧羌為司隸校尉。秦王苻堅下詔說：「司隸校尉的職責範圍，是督察與管理包括國都在內的畿輔地區，責任非常重大，不能用來優待禮遇某位名將。漢光武皇帝不讓功臣擔任行政事務，實際是看重、尊崇這些功臣。鄧羌具有廉頗、李牧那樣的才幹，我正準備把征伐之事交付給他。讓他向北平定匈奴人所建立的代國，向南蕩平佔據著揚州、吳越一帶的晉國，那才是鄧羌的責任，怎能以司隸校尉的行政事務來麻煩他！就任命鄧羌為鎮軍將軍，位在特進。」

九月，秦王苻堅從洛陽返回長安。歸安元侯李儼在上邽去世，苻堅任用李儼的兒子李辯為河州刺史。

冬季，十月，秦王苻堅前往鄴城，並在西山打獵，一去就是十多天，遂樂而忘返。在他身邊表演音樂或各種雜技藝術的樂官王洛拉住秦王苻堅的馬頭勸諫說：「陛下是天下蒼生的主心骨，如今卻長時間地迷戀於打獵而不返回京師，一旦發生意料之外的災難，將如何向太后與普天之下的黎民百姓交代呢？」苻堅因為王洛的勸阻而停止了打獵、返回皇宮。車騎大將軍王猛趁機向秦王苻堅建議說：「打獵確實不是當務之急，王洛的話，請陛下不要忘記。」苻堅於是賞賜給王洛一百匹帛，並提升王洛為官箴左右。從此不再打獵。

東晉大司馬桓溫倚仗自己的才智謀略和職權威望，便有奪取皇位的野心。他曾經撫摸著自己的枕頭歎息著說：「男子漢大丈夫，即使不能流芳百世，也應當遺臭萬年！」身為術士的杜炅能夠預測人的貴賤，桓溫便向他詢問自己最高的職位可以達到什麼程度。杜炅說：「你的功勳可以高如天地，職位在人臣中無人可比。」桓溫聽了很不高興。桓溫原本準備先攻取河朔地區，建立大功，以樹立自己在當今社會的威信和聲望，回到朝廷，能夠獲得加授「九錫」的特殊待遇。不料攻打枋頭的戰役失敗，威信和聲望不僅沒有提升，反而急劇下降。等到攻克了壽春，桓溫對擔任參軍的郗超說：「收復壽春，能不能洗刷枋頭戰役失敗的恥辱？」郗超回答說：「不能。」過了許久，郗超前往晉見桓溫，當晚就住宿在桓溫家裡，兩人長談到半夜時分，郗超突然問桓溫說：「你難道就沒有什麼值得憂慮的事情麼？」桓溫反問說：「你是不是有話要對我說？」郗超說：「你肩負著收復中原、復興國家的重任，如今以六十歲的年紀，卻在大舉北伐的枋頭戰役中遭遇了失敗，如果再不建立一個舉世所無的大功勳，就不可能威懾住全國上下的官員與民眾，提高自己的聲望。」桓溫說：「那該怎麼辦呢？」郗超說：「你如果不能像伊尹、霍光那樣利用職權廢掉現在的皇帝，另立一個新皇帝，就不能建立起絕對權威，控制全國。」桓溫一向就有這個想法，所以認為郗超說得很對，於是便與郗超一起商定了廢掉現任皇帝司馬奕，另立會稽王司馬昱為皇帝的計畫。因為皇帝司馬奕一向小心謹慎，從來沒有什麼過失，而利用夫妻生活方面的事情誣陷人最容易，遂製造謠言說：「皇帝司馬奕早就患有陽痿症，他所寵愛的男人相龍、計好、朱靈寶等人都陪著皇帝一道與皇后、嬪妃們過夜，皇帝的兩個美人田氏和孟氏因此而生了三個男孩兒，皇帝正準備選擇一個立為儲君，其他的封為諸侯王，恐怕將要改變皇家的血統，使司馬氏的基業被顛覆。」暗中讓謠言在民間流傳，當時的人誰也搞不清是真是假。

十一月初九日癸卯，東晉大司馬桓溫從廣陵準備返回姑孰，暫時屯紮在白石。十三日丁未，前往建康，他向皇太后褚氏婉轉勸諫示意廢掉現在的皇帝司馬奕，立擔任丞相的會稽王司馬昱為皇帝，並將事先替褚太后擬定好的一個有關廢立的詔令草稿呈遞給褚太后。皇太后褚氏當時正在佛堂燒香，宦官向皇太后啟奏說：「外面有緊急奏章。」皇太后趕緊走出佛堂，就近靠在門框上將奏章看了幾行，就說：「我原本就有這種懷疑！」看到一半的時候就不再往下看了，她令人拿來筆墨，就在桓溫擬定好的草稿上又添加了幾句說：「我這個未亡人很不幸，經歷了各種各樣令人憂愁的事情，想到活著的人和已經死去的人，我的心裡就如同刀割一樣！」

十一月十五日己酉，東晉大司馬桓溫在朝堂之中召集文武百官，宣布了廢黜現任皇帝司馬奕，另立會稽王司馬昱為皇帝之事。廢黜皇帝、另立新君，已經是多少年來都沒有發生過的事情，沒有人知道如何操作這件事的先例，文武百官十分恐懼，一個個渾身顫抖。桓溫面對這種場面，也不免因為緊張而改變了神色，不知下面該如何進行。擔任尚書左僕射的王彪之知道事情已經無法挽回，於是便對桓溫說：「明公輔佐皇帝，想要效法伊尹廢立皇帝，自然應該按照先前有關這類事情的做法去做。」遂令人取來《漢書．霍光傳》，於是，廢黜現任皇帝司馬奕、另立司馬昱為皇帝的具體辦法，頃刻之間便全部決定下來。王彪之身穿朝服站在殿階之上，面對著殿下所站立的群臣，神采剛毅而堅定，竟然沒有一點畏懼的神色，文武百官一舉一動的儀式準則，全都按照王彪之的樣子做，滿朝文武臣僚因此對王彪之佩服得五體投地。

於是，當場宣布皇太后的詔令，將皇帝司馬奕廢為東海王，改封擔任丞相、錄尚書事的會稽王司馬昱繼承皇位。百官進入太極殿前殿，桓溫派擔任督護的竺瑤、擔任散騎侍郎的劉亨摘下皇帝司馬奕身上所佩戴的皇帝璽綬。司馬奕改換成平民的打扮：頭上戴著平民所戴的白帽，身上穿著禪衣，走下了西堂的臺階，坐上一輛牛車出了建康宮的神虎門。群臣叩拜送別，無不欷歔啜泣、歎息。然後由侍御史、殿中監率領著一百名衛士將被廢為東海王的司馬奕送往東海王府第。大司馬桓溫則率領文武百官帶著只有皇帝才能乘坐的車駕，前往會稽王府邸迎接會稽王司馬昱。會稽王司馬昱在朝堂之上更換服飾，頭上戴著當時武官所戴的那種平如屋頂的頭巾，身上穿著禪衣，面向東方，涕泣橫流，下跪磕頭，接受了皇帝璽印。當天，即位為皇帝，就是簡文帝，改年號為咸安。桓溫離開朝堂來到殿前的中堂休息，他調撥軍隊分別屯紮守衛。桓溫有腳病，簡文帝司馬昱特此下詔令他可以坐著車子進入殿堂。桓溫撰寫了一篇講話稿，準備在簡文帝司馬昱面前陳述自己所以要廢掉司馬奕而立司馬昱為皇帝的本意。而簡文帝司馬昱在召見桓溫時，卻淚流不止。桓溫戰戰兢兢，竟然一句話也沒有說出來就告辭而出。

東晉擔任太宰的武陵王司馬晞，喜好研究軍事，因而遭到桓溫的忌恨，桓溫就準備廢掉司馬晞，於是去諮詢王彪之。王彪之說：「武陵王司馬晞既是皇帝的至親，又地位尊貴，也沒有明顯的罪過，不能因為猜忌就將他廢掉。明公既然已經擁立了聖明的司馬昱為皇帝，就應當維護與提高皇室家族的聲望與地位，成為能與伊尹、周公相媲美的賢臣。廢立是一件大事，應該更加深思熟慮才行。」桓溫說：「這是我已經決定下來的事情，你就不要再說了。」乙卯日，桓溫上表說：「司馬晞聚集、結納了一批勇猛好動的匪類，司馬晞的兒子司馬綜尤其傲慢殘忍，袁真叛變的時候，事情就牽連到他們。近日以來疑懼之心強烈，將會成為叛亂的基礎。請免除司馬晞的職務，讓他以武陵王的身分回到他的封地賦閒。」簡文帝司馬昱只得聽從桓溫。同時還免去了司馬晞的兩個兒子：即世子司馬綜以及司馬綜之弟梁王司馬璡等人的官職。

桓溫派擔任魏郡太守的毛安之率領部下宿衛皇宮。毛安之，是毛虎生的弟弟。

十一月十六日庚戌，東晉尊奉皇太后褚氏為崇德太后。

當初，殷浩去世的時候，大司馬桓溫派人帶著書信前往弔唁。殷浩的兒子殷涓當時既沒有還禮致謝，過後也沒有前往桓溫處答謝，而與武陵王司馬晞交往密切。擔任廣州刺史的庾蘊，是庾希的弟弟，一向與桓溫不合。桓溫憎恨殷氏、庾氏宗族的勢力太強盛，就準備把他們全都趕出朝廷。

十一月十七日辛亥，桓溫派自己的弟弟桓祕逼迫新蔡王司馬晃前往太極殿的西堂向簡文帝司馬昱磕頭自首，稱說自己曾經與武陵王司馬晞以及司馬晞的兒子司馬綜、擔任著作郎的殷涓、擔任太宰長史的庾倩、掾屬曹秀以及舍人劉彊、散騎常侍庾柔等共同謀反。簡文帝司馬昱面對著司馬晃只是痛哭流涕，桓溫下令將司馬晃所提到的那些人全部逮捕交付廷尉進行審理。庾倩、庾柔都是庾蘊的弟弟。十九日癸丑，桓溫殺死了東海王司馬奕的三個兒子以及他們的母親。二十日甲寅，擔任御史中丞的譙王司馬恬秉承桓溫的旨意，請求依照法律誅滅武陵王司馬晞。簡文帝司馬昱下詔說：「我心中感到十分的悲哀和痛苦，像這樣的事情，我實在不忍心去聽，何況是非要我說出口呢！請再好好討論一下。」司馬恬，是司馬承的孫子。二十一日乙卯，桓溫再次上表請求誅殺武陵王司馬晞，措辭非常冷酷而嚴厲。簡文帝司馬昱遂親筆寫了一封詔書給桓溫說：「如果晉國的國運還可以延續下去，你就應該遵行前一次的詔令。如果晉國的國運應該在今天滅亡，就請允許我退位，好為賢人讓路。」桓溫看完司馬昱的詔書，不禁汗流浹背，立時改變了臉色，於是奏請撤銷司馬晞及其三個兒子現有的爵位，貶為平民，連同家屬全部流放到新安郡。二十二日丙辰，將新蔡王司馬晃貶為庶民，流放到衡陽，殷涓、庾倩、曹秀、劉彊、庾柔都被滅族，庾蘊喝毒酒自殺。庾蘊的哥哥、東陽太守庾友的兒媳婦，是桓溫弟弟桓豁的女兒，所以桓溫特別赦免了庾友一家。庾希聽到家人遭到滅族的消息，便與自己的弟弟、擔任會稽王參軍的庾邈以及兒子庾攸之逃往海陵縣的沼澤之中避難。

桓溫誅殺了殷氏、庾氏兩大家族之後，聲威和權勢立時隆盛、烜赫起來，擔任侍中的謝安看見桓溫，在老遠的地方就向他下拜。桓溫驚奇地問他說：「安石，你為什麼要這個樣子？」謝安說：「從來沒有君主都向你叩拜了，而臣子反而只向你作個揖的道理。」

十一月二十四日戊午，東晉實行大赦。給滿朝的文武官員各進爵二級。〇二十五日己未，桓溫從建康前往白石，他上疏請求離開朝廷，返回自己的軍政大本營姑孰。二十六日庚申，簡文帝司馬昱下詔晉升桓溫為丞相，大司馬職務依舊保留，讓他留在京師輔佐朝政。桓溫堅決推辭，仍然堅持請求回到自己的鎮所。二十七日辛酉，桓溫從白石返回姑孰。

秦王苻堅聽到東晉大司馬桓溫廢掉皇帝司馬奕，改立會稽王司馬昱為皇帝的消息，遂對自己的臣屬說：「桓溫先前在灞上被秦軍打敗，後來又在枋頭被故燕軍打敗。他不知道此時應該反思自己的過錯，向全國人民謝罪，反而用廢立皇帝的方式來寬慰自己。六十歲的老頭子，竟然做出如此舉動，如何能夠得到四海的寬容?俗話說：『對自己的老婆不滿，卻拿自己的老父親出氣』，說的就是桓溫這一類人！」

秦國車騎大將軍王猛，因為秦王任命自己為都督關右六州諸軍事，覺得責任重大，於是便向秦王苻堅請求另外選任既是王室親屬又有才能的人來擔此重任，至於根據實際情況選任地方郡守、縣令之事，則他已經停止動作，現在只請求到地方擔任一個州刺史，來為國家效力。苻堅回覆王猛說：「我與你之間的關係，從道理上說是君臣關係，而從關係密切的程度上講，則比至親骨肉之間的關係還要親，即使齊桓公之有管仲、燕昭王之有樂毅、劉玄德之有諸葛孔明，我認為我與你的關係已經遠遠地超過了他們之間的關係。作為君主應該在尋求賢能上多下工夫，一旦得到了賢才之後，便可以放手讓他們去做，君主就可以清閒了。我既然已經把關東六州的事務全部交付給你去辦，我就再也沒有東顧之憂，這不是為了特別優待你才這樣做，我實在是為了自己貪圖安逸。攻取不容易，守住就更難，如果任用的不是合適人選，一旦發生意想不到的災難，豈止是我的憂患，也是你的責任。所以，寧可使朝廷裡空著三公之位，而首先關注的是方面大員。你沒有理解我的用意，實在與我一向對你的期望相違背。新的政權實行新的政策，都需要有才能的地方官，應該迅速選拔任用。等到關東已經完全接受了秦國的思想教育，社會秩序穩定、風氣變好之後，再請你身穿繡有袞龍的禮服榮歸長安。」於是派遣擔任侍中的梁讜前往王猛的鎮所鄴城傳達秦王的旨意，王猛才又繼續行使秦王苻堅授予的特別職權。

十二月，東晉大司馬桓溫上奏說：「對於被廢免而放逐的人，應該放逐得越遠越好，而不能讓他們為官治理黎民百姓。對於東海王司馬奕，應該依照霍光當年處治昌邑王劉賀那樣進行處治，在吳郡為他建造一所房子讓他住。」崇德太后褚氏下詔說：「將東海王貶為庶民，實在有些不忍心，可以改封他一個別的王爵。」桓溫又上奏說：「可以封他為海西縣侯。」二十六日庚寅，封廢帝司馬奕為海西縣公。

桓溫的威勢震動朝廷內外，簡文帝司馬昱雖然處在一個極端尊貴的位置上，也只能拱手無言，聽從桓溫的擺布而已，並常常擔心自己也像海西公司馬奕那樣遭到廢黜。先前火星運行到太微垣的端門附近，這種現象發生後的一個月，當時的皇帝司馬奕被桓溫廢掉，貶為海西縣公。十二月二十七日辛卯，火星又逆行進入了太微垣，簡文帝司馬昱心裡非常忌諱。當時擔任中書侍郎的郗超正在宮中值班，簡文帝司馬昱便對郗超說：「我對於壽命的長短原本就不太計較，我所關心的是莫非還要再鬧一回前些時曾經發生的事情麼？」郗超回答說：「大司馬桓溫目前正致力於對內安定國家、穩固政權，對外謀劃收復中原，近來發生的那種非常之事絕對不會再發生，我願意用我全家一百口人的性命擔保桓溫無此打算。」等到郗超請假回家探望自己的父親，簡文帝司馬昱說：「代我向你的父親致意，國家的事情弄到現在這種地步，都是因為我不能堅持原則進行輔佐、捍衛造成的，內心的愧疚和惋惜，縱有千言萬語又豈能說得明白！」遂吟詠了庾闡的一首詩說：「志士痛心朝廷面臨的危難，忠臣哀痛君主遭受的羞辱。」於是涕淚交流，沾溼了衣襟。簡文帝司馬昱有著優雅的儀表和風度，形容舉止都很高雅，喜好讀書，即使桌子上布滿灰塵，也能怡然自得。雖然風度氣質恬靜曠達，卻缺少治國安邦的雄才大略。謝安把他比作是晉惠帝司馬衷那樣的一種弱智者，只不過在談玄方面比晉惠帝司馬衷略好一些罷了。

郗超由於黨附於桓溫，所以滿朝的官員都因為懼怕他的勢力而對他表現出少有的尊敬。謝安曾經與擔任左衛將軍的王坦之一同前往郗超的府中拜訪，天色已經很晚了，還沒有輪到接見他們。王坦之就準備離去，謝安說：「你難道就不能為了保住性命而暫且忍耐一會兒嗎？」

秦國讓擔任河州刺史的李辯兼任興晉太守，將鎮所遷回到枹罕。將涼州的治所遷移到金城。張天錫看出秦國有兼併涼州的企圖，心裡非常恐懼，於是，便在首都姑臧的西邊建築了一座祭壇，然後宰殺豬、牛、羊作為供品，率領著自己的僚屬，與東晉的三公遙遙結盟。又派遣擔任從事中郎的韓博帶著表章以及結盟的文件前往東晉，同時寫信給東晉大司馬桓溫，約定在明年的夏季與東晉共同出兵，在上邽會師伐秦。

這一年，秦國益州刺史王統率軍攻擊佔據度堅山的隴西鮮卑族部落酋長乞伏司繁，乞伏司繁率領三萬名騎兵在苑川抗擊秦將王統。秦將王統卻派出軍隊祕密地襲擊了乞伏司繁的老巢度堅山，乞伏司繁部落的五萬多人於是全部投降了王統。乞伏司繁所率領的部眾得知家中的妻小已經投降了秦國，所以不戰自潰。乞伏司繁沒有地方可以投奔，也只好前往王統的軍前投降。秦王苻堅任命乞伏司繁為南單于，將他留在長安，任命乞伏司繁的堂叔吐雷為勇士縣的護軍，監護乞伏司繁的部眾。

二年（壬申　西元三七二年）

春，二月，秦以清河房曠❶為尚書左丞，徵曠兄默及清河崔逞、燕國韓胤為尚書郎，北平陽陟、田勰、陽瑤為著作佐郎，郝略為清河相。皆關東士望，王猛所薦也。瑤，騖❷之子也。

冠軍將軍慕容垂言於秦王堅曰：「臣叔父評❸，燕之惡來輩❹也。不宜復污聖朝❺，願陛下為燕戮之。」堅乃出評❻為范陽❼太守，燕之諸王悉補邊郡❽。

臣光曰❾：「古之人❿，滅人之國而人悅，何哉？為人除害故也。彼慕容評者，蔽君專政，忌賢疾功，愚闇貪虐，以喪其國。國亡不死，逃遁見禽⓫。秦王堅不以為誅首⓬，又從而寵秩之⓭，是愛一人而不愛一國之人也，其失人心多矣。是以施恩於人而人莫之恩⓮，盡誠於人而人[1]莫之誠⓯，卒於功名不遂⓰，容身無所⓱，由不得其道故也。」

三月戊午⓲，遣侍中王坦之徵大司馬溫入輔⓳，溫復辭。

秦王堅詔：「關東之民學通一經⓴、才成一藝㉑者，在所㉒郡縣[2]以禮送之㉓。在官百石以上㉔，學不通一經、才不成一藝者，罷遣還民。」

夏，四月，徙海西公於吳縣㉕西柴里，敕吳國內史㉖刁彝防衛，又遣御史顧允監察之。彝，協㉗之子也。

六月癸酉㉘，秦以王猛為丞相、中書監、尚書令、太子太傅、司隸校尉，特進、常侍、持節、將軍、侯如故，陽平公融㉙為使持節、都督六州諸軍事、鎮東大將軍、冀州牧。

庚希、庚邈與故青州刺史武沈之子遵聚眾夜入京口城[30]，晉陵太守卞眈踰城奔曲阿[31]。希詐稱受海西公密旨誅大司馬溫，建康震擾，內外戒嚴。卞眈發諸縣兵二千人擊希，希敗，閉城自守。溫遣東海[32]內史周少孫討之。秋，七月壬辰[33]，拔其城，擒希、邈及其親黨，皆斬之。眈，壼[34]之子也。

甲寅[35]，帝不豫[36]，急召大司馬溫入輔，一日一夜發四詔，溫辭不至。初，帝為會稽王，娶王述從妹為妃，生世子道生及弟俞生。道生疏躁無行[37]，母子皆以幽廢[38]死。餘三子郁、朱生、天流皆早夭。諸姬絕孕將十年，王使善相者[39]視之，皆曰：「非其人[40]。」又使視諸婢媵[41]，有李陵容者，在織坊[42]中，黑而長，宮人謂之「崑崙」。相者驚曰：「此其人也！」王召之侍寢，生子昌明及道子。己未[43]，立昌明為皇太子，生十年矣。以道子為琅邪王，領會稽國[44]，以奉帝母鄭太妃[45]之祀。遺詔：「大司馬溫依周公居攝故事[46]。」又曰：「少子可輔者輔之，如不可，君自取之[47]。」侍中王坦之自持詔入，於帝前毀之。帝曰：「天下，儻來之運[48]，卿何所嫌[49]？」坦之曰：「天下，宣、元之天下[50]，陛下何得專之！」帝乃使坦之改詔曰：「家國事一稟大司馬[51]，如諸葛武侯[52]、王丞相[53]故事。」是日，帝崩。

羣臣疑惑，未敢立嗣。或曰：「當須大司馬處分[54]。」尚書僕射王彪之正色曰：「天子崩，太子代立，大司馬何容得異[55]！若先面諮[56]，必反為所責。」朝議乃定。太子即皇帝位，大赦。崇德太后[57]令，以帝沖幼，加在諒闇[58]，令溫依周公居攝故事。事已施行，王彪之曰：「此異常大事，大司馬必當固讓，使萬機停滯，稽廢山陵[59]，未敢奉令，謹具封還[60]。」事[61]遂不行。

溫望簡文臨終禪位於己，不爾便當居攝。既不副所望[62]，甚憤怨，與弟沖書曰：「遺詔使吾依武侯、王公故事耳！」溫疑王坦之、謝安所為，心銜[63]之。詔謝安徵溫入輔，溫又辭。

八月，秦丞相猛至長安，復加都督中外諸軍事。猛辭曰：「元相[64]之重，儲傅[65]之尊，端右[66]事繁，京牧[67]任大，總督戎機[68]，出納帝命[69]，文武兩寄[70]，巨細並關[71]，以伊、呂[72]、蕭、鄧[73]之賢，尚不能兼，況臣猛之無似[74]！」章[75]三四上，秦王堅不許，曰：「朕方混壹[76]四海，非卿無[3]可委者，卿之不得辭宰相，猶朕不得辭天下也。」

猛為相，堅端拱[77]於上，百官總己[78]於下，軍國內外之事，無不由之。猛剛明清肅[79]，善惡著白[80]，放黜尸素[81]，顯拔[82]幽滯[83]，勸課農桑，練習軍旅，官必當才[84]，刑必當罪。由是國富兵彊，戰無不克，秦國大治。堅敕太子宏及長樂公丕等曰：「汝事王公，如事我也。」

陽平公融在冀州，高選綱紀[85]，以尚書郎房默、河間相申紹為治中、別駕[86]，清河崔宏為州從事[87]、管記室[88]。融年少，為政好新奇，貴苛察[89]。申紹數規正，導以寬和。融雖敬之，未能盡從。後紹出為濟北[90]太守，融屢以過失聞[91]，數致譴讓[92]，乃自恨不用紹言。

融嘗坐擅起學舍[93]為有司所糾，遣主簿李纂詣長安自理[94]。纂憂懼，道卒。融問申紹：「誰可使者？」紹曰：「燕尚書郎高泰，清辯[95]有膽智，可使也。」先是，丞相猛及融屢辟泰，泰不起。至是，融謂泰曰：「君子救人之急，卿不得復辭！」泰乃從命。至長安，丞相[4]猛見之，笑曰：「高子伯[96]於今乃來，何其遲也？」泰曰：「罪人來就刑[97]，何問遲速！」猛曰：「何謂也？」泰曰：「昔魯僖公[98]以泮宮發頌[99]，齊宣王[100]以稷下垂聲[101]，今陽平公開建學宮，追蹤齊、魯，未聞明詔褒美，乃更煩有司舉劾[102]。明公阿衡聖朝[103]，懲勸如此[104]，下吏何所逃其罪[105]乎！」猛曰：「是吾過也。」事遂得釋。猛因歎曰：「高子伯豈陽平所宜吏[106]乎？」言於秦王堅。堅召見，悅之，問以為治之本，對曰：「治本[107]在得人，得人在審舉[108]，審舉在核真[109]，未有官得其人而國家不治者也。」堅曰：「可謂辭簡而理博矣！」以為尚書郎。泰固請還州[110]，堅許之。

九月甲寅[111][5]，追尊故會稽王妃王氏[112]曰順皇后，尊帝母李氏為淑妃。

冬，十月丁卯[113]，葬簡文帝于高平陵。

彭城妖人盧悚自稱大道祭酒[114]，事之者八百餘家。十一月，遣弟子許龍如吳[115]，晨到海西公門，稱太后密詔，奉迎興復[116]。公初欲從之，納保母諫而止。龍曰：「大事垂捷[117]，焉用兒女子言[118]乎！」公曰：「我得罪於此，幸蒙寬宥，豈敢妄動！且太后有詔，便應官屬來，何獨使汝也！汝必為亂。」因叱左右縛之。龍懼而走。甲午[119]，悚帥眾三百人，晨攻廣莫門[120]，詐稱海西公還，由雲龍門[121]突入殿庭，略取[122]武庫甲仗[123]。門下吏士[124]駭愕不知所為。游擊將軍毛安之聞難，帥眾直入雲龍門，手自奮擊[125]。左衛將軍殷康、中領軍桓祕[126]入止車門[127]，與安之并力討誅之，并黨與[128]死者數百人。海西公深慮橫禍[129]，專飲酒，恣聲色，有子不育[130]，時人憐之。朝廷知其安於屈辱，故不復為虞[131]。

秦都督北蕃諸軍事、鎮北大將軍、開府儀同三司、朔方桓侯梁平老[132]卒。平老在鎮十餘年[133]，鮮卑、匈奴憚而愛之。

三吳[134]大旱，饑[6]，人多餓死。

【章　旨】以上為第二段，寫簡文帝咸安二年（西元三七二年）一年間的大事。主要寫了慕容評降秦後，苻堅委以重任，慕容垂以慕容評為「燕之惡來」，建議苻堅應「為燕戮之」，堅乃將燕之諸王皆移為邊郡太守；寫了秦王堅下令秦國官民讀經，凡「學通一經、才成一藝」者，各所在郡縣皆以禮送之朝廷；各級官員凡「學不通一經、才不成一藝」者，皆「罷遣還民」；寫了苻融為興學舍而為朝官所糾彈，苻融派燕國遺臣高泰進京見王猛，說清道理，王猛自責，因歎「高子伯豈陽平所宜吏乎」；寫了王猛回朝任職，苻堅又加委王猛都督中外諸軍事，王猛力辭，苻堅說「卿之不得辭宰相，猶朕不得辭天下也」；寫了庾希、庾邈等襲奪京口城，宣言討桓溫，桓溫遣將討平之；寫了簡文帝司馬昱病死，臨死前想將晉政權拱手送給桓溫，多虧王坦之、王彪之大力堅持，方使簡文帝的兒子司馬昌明繼立為帝。桓溫原希望簡文帝能臨終禪讓，至少也應該得到一個「依周公居攝故事」，結果二者都未得到，於是深懷怨恨；寫了廢帝雖以海西公謫居於吳，仍時有不逞之徒假借其名以生事，妖人盧悚欲迎以為首，多虧保母諫阻而得免禍；亂黨被除，廢帝益懼，遂「專飲酒，恣聲色，有子不育，時人憐之」等等。

【注　釋】❶清河房曠　清河郡人姓房名曠。清河郡的郡治在今河北清河縣東南。❷騖　陽騖，燕國慕容暐時代的名臣，深受慕容恪所敬重。傳見《晉書》卷一百十一。❸叔父評　慕容評，為慕容廆之子，慕容皝之弟，於垂為叔父。❹燕之惡來輩　惡來是商紂王手下的邪臣，以多力事紂，善毀讒，紂寵信之以致亡國。事見《史記·殷本紀》。後世用以為邪臣的代表。❺復污聖朝　再玷汙你們秦國，意即不能再收納這樣的人為官。❻出評　將慕容評調離秦國朝廷。❼范陽　郡名，郡治即今河北涿州。❽補邊郡　委任為邊郡的地方官。❾臣光曰　這是《通鑑》作者司馬光對苻堅處理慕容評問題所發的議論。因為《通鑑》是寫給宋神宗皇帝看的，所以司馬光自稱「臣光」。❿古之人　古代的聖帝明王，指商湯、周武王等。⓫見禽　被活捉。禽，同「擒」。⓬不以為誅首　不是第一個先殺了他。誅首，第一個先殺。⓭寵秩之　意即給他進官加爵。秩，爵位的級別。⑭人莫之恩　受恩的人不對他感恩。⑮人莫之誠　他忠誠對待的人對他不忠誠。⑯不遂　不成。⑰容身無所　指最後被人所殺。⑱三月戊午　三月二十五。⑲入輔　入朝為丞相。⑳一經　儒家六種經典中的一種。《六經》指《詩》、《書》、《易》、《禮》、《樂》、《春秋》。㉑一藝　儒家「六藝」中的一種。「六藝」指禮、樂、射、御、書、數。㉒在所　所在地區的行政長官。㉓以禮送之　按規定的禮節把他們送到朝廷。㉔在官百石以上　現任在職的百石以上的官員。在官，現任的官吏。百石，最下層的官吏，如當時的「卒史」，類似今天的「科員」一級。當時大縣的縣令為六百石，小縣的縣長為三百石。㉕吳縣　縣治即今蘇州。㉖吳國內史　吳國的行政長官，相當於郡太守，管理吳國的行政。㉗刁協，元帝時代的執政大臣，因得罪王氏，被王敦造反所指名討伐，朝廷兵敗後，在逃亡中被殺。傳見《晉書》卷六十九。㉘六月癸酉　六月十二。㉙陽平公融　苻融，苻堅之弟，被封為陽平公。傳見《晉書》卷一百十四。㉚京口城　即今江蘇鎮江市，當時為晉陵郡的郡治所在地。㉛曲阿　縣名，縣治即今江蘇丹陽。㉜東海　僑郡名，在當時的京口城內。㉝七月壬辰　七月初一。㉞壼　卞壼，東晉的直臣，王敦之亂、蘇峻之亂，皆堅定地站在朝廷一方，並為討蘇峻而戰死。傳見《晉書》卷七十。㉟甲寅　七月二十三。㊱不豫　對帝王重病的諱稱。㊲疏躁無行　粗暴急躁，沒有德行。㊳幽廢　囚禁被廢。㊴善相者　善於相面的人。㊵非其人　不是那種能懷孕生子的人。㊶婢媵　丫頭、婢女一類的人。媵，陪嫁的婢女。㊷織坊　專為宮中服務的紡織工場或作坊。㊸己未　七月二十八。㊹領會稽國　兼管會稽王國的事務。㊺鄭太妃　即會稽太妃，司馬昱封琅邪王時，生母鄭夫人死；後徙封會稽王，又追號鄭夫人為會稽太妃。以道子領會稽國，是讓他奉會稽太妃之祀。㊻依周公居攝故事　像當年周公代替成王以管理國家政權的樣子，指暫居皇帝之位，處理政務。東漢王充《論衡．譴告》有所謂「文武之卒，成王幼少，周道未成，周公居攝。」㊼如不可二句　如果小皇帝沒有前途，你就乾脆自己幹。按，司馬昱在這裡是仿照當年劉備向諸葛亮託孤時的說話方式。㊽儻來之運　無意中得來的幸運。㊾卿何所嫌　（失掉它）你有什麼遺憾呢。嫌，憾；不滿意。㊿宣元之天下　是宣帝司馬懿與元帝司馬睿打下的天下。司馬懿被諡為宣帝，是西晉政權的開創者；司馬睿被諡為元帝，是東晉政權的開創者。(51)一稟大司馬　一概稟告桓溫，意即一切都由他做主。(52)諸葛武侯　即諸葛亮，諡曰武，受劉備遺詔，輔佐後主劉禪。(53)王丞相　即王導，兩次受遺詔，輔佐明帝司馬紹與成帝司馬衍。(54)處分　處置；安排。(55)何容得異　怎麼能提出不同意見。(56)面諮　當面去問他的意見。(57)崇德太后　即康帝皇后褚蒜子。穆帝時歸政，居崇德宮。簡文帝即位，尊為崇德太后。(58)諒闇　也寫作「亮陰」。天子、諸侯的居喪守孝之稱。(59)稽廢山陵　延誤、荒廢為大行皇帝治喪出殯的工作。山陵，以稱帝王的墳墓。(60)謹具封還　請允許我將崇德太后的命令予以退回。(61)事　讓桓溫仿效周公代小皇帝攝行政事的問題。[62]不副所望 不合自己的心願，沒達到自己的要求。副，合。[63]銜 懷恨。[64]元相 丞相。[65]儲傅 太子太傅。[66]端右 謂尚書省長官，即尚書令。[67]京牧 京城的行政長官，指司隸校尉。[68]總督戎機 總管全國軍事的重任，指都督中外諸軍事。[69]出納帝命 指中書監與常侍的職務。[70]文武兩寄 政務與軍務都集中於一人之手。寄，委託。[71]巨細並關 大事小事都要向一個人請示。[72]伊呂 商朝的伊尹與周朝的呂望。呂望，即姜太公，字子牙，輔佐周武王滅殷有大功，尊為師尚父，被封於齊，為齊國諸侯之始祖。傳見《史記・齊太公世家》。[73]蕭鄧 西漢的蕭何與東漢的鄧禹。蕭何輔佐劉邦滅秦滅項，為古代的著名宰相。事見《史記・蕭相國世家》。鄧禹輔佐劉秀掃除群雄，建立東漢，為古代著名的輔弼之臣。事見《後漢書・鄧禹傳》。[74]無似 不肖；沒出息。[75]章 文體名，以稱大臣給帝王的上書，意思與「表」相同，故古代常以「章」、「表」二字互用。[76]混壹 統一。[77]端拱 正襟拱手，清靜而無所事事的樣子。[78]總己 約束自己，規矩服從的樣子。總，收斂；約束。[79]剛明清肅 剛正、明察、清廉、嚴肅。[80]著白 猶分明。著，明顯。[81]放黜尸素 罷免那些在其位而不幹實事的人。尸素，尸位素餐，在其位而不謀其政。尸位，如尸居位，只受享祭而不做事。素餐，白吃飯；不勞而食。[82]顯拔 表彰和提拔。[83]幽滯 指隱居民間或失意不得仕進的人。[84]當才 職位與其才幹相適應。當，相當；相適應。[85]綱紀 抓主要工作的人，這裡指骨幹僚屬。[86]治中別駕 州刺史的兩個高級僚屬。治中，管理州中諸事。別駕，隨刺史出行時，能自己另乘一輛車，以言其地位的與眾不同。[87]州從事 州里的從事史，協助刺史分管一個下屬郡的事務。[88]管記室 管理眾多的文祕人員，負責起草文件，管理文書檔案等事。[89]貴苛察 以嚴格、煩瑣顯示其精明。[90]濟北 郡名，郡治盧縣，在今山東長清東南。[91]聞 聞於秦王苻堅。[92]數致譴讓 屢次受到苻堅的批評指責。致，招致。[93]擅起學舍 為興辦學校而蓋房子。[94]自理 去為苻融說明情況、進行申辯。[95]清辯 頭腦清晰，善於言辭。[96]高子伯 高泰，字子伯。[97]來就刑 來接受處置。[98]魯僖公 春秋時期的魯國國君，魯莊公之子，閔公之弟，西元前六五九—前六二七年在位。[99]以泮宮發頌 因在泮水興建學舍而受到《詩經・泮水》作者的稱讚。泮宮是學舍名，因建於泮水之上而稱泮宮。宮成，僖公在此飲酒，詩人作詩以歌頌之，即今流傳之《詩經・泮水》。[100]齊宣王 戰國時齊國國君，齊威王之子，西元前三二〇—前三〇一年在位。[101]以稷下垂聲 由於在齊都臨淄的稷門興建學舍，從而揚名於後代。齊宣王喜愛文學之士，於稷門設館，招騶衍、淳于髡、田駢、接予、慎到、環淵等七十六人，賜第，以為上大夫，不治事而議論，有「稷下學士」之稱。事詳《史記・田敬仲完世家》。垂聲，留下好名聲。[102]舉劾 列舉罪過而彈劾。[103]阿衡聖朝 意即在秦國充當宰相之職。阿衡，官名，義同宰相。這裡用如動詞，即充當宰相之職。聖朝，敬稱秦國朝廷。[104]懲勸如此 竟然如此顛倒地實行懲罰與獎勵。[105]何所逃其罪 還有什麼辦法能夠不犯罪呢。[106]豈陽

平所宜吏　怎麼能讓這種高人去給苻融當下屬呢。吏，為之作吏。(107)治本　治國的根本。(108)審舉　慎重地選拔、任用官吏。(109)核真　考核是否屬實。(110)還州　返回冀州。(111)九月甲寅　九月二十四。(112)王氏　即王述從妹。(113)十月丁卯　十月初八。(114)大道祭酒　大道是其反動會道門的名稱。祭酒，猶言「主持」、「會長」之類，實即該會道門的頭目。(115)如吳　前往吳縣。(116)奉迎興復　接你回去重登皇位。(117)垂捷　很快就要成功。(118)兒女子言　老娘們、小孩子的話。(119)甲午　十一月初五。(120)廣莫門　建康城的北門。(121)雲龍門　建康宮的宮門。(122)略取　掠奪；奪取。(123)甲仗　鎧甲、兵器。(124)門下吏士　謂守衛雲龍門的吏士。門下，門前。(125)手自奮擊　親自奮力進擊。(126)桓祕　桓溫之弟。(127)止車門　建康宮的前門，因官員到此必須下車改為步行，故名。(128)并黨與　指盧悚與其黨羽。(129)橫禍　料想不到的災禍。(130)有子不育　生了孩子也不養活。(131)不復為虞　不再擔心防備他。虞，慮；擔心。(132)朔方桓侯梁平老　梁平老是苻氏政權的宿將，被封為朔方侯，桓字是謚。(133)在鎮十餘年　梁平老自穆帝升平三年鎮朔方，至此凡十二年。鎮，軍鎮，將軍的指揮機關所在地。(134)三吳　指吳郡、吳興、義興三郡。吳郡的郡治即今蘇州，吳興的郡治烏程，即今浙江湖州，義興郡的郡治即今江蘇宜興。

【校　記】[1]人　此字原脫。據章鈺校，十二行本、乙十一行本、孔天胤本皆有此字，張瑛《通鑑校勘記》同，今據補。[2]郡縣　原無此二字。據章鈺校，十二行本、乙十一行本、孔天胤本皆有此二字，張瑛《通鑑校勘記》同，今據補。[3]無　據章鈺校，十二行本、乙十一行本皆作「誰」。[4]丞相　原無此二字。據章鈺校，十二行本、乙十一行本皆有此二字，今據補。[5]甲寅　原無此二字。據章鈺校，十二行本、乙十一行本、孔天胤本皆有此二字，張敦仁《通鑑刊本識誤》、張瑛《通鑑校勘記》同，今據補。[6]饑　原無此字。據章鈺校，十二行本、乙十一行本皆有此字，今據補。

【語　譯】二年（壬申　西元三七二年）

春季，二月，秦國任命清河郡人房曠為尚書左丞，徵聘房曠的哥哥房默以及清河郡人崔逞、故燕國人韓胤為尚書郎，徵聘北平人陽陟、田勰、陽瑤為著作佐郎，任命郝略為清河相。以上這些人都是關東有名望的人士，是王猛舉薦給朝廷的。陽瑤，是陽騖的兒子。

秦國擔任冠軍將軍的慕容垂向秦王苻堅提議說：「我的叔父慕容評，是故燕國中像商朝惡來一樣的邪佞之臣。不應該再讓他玷汙了秦國，希望陛下能夠為了故燕國而將他殺戮。」苻堅遂將慕容評調離了秦國朝廷，讓他去擔任范陽太守，故燕國的親王於是全都被委任為邊郡的地方官。

司馬光說：「古代的聖帝明王，滅掉了別人的國家，而被滅掉國家的人民反而很高興，這是什麼緣故呢？這是因為給他們剷除了禍害。那個慕容評，蒙蔽燕國的君主、專擅燕國的朝政，他忌恨賢能、妒忌有功，既愚昧而又貪婪暴虐，因而導致國家滅亡。國家滅亡之後慕容評不僅沒死，反而逃得遠遠的，最終被秦軍擒獲。秦王苻堅不僅沒有第一個把他殺掉，反而寵信他，給他加官進爵，這是為了愛一個人而不愛一國之人，因此而失去了太多的民心。所以，苻堅雖然施恩惠於人，而接受恩惠的人並不對他感恩；他誠心誠意對待別人，而他所忠誠對待的人並不對他忠誠，最終無法成就功名，且連容身之所都沒有，這是因為他沒有遵循古人之道的緣故啊。」

三月二十五日戊午，東晉朝廷派遣擔任侍中的王坦之前往姑孰徵召大司馬桓溫入朝擔任丞相，輔佐朝政，桓溫再次推辭。

秦王苻堅下詔說：「關東民眾中，凡是能夠通曉儒家六種經典中的一種、通曉儒家六藝中的一種的人，所在的郡縣的行政長官都要按照規定的禮節把他們送到朝廷。現在在職的、俸祿在百石以上的官員，學問不能通曉一經、才藝不能通曉一藝的，一律罷官為民。」

夏季，四月，東晉將海西縣公司馬奕遷徙到吳縣的西柴里，下令擔任吳國內史的刁彝嚴加防衛，又派擔任御史的顧允負責監督、察看。刁彝，是刁協的兒子。

六月十二日癸酉，秦國任命王猛為丞相、中書監、尚書令、太子太傅、司隸校尉，原來的特進、散騎常侍、持節、車騎大將軍、清河郡侯依然如故，陽平公苻融為使持節、都督六州諸軍事、鎮東大將軍、冀州牧。

庾希與庾邈與故青州刺史武沈的兒子武遵聚集起部眾在夜間攻入京口城，擔任晉陵太守的卞眈翻越城牆逃往曲阿。庾希詐稱接受了海西公司馬奕的密旨要誅殺大司馬桓溫，建康城內大為震動，城內城外立即實行戒嚴。卞眈徵調了屬下各縣的二千兵力攻擊庾希，庾希被打敗，於是緊閉京口城門進行堅守。大司馬桓溫派遣擔任東海內史的周少孫率軍討伐庾希。秋季，七月初一日壬辰，周少孫攻克了京口城，活捉了庾希、庾邈及其親屬、黨羽，並將這些人全部殺戮。卞眈，是卞壼的兒子。

七月二十三日甲寅，東晉簡文帝司馬昱身患重病，於是趕緊徵召大司馬桓溫入朝輔政，一日一夜連續下發了四道詔書，桓溫都進行推辭，不肯前往建康。當初，簡文皇帝司馬昱為會稽王的時候，娶了王述的堂妹為王妃，生下世子司馬道生和他的弟弟司馬俞生。司馬道生性格粗暴急躁，沒有品行，道生與他的母親便都被廢黜、囚禁起來，最終死在囚室中。其餘的三個兒子：司馬郁、司馬朱生、司馬天流全都早早夭折。各個姬妾已經將近十年沒有生育，當時的會稽王司馬昱讓看相的人逐個觀察所有的妃子，看相的人總是說：「不是能生育的那個人。」又讓他觀察那些婢女和陪嫁的丫頭等，其中有一個名叫李陵容，當時正在王宮的紡織作坊中做事，人長得很黑很高，宮中人都管她叫「崑崙」，看相的人看見李陵容，便吃驚地說：「就是這個人！」會稽王遂召李陵容侍寢，李陵容竟然連續為司馬昱生了二個兒子：即司馬昌明和司馬道子。二十八日己未，簡文皇帝司馬昱立司馬昌明為皇太子，此時司馬昌明十歲。封司馬道子為琅邪王，兼管會稽王國的事務，讓他奉祀皇帝的母親鄭太妃。簡文皇帝司馬昱留下遺詔說：「由大司馬桓溫依照周公攝政的前例回朝輔佐朝政。」又說：「我這幼小的兒子能輔佐就輔佐，如果不能輔佐，桓溫可以取而代之。」擔任侍中的王坦之親自手拿詔書進入皇宮，並在簡文皇帝司馬昱的面前將那封遺詔撕毀。簡文皇帝說：「天下，是我無意中得到的幸運，失掉它你有什麼遺憾呢？」王坦之說：「天下，是宣帝司馬懿、元帝司馬睿打下的天下，陛下怎麼可以擅自拱手送給別人！」簡文帝司馬昱於是讓王坦之改寫詔書說：「家國大事一切都由大司馬桓溫做主，就如同諸葛亮接受劉備遺詔輔佐後主劉禪，王導兩次接受遺詔輔佐晉明帝司馬紹、晉成帝司馬衍那樣。」同一天，簡文皇帝司馬昱駕崩。

東晉的朝廷大臣都心懷疑懼，不敢擁戴皇太子司馬曜即皇帝位。有人說：「這事應該由大司馬桓溫來安排。」擔任尚書僕射的王彪之神情嚴肅地說：「天子駕崩，皇太子即位，大司馬桓溫怎麼能有異議！如果先去當面請示大司馬桓溫，必定要受到大司馬桓溫的責備。」朝廷這才拿定主意。於是皇太子司馬曜即位為皇帝，就是東晉孝武帝，實行大赦。崇德皇太后褚氏下令，認為皇帝司馬昌明年紀幼小，又是在居喪守孝期間，遂讓大司馬桓溫像當年周公代替周成王以管理國家政權的樣子，暫居皇帝之位，處理政務。太后的詔書已經寫好，即將施行，尚書僕射王彪之說：「這是非同尋常的大事，大司馬桓溫一定會堅決辭讓，如此一來，反倒會使朝廷的功能停頓，先帝靈柩的安葬工作，也會因此而延誤、荒廢，所以不敢奉行太后詔令，請允許我將太后的詔令封好後予以退還。」太后讓大司馬桓溫仿效周公代小皇帝攝行政事的旨意遂沒有被實行。

東晉大司馬桓溫本來指望簡文帝司馬昱臨終之時會將皇位禪讓給自己，否則的話，至少也會讓自己居於攝政王的位置。不料，自己的兩個期望全都落了空，所以非常憤怒，他在寫給自己弟弟桓沖的信中說：「先帝司馬昱在遺詔中竟然讓我依照武侯諸葛亮、王導的先例輔政！」桓溫懷疑是王坦之、謝安的主意，因此對二人懷恨在心。朝廷以新皇帝司馬昌明的名義下詔，令謝安前往姑孰徵召大司馬桓溫入朝輔政，桓溫又推辭不就。

八月，秦國丞相王猛從鄴城回到京師長安，苻堅又加授他都督中外諸軍事。王猛辭讓說：「丞相責任重大，太子太傅的地位也很尊貴，尚書令的事務繁多，司隸校尉工作沉重，都督中外諸軍事掌管著全國的軍事大權，同時還兼任著負責接受並傳達皇帝命令的中書監、散騎常侍等職務，政務與軍務都集中於我一個人之手，大事小事都要向我一個人請示，即使像商朝的伊尹、周朝的呂尚、漢代的蕭何與東漢的鄧禹那樣的賢能尚且不能同時兼任，何況是與他們相差甚遠的王猛！」辭讓的奏章一連呈遞了三四次，秦王苻堅就是不批准，苻堅說：「我正要統一四海，除你以外，我找不到可以託付的人選，你不能推辭擔任宰相，就如同我不能推辭天子一樣。」

王猛擔任秦國的宰相，秦王苻堅只管正襟拱手端坐於上，文武百官全都約束自己、規規矩矩地服從於下，無論是軍事政治、內政外交，所有軍國大事，沒有一樣不是由王猛定奪。王猛為人剛正、明察、清廉、嚴肅，善惡分明，將那些在其位而不幹實事的官員一律罷免，將那些因失意而隱居民間不得仕進的人才全都提拔到顯要的職位，勸導、督促農民努力從事農業生產、種桑養蠶，加強部隊建設，積極練兵習武，每個官員的職位都與其才幹相適應，所懲罰的一定是證據確鑿，量刑公平公正。因此，秦國國富兵強，戰無不勝、攻無不克，社會秩序良好。秦王苻堅對皇太子苻宏以及長樂公苻丕等說：「你們侍奉王猛，就如同侍奉我一樣。」

秦國陽平公苻融在冀州刺史任上，所選用的骨幹僚屬，都是名重一時的人選：他任命擔任尚書郎的房默、擔任河間相的申紹為治中、別駕，任命清河郡人崔宏擔任州里的從事史，管理眾多的文祕人員，負責起草文件，管理文書檔案等事務。苻融年紀很輕，處理政事喜歡玩新花樣，以嚴格、煩瑣來顯示自己的精明。申紹多次對苻融進行規勸，引導他用寬緩、溫和的手段處理政務。苻融雖然很敬重申紹，但對申紹的建議也沒有完全遵從。後來申紹出任濟北郡太守，苻融屢次犯錯，傳到秦王苻堅的耳朵裡，於是苻融多次受到苻堅的批評和指責，苻融才後悔自己當初沒有完全聽從申紹的意見。

秦國陽平公苻融曾經擅自為興辦學校而建造房舍，因而遭到有關部門的彈劾，苻融於是派擔任主簿的李纂前往京師長安替自己向朝廷說明情況、進行申辯。李纂又擔憂又懼怕，竟然因為憂思過度而死在了往長安的路上。苻融便詢問申紹說：「現在有誰可以為我前往長安？」申紹說：「故燕國擔任尚書郎的高泰，其人頭腦清晰、善於言辭，又有膽量、有智謀，可以派他為使者。」在此之前，秦國丞相王猛以及陽平公苻融都曾經多次徵聘高泰出來做官，高泰都不肯應承。到了這時候，苻融對高泰說：「君子要救人急難，先生這次一定不要再推辭了！」高泰這才接受了苻融的派遣。高泰來到長安，丞相王猛看見高泰之後，便叫著他的字笑著說：「高子伯為何今天才來，怎麼這麼慢？」高泰回答說：「有罪的人前來接受處置，還問什麼快與慢！」王猛驚奇地說：「你說的是什麼意思？」高泰說：「春秋時期魯國的國君魯僖公因為在泮水興建學校而受到《詩經·泮水》作者的讚揚，戰國時期齊國的國君齊宣王田辟疆由於在齊國都城臨淄的稷門興建學舍，從而揚名於後世，如今陽平公苻融興建學舍，想要學習齊宣公、魯僖公，不僅沒有聽到朝廷下詔公開進行褒獎，反而煩勞有關部門列舉罪過而進行彈劾。明公在秦國擔任宰相之職，懲罰和獎賞的標準竟然如此顛倒，下面的官吏如何能不犯罪呢！」王猛說：「這是我的過錯。」事情遂告化解。王猛歎息地說：「豈能讓高子伯這樣的高人去給陽平公苻融當下屬呢？」便向秦王苻堅舉薦高泰。秦王苻堅於是召見了高泰，並非常喜歡高泰，秦王向高泰詢問治理國家的根本，高泰回答說：「治國的根本在於得到治國的適當人才，而得到治國人才在於慎重地進行選拔和任用官吏；而慎重地進行選拔和任用，是指認真地進行考核，要名實相符。從來沒有官員人選適當而國家治理不好的道理。」苻堅說：「先生的話真可稱得上是言辭簡練而道理廣博深刻了！」遂任命高泰為尚書郎。高泰堅決請求返回冀州，苻堅同意了他。

九月二十四日甲寅，東晉孝武帝司馬曜追尊故會稽王妃王氏為順皇后，尊奉自己的母親李氏為淑妃。

冬季，十月初八日丁卯，東晉將簡文帝司馬昱安葬在高平陵。

東晉彭城以妖言惑眾的盧悚自稱大道祭酒，追隨他的有八百多家。十一月，盧悚派遣自己的弟子許龍前往吳縣，淩晨時分，許龍等來到海西公司馬奕的門前，詐稱奉了皇太后的密詔，前來奉迎司馬奕回朝廷重登皇位。海西公司馬奕最初還真想聽從他，後來接受了保姆的勸諫才改變了主意。許龍說：「大事即將成功，怎麼能因為女人的一句話就放棄了呢！」海西公司馬奕說：「我因為犯罪才被放逐到這裡，有幸受到了皇帝的寬恕，豈敢再輕舉妄動！而且，即使皇太后有詔，也應該派官員前來，怎麼會單獨派你一個人！你一定是想利用我來謀反作亂。」於是叱令左右將許龍捆起來。許龍懼怕被捉，於是趕緊逃走了。初五日甲午，盧悚率領三百名徒眾，在拂曉時分進攻京師建康城的廣莫門，詐稱是海西公司馬奕殺回來了，並由建康宮的雲龍門衝入殿庭，奪取了武庫中存放的鎧甲武器。守衛雲龍門的衛士驚駭得不知如何是好。擔任游擊將軍的毛安之聽到有人殺入皇宮的消息，立即率領兵眾攻入雲龍門，親自與亂賊格鬥。擔任左衛將軍的殷康、擔任中領軍的桓祕也都率人進入建康宮的止車門，與毛安之合兵一處，并力誅殺，將盧悚及其黨羽數百人全部殺死。海西公司馬奕非常擔心會遭到意想不到的災禍，所以每天一味地縱情飲酒，沉湎於美色和音樂當中，生下兒子也不敢養活，當時的人都很同情他。朝廷知道司馬奕安心於忍受屈辱的日子，所以也就不再擔憂他會謀反。

秦國擔任都督北蕃諸軍事、鎮北大將軍、開府儀同三司，封爵為朔方桓侯的梁平老去世。梁平老在朔方鎮守了十多年，鮮卑人、匈奴人對他是既畏懼又敬重。

東晉的吳郡、吳興、義興三郡發生大旱災，人們飢餓，很多人被餓死。

烈宗孝武皇帝❶上之上

寧康元年（癸酉　西元三七三年）

春，正月己丑朔❷[1]，大赦改元。

二月，大司馬溫來朝。辛巳❸，詔吏部尚書謝安、侍中王坦之迎于新亭❹。是時，都下❺人情恟恟❻，或云欲誅王、謝，因移晉室❼，坦之甚懼。安神色不變，曰：「晉祚❽存亡，決於此行。」溫既至，百官拜於道側。溫大陳兵衛，延見朝士❾。有位望者❿皆戰慴⓫失色，坦之流汗沾衣，倒執手版⓬。安從容就席，坐定，謂溫曰：「安聞諸侯有道，守在四鄰⓭，明公何須壁後置人⓮邪？」溫笑曰：「正自不能不爾。」遂命左右撤之，與安笑語移日⓯。郗超常為溫謀主，安與坦之見溫，溫使超臥帳中聽其言。風動帳開，安笑曰：「郗生可謂『入幕之賓⓰』矣。」

時天子幼弱，外有彊臣，安與坦之盡忠輔衛，卒安晉室。

溫治⓱盧悚入宮事，收尚書陸始付廷尉，免桓祕官⓲，連坐⓳者甚眾。遷⓴毛安之為左衛將軍。桓祕由是怨溫。

三月，溫有疾，停建康十四日，甲午㉑，還姑孰。

夏，代王什翼犍使燕鳳入貢于秦。

秋，七月己亥㉒，南郡宣武公㉓桓溫薨。

初，溫疾篤，諷朝廷求九錫㉔，屢使人趣㉕之。謝安、王坦之故緩其事㉖，使袁宏具草㉗。宏以示王彪之，彪之歎其文辭之美，因曰：「卿固大才，安可以此示人！」謝安見其草，輒改之，由是歷旬不就㉘。宏密謀於彪之，彪之曰：「聞彼病日增，亦當不復支久，自可更小遲迴㉙。」宏從之[2]。

溫弟江州刺史沖問溫以謝安、王坦之所任㉚，溫曰：「渠等不為汝所處分㉛。」其意以為己存，彼必不敢立異㉜，死則非沖所制。若害之，無益於沖，更失時望㉝故也。

溫以世子熙才弱，使沖領其眾㉞。於是桓祕與熙弟濟謀共殺沖，沖密知之，不敢入㉟。俄頃，溫薨，沖先遣力士拘錄熙、濟㊱而後臨喪㊲。祕遂被廢棄，熙、濟俱徙長沙。詔葬溫依漢霍光及安平獻王故事㊳。沖稱溫遺命，以少子玄為嗣，時方五歲，襲封南郡公。

庚戌㊴，加右將軍荊州刺史桓豁征西將軍、督荊・楊㊵・雍・交・廣五州諸軍事。以江州刺史[3]桓沖為中軍將軍、都督揚・豫・江三州諸軍事、揚・豫二州刺史，鎮姑孰，竟陵太守桓石秀為寧遠將軍、江州刺史，鎮尋陽。石秀，豁之子也。沖既代溫居任，盡忠王室。或勸沖誅除時望，專執時權，沖不從。始，溫在鎮，死罪皆專決不請[41]。沖以為生殺之重，當歸朝廷，凡大辟皆先上[42]，須報[43]，然後行之。

謝安以天子幼沖，新喪元輔，欲請崇德太后臨朝。王彪之曰：「前世人主幼在襁褓，母子一體，故可臨朝[44]。太后亦不能決事，要須[45]顧問大臣。今上年出十歲，垂及冠婚[46]，反令從嫂[47]臨朝，示人主〔4〕幼弱，豈所以光揚聖德乎[48]！諸公必欲行此，豈僕所制[49]，所惜者大體[50]耳。」安不欲委任桓沖，故使太后臨朝，己得以專獻替裁決[51]，遂不從彪之之言。八月壬子[52]，太后復臨朝攝政。

梁州刺史楊亮遣其子廣襲仇池，與秦梁州刺史楊安戰，廣兵敗，沮水[53]諸戍皆委城[54]奔潰。亮懼，退守磬險[55]。九月，安進攻漢川[56]。

丙申[57]，以王彪之為尚書令，謝安為僕射[58]，領吏部，共掌朝政。安每歎曰：「朝廷大事，眾所不能決者，以諮王公，無不立決！」

以吳國內史刁彝為徐、兗二州刺史，鎮廣陵。

冬，秦王堅使益州刺史王統、祕書監朱肜帥卒二萬出漢川[59]，前禁將軍毛當、鷹揚將軍徐成帥卒三萬出劍門[60]，入寇梁、益[61]。梁州刺史楊亮帥巴獠[62]萬餘拒之，戰于青谷[63]。亮兵敗，奔固西城[64]，彤遂拔漢中。徐成攻劍門[5]，克之。楊安進攻梓潼[65]。梓潼太守周虓[66]固守涪城[67]，遣步騎數千送母、妻自漢水趣江陵[68]，朱彤邀[69]而獲之，虓遂降於安。十一月，安克梓潼。荊州刺史桓豁遣江夏相竺瑤救梁、益，瑤聞廣漢太守趙長戰死，引兵退。益州刺史周仲孫勒兵拒朱彤于緜竹[70]，聞毛當將至成都，仲孫帥騎五千奔于南中[71]。秦遂取梁、益二州，邛、莋、夜郎[72]皆附於秦。秦王堅以楊安為益州牧，鎮成都；毛當為梁州刺史，鎮漢中；姚萇為寧州刺史，屯墊江[73]；王統為南秦州刺史，鎮仇池[74]。

秦王堅欲以周虓為尚書郎，虓曰：「蒙晉厚恩，但老母見獲，失節於此。母子獲全，秦之惠也。雖公侯之貴，不以為榮，況郎官乎！」遂不仕。每見堅，或箕踞而坐[75]，呼為氐賊[76]。嘗值元會[77]，儀衛[78]甚盛。堅問之曰：「晉朝元會，與此何如？」虓攘袂[79]厲聲曰：「犬羊相聚，何敢比擬天朝！」秦人以虓不遜[80]，屢請殺之，堅待之彌厚[81]。

周仲孫坐失守免官，桓沖以冠軍將軍毛虎生為益州刺史，領建平[82]太守，以虎生子球為梓潼太守。虎生與球伐秦，至巴西[83]，以糧乏退屯巴東[84]。

以侍中王坦之為中書令，領丹楊尹[85]。

是歲，鮮卑勃寒(86)寇[6]掠隴右，秦王堅使乞伏司繁(87)討之。勃寒請降，遂使司繁鎮勇士川(88)。

有彗星出于尾箕(89)，長十餘丈，經太微(90)，掃東井(91)，自四月始見，及秋冬不滅。秦太史令張孟[7]言於秦王堅曰：「尾、箕，燕分；東井，秦分也[8]。今彗起尾、箕而掃東井，十年之後，燕當滅秦，二十年之後，代當滅燕(92)。慕容暐父子兄弟，我之仇敵，而布列朝廷，貴盛莫二，臣竊憂之，宜翦其魁桀者(93)以消天變(94)。」堅不聽。

陽平公融上疏(95)曰：「東胡(96)跨據六州，南面稱帝。陛下勞師累年，然後得之，本非慕義而來(97)。今陛下親而幸之，使其父兄子弟森然(98)滿朝，執權履職，勢傾勳舊(99)。臣愚以為狼虎之心，終不可養，星變如此，願少留意(100)。」堅報曰：「朕方混六合(101)為一家，視夷狄為赤子(102)，汝宜息慮(103)，勿懷耿介(104)。夫惟修德可以禳災(105)，苟能內求諸己(106)，何懼外患乎！」

二年（甲戌　西元三七四年）

春，正月癸未朔(107)，大赦。○己酉(108)，刁彝卒。○二月癸丑(109)，以王坦之為都督徐、兗、青三州諸軍事、徐、兗二州刺史，鎮廣陵。詔謝安總中書(110)。安好聲律[111]，期功之慘[112]，不廢絲竹[113]，士大夫效之，遂以成俗。王坦之屢以書苦諫之，曰：「天下之寶[114]，當為天下惜之[115]。」安不能從。

三月，秦太尉建寧列公李威[116]卒。

夏，五月，蜀人張育、楊光起兵擊秦，有眾二萬，遣使來請兵。秦王堅遣鎮軍將軍鄧羌帥甲士五萬討之。益州刺史竺瑤[117]、威遠將軍桓石虔[118]帥眾三萬攻墊江，姚萇兵敗，退屯五城[119]。瑤、石虔屯巴東。張育自號蜀王，與巴獠酋帥張重、尹萬等[9]萬餘人進圍成都。六月，育改元黑龍。秋，七月，張育與張重等爭權，舉兵相攻，秦楊安、鄧羌襲育，敗之，育與楊光退屯綿竹。八月，鄧羌敗晉兵于涪西[120]。九月，楊安敗張重、尹萬于成都南，重死，斬首二萬三千級。鄧羌擊張育、楊光于綿竹，皆斬之。益州復入于秦。

冬，十二月，有人入秦明光殿大呼曰：「甲申、乙酉[121]，魚羊食人[122]，悲哉無復遺！」秦王堅命執之，不獲。祕書監朱彤、祕書侍郎[123]略陽趙整固請誅鮮卑，堅不聽。整，宦官也，博聞彊記，能屬文[124]，好直言，上書及面諫前後五十餘事。慕容垂夫人[125]得幸於堅，堅與之同輦[126]遊于後庭，整歌曰：「不見雀來入燕室[127]，但見浮雲蔽白日[128]。」堅改容謝之，命夫人下輦。

是歲，代王什翼犍擊劉衛辰[129]，南走[10]。

三年（乙亥　西元三七五年）

春，正月辛亥[130]，大赦。

夏，五月丙午[131]，藍田獻侯王坦之卒。臨終與謝安、桓沖書，惟以國家為憂，言不及私。

桓沖以謝安素有重望，欲以揚州讓之，自求外出。桓氏族黨皆以為非計，莫不扼腕[132]苦諫[11]，郗超亦深止[133]之，沖皆不聽，處之澹然[134]。甲寅[135]，詔以沖都督徐、豫、兗、青、揚五州諸軍事、徐州刺史，鎮京口，以安領揚州刺史，並加侍中。

六月，秦清河武侯王猛寢疾[136]，秦王堅親為之祈南、北郊及宗廟、社稷，分遣侍臣徧禱河、嶽諸神。猛疾少瘳[137]，為之赦殊死以下[138]。猛上疏曰：「不圖陛下以臣之命[139]，而虧天地之德[140]，開闢[141]已來，未之有也。臣聞報德莫如盡言，謹以垂沒[142]之命，竊獻遺款[143]。伏惟[144]陛下威烈[145]振乎八荒[146]，聲教[147]光乎六合[148]，九州百郡[149]，十居其七[150]，平燕定蜀，有如拾芥[151]。夫善作者不必善成[152]，善始者不必善終[153]，是以古先哲王[154]，知功業之不易，戰戰兢兢，如臨深谷[155]。伏惟陛下追蹤前聖[156]，天下幸甚。」堅覽之悲慟。

秋，七月，堅親至猛第視疾，訪以後事。猛曰：「晉雖僻處江南[157]，然正朔相承[158]，上下安和。臣沒之後，願勿以晉為圖[159]。鮮卑、西羌[160]，我之仇敵，終為人患，宜漸除之，以便社稷。」言終而卒。堅比斂[161]，三臨哭[162]，謂太子宏曰：「天不欲使吾平壹六合邪！何奪吾景略之速也！」葬之如漢霍光故事。

八月癸巳[163]，立皇后王氏，大赦。后，濛[164]之孫也。以后父晉陵太守蘊[165]為光祿大夫，領五兵尚書[166]，封建昌縣[12]侯[167]。蘊固辭不受。

九月，帝講孝經[168]，始覽典籍，延[169]儒士。謝安薦東莞徐邈補中書舍人，每被顧問，多所匡益[170]。帝或宴集，酣樂[171]之後，好為手詔詩章以賜侍臣，或文詞率爾[172]，所言穢雜[173]，邈應時收斂[174]，還省刊削[175]，皆使可觀，經帝重覽，然後出[176]之。時議[177]以此多邈[178]。

冬，十月癸酉朔[179]，日有食之。

秦王堅下詔曰：「新喪賢輔，百司[180]或未稱朕心[181]，可置聽訟觀[182]於未央南[183]，朕五日一臨，以求民隱[184]。今天下雖未大定，權可[185]偃武脩文[186]，以稱武侯雅旨[187]。其增崇儒教，禁老、莊、圖讖[188]之學，犯者棄市。」妙簡[189]學生，太子及公侯百僚之子皆就學受業[190]，中外[191]、四禁[192]、二衛[193]、四軍[194]長上[195]將士[196]，皆令受學。二十人給一經生[197]，教讀音句[198]。後宮置典學[199]以教掖庭[200]，選閹人及女隸[201]敏慧者詣博士授經[202]。尚書郎王佩讀讖，堅殺之，學讖者遂絕。

【章　旨】以上為第三段，寫孝武帝寧康元年（西元三七三年）至寧康三年共三年間的大事。寫了桓溫入朝，陳兵向群臣示威，群臣驚懼，謝安以理責之，並對桓溫的謀士郗超加以諷刺，在關鍵時刻穩定了朝廷局勢；寫了桓溫病死，死前向朝廷要「九錫」，謝安、王坦之、王彪之三人拖延時間，遂使桓溫未能得逞；寫了桓溫臨死令其弟桓沖代統其部眾，桓沖乃以桓溫之子桓玄為嗣，而己輔之；桓沖忠於晉室，不與朝廷的時賢作對，朝權遂由謝安、王彪之、王坦之等執掌；寫了苻堅派將軍王統、朱彤、徐成等進攻東晉的梁、益二州，東晉諸將大敗，梁、益二州遂陷於秦；蜀人張育自號蜀王，起兵於蜀以抗秦，遣使向晉求援，並進圍成都，秦將楊安、鄧羌攻蜀，破殺張育、楊光，益州復歸於秦；寫了秦丞相王猛病時秦主苻堅親臨看望、親為祈禱，王猛臨死勸苻堅小心謹慎，善始善終，並囑「臣沒之後，願勿以晉為圖」；寫了秦主苻堅為廣求民隱，建立聽訟觀，五日一臨；又下令「增崇儒教，禁老、莊、圖讖之學」，有犯令者被苻堅所殺，圖讖之學遂絕於秦地等等。

【注　釋】❶烈宗孝武皇帝　名曜，字昌明，簡文帝的第三子。西元三七三—三九六年在位。事詳《晉書》卷九〈孝武帝紀〉。《謚法》：「五宗安之曰孝」；「克定禍亂曰武」。❷正月己丑朔　正月初一是己丑日。❸辛巳　二月二十四。❹新亭　地名，在今江蘇南京南的長江邊。❺都下　指建康城裡。❻人情恟恟　猶言人心惶惶。恟恟，恐慌的樣子。❼因移晉室　順便篡奪晉朝的皇位。❽晉祚　晉朝政權的命運。祚，福，指皇位繼承權。❾延見朝士　接見朝廷的文武百官。❿有位望者　指地位高、有名望的公卿大臣。⓫戰慴　猶戰慄。恐懼、發抖。⓬倒執手版　因驚慌失措，把手版也拿反了。手版，即朝笏。

古代官吏上朝或謁見上司時所執，備記事用。⑬守在四鄰　把防守的重點放在自己封國的四方鄰居，意即做好政治工作，使之歸心、擁護自己。《左傳》昭公二十三年，楚沈尹戌有所謂：「古者天子守在四夷，天子卑，守在諸侯；諸侯守在四鄰，諸侯卑，守在四竟。」謝安引此，意在譏諷桓溫不是把保衛自己的工作做到四境之外，而是把兵勇安排到了自己的屋子周圍。⑭壁後置人　在後屋、後院布置著兵勇。⑮笑語移日　談笑風生的說話一直說了很久。移日，日影移動，以言過的時間之久。⑯入幕之賓　原是形容某個僚屬受其長官寵信，經常到長官的內室一起謀劃眾事。幕指內室、臥室。現在正好用此語以嘲弄躲在帳子裡的郗超。⑰治　審問。⑱免桓祕官　桓祕為中領軍，統禁軍，掌宮禁宿衛，對盧悚事負有直接責任，故免祕官。⑲連坐　因受牽連而被治罪。⑳遷　調任；改任。㉑甲午　三月初七。㉒七月己亥　七月十四。㉓南郡宣武公　南郡公是桓溫的封號，南郡是封地，郡公是公爵的等級。宣武二字是諡。㉔九錫　傳說中古代帝王為尊禮大臣而賜給的九種特殊待遇。西漢末年，王莽始加九錫，為篡位之漸。此後，歷代權臣為篡位都沿襲使用。九錫的內容有進殿不趨、贊拜不名、劍履上殿、納陛以登，此外有車馬、衣服等方面的寵賜。㉕趣　意思同「促」。催促。㉖故緩其事　故意拖延不辦。㉗使袁宏具草　讓袁宏起草詔書。袁宏，東晉有名的才學之士，雖為桓溫的僚屬，而能正直不屈。著有《後漢紀》。傳見《晉書》卷九十二。㉘歷旬不就　折騰了十多天也沒有定稿。㉙更小遲迴　再稍稍拖延一下。小，稍。㉚所任　日後讓他們擔任什麼職務。㉛渠等不為汝所處分　他們不歸你來安排。渠等，也稱渠輩、渠儂，古吳方言，意為他們。處分，分配；安排。㉜立異　提不同意見，做反對桓溫的事。㉝更失時望　更受到當時的社會名流所反對。㉞領其眾　統率自己的軍隊。㉟不敢入　不敢進入桓溫的大本營。㊱拘錄熙濟　逮捕起桓熙、桓濟。拘錄，拘捕。錄，也是捕捉的意思。㊲臨喪　哭喪；弔喪。㊳依漢霍光及安平獻王故事　就像漢代人安葬霍光、晉朝人安葬司馬懿的弟弟司馬孚那樣的規格與排場。㊴庚戌　七月二十五。㊵楊　胡三省以為此處「楊」字似應作「梁」。㊶專決不請　自己決定，不請示朝廷。㊷凡大辟皆先上　凡殺人一律先上報朝廷。大辟，處人以死刑。㊸須報　等朝廷批准後。須，等候。報，批准。㊹前世人主幼在襁褓三句　成帝年幼登基，庾太后臨朝；穆帝亦幼沖嗣位，褚太后攝政。均為親生骨肉，故可以臨朝攝政。母子一體，兒子是由母體分出，故二人如一體。㊺要須　還得要倚靠。㊻垂及冠婚　很快就要行加冠禮、就要結婚了。㊼從嫂　堂嫂。褚太后是晉康帝的皇后，康帝是明帝子，元帝孫；孝武帝也是元帝孫，故褚太后是孝武帝的堂嫂。㊽豈所以光揚聖德乎　這是提高當今皇帝道德聲望的做法嗎。㊾豈僕所制　不是我所能阻擋得了的。僕，王彪之自稱的謙詞。制，阻止。㊿所惜者大體　意即有損於朝廷大禮，有害於原則。(51)專獻替裁決　意即自己在太后跟前可以提出參考意見，可以在決定某項、否定某項工作上起到作用。專，獨攬。獻替，建議某項主張與改變某項主張。裁決，在眾多建議中選用某一項。(52)八月壬子　此語有誤，八月朔丙辰，無壬子日。壬子應是七月二十七。(53)沮水　俗稱黑河，源出陝西留壩西，西南流經略陽東，轉東南流至勉縣注入漢水。(54)委城　棄城。委，丟下。(55)磐險　地名，在今陝西勉縣北。(56)漢川　即漢中郡一帶地區。(57)丙申　九月十二。(58)僕射　尚書僕射，尚書令的副職，地位如同副丞相。(59)出漢川　經由漢川。(60)劍門　山名，在今四川劍閣縣北，即大劍山。(61)梁益　二州名，梁州的州治即今陝西漢中，益州的州治即今四川成都。(62)巴獠　巴地之獠。獠，民族名，古代對仡佬族的蔑稱。(63)青谷　地名，在今陝西洋縣東北。(64)奔固西城　逃奔並堅守西城。西城，縣名，縣治在今陝西安康西北，漢江北岸。(65)梓潼　縣名，縣治即今四川梓潼。(66)周虓　周楚之孫。(67)涪城　涪縣縣城，在今四川綿陽東。(68)自漢水趣江陵　由西漢水乘船奔赴江陵。漢水，即西漢水，源出甘肅天水市，東南流，至陝西略陽西北徐家坪注入嘉陵江。趣，向。江陵，當時荊州的州治所在地，在今湖北江陵之西北側。(69)邀　半路攔截。(70)綿竹　縣名，縣治在今四川德陽北。(71)南中　地區名，相當今四川南部和雲南、貴州地區。(72)邛莋夜郎　邛即邛都縣，當時越嶲郡的郡治所在地，縣治在今四川西昌東南，莋即莋都縣，縣治在今四川漢源東北，夜郎是縣名，縣治在今貴州關嶺縣南。(73)墊江　縣名，縣治即今重慶市西北的合川區。(74)仇池　郡名，郡治在今甘肅成縣西。(75)箕踞而坐　坐時伸開兩腿，形似簸箕，是一種不講禮節的坐姿。(76)呼為氐賊　因為苻堅是氐族人，故如此辱罵。(77)元會　皇帝在正月初一舉行的令群臣朝拜的聚會，也叫正會。(78)儀衛　儀仗隊與衛隊。(79)攘袂　捋袖出臂，奮起的樣子。(80)不遜　不恭敬；不禮貌。(81)彌厚　越發尊重有禮。(82)建平　郡名，郡治即今重慶市巫山縣。(83)巴西　郡名，郡治即今四川閬中。(84)巴東　郡名，郡治即今重慶市奉節。(85)丹楊尹　東晉都城建康所在郡的行政長官，郡治即在建康城內。(86)鮮卑勃寒　鮮卑部落的頭領名叫勃寒，當時活動在今甘肅隴西縣一帶地區。(87)乞伏司繁　當時活動在今甘肅隴西縣一帶的鮮卑部落頭領，姓乞伏，名司繁，後代乞伏氏政權的先祖。事跡詳見《晉書》卷一百二十五。(88)勇士川　地名，一名苑川，即今甘肅榆中的大營川地區，漢魏時期的勇士縣治在今甘肅榆中東北。(89)尾箕　都是二十八宿中的星宿名，尾宿有星九顆，箕宿有星四顆。尾、箕二宿為燕國及幽州的分星，因此古人認為彗星運行到尾、箕附近，就意味著幽燕地區將有動亂發生。(90)太微　太微垣，古人認為彗星經過太微垣就意味著燕地的戰亂將影響到人世朝廷的安危。(91)掃東井　彗星的尾巴在井宿的上空掃過。東井是二十八宿中的星宿名，即井宿，因在參宿東，故稱東井，是秦國及雍州的分星。彗星掃過東井，古人認為秦國也將被幽燕地區的動亂所波及。(92)代當滅燕　代郡地區的拓跋氏將滅掉燕國。《晉書・天文志上》：「雲中入東井一度，定襄入東井八度，雁門入東井十六度，代郡入東井二十八度。」皆拓跋氏佔有地區。張猛是說彗星起燕分而掃秦分，是燕滅秦的徵兆。秦被滅後，代再乘天道，反過來滅燕。

太元十年，慕容沖破長安，距此十一年；安帝隆安元年，拓跋珪克中山，距此二十三年，正和張說相合。其實這些均後人據史料附會而成，不可信。93翦其魁桀者　殺掉他們當中那些有卓越才幹的分子。翦，除掉；消滅。94以消天變　以解除上天對我們的警告與提醒。陰陽五行學者認為天變是上天對人世帝王所提出的警告。95上疏　意即給皇帝上書。疏是文體名，意即分條地給皇帝上書說理。與「章表」性質一樣。96東胡　由東北興起的少數民族，指鮮卑族慕容氏所建立的燕國政權。97本非慕義而來　他們並不是出於仰慕我們的道德、政教而來歸順，而是走投無路前來暫時避難，或者乾脆是被我們俘虜過來的。98森然　羅列眾多的樣子。99勢傾勳舊　比我們本國的貴族、功臣的勢力還要大。傾，壓倒。100願少留意　希望您提高警惕。少，意思同「稍」。101混六合　統一全國。六合，四方上下，指全國。102視夷狄為赤子　把各個少數民族的人都看成自己的親生兒子。103息慮　消除這些多餘的疑慮。104勿懷耿介　不要總是這麼「耿耿於懷」。耿介，猶言「耿耿」，內心清楚、不能入睡的樣子。105禳災　消除災禍。古代稱消除災禍的祭禱活動作禳。106內求諸己　意思是自己要能容人，要以誠信對待別人。107正月癸未朔　正月初一是癸未日。108己酉　正月二十七。109二月癸丑　二月初一。110總中書　總管中書省的工作。王坦之出鎮廣陵，故由謝安總攬中書省事宜。111聲律　五聲六律，指音樂。112期功之慘　即使在穿著喪服的心情不好的日子裡。期、功，都是古代喪服的名稱。期，服喪一年。功，指大功和小功，大功服喪九個月，小功服喪五個月。113不廢絲竹　意即照常欣賞音樂。絲竹，絃樂器和管樂器，這裡代指音樂。114天下之寶　治理天下所用的寶器，指儒家的禮儀法度。115當為天下惜之　意即不應該破壞它。按，王坦之言天下之寶，亦可指謝安其人的高貴，為了天下，應該愛護這個人，不應該讓任何不好的東西玷汙它。意思是勸謝安要自我珍重。116建寧烈公李威　李威被封為建寧郡公，建寧郡的郡治即今雲南曲靖。烈字是諡。117益州刺史竺瑤　此語似有誤，昔周仲孫為益州刺史，坐失守免官，桓沖以毛虎生為益州刺史。此云「益州刺史竺瑤」與事實不合，竺瑤時為江夏相。118桓石虔　桓彝之孫，桓溫弟桓豁之子。119五城　縣名，縣治在今四川中江縣東南。120涪西　涪城之西，即今四川綿陽西。121甲申乙酉　甲申是未來的太元九年（西元三八四年）；乙酉是未來的太元十年（西元三八五年）。122魚羊食人　「魚羊」合成「鮮」字，指鮮卑，此預言十年後慕容氏將在西元三八四、三八五年起兵攻秦。這些顯為後人所依附編造。123祕書侍郎　晉祕書省有丞、有郎，無侍郎。秦以趙整為祕書郎，內侍左右，故稱侍郎。124屬文　寫文章。屬，連綴，連綴文字以成文章。125慕容垂夫人　指段夫人。126同輦　同乘一輛車。輦，帝王所乘之車。127不見雀來入燕室　取「門可羅雀」之意，預言日後將會門庭冷落，來客絕少，至能張羅捕雀。128浮雲蔽白日　以喻苻堅被女人段氏所迷。129劉衛辰　當時匈奴族的部落頭領，活動在今內蒙古河套南部一帶。130正月辛亥　正月初五。131丙午　五月初二。132扼腕　一手握另一手之腕，表示失望、惋惜的樣子。(133)深止　堅決勸阻。(134)澹然　恬淡、平和的樣子，意思是沒把權位、勢力看得很重。(135)甲寅　五月初十。(136)寢疾　病勢嚴重，不能起床。(137)少瘳　病情稍有好轉。(138)赦殊死以下　凡不是死罪的犯人一律赦免。殊死，斬首之刑。胡三省曰：「身首橫分為殊死。」(139)以臣之命　為了挽救我的生命。(140)虧天地之德　意即讓您費心勞神做許多不需要做的事情。(141)開闢　開天闢地。(142)垂沒　即將死亡。沒，同「歿」。死。(143)竊獻遺款　敬獻最後的忠誠。竊，謙詞。遺款，最後的忠誠。(144)伏惟　猶言「我想」、「我認為」。「伏」字是謙詞。惟，想；認為。(145)威烈　權威、功業。烈，業。(146)八荒　八方，八方的荒遠之地，猶言「宇內」、「海內」。(147)聲教　聲威教化。(148)光乎六合　照耀全國。六合，意同於「四海」、「九州」、「宇內」等等。(149)九州百郡　以稱整個的大中國。(150)十居其七　秦國已經佔據了十分之七。(151)拾芥　俯身拾起小草，形容極其容易。(152)善作者不必善成　善於開頭的人不一定能夠最後完成。作，開端。(153)善始者不必善終　善於發端的人不一定能有好的結局。二句出自樂毅的〈報燕惠王書〉。詳見《史記・樂毅列傳》。不必，不一定；不一定能。(154)哲王　聖明的君主。(155)如臨深谷　語出《詩經・小宛》：「惴惴小心，如臨於谷。戰戰兢兢，如履薄冰。」形容恐懼小心的樣子。(156)追蹤前聖　意即學習古代明君的謙虛謹慎，不能掉以輕心。追蹤，追步前人，意即學習、借鑑。(157)僻處江南　居於長江以南的偏僻之地。(158)正朔相承　是繼續西晉政權的正統，按照西晉的曆法依次紀年下來的。正朔，每年正月初一。古時的各個朝代，用哪個月的初一作一年的開始是不同的。如夏朝是用正月，商朝是用十二月，周朝是用十一月，秦朝是用十月。而每個新王朝要用自己的新曆法，要用新的月分作為一年的開始，這叫「改正朔」。而東晉是沿續西晉的「正朔」一直下來的。(159)勿以晉為圖　不要打晉王朝的主意；不要把晉王朝定為攻取的對象。(160)鮮卑西羌　鮮卑指已滅的慕容儁、慕容暐，與尚存於苻堅身邊的慕容垂、慕容德等等；西羌指暫居於苻堅部下的姚萇等人。(161)比斂　從王猛死到王猛被裝入棺材。斂，裝遺體入棺。(162)三臨哭　三次親來哭弔。臨，哭喪。(163)八月癸巳　八月二十。(164)濛　王濛，晉哀帝司馬丕的皇后之父，當時著名的清談家。傳見《晉書》卷九十三。(165)晉陵太守蘊　王蘊，王濛之子，時任晉陵太守。晉陵的郡治即今江蘇鎮江市。(166)五兵尚書　尚書臺的官員，統管中兵、外兵、騎兵、別兵、都兵等五兵軍事。(167)建昌縣侯　建昌縣的縣治原在今山西定襄西北，此時只應在僑居鎮江的并州治下。(168)帝講孝經　孝武帝開始讀《孝經》。當時司馬曜年十歲。講，講習；研討。實際指讀。(169)延　邀請。(170)匡益　糾正和補益。匡，扶之使正。(171)酣樂　飲酒、歡樂。(172)率爾　輕率隨意。(173)穢雜　猶言「蕪雜」，不純、不精，如禾苗中摻有雜草。(174)應時收斂　及時將其搜集回來。(175)還省刊削　帶回中書省予以修改。(176)出　指傳出宮外。(177)時議　當時的輿論。(178)多邈　稱讚徐邈。多，稱道；讚美。(179)十月癸酉朔　十月初一是癸酉日。(180)百司　百官。(181)或未稱朕心　有的我還不大滿意。182聽訟觀　聽取上訟意見的臺子。訟，申訴。183未央南　未央宮的南側。184民隱　民間的疾苦。185權可　大體可以。權，大致。客氣的說法。186偃武脩文　停止武備，修明文教。187以稱武侯雅旨　以符合武侯王猛生前的雅意。188圖讖　圖籙與讖語，都是靠編造「預言」以蠱惑人心的迷信行業，如前文所說的「甲申乙酉，魚羊食人」，以及藉星象所說的「今彗起尾、箕而掃東井，十年之後，燕當滅秦；二十年之後，代當滅燕」等等，都屬這一類。189妙簡　慎重選擇。190就學受業　到學校裡聽儒學老師講課。191中外　官名，指中軍將軍、外軍將軍。192四禁　官名，指前禁、後禁、左禁、右禁四將軍。193二衛　官名，指左衛、右衛二將軍。194四軍　官名，指衛軍、撫軍、鎮軍、冠軍四將軍。195長上　武官名，掌宿衛。196將士　指上述中外、四禁、二衛、四軍、長上諸將領及士兵。197給一經生　配備一個精通儒經的學者。198教讀音句　教給人們字的讀音，與讀到哪裡算一句。199典學　這裡即指教官。200教掖庭　給宮中的妃嬪與女官們講課。掖庭，宮中兩側的居室，為嬪妃居住的地方。201閹人及女隸　指宮殿中的男女奴隸。閹人即太監，也稱宦官。女隸，指因家庭犯罪而被沒入宮廷為婢的女子。202詣博士授經　到太學裡聽博士講授經典。

【校　記】[1]己丑朔　原誤作「己卯朔」，今據嚴衍《通鑑補》校正。[2]宏從之　原無此三字。據章鈺校，十二行本、乙十一行本、孔天胤本皆有此三字，張敦仁《通鑑刊本識誤》、張瑛《通鑑校勘記》同，今據補。[3]以江州刺史　原無此五字。據章鈺校，十二行本、乙十一行本、孔天胤本皆有此五字，張敦仁《通鑑刊本識誤》、張瑛《通鑑校勘記》同，今據補。[4]主　據章鈺校，十二行本、乙十一行本皆作「君」。[5]劍門　原作「劍閣」。據章鈺校，十二行本、乙十一行本皆作「劍門」，今據改。[6]寇　此字原無。據章鈺校，十二行本、乙十一行本、孔天胤本皆有此字，張敦仁《通鑑刊本識誤》同，今據補。[7]張孟　嚴衍《通鑑補》改作「張猛」。按，《晉書》卷一百十三〈苻堅載記上〉作「張孟」，不知嚴校何據。[8]也　原無此字。據章鈺校，十二行本、乙十一行本、孔天胤本皆有此字，張敦仁《通鑑刊本識誤》同，今據補。[9]等　原無此字。據章鈺校，十二行本、乙十一行本、孔天胤本皆有此字，張敦仁《通鑑刊本識誤》同，今據補。[10]南走　據文義，此上當有「衛辰」二字。[11]苦諫　原作「固諫」。據章鈺校，十二行本、乙十一行本皆作「苦諫」，義長，今從改。[12]縣　原脫。據章鈺校，十二行本、乙十一行本皆有此字，今據補。

【語　譯】烈宗孝武皇帝上之上

寧康元年（癸酉　西元三七三年）

春季，正月初一日己丑，東晉實行大赦，改年號為寧康。

二月，東晉大司馬桓溫從鎮所姑孰前往京師建康朝見晉孝武帝司馬曜。二十四日辛巳，孝武帝司馬曜下詔令擔任吏部尚書的謝安、擔任侍中的王坦之前往新亭迎接大司馬桓溫。當時，建康城裡人心惶惶、議論紛紛，有人說桓溫此次來京，是為了誅殺王坦之和謝安，趁機篡奪晉朝政權，王坦之非常恐懼。謝安神色不變，說道：「司馬氏所建立的晉朝政權是存是亡，取決於桓溫的此次行動。」桓溫來到京師，滿朝的文武百官全都在道路兩旁向他跪倒叩拜。桓溫在盛大而嚴密的戒備之下，接見了在朝的文武官員。那些地位高而又有名望的公卿大臣全都渾身戰慄、臉上露出驚恐不安的神色，王坦之此時更是嚇得冷汗直流，溼透了內衣，就連手中的朝笏都拿反了。謝安則從從容容地來到自己的位置，坐好之後，便對桓溫說：「我聽說，將自己的封國治理得很好的諸侯，會把防守的重點放在自己封國四周的鄰居上，而明公何必要在自己的後院布置兵勇呢？」桓溫笑著說：「正是因為不能不如此。」遂命令左右將後面的侍衛全部撤去。桓溫與謝安笑談了許久，不知不覺間，日影已經移動。郗超經常做桓溫的主謀，在此之前，謝安與王坦之晉見桓溫的時候，桓溫事先讓郗超躺在帷帳之中，以便偷聽他們的談話。恰巧一陣風將帷帳吹開，謝安笑著說：「郗先生真可稱得上是『入幕之賓』了。」當時孝武帝司馬曜年紀幼小、勢力又弱，外面又有勢力強大的權臣，謝安與王坦之竭盡忠誠，輔佐、守衛著晉室，總算使晉室平安地度過了難關。

東晉大司馬桓溫審問妖人盧悚突入皇宮之事，將擔任尚書的陸始逮捕，交付司法機關處置，免去了中領軍桓祕的職務，因受牽連而被治罪的人還有很多。改任游擊將軍毛安之為左衛將軍。桓祕因為被桓溫免官而心懷不滿。

三月，東晉大司馬桓溫患病，在建康停留了十四天，初七日甲午，返回姑孰鎮所。

夏季，代王拓跋什翼犍派燕鳳前往秦國的都城長安進獻貢品。

秋季，七月十四日己亥，東晉南郡宣武公桓溫去世。

當初，大司馬桓溫病勢沉重之時，曾經暗示朝廷加授自己九錫的特殊待遇，並屢次派人前往朝廷進行催促。而謝安、王坦之則故意拖延時間，他們令袁宏負責起草加授桓溫九錫的詔書。袁宏草擬之後拿給擔任尚書僕射的王彪之過目，王彪之讚歎袁宏文辭之美，並趁機警告他說：「你固然才華出眾，但怎能撰寫這樣的東西，還要拿給人看！」謝安看了袁宏草擬的詔書之後，卻多次加以刪改，於是，折騰了十幾天也沒有完成定稿。袁宏不知如何是好，便祕密地找王彪之商量，王彪之說：「聽說大司馬桓溫的病情一天比一天加重，恐怕也支持不了多久，不妨再稍稍拖延一些時間。」袁宏聽從了王彪的意見。

大司馬桓溫的弟弟、擔任江州刺史的桓沖，向桓溫諮詢日後讓謝安、王坦之擔任什麼職務，桓溫說：「他們這些人不歸你來安排。」桓溫的意思是：只要自己還活著，他們就不敢另搞一套，如果自己死了，桓沖則沒有能力控制他們。如果此時害死謝安、王坦之，對桓沖也沒有什麼好處，反而更會受到當時社會名流的反對。

大司馬桓溫因為自己的世子桓熙才能平庸，所以就讓桓沖來統領自己的部眾。而此時，對桓溫心懷不滿的桓祕與桓熙的弟弟桓濟密謀，準備共同殺死桓沖，桓沖得到密報，因此不敢進入桓溫的大本營。不久，桓溫去世，桓沖先派遣勇士把桓熙、桓濟逮捕起來，然後才進入姑孰哭弔桓溫。桓祕遂被廢棄不用，桓熙、桓濟都被流放到長沙。晉孝武帝司馬曜下詔：安葬桓溫的規格與排場，就像漢代人安葬霍光、西晉人安葬安平獻王司馬孚那樣。桓沖宣稱是桓溫的遺命，由桓溫最小的兒子桓玄繼承桓溫的爵位，當時桓玄才五歲，便繼位為南郡公爵。

七月二十五日庚戌，東晉朝廷加任擔任右將軍、荊州刺史的桓豁為征西將軍、都督荊・楊・雍・交・廣五州諸軍事。任命江州刺史桓沖為中軍將軍、都督揚・豫・江三州諸軍事、揚・豫二州刺史，鎮所設在姑孰，竟陵太守的桓石秀為寧遠將軍、江州刺史，鎮所設在尋陽。桓石秀，是桓豁的兒子。桓沖接替了桓溫的職務和權柄之後，卻能效忠於晉室。有人勸說桓沖將那些有名望的高官除掉，由桓沖自己專擅朝政，桓沖沒有聽從。開始的時候，桓溫在姑孰鎮所，對死罪的判決都由自己裁決而不請示朝廷。桓沖卻認為，生殺大權，應該歸還朝廷，所以凡是執行死刑，一律先報請朝廷，等到朝廷批准之後再執行。

東晉擔任吏部尚書的謝安因為天子司馬曜年紀幼小，國家首相桓溫又剛剛去世，就準備請出崇德皇太后褚氏臨朝主持朝政。擔任尚書僕射的王彪之說：「前代的晉成帝年幼登基，庾太后臨朝稱制，晉穆帝也是幼沖繼位，所以褚太后二次臨朝攝政，因為晉成帝與晉穆帝都是褚太后的親生骨肉，母子不能分離，所以可以臨朝聽政。即便如此，太后也不能裁決國家大事，遇事還是要依靠朝中大臣，聽取大臣的意見。如今的皇帝年紀已經超過十歲，很快就要舉行加冠禮、就要結婚，反而倒要堂嫂臨朝聽政，顯示出皇帝年紀幼小、闇弱無知，這豈是提高當今皇帝道德聲望的做法！諸位大臣如果一定要這樣做，豈是我所能阻止得了的，所顧惜的是恐怕有損於朝廷大禮罷了。」而謝安的意思是不想把朝政大權交付給桓沖，所以才堅持請出皇太后臨朝聽政，這樣的話，自己就可以在太后跟前先提出參考意見，在決定事情上發揮作用，以達到獨攬朝權的目的，因而沒有採納王彪之的建議。八月壬子日，皇太后褚氏再次臨朝攝政。

東晉梁州刺史楊亮派遣自己的兒子楊廣率軍襲取被秦國佔領的仇池，楊廣與秦國擔任梁州刺史的楊安交戰，結果東晉的楊廣兵敗，沮水沿岸的東晉各軍事據點的守軍於是全都棄城而逃。梁州刺史楊亮非常害怕，遂撤退到磬險據守。九月，秦國的梁州刺史楊安率軍進攻東晉的漢川。

九月十二日丙申，東晉任命擔任尚書僕射的王彪之為尚書令，任命謝安為僕射，兼任吏部，二人共同執掌朝政。謝安常常感慨地說：「每當朝廷遇到重大事情，眾人全都沒有辦法解決的，只要去詢問王彪之，無不立刻就能解決！」

東晉任命擔任吳國內史的刁彝為徐、兗二州刺史，鎮所設在廣陵。

冬季，秦王苻堅派遣擔任益州刺史的王統、擔任祕書監的朱肜率領二萬名士卒經由漢川，派遣前禁將軍毛當、鷹揚將軍徐成率領三萬名士卒經由劍門，進入東晉的梁州、益州進行搶掠。東晉擔任梁州刺史的楊亮率領一萬多名巴地的獠族人進行抵抗，雙方在青谷展開激戰。東晉梁州刺史楊亮兵敗，逃奔西城固守，秦國的祕書監朱肜佔領了東晉的漢中。秦國的鷹揚將軍徐成率軍攻克了劍門。秦國的梁州刺史楊安率軍進攻東晉的梓潼。東晉梓潼太守周虓固守涪城，他派遣數千名步兵騎兵護送自己的母親、妻子等，從漢水乘船奔赴江陵，途中遭到秦國祕書監朱彤的攔截，周虓的老母、妻子等遂被秦軍擒獲，周虓為了自己的母親、妻子而向秦將楊安投降。十一月，秦國梁州刺史楊安攻克了梓潼。東晉擔任荊州刺史的桓豁派遣擔任江夏相的竺瑤率軍救援梁州和益州；竺瑤得知廣漢太守趙長已經戰死的消息，便率軍退回。東晉益州刺史周仲孫率軍在緜竹抵抗秦將朱彤，聽說秦國的前禁將軍毛當即將到達成都，周仲孫便率領五千名騎兵逃往南中。秦軍於是佔領了東晉的梁州和益州，邛都、莋都、夜郎全都歸降了秦國。秦王苻堅任命楊安為益州牧，鎮所設在成都；任命毛當為梁州刺史，鎮所設在漢中；任命姚萇為寧州刺史，鎮守墊江；任命王統為南秦州刺史，鎮守仇池。

秦王苻堅準備任命周虓為尚書郎，周虓說：「我蒙受東晉朝廷的厚恩，只是因為自己年老的母親被秦國擒獲，所以才失節投降了秦國。使我們母子獲得保全，那是秦國的恩惠。即使封我為公爵、侯爵，我都不覺得那是一種光榮，何況只是一個郎官呢！」遂堅決不在秦國做官。他每次見到秦王苻堅，有時竟然伸開兩腿，形似簸箕一般坐在那裡，把秦王苻堅稱之為氐賊。有一次正值元旦朝會，苻堅的儀仗隊、侍衛隊陣容莊嚴而盛大。苻堅問周虓說：「晉朝的元旦朝會，與我這裡相比，怎麼樣？」周虓立即捋起衣袖，聲色俱厲地說：「一群犬羊聚集在一起，怎麼敢與天朝相比！」秦國人因為周虓對秦王不恭敬，屢次請求秦王苻堅將周虓殺死，而苻堅對待周虓就越加的尊重有禮。

東晉周仲孫因為丟失了益州而獲罪，被免掉了官職，桓沖任命擔任冠軍將軍的毛虎生為益州刺史，兼任建平太守，任命毛虎生的兒子毛球為梓潼太守。毛虎生與毛球父子率軍討伐秦國，大軍抵達巴西郡的時候，因為糧草接濟不上而退回巴東郡屯守。

東晉任命擔任侍中的王坦之為中書令，兼任丹楊尹。

這一年，隴西鮮卑族部落酋長勃寒率領族眾寇掠隴右地區，秦王苻堅派鮮卑單于乞伏司繁率軍討伐勃寒，勃寒請求投降，苻堅遂命乞伏司繁鎮守勇士川。

有彗星出現在尾星、箕星的旁邊，光芒長達十餘丈，經過太微垣，尾巴掃過東井星，從四月分開始出現，一直到了秋冬季節還沒有消失。秦國擔任太史令的張孟對秦王苻堅說：「尾星、箕星的分野是故燕國地區，東井星的分野是秦國。如今彗星出現在尾星、箕星的旁邊，又掃過東井星，預示十年之後，燕人將滅掉秦國，二十年之後，代郡地區的拓跋氏又將滅掉燕國。故燕主慕容暐父子兄弟，都是我們的仇敵，竟然讓他們布滿朝廷，富貴尊榮沒人能比，我為此而感到擔憂，應當把他們當中那些才能卓越的人除掉，以解除上天對我們的警告與提醒。」苻堅沒有採納他的意見殺戮慕容氏。

秦國陽平公苻融上疏給秦王苻堅說：「由東北興起的鮮卑族慕容氏所建立的燕國，曾經佔據了六個州的土地，並且面向南方自稱皇帝。陛下勞師動眾，經過幾年的辛勞才將燕國滅掉而佔有了燕國的土地，慕容氏或是被我們俘虜，或是在迫不得已的情況下才向秦國投降，原本不是出於仰慕我們的道德、政教而來歸順。如今陛下卻親近他們、寵信他們，讓他們父子兄弟站滿朝堂，掌握權柄、履行職權，他們比我們本國的貴族、功臣勳爵的勢力還要大。我認為這些懷有虎狼之心的人終究不可能被感化，因此星象的變化才會如此劇烈，希望陛下對他們多加警惕。」秦王苻堅回覆說：「我正準備統一全國，應當把各個少數民族都看作是自己親生的兒子，你應該打消這種疑慮，不要對此事耿耿於懷。只有修養自己的品德才可以消除災禍，倘若自己有容人之量，以誠信對待別人，何必懼怕外部的災患呢！」

二年（甲戌　西元三七四年）

春季，正月初一日癸未，東晉實行大赦。〇二十七日己酉，東晉刁彝去世。〇二月初一日癸丑，東晉任命王坦之為都督徐・兗・青三州諸軍事、徐・兗二州刺史，鎮所設在廣陵。孝武帝司馬曜下詔令謝安總管中書省的事務。謝安喜好音樂，即使是在穿著喪服、心情極度不好的日子裡，謝安也照常欣賞音樂，那些士大夫便都效仿他，竟然形成了一種社會風俗。王坦之多次寫信苦苦勸諫謝安，說：「禮儀法度是治理天下的寶器，你不應該破壞它。」謝安沒有聽從王坦之的勸告。

三月，秦國擔任太尉的建寧烈公李威去世。

夏季，五月，秦國屬下的蜀郡人張育、楊光起兵反抗秦國的統治，他們擁有二萬人眾，派遣使者前來東晉請求出兵救應。秦王苻堅派遣鎮軍將軍鄧羌率領五萬名士兵討伐張育與楊光。東晉擔任益州刺史的竺瑤、擔任威遠將軍的桓石虔率領三萬名士卒進攻被秦國佔領的墊江，姚萇被晉軍打敗，撤退到五城屯守。東晉竺瑤與桓石虔率軍進駐巴東郡。起兵抗秦的張育自稱蜀王，與巴地的獠族酋長張重、尹萬等一萬多人進軍包圍了成都。六月，自稱蜀王的張育改年號為黑龍。秋季，七月，自稱蜀王的張育與巴地獠人酋長張重等為了爭奪權力而互相攻打，秦國鎮守成都的益州牧楊安與鎮軍將軍鄧羌率領秦軍襲擊張育，將張育打敗，張育遂與楊光撤退到緜竹堅守。八月，秦國鎮軍將軍鄧羌率軍在涪城之西打敗了東晉的軍隊。九月，秦國益州牧楊安在成都以南打敗了巴地獠人酋長張重與尹萬，張重戰死，他們的部眾被殺死了二萬三千人。鄧羌乘勝率軍攻打張育、楊光據守的緜竹，將張育、楊光全部斬殺。益州再次歸入秦國的版圖。

冬季，十二月，有人闖入秦國的明光殿大聲喊叫說：「甲申年、乙酉年，魚羊吃人，悲傷啊沒有一個人留下來！」秦王苻堅下令捉拿此人，卻沒有捉到。擔任祕書監的朱肜、擔任祕書侍郎的略陽人趙整堅決請求苻堅誅殺鮮卑人，苻堅仍然不肯聽從。趙整，是一個宦官，他學問淵博，記憶力非常好，還能夠撰寫文章，說話又好直來直去，他上疏給秦王苻堅以及當面勸諫，前後總計有五十多件事。慕容垂的夫人段氏很受秦王苻堅的寵幸，苻堅與段夫人同坐一輛車子在後宮遊覽，趙整便唱歌諷諫說：「看不見麻雀飛到燕子的窩中，只看見一片浮雲遮蔽了太陽的光輝。」苻堅神情嚴肅地向趙整道歉，立即令段夫人下車。

這一年，代王拓跋什翼犍率眾攻擊匈奴左賢王劉衛辰，劉衛辰向南逃走。

三年（乙亥　西元三七五年）

春季，正月初五日辛亥，東晉實行大赦。

夏季，五月初二日丙午，東晉藍田獻侯王坦之去世。臨終之前寫信給謝安與桓沖，信中只談到了自己對國家前途的憂慮，一點也沒有談到個人的私事。

東晉桓沖認為謝安一向深孚眾望，就想將揚州刺史讓給謝安，自己請求出外鎮守。桓氏家族和黨羽等認為這是一項錯誤的決定，無人不對桓沖的這一決定感到失望和惋惜，他們堅決勸阻桓沖不要這樣做，郗超也堅決勸阻，桓沖都沒有聽從，他沒有把權位和勢力看得很重。五月初十日甲寅，朝廷下詔任命桓沖為都督徐、豫、兗、青、揚五州諸軍事、徐州刺史，鎮所設在京口；任命謝安兼任揚州刺史，同時加授侍中。

六月，秦國清河武侯王猛病勢沉重，已經臥床不起，秦王苻堅就親自到南郊、北郊以及宗廟、社稷壇進行焚香禱告，祈求使王猛病癒，還特意派遣侍臣前往黃河、華山等處，祈求河神、山神保佑王猛早日康復。王猛病情稍見好轉，苻堅特此頒布大赦令，凡不是死罪的犯人一律赦免。王猛上疏給秦王苻堅說：「沒想到，陛下會為了挽救我的生命，而勞心費力地做了許多不需要做的事情，這是開天闢地以來，君主對待臣屬從未有過的事情。我聽說：報答別人的恩德，沒有比把想要說的話毫無保留地說出來更好的啦，所以我希望在我生命垂危之際，再恭敬地獻出我最後的一點忠誠。陛下的權威、功業已經震撼了遙遠的四面八方，聲威和教化已經照耀了全國，中國被劃分為九個州一百個郡，陛下已經擁有了其中的十分之七，平定燕國、攻取巴蜀，容易得就像從地上拾起一根小草。然而善於創業的不一定善於守成，善於發端的人未必能有一個好的結局，所以古代的聖王深知創立大業的艱辛，他們都非常恐懼小心，總是戰戰兢兢，就像面臨著深不可測的峽谷、腳下踩著薄冰過河一樣。我希望陛下能夠學習古代明君的謙虛謹慎，不能掉以輕心，那將是全國人的福分。」秦王苻堅看完王猛的奏章，悲痛萬分。

秋季，七月，苻堅親自來到王猛的府邸探視王猛的病情，並請教王猛身後之事。王猛說：「東晉雖然居於長江以南的偏僻之地，然而卻是繼續西晉政權的正統，與西晉的曆法紀年一脈相承，全國上下政局穩定、君臣和睦。我死之後，希望不要打東晉的主意，不要把東晉定為攻取的對象。鮮卑族的慕容氏、西羌人姚萇等，才是我們的仇敵，最終將會成為我們的禍患，應該逐漸將他們除掉，以安定國家社稷。」說完便逝世了。苻堅從王猛逝世一直到王猛被裝入棺材，前後三次親自前來哭弔。苻堅對太子苻宏說：「是上天不想讓我平定天下、統一全國吧！不然，為什麼這麼早就奪去了王猛的生命呢！」安葬王猛的規格和禮節，完全依照西漢安葬霍光時的樣子。

八月二十日癸巳，東晉孝武帝司馬曜娶王氏為皇后，同時實行大赦。王皇后，是王濛的孫女。於是，任命皇后的父親、擔任晉陵太守的王蘊為光祿大夫，兼任五兵尚書，負責統管中兵、外兵、別兵、都兵、騎兵等五兵事務，還封他為建昌縣侯。王蘊堅決辭讓，沒有接受。

九月，東晉孝武皇帝司馬曜讀《孝經》，皇帝此時才開始瀏覽各種典籍，延請儒家學者。謝安向皇帝推薦了東莞人徐邈擔任中書舍人，孝武皇帝司馬曜每次向徐邈求教，都能得到徐邈的指正，因此獲益不少。孝武皇帝司馬曜有時在舉行宴會之後，趁著高興，往往喜歡親手寫作一些詩賦賞賜給侍從人員，有的文辭很輕率隨意，涉及的內容也很蕪雜，徐邈總是及時把它們搜集起來帶回中書省予以修改，使這些文辭達到可以供人觀看的水平，再經過皇帝過目之後，才傳出宮外。當時的輿論都對徐邈的這一舉動表示讚賞。

冬季，十月初一日癸酉，發生日蝕。

秦王苻堅下詔說：「國家賢能的宰輔剛剛去世，文武百官處理政務，有的我還不太滿意，可以在未央宮南面，設立一個專門用來聽取陳情意見的聽訟觀，我每隔五天駕臨一次，以瞭解民間疾苦。如今天下雖然還沒有完全平定，然而大體上也可以暫且停止武備，開展文化教育事業，以符合武侯王猛生前的雅意。我們應該尊崇儒家學說，禁止老子、莊子崇尚虛無的學說，禁止以圖籙或讖語的方式預測吉凶的圖讖之學，違犯的一律綁到鬧市斬首示眾。」於是慎重地挑選學生，太子苻宏以及公爵、侯爵、文武百官的兒子遂全都到學校聽儒學老師講課，那些擔任中軍將軍、外軍將軍、前禁將軍、後禁將軍、左禁將軍、右禁將軍、左衛將軍、右衛將軍、撫軍將軍、衛軍將軍、鎮軍將軍、冠軍將軍，以及在皇宮中負責宿衛的將領和士兵，全都讓他們到學校去讀書。每二十人，就分配給一位精通儒經的學者，教授他們文字的讀音、應該在哪裡斷句等，在後宮之中還設立了名為「典學」的官員專門給宮中的嬪妃與女官講課，又從宦官和宮女當中挑選出一些悟性聰慧的人到太學裡聽博士講授經典。擔任尚書郎的王佩違犯規定，閱讀讖緯之書，秦王苻堅就殺死了他，從此以後，秦國再也沒有人學習讖緯之學。

【研析】本卷寫簡文帝咸安元年（西元三七一年）至孝武帝寧康三年（西元三七五年）共五年間的各國大事。其中可議論的主要有兩方面，其一是苻堅與王猛的君臣知遇，苻堅所實行的種種善政，以及王猛臨死對苻堅的諄諄告誡等等；其二是桓溫因枋頭之敗威望大減，於是乃廢掉皇帝司馬奕，另立會稽王司馬昱為帝；司馬昱在位二年而死，臨死前想把國家政權讓與桓溫，或請桓溫「依周公居攝故事」，賴王坦之、王彪之、謝安等運用智慧故意拖延，遂使桓溫至死未能如願。下面依次略作評述：

苻堅與王猛的君臣知遇是被後人作為佳話傳頌的。苻堅滅掉燕國後，「以王猛為使持節、都督關東六州諸軍事、車騎大將軍、開府儀同三司、冀州牧，鎮鄴，進爵清河郡侯，悉以慕容評第中之物賜之」，又「令王猛以便宜簡召英俊，補六州守令，授訖，言臺除正。」當王猛推辭，請苻堅改授親賢時，苻堅回答說：「朕之於卿，義則君臣，親踰骨肉，雖復桓、昭之有管、樂，玄德之有孔明，自謂踰之。夫人主勞於求才，逸於得士。既以六州相委，則朕無東顧之憂，非所以為優崇，乃朕自求安逸也。夫取之不易，守之亦難，苟任非其人，患生慮表，豈獨朕之憂，亦卿之責也。故虛位台鼎，而以分陝為先。卿未照朕心，殊乖素望。新政俟才，宜速銓補，俟東方化洽，當袞衣西歸。」話是這樣說的，日後也是這樣做的。當王猛入朝為相時，苻堅又「復加都督中外諸軍事」。王猛推辭說：「元相之重，儲傅之尊，端右事繁，京牧任大，總督戎機，出納帝命，文武兩寄，巨細並關，以伊、呂、蕭、鄧之賢，尚不能兼，況臣猛之無似！」章三四上，秦王堅不許，曰：「朕方混壹四海，非卿無可委者，卿之不得辭宰相，猶朕不得辭天下也。」情真語切，確實感人。而王猛的實際表現也的確令人心服：「猛為相，堅端拱於上，百官總己於下，軍國內外之事，無不由之。猛剛明清肅，善惡著白，放黜尸素，顯拔幽滯，勸課農桑，練習軍旅，官必當才，刑必當罪。由是國富兵彊，戰無不克，秦國大治。」苻堅囑咐太子苻宏及長樂公苻丕等說：「汝事王公，如事我也。」這樣的君臣關係，在古代歷史上的確還找不出第二個。《增評歷史綱鑑補》之〈發明〉對此評論說：「堅能用猛，師行有紀，無斬艾屠戮，而滅一大國易若反手；又能就用猛統六州，以安其眾，此堅所以獨盛於五胡也。」

當王猛臥病在床，苻堅親臨其家問候，並「親為之祈南、北郊及宗廟、社稷，分遣侍臣徧禱河、嶽諸神。猛疾少瘳，為之赦殊死以下。」王猛感動地上書說：「不圖陛下以臣之命，而虧天地之德，開闢已來，未之有也。臣聞報德莫如盡言，謹以垂沒之命，竊獻遺款。伏惟陛下威烈振乎八荒，聲教光乎六合，九州百郡，十居其七，平燕定蜀，有如拾芥。夫善作者不必善成，善始者不必善終，是以古先哲王，知功業之不易，戰戰兢兢，如臨深谷。伏惟陛下追蹤前聖，天下幸甚。」苻堅看後深感悲慟。「秋，七月，堅親至猛第視疾，訪以後事。猛曰：『晉雖僻處江南，然正朔相承，上下安和。臣沒之後，願勿以晉為圖。鮮卑、西羌，我之仇敵，終為人患，宜漸除之，以便社稷。』言終而卒。堅比斂，三臨哭，謂太子宏曰：『天不欲使吾平壹六合邪！何奪吾景略之速也！』葬之如漢霍光故事。」像王猛這種生盡其才，死獲其哀，雖苻堅未能謹遵其教，王猛死後不久，苻堅的事業遂因淝水之敗而頃刻瓦解，但王猛光焰的一生與苻堅前半生的創業，仍是可歌可泣的。如果不以成敗論英雄，那麼對於王猛與苻堅還都應該看作是古今少有的傑出人物。過去有人批評王猛，說他當年遇到桓溫時，不應該不跟著桓溫到東晉去，因為只有那樣才能算是走上了「正道」。跟著司馬氏一群窩囊廢就算是走上「正道」了嗎？連桓溫在東晉都幹不成什麼大事，王猛去了就能大展鴻圖？苻堅的事業顯然要比曹操更輝煌，苻堅的人格之美，也顯然要比曹操、司馬懿等等更對人有吸引力。歷史給人留下的遺憾，一是王猛去世太早，二是苻堅後來的不量彼己，一意孤行。「善作者不必善成，善始者不必善終」，王猛已經有言在先了。

桓溫於枋頭之敗後，威望大減，如何擺脫困境呢？於是他聽用郗超之謀而行廢立之事。晉朝的皇帝司馬奕，雖說不上是明聖之君，但也說不出有什麼令人憎惡的敗政。找不到政治問題，就從生活問題下手，於是「乃言：『帝早有痿疾，嬖人相龍、計好、朱靈寶等參侍內寢，二美人田氏、孟氏生三男，將建儲立王，傾移皇基。』密播此言於民間，時人莫能審其虛實。」於是司馬奕就以這樣的理由被桓溫所廢了。這當然是一種極不得人心的事體，連北國的秦主苻堅都對之非常反感，說：「六十之叟，舉動如此，將何以自容於四海乎？諺曰：『怒其室而作色於父』，其桓溫之謂矣！」理由是有了，但具體如何操作還有些問題：「己酉，溫集百官於朝堂。廢立既曠代所無，莫有識其故典者，百官震慄。溫亦色動，不知所為。尚書左僕射王彪之知事不可止，乃謂溫曰：『公阿衡皇家，當倚傍先代。』」這就很奇怪了，在這種凡有正義感都敢怒而不敢言的關頭，你王彪之出來逞什麼能，出什麼風頭？當亂臣賊子莫知所措，就好好地讓他多出一些洋相，給歷史、給後人多留一些話柄與談資不是更好麼？尤其是寫歷史的人更令人討厭，他想抓住這個機會來歌頌王彪之的「才學之美」，他說王彪之「乃命取《漢書・霍光傳》，禮度儀制，定於須臾」；又說「彪之朝服當階，神彩毅然，曾無懼容，文武儀準，莫不取定，朝廷以此服之」。這難道不是為亂臣賊子解圍？豈不是名副其實地為虎作倀？

司馬奕被廢，會稽王司馬昱被立為傀儡。王夫之的《讀通鑑論》對司馬昱痛恨之極，說：「桓溫，賊也；簡文相其君而篡之，亦賊也」。這就有點似乎不講理。亂臣賊子要廢你，你沒法不廢；亂臣賊子要立你，你又焉能不立？在此之前的漢靈帝死後，先是皇子劉辯被立為皇帝；董卓看著劉辯不順眼，廢掉了劉辯，改立劉辯的弟弟劉協，劉協也只能乖乖地聽命；在此之後的司馬德宗，是孝武帝的長子，先被立為皇帝，劉裕嫌他礙手，派人把他殺了，改立其弟司馬德文。德文一再請求不幹，劉裕不答應，德文只好勉強當了不到兩年，還是被劉裕殺了。但簡文帝司馬昱最沒有出息的地方是卑劣得太沒有人格。他在位不到二年，得病而死，臨死前遺詔讓桓溫「依周公居攝故事。」又說：「少子可輔者輔之，如不可，君自取之。」侍中王坦之自持詔入，於帝前毀之。帝曰：「天下，儻來之運，卿何所嫌？」坦之曰：「天下，宣、元之天下，陛下何得專之？」帝乃使坦之改詔曰：「家國事一稟大司馬，如諸葛武侯、王丞相故事。」他原想將晉朝政權拱手送給桓溫，多虧王坦之、王彪之大力堅持，方使簡文帝的兒子司馬曜繼立為帝；桓溫本來也是希望簡文帝能臨終禪讓於他，至少也應該得一個「依周公居攝故事」，結果二者都未得到。桓溫臨死前曾向朝廷要「九錫」，謝安、王坦之、王彪之三人故意拖延時間，遂使桓溫至死未能如願。前人為此事對謝安、王坦之、王彪之等多有頌揚，這當然有其合理的一面，不過當時也還多虧了桓溫之弟桓沖在接替桓溫的權位、統領了桓溫的部眾後，能忠於晉室，不與朝廷的時賢謝安等作對，於是晉王朝才出現了轉機，出現了將相和睦共事的局面。因此在人們歌頌淝水之捷、歌頌謝氏家族的同時，桓沖的功勞與人品是不應該被忘記的。

卷第一百四

晉紀二十六

起柔兆困敦（丙子 西元三七六年），盡玄黓敦牂（壬午 西元三八二年），凡七年。

【題解】本卷寫孝武帝太元元年（西元三七六年）至孝武帝太元七年共七年間的東晉及各國大事。主要寫了秦主苻堅派其將軍苟萇、毛盛等兵臨西河，派使者召張天錫入朝，張天錫殺使者，派兵抵抗，秦兵遂數道進擊，涼兵大敗，張天錫素車白馬，投降苟萇於軍門，河西遂定；接著苻堅又派其將軍苻融、俱難、鄧羌等為救匈奴之劉衛辰部落而數道出兵討伐代主什翼犍，而此時之代國正值內部紛爭，什翼犍之子寔君弒其父，並殺諸弟，部眾逃散，苻堅遂進兵討殺了代國的亂臣寔君與其堂兄斤，分代地為兩部，命劉庫仁、劉衛辰分掌之；寫了苻堅派苻丕、苟萇等多路出兵，攻克襄陽，俘獲晉將朱序，苻堅任朱序為度支尚書，為日後朱序策應謝玄破秦作了伏筆；寫了苻堅派部將彭超圍攻晉將戴逯於彭城，又派毛當、王顯、俱難等進攻淮南，秦軍連克盱眙、堂邑，晉軍接連敗退，朝廷大驚；寫了謝安推薦謝玄為將，謝玄奉命解彭城之圍，救出了戴逯；又繼而破毛當、俱難於三阿；又破毛當、俱難於盱眙；又破殺邵保於淮陰；又與戴逯、田洛追破毛當、俱難於淮北，致使彭超被苻堅下獄自殺，俱難被削職為民；而謝玄則以破秦之功進號冠軍將軍，領徐州刺史；寫了苻堅的堂兄弟幽州刺史苻洛因不滿自己所受的待遇，而勾結北海公苻重舉兵造反，被秦將呂光、竇衛大破於中山，苻重被殺，苻洛被俘；寫了秦將都貴派其部屬閻振、吳仲進攻晉之竟陵郡，被桓沖的部將桓石虔、桓石民所破，閻振、吳仲身死，秦兵被殺七千，被俘上萬人；寫了苻堅命巴西、梓潼二郡密具舟師，為伐晉做準備；寫了苻堅召集群臣共議伐晉之事，朱肜、慕容垂承旨贊成，權翼、石越、苻融、太子宏、沙門道安、苻堅之寵妃張氏、苻堅之幼子中山公詵皆於人前人後懇切勸阻，而苻堅執意不聽等等。

烈宗孝武皇帝上之中

太元元年（丙子　西元三七六年）

春，正月壬寅朔❶，帝加元服❷，皇太后下詔歸政，復稱崇德太后。甲辰❸，大赦，改元。丙午❹，帝始臨朝。以會稽內史郗愔❺為鎮軍大將軍、都督浙江東五郡❻諸軍事，徐州刺史桓沖為車騎將軍、都督豫、江二州之六郡❼諸軍事，自京口徙鎮姑孰。謝安欲以王蘊為方伯❽，故先解沖徐州❾。乙卯❿，加謝安中書監、錄尚書事。

二月辛卯⓫，秦王堅下詔曰：「朕聞王者勞於求賢，逸於得士⓬，斯言何其驗⓭也。往得丞相⓮，常謂帝王易為⓯。自丞相違世⓰，鬚髮中白⓱，每一念之，不覺酸慟⓲。今天下既無丞相，或政教淪替⓳，可分遣侍臣周巡⓴郡縣，問民疾苦。」

三月，秦兵寇南鄉㉑，拔之，山蠻㉒三萬戶降秦。

夏，五月甲寅㉓，大赦。

初，張天錫之殺張邕㉔也，劉肅及安定梁景皆有功，二人由是有寵，賜姓張氏，以為己子，使預政事。天錫荒于酒色㉕，不親庶務㉖，黜㉗世子大懷而立嬖妾㉘焦氏[1]之子大豫，以焦氏為左夫人㉙，人情憤怨。從弟從事中郎憲㉚輿櫬切諫㉛，不聽。

秦王堅下詔曰：「張天錫雖稱藩受位㉜，然臣道未純㉝，可遣使持節、武衛將軍武都[2]苟萇、左將軍毛盛、中書令梁熙、步兵校尉姚萇等將兵臨西河㉞，尚書郎閻負、梁殊奉詔徵天錫入朝㉟，若有違王命，即進師撲討㊱。」是時，秦步騎十三萬，軍司㊲段鏗謂周虓曰：「以此眾戰，誰能敵之㊳！」虓曰：「戎狄以來，未之有也㊴。」堅又命秦州刺史苟池、河州刺史李辯、涼州刺史王統帥三州之眾為苟萇後繼。

秋，七月，閻負、梁殊至姑臧㊵。張天錫會官屬謀之，曰：「今入朝，必不返，如其不從，秦兵必至，將若之何？」禁中錄事㊶席仂曰：「以愛子為質，賂以重寶，以退其師，然後徐為之計，此屈伸之術㊷也。」眾皆怒曰：「吾世事晉朝，忠節著於海內。今一旦委身賊庭㊸，辱及祖宗，醜莫大焉！且河西天險，百年無虞(44)。若悉(45)境內精兵，右招西域(46)，北引匈奴以拒之，何遽知其不捷也(47)！」天錫攘袂(48)大言(49)曰：「孤計決矣，言降者斬！」使謂閻負、梁殊曰：「君欲生歸乎，死歸乎？」殊等辭氣不屈(50)，天錫怒，縛之軍門，命軍士交射(51)之，曰：「射而不中，不與我同心者也。」其母嚴氏泣曰：「秦王以一州之地，橫制天下(52)，東平鮮卑(53)，南取巴、蜀，兵不留行(54)，所向無敵[3]。汝若降之，猶可延數年之命。今以蕞爾一隅(55)，抗衡大國，又殺其使者，亡無日(56)矣！」天錫使龍驤將軍馬建帥眾二萬拒秦。

秦人聞天錫殺閻負、梁殊，八月，梁熙、姚萇、王統、李辯濟自清石津(57)，攻涼驍烈將軍梁濟於河會城(58)，降之。甲申(59)，苟萇濟自石城津(60)，與梁熙等[4]會攻纏縮城(61)，拔之。馬建懼，自楊非(62)退屯清塞(63)。天錫又遣征東將軍常據[5]帥眾三萬軍于洪池(64)，天錫自將餘眾五萬，軍于金昌城(65)。安西將軍敦煌宋皓言於天錫曰：「臣晝察人事，夜觀天文，秦兵不可敵也，不如降之。」天錫怒，貶皓為宣威護軍。廣武(66)太守辛章曰：「馬建出於行陳(67)，必不為國家用。」苟萇使姚萇帥甲士三千為前驅。庚寅(68)，馬建帥萬人迎降，餘兵皆散走。辛卯(69)，苟萇及常據戰于洪池，據兵敗，馬為亂兵所殺，其屬董儒授之以馬。據曰：「吾三督諸軍，再秉節鉞[70]，八將禁旅[71]，十總外兵[72][6]，寵任[73]極矣。今卒困於此，此吾之死地也，尚安之乎[74]？」乃就帳免冑[75]，西向稽首，伏劍[76]而死。秦兵殺軍司席仂。癸巳[77]，秦兵入清塞，天錫遣司兵[78]趙充哲帥眾拒之。秦兵與充哲戰于赤岸[79]，大破之，俘斬三萬八千級，充哲死。天錫出城自戰，城內又叛，天錫與數千騎奔還姑臧。甲午[80]，秦兵至姑臧。天錫素車白馬[81]，面縛輿櫬[82]，降于軍門。苟萇釋縛焚櫬[83]，送于長安，涼州郡縣悉降於秦。

九月，秦王堅以梁熙為涼州刺史，鎮姑臧。徙豪右[84]七千餘戶于關中，餘皆按堵如故[85]。封天錫為歸義侯，拜北部尚書[86]。初，秦兵之出也，先為天錫築第於長安，至則居之。以天錫晉興[87]太守隴西彭和正為黃門侍郎，治中從事武興蘇膺、敦煌太守張烈為尚書郎，西平[88]太守金城趙凝為金城太守，高昌楊幹為高昌[89]太守，餘皆隨才擢敘[90]。◯梁熙清儉愛民，河右安之。以天錫武威太守敦煌索泮為別駕，宋皓為主簿。西平郭護起兵攻秦，熙以皓為折衝將軍，討平之。

桓沖聞秦攻涼州，遣兗州刺史朱序、江州刺史桓石秀與荊州督護桓羆遊軍沔漢[91]，為涼州聲援。又遣豫州刺史桓伊帥眾向壽陽，淮南太守劉波汎舟淮、泗[92]，欲橈秦[93]以救涼。聞涼州敗沒，皆罷兵。

初，哀帝減田租，畝收二升[94]。乙巳[95]，除度田[96]收租之制，王公以下，口稅[97]米三斛，蠲在役之身[98]。

冬，十月，移淮北民於淮南。

劉衛辰[99]為代所逼，求救於秦。秦王堅以幽州刺史行唐公洛[100]為北討大都督，帥幽、冀兵十萬擊代。使并州刺史俱難、鎮軍將軍鄧羌、尚書趙遷、李柔、前將軍朱肜、前禁將軍張蚝、右禁將軍郭慶帥步騎二十萬，東出和龍[101]，西出上郡，皆與洛會，以衛辰為鄉導。洛，菁[102]之弟也。

苟萇之伐涼州也，遣揚武將軍馬暉、建武將軍杜周帥八千騎西出恩宿[103]，邀[104]張天錫走路[105]，期會姑臧。暉等行澤中，值水失期，於法應斬，有司奏徵下獄[106]。秦王堅曰：「水春冬耗竭，秋夏盛漲，此乃苟萇量事[107]失宜，非暉等罪。今天下方有事，宜宥過責功[108]。」命暉等回赴北軍[109]，擊索虜[110]以自贖。眾咸以為萬里召將[111]，非所以應速[112]，堅曰：「暉等喜於免死，不可以常事疑[113]也。」暉等果倍道疾驅，遂及東軍[114]。

十一月己巳朔[115]，日有食之。

代王什翼犍使白部、獨孤部[116]南禦秦兵，皆不勝；又使南部大人[117]劉庫仁將十萬騎禦之。庫仁者，衛辰之族，什翼犍之甥也。與秦兵戰於石子嶺[118]，庫仁大敗。什翼犍病，不能自將，乃帥諸部奔陰山[119]之北。高車雜種[120]盡叛，四面寇鈔[121]，不得芻牧[122]，什翼犍復度漠南[123]，聞秦兵稍退，十二月，什翼犍還雲中[124]。

初，什翼犍分國之半以授弟孤[125]。孤卒，子斤失職怨望[126]。世子寔及弟翰早卒，寔子珪尚幼，慕容妃[127]之子閼婆、壽鳩、紇根、地干、力真、窟咄皆長，繼嗣未定。時秦兵尚在君子津[128]，諸子每夜執兵警衛。斤因說什翼犍之庶長子寔君曰：「王將立慕容妃之子，欲先殺汝。故頃來[129]諸子每夜戎服，以兵遶廬帳[130]，伺便將發[131]耳。」寔君信之，遂殺諸弟，并弒什翼犍。是夜，諸子婦及部人奔告秦軍，秦李柔、張蚝勒兵[132]趨雲中，部眾逃潰，國中大亂。珪母賀氏以珪[133]走依賀訥。訥，野干[134]之子也。

秦王堅召代長史[135]燕鳳，問其所以亂故，鳳具以狀對[136]。堅曰：「天下之惡一也[137]。」乃執寔君及斤至長安，車裂之。堅欲遷珪於長安，鳳固請曰：「代王初亡，羣下叛散，遺孫沖幼，莫相統攝[138]。其別部大人[139]劉庫仁勇而有智，鐵弗衛辰[140]狡猾多變，皆不可獨任。宜分諸部為二，令此兩人統之。兩人素有深讎，其勢莫敢先發[141]。俟其孫[142]稍長，引而立之，是陛下有存亡繼絕[143]之德於代，使其子子孫孫永為不侵不叛之臣，此安邊之良策也。」堅從之。分代民為二部，自河以東[144]屬庫仁，自河以西[145]屬衛辰，各拜官爵，使統其眾。賀氏以珪歸獨孤部[146]，與南部大人長孫嵩[147]、元佗等皆依庫仁。行唐公洛以什翼犍子窟咄年長，遷之長安。堅使窟咄入太學讀書[148]。

下詔曰：「張天錫承祖父之資，藉百年之業，擅命[149]河右，叛換偏隅[150]。索頭世跨朔北[151]，中分區域[152]，東賓穢貊[153]，西引烏孫[154]，控弦[155]百萬，虎視雲中。爰命兩師[156]，分討黠虜[157]。役不淹歲[158]，窮殄[159]二兇。俘降百萬，闢土九千[160]。五帝[161]之所未賓[162]，周、漢之所未至[163]，莫不重譯來王[164]，懷風率職[165]。有司可速班功受爵[166]，戎士悉復之五歲[167]，賜爵三級[168]。」於是加行唐公洛征西將軍，以鄧羌為并州[169]刺史。

陽平國常侍[170]慕容紹私謂其兄楷[171]曰：「秦恃其彊大，務勝不休[172]，北戍雲中，南守蜀、漢[173]，轉運萬里，道殣相望[174]，兵疲於外，民困於內，危亡近矣。冠軍叔仁[175]智度英拔[176]，必能恢復燕祚[177]，吾屬但當愛身以待時耳。」

初，秦人既克涼州，議討西障氐、羌[178]。秦王堅曰：「彼種落雜居[179]，不相統壹，不能為中國大患。宜先撫諭[180]，徵其租稅，若不從命，然後討之。」乃使殿中將軍張旬前行宣慰，庭中將軍魏曷飛帥騎二萬七千隨之。曷飛忿其恃險不服，縱兵擊之，大掠而歸。堅怒其違命，鞭之二百，斬前鋒督護儲安以謝氐、羌[181]。氐、羌大悅，降附貢獻者八萬三千餘落。雍州士族先因亂流寓[182]河西者，皆聽還本[183]。

劉庫仁招撫離散，恩信甚著，奉事拓跋珪恩勤周備[184]，不以廢興易意[185]。常謂諸子曰：「此兒[186]有高天下之志[187]，必能恢隆祖業，汝曹當謹遇之[188]。」秦王堅賞其功，加廣武將軍，給幢麾鼓蓋[189]。

劉衛辰恥在庫仁之下，怒殺秦五原[190]太守而叛。庫仁擊衛辰，破之，追至陰山西北千餘里，獲其妻子。又西擊庫狄部[191]，徙其部落，置之桑乾川[192]。久之，堅以衛辰為西單于，督攝河西雜類，屯代來城[193]。

是歲，乞伏司繁卒，子國仁[194]立。

【章 旨】以上為第一段，寫孝武帝太元元年（西元三七六年）一年間的大事。主要寫了秦主苻堅派其將軍苟萇、毛盛等兵臨西河，派閻負、梁殊為使者，召張天錫入朝，張天錫殺使者，派兵抵抗；秦兵遂數道進擊，涼兵大敗，張天錫素車白馬，投降苟萇於軍門；苻堅以中書令梁熙為涼州刺史，河西遂定；接著又寫了苻堅派其將軍苻融、俱難、鄧羌等為救匈奴之劉衛辰部落而數道出兵討伐代主什翼犍，而代國此時正值內部紛爭，什翼犍之子寔君弒其父，並殺諸弟，部眾逃散，苻堅遂進兵討殺了代國的亂臣寔君與其堂兄斤，分代地為兩部，命劉庫仁、劉衛辰分掌之；什翼犍之少子拓跋珪隨其母逃依劉庫仁，劉庫仁善待之；此外還寫了苻堅派將宣慰西障之氐、羌，因嚴厲懲罰了違命抄掠氐、羌的秦將，遂使氐、羌大悅，相繼降附貢獻於秦等等。

【注釋】❶正月壬寅朔　正月初一是壬寅日。❷加元服　即行加冠禮，以示成年。元服，即帽子。❸甲辰　正月初三。❹丙午　正月初五。❺郗愔　郗鑒之子，郗超之父。❻浙江東五郡　指會稽、東陽、臨海、永嘉、新安五郡。❼豫江二州之六郡　指豫州的歷陽、淮南、廬江、安豐、襄城和江州的尋陽六個郡。❽方伯　鎮守一方的高級地方軍政長官，這裡指州刺史。❾解沖徐州　解除桓沖的徐州刺史職務。❿乙卯　正月十四。⓫二月辛卯　二月二十一。⓬逸於得士　得了賢才之後，自己就可以變得清閒了。逸，清閒。⓭驗　靈驗；準確。⓮往得丞相　當初我得到了王猛丞相。往，當初；從前。丞相，指王猛。⓯常謂帝王易為　總是說皇帝容易做。謂，說；覺得。⓰違世　離世；去世。⓱鬚髮中白　我的鬍子、頭髮立刻變成半白了。⓲酸慟　傷心、悲痛。⓳或政教淪替　很可能造成政策、教化的不能貫徹實行。或，可能。淪替，荒廢；停止。⓴周巡　普遍地巡視。㉑南鄉　郡名，郡治在今河南淅川縣西南。㉒山蠻　古代居住在今河南、湖北、陝西、重慶四省市交界處的少數民族。㉓五月甲寅　五月十五。㉔張天錫之殺張邕　事見本書前文卷一百一穆帝升平五年。㉕荒于酒色　沉迷於酒色。荒，沉迷；沉醉。㉖不親庶務　不管國家的各種政務。㉗黜　廢免。㉘嬖妾　受寵愛的小老婆。㉙左夫人　古代少數民族頭領妃嬪的稱號，地位與正妻同級，受寵在正妻之上。古時席位以左為尊。㉚從事中郎憲　張憲，張天錫的堂弟。㉛輿櫬切諫　以車載棺進宮提意見，表示以死相諫。櫬，棺材。㉜受位　指接受秦國給予的官職與爵號，意即降附稱臣。㉝臣道未純　不是一心一意地忠於君主。臣道，做臣子的義務、本分。㉞臨西河　意即兵臨涼州張氏政權的東部邊境。西河，指今黃河流經甘肅、寧夏境內的河段，黃河以西是當時張氏政權的轄地。㉟徵天錫入朝　叫張天錫到長安面見秦主苻堅。㊱撲討　進攻；討伐。撲，攻打。㊲軍司　意同「軍師」，晉人為避司馬師之諱而改。㊳以此眾戰二句　二句用齊桓公伐楚時語，見《左傳》僖公四年，原文作「以此眾戰，誰能禦之」。按，周虓原是涼州張氏之臣，因其母被燕人所俘，而投降秦國，今秦國又出兵伐涼，故秦國的段鏗向周虓如此誇口。㊴戎狄以來二句　意即自少數民族的出兵征戰以來，的確沒有見過。胡三省曰：「周虓拘執於秦，其尊本朝之心，雖造次不忘也。」㊵姑臧　即今甘肅武威，當時涼州張氏政權的都城。㊶禁中錄事　官名，張氏創置，總管禁中之事。㊷屈伸之術　當屈則屈，當伸則伸，意即隨機應變，臨事制宜。㊸委身賊庭　指去秦國做人質。委身，以身事人。㊹百年無虞　自張氏政權創立以來，從來沒有出過問題。無虞，無憂。㊺悉　盡；全部出動。㊻右招西域　向西招集西域諸國的兵力。右，指涼州的西方。㊼何遽知其不捷也　怎麼就知道我們打不贏呢。何遽，怎麼就。㊽攘袂　捋袖出臂，激昂奮起的樣子。袂，袖子。㊾大言　高聲地說。㊿辭氣不屈　說話的聲音與面部表情沒有任何服軟的樣子。(51)交射　輪流而射。交，輪番。(52)橫制天下　強硬地制服了天下。橫，頑強；強硬。(53)鮮卑　指燕國。(54)兵不留行　指攻伐順利，所向披靡。留行，指行進中受阻。(55)蕞爾一隅　偏遠角落的一個小國。蕞爾，細小的樣子。隅，角落。(56)亡無日　離死沒有幾天。(57)清石津　渡口名，在今甘肅永靖北的黃河上。(58)河會城　在今甘肅永登南的湟水入黃河處。(59)甲申　八月十七。(60)石城津　渡口名，在今甘肅蘭州西北的黃河上。(61)纏縮城　在今甘肅永登南。(62)楊非　地名，其地有楊非亭，在今甘肅永登西北的莊浪河西岸。(63)清塞　城名，在今甘肅古浪；或說在今青海大通西北。(64)洪池　洪池嶺，山名，在今甘肅武威東南。(65)金昌城　在今甘肅永昌北、金昌西。(66)廣武　涼州張氏所轄的郡名，郡治即今甘肅永登。(67)出於行陳　猶言行伍出身，出身於職業軍人。行陳，同「行陣」。意即「行伍」。(68)庚寅　八月二十三。(69)辛卯　八月二十四。(70)再秉節鉞　意即兩次奉命率軍出征。再，兩次。節鉞，旌節與黃鉞。旌節是皇帝授予大臣或使臣的一種信物，既證明其身分、爵位，又顯示朝廷給予的尊榮。黃鉞是皇帝授予軍事統率的一種大斧，表明他是奉命征討，有生殺之權。(71)禁旅　即禁軍、禁兵，皇帝的警衛部隊。(72)十總外兵　十次統領京城以外的軍隊。總，統領。外兵，京畿以外的軍隊。(73)寵任　受寵信；受重用。(74)尚安之乎　我還逃到哪裡去呢。安之，何往。(75)就帳免冑　走進軍帳，脫去頭盔。(76)伏劍　以劍自刎。(77)癸巳　八月二十六。(78)司兵　猶如後代的兵部尚書。(79)赤岸　一名河夾岸，在當時的枹罕縣，今甘肅臨夏西南。或說在今甘肅武威東南。(80)甲午　八月二十七。(81)素車白馬　以白色為飾，表示自己知罪、請罪。(82)面縛輿櫬　反縛雙手，身後有車拉著棺材。按，「素車白馬，面縛輿櫬」，是古代帝王向人投降的一種儀式，當年劉禪向魏人投降，孫晧向晉人投降，大體都是如此。(83)釋縛焚櫬　這也是古代接受帝王投降時所例行的一種程序。(84)豪右　豪門大族。(85)按堵如故　各就各位，照常從事各自的職業。按堵，也作「安堵」。意即各就各位。(86)北部尚書　官名，苻秦所置，掌管北部地區的少數民族。(87)晉興　涼州張氏所轄的郡名，郡治在今青海民和西北。(88)西平　涼州張氏所轄的郡名，郡治即今青海西寧。(89)高昌　涼州張氏所轄的郡名，郡治在今新疆吐魯番東南。(90)隨才擢敘　根據才能選拔錄用。敘，按等級次序進升。(91)遊軍沔漢　派兵到漢水上游鄰近涼州的地區進行一些示威性的活動。遊軍，巡行示威的軍隊。沔漢，即指漢水，其上游稱沔水，下游稱漢水。(92)淮泗　指流經今安徽北部、江蘇中部的淮水與泗水。(93)橈秦　騷擾秦國的東南邊境，以牽扯進攻涼州的秦軍兵力。橈，通「撓」。擾亂。(94)哀帝減田租二句　事見本書前文卷一百一哀帝隆和元年。(95)乙巳　九月初八。(96)度田　丈量田畝面積。(97)口稅　每口人交稅。(98)蠲在役之身　免除正在服役者的稅收。蠲，免除。(99)劉衛辰　當時匈奴部落的頭領。(100)行唐公洛　苻洛，苻堅的堂兄弟，封行唐公。行唐是縣名，縣治在今河北行唐東北。(101)和龍　即龍城，亦作黃龍城，前燕的故都，即今遼寧朝陽。(102)菁　苻菁，苻健之兄的兒子。苻健臨死前，苻菁因謀反被殺。(103)恩宿　地名，在今甘肅永昌南。(104)邀　攔截；截擊。(105)走路　敗逃之路。恩宿在金昌與姑臧之間，為張天錫逃歸姑臧的必經之路。(106)奏徵下獄　給苻堅上書請求將馬暉、杜周等調來送進監獄。徵，召；叫來。(107)量事　考慮問題。(108)宥過責功　寬恕他們的過失，以取得他們的立功報效。宥，寬容；饒恕。責，取；要求。(109)回赴北軍　從西方前線回來，到北部的前線去。(110)索虜　對代國的蔑稱。代國是鮮卑拓跋氏所建，拓跋氏的習俗是編髮為辮，故時人稱之「索頭」。(111)萬里召將　調動萬里以外的將軍前往上任。(112)非所以應速　不是解決突發事變的辦法。應速，應急。(113)不可以常事疑　不能按常情去懷疑他們的能力。(114)及東軍　按時到達了東部的軍營。馬暉等原來是在河西走廊，現在要去陝、晉北部的北方前線，方向是自西而東，故謂伐代之軍為「東軍」。(115)己巳朔　此語有誤，本年的十一月朔丁酉，無己巳日。應為十二月之誤。己巳是十二月初四。「朔」字衍文。(116)白部獨孤部　都是鮮卑族的部族名，現居拓跋氏部下。(117)南部大人　位居代國南方的匈奴族頭領。(118)石子嶺　山名，在今內蒙古和林格爾西南。(119)陰山　橫亙於今內蒙古境內的大山，在今臨河、五原、包頭、呼和浩特諸縣市的北方。(120)高車雜種　原已歸附於代國的西北地區的高車等各個少數民族。雜種，各個種族。(121)寇鈔　也作「寇抄」，對代國進行攻劫掠奪。(122)不得芻牧　沒法割草放牧。芻，餵牲口的草，這裡用如動詞。(123)復度漠南　又穿越大漠，回到了大漠的南方。漠南，蒙古大沙漠以南地區。(124)雲中　古郡名，約當今之內蒙古與其鄰近的陝西、山西三省交界一帶。其都城盛樂，在今內蒙古的和林格爾，即處於雲中郡的境內。(125)分國之半以授弟孤　當初什翼犍之父死時，什翼犍正在後趙為人質，國人欲立什翼犍之弟孤，孤不從，乃入後趙為質，替換什翼犍回國為君。什翼犍即位後，遂分國之半以予孤。事見本書前文卷十八成帝咸康四年。(126)失職怨望　因喪失領地，不再有原來的「國之半」，不再有原來的實權而不滿什翼犍。(127)慕容妃　前燕君主慕容皝之女。什翼犍為結援大國而娶燕主之女。見本書前文卷九十七康帝建元二年。(128)君子津　渡口名，在今內蒙古準噶爾旗東北的黃河上，今稱喇嘛灣。(129)頃來　近來；最近。(130)以兵遶廬帳　帶兵圍繞在什翼犍大帳的周圍。廬帳，用毛氈做成的帳篷，猶今之蒙古包。(131)伺便將發　一有機會就將動手。發，發動；行動。(132)勒兵　此處意即帶兵。勒，控制；統領。(133)以珪　帶著年幼的慕容珪。(134)野干　賀野干，鮮卑賀蘭部的酋長，代國的「東部大人」，拓跋珪的外祖父。事跡見本書卷一百三簡文帝咸安元年。(135)代長

史　代王什翼犍的文祕官員之長。
136 具以狀對　把事情發展的狀況向苻堅如實地講了一遍。
137 天下之惡一也　對壞人的憎恨，普天下都是一樣的。此用春秋時代衛人石祁子之言，見《左傳》莊公十二年。惡，憎恨。
138 莫相統攝　各部落之間彼此獨立，各自為政。統攝，統領；管轄。
139 別部大人　其他部落的頭領。
140 鐵弗衛辰　即劉衛辰，姓鐵弗，南匈奴單于的後代，左賢王劉去卑的玄孫。北人稱匈奴族父親與鮮卑族母親所生的兒子為「鐵弗」，後遂用以為姓。
141 其勢莫敢先發　謂兩人互相監視，誰也不敢首先發難進攻對方。
142 其孫　指什翼犍之孫拓跋珪。
143 存亡繼絕　「存亡國，繼絕世」的簡稱，意思是使行將滅亡的國家存在下來，讓已經滅絕的世襲再延續下去。古代稱這種行為是一種美德。
144 河以東　黃河以東，指今山西之西北部和與之鄰近的內蒙古一帶地區。
145 河以西　黃河以西，指今陝西之東北部和與之鄰近的內蒙古一帶地區。
146 獨孤部　鮮卑族部落之一。
147 長孫嵩　什翼犍兄沙莫雄之子。雄為南部大人，後改名仁，生嵩。拓跋珪稱帝後，因雄為曾祖父拓跋鬱律的長子，便賜嵩為長孫氏。嵩後來位至北魏太尉，封北平王。此時似尚未有長孫氏。
148 堅使窟咄入太學讀書　上文說「寔君信之，遂殺諸弟」，似窟咄已被殺矣；此處又說「行唐公洛以什翼犍子窟咄年長，遷之長安。堅使窟咄入太學讀書」，前後殊不相蒙。
149 擅命　專命；得以發號施令。
150 叛換偏隅　在一個偏僻的角落上飛揚跋扈。叛換，跋扈。偏隅，偏僻的角落，指涼州。
151 朔北　朔方之北。朔方是古郡名，約當今陝西北部和與之鄰近的內蒙古一帶地區。
152 中分區域　將大中國的北部邊疆地區一分為二。
153 東賓穢貊　東部與穢貊民族接壤。賓，連接。穢貊，也作「濊貊」，古民族名，居住在朝鮮國的北部和與之鄰近的遼寧一帶地區。
154 西引烏孫　向西與烏孫國接壤。引，這裡也是連接的意思。烏孫，古西域國名，在今新疆伊犁河流域。起先居於敦煌（今甘肅敦煌西）、祁連（今甘肅張掖西南）二郡間，後驅逐大月氏，而建立烏孫國。
155 控弦　拉弓，這裡引申指挽弓的戰士。
156 爰命兩師　於是我派出兩支軍隊。爰，於是。兩師，指苟萇所率領的討伐前涼張天錫之師和行唐公苻洛所率領的討伐代國之師。
157 黠虜　狡猾的敵人。
158 役不淹歲　戰爭不到一年。淹，留；花費。
159 窮殄　徹底消滅。窮，盡；全部。殄，滅；消滅。
160 九千　指九千餘里。
161 五帝　我國傳說中的五位上古帝王，據《世本・五帝譜》、《史記・五帝本紀》，五帝指黃帝、顓頊、帝嚳、唐堯、虞舜。
162 所未賓　從來沒能使其服從、歸順。賓，服；服從。
163 所未至　從未達到過，指勢力所未及。
164 重譯來王　經過幾層翻譯前來朝見皇帝。重譯，極言其相隔道路之遠，言語不通，需經多層翻譯。來王，前來朝見皇帝。
165 懷風率職　嚮往我們的風化、教化，遵循我們的章程制度行事。懷，嚮往。率，遵循。職，職責；義務。
166 班功受爵　按照功勳的等級授予他們以爵位。班，排列。受，這裡的意思同「授」。
167 復之五歲　免除他們五年的賦稅徭役。復，免除賦稅徭役。
168 賜爵三級　每個士兵都賜爵三級。秦漢時代這種獎勵軍功的爵位共有二十級，在戰場上每殺一個敵人升一級。有了這種爵位，可以用來沖抵罪責、代替賦稅，也可以賣錢花。169并州　州治晉陽，在今山西太原西南。170陽平國常侍　苻融的侍從官員。苻融是苻堅之弟，被封為陽平公。常侍是帝王或王公的侍從官員。171其兄楷　慕容楷，慕容恪之子，日後的南燕君主。172務勝不休　無休止地追求克敵制勝。務，致力；追求。173蜀漢　蜀郡與漢中郡。174道殣相望　道上的死人一個接一個。殣，通「墐」。路邊的墳冢，這裡即指路上的死人。175冠軍叔仁　胡三省注，以為「仁」當作「父」。指慕容垂，慕容垂入秦後被封為「冠軍將軍」。慕容垂是慕容楷與慕容紹的叔父。176智度英拔　才智與氣度都超群出眾。177恢復燕祚　重建燕國。祚，福，這裡即指國家政權。178西障氐羌　西部邊境上的氐族與羌族人。西障，西部邊塞，這裡指青海東部和與之鄰近的甘肅一帶地區。179種落雜居　兩種不同種族的部落雜居在一起。180撫諭　安撫、教育。181以謝氐羌　以此向氐、羌兩族的人謝罪、道歉。182流寓　流浪寄居。183皆聽還本　都允許他們按照自己的心願歸還本土。184恩勤周備　關心撫養得細心周到。《詩・鴟鴞》有所謂「恩斯勤斯，鬻子之閔斯。」這裡是錯用其語以表現長輩撫育晚輩的慈愛與辛勞。185不以廢興易意　不因為代國的興盛與衰微而改變對其宗室的態度。易意，改變態度。186此兒　指年幼的拓跋珪。187高天下之志　天下人所沒有的志向，即稱帝稱王。188謹遇之　好好地對待他。189幢麾鼓蓋　均為古代官僚貴族出行時儀仗隊中的器物。幢是一種圓桶形的布製儀仗；麾是大將的指揮旗；蓋是一種車上的大傘。190五原　郡名，郡治在今內蒙古包頭西。191庫狄部　當時匈奴族的部落名。192桑乾川　桑乾河流域的平原，指今山西應縣、懷仁，與河北的陽原、涿鹿等一帶地區。當時還有桑乾縣，在今河北蔚縣北、陽原東。193代來城　在今內蒙古伊金霍洛旗西北，因從代國來的人居於此城，故名「代來」。又名「悅跋城」。194國仁　乞伏國仁，後來乘秦亂佔據隴西一帶稱王，史稱「西秦」。

【校　記】1焦氏　原無此二字。據章鈺校，十二行本、乙十一行本皆有此二字，張敦仁《通鑑刊本識誤》同，今據補。2武都　原無此二字。據章鈺校，十二行本、乙十一行本皆有此二字，張瑛《通鑑校勘記》同，今據補。3所向無敵　原無此句。據章鈺校，十二行本、乙十一行本皆有此句，張敦仁《通鑑刊本識誤》、張瑛《通鑑校勘記》同，今據補。4等　原無此字。據章鈺校，十二行本、乙十一行本、孔天胤本皆有此字，張敦仁《通鑑刊本識誤》同，今據補。5常據　原誤作「掌據」。今據嚴衍《通鑑補》改作「常據」。6十總外兵　原作「十總禁兵」，與上句「八將禁旅」義重。據章鈺校，十二行本、乙十一行本、孔天胤本皆作「十總外兵」，當是，今據改。

【語　譯】烈宗孝武皇帝上之中

太元元年（丙子　西元三七六年）

春季，正月初一日壬寅，東晉為孝武皇帝司馬昌明舉行加冠典禮，皇太后褚氏下詔將朝政大權歸還給皇帝，仍然稱崇德皇太后。初三日甲辰，實行大赦，改年號為太元元年。初五日丙午，孝武皇帝司馬昌明開始主持朝政。任命會稽內史郗愔為鎮軍大將軍、都督浙江東部的會稽・東陽・臨海・永嘉・新安五郡諸軍事，徐州刺史桓沖為車騎將軍、都督豫州・江州二州的歷陽・淮南・廬江・安豐・襄城以及尋陽六郡諸軍事，桓沖的鎮所從京口遷移到姑孰。謝安想要任用皇后的父親王蘊為州刺史，所以先解除了桓沖徐州刺史的職務。十四日乙卯，孝武皇帝加授謝安為中書監，錄尚書事。

二月二十一日辛卯，秦王苻堅下詔說：「我聽說令君主最辛勞的事情是求取賢能之士，一旦得到賢才的輔佐，君主自己就可以變得清閒了，這話是何等的靈驗。往常有丞相王猛作為助手，我常常覺得帝王當起來很容易。自從丞相去世之後，我的頭髮和鬍鬚已經白了一半，每當思念起丞相，我都會不自覺地感到心酸和痛楚。如今天下已經沒有了王猛這樣的丞相，很可能造成政策、教化的不能貫徹執行，可以分別派遣侍臣前往各個郡縣進行視察，訪問民間疾苦。」

三月，秦國出兵進犯南鄉，將南鄉佔領，居住在山區的三萬戶少數民族投降了秦國。

夏季，五月十五日甲寅，東晉實行大赦。

當初，涼王、西平公張天錫誅殺張邕的時候，劉肅和安定人梁景都立了功，二人因此而得到張天錫的寵信，張天錫賜他們姓張，並收養他們做了自己的義子，讓他們參與朝政。張天錫把所有的時間和精力全部用到飲酒和聲色上，不再親自管理國家的各種政務，並廢免了世子張大懷，他把自己最寵愛的小老婆焦氏所生的兒子張大豫立為世子，立焦氏為左夫人，人們心中遂對張天錫逐漸產生憤怒與怨恨。張天錫的堂弟、擔任從事中郎的張憲抱定必死的決心，用車拉著棺材進宮進行規勸，也沒能打動張天錫，張天錫依然我行我素。

秦王苻堅下詔說：「張天錫雖然向我們秦國稱臣，成了我們的屬國，接受了秦國給予的官職與爵號，然而在他的內心深處，並不是真心實意地臣服於我們，現在可以派遣擔任使持節的武衛將軍武都人苟萇、擔任左將軍的毛盛、擔任中書令的梁熙以及擔任步兵校尉的姚萇等率軍前往涼州張氏政權的東部邊境，尚書郎閻負、梁殊帶著詔書前去徵召張天錫到長安來，如果他違抗王命，拒不前來，就立即對他進行討伐。」這時，秦國擁有步兵、騎兵總計十三萬，擔任軍司的段鏗對周虓說：「將如此強大的軍隊投入戰場，誰能抵擋得住！」周虓答覆說：「自從少數民族出兵征戰以來，的確沒有如此強大過。」苻堅又下令秦州刺史苟池、河州刺史李辯、涼州刺史王統率領秦州、河州、涼州三州人馬作為苟萇的後繼部隊。

秋季，七月，閻負、梁殊來到了姑臧。張天錫招集起自己的僚屬商議對策，張天錫說：「我如果前往秦國的都城長安朝見秦王，肯定就回不來了，如果不服從秦王的命令前往長安，秦國討伐的大軍立即就會來到，你們看該怎麼辦呢？」擔任禁中錄事的席仂說：「把你最喜愛的兒子送往長安去做人質，再拿出貴重的珍寶去賄賂他們，先使他們撤軍，然後再慢慢地想辦法，這就是大丈夫能屈能伸的策略。」眾人全都大怒說：「我們世代尊奉晉朝，忠貞不渝的品節聞名於海內外。現在一旦送人到盜賊的朝廷去做人質，將會連累祖宗遭受侮辱，那可是其大無比的醜事！而且河西憑藉著天險，自從張氏政權創立以來，從來沒有出過問題。如果出動全國的精兵，向西招集西域諸國的兵力、向北招集匈奴的兵力聯合起來進行抗擊，憑什麼說我們就不能獲取勝利！」張天錫也捋起袖子，情緒激昂地大聲說：「我的主意已定，再敢提議投降的殺無赦！」於是，派人對秦國的使臣閻負、梁殊說：「先生願意活著回去呢，還是願意死著回去？」梁殊等說話的聲音與面部表情沒有任何服軟的意思，張天錫大怒，便將他們捆綁在軍營的大門之外，下令軍士輪流向他們射擊，並且說：「誰要是射不中，就是與我不一條心。」張天錫的母親嚴氏哭著說：「秦國的君主憑藉著一個州的土地，便能縱橫馳騁、制服了天下，向東平定了鮮卑人建立的燕國，向南攻取了巴、蜀，行進中，所向披靡。你如果向秦國投降，還可能延長幾年壽命；如今你想憑藉著這麼偏遠角落裡的一個小國，與強大的秦國抗衡，還殺死了秦國的使者，恐怕離滅亡沒有幾天了！」張天錫派遣擔任龍驤將軍的馬建率領二萬人馬抵抗秦軍。

秦國人聽到張天錫殺死閻負、梁殊兩位使者的消息，開始對張天錫採取軍事行動，八月，已經兵臨西河的秦國中書令梁熙、步兵校尉姚萇、涼州刺史王統、河州刺史李辯分別率軍從清石津渡過黃河，攻擊涼州驍烈將軍梁濟守衛的河會城，梁濟向秦軍投降。十七日甲申，秦國的使持節、武衛將軍苟萇率軍從石城津渡過黃河，與中書令梁熙等會合後開始攻擊纏縮城，很快便攻克了纏縮城。張天錫派遣抵抗秦軍的龍驤將軍馬建大為恐懼，根本沒敢抵抗，便率軍從楊非撤退到清塞城。張天錫又派征東將軍常據率領三萬軍隊進駐洪池嶺，張天錫自己則率領著剩餘的五萬人馬，進駐金昌城。擔任安西將軍的敦煌人宋皓向張天錫建議說：「我白天觀察人情事理，夜晚觀看天象變化，我認為秦軍不可抵擋，不如向秦國投降。」張天錫大怒，立即把宋皓貶為宣威護軍。擔任廣武太守的辛章說：「馬建出身於職業軍人，一定不肯為國家效力。」秦國的武衛將軍苟萇令步兵校尉姚萇率領三千名士卒作為前鋒。二十三日庚寅，西涼的龍驤將軍馬建率領一萬人馬迎接秦軍，向秦軍投降，其餘的士兵全都四散逃走。二十四日辛卯，秦國的武衛將軍苟萇與駐紮於洪池的西涼征東將軍常據交戰，常據所率領的軍隊被苟萇所率領的秦軍打得大敗，就連常據所騎的戰馬也被亂軍砍死，常據的部將董儒把自己的坐騎讓給常據。常據說：「我曾經三次統領全軍，兩次奉命率軍出征，八次統領宮廷的警衛部隊，十次統領京城以外的軍隊，我受到君主的寵愛與信任已經達到極點。而今最終被困在這裡，這裡就是我為國捐軀之地，我還能往哪裡去呢？」於是返回軍帳，摘下頭盔，面朝西方磕頭之後，拔出佩劍自殺而死。秦兵殺死了擔任軍司的席仂。二十六日癸巳，秦軍進入清塞城，張天錫趕緊派遣擔任司兵的趙充哲率領部眾進行抵抗。秦軍與趙充哲在赤岸展開激戰，秦軍將趙充哲軍打得大敗，這一仗，秦軍俘虜、斬殺了西涼三萬八千人，趙充哲也戰死在疆場。張天錫只得親自出城與秦軍作戰，而城內的守軍又背叛了張天錫，張天錫率領著數千名騎兵逃回了都城姑臧。二十七日甲午，秦國大軍進抵姑臧。張天錫用白馬素車拉著棺材，自己雙手捆綁在身後，親自到秦軍的大營門前投降。秦國使持節、武衛將軍苟萇親自為張天錫解開綁繩、燒毀了棺材，將張天錫送往秦國的京師長安，涼州所屬的各郡縣全部投降了秦國。

九月，秦王苻堅任命梁熙為涼州刺史，鎮所設在姑臧。把涼州的七千多戶豪門大族強行遷往關中，其餘的居民全都安居如常。秦王封張天錫為歸義侯，任命他為負責掌管北部地區少數民族事務的北部尚書。當初，秦國出兵之時，就先在長安為張天錫建造了宅第，所以張天錫到了長安，就有現成的住宅。秦國任用張天錫所任命的晉興太守、隴西人彭和正為黃門侍郎，任用擔任治中從事的武興人蘇膺、擔任敦煌太守的張烈為尚書郎，任用擔任西平太守的金城人趙凝為金城太守，任命高昌人楊幹為高昌太守，張天錫手下的其他官員則根據其實際才能予以選拔錄用。〇秦國擔任涼州刺史的梁熙為人清廉節儉、愛護民眾，河右地區的百姓都很樂於接受他的治理。梁熙任用在張天錫手下擔任過武威太守的敦煌人索泮為別駕，任用宋皓為主簿。西平人郭護聚眾起兵反抗秦國的統治，涼州刺史梁熙遂任用宋皓為折衝將軍，令其討滅郭護，宋皓率軍很快將郭護的叛亂鎮壓下去。

東晉桓沖聽到秦軍攻打涼州的消息，遂派遣擔任兗州刺史的朱序、擔任江州刺史的桓石秀以及擔任荊州督護的桓羆率領軍隊到漢水上游鄰近涼州的地區進行一些示威性的活動，以聲援涼州。桓沖又派擔任豫州刺史的桓伊率領軍隊前往壽陽，派淮南太守劉波率領艦船在淮河、泗水之上往來巡視，騷擾秦國的東南邊境，分散秦軍進攻西涼的兵力，以解救涼州的危急。後來得知涼州已經敗亡，遂將軍隊全部撤回。

當初，東晉哀帝司馬丕在位時，減少了向農民徵收田租，每畝地只收取二升。九月初八日乙巳，東晉政府廢除了按照田畝數量徵稅的制度，改為按照人口進行徵稅，從王爵、公爵以下，每人每年要向國家繳納稻米三斛，免除正在服役人員本身的稅收。

冬季，十月，東晉將淮河以北的居民遷移到淮河以南。

匈奴部落首領劉衛辰實在無法忍受代國的逼迫，遂向秦國請求援救。秦王苻堅任命擔任幽州刺史的行唐公苻洛為北討大都督，率領幽州、冀州的十萬兵馬攻伐代國。又派擔任并州刺史的俱難、擔任鎮軍將軍的鄧羌、擔任尚書的趙遷、李柔、擔任前將軍的朱肜、擔任前禁將軍的張蚝、右禁將軍的郭慶率領步兵、騎兵二十萬人，東部的從和龍出發，西部的從上郡出發，全都與幽州刺史、行唐公苻洛會合，任用劉衛辰為嚮導。苻洛，是苻菁的弟弟。

秦國使持節、武衛將軍苟萇在討伐涼州的時候，派遣擔任揚武將軍的馬暉、擔任建武將軍的杜周率領八千名騎兵向西迂迴到恩宿，在張天錫從金昌逃歸姑臧的必經之路截擊張天錫，約定日期到姑臧會合。馬暉等行進在大澤之中，因為遭遇大雨而延誤了到姑臧會師的日期，按照軍法應該斬首，有關部門遂給秦王苻堅上疏請求將馬暉、杜周等逮捕入獄。秦王苻堅說：「冬春季節，沼澤之中水位枯竭，而到了夏秋季節，水位猛漲，這是苻萇考慮問題不周到，而不是馬暉等人的罪過。如今正在對天下用兵，應該寬恕他們的過錯，責成他們立功報效。」於是令馬暉等從西方前線返回，到北部討伐代國的前線去，在攻取索頭部落的戰役中立功贖罪。眾臣全都認為，從萬里以外徵調將領趕赴前線，不是應對突發事變的辦法，秦王苻堅說：「馬暉等人正在慶幸自己被免死，所以不應該按照常情去懷疑他們的能力。」馬暉等果然倍道兼程，極速前進，竟然追上了東討大軍。

十一月己巳朔，發生日蝕。

代王拓跋什翼犍派遣鮮卑中的白部落與獨孤部落向南去抵抗秦軍，這兩個部落都沒有取勝；又派代國南方的匈奴部落首領劉庫仁率領十萬名騎兵去抵抗秦軍。劉庫仁，是劉衛辰的同族，是代王什翼犍的外甥。他率領騎兵與秦軍在石子嶺展開會戰，結果，劉庫仁又被秦軍打得大敗。代王拓跋什翼犍當時正身患重病，不能親自率軍與秦軍作戰，於是只好放棄了都城盛樂，率領各部族逃往陰山以北。於是，敕勒等各部族全都背叛了拓跋氏，他們向四面八方進行搶奪抄掠，使拓跋什翼犍的部眾根本無法進行正常的割草放牧生活，拓跋什翼犍只好又率領著自己的部眾穿越大漠，回到了大漠以南，聽說秦軍已經逐漸撤退，十二月，代王拓跋什翼犍率眾返回雲中地區。

當初，代王拓跋什翼犍將代國的一半領土分給了自己的弟弟拓跋孤。拓跋孤去世之後，拓跋孤的兒子拓跋斤沒有能繼承到父親拓跋孤所擁有的一半國土和權位，因此對自己的伯父、代王拓跋什翼犍心懷怨恨。拓跋什翼犍的世子拓跋寔及其弟弟拓跋翰很早就死了，拓跋寔的兒子拓跋珪年紀還很小，慕容妃所生的兒子拓跋閼婆、拓跋壽鳩、拓跋紇根、拓跋地干、拓跋力真、拓跋窟咄都已長大，但代王拓跋什翼犍卻一直沒有指定誰是合法繼承人。當時，秦國的軍隊還在君子津，拓跋什翼犍的幾個兒子每夜都手持兵器在拓跋什翼犍的身邊擔任警戒。拓跋斤趁機挑撥拓跋什翼犍的庶長子拓跋寔君說：「君王準備立慕容妃所生的兒子為合法繼承人，想先把你除掉。所以近來他們兄弟每夜都身穿軍服、率領士兵圍繞在君王大帳的周圍，為的是尋找動手的機會。」拓跋寔君真就聽信了拓跋斤的挑撥，於是殺死了自己的兄弟們，同時殺死了自己重病在身的父親拓跋什翼犍。這一夜，代王拓跋什翼犍的各個兒媳婦以及一部分部眾全都跑到秦軍那裡報告消息，秦國的尚書李柔、前禁將軍張蚝等立刻帶領兵馬趕赴雲中，代王拓跋什翼犍的部眾四處潰逃，代國之內一片混亂。拓跋珪的母親賀氏帶著年幼的拓跋珪逃走，投奔了賀蘭部落酋長賀訥。賀訥，是賀野干的兒子。

秦王苻堅召見在代國拓跋什翼犍手下擔任長史的燕鳳，向他詢問代國發生內亂的原因，燕鳳便原原本本地把事情發展的狀況向秦王苻堅如實地講述了一遍。苻堅說：「對壞人的憎恨，普天之下都是一樣的。」等到拓跋寔君與拓跋斤被秦軍捉住，押送到長安之後，秦王苻堅便立即下令，用車裂的酷刑將二人處死。苻堅想把拓跋珪遷到長安，燕鳳堅決請求說：「代王拓跋什翼犍剛剛去世，他的部眾或叛變或逃散，遺留下來的這個小孫子拓跋珪年紀還很小，各部落之間彼此獨立，各自為政。代國其他部落首領劉庫仁，不僅作戰勇敢，而且很有智謀；而匈奴鐵弗劉衛辰狡猾多變、詭計多端，這兩個人都不能讓他們單獨接任代王。應該把代國一分為二，讓這兩個人分別統領。這兩個人之間一向就有深仇大恨，讓他們二人互相監視，誰也不敢首先發起攻擊對方的戰爭。等代王拓跋什翼犍的孫子拓跋珪稍微長大一些之後，再把他拉出來，立為代王，這樣一來，陛下就有使已經滅亡的代國再次復國、讓已經滅絕的代國世襲得以延續的美德，他們的子子孫孫將永遠成為對秦國不侵擾、不背叛的屬國，這是安定邊境的最好辦法。」秦王苻堅採納了他的意見。於是將故代國劃分為兩個部分：黃河以東地區歸劉庫仁統轄，黃河以西地區歸劉衛辰統轄，對他們委任官職、分封爵位，讓他們各自統領自己的部眾。賀氏把拓跋珪送到鮮卑族獨孤部落，與南部大人長孫嵩、元佗等全都依附於劉庫仁。秦國行唐公苻洛因為代王拓跋什翼犍的兒子拓跋窟咄年紀較大，遂將拓跋窟咄遷往長安。秦王苻堅讓拓跋窟咄進入太學讀書。

秦王苻堅下詔說：「張天錫繼承了祖先的基業，憑藉著近百年治理涼州的功業，得以在河右地區發號施令、獨霸一方，在一個偏僻的角落裡飛揚跋扈。索頭部落世世代代橫跨朔方之北，將中國的北部邊疆地區一分為二，他們東部與穢貊族接壤，西部與烏孫國接壤，能夠挽弓射箭的戰士多達一百萬，像猛虎一樣控制著雲中地區。於是我才派出兩支部隊，分別對佔據河西地區的張氏政權、佔據朔方以北地區的索頭部落這兩處狡猾的賊虜進行討伐。戰事不到一年的時間，便將二處兇頑全部徹底地予以消滅。俘虜與投降的有百萬之眾，拓展疆土九千里。黃帝、顓頊、帝嚳、唐堯、虞舜時期沒有臣服的部落，周朝、漢朝的勢力所從來沒有到達的地方，無不經過幾層翻譯前來朝見皇帝，嚮往我們的風俗教化，遵循我們的章程制度。有關部門應該趕緊依照功勞大小的次序，授予他們官職和爵位，所有出征的戰士全部免除他們五年的賦稅勞役，每個士卒都賜爵三級。」於是，加授行唐公苻洛為征西將軍，任命鄧羌為并州刺史。

在秦國擔任陽平國常侍的慕容紹私下裡對自己的哥哥慕容楷說：「秦國仗恃自己國家力量強大，無休止地追求克敵制勝，他們派軍隊北戍雲中郡，南守蜀郡與漢中郡，民伕遠行萬里為戍守的軍隊運送糧秣，道上的死人一個接一個，士兵常年在外筋疲力盡，民眾在內困苦不堪，我看秦國距離滅亡已經不遠了。我們的叔父、擔任冠軍將軍的慕容垂，才智與氣度都超群出眾，一定能夠重建燕國，我們這些人應該愛惜自己的身體，等待時機的到來。」

當初，秦國人佔領了涼州之後，就商議討伐西部邊境上的氐族人與羌族人。秦王苻堅說：「他們兩個不同種族的部落雜居在一起，號令並不統一，不會給中原地區造成很大的禍患。應該先對他們進行安撫、教育，向他們徵收租稅，如果他們不聽從命令，然後再討伐他們。」於是派遣擔任殿中將軍的張旬前往氐人與羌人的聚居區進行宣傳安撫，派擔任庭中將軍的魏曷飛率領二萬七千名騎兵跟隨前往。魏曷飛對那些氐人、羌人倚仗自己所處地勢險要難攻而不肯服從命令感到非常憤怒，遂指揮士兵進行攻擊，同時放縱士卒大肆劫掠，滿載而歸。秦王苻堅對魏曷飛違抗命令非常惱火，就令人抽了魏曷飛二百下皮鞭作為懲罰，同時將擔任前鋒督護的儲安斬首，以此向遭受迫害的氐人、羌人謝罪道歉。氐人、羌人非常感動，向秦國投降歸附的、納貢的總計有八萬三千多落。雍州士族因為逃避戰亂而流浪寄居河西的，全都允許他們按照自己的心願返回故鄉。

劉庫仁招集安撫那些流離失散的部族，恩德和信譽非常顯著，他對待拓跋珪關心、撫養得非常細心周到，沒有因為拓跋氏的興盛與衰微而改變他對代國宗室的態度。他常常對自己的兒子們說：「拓跋珪這孩子有世人所沒有的志向，必定能夠恢復祖先的基業，並使之發揚光大，你們這些人要好好對待他。」秦王苻堅獎賞劉庫仁的功勞，加授劉庫仁為廣武將軍，並賞賜給他幢、麾、鼓、傘等作為出行時的儀仗。

劉衛辰以職位排在劉庫仁之後為恥，一怒之下便殺死了秦國的五原太守，起兵叛變。劉庫仁率眾攻擊劉衛辰，將劉衛辰打敗，一直將劉衛辰追到了陰山西北一千多里遠的地方，擒獲了劉衛辰的妻子兒女。劉庫仁又乘勝攻擊了西部的匈奴族的庫狄部落，把庫狄部落強行遷移到桑乾河流域的平原地帶。過了很久之後，秦王苻堅才任命劉衛辰為西單于，統御河西各民族部落，進駐代來城。

這一年，鮮卑部落南單于乞伏司繁去世，他的兒子乞伏國仁即位。

二年（丁丑　西元三七七年）

春，高句麗、新羅❶、西南夷❷皆遣使入貢于秦。

趙故將作功曹❸熊邈屢為秦王堅言石氏宮室器玩之盛，堅以邈為將作長史❹，領尚方丞❺[1]，大脩舟艦兵器，飾以金銀，頗極精巧。慕容農❻私言於慕容垂曰：「自王猛之死，秦之法制，日以頹靡❼。今又重之以奢侈，殃將至矣。圖讖之言❽，行當有驗❾。大王宜結納英傑以承天意❿，時不可失也[2]。」垂笑曰：「天下事非爾所及⓫。」

桓豁表兗州刺史朱序為梁州刺史，鎮襄陽。

秋，七月丁未⑫，以尚書僕射謝安為司徒，安讓不拜，復加侍中、都督揚・豫・徐・兗・青五州諸軍事。

丙辰⑬，征西大將軍、荊州刺史桓豁卒。冬，十月辛丑⑭，以桓沖都督江、荊、梁、益、寧、交、廣七州諸軍事，領荊州刺史⑮，以沖子嗣為江州刺史。又以五兵尚書王蘊⑯都督江南諸軍事，假節[3]，領徐州刺史，征西司馬領南郡相謝玄⑰為兗州刺史，領廣陵相，監江北諸軍事。

桓沖以秦人彊盛，欲移阻江南⑱，奏自江陵徙鎮上明⑲，使冠軍將軍劉波守江陵，諮議參軍楊亮守江夏⑳。

王蘊固讓徐州，謝安曰：「卿居后父㉑之重，不應妄自菲薄㉒，以虧時遇㉓。」蘊乃受命。

初，中書郎郗超自以其父愔位遇㉔應在謝安之右㉕，而安入掌機權㉖，愔優遊散地㉗，常憤邑㉘形於辭色，由是與謝氏有隙。是時朝廷方以秦寇為憂，詔求文武良將可以鎮禦北方者，謝安以兄子玄應詔。超聞之，歎曰：「安之明㉙，乃能違眾舉親㉚，玄之才，足以不負所舉㉛。」眾咸以為不然。超曰：「吾嘗與玄共在桓公府㉜，見其使才㉝，雖履屐間㉞未嘗不得其任，是以知之。」

玄募驍勇之士，得彭城劉牢之[35]等數人。以牢之為參軍，常領精銳為前鋒，戰無不捷，時號「北府兵[36]」，敵人畏之。

壬寅[37]，護軍將軍、散騎常侍王彪之卒。初，謝安欲增修宮室，彪之曰：「中興之初，即東府[38]為宮，殊為儉陋[39]。蘇峻之亂，成帝止[40]蘭臺都坐[41]，殆[42]不蔽寒暑，是以更營新宮[43]。比之漢、魏則為儉，比之初過江則為侈矣。今寇敵方彊，豈可大興功役，勞擾百姓邪？」安曰：「宮室弊陋，世[4]人謂人無能。」彪之曰：「凡任天下之重者，當保國寧家，緝熙政事[44]，乃以脩室屋為能邪？」安不能奪其議[45]。故終彪之之世，無所營造。

十二月，臨海[46]太守郗超卒。初，超黨於桓氏[47]，以父愔忠於王室，不令知之。及病甚，出一箱書授門生曰：「公年尊[48]，我死之後，若以哀惋害寢食[49]者，可呈此箱。不爾，即焚之。」既而愔果哀惋成疾。門生呈箱，皆與桓溫往反密計。愔大怒曰：「小子死已晚[50]矣！」遂不復哭。

三年（戊申　西元三七八年）

春，二月乙巳[51]，作新宮，帝移居會稽王邸。

秦王堅遣征南大將軍．都督征討諸軍事．守尚書令．長樂公丕[52]、武衛將軍苟萇、尚書慕容暐帥步騎七萬寇襄陽，以荊州刺史楊安帥樊、鄧[53]之眾為前鋒，征虜將軍始平石越[54]帥精騎一萬出魯陽關[55]，京兆尹慕容垂、揚武將軍姚萇帥眾五萬出南鄉[56]，領軍將軍苟池、右將軍毛當、強弩將軍王顯帥眾四萬出武當[57]，會攻襄陽。

夏，四月，秦兵至沔北[58]。梁州刺史朱序以秦無舟檝[59]，不以為虞[60]。既而石越帥騎五千浮渡[61]漢水，序惶駭，固守中城[62]。越克其外郭，獲船百餘艘以濟餘軍。長樂公丕督諸將攻中城。

序母韓氏聞秦兵將至，自登城履行[63]，至西北隅[64]，以為不固，帥百餘婢及城中女丁[65]築邪城[66]於其內。及秦兵至，西北隅果潰，眾移守新城，襄陽人謂之夫人城。

桓沖在上明擁眾七萬，憚秦兵之彊，不敢進。

丕欲急攻襄陽，苟萇曰：「吾眾十倍於敵，糗糧[67]山積，但稍遷漢、沔之民於許、洛[68]，塞其運道[69]，絕其援兵，譬如網中之禽，何患不獲，而多殺將士，急求成功哉[70]！」丕從之。慕容垂拔南陽，執太守鄭裔，與丕會襄陽。

秋，七月，新宮成。辛巳[71]，帝入居之。

秦兗州刺史彭超請攻沛郡太守戴逯於彭城，且曰：「願更遣重將[72]攻淮南諸城，為征南棊劫之勢[73]，東西並進，丹陽不足平也[74]。」秦王堅從之，使都督東討諸軍事。後將軍俱難、右禁將軍毛盛、洛州刺史邵保帥步騎七萬寇淮陰[5]、盱眙[75]。超，越之弟[76]。保，羌[77]之從弟也。八月，彭超攻彭城。詔右將軍毛虎生[78]帥眾五萬鎮姑孰，以禦秦兵。

秦梁州刺史韋鍾圍魏興[79]太守吉挹於西城[80]。

九月，秦王堅與羣臣飲酒，以祕書監朱彤為正[81]，命人人[6]以極醉為限[82]。祕書侍郎趙整作酒德之歌曰：「地列酒泉，天垂酒池[83]。杜康妙識[84]，儀狄先知[85]。紂喪殷邦[86]，桀傾夏國[87]。由此言之，前危後則[88]。」堅大悅，命整書之以為酒戒。自是宴羣臣，禮飲[89]而已。

秦涼州刺史梁熙遣使入西域，揚秦威德。冬，十月，大宛[90]獻汗血馬。秦王堅曰：「吾嘗慕漢文帝之為人，用千里馬何為[91]！」命羣臣作止馬之詩而反之[92]。

巴西人趙寶起兵梁州[93][7]，自稱晉西蠻校尉、巴郡[94]太守。

秦豫州刺史北海公重[95]鎮洛陽，謀反。秦王堅曰：「長史呂光[96]忠正，必不與之同[97]。」即命光收重[98]，檻車[99]送長安。赦之，以公就第[100]。重，洛之兄也。

十二月，秦御史中丞李柔劾[101]奏：「長樂公丕等擁眾十萬，攻圍小城，日費萬金，久而無效，請徵下廷尉[102]。」秦王堅曰：「丕等廣費無成，實宜貶戮。但師已淹時[103]，不可虛返，其特原之，令以成功贖罪。」使黃門侍郎韋華持節切讓[104]丕等。賜丕劍，曰：「來春不捷，汝可自裁，勿復持面[105]見吾也！」

周虓在秦，密與桓沖書，言秦陰計。又逃奔漢中，秦人獲而赦之。

四年（己卯　西元三七九年）

春，正月辛酉[106]，大赦。

秦長樂公丕等得詔惶恐，乃命諸軍并力攻襄陽。秦王堅欲自將攻襄陽，詔陽平公融以關東六州之兵會壽春，梁熙以河西之兵為後繼。陽平公融諫曰：「陛下欲取江南，固當博謀[107]熟慮，不可倉猝。若止取襄陽，又豈足親勞大駕乎！未有動天下之眾而為一城者，所謂以隨侯之珠彈千仞之雀[108]也。」梁熙諫曰：「晉主之暴，未如孫晧[109]，江山險固，易守難攻。陛下必欲廓清江表[110]，亦不過分命將帥，引關東之兵，南臨淮、泗[111]，下梁、益之卒[112]，東出巴峽[113]，又何必親屈鑾輅[114]，遠幸沮澤[115]乎！昔漢光武誅公孫述[116]，晉武帝擒孫晧[117]，未聞二帝自統六師[118]，親執枹鼓[119]蒙矢石[120]也。」堅乃止。

詔冠軍將軍南郡相(121)劉波帥眾八千救襄陽。波畏秦，不敢進。朱序屢出戰，破秦兵，引退稍遠，序不設備。二月，襄陽督護李伯護密遣其子送款於秦(122)，請為內應。長樂公丕命諸軍進攻之。戊午(123)，克襄陽，執朱序，送長安。秦王堅以序能守節，拜度支尚書(124)，以李伯護為不忠，斬之。

秦將軍慕容越拔順陽(125)，執太守譙國丁穆。堅欲官之，穆固辭不受。堅以中壘將軍梁成為荊州刺史，配兵一萬，鎮襄陽，選其才望(126)，禮而用之。

桓沖以襄陽陷沒，上疏送章節(127)，請解職，不許。詔免劉波官，俾復以為冠軍將軍。

秦以前將軍張蚝為并州刺史。

兗州刺史謝玄帥眾萬餘救彭城，軍于泗口(128)，欲遣間使(129)報戴逯而不可得。部曲將(130)田泓請沒水(131)潛行趣彭城(132)，玄遣之。泓為秦人所獲，厚賂之(133)，使云南軍已敗。泓偽許之，既而告城中(134)曰：「南軍垂至(135)，我單行來報，為賊所得，勉之(136)！」秦人殺之。彭超置輜重於留城(137)，謝玄揚聲(138)遣後軍將軍東海(139)[8]何謙向留城。超聞之，釋彭城圍，引兵還保輜重。戴逯帥彭城之眾，隨謙奔玄，超遂據彭城。留兗州治中徐褒守之，南攻盱眙。俱難克淮陰，留邵保戍之。

三月壬戌[140]，詔以「疆場多虞[141]，年穀不登[142]，其供御所須[143]，事從儉約。九親供給[144]，眾官廩俸[145]，權[146]可減半。凡諸役費[147]，自非軍國事要，皆宜停省。」

癸未[148]，使右將軍毛虎生帥眾三萬擊巴中[149]，以救魏興。前鋒督護趙福等至巴西[150]，為秦將張紹等所敗，亡七千餘人。虎生退屯巴東[151]。蜀人李烏聚眾二萬，圍成都，以應虎生，秦王堅使破虜將軍呂光擊滅之。

夏，四月戊申[152]，韋鍾拔魏興，吉挹引刀欲自殺，左右奪其刀。會秦人至，執之，挹不言不食而死。秦王堅歎曰：「周孟威[153]不屈於前，丁彥遠[154]潔己於後，吉祖沖[155]閉口而死，何晉氏之多忠臣也！」挹參軍史穎逃[9]歸[156]，得挹臨終手疏[157]，詔贈[158]益州刺史。

秦毛當、王顯帥眾二萬，自襄陽東會俱難、彭超攻淮南。五月乙丑[159]，難、超拔盱眙，執高密內史毛璪之。秦兵六萬圍幽州刺史田洛于三阿[160]，去廣陵百里[161]。朝廷大震，臨江列戍，遣征虜將軍謝石帥舟師屯涂中[162]。石，安之弟也。

右衛將軍毛安之[163]等帥眾四萬屯堂邑[164]。秦毛當、毛盛帥騎二萬襲堂邑，安之等驚潰。兗州刺史謝玄自廣陵救三阿。丙子[165]，難、超戰敗，退保盱眙。六月戊子[166]，玄與田洛帥眾五萬進攻盱眙，難、超又敗，退屯淮陰。玄遣何謙等帥舟師乘潮而上，夜焚淮橋[167]。邵保戰死，難、超退屯淮北。玄與何謙、戴逯、田洛共追之，戰于君川[168]，復大破之。難、超北走，僅以身免。謝玄還廣陵，詔進號冠軍將軍，加領徐州刺史。秦王堅聞之，大怒。秋，七月，檻車徵超下廷尉，超自殺，難削爵為民。以毛當為徐州刺史，鎮彭城，毛盛為兗州刺史，鎮湖陸[169]，王顯為揚州刺史，戍下邳[170]。

謝安為宰相，秦人屢入寇，眾心危懼[10]，邊兵失利，安每鎮之以和靜[171]。其為政務舉大綱，不為小察[172]。時人比安於王導，而謂其文雅過之。

八月丁亥[173]，以左將軍王蘊為尚書僕射。頃之[174]，遷丹陽尹[175]。蘊自以國姻[176]，不欲在內，苦求外出，復以為都督浙江東五郡諸軍事、會稽內史。

是歲，秦大饑。

【章　旨】以上為第二段，寫孝武帝太元二年（西元三七七年）至太元四年共三年間的大事。主要寫了苻堅派苻丕、苟萇等多路出兵，會攻晉將朱序於襄陽，朱序之母助其子謀劃守城；寫了苻丕攻克襄陽，俘獲朱序，苻堅任朱序為度支尚書，為朱序日後策應謝玄破秦作了伏筆；寫了苻堅派彭超圍攻晉將戴逯於彭城，又聽彭超之請派毛當、王顯率軍會俱難等進攻淮南，秦軍連克盱眙、堂邑，晉軍接連敗退，朝廷大驚；寫了謝玄先任兗州刺史，監江北諸軍事，時朝廷詔求良將禦秦，謝安遂推薦了謝玄；謝玄在京口組建驍勇部隊，人稱「北府兵」；寫了謝玄奉命解彭城之圍，救出了戴逯；謝玄又進軍涂中，繼而破毛當、俱難於三阿；又破毛當、俱難於盱眙；又破殺邵保於淮陰；又與戴逯、田洛追破毛當、俱難於淮北。致使秦將彭超因建議進攻淮南，被苻堅下獄自殺，秦將俱難被削職為民；而謝玄則以破秦之功進號冠軍將軍，領徐州刺史；此外還寫了謝安為政的「務舉大綱，不為小察」，在秦軍逼近長江、人心惶惶的時候能「鎮之以和靜」的宰相之度等等。

【注釋】❶高句麗新羅　朝鮮族建立的兩個古國名，高句麗的都城丸都，即今遼寧集安，新羅的首都金城，即今韓國的慶州。❷西南夷　當時居住在今雲南、貴州以及四川西部的各少數民族。❸將作功曹　朝官名，將作大匠的僚屬。將作大匠是主管宮殿建築的官員。❹將作長史　將作大匠屬官，掌修建宗廟、路寢、宮室、陵園等事。晉朝將作大匠的僚屬只有丞，長史為苻秦所置。❺領尚方丞　兼任尚方丞。領，兼任。尚方丞是尚方令的副職，上屬於少府，是主管為宮廷製造器物的官員。❻慕容農　慕容垂之子，當時慕容垂父子正棲身於苻氏屬下。❼日以頹靡　一天比一天頹廢、萎靡。❽圖讖之言　即前文所說的「甲申乙酉，魚羊食人，悲哉無復遺！」見本書卷二十五孝武帝寧康二年。這些東西當然是出於後人的編造附會。❾行當有驗　很快就要應驗。行，將要。❿以承天意　以順應天意。承，接受；順應。⓫非爾所及　不是你所能看清、所能辦到的。及，至，這裡指明白、理解。⓬七月丁未　此語有誤，七月朔癸亥，無丁未日。丁未應是八月十六。⓭丙辰　八月二十五。⓮十月辛丑　十月十一。⓯領荊州刺史　兼任荊州刺史。⓰王蘊　王濛之子，孝武帝的岳父。⓱征西司馬領南郡相謝玄　謝玄是謝奕之子，謝安之姪，後來成為東晉名將。此時任征西將軍桓豁的司馬，兼任南郡國的相。傳見《晉書》卷七十九。⓲移阻江南　移守長江南岸的險要之地，以防備秦軍沿長江南側進攻建康城。阻，防守；駐兵。⓳徙鎮上明　把自己的軍政指揮部遷到上明。上明在今湖北松滋西北的長江南岸。過去荊州刺史的州治江陵是在江北，現在桓沖要加強長江以南的防禦，故將荊州治所移至江南的上明城。⓴江夏　郡名，郡治安陸，在今湖北安陸東南。㉑后父　王蘊為孝武帝皇后王氏之父。㉒妄自菲薄　無根據地看輕自己。㉓虧時遇　辜負朝廷的恩寵。虧，辜負。時遇，時機難得的寵遇。㉔位遇　地位、待遇。㉕謝安之右　謝安之上。古人尊右，以右為上。㉖入掌機權　在朝內執掌大政，時謝安任司徒，為丞相之職。㉗優遊散地　悠閒無事地擔任一種閒散職務，指為會稽內史。海西公太和四年，郗超篡改了其父給桓溫的書信，桓溫遂將郗愔改授為冠軍將軍、會稽內史。㉘憤邑　憤恨抑鬱。㉙安之明　只有像謝安這樣英明的人。㉚乃能違眾舉親　才能不顧輿論壓力地舉薦自己的親屬。乃，才。㉛足以不負所舉　的確也能不辜負謝安的舉薦。㉜共在桓公府　一道在桓溫的部下當僚屬。因桓溫被封為南郡公，故敬稱之為「桓公」。㉝使才　猶言用人，發揮人的作用。㉞雖屨屐間　即使在一些極其細小的事情上。雖，即使。屨屐，鞋子，皮製的叫屨，木製的叫屐，這裡用以比喻細小的事物。㉟彭城劉牢之　相傳是漢高祖劉邦的後代，東晉的猛將。傳見《晉書》卷八十四。㊱北府兵　晉人稱京口為「北府」。謝玄破秦將俱難等，始兼領徐州，其所統之軍號「北府兵」。㊲壬寅　十月十二。㊳東府　在建康臺城東，是東晉簡文帝為會稽王時的舊第，後為會稽王司馬道子之宅。太元中，司馬道子領揚州，以為治所。㊴儉陋　同「簡陋」。㊵止　停留；居住。㊶蘭臺都坐　官署名，御史臺官員聚會議事的地方。蘭臺，即「御史臺」。都坐，亦作「都座」。政事堂。魏晉時大臣商議政事的地方。㊷殆　近於；幾乎。㊸更營新宮　另外建築了一所宮殿，即建康宮。㊹緝熙政事　處理好各種國家政務。緝熙，光明美好的樣子。《詩・敬之》：「日就月將，學有緝熙於光明。」後因以「緝熙」指光明，這裡用如動詞。㊺奪其議　改變他的意見。奪，改變。㊻臨海　郡名，郡治在今浙江臨海市東南。㊼黨於桓氏　趨附、投靠於桓氏家族。黨，與……結黨，這裡指趨附、投靠。㊽公年尊　我的父親年紀大了。公，敬稱其父。㊾若以哀惋害寢食　如果因為悲傷影響到了吃飯與睡眠時。害，妨礙。㊿死已晚　早就該死了。(51)二月乙巳　二月十七。(52)長樂公丕　苻丕，苻堅之子，被封為長樂公。(53)樊鄧　樊城、鄧縣。樊城即今湖北襄樊之樊城區，鄧縣在今樊城區北。(54)始平石越　始平郡人姓石名越。始平郡的郡治槐里，在今陝西興平東南。(55)魯陽關　一作魯關，在魯陽縣，即今河南魯山縣西南，南召東北。(56)南鄉　郡名，郡治在今湖北十堰市南。(57)武當　縣名，縣治在今湖北丹江口市西北。(58)沔北　漢水以北。(59)舟檝　泛指船隻。檝，船槳。(60)不以為虞　不加戒備。虞，慮；提防。(61)浮渡　泗水而過。(62)中城　襄陽城的內城。內城稱城，外城稱郭。(63)履行　步行巡視。(64)西北隅　西北城角。(65)女丁　成年女子。(66)邪城　即斜城，橫斜於城中西北角的備用城牆城。(67)糗糧　乾糧。(68)許洛　許昌、洛陽。(69)塞其運道　斷絕他們的運糧通道。(70)而多殺將士二句　語略不順，意即何必為了急於求成而犧牲我們的將士呢。殺，犧牲。(71)辛巳　七月二十五。(72)重將　大將。(73)為征南棊劫之勢　意即與進攻襄陽的征南大將軍苻丕相互呼應，給敵人造成顧此失彼之狀。征南，指苻丕。苻丕為秦征南將軍。棊劫，圍棋術語，又叫「劫爭」。黑白雙方在同一處各自圍住對方一子。黑方如先提吃白方一子，白方須在他處下子，待黑方應後，才可在原處提回黑方一子，如此往復提吃。用來比喻攻敵一方，待敵應戰，後再攻其另一方，使其首尾不能相顧而最後取勝的戰術。(74)丹陽不足平也　消滅東晉王朝是不太費事的。丹陽，這裡即指東晉的首都建康，因為當時的建康是在當時的丹陽縣境內。不足，不用費力。(75)淮陰盱眙　當時屬於東晉的兩個縣名，淮陰縣治即今江蘇淮陰西南的甘羅城，盱眙縣治在今江蘇盱眙東北。(76)超二句　前文敘事，苻堅之將有「石越」，不聞有「彭越」，此云「超，越之弟」，則「彭越」究係何人？留待知者。(77)羌　邵羌。事見本書卷一百一海西公太和二年。(78)毛虎生　東晉名將毛寶之子，名「穆之」，小字「虎生」。傳見《晉書》卷八十一。(79)魏興郡名，郡治在今湖北白河縣北，當時屬晉。(80)西城　縣名，縣治在今陝西安康西北的漢江北岸。(81)正　酒正，監酒的令官。(82)以極醉為限　要喝得大醉方休。(83)地列酒泉二句　地面上有酒泉郡，天空中有酒池星。二句是說人生喝酒的合理性。曹操當年曾因荒年而下令禁酒，孔融故意和他作對寫〈酒德頌〉說：「天垂酒星之耀，地列酒泉之郡。」事見《後漢書》卷七十〈孔融傳〉及李賢注引〈酒德頌〉。趙整這裡即化用其文。(84)杜康妙識　杜康造酒的巧妙思想。杜康即夏朝的帝王少康，相傳是古代造酒的發明者。《說文解字・巾部》：「古者少康初作箕帚、秫酒。少康，杜康也。」(85)儀狄先知　儀狄造酒的超人智慧。相傳儀狄是大禹時代的做酒人。《戰國策・魏策》：「昔者帝女令儀狄作酒而美，進之禹，禹飲而甘之，遂疏儀狄，絕旨酒，曰：後世必有以酒亡其國者。」(86)紂喪殷邦　《史記・殷本紀》說殷紂王作酒池肉林，為長夜之飲，最後招致亡國。(87)桀傾夏國　《史記・夏本紀》有所謂「夏桀淫驕，乃放鳴條」，未言其有縱酒事。胡三省以司馬遷之上述二語即「蓋亦以酒也」，似乎勉強。(88)前危後則　前世的覆亡，後世可以當做教訓。則，法則；教訓。(89)禮飲　禮節性地喝一點。按《禮》：「臣侍君宴，酒不過三爵。」三爵，即三杯。(90)大宛　西域國名，國都貴山城，在今烏茲別克首都塔什干東南的卡賽散，屬邑有大小七十餘城。(91)用千里馬何為　《漢書・賈捐之傳》云：「孝文時有獻千里馬者，詔曰：『鸞車在前，屬車在後，吉行五十里，師行三十里，朕乘千里馬獨先安之？』」而《史記・孝文本紀》不載。(92)反之　將汗血馬給大宛國退了回去。(93)梁州　州治即今陝西漢中。(94)巴郡　郡治江安，在今重慶市西北。(95)北海公重　苻重。(96)長史呂光　呂光是氐族人，苻堅的名將呂婆樓之子，為苻重任長史。(97)與之同　與之同謀、同逆。(98)收重　逮捕苻重。(99)檻車　押送犯人的囚車。(100)以公就第　以公爵的身分回家賦閒，即免去一切現有職務，而保留其北海公的爵位。(101)劾　彈劾，起訴其罪過。(102)徵下廷尉　調進京城，交由廷尉審訊判罪。廷尉，國家的最高司法長官。(103)淹時　花費了好長時間。淹，留；虛度。(104)持節切讓　以皇帝的口吻對之嚴厲斥責。持節，手執旌節，表明是以皇帝特使的身分。切，深切；痛切。(105)持面　猶曰「忝顏」，不顧羞恥。(106)正月辛酉　正月初八。(107)博謀　集思廣慮。(108)以隨侯之珠彈千仞之雀　極言其得不償失、輕重失當。《莊子・讓王》：「今且有人於此，以隨侯之珠，彈千仞之雀，世必笑之。是何也？則其所用者重，而所要者輕也。」隨侯之珠，相傳隨侯路見一受傷之蛇，救而放之，其後此蛇遂銜一大珠以報隨侯。說見《搜神記》。後世遂用以代指極其貴重的珠寶。千仞之雀，以言其飛得極高，此珠還未必打得上。(109)孫皓　三國時吳國的末代之君，西元二六四至二八〇年在位。專橫殘暴，天紀四年（西元二八〇年）被晉所滅。事詳《三國志・吳書・三嗣主傳》。(110)廓清江表　意即消滅東晉王朝。廓清，澄清，這裡意即平定。江表，江外；江東。

(111)淮泗　淮河、泗水，流經今安徽、江蘇北部地區的兩條河流，這裡用以代指晉王朝的北境。(112)下梁益之卒　命令梁州（州治即今陝西漢中）、益州（州治即今四川成都）地區的大軍沿長江東下。(113)巴峽　巴東地區的三峽，即瞿塘峽、巫峽、西陵峽的合稱。(114)鑾輅　天子的車駕。鑾，車上的鈴鐺。(115)遠幸沮澤　遠臨沼澤地帶。幸，指皇帝駕臨某地。沮澤，水草叢生的沼澤，這裡代指東晉所處的江南。(116)漢光武誅公孫述　東漢劉秀即位之初，盤據於四川的軍閥公孫述還割據一方，不肯歸服，於是劉秀遂派大將岑彭、吳漢等將其討平。事見《後漢書・光武紀》。誅，討伐。(117)晉武帝擒孫皓　晉武帝是司馬炎，在他即位的初期，吳主孫皓尚佔據江南，司馬炎派大將王濬、王渾等將其討平。事見《晉書・武帝紀》。(118)六師　也稱「六軍」，天子的軍隊。(119)執枹鼓　意即親自指揮作戰。鼓是命令軍隊前進的器物。枹，鼓槌。(120)蒙矢石　冒著刀鋒箭雨向前衝。蒙，頂著；迎著。(121)南郡相　南郡諸侯國的行政長官，位同太守。南郡的郡治江陵，原在今湖北江陵的西北方，前被桓沖遷到了長江南岸的上明城。(122)送款於秦　送降書於秦，表示降服。款，真情實意，包括自己軍方的重要情報等等。(123)戊午　三月初六。(124)度支尚書　尚書臺的屬官，即後代所說的「戶部尚書」，掌管全國的財政收支。(125)順陽　郡名，郡治酇縣，在今湖北老河口市西北。(126)選其才望　選拔襄陽城內有才能、有名望的人。(127)送章節　把朝廷授予自己為官所用的印章和符節都送還朝廷，表示自己不配再任此官、再用此物。(128)泗口　泗水入淮水之口，在今江蘇淮陰北。(129)間使　密使。(130)部曲將　私人部隊的將領。(131)沒水　潛泳。(132)趣彭城　前往彭城。趣，意思同「趨」，前往。(133)厚賂之　用大量的錢財收買田泓。(134)告城中　向守彭城的軍民喊話。(135)南軍垂至　朝廷的援軍馬上就要到了。垂，即將。(136)勉之　猶言「努力堅持吧」。按，田泓的行為恰如春秋時代的晉國使者解揚。楚軍伐宋，宋求救於晉。晉使解揚赴宋，告以切勿降楚。中途被楚人所俘。楚人厚賂解揚，使之改勸宋人降楚。解揚偽應之。至登上樓車，乃向城中呼告了晉君的原話。事見《左傳》宣公十五年。(137)留城　留縣縣城，在今江蘇沛縣東南。(138)揚聲　揚言；假稱。(139)東海　郡名，郡治在今山東臨沂南。(140)三月壬戌　三月初十。(141)疆埸多虞　邊疆上有許多可慮的事情，即敵兵入侵。疆埸，邊境。虞，慮。(142)年穀不登　農業歉收。登，豐收。(143)供御所須　皇帝日常所用的物品。須，需要。(144)九親供給　對皇室各親戚的供應。九親，九族，指父三族、妻三族、子三族。(145)廩俸　俸祿。(146)權　暫時。(147)役費　各種傜役的開銷。役，如興建宮室、建造園林等用人用錢的活動。(148)癸未　四月初一。(149)巴中　即巴郡，治所江州縣，在今重慶市的西北部。(150)巴西　郡名，郡治閬中縣，在今四川閬中西。(151)巴東　郡名，郡治魚腹縣，在今重慶市奉節東。(152)四月戊申　四月二十六。(153)周孟威　周虓，字孟威，被扣押在秦，但不忘晉室。(154)丁彥遠　丁穆，字彥遠，被秦所俘，而不為秦吏。(155)吉祖沖　吉挹，字祖沖。(156)逃歸　指逃回晉朝。(157)手疏　親手給朝廷寫的信。(158)贈　追授吉挹官位。(159)五

月乙丑　五月十四。(160)三阿　即今江蘇金湖縣東南的平阿西村，東晉於此僑置幽、冀、青、并四州。(161)去廣陵百里　距離廣陵只還有百數里。廣陵即今江蘇揚州。(162)涂中　地名，指今安徽、江蘇境內滁水流域的滁州、全椒與六合一帶。(163)毛安之　毛寶之子。(164)堂邑　郡名，郡治在今江蘇六合北。(165)丙子　五月二十五。(166)六月戊子　六月初七。(167)淮橋　秦國為渡兵南下在淮河上架設的橋樑。(168)君川　水名，在今江蘇盱眙東北六里，為君山之川。(169)湖陸　縣名，縣治在今山東魚臺東南六十里。(170)下邳　諸侯國名，國都下邳縣，在今江蘇睢寧西北的古邳鎮東，自古為淮北戰場。(171)鎮之以和靜　以自己之平和、寧靜穩定朝野之心。(172)務舉大綱二句　只把握方針、政策，而不苛求細節。小察，猶苛察，在細節上求全責備。(173)八月丁亥　八月初七。(174)頃之　沒過多久。(175)丹陽尹　首都建康所在郡的行政長官。(176)國姻　皇帝的親戚，王蘊為皇后之父。

【校　記】[1]尚方丞　原誤作「將作丞」。據章鈺校，十二行本、乙十一行本、孔天胤本皆作「尚方丞」，張敦仁《通鑑刊本識誤》、張瑛《通鑑校勘記》同，今據校正。[2]也　原無此字。據章鈺校，十二行本、乙十一行本、孔天胤本皆有此字，張敦仁《通鑑刊本識誤》同，今據補。[3]假節　原無此二字。據章鈺校，十二行本、乙十一行本、孔天胤本皆有此二字，張敦仁《通鑑刊本識誤》同，今據補。[4]世　原作「後」。據章鈺校，十二行本、乙十一行本、孔天胤本皆作「世」，今據改。[5]淮陰　原誤作「淮陽」。今據嚴衍《通鑑補》改作「淮陰」。[6]命人人　原脫「命人」二字。據章鈺校，十二行本、乙十一行本、孔天胤本皆有此二字，今據補。[7]梁州　原誤作「涼州」。據章鈺校，十二行本、乙十一行本、孔天胤本皆作「梁州」，當是，今據改。[8]東海　原無此二字。據章鈺校，十二行本、乙十一行本、孔天胤本皆有此二字，張敦仁《通鑑刊本識誤》同，今據補。[9]逃　原作「得」。據章鈺校，十二行本、乙十一行本、孔天胤本皆作「逃」，張瑛《通鑑校勘記》同，今據改。[10]眾心危懼　原無此四字。據章鈺校，十二行本、乙十一行本、孔天胤本皆有此四字，張敦仁《通鑑刊本識誤》同，今據補。

【語　譯】二年（丁丑　西元三七七年）

春季，高句麗國、新羅國以及西南各夷族部落全都派遣使者前往秦國的都城長安進獻貢品。

故後趙擔任將作功曹的熊邈多次在秦王苻堅面前提起後趙時期，石氏所修建的皇宮是多麼的富麗堂皇，宮中的奇珍異寶多得無法計數，於是苻堅便任命熊邈為將作長史，兼任尚方丞，開始大規模的打造舟船，鑄造兵器，而且在舟船、兵器上都用金銀做裝飾，工藝也極其精巧。慕容農私下裡對自己的父親慕容垂說：「秦國自從丞相王猛死後，國家的法律制度，一天比一天頹廢、萎靡。如今再加上崇尚奢侈，災禍恐怕就要發生。

圖讖上的預言，很快就要應驗。大王您應該廣泛地結納英雄豪傑以順應天意，時機是不應該失去的。」慕容垂笑著說：「天下的事情不是你所能看清、所能辦到的。」

東晉征西大將軍桓豁上表舉薦擔任兗州刺史的朱序擔任了梁州刺史，鎮所設在襄陽。

秋季，七月丁未日，東晉朝廷任命擔任尚書僕射的謝安為司徒，謝安辭讓，沒有接受這一任命，朝廷於是又加授謝安為侍中、都督揚·豫·徐·兗·青五州諸軍事。

八月二十五日丙辰，東晉征西大將軍、荊州刺史桓豁去世。冬季，十月十一日辛丑，朝廷任命桓沖為都督江、荊、梁、益、寧、交、廣七州諸軍事，兼任荊州刺史，任命桓沖的兒子桓嗣為江州刺史。同時任命五兵尚書王蘊為都督江南諸軍事，持節，兼任徐州刺史，征西司馬、兼任南郡國相的謝玄為兗州刺史，兼任廣陵相，監管江北諸軍事。

東晉桓沖因為秦國勢力強盛，就想移守長江南岸的險要之地，於是奏請把自己的軍政指揮所從江陵遷到上明，讓擔任冠軍將軍的劉波戍守江北的江陵，派擔任諮議參軍的楊亮守衛江夏。

王蘊堅決辭讓徐州刺史職務，謝安說：「你是皇后的父親，地位很尊貴、重要，請不要毫無根據地看輕自己，以免辜負了這難得的機遇和朝廷對你的恩寵。」王蘊這才接受任命。

當初，東晉擔任中書郎的郗超認為自己的父親郗愔無論是地位還是待遇都應該在謝安之上，然而，謝安在朝廷之中執掌大權，而郗愔卻一直悠閒無事地擔任著閒散的職務，因此心中經常憤悶不平，並把這種憤悶不平的情緒從臉色、言辭中表現出來，從此跟謝安結下怨恨。當時，朝中官員正在為秦國勢力不斷強大而感到擔憂，孝武皇帝司馬昌明遂下詔徵求文武雙全、可以跟北方強敵對抗的大將之才，謝安遂舉薦自己的姪子謝玄參加徵聘。郗超得知這個消息以後，歎息著說：「只有像謝安這樣英明的人，才能夠不顧輿論的壓力舉薦自己的姪子，而謝玄的才智也的確可以不辜負謝安的推舉。」眾人都不贊同郗超的意見。郗超說：「我曾與謝玄一道在桓溫的部下當僚屬，親眼看到他在用人、發揮人的作用方面所表現出來的才幹，即使是在極其細小的事情上，都能安排處理得恰到好處，就憑這一點，我就知道謝玄一定不會辜負謝安對他的舉薦。」

謝玄招募驍勇的壯士，得到了彭城人劉牢之等幾個人。於是，任命劉牢之為參軍，劉牢之經常率領精銳部隊充當先鋒，每次作戰，無不告捷，當時人都稱他的部隊為「北府兵」，而敵人則對北府兵十分畏懼。

十月十二日壬寅，東晉擔任護軍將軍、散騎常侍的王彪之去世。當初，謝安想要擴建宮室，王彪之說：「晉元帝司馬睿在江東稱帝、定都建康初期，曾經把位在建康臺城之東的官府當做皇宮，條件特別簡陋。蘇峻叛亂時，晉成帝司馬衍就居住在御史臺官員聚會議事的地方，幾乎遮擋不住寒暑，所以才另外營建了一座宮殿。比起兩漢、曹魏時期確實有些簡陋，但比起初到江南之時已經奢侈了很多了。如今，敵寇的勢力正在強大，我們怎麼能大興土木，勞苦百姓呢？」謝安說：「皇帝居住的宮殿破舊簡陋，世人會認為我們無能。」王彪之說：「凡是擔負天下重大責任的人首先想到的應該是保衛國家、安定社稷，處理好各項國家政務，怎麼竟然把修築皇宮看做是有才能呢？」謝安未能改變王彪之的意見。所以在王彪之活著的時候，什麼工程也沒有修建。

十二月，東晉擔任臨海太守的郗超去世。當初，郗超趨附、投靠桓氏家族，與桓溫結成一黨，因為自己的父親郗愔忠於王室，所以一直瞞著他，沒有讓他知道。等到郗超病勢沉重時，他拿出了一箱子信件交給自己的門生說：「我父親年事已高，我死之後，如果我的父親因為哀傷過度而妨礙了飲食起居時，你可以把這個箱子交給他。如果我父親還能控制自己的哀傷，你就把這個箱子燒掉。」郗超死後，郗愔果然因為思念兒子，悲痛過度而病倒。郗超的門生便把郗超留給他的那個箱子呈送給郗愔，裡面裝的全都是郗超與桓溫互相往來、密謀背叛司馬氏的信件。郗愔看後不禁勃然大怒說：「這小子早就該死了！」於是不再為郗超之死而痛哭。

三年（戊申　西元三七八年）

春季，二月十七日乙巳，東晉開始建造新宮殿，孝武皇帝司馬昌明暫時搬到會稽王府邸居住。

秦王苻堅派遣擔任征南大將軍・都督征討諸軍事、兼任尚書令的長樂公苻丕、擔任武衛將軍的苟萇、擔任尚書的慕容暐率領七萬名步兵騎兵大舉進犯東晉所屬的襄陽，任用擔任荊州刺史的楊安率領樊城、鄧縣的軍隊作為前部先鋒，擔任征虜將軍的始平郡人石越率領一萬名精騎兵從魯陽關出發，擔任京兆尹的慕容垂、擔任揚武將軍的姚萇率領五萬人馬從南鄉出發，擔任領軍將軍的苟池、右將軍毛當、強弩將軍王顯率領四萬人馬從武當出發，各路人馬到襄陽會師後，再向襄陽發動進攻。

夏季，四月，秦國的軍隊到達漢水以北。東晉擔任梁州刺史的朱序因為秦軍沒有艦船，所以根本就沒有採取有效的預防措施。不料，沒過多久，秦國征虜將軍石越就率領著五千名騎兵泅水渡過漢水，朱序這才感到事態的嚴重，不禁惶恐驚駭起來，趕緊部署兵力嚴格把守襄陽城的內城。秦國的石越率軍攻克了襄陽城的外城，繳獲了一百多艘船隻，並用這些船隻將其餘留在漢水北岸的秦軍全部運送到漢水以南。秦國的長樂公苻丕指揮諸將猛攻襄陽城的中城。

東晉梁州刺史朱序的母親韓氏聽到秦軍即將攻城的消息，就親自登城步行巡視，當她走到城西北角的時候，認為這裡的城牆不夠堅固，於是，就率領著一百多名婢女以及城中的成年婦女在中城的內側加築了一道斜城。等到秦兵攻城的時候，西北角的城牆果然崩塌，守城的晉軍遂轉移到韓氏夫人所築的斜城之內繼續防守，襄陽人都管這段城叫做夫人城。

東晉擔任車騎將軍的桓沖鎮守上明，手下擁有七萬兵眾，卻因為懼怕秦軍的強大而不敢出兵救援襄陽。

秦國征南大將軍、長樂公苻丕想要加緊攻取襄陽，擔任武衛將軍的苟萇說：「我們的軍隊是東晉守衛襄陽軍隊的十倍，乾糧等軍需物品堆積如山，只要稍微將漢水、沔水流域的居民遷往許昌、洛陽，然後堵塞晉軍運送糧食的通道，斷絕晉軍的援軍，襄陽城就像扣在網中的飛鳥，何必擔心不能將牠擒獲，而犧牲很多將士，急於追求成功呢！」苻丕聽從了苟萇的意見。京兆尹慕容垂率軍攻克了南陽，活捉了南陽太守鄭裔，然後率軍前往襄陽與苻丕等會師。

秋季，七月，東晉新建的皇宮落成。二十五日辛巳，孝武皇帝司馬昌明入住新宮。

秦國擔任兗州刺史的彭超率軍攻打東晉沛郡太守戴逯所駐守的彭城，彭超說：「希望朝廷再派遣大將攻打淮河以南的各城邑，與進攻襄陽的征南大將軍苻丕相互呼應，使敵人顧此失彼，東西同時進攻，消滅東晉王朝是不太費事的。」秦王苻堅聽從了彭超的建議，於是讓彭超擔任都督東討諸軍事。又派遣後將軍俱難、右禁將軍毛盛、洛州刺史邵保率領七萬名步兵、騎兵進犯東晉的淮陰、盱眙。彭超，是彭越的弟弟。邵保，是邵羌的堂弟。八月，彭超率軍攻打東晉的彭城。東晉孝武皇帝司馬昌明下詔令擔任右將軍的毛虎生率領五萬人馬鎮守姑孰，抵禦秦軍。

秦國梁州刺史韋鍾率軍把東晉擔任魏興郡太守的吉挹圍困在西城。

九月，秦王苻堅與群臣在一起飲酒，任命擔任祕書監的朱彤為監酒令，命令人人都要喝得大醉方休。擔任祕書侍郎的趙整於是作了一首〈酒德之歌〉，歌詞是：「地上設有酒泉郡，天上有個酒池星。杜康善於釀美酒，儀狄釀酒技更高，酒能亡國大禹知。商紂飲酒喪殷邦，夏桀傾覆夏王朝。由此看來，前世覆亡因貪杯，後人借鑑遠離酒。」苻堅聽後非常高興，立即讓趙整將這首〈酒德之歌〉書寫下來作為酒戒。從此以後設宴招待群臣，只是禮節性地喝一點，每人不超過三杯。

秦國擔任涼州刺史的梁熙派遣使者進入西域，宣揚秦國的恩德和國威。冬季，十月，西域大宛國向秦國進獻汗血馬。秦王苻堅說：「我曾經羨慕漢文帝劉恆的為人，要這樣的千里馬有什麼用！」下令群臣寫作〈止馬之詩〉，將汗血馬退回給大宛國。

秦國境內巴西郡人趙寶在梁州起兵反抗秦國的統治，趙寶自稱是晉國的西蠻校尉、巴郡太守。

秦國擔任豫州刺史的北海公苻重鎮守洛陽，陰謀叛亂。秦王苻堅說：「在苻重手下擔任長史的呂光為人忠誠、正直，肯定不會與苻重同謀作亂。」於是命令呂光逮捕了苻重，呂光用囚車將苻重押送到京師長安。秦王苻堅赦免了苻重的死罪，免除了他的官職，只保留北海公的爵位，讓他以公爵的身分回家賦閒。苻重，是苻洛的哥哥。

十二月，秦國擔任御史中丞的李柔彈劾長樂公苻丕等說：「長樂公苻丕等擁有十萬兵眾，圍攻一個小小的襄陽城，每日軍費的開支需要一萬兩黃金，卻久而無功，請將他們召回京城，交付廷尉進行審理、判罪。」秦王苻堅說：「苻丕等耗費了國家大量的錢糧卻沒有一點成果，確實應該將他們貶官、殺戮；但軍隊已經花費了很長時間，總不能讓大軍空手而歸，所以就特例原諒他們這一次，讓他們爭取立功贖罪。」於是，秦王苻堅派遣擔任黃門侍郎的韋華手持符節前往襄陽，以秦王苻堅的口吻對苻丕等嚴加責備。賜給苻丕一把佩劍，說道：「來年春天如果還不能傳回捷報，你就用這把佩劍自殺，不要再厚著臉皮回來見我！」

投降秦國的周虓在秦國祕密寫信給東晉擔任車騎將軍的桓沖，向桓沖透露秦國內部的祕密。接著又逃往漢中，秦國人將周虓捕獲，但秦王苻堅仍然赦免了他。

四年（己卯　西元三七九年）

春季，正月初八日辛酉，東晉實行大赦。

秦國長樂公苻丕等接到秦王苻堅切責的詔書和用作自殺的佩劍後，非常驚慌恐懼，於是命令各軍同心協力猛力攻打襄陽。秦王苻堅想要親自攻取襄陽，遂下詔給陽平公苻融讓他率領函谷關以東六個州的兵力前往壽春會合，令涼州刺史梁熙率領河西走廊的兵力作為後續部隊隨後進發。陽平公苻融諫阻說：「陛下想要奪取江南，就一定要廣泛聽取意見，經過深思熟慮，不能倉促行事。如果只是攻取襄陽，哪裡值得親勞大駕呢！從來就沒有聽說過，傾盡全國的力量，只為奪取一座小城。這就是俗話所說的用寶貴的隨侯之珠去彈射飛於千仞之上的麻雀。」涼州刺史梁熙也勸諫說：「晉國孝武皇帝司馬昌明的殘暴程度，趕不上東吳時期的孫皓，而東晉江山形勢險要堅固，易守難攻。陛下如果一定要消滅東晉王朝，也不過是分別派遣將領和統帥，率領著函谷關以東地區的部隊南下淮河、泗水，下令梁州、益州地區的大軍沿著長江東下巴東地區的三峽，又何必非得親自屈尊車駕，遠征那些池沼地帶呢！從前，漢光武帝劉秀誅殺公孫述，晉武帝司馬炎生擒吳主孫皓，都沒有聽說這兩位皇帝親自統帥六軍，親手拿著鼓槌擂動戰鼓，親自冒著刀鋒箭雨向前衝殺。」苻堅這才停止。

東晉朝廷下詔給冠軍將軍、擔任南郡國國相的劉波，令他率領八千人馬救援襄陽。劉波畏懼秦軍勢力強大，不敢前進。朱序屢次率軍出城迎戰秦軍，將秦軍一次次打敗，於是秦軍向後撤退到距離襄陽城稍遠的地方，朱序因為秦軍的後撤而放鬆了戒備。二月，東晉擔任襄陽督護的李伯護暗中派自己的兒子前往秦軍大營投遞降書，請求做秦軍的內應。秦國長樂公苻丕立即下令各軍向襄陽城發起攻擊。三月初六日戊午，秦軍攻克了東晉的襄陽城，活捉了朱序，將朱序押送到秦國的都城長安。秦王苻堅認為朱序能堅守臣節，遂拜朱序為度支尚書，認為李伯護出賣祖國，為人不忠而將李伯護斬首。

秦國的將領慕容越率軍攻陷了東晉所屬的順陽，活捉了擔任太守的譙國人丁穆。秦王苻堅想要授予丁穆官職，丁穆嚴詞拒絕，絕不接受。苻堅任命擔任中壘將軍的梁成為荊州刺史，撥給他一萬名士卒，讓他鎮守襄陽，同時負責選拔襄陽城內那些有才幹、有聲望的人，對他們以禮相待，加以任用。

東晉擔任車騎將軍的桓沖因為襄陽已經被秦軍攻陷，遂上疏給朝廷，把朝廷頒發給自己的印信和符節都送還朝廷，認為自己已經不配再擔任此職、使用此物，請求朝廷解除他的職務，朝廷沒有批准。朝廷下詔罷免冠軍將軍南郡相劉波的官職，不久，又任命劉波為冠軍將軍。

秦國任命擔任前將軍的張蚝為并州刺史。

東晉擔任兗州刺史的謝玄率領一萬多人，前往救援彭城，謝玄將軍隊駐紮在泗口，準備派密使進入彭城通知戴逯，卻找不到合適的人選。部曲將領田泓請求潛水而行，從水道偷偷地前往彭城，謝玄便派田泓為使者前往彭城。不料，田泓被秦軍捉住，秦軍用大量的錢財賄賂、收買田泓，讓他告訴彭城中的人，說朝廷派來救援的軍隊已經被秦軍打敗。田泓假裝答應了秦軍的要求，等到面對彭城的守軍時，田泓大聲向守城的晉軍喊話說：「南方來的援軍馬上就到，派我前來報信，卻被秦軍捉住，你們要努力堅持住！」秦國人當場將田泓殺死。秦國兗州刺史彭超將所有糧草等軍用物資全部放置在留城，東晉兗州刺史謝玄假稱要派後將軍東海人何謙率軍攻擊留城。彭超聽到這個消息，趕緊解除了對彭城的包圍，率領軍隊返回留城保護輜重。駐守彭城的沛郡太守戴逯率領著彭城的部眾退出彭城，跟隨著何謙投奔駐紮在泗口的謝玄，秦國兗州刺史彭超遂佔據了彭城。彭超留下擔任兗州治中的屬官徐褒守衛彭城，自己則率領秦軍繼續南下攻取東晉的盱眙。秦國後將軍俱難也率軍攻克了淮陰，留下邵保戍守淮陰。

三月初十日壬戌，東晉孝武皇帝司馬昌明下詔說：「邊境上有許多令人憂慮的事情，今年莊稼歉收，皇帝日常所用的一切物品，都應該本著勤儉節約的原則。對皇室各親屬的供應，眾位官員的俸祿，暫時減少一半。其他各種傜役的花費，除非是軍事需要，都應該簡省或是停辦。」

四月初一日癸未，東晉派遣擔任右將軍的毛虎生率領三萬人軍隊攻擊巴郡，以緩解秦國梁州刺史韋鍾對魏興郡的軍事壓力。擔任前鋒督護的趙福等人率軍到達巴西郡，被秦國將領張紹打敗，損失了七千多人。毛虎生退守巴東郡。蜀地人李烏聚集起二萬人包圍了成都，響應東晉右將軍毛虎生，秦王苻堅派擔任破虜將軍的呂光率軍攻擊包圍成都的李烏，將李烏及其部眾全部消滅。

夏季，四月二十六日戊申，秦國的梁州刺史韋鍾攻陷了東晉的魏興郡，擔任魏興太守的吉挹拔出佩刀就要自殺，他身邊的人一見，趕緊把佩刀奪下。正巧秦軍攻入，遂將吉挹活捉，吉挹從此既不說話也不吃東西，竟然絕食而死。秦王苻堅歎息著說：「前有周虓不肯屈服，後有丁穆不肯做秦國的官員，如今吉挹又閉口不言、絕食而死，東晉為何會有這麼多的忠臣！」在吉挹手下擔任參軍的史穎後來逃回東晉，把吉挹臨終前親手寫給朝廷的書信呈遞給朝廷，東晉孝武皇帝司馬昌明下詔追贈吉挹為益州刺史。

秦國的右將軍毛當、強弩將軍王顯率領二萬人，從襄陽向東進發，與後將軍俱難、兗州刺史彭超會合，然後繼續率軍深入，攻打東晉淮河以南的各個城邑。五月十四日乙丑，俱難、彭超率軍攻佔了東晉的盱眙，活捉了擔任高密內史的毛璪之。秦國動用了六萬大軍包圍了東晉幽州刺史田洛所駐守的三阿，三阿距離廣陵只有一百里。東晉朝廷大為驚恐，遂沿著長江兩岸部署軍隊嚴加防守，派遣擔任征虜將軍的謝石率領水軍屯紮在涂中。謝石，是謝安的弟弟。

東晉擔任右衛將軍的毛安之等人率領四萬人屯駐在堂邑。秦國將領毛當、毛盛率領二萬名騎兵襲擊堂邑，東晉毛安之等大驚失色，四萬大軍竟然瞬時崩潰。東晉擔任兗州刺史的謝玄率軍從廣陵前來救援三阿。五月二十五日丙子，秦國的俱難、彭超戰敗之後，退守盱眙。六月初七日戊子，謝玄與田洛率領五萬人馬進攻盱眙城，俱難、彭超再次戰敗，率領秦軍撤退到淮陰據守。謝玄派遣何謙等率領水軍艦船趁著漲潮的機會上岸襲擊秦軍，晉軍在夜幕的掩護下，縱火燒毀了秦軍在淮河上搭建的大橋。邵保在這次戰役中陣亡，俱難、彭超遂撤退到淮河以北。東晉謝玄與何謙、戴逯以及田洛率領晉軍共同追擊秦軍，與秦軍在君川展開大戰，再次將秦軍打得大敗。俱難、彭超向北逃走，僅僅保住一命。東晉謝玄返回廣陵自己的鎮所，朝廷下詔加授謝玄為冠軍將軍，兼任徐州刺史。秦王苻堅接到秦軍戰敗的消息，非常震怒。秋季，七月，便用囚車將擔任兗州刺史的彭超押回長安交付廷尉審判，彭超於是自殺。後將軍俱難被免除官職，貶為平民。秦國任命毛當為徐州刺史，鎮所設在彭城，毛盛為兗州刺史，鎮所設在湖陸，王顯為揚州刺史，鎮守下邳。

東晉謝安擔任宰相期間，秦國的軍隊多次進犯，邊防部隊交戰失敗，眾心危懼，謝安每次都以平和寧靜的心態穩定朝野之心。他處理政務的原則是，只把握方針、政策，而不苟求細節。當時的人都把謝安比作王導，而在藝文禮樂方面謝安更勝過王導。

八月初七日丁亥，東晉任命擔任左將軍的王蘊為尚書僕射。不久，又提升王蘊為丹陽尹。王蘊因為自己是皇后的父親，不願意留在朝廷，苦苦地請求到地方上去任職，於是，又改任王蘊為都督浙江東部五郡諸軍事、會稽內史。

這一年，秦國遭遇大饑荒。

五年（庚辰　西元三八〇年）

春，正月，秦王堅復以北海公重為鎮北大將軍，鎮薊❶。

二月，作教武堂於渭城❷，命太學生明陰陽兵法❸者教授諸將。祕書監朱彤諫曰：「陛下東征西伐，所向無敵，四海之地，什得其八，雖江南未服，蓋不足言❹。是宜稍偃武事❺，增脩文德。乃更❻始立學舍，教人戰鬭之術，殆非所以訓致升平⑦也。且諸將皆百戰之餘，何患不習於兵，而更使受教於書生，非所以彊其志氣也。此無益於實而有損於名，惟陛下圖之⑧。」堅乃止。

秦征北將軍、幽州刺史行唐公洛勇而多力，能坐制奔牛⑨，射洞犂耳⑩。自以有滅代之功，求開府儀同三司⑪不得，由是怨憤。三月，秦王堅以洛為使持節⑫、都督益・寧・西南夷諸軍事、征南大將軍、益州牧，使自伊闕⑬趣襄陽，泝漢而上⑭。洛謂官屬曰：「孤帝室至親⑮，不得入為將相，而常擯棄邊鄙⑯。今又投之西裔⑰，復不聽過京師⑱。此必有陰計，欲使梁成⑲沈孤於漢水耳⑳。於諸君意何如[1]？」幽州治中平規㉑曰：「逆取順守㉒，湯、武㉓是也。因禍為福㉔，桓、文㉕是也。主上雖不為昏暴，然窮兵黷武㉖，民思有所息肩㉗者，十室而九。若明公神旗一建㉘，必率土雲從㉙。今跨據全燕，地盡東海，北總烏桓、鮮卑㉚，東引句麗、百濟㉛，控弦之士不減五十餘萬，奈何束手就徵㉜，蹈不測之禍乎！」洛攘袂大言㉝曰：「孤計決矣，沮謀㉞者斬！」於是自稱大將軍、大都督、秦王。以平規為幽州刺史，玄菟㉟太守吉貞為左長史，遼東太守趙讚為左司馬，昌黎太守王縕為右司馬，遼西太守王琳、北平太守皇甫傑、牧官都尉㊱魏敷等為從事中郎。分遣使者徵兵於鮮卑、烏桓、高句麗、百濟、新羅㊲、休忍㊳諸國，遣兵三萬助北海公重戍薊。諸國皆曰：「吾為天子守藩，不能從行唐公為逆。」洛懼，欲止，猶豫未決。王緼、王琳、皇甫傑、魏敷知其無成，欲告之，洛皆殺之。吉貞、趙讚曰：「今諸國不從，事乖本圖[39]。明公若憚益州之行者，當遣使奉表乞留[40]，主上亦不慮不從[41]。」平規曰：「今事形已[2]露，何可中止！宜聲言受詔[42]，盡幽州之兵，南出常山[43]，陽平公[44]必郊迎，因而執之，進據冀州，總關東之眾以圖西土，天下可指麾而定[45]也。」洛從之。夏，四月，洛帥眾七萬發和龍[46]。

秦王堅召羣臣謀之。步兵校尉呂光曰：「行唐公以至親為逆，此天下所共疾[47]。願假臣步騎五萬，取之如拾遺[48]耳。」堅曰：「重、洛兄弟，據東北一隅[49]，兵賦全資[50]，未可輕也。」光曰：「彼眾迫於凶威[51]，一時蟻聚[52]耳。若以大軍臨之，勢必瓦解，不足憂也。」堅乃遣使讓洛[53]，使還和龍，當以幽州永為世封[54]。洛謂使者曰：「汝還白東海王[55]，幽州褊狹[56]，不足以容萬乘[57]，須王秦中[58]，以承高祖之業[59]。若能迎駕潼關[60]者，當位為上公[61]，爵歸本國[62]。」堅怒，遣左將軍武都竇衝及呂光帥步騎四萬討之。右將軍都貴馳傳詣鄴[63]，將冀州兵三萬為前鋒，以陽平公融為征討大都督。

北海公重悉薊城之眾與洛會，屯中山[64]，有眾十萬。五月，竇衝等與洛戰于中山，洛兵大敗，生擒洛，送長安。北海公重走還薊，呂光追斬之。屯騎校尉石越自東萊[65]帥騎一萬，浮海[66]襲和龍，斬平規，幽州悉平。堅赦洛不誅，徙涼州之西海郡[67]。

臣光曰：「夫有功不賞，有罪不誅，雖堯、舜不能為治，況他人乎？秦王堅每得反者輒宥之[68]，使其臣狃於為逆[69]，行險徼幸[70]。雖力屈被擒，猶不憂死[71]，亂何自而息哉！書曰：『威克厥愛，允濟。愛克厥威，允罔功[72]。』詩云：『毋縱詭隨，以謹罔極。式遏寇虐，無俾作慝[73]。』今堅違之，能無亡乎！」

朝廷以秦兵之退為謝安、桓沖之功，拜安衛將軍，與沖皆開府儀同三司。

六月甲子[74]，大赦。○丁卯[75]，以會稽王道子為司徒，固讓不拜[76]。

秦王堅召陽平公融為侍中、中書監、都督中外諸軍事、車騎大將軍、司隸校尉[77]、錄尚書事；以征南大將軍、守尚書令、長樂公丕為都督關東諸軍事、征東大將軍、冀州牧。堅以諸氐種類繁滋，秋，七月，分三原[78]、九嵕[79]、武都[80]、汧[81]、雍[82]氐十五萬戶，使諸宗親[83]各領之，散居方鎮[84]，如古諸侯。長樂公丕領氐三千戶，以仇池氐酋[85]射聲校尉楊膺為征東左司馬，九嵕氐酋長水校尉齊午為右司馬，各領一千五百戶，為長樂世卿[86]。長樂[3]郎中令略陽垣敞為錄事參軍[87]，侍講[88]扶風韋幹為參軍事，申紹為別駕。膺，丕之妻兄也。午，膺之妻[4]父也。

八月，分幽州置平州[89]，以石越為平州刺史，鎮龍城。中書令梁讜為幽州刺史，鎮薊城。撫軍將軍毛興為都督河・秦二州諸軍事、河州刺史，鎮枹罕[90]。長水校尉王騰為并州刺史，鎮晉陽。河、并二州各配氐戶三千。興、騰並苻氏婚姻，氐之崇望[91]也。平原公暉為都督豫・洛・荊・南兗[92]・東豫[93]・揚[94][5]六州諸軍事、鎮東大將軍、豫州牧，鎮洛陽。移洛州刺史治豐陽[95]。鉅鹿公叡為雍州刺史，鎮蒲坂[6]。各配氐戶三千二百。

堅送丕至灞上，諸氐[96]別其父兄，皆慟哭，哀感路人。趙整因侍宴，援琴[97]而歌曰：「阿得脂[98]，阿得脂，博勞[99]舅父是仇綏[100]，尾長翼短不能飛。遠徙種人留鮮卑[101]，一旦緩急[102]當語誰[103]。」堅笑而不納。

九月癸未[104]，皇后王氏崩。

冬，十月，九真[105]太守李遜據交州反。

秦王堅以左禁將軍楊壁為秦州[106]刺史，尚書趙遷為洛州刺史，南巴校尉姜宇為寧州[107]刺史。

十一月乙酉[108]，葬定皇后[109]於隆平陵。

十二月，秦以左將軍都貴為荊州刺史，鎮襄陽[7]。置東豫州，以毛當為刺史，鎮許昌。

是歲，秦王堅遣高密太守毛璪之等二百餘人來歸[110]。

六年（辛巳 西元三八一年）

春，正月，帝初奉佛法，立精舍[111]於殿內，引諸沙門[112]居之。尚書左丞王雅[113]表諫，不從。雅，肅之曾孫也。

丁酉[114]，以尚書謝石為僕射。

二月，東夷、西域六十二國入貢于秦。

夏，六月庚子朔[115]，日有食之。

秋，七月甲午[116]，交趾[117]太守杜瑗斬李遜，交州平。

冬，十月，故武陵王晞[118]卒于新安[119]，追封新寧郡王，命其子遵為嗣。

十一月己亥[120]，以前會稽內史郗愔為司空。愔固辭不起。

秦荊州刺史都貴遣其司馬閻振、中兵參軍吳仲帥眾二萬寇竟陵[121]，桓沖遣南平[122]太守桓石虔[123]、衛軍參軍桓石民等帥水陸二萬拒之。石民，石虔之弟也。

十二月甲辰[124]，石虔襲擊振、仲，大破之，振、仲退保管城[125]。石虔進攻之，癸亥126，拔管城，獲振、仲，斬首七千級，俘虜萬人。詔封桓沖子謙為宜陽侯，以桓石虔領河東太守127。

是歲，江東大饑。

【章旨】以上為第三段，寫孝武帝太元五年（西元三八〇年）、六年共兩年間的大事。主要寫了苻堅的堂兄弟幽州刺史苻洛因不滿於自己所受的待遇，又懷疑苻堅對他的調動是圖欲殺之，因而勾結北海公苻重舉兵造反；苻堅命部將呂光、竇衝率兵往討，大破苻洛、苻重於中山，呂光追斬苻重，竇衝俘獲苻洛；寫了苻堅大肆封任苻氏的兄弟子姪及其姻親，令其各自帶領著一批享有特權的氐族人分別到各自的任地居住，有人對苻堅這種將氐族都派離京城，而將鮮卑人留在身邊的做法深感不安；寫了秦將都貴派其部屬閻振、吳仲進攻晉之竟陵郡，被桓沖的部將桓石虔、桓石民所破，閻振、吳仲身死，秦兵被殺七千，被俘上萬等等。

【注釋】❶薊　薊縣，即今北京市。❷渭城　即當年秦朝的國都咸陽，舊址在今陝西咸陽東北二十二里的聶家溝，漢高祖元年，改咸陽為新城；武帝元鼎三年改名渭城。❸陰陽兵法　用陰陽學說解釋用兵方略的法則。陰陽學說包括陰陽四時、八位、十二度、廿四時等數度之學和五德終始的五行之說。後世又有遁甲、六壬、擇日、占星等等。❹不足言　不值得一提，意思是用不著花力氣去進行討伐。❺是宜稍偃武事　這個時候應該稍稍停止一些武力征伐。是，此；這時候。偃，停止。❻乃更　結果反而。❼馴致升平　逐漸地實現和平；漸漸地過渡到太平。馴，逐漸。升平，太平。❽惟陛下圖之　請陛下仔細考慮。惟，表示祈請的句首語詞。❾坐制奔牛　意即很容易地制服狂奔的牛。「坐」字是極言其輕鬆不費力。❿射洞犂耳　能射穿犂鏵上的鐵鏡。犂，通「犁」。耕地所用的犂鏵，主要由兩部分構成，一部分是套住犂腳的鐵口，一部分是翻開硬土的犂鏡，兩部分都是用鑄鐵或鋼製成。犂鏡堅實光潔，是用以翻土的最重要的部件。洞，穿透。⓫開府儀同三司　也簡稱「開府」，是朝廷授予大臣的一種特別權力與稱號，內容主要有兩點，其一是可以開設辦公衙門，自己聘任僚屬，此即所謂「開府」；其二是享用國家三公（丞相、太尉、御史大夫）的全副儀仗，即所謂「儀同三司」。三司，司徒、司馬、司空，周代的三位最高朝官，與秦漢的丞相、太尉、御史大夫職務相同，故也稱「三公」。⑫使持節　朝廷授予大臣旌節的三種稱號之一。最高者為「使持節」，外出後有生殺二千石以下官吏之權；其次為「持節」，有生殺無官位人員之權；其三為「假節」，有生殺犯令者之權。⑬伊闕　也稱「龍門」，在今河南洛陽南二十五里，其地兩山對立如門，伊水從中流過，故稱「伊闕」。⑭泝漢而上　沿漢水逆流而上。泝，同「溯」。逆水。⑮帝室至親　皇帝最近的親屬。苻洛為苻健、苻雄之兄的兒子。⑯擯棄邊鄙　被拋棄在邊疆上。擯，排斥。邊鄙，邊疆。鄙，僻遠的小城。⑰西裔　西部邊遠的地方。⑱不聽過京師　不允許經過京城。聽，允許。⑲梁成　苻堅的部將，此時任荊州刺史，鎮襄陽。苻洛沿漢水逆流西行，正需經過襄陽。⑳沈孤於漢水耳　想讓他們把我淹死在漢水中。沈，同「沉」。㉑幽州治中平規　苻洛的僚屬姓平名規，此時任「治中」之職。治中是刺史手下的高級僚屬，全稱「治中從事史」。㉒逆取順守　先以武力奪取政權叫「逆取」，然後行仁義以治理天下叫「順守」。逆，指用非法的、不正當的手段。順，指用符合仁義、順乎民心的辦法。《史記・酈生陸賈列傳》：「陸生曰：『居馬上得之，寧可以馬上治之乎？且湯武逆取而以順守之，文武並用，長久之術也。』」㉓湯武　商湯和周武王，都是以武力推翻自己的君主夏桀和商紂而奪得天下。㉔因禍為福　趁著國家內亂而奪取政權。㉕桓文　齊桓公與晉文公。齊桓公是殺了自己的兄弟公子糾而奪得政權；晉文公是趁其兄惠公剛死，殺死其姪懷公奪得政權。二人後來都成為名震天下的霸主。㉖窮兵黷武　征討不休，濫用武力。㉗民思有所息肩　百姓們想換一位能讓他們休息一下、喘口氣的君主。息肩，擱下挑子喘口氣。㉘神旗一建　討伐苻堅的大旗一旦舉起。建，樹立起來。㉙率土雲從　整個國內都會像風起雲湧一樣地跟隨你。率土，率土之濱，指四境之內，意即全國。㉚北總烏桓鮮卑　向北調集烏桓、鮮卑兩個民族的兵力。總，調集。烏桓，鮮卑族的一個分支，當時居住在今遼寧西部一帶地區。㉛東引句麗百濟　向東招引高句麗、百濟兩個朝鮮族的小國。高句麗當時居住在今遼寧東南部和與之鄰近的朝鮮北部地區；百濟居住在今韓國的西部地區。㉜束手就徵　乖乖地聽他招呼。就徵，按著他的命令走。㉝攘袂大言　捋起袖子大聲說。㉞沮謀　阻止我的計畫。沮，瓦解。㉟玄菟　郡名，郡治在今遼寧瀋陽東。㊱牧官都尉　主管養馬、馴馬的官員。㊲新羅　朝鮮族的小國名，當時居住在今韓國的東南部，國都慶州。㊳休忍　朝鮮古國名。㊴事乖本圖　形勢和我們原來的計畫不相合。乖，違背。㊵乞留　請求留在幽州。㊶主上亦不慮不從　詞語生澀，似應作「亦不慮主上不從」，也不必擔心主上不答應我們。主上，指苻堅。㊷聲言受詔　假說是奉了皇帝的詔令。㊸南出常山　向南到常山郡去。常山郡的郡治真定，在今河北正定南。㊹陽平公　苻融，被封陽平公，時為冀州刺史，鎮鄴城。鄴城在今河北臨漳西南。㊺指麾而定　指指劃劃就能平定，極言其輕而易成。指麾，指點、揮手，皆不費力氣的舉動。(46)發和龍　從和龍出發。和龍，即龍城，本慕容氏燕國的都城，即今遼寧朝陽。時苻洛以幽州刺史鎮和龍。(47)共疾　共同氣憤；共同仇恨。(48)拾遺　彎腰拾起地上的東西，以言其非常容易。(49)據東北一隅　佔據著東北一方。一隅，一角；一方。(50)兵賦全資　兵力和賦稅全部被他掌控。資，佔有；掌控。(51)彼眾迫於凶威　他的部下都是被他的兇惡氣焰所威脅。(52)一時蟻聚　像螞蟻群一樣偶然地聚集在一起。一時，偶然，極言其臨時、短暫。(53)讓洛　譴責苻洛。讓，責備。(54)世封　世世代代的封地。封，地界。(55)東海王　指苻堅，苻堅在奪取皇位之前被封為東海王。(56)褊狹　狹窄；狹小。(57)不足以容萬乘　容不下一個皇帝。萬乘，萬輛兵車。春秋時代以萬乘稱周天子，以千乘稱大國諸侯，後世遂以「萬乘」代指皇帝。此處是苻洛自指。(58)王秦中　在秦中稱王稱帝。秦中，意同「關中」。(59)以承高祖之業　以繼承高祖苻健的帝王大業。苻健廟號「高祖」。(60)若能迎駕潼關　你苻堅倘能到潼關迎接皇帝我。(61)當位為上公　當封你為上等的公爵。當時的公爵有「郡公」、「縣公」之分。(62)爵歸本國　可以讓你帶著上公的爵位回到你的東海國去。(63)馳傳詣鄴　乘坐驛車飛快地前往鄴城。傳，驛車。(64)中山　諸侯國名，都城盧奴，即今河北定州。(65)東萊　郡名，郡治即今山東萊州。(66)浮海　乘船渡海。(67)徙涼州之西海郡　發配到涼州的西海郡。西海郡的郡治居延縣，在今內蒙古額濟納旗東南的哈拉和圖。(68)輒宥之　總是寬恕他們。宥，寬饒。(69)狃於為逆　習慣於造反。狃，習慣；不把……當做一件事。(70)行險徼幸　懷著僥倖心理去做冒險的事情。徼，邀取；搏取。(71)不憂死　不擔心被殺。(72)威克厥愛四句　語出古文《尚書．胤征》，意思是說如果法律的威嚴能超過仁愛之心就必定能成功；如果仁愛之心超過法律的威嚴就什麼也辦不成。克，超過；壓倒。厥，其。允濟，一定能成功。罔，無；不。(73)毋縱詭隨四句　語出《詩經．民勞》，意思是不要聽信詭詐欺騙的話，以警惕行為不正的人。要防止行兇作亂，以避免邪惡的事情發生。毋，不要。縱，放任；聽信。詭隨，狡詐、欺騙。罔極，沒有準則，肆意而為。式，發語詞。遏，抑止。寇虐，行兇作亂。俾，使。慝，邪惡。(74)六月甲子　六月十九。(75)丁卯　六月二十二。(76)不拜　不接受任命。(77)司隸校尉　國家都城所在州的行政長官，位同州刺史；同時兼管對朝廷官員的檢察與彈劾。(78)三原　縣名，在今陝西淳化東。(79)九嵕　山名，在今陝西禮泉東北。(80)武都　古城名，在今甘肅成縣西北，是當時武都郡的郡治所在地。(81)汧　縣名，縣治在今陝西隴縣東南。(82)雍　縣名，縣治在今陝西鳳翔西南。(83)諸宗親　指苻氏皇室的各個皇親國戚。(84)散居方鎮　分散地居住在各督軍、各州刺史的駐地。(85)仇池氐酋　仇池地區的氐族頭領。仇池，地區名，在今甘肅成縣境內。(86)為長樂世卿　在長樂公苻丕部下世代相承地為卿爵貴族。(87)錄事參軍　官名，為王公府、軍府、州府的文祕總管，兼管舉彈善惡。(88)侍講　在帝王身邊，為帝王讀書、講古的官員。(89)平州　州治即今遼寧義縣，當時稱作「龍城」，也曾是昌黎郡的郡治所在地。[90]枹罕　古城名，在今甘肅臨夏的東北側，當時為興晉郡的郡治所在地。[91]崇望　高門望族。[92]南兗　州名，州治湖陸，在今山東魚臺東南。[93]東豫　州名，州治許昌，在今河南許昌東。[94]揚　州名，苻氏的揚州州治下邳，在今江蘇邳州西南。[95]豐陽　縣名，縣治即今陝西山陽。[96]諸氐　指苻丕、苻融等接受任命前往各地任職的人。[97]援琴　拿過琴來。援，拉；拿。[98]阿得脂　聲詞，沒有意義，如同現今歌曲中的「咿呼嗨、呀呼嗨」之類。[99]博勞　鳥名，也寫作「伯勞」。因古代民歌有「東飛伯勞西飛燕」之語，於是後人多在送別詩中提到此鳥。[100]仇綏　不知何物。[101]遠徙種人留鮮卑　把氐族的親屬都派往外地，而把慕容垂、慕容楷等鮮卑人都留在身邊。種人，同一個民族的人。[102]緩急　偏義複詞，即指危急之事。「緩」字無實義。[103]當語誰　該和誰商量。[104]九月癸未　九月初十。[105]九真　郡名，郡治清化，在今越南國境內，上屬於交州。交州的州治龍編，在今越南河內東北。[106]秦州　州治上邽，即今甘肅天水市。[107]寧州　苻氏的寧州州治，在今四川中江縣。[108]十一月乙酉　十一月十三。[109]定皇后　即孝武帝的王皇后，謚曰定。[110]毛璩之等二百餘人來歸　上年五月，秦將俱難、彭超攻陷盱眙時，毛璩之等被俘。今秦主苻堅放其回歸晉朝。[111]精舍　又稱「精廬」，僧人修煉居住和講習佛經之所。[112]沙門　僧人；和尚。[113]王雅　三國時期魏國經學家王肅的曾孫。[114]丁酉　正月二十六。[115]六月庚子朔　六月初一是庚子日。[116]七月甲午　七月二十五。[117]交趾　交州境內的郡名，郡治也在龍編，南與九真郡相連。[118]故武陵王晞　司馬晞，元帝司馬睿之子，初封為武陵王，後被桓溫所廢，遷到新安監管。事見本書上卷簡文帝咸安元年。[119]新安　郡名，郡治始新縣，在今浙江淳安西北。[120]十一月己亥　此語有誤，十一月朔戊辰，無己亥日。己亥應是十二月初三。[121]竟陵　郡名，郡治石城，即今湖北鍾祥。[122]南平　郡名，郡治江安，在今湖北公安北，在竟陵郡的西南方，兩郡相連。[123]桓石虔　桓豁之子，桓沖之姪。[124]十二月甲辰　十二月初八。[125]管城　古城名，在今湖北鍾祥北，接宜城界。[126]癸亥　十二月二十七。[127]領河東太守　兼任河東太守。按，此所謂「河東」乃僑置之郡，在今湖北松滋境內。

【校　記】[1]於諸君意何如　原無此句。據章鈺校，十二行本、乙十一行本、孔天胤本皆有此句，張瑛《通鑑校勘記》同，今據補。[2]已　據章鈺校，十二行本、乙十一行本、孔天胤本皆作「頗」。[3]長樂　據章鈺校，此下十二行本、乙十一行本、孔天胤本皆有「國」字，張敦仁《通鑑刊本識誤》同。[4]妻　據章鈺校，十二行本、乙十一行本皆作「妃」。[5]揚　原誤作「陽」。據章鈺校，乙十一行本作「揚」，今據校正。[6]鎮蒲坂　原無此句。據章鈺校，十二行本、乙十一行本、孔天胤本皆有此句，張敦仁《通鑑刊本識誤》、張瑛《通鑑校勘記》同，今據補。[7]襄陽　原誤作「彭城」。今據嚴衍《通鑑補》改作「襄陽」。

【語　譯】五年（庚辰　西元三八〇年）

春季，正月，秦王苻堅再次任命北海公苻重為鎮北大將軍，鎮守薊城。

二月，秦國在渭城建造教武堂，令太學中通曉用陰陽學說解釋用兵方略的學生為諸將領講授這方面的課程。擔任祕書監的朱彤勸諫說：「陛下東征西討，所向無敵，四海之內的疆土，陛下已經佔有了其中的八成，雖然長江以南的東晉還沒有臣服，但已經不值得一提。現在應該稍微停止一些武力征討，而在文化品德教育方面有所加強。結果反而興建起學堂，讓人教授軍事上的戰略技術，恐怕不是逐漸地實現和平的辦法。再說諸將領都是身經百戰，何必擔心他們不懂得用兵打仗，反而要讓他們去接受那些書生的教育，這樣做恐怕不利於提高他們志氣。這對於實際應用一點好處也沒有，反倒有損於名聲，希望陛下能夠認真考慮。」苻堅於是下令停止。

秦國征北將軍、幽州刺史行唐公苻洛作戰勇猛，而且力大無比，能夠很輕易地制服狂奔的牛，射箭的力量能夠射穿犁鏵上的鐵鏡。他自認為有滅亡代國的功勞，便要求朝廷加授自己開府儀同三司，而沒有得到批准，苻洛因此心懷怨憤。三月，秦王苻堅任命苻洛為使持節、都督益・寧・西南夷諸軍事、征南大將軍、益州牧，令他率軍從伊闕趕赴襄陽，然後沿著漢水逆流而上。苻洛對自己的僚屬說：「我是與皇帝血緣關係最近的親屬，不僅不能入朝為將為相，反倒經常被拋棄到僻遠的邊境上。現在又把我投放到西南的蠻荒之地，還不准路過京師。這其中一定有不可告人的陰謀，是想讓梁成把我沉入漢水淹死罷了。你們有什麼想法？」在苻洛的幽州刺史府中擔任治中的平規說：「先用非法的、不正當的武裝叛逆推翻自己的君主，奪取政權，再用符合仁義、順乎民心的辦法治理天下，達到鞏固政權的目的，商湯、周武王就是這樣做的。趁著國家內亂而奪取政權，齊桓公、晉文公就屬於這一類。如今的君主雖然不算昏庸暴虐，然而他用盡全國兵力，無休無止地發動戰爭，百姓希望換一個能讓他們休息一下、喘口氣的君主，十戶之中就有九戶。如果閣下將討伐秦王苻堅的義旗一舉，全國的民眾必定如風起雲湧一樣紛紛起兵追隨您。現在我們擁有古代燕國的全部疆土，向東一直延伸到大海邊，向北調集烏桓、鮮卑兩個部族的兵力，向東招引高句麗、百濟兩個小國的兵力，能夠拉弓射箭的人不會少於五十多萬，為什麼要綁住自己的雙手乖乖地聽任別人的招呼，跳入那難以預測的災禍之中呢！」苻洛於是捋起袖子大聲地說：「我已經下定決心，誰敢阻止我的計畫，我就將誰斬首！」於是，苻洛便自稱大將軍、大都督、秦王。任命平規為幽州刺史，任命擔任玄菟太守的吉貞為左長史，任命擔任遼東太守的趙讚為左司馬，任命擔任昌黎太守的王緄為右司馬，任命擔任遼西太守的王琳、北平太守的皇甫傑、牧官都尉的魏敷等為從事中郎。同時分別派遣使者前往鮮卑、烏桓、高句麗、百濟、新羅、休忍等小國徵兵，讓他們出兵三萬人協助北海公苻重守衛薊城。諸小國都說：「我們是為秦國天子守衛邊疆，不能跟隨行唐公苻洛謀反。」苻洛此時感到有些害怕，就想停止謀反，但還沒有最後拿定主意。昌黎太守王緄、遼西太守王琳、北平太守皇甫傑以及牧官都尉魏敷都知道苻洛不會成功，就準備向朝廷告發，苻洛就將他們全部殺死。玄菟太守吉貞、遼東太守趙讚說：「如今諸國都不肯服從我們，事情和我們原來的計畫不相合。明公如果懼怕前往益州任職，應當派遣使者帶著表章前往長安，請求繼續留在幽州，也不必擔心主上不接受明公的請求。」平規說：「如今叛變的行跡已經顯露出來，怎麼能半途而廢！應該對外宣稱奉了秦王調往益州的詔命，然後率領幽州的所有兵力，向南到常山郡去，擔任冀州刺史的陽平公苻融必定出城到郊外迎接，我們趁機將陽平公苻融逮捕，奪取冀州，統領函谷關以東所有的兵力奪取關中地區，天下可以隨著大旗所指而很快平定。」苻洛聽從了平規的意見。夏季，四月，苻洛率領七萬部眾從和龍起兵，準備奪取秦國天下。

秦王苻堅召集群臣商議對策。擔任步兵校尉的呂光說：「行唐公苻洛是皇室的至親骨肉，卻首先發動叛逆，這是天下人所共同痛恨的事情。希望陛下撥給我五萬名步兵、騎兵，打敗他就如同彎下腰從地上拾起一個被人遺失的東西一樣容易。」秦王苻堅說：「苻重、苻洛兄弟，佔據著國家東北的一角，那裡的兵力和賦稅全部被他掌控，不能太輕視他們。」呂光說：「他們手下的部眾，都是在他兇惡氣焰的威脅下，不得不跟隨他們，就像一群螞蟻暫時聚集在一起罷了。朝廷大軍一旦出動，勢必立時土崩瓦解，對於他們的叛逆不值得過分擔憂。」秦王苻堅遂派遣使者前往責備苻洛，讓苻洛返回和龍，如果苻洛遵從，秦王苻堅承諾幽州世世代代永遠屬於他的封地。苻洛對使者說：「你回去以後，告訴東海王苻堅，就說幽州地方太偏遠、狹小，容不下擁有萬輛兵車的天子，我應該在關中地區稱王稱帝，繼承高祖苻健的帝王大業。如果苻堅能夠到潼關迎接我的車駕，我會封他最上等的公爵，讓他以公爵的身分回到他自己的東海封國去。」秦王苻堅勃然大怒，立即派遣擔任左將軍的武都人竇衝以及步兵校尉呂光率領四萬名步兵、騎兵前去討伐苻洛。令擔任右將軍的都貴乘坐國家驛站的馬車飛速趕往鄴城，率領冀州的三萬人軍隊充任先鋒，任命陽平公苻融為征討大都督。

秦國北海公苻重調集了薊城的所有部隊與苻洛會合在一起，屯紮在中山，他們擁有部眾十萬。五月，左將軍竇衝等與叛將苻洛等在中山展開決戰，苻洛的人馬被朝廷軍打得大敗，苻洛被活捉，左將軍竇衝等將苻洛押送京師長安。北海公苻重逃回薊城，被步兵校尉呂光追上，斬首。擔任屯騎校尉的石越率領一萬名騎兵，從東萊乘坐艦船，渡過渤海襲擊苻洛的老巢和龍，斬殺了苻洛的主謀平規，幽州的叛亂被徹底鎮壓下去。秦王苻堅赦免了苻洛的死罪，把苻洛發配到涼州屬下的西海郡。

司馬光說：「對建立大功的人不予獎賞，對犯有大罪之人不誅殺，即使唐堯、虞舜在世也治理不好國家，何況是其他的君主呢？秦王苻堅每次生擒叛亂的人都給與寬宥，使得他的臣屬根本不把叛逆當成一回事，勇於冒險去嘗試，以求僥倖成功，即使失敗被捉，也不用擔憂會被殺死，如此的話，內亂怎麼會停息呢！古文《尚書・胤征》說：『如果法律的威嚴超過仁愛之心，就能獲得成功。如果仁愛之心超過了法律的威嚴，就什麼也辦不成。』《詩經・民勞》上說：『不要聽信那些詭詐欺騙的話，以警惕行為不正的人。要防止行兇作亂，以避免邪惡的事情發生。』而秦王苻堅完全違背了這些教訓，國家怎麼能不滅亡！」

東晉朝廷認為秦兵的退卻是擔任尚書僕射的謝安與車騎將軍桓沖的功勞，於是，加授謝安為衛將軍，與桓沖全都享受開府儀同三司的待遇。

六月十九日甲子，東晉實行大赦。〇二十二日丁卯，東晉朝廷任命會稽王司馬道子為司徒，司馬道子堅決辭讓，沒有接受朝廷的任命。

秦王苻堅將陽平公苻融召回長安，任命他為侍中、中書監、都督中外諸軍事、車騎大將軍、司隸校尉、錄尚書事；任命擔任征南大將軍、兼任尚書令的長樂公苻丕為都督關東諸軍事、征東大將軍、冀州牧。秦王苻堅因為氐族各部落繁衍很快、人口眾多，於是，在秋季，七月，把三原、九嵕、武都、汧、雍城等地的氐族十五萬戶，由苻氏皇室的各個皇親國戚分別統領，帶往各督軍、各州刺史的駐地居住，仿照古代分封諸侯國的制度。長樂公苻丕統領三千戶氐人，任命仇池地區的氐族部落酋長、擔任射聲校尉的楊膺為征東左司馬，任命九嵕氐族部落酋長、擔任長水校尉的齊午為征東右司馬，二人各自統領氐人一千五百戶，在長樂公苻丕部下為卿，世代相承。任命在長樂公手下擔任郎中令的略陽人垣敞為錄事參軍，任命擔任侍講的扶風人韋幹為參軍事，任命申紹為別駕。楊膺，是長樂公苻丕妻子的哥哥。齊午，又是楊膺的岳父。

八月，將幽州劃分出一部分，設置為平州，任命擔任屯騎校尉的石越為平州刺史，鎮所設在龍城。任命擔任中書令的梁讜為幽州刺史，鎮所設在薊城。任命擔任撫軍將軍的毛興為都督河州、秦州二州諸軍事、河州刺史，鎮所設在枹罕。任命擔任長水校尉的王騰為并州刺史，鎮所設在晉陽。河州、并州各分配氐人三千戶。因為河州刺史毛興和并州刺史王騰與秦國王室有婚姻關係，又是氐人當中的高門望族。任命平原公苻暉為都督豫・洛・荊・南兗・東豫・揚六州諸軍事、鎮東大將軍、豫州牧，鎮所設在洛陽。將洛州刺史的治所遷移到豐陽。任命鉅鹿公苻叡為雍州刺史，鎮所設在蒲阪。每人都配給氐人三千二百戶。

秦王苻堅為長樂公苻丕送行，一直送到灞上，隨同苻丕等前往各地任職的那些氐族人，與自己的父兄告別時全都痛哭失聲，哀痛之聲，連過路的人都深受感動。擔任祕書侍郎的趙整藉著在旁邊陪侍的機會，便拿過琴來一面彈琴一面歌唱，歌詞說：「阿得脂，阿得脂，博勞舅父是仇綏，尾長翼短不能飛。遠徙同族人而留下鮮卑人，一旦有急事要和誰商量。」秦王苻堅聽後只是笑了笑，並沒有採納趙整的意見。

九月初十日癸未，東晉孝武皇帝司馬昌明的皇后王氏去世。

冬季，十月，東晉擔任九真郡太守的李遜佔據著交州起兵叛亂。

秦王苻堅任命擔任左禁將軍的楊壁為秦州刺史，任命擔任尚書的趙遷為洛州刺史，任命擔任南巴校尉的姜宇為寧州刺史。

十一月十三日乙酉，東晉將孝武皇帝司馬昌明的皇后王氏安葬於隆平陵。

十二月，秦國任命擔任左將軍的都貴為荊州刺史，鎮所設在襄陽。秦國設置東豫州，任用毛當為東豫州刺史，鎮所設在許昌。

這一年，秦王苻堅把高密內史毛璪之等二百多人送歸東晉。

六年（辛巳　西元三八一年）

春季，正月，東晉孝武皇帝司馬昌明開始信奉佛法，他在皇宮之內建造了精舍，供那些佛門的和尚居住。擔任尚書左丞的王雅上表勸諫，孝武皇帝司馬昌明根本聽不進去。王雅，是王肅的曾孫。

正月二十六日丁酉，東晉任命擔任尚書的謝石為僕射。

二月，東夷、西域總計六十二個小國向秦國進貢。

夏季，六月初一日庚子，發生日蝕。

秋季，七月二十五日甲午，東晉擔任交趾太守的杜瑗斬殺了李遜，交州平定下來。

冬季，十月，東晉被貶為平民的故武陵王司馬晞在新安逝世，朝廷追封司馬晞為新寧郡王，令司馬晞的兒子司馬遵繼承他的爵位。

十一月己亥日，東晉任命前會稽內史郗愔為司空。郗愔堅決推辭，不肯就職。

秦國擔任荊州刺史的都貴派遣在自己屬下擔任司馬的閻振、擔任中兵參軍的吳仲率領二萬名兵士進犯東晉的竟陵郡，東晉擔任車騎將軍的桓沖派遣擔任南平太守的桓石虔、擔任衛軍參軍的桓石民等率領二萬名水軍與陸軍抵抗進犯竟陵的秦軍。桓石民，是桓石虔的弟弟。

十二月初八日甲辰，東晉南平太守桓石虔率軍襲擊秦軍將領閻振和吳仲，將入侵的秦軍打得大敗，閻振、吳仲撤退到管城堅守。東晉桓石虔率軍繼續攻打，二十七日癸亥，攻克了管城，活捉了秦國司馬閻振和中兵參軍吳仲，斬殺了七千名秦軍，俘虜了一萬人。朝廷下詔封車騎將軍桓沖的兒子桓謙為宜陽侯，任命桓石虔兼任河東太守。

這一年，東晉境內發生大饑荒。

七年（壬午 西元三八二年）

春，三月[1]，秦大司農東海公陽❶、員外散騎侍郎王皮、尚書郎周虓謀反。事覺，收下廷尉。陽，法之子。皮，猛之子也。秦王堅問其反狀，陽曰：「臣父哀公❷死不以罪，臣為父復讎耳。」堅泣曰：「哀公之死，事不在朕，卿豈不知之？」王皮曰：「臣父丞相，有佐命❸之勳，而臣不免貧賤，故欲圖富貴耳。」堅曰：「丞相臨終託卿❹，以十具牛❺為治田之資❻，未嘗為卿求官。知子莫若父，何其明也！」周虓曰：「虓世荷❼晉恩，生為晉臣，死為晉鬼，復何問乎！」先是，虓屢謀反叛，左右皆請殺之，堅曰：「孟威烈士，秉志❽如此，豈憚死乎！殺之適足❾成其名耳。」皆赦不誅，徙陽于涼州之高昌郡❿，皮、虓于朔方⓫之北。虓卒于朔方。陽勇力兼人⓬，尋復徙鄯善⓭。及建元之末⓮，秦國大亂，陽劫鄯善之相欲求東歸，鄯善王殺之⓯。

秦王堅徙鄴銅駝、銅馬、飛廉、翁仲⓰於長安。

夏，四月，堅以[2]扶風⓱太守王永為幽州刺史。永，皮之兄也。皮凶險無行⓲，而永清修⓳好學，故堅用之。以陽平公融為司徒，融固辭不受。堅方謀伐晉，乃以融為征南大將軍、開府儀同三司。

五月，幽州蝗生，廣袤千里⑳，秦王堅使散騎常侍彭城劉蘭發幽、冀、青、并民撲除㉑之。

秋，八月癸卯㉒，大赦。

秦王堅以諫議大夫裴元略為巴西、梓潼㉓二郡太守，使密具舟師㉔。

九月，車師前部㉕王彌窴、鄯善王休密馱入朝于秦，請為鄉導，以伐西域之不服者，因如漢法置都護㉖以統理之。秦王堅以驍騎將軍呂光為使持節、都督西域征討諸軍事，與凌江將軍姜飛、輕車將軍彭晃、將軍杜進、康盛等總兵㉗十萬，鐵騎五千，以伐西域。陽平公融諫曰：「西域荒遠，得其民不可使，得其地不可食，漢武征之，得不補失㉘。今勞師萬里之外，以踵㉙漢氏之過舉㉚，臣竊惜之。」不聽。

桓沖使揚威將軍朱綽擊秦荊州刺史都貴于襄陽，焚踐㉛沔北屯田，掠六百餘戶而還。

冬，十月，秦王堅會羣臣于太極殿，議曰：「自吾承業垂三十載，四方略定，唯東南一隅，未霑王化㉜。今略計吾士卒可得九十七萬，吾欲自將以討之，何如？」祕書監朱彤曰：「陛下恭行天罰㉝，必有征無戰㉞，晉主不銜璧軍門㉟，則走死江海㊱。陛下返中國士民，使復其桑梓㊲。然後回輿東巡，告成岱宗㊳，此千載一時㊴也。」堅喜曰：「是吾志也。」

尚書左僕射權翼曰：「昔紂為無道，三仁在朝㊵，武王猶為之旋師㊶。今晉雖微弱，未有大惡，謝安、桓沖皆江表偉人，君臣輯睦㊷，內外同心。以臣觀之，未可圖也。」堅嘿然㊸良久，曰：「諸君各言其志。」

太子左衛率石越曰：「今歲鎮守斗㊹，福德在吳，伐之，必有天殃。且彼據長江之險，民為之用，殆未可伐也。」堅曰：「昔武王伐紂，逆歲㊺違卜㊻。天道幽遠㊼，未易可知。夫差、孫皓㊽皆保據江湖，不免於亡。今以吾之眾，投鞭於江，足斷其流㊾，又何險之足恃乎！」對曰：「三國之君㊿皆淫虐無道，故敵國取之，易於拾遺。今晉雖無德，未有大罪，願陛下且按兵[51]積穀，以待其釁。」於是羣臣各言利害，久之不決。堅曰：「此所謂築室道旁[3]，無時可成[52]，吾當內斷於心[53]耳。」

羣臣皆出，獨留陽平公融，謂之曰：「自古定大事者，不過一二臣而已。今眾言紛紛，徒亂人意，吾當與汝決之。」對曰：「今伐晉有三難：天道不順，一也；晉國無釁，二也；我數戰兵疲，民有畏敵之心，三也。羣臣言晉不可伐者，皆忠臣也，願陛下聽之。」堅作色曰：「汝亦如此，吾復何望！吾彊兵百萬，資仗[54]如山。吾雖未為令主[55]，亦非闇劣[56]。乘累捷[57]之勢，擊垂亡之國，何患不克！豈可復留此殘寇，使長為國家之憂哉！」融泣曰：「晉未可滅，昭然甚明。今勞師大舉，恐無萬全之功。且臣之所憂，不止於此。陛下寵育[58]鮮卑、羌、羯[59]，布滿畿甸[60]，此屬皆我之深仇。太子獨與弱卒數萬留守京師，臣懼有不虞之變[61]生於腹心肘掖[62]，不可悔也。臣之頑愚，誠不足采。王景略[63]一時英傑，陛下常比之諸葛武侯，獨不記其臨沒之言[64]乎？」堅不聽。於是[65]朝臣進諫者眾，堅曰：「以吾擊晉，校[66]其彊弱之勢，猶疾風之掃秋葉。而朝廷內外皆言不可，誠吾所不解也。」太子宏曰：「今歲在吳分[67]，又晉君無罪，若大舉不捷，恐威名外挫，財力內竭，此羣下所以疑也。」堅曰：「昔吾滅燕，亦犯歲而捷，天道固難知也。秦滅六國，六國之君豈皆暴虐乎？」

冠軍[68]、京兆尹慕容垂言於堅曰：「弱併於彊[69]，小併於大，此理勢[70]自然，非難知也。以陛下神武應期[71]，威加海外，虎旅百萬，韓、白滿朝[72]，而蕞爾江南[73]，獨違王命，豈可復留之以遺子孫哉！詩云：『謀夫孔多，是用不集[74]。』陛下斷自聖心[75]足矣，何必廣詢朝眾！晉武[76]平吳，所仗者張、杜[77]二三臣而已。

若從朝眾之言，豈有混壹之功乎[78]！」[4] 堅大悅，曰：「與吾共定天下者，獨卿而已！」賜帛五百匹。

堅銳意[79]欲取江東，寢不能旦[80]。陽平公融諫曰：『知足不辱，知止不殆[81]。』自古窮兵極武，未有不亡者。且國家本戎狄[82]也，正朔[83]會不歸人[84]。江東雖微弱僅存，然中華正統，天意必不絕之。」堅曰：「帝王曆數[85]，豈有常邪[86]！惟德之所在[87]耳。劉禪[88]豈非漢之苗裔邪？終為魏所滅。汝所以不如吾者，正病此[89]不達變通[90]耳。」

堅素信重沙門道安[91]，羣臣使道安乘間進言。十一月，堅與道安同輦遊于東苑。堅曰：「朕將與公南遊吳、越，泛長江，臨滄海，不亦樂乎？」安曰：「陛下應天御世[92]，居中土[93]而制四維[94]，自足比隆堯、舜[95]，何必櫛風沐雨[96]，經略遐方[97]乎？且東南卑濕，沴氣易構[98]，虞舜遊而不歸[99]，大禹往而不復[100]，何足以上勞大駕也？」堅曰：「天生烝民[101]而樹之君[102]，使司牧[103]之。朕豈敢憚勞，使彼一方獨不被澤[104]乎？必如公言，是古之帝王皆無征伐也。」道安曰：「必不得已，陛下宜駐蹕洛陽[105]，遣使者奉尺書[106]於前，諸將總六師[107]於後，彼必稽首入臣，不必親涉江、淮也。」堅不聽。

堅所幸張夫人諫曰：「妾聞天地之生萬物，聖王之治天下，皆因其自然而順之，故功無不成。是以黃帝服牛乘馬[108]，因其性[109]也。禹濬九川[110]，障九澤[111]，因其勢[112]也。后稷播殖百穀，因其時[113]也。湯、武帥天下而攻桀、紂，因其心[114]也。皆有因則成，無因則敗。今朝野之人皆言晉不可伐，陛下獨決意行之，妾不知陛下何所因也。書曰：『天聰明自我民聰明[115]』，天猶因民，而況人乎？妾又聞王者出師，必上觀天道[116]，下順人心。今人心既不然矣，請驗之天道。諺云：『雞夜鳴者不利行師，犬羣嗥[117]者宮室將空，兵動馬驚，軍敗不歸。』自秋冬以來，眾雞夜鳴，羣犬哀嗥，廄馬[118]多驚，武庫兵器自動有聲，此皆非出師之祥也。」

堅曰：「軍旅之事，非婦人所當預[119]也。」

堅幼子中山公詵最有寵，亦諫曰：「臣聞國之興亡，繫[120]賢人之用捨[121]。今陽平公[122]，國之謀主[123]，而陛下違之，晉有謝安、桓沖，而陛下伐之，臣竊惑之。」

堅曰：「天下大事，孺子安知！」

秦劉蘭討蝗[124]，經秋冬不能滅。十二月，有司奏請[5]徵蘭下廷尉。秦王堅曰：「災降自天，非人力所能除。此由朕之失政，蘭何罪乎！」

是歲，秦大熟[125]，上田畝收七十石，下者三十石。蝗不出幽州之境，不食麻豆[126]。上田畝收百石，下者五十石。

【章旨】以上為第四段，寫孝武帝太元七年（西元三八二年）一年間的大事。主要寫了苻堅的堂兄弟苻陽與王猛之子王皮、東晉被俘之將周虓串連造反，事洩，三人都被流放，最後死在邊裔；寫了西域的車師、鄯善二王到秦國朝拜，自請願為秦軍嚮導以伐西域之不服者，苻堅於是命將出兵，苻融諫阻，苻堅不從；寫了苻堅命巴西、梓潼二郡密具舟師，為伐晉做準備；寫了苻堅召集群臣共議伐晉之事，朱肜、慕容垂承旨贊成；權翼、石越、苻融、太子宏、沙門道安、苻堅之寵妃張氏、苻堅之幼子中山公詵等皆於人前人後懇切勸阻，而苻堅執意不聽等等。

【注釋】❶秦大司農東海公陽　苻陽，苻法之子，苻堅之姪，被封為東海公。❷哀公　即苻法，被封為東海公，諡曰獻哀。事見本書前文卷一百穆帝升平元年。❸佐命　輔佐某人成就帝業。古稱某人為帝曰「受命」。❹託卿　意思是把你託付給我。❺十具牛　十套耕牛，十頭牛與其相應的其他耕具。❻治田之資　種田的資本。❼荷　蒙；承受。❽秉志　持志；堅守信念。❾適足　正好可以。❿高昌郡　郡治所高昌，在今新疆吐魯番東南。⓫朔方　古郡名，郡治臨戎縣，在今內蒙古的磴口北，東漢以後廢。⓬兼人　超人，一人等於別人兩個。⓭鄯善　西域國名，國都伊循，在今新疆若羌東。⓮建元之末　指苻堅在位的末期。「建元」是苻堅的第三個年號，建元元年為西元三六五年。苻堅於其建元十九年伐晉兵敗，建元二十年苻堅被姚萇派人勒死。⓯鄯善王殺之　此乃後話，史家為終言三人之死，故探後事言之。⓰銅駝銅馬飛廉翁仲　四者都是當年西晉皇宮門前的舊物，石虎為帝時將其由洛陽移往鄴城之後趙宮門前。今苻堅又將其移至長安的苻氏宮前。飛廉，也寫作「蜚廉」，神獸名，傳說其狀為鹿身、爵頭、蛇尾、豹文，有角，能致風氣。翁仲，傳說為秦始皇時代的巨人之名，鎮守臨洮，匈奴畏之。秦始皇遂以銅鑄其像，置於宮門前。後人也稱陵墓前的石人為「翁仲」。⓱扶風　也稱「右扶風」，郡名，郡治設在長安城內。「右扶風」、「京兆尹」、「左馮翊」合稱「三輔」，是長安城與其周圍地區的三個郡級行政單位，其長官都相當於太守。⓲凶險無行　兇惡無德行。⓳清修　指操行廉潔美好。⓴廣袤千里　言受災的面積縱橫千里。東西之長曰「廣」，南北之長曰「袤」。㉑撲除　撲打、滅除。㉒八月癸卯　八月十一。㉓巴西梓潼　二郡名，巴西郡的郡治即今四川閬中，梓潼郡的郡治在今四川綿陽的東側。㉔密具舟師　祕密準備船隻並訓練水軍。具，準備。㉕車師前部　西域國名，也稱「車師前國」，國都交河城，在今新疆吐魯番的西北方。㉖都護　官名，意即總監。漢宣帝時設西域都護，以統領西域諸國，為駐西域地區的最高長官。其後廢置不常。㉗總兵　猶言統兵。總，集合；統領。㉘得不補失　即得不償失，得到的抵不上失去的。漢武帝曾伐大宛，破樓蘭，討姑師、田車師，時人以為得不償失。㉙踵　追隨；復蹈。㉚漢氏之過舉　漢武帝當年的錯誤行動。㉛焚踐　焚燒、踐踏。㉜未霑王化　沒有接受天子的管理與教化。霑，潤澤；蒙受。㉝恭行天罰　恭敬地替老天爺討伐有罪者。《尚書·甘誓》有所謂「今予惟恭行天之罰」。㉞有征無戰　出兵征討而不用作戰，以喻雙方的道義與實力的相差懸殊。㉟銜璧軍門　指自動出降。古代帝王向人投降時，照例都是「面縛銜璧」、「以組繫頸」等等，意思是表示服罪、請罪。軍門，討伐大軍的營門。㊱走死江海　向東、向南逃竄，沿江逃向大海，終歸死路一條。㊲使復其桑梓　讓他們各自返回自己的故鄉。桑、梓是古代住宅旁邊常栽的樹木，東漢以來遂用以代稱故鄉。㊳告成岱宗　登泰山封禪，向上天報告成功。岱宗，即泰山，五嶽之首。古人認為泰山最高，泰山頂離天最近，故統一天下、功成德就者的帝王都講究登泰山舉行封禪，如秦始皇、漢武帝等等，都是如此。㊴此千載一時　現在正是這種千載難逢的好時機。㊵三仁在朝　朝廷上還有三個仁義之人存在，指微子、箕子、比干，都是殷紂王手下的忠義之臣。「三仁」的具體表現，見《史記·殷本紀》。㊶旋師　回師，猶今言撤軍。武王為「三仁」而旋師事，詳《史記·周本紀》。㊷輯睦　和睦。㊸嘿然　同「默然」。沉默不語。㊹歲鎮守斗　今年木星、土星正好運行到斗宿的附近。歲，歲星，即木星。鎮，鎮星，即土星。守，這裡即指運行到。斗，二十八宿之一，是吳、越兩國及揚州的分星。古人認為「歲星所居久，其國有德厚，五穀豐昌，不可伐」；「鎮星所居之所，國吉，得地及女子，有福，不可伐」。㊺逆歲　逆著歲星所在的方向而行事，即俗所謂「太歲頭上動土」。據《荀子·儒效》：「武王之誅紂也，行之日以兵忌，東面而迎太歲。」楊倞注云：「迎，謂逆太歲也。」又《尸子》下卷：「武王伐紂，魚辛諫曰：『歲在北方，不北征。』武王不從。」㊻違卜　逆著占卜所呈現的指示行動。據《史記·齊太公世家》：「武王將伐紂，卜龜，兆不吉，風雨暴至。群公盡懼，唯太公強之勸武王，武王於是遂行。」㊼天道幽遠　老天爺的意思，世人是弄不清的。㊽夫差孫晧　都是古代在晉朝所據地區建立國家的帝王，夫差是春秋時代的吳國君主，國都在今蘇州，被越王句踐所滅；孫晧是三國時代吳國的帝王，國都即東晉王朝的都城建康，被司馬炎所滅。㊾投鞭於江二句　把我們秦國戰士的馬鞭扔到江中，就足以截斷江流，以形容秦軍的兵馬之多。㊿三國之君　指商紂、夫差、孫晧。(51)按兵　止兵；休兵。(52)築室道旁二句　意思是說，想在馬路邊上蓋房子，老向過往的行人徵求意見，那是永遠也不可能得到一致的看法，房子是永遠也蓋不成的。兩句出自《詩·小星》：「如彼築室於道謀，是用不潰於成。」鄭玄《箋》云：「如當路築室，得人而與之謀所為，路人之意不同，故不得遂成也。」(53)內斷於心　我要自己做出決定。(54)資仗　指軍用物資，如糧食、兵器等等。(55)未為令主　說不上是一個賢明的君主。令，善；美好。這裡只是一種故作客氣的說法，不是真有自知之明。(56)亦非闇劣　也不能就說是一個昏憒的人。(57)累捷　連續勝利，勢如破竹。(58)寵育　優待。(59)鮮卑羌羯　指慕容氏、姚氏、石氏等。(60)布滿畿甸　遍布在都城周圍。古代稱天子直接管轄的地區為王畿，稱京城四周之地為甸，猶今之所謂郊區。(61)不虞之變　意想不到的突然事變。(62)腹心肘掖　以喻自己的要害之處。掖，同「腋」。(63)王景略　即王猛，字景略。(64)臨沒之言　王猛臨終遺言有所謂「晉雖僻處江南，然正朔相承，上下安和，臣沒之後，願勿以晉為圖」。見本書卷一百三寧康三年。(65)於是　當時；這時候。(66)校　比較；衡量。(67)歲在吳分　歲星運行到吳地的分野。古人認為，伐這樣的國家，對發動戰爭者不利。前之後趙伐燕，結果大敗，形勢與此相同。(68)冠軍　即冠軍將軍。(69)弱併於彊　弱國被強國兼併。下句句式同。(70)理勢　道理形勢。(71)神武應期　既有神武的主觀條件，又能順應客觀的大好時機。(72)韓白滿朝　秦國有很多像韓信、白起一樣的良將，布滿朝廷。韓信是劉邦的名將，幫著劉邦滅了項羽；白起是秦昭王的名將，大破東方六國，為日後秦始皇的統一六國奠定了基礎。(73)蕞爾江南　一個小小的晉王朝。蕞爾，形容極小的樣子。(74)謀夫孔多二句　由於出主意的人太多，所以大功不成。孔，甚；很。是用，因此。集，成功。二語出自《詩・小旻》。(75)斷自聖心　猶言自己拿主意。(76)晉武　晉武帝司馬炎。(77)張杜　張華、杜預。張華字茂先，晉初任中書令，是協助司馬炎定計滅吳的關鍵人物。傳見《晉書》卷三十六。杜預字元凱，是統兵滅吳的主要將領。傳見《晉書》卷三十四。(78)豈有混壹之功乎　混壹，統一天下。按，以上慕容垂所言，是真情，還是假意，史未明言。以理推斷，是慕容垂借刀殺人，借東晉以滅苻堅，為其重建燕國尋找機會。(79)銳意　意志堅決；專心一意。(80)寢不能旦　不到天亮就醒，極言其思慮之急切。(81)知足不辱二句　語出《老子》第四十四章。意思是知道滿足就不會受屈辱，懂得適可而止就不會有危險。(82)國家本戎狄　皇帝您也是少數民族的人物。國家，這裡即指苻堅本人。(83)正朔　舊曆每年的第一個月叫「正」，每個月的第一天叫「朔」。古時改朝換代，新王朝為表示自己的「應天承運」，總是要另改一種「正朔」。故「正朔」在這裡即指中原地區歷代王朝相互沿襲的一種華夏正統。(84)會不歸人　絕對不會轉到夷狄的人。會，絕對；肯定。(85)帝王曆數　帝王的次序。曆數，命定的次序。(86)豈有常邪　哪裡就那麼一成不變呢。邪，同「耶」。疑問語氣詞。(87)惟德之所在　就看誰有道德。(88)劉禪　劉備之子，即通常所說的「阿斗」，三國時代的蜀漢後主，被魏國所滅。(89)正病此　差就差在這一點。病，差；壞。(90)不達變通　不懂得靈活變通。變通，指事物的發展不拘常格。按，以上諸人勸苻堅不要伐晉，當然有其合理性；但所取的論點、論據，多有荒謬，故苻堅之不取也。

91道安　東晉僧人，本姓衛。十二歲出家，受戒後遊學至鄴，師事佛圖澄。後在襄陽立檀溪寺，鑄佛像，宣揚佛法。苻堅攻取襄陽，送往長安。苻堅曾令內外學士，有疑都向他請教。曾編纂《綜理眾經目錄》，確立僧尼戒規，主張僧侶以「釋」為姓。弟子中以立淨土宗的慧遠最著。傳見南朝梁釋慧皎《高僧傳》及《出三藏集記》。92御世　統治國家。御，駕御；統治。93中土　中國；中原地區。94四維　四隅；四角。亦即四方。95比隆堯舜　與堯舜的政治相比美。隆，興盛。96櫛風沐雨　以風梳髮，以雨洗頭，意同頂風冒雨。97經略遐方　經營遠方之地。經略，經營，此即發動戰爭以謀取。98沴氣易構　惡毒之氣容易生成。沴氣，這裡即指瘴癘之氣。構，生成。99虞舜遊而不歸　傳說虞舜南遊巡狩，崩於蒼梧，即今湖南寧遠南的九疑山一帶。事詳《史記・五帝本紀》。100大禹往而不復　傳說大禹東遊，會諸侯於會稽，即今浙江紹興東南的會稽山，最後死在那裡。事詳《史記・夏本紀》。101烝民　眾民。102樹之君　為他們設置國君。103司牧　管理；統治。104被澤　蒙受帝王的恩澤，即接受統治。105駐蹕洛陽　把您的車駕停駐在洛陽。蹕，指帝王的車駕。106奉尺書　手持書信一封，意即前往諭告。尺書，尺牘；信札。107總六師　統領六軍。六師，即六軍。古時天子有六軍，後作為軍隊的統稱。108服牛乘馬　以牛駕車，以馬為坐騎。服，拉車。109因其性　順著牛馬的特性。因，順；根據。110濬九川　疏通天下的河道。濬，疏通。九是泛指多的意思。有人稱「九川」指弱水、黑水、河水、漾水、江水、沈水、淮水、渭水、洛水。可備一說，未必合適。111障九澤　為各地的湖泊都修好堤岸。障，堤岸，這裡用如動詞。有人據《周禮・夏官・職方》將「九澤」具體地指為揚州的具區、荊州的雲夢、豫州的圃田、青州的望諸、兗州的大野、雍州的弦蒲、幽州的貕養、冀州的楊紆、并州的昭餘祁。也可以姑備一說，未必合適。112因其勢　根據各自的地勢。113因其時　順著春、夏、秋、冬四時。114因其心　順應著天下百姓的人心。115天聰明自我民聰明　出自《尚書・皋陶謨》的皋陶之語。聰，謂聽覺靈敏。明，謂視覺靈敏。意思是天的視聽與民相同。116天道　指人事之外的自然現象。117羣嗥　成群地號叫。118廄馬　馬棚裡的馬。廄，馬棚。119預　參與；過問。120繫　由於；決定於。121用捨　任用還是捨棄。122陽平公　指苻融，苻堅之弟。123謀主　主謀之人，猶言「智囊」。124討蝗　滅蝗；撲打蝗蟲。125大熟　大豐收。126麻豆　大麻與豆類，這裡即泛指五穀。按，胡三省對秦國的這種大豐收解釋為：「物反常為妖：蝗之為災尚矣，蝗生而不食五穀，妖之大者也。農人服田力穡，至於有秋，自古以來未有畝收百石、七十石之理，而畝收五十石、三十石亦未之聞也。使其誠有之，又豈非反常之大者乎？使其無之，則州縣相與誣飾以罔上，亦不祥之大者也，秦亡宜矣。」按，這種強詞奪理地以「天變」預言人世之禍福，實屬荒謬之極。如果秦國這時赤地千里，寸草不生，人皆餓死，人們會說這是老天爺發出的警告，董仲舒之流就是這樣騙人的。現在秦國得到了豐收，分明表現了「天道」與「人道」的無關，而詭辯者又以一種「反常為妖」，大豐收也是「妖之大者也」來解釋人事，真可謂「左右逢源」。歷史家也偏偏相信這一套，將其寫之入史，令人生大厭。

【校　記】①春三月　原無此三字。據章鈺校，十二行本、乙十一行本、孔天胤本皆有此三字，張敦仁《通鑑刊本識誤》、張瑛《通鑑校勘記》同，今據補。②以　原脫，文義不明。胡三省注云：「當有『以』字。」據章鈺校，孔天胤本有「以」字，張敦仁《通鑑刊本識誤》同，今據補。③築室道旁　原作「築舍道傍」。據章鈺校，十二行本、乙十一行本皆作「築室道旁」，今從改。孔天胤本「舍」亦作「室」。「傍」、「旁」二字同。④乎　原無此字。據章鈺校，十二行本、乙十一行本皆有此字，今據補。⑤請　原無此字。據章鈺校，十二行本、乙十一行本皆有此字，張敦仁《通鑑刊本識誤》、張瑛《通鑑校勘記》同，今據補。

【語　譯】七年（壬午　西元三八二年）

春季，三月，秦國擔任大司農的東海公苻陽、擔任員外散騎侍郎的王皮、擔任尚書郎的東晉降將周虓共同謀反。事情敗露，被逮捕，交付給最高司法部門廷尉進行審理。苻陽，是苻法的兒子。王皮，是王猛的兒子。秦王苻堅問他們為什麼要謀反，苻陽回答說：「我的父親苻法因為無罪而被殺，我要為自己的父親報仇。」苻堅哭泣著說：「你父親的死，責任並不在我，你難道不知道嗎？」王皮說：「我的父親王猛，身為丞相，有輔佐君主創立大業的功勳，而我作為他的兒子，竟然免不了忍受貧賤，所以我要圖謀富貴。」秦王苻堅說：「你的父親臨終之時將你託付給我，要求我給你十套耕牛作為種田的資本，並沒有要你當官。知子莫如父，可見你的父親是多麼英明！」周虓說：「我們周家，世世代代蒙受晉朝的恩德，我活著是東晉的臣民，死了也要做東晉的鬼魂，你何必再問呢！」在此之前，周虓多次企圖謀反，秦王苻堅身邊的人都主張殺掉周虓，苻堅說：「周虓是一名剛烈之士，其立志如此，難道還會怕死嗎！殺死他正好成就了他忠於東晉的名聲。」所以此次謀反，苻堅又都赦免了他們，只是把苻陽流放到涼州的高昌郡，把王皮、周虓流放到朔方以北地區。周虓最後死在了朔方。苻陽的勇力一個人能頂別人二個，不久就又把苻陽放逐到西域的鄯善。等到建元末年，秦國大亂，苻陽劫持了鄯善國的丞相，要求返回東方的秦國，鄯善國王遂殺死了苻陽。

秦王苻堅把鄴城石虎時期的銅駱駝、銅奔馬、銅飛廉以及銅翁仲全都運到秦國的都城長安。

夏季，四月，秦王苻堅任命擔任扶風太守的王永為幽州刺史。王永，是王皮的哥哥。王皮為人兇惡陰險沒有品行，而王永卻操行廉潔美好，所以秦王苻堅重用他。任命陽平公苻融為司徒，苻融堅決辭讓，不肯接受任命。苻堅此時正在謀劃攻伐東晉，於是，便任命苻融為征南大將軍、開府儀同三司。

五月，秦國幽州境內發生蝗災，受災面積上千里，秦王苻堅派遣擔任散騎常侍的彭城人劉蘭發動幽州、冀州、青州、并州的民眾撲滅蝗蟲。

秋季，八月十一日癸卯，東晉實行大赦。

秦王苻堅任命擔任諫議大夫的裴元略為巴西、梓潼二郡太守，讓裴元略祕密打造舟船，訓練水軍。

九月，西域車師前部王彌寘、鄯善國王休密馱前往秦國的都城長安朝見秦王苻堅，同時請求為秦國出兵西域充當嚮導，討伐那些不肯歸附的西域各國，希望秦王能像漢朝那樣在西域設置都護，統領西域各國。秦王苻堅於是任命擔任驍騎將軍的呂光為使持節、都督西域征討諸軍事，與擔任淩江將軍的姜飛，擔任輕車將軍的彭晃、將軍杜進、康盛等人，統領步兵十萬、騎兵五千人討伐西域。陽平公苻融勸阻說：「西域荒僻遙遠，即使征服了那裡的人，對我們也沒有什麼用處，得到了那裡的土地，也不能耕種莊稼，漢武帝曾經征伐西域，結果是得不償失。如今勞動軍隊遠行萬里之外，重蹈漢王朝的錯誤道路，我實在感到很惋惜。」秦王苻堅沒有聽從陽平公苻融的勸阻。

東晉車騎將軍桓沖派遣揚威將軍朱綽率軍襲擊秦國荊州刺史都貴所鎮守的襄陽，朱綽率軍焚燒、踐踏了漢水以北秦軍屯墾的農田，劫掠了六百多戶居民而返。

冬季，十月，秦王苻堅在皇宮的太極殿召集群臣開會，苻堅議論說：「自從我繼承大業到現在，已經將近三十年，四海之內，基本平定，只有東南一角，還沒有接受天子的管理和教化。如今粗略地估算一下我國的兵力，大概有九十七萬，我想親自率領著去討伐晉國，你們覺得如何？」擔任祕書監的朱彤說：「陛下秉承天命，按照上天的旨意對東晉進行討伐，大軍一旦出動，必定用不著開戰，東晉皇帝司馬昌明不是口銜玉壁前往秦國大軍的營門投降，就是離開東晉的京師建康，向著東南方向，沿著長江逃往大海，最終是死路一條。陛下讓那些從中原地區逃亡到江南的百姓，重新返回自己的故鄉。大獲全勝之後，陛下就應該御駕東巡，登上泰山祭祀天地神靈，向上天報告統一全國的大業已經成功，這真是千載難逢的好機會，陛下一定不要錯過。」秦王苻堅高興地說：「這正是我的志向。」

擔任尚書左僕射的權翼說：「從前，商紂王暴虐無道，只因為朝中還有微子、箕子、比干三個仁義之人存在，周武王姬發還是下令回師。如今東晉雖然勢力衰弱，但卻沒有大的罪惡和暴行，謝安、桓沖都是江東偉大的人物，他們君臣和睦，朝廷內外同心協力。以我看來，攻伐東晉不可能成功。」秦王苻堅沉默了許久，最後說：「你們大家都談談自己的志向。」

擔任太子左衛率的石越說：「今年木星、土星正好運行到斗星的附近，象徵著福德之運屬於吳地的東晉，如果此時討伐東晉，上天必定降大禍給秦國。再說，東晉堅守長江天險，民眾又肯於為司馬氏效命，恐怕此時討伐不是好時機。」秦王苻堅說：「從前，周武王姬發討伐商紂王的時候，也曾經違背歲星所在不可伐的規律、沒有按照用龜甲占卜的結果進行趨吉避凶。上天的旨意幽邃而深遠，我們凡人很難搞明白。吳王夫差、吳主孫皓都曾經把長江大湖當做保衛家國的天然屏障，然而最終仍然沒有逃過滅亡的下場。現在憑藉我們人眾之多，只要讓我們秦國的士卒將馬鞭子投入長江，就完全可以截斷江流，他們還有什麼天險可以依靠呢！」石越繼續反駁說：「商紂王、吳王夫差和吳主孫皓這三國國君都是荒淫殘暴、昏庸無道的君主，所以敵對的國家消滅他們，才會像彎下腰從地上撿起東西一樣容易。如今的東晉，雖然沒有什麼值得稱道的恩德，但也沒有什麼滔天大惡，所以希望陛下還是暫且休兵，積草屯糧，等待東晉有機可乘之時再率軍前去討伐。」於是群臣紛紛發表自己的看法，分析利害得失，討論了很久，也沒有取得一致的意見。秦王苻堅說：「這就叫做在大路旁邊蓋房子，老是向過往的行人徵求意見，根本就不可能得到一致的看法，房子是永遠也蓋不成的，還是由我自己來做決定吧。」

群臣全都離開了太極殿，秦王苻堅單獨留下陽平公苻融，苻堅對苻融說：「自古以來，參與決定大事情的不過一兩個大臣而已。如今在討伐東晉的問題上，群臣議論紛紛，只能擾亂人心，我現在就與你來決定這件事。」苻融回答說：「現在討伐東晉有三大困難：違背天意，這是第一點；現在東晉沒有可乘之機，這是第二點；我軍屢次出兵作戰，士卒疲憊，民眾都有懼敵之心，這是第三點。那些認為不可以攻伐東晉的大臣都是忠臣，希望陛下能夠採納他們的意見。」秦王苻堅立即翻了臉，說：「連你也是這樣，我還能指望誰！我們有一百萬強大的軍隊，輜重、武器堆積如山。我雖然算不上是一個賢明的君主，但也不是那種昏庸無能之輩。現在趁著屢次勝仗的威勢，攻擊一個快要滅亡的國家，何必擔憂不能成功！怎麼能讓這個殘破的敵寇繼續存在，使它長久成為國家的憂患！」苻融哭泣著勸諫說：「東晉不可滅，道理非常明顯。如果勞師動眾大舉進攻東晉，恐怕沒有絕對獲勝的把握。而且我所擔憂的，還不僅僅是能否大獲全勝的問題。陛下所寵愛、信任的那些鮮卑人、羌族人、羯人遍布在京城內外，這些人都是與我們有著深仇大恨的人。讓太子單獨率領幾萬名老弱殘兵留守京師，我擔心萬一在腹心之地或肘腋之間發生意想不到的突然事變，到那時後悔可就來不及了。我生性頑劣愚昧，意見確實不值得採納。王猛可是一代豪傑，陛下常把他比作武侯諸葛孔明，難道就不記得他在臨終之時說過的話了嗎？」秦王苻堅依然沒有採納苻融的意見。此時，滿朝文武上疏勸諫的人很多，苻堅說：「用我們的軍隊攻擊東晉，比較雙方實力的強弱，就如同秋風掃落葉一樣。而朝廷內外的官員卻都認為不能攻滅東晉，這確實讓我不能理解。」秦國太子苻宏說：「今年歲星運行到吳地的分野，再說東晉的君主也沒有什麼大罪過，如果大舉出兵卻不能取勝，恐怕不僅在外有損於陛下的威名，國家內部的財力也將被消耗一空，這就是群臣所感到疑惑的地方。」苻堅說：「從前我們消滅燕國的時候，也是違背福星屬燕的天象，結果還不是我們大獲全勝，上天的旨意本來就難以理解。嬴秦滅掉了東方的齊、楚、燕、韓、趙、魏六個國家，這六個國家的君主難道都是暴虐之君嗎？」

秦國擔任冠軍將軍、京兆尹的慕容垂對秦王苻堅說：「弱國被強國吞併，小國被大國消滅，不論是從道理上來講，還是從形勢上分析，都是必然的規律，並不是什麼令人難以理解的道理。陛下既有神武的主觀條件，又能順應客觀的大好時機，聲望和威勢早就震動了海外，再加上百萬雄師，像韓信、白起那樣的良將充滿朝堂，而一個小小的東晉王朝竟敢違抗王命，怎能不把它消滅，而將它遺留給子孫去解決呢！《詩經・小旻》上說：『由於出主意的人太多，所以不能取得成功。』陛下自己決斷就可以了，何必廣泛地向滿朝文武徵詢意見！晉武帝平定東吳的時候，所仰仗的不過是張華、杜預二三個大臣而已。如果當時聽從了朝廷眾臣的意見，豈能成功地統一天下！」秦王苻堅非常高興地說：「能夠與我一起平定天下的，只有你一個人而已！」於是賞賜給慕容垂五百匹帛。

秦王苻堅專心一意要攻取東晉，並為此急切得每晚睡不到天亮就醒。陽平公苻融勸諫苻堅說：「《老子》說『知道滿足的人就不會受屈辱，懂得適可而止的人就不會有危險。』自古以來，凡是窮盡全國的兵力、無休止地對外用兵，沒有不導致滅亡的。再說，陛下原本是少數民族，中原地區歷代王朝相互沿襲的華夏正統，絕對不會轉移到我們夷狄人所建立的國家。遠避江東的晉國雖然勢力弱小、一脈僅存，然而屬於中華正統，上天一定不會使它滅絕。」苻堅說：「帝王寶座的傳承，豈有一成不變的！道德所在就是天意所在。後主劉禪難道不是蜀漢的後裔嗎？但最終還是被魏國滅掉。你所以比不上我的原因，差就差在你不懂得靈活通變這一點上。」

秦王苻堅素來信任、尊崇佛教和尚道安，群臣於是便請託道安找機會勸諫秦王苻堅。十一月，秦王苻堅與道安和尚同乘一輛輦車在東苑遊覽。苻堅對道安說：「我準備和你一道南遊吳越，在長江上泛舟，前往觀看蒼茫的大海，豈不是一件令人快樂的事情？」道安趁機勸諫說：「陛下上應天命，統治國家，位居中原而控制四方，國家的興盛完全可以與古代聖王唐堯和虞舜統治時期相比美，何必非要冒著風吹雨淋，去經營那遙遠的地方呢？而且東南方地勢低窪、氣候潮溼，瘴癘之氣容易使人生病，虞舜南遊巡狩，駕崩於蒼梧之野，大禹東巡，至於會稽而不返，哪裡值得親勞聖駕呢？」苻堅說：「上天降生了眾多的民眾，又為他們選擇君主來統治他們。我豈敢害怕勞苦，而唯獨使東南方的民眾沐浴不到帝王的恩澤呢？如果確實像你所說的那樣，自古以來的帝王全都沒有征伐了。」道安說：「如果非得征伐的話，陛下也應該把您的車駕停留在洛陽，派遣使者帶著一封書信先行前往送達，使諸將統領六軍緊隨其後，東晉必定會俯首稱臣，歸降秦國，陛下根本用不著親自去渡長江、過淮河。」秦王苻堅仍然不肯聽從。

秦王苻堅最寵愛的張夫人勸諫苻堅說：「我聽說，不論是天地生育萬物，還是聖王治理天下，都是因為順應了自然發展的趨勢，才取得了成功。所以，黃帝用牛駕車、用馬為坐騎，這就是順應牛能載重、馬能致遠的特性。大禹率人疏通了天下的河道，為各地的湖澤修好了堤岸，也是根據各自的地勢。后稷播種百穀，是順應春、夏、秋、冬的四季變化，百穀才能成熟。商湯率領天下攻擊夏桀、周武王率領天下討伐商紂，是順應了天下民心。他們的成功都是有一定原因的，如果沒有可以成功的因素在裡面就會導致失敗。如今不論是朝廷內外的官員還是市井中的小民百姓都認為不可以討伐東晉，而陛下卻一意孤行，決意要討伐東晉，我不知道陛下順應的是什麼。《書經》上說：『上天的聽覺靈敏、視覺靈敏，是因為與民心相同』，上天還要依靠民心，何況是人呢？我還聽說，聖明的君主每次出兵，一定要觀察人事之外的自然現象，下順民心。如今人心已經不贊成伐晉，那就該驗證一下人事之外的自然現象如何。俗話說：『雞在半夜裡鳴叫不利於出兵打仗，狗成群結隊地狂吠，預示著宮室將要變成廢墟，兵器自動發出聲音、戰馬驚恐不安，預示出征的軍隊失敗，不能回歸。』自進入秋冬季節以來，很多雞都在半夜裡鳴叫，狗也成群結隊地哀嚎不止，馬棚裡的戰馬驚恐不安，武庫中的兵器自己就能發出聲響，這些都不是出征的好預兆。」秦王苻堅說：「出征打仗的事情，不是婦人所應該過問的。」

秦王苻堅最小的兒子、中山公苻詵最受苻堅的寵愛，苻詵也勸諫苻堅說：「我聽說，國家的興盛或是敗亡，取決於對賢能之人的意見是採用還是捨棄。如今陽平公苻融，是國家的主謀之人，而陛下卻拒絕接受他的意見，東晉朝廷有謝安、桓沖那樣的能臣，而陛下卻要率軍去討伐東晉，我對此感到非常的疑惑不解。」苻堅說：「天下大事，小孩子知道什麼！」

秦國劉蘭率人撲滅蝗蟲，從秋天到冬天還是沒能把蝗蟲徹底撲滅。十二月，有關部門的官員奏請將劉蘭召回京師長安，交付廷尉進行審理。秦王苻堅說：「蝗蟲是上天降下來的災害，不是靠人力所能消滅的。這都是因為我的過失所引起，劉蘭有什麼罪呢！」

這一年，秦國的糧食獲得了空前的大豐收，上等農田每畝收穫七十石糧食，最低等的也收穫了三十石糧食。蝗蟲始終沒有離開幽州境內，而且這些蝗蟲不吃大麻和豆類。在幽州，上等農田每畝收穫上百石糧食，下等農田也能收穫五十石糧食。

【研　析】本卷寫孝武帝太元元年（西元三七六年）至太元七年共七年間的各國大事。主要寫了秦主苻堅派其將軍苟萇、毛盛等消滅了涼州的張天錫政權，又征服了西障地區的氐、羌二族，又派將軍苻融、俱難、鄧羌等打敗了代主什翼犍等西征、北討的勝利，又在內部平定了苻洛、苻重，與苻陽、王皮等兩期內亂後，遂西攻襄陽、竟陵，東攻彭城，中攻淮南等多路對晉王朝發動進攻；寫了謝安治理朝政，巧妙運籌，首次將相和諧地在西線由桓沖指揮桓石虔、桓石民破殺了秦將閻振、吳仲；在東線由謝玄指揮田洛、何謙、戴逯等連續破秦兵於盱眙、淮陰，又破秦兵於淮北，開始了晉軍在多條戰線取得一系列勝利的前所未有的歷史局面。但苻堅似乎並未注意到晉王朝這些政治與軍事上的新特點、新氣象，而不求知己知彼，一味蓄意發動對江南的戰爭，醉心於消滅晉王朝，而且為此竟達到了九牛拉不回程度，為下卷的「肥水之戰」做好了種種鋪墊，其中應注意的大事有如下幾件：

其一，對謝安的幾次行動措施如何理解。王坦之、王彪之與謝安運用智慧，巧妙地挫敗了桓溫的陰謀，擁立孝武帝司馬曜即位後，時司馬曜十歲，王彪之主張設立「顧命大臣」，謝安則主張由「太后臨朝」。粗看起來，像是謝安別有用心，企圖自己把持朝政，但似乎不應做如此簡單的理解。王夫之《讀通鑑論》對此分析說：「安為大臣，任國之安危則任之耳，何假於太后？曰：晉之任世臣而輕新進也，成乎習矣。至穆帝之世，權歸桓氏非一日矣，謝安社稷之功未著，而不受託孤之顧命，其兄萬又以虛名取敗，雖為望族，無異於孤寒，固群情之所不信；而乍秉大權，桓沖之黨且加以『專國自用』之名而無以相折，則奉母后以示有所承，亦一時不獲已之大計也。或曰：安胡不引宗室之賢者與己共事，而授大政於婦人耶？曰：前而簡文之輔政，其削國權以柔靡，已如此矣；後而道子之為相，其僭帝制以濁亂，又如彼矣。司馬氏無可託之人，所任者適足以相撓，固不如婦人之易制也。此之謂反經而合道，又何妨哉？」苻堅之西征、北伐獲勝後，「朝廷方以秦寇為憂，詔求文武良將可以鎮禦北方者，謝安以兄子玄應詔。」對於謝安這種「內不避親」的做法，「眾咸以為不然」。苻堅率大軍伐晉，桓沖甚至說：「謝安石有廟堂之量，不閑將略。今大敵垂至，方遊談不暇，遣諸不經事少年拒之，眾又寡弱，天下事已可知，吾其左衽矣！」（見下卷）只有郗超深信不疑，他說：「安之明，乃能違眾舉親；玄之才，足以不負所舉。」後來的事實證明，謝安的眼光的確為一般人所不具。宋代真德秀說：「夫采玉必於山，求珠必於淵，而求士必於國，立功必於賢。但人多以私意累之，於讎則棄，於親則嫌。安也有見於此，以玄應詔。昔者晉祁奚舉其子祁午，狄人傑舉其子光嗣，亦知脫然俗見之外。若趙充國於帝求取名將，而曰『無踰老臣』，豈計較以赴功名之會，投立功之機，而忌以靖邊之烈分與人哉？亦真見邊事多艱，而不可以白面書生當之耳。是以予論之曰：奚也不知有子，但知有晉；傑也不知有子，但知有唐；趙充國不知有己，但知有漢；安也亦但知卻秦難，曷計兄之子哉？其用心之公一也。」

其二，如何看待謝玄的幾次初試牛刀。關於謝玄，《晉書》上說他「有經國才略」，但在軍事方面有何積累，史無明文。他的同僚郗超說他「吾嘗與玄共在桓公府，見其使才，雖履屐間未嘗不得其任」。這是指謝玄能識別人才，能使用人才，能發揮人才的作用。謝玄於孝武帝太元二年被任為兗州刺史，領廣陵相，監江北諸軍事，從此管理軍務。接著《通鑑》寫了一段謝玄治軍的故事，說：「玄募驍勇之士，得彭城劉牢之等數人。以牢之為參軍，常領精銳為前鋒，戰無不捷，時號『北府兵』，敵人畏之。」《晉書・劉牢之傳》對此說：「太元初，謝玄北鎮廣陵，時苻堅方盛，玄多募勁勇，牢之與東海何謙、琅邪諸葛侃、樂安高衡、東平劉軌、西河田洛、及晉陵孫無終等以驍猛應選。玄以牢之為參軍，領精銳為前鋒，百戰百勝，號為『北府兵』，敵人畏之。」這段敘述很重要，作為一個軍事指揮員，手下沒有自己得力的一支軍隊，沒有一批得心應手的部將，是無法打敗敵人的。像東晉此前率軍北征的庾亮、殷浩、謝萬等人，就完全不具備這種資格。在古代冷兵器而通訊條件又極不發達的時代，一支小部隊甚至某幾個人的英勇頑強就可能影響一場大戰爭的勝敗。《通鑑》在寫前趙劉曜的失敗與魏氏冉閔的某場勝利時就都有這樣的例子。當秦將彭超圍困戴逯於彭城，謝玄率軍往救時，「彭超置輜重於留城，謝玄揚聲遣後軍將軍東海何謙向留城。超聞之，釋彭城圍，引兵還保輜重，戴逯帥彭城之眾，隨謙奔玄。」這是謝玄的第一次略施小計，救戴逯出了彭城。當秦將彭超、俱難佔領盱眙，進而圍困三阿，毛盛、毛當又佔領堂邑的時候，「謝玄自廣陵救三阿。丙子，難、超戰敗，退保盱眙。六月戊子，玄與田洛帥眾五萬進攻盱眙，難、超又敗，退屯淮陰。玄遣何謙等帥舟師乘潮而上，夜焚淮橋。邵保戰死，難、超退屯淮北。玄與何謙、戴逯、田洛共追之，戰于君川，復大破之。難、超北走，僅以身免。」氣得苻堅大怒，彭超被下獄自殺，俱難被削職為民。試想，自西晉滅亡以來，東晉什麼時候曾有過如此勢如破竹的勝利？曾有過如此激動人心的連珠一般的捷報頻傳？這是下卷「肥水大捷」的前奏曲，是謝玄的初試牛刀。

其三，如何理解苻堅伐晉決心的九牛難回。苻堅於孝武帝太元七年（西元三八二年）八月「以諫議大夫裴元略為巴西、梓潼二郡太守，使密具舟師」，準備伐晉。十月，苻堅遂在太極殿召集群臣讓大家討論伐晉的問題，在會上，除了朱肜、慕容垂是順著苻堅的心思加以慫恿外，其他如權翼、石越、苻融、太子苻宏、沙門道安、苻堅之寵妃張氏、苻堅之幼子中山公苻詵皆於人前人後懇切勸阻，而苻堅執意不聽。不要伐晉，這首先是王猛臨死前向苻堅提出的勸告，苻堅當時並沒有表示不贊成，為什麼事隔七年，苻堅就變成這種樣子了呢？存在決定意識，是因為在這七年中秦國與整個大中國的形勢又發生了許多變化。太元元年，苻堅派苟萇、毛盛等滅了涼州的張天錫政權，平定了今甘肅一帶地區；接著又派苻洛、俱難、鄧羌等進攻代國，滅了拓跋氏政權，平定了今內蒙古與山西、陝西北部的一帶地區；又討伐西障氐羌，平定了今四川、甘肅、青海交界的一帶地區。這時秦國的疆域，東至現在的遼寧，西至現在的新疆，北至內蒙古，南至雲南、貴州，整個四川、重慶市都屬秦國。威力所及，當時東部境外的高句麗以及朝鮮境內的新羅、百濟都向秦國進貢請服；西部連帕米爾高原以西的大宛都自動給苻堅送來了汗血馬。苻堅的威名遠布，幾乎比當年的漢武帝還要強大。接著他又向晉王朝發動試探性的進攻，又攻取了今湖北境內的重鎮襄陽，與江蘇境內的彭城，亦即今之徐州。可以說，苻堅此時的勢力，比起當年司馬炎消滅東吳前的形勢還要好。連司馬氏這樣的一個可恥的家族、一個腐敗可憎的政權當時都能滅掉東吳，而像苻堅這樣一位頂天立地的英雄，一個如此巨大、如此強盛的國家，怎麼就不能滅掉東晉這樣一個讓人瞧不起的政權呢？「小和尚動得，我動不得？」而且反對伐晉的言論中有一種口實是「天道不順」；是「國家本戎狄也，正朔會不歸人」；是「中華正統，天意必不絕之」。這種話讓苻堅聽了，不僅不能回心轉意，反而會更加火上澆油。像司馬氏這樣的家族，難道也能「上應天命」？難道也應上承「正朔」，並進而獲得「老天爺」的福佑？這「老天爺」究竟是什麼東西！誰獲得了勝利，誰就是「上應天命」，浩如煙海的歷史不就是這樣寫下來的麼？

肥水之戰，苻堅的確是失敗了，其原因不是東晉不該打，或者說是不能打，而是苻堅自身方面的許多問題沒有解決好。這些留待下卷再說。

卷第一百五

晉紀二十七

起昭陽協洽（癸未　西元三八三年），盡閼逢涒灘（甲申　西元三八四年），凡二年。

【題　解】本卷寫孝武帝太元八年（西元三八三年）、太元九年共兩年間的東晉及各國大事。主要寫了桓沖率軍進攻秦國佔領的襄陽，同時派部將分別進攻涪城、沔北、武當、筑陽等地；苻堅派兵分援，桓沖等遂引兵退回；寫了秦主苻堅發兵八十七萬伐晉，而晉方以謝石為大都督，以謝玄為前鋒都督，率軍八萬以禦之；寫了謝玄的部將劉牢之率軍直前，大破秦將梁成於洛澗，謝石、謝玄率晉軍繼進，與苻堅大軍夾肥水而陣。謝玄遣使請秦軍稍卻，以待晉軍渡河決戰，苻堅許之。結果秦軍一退遂不可復止，更加朱序在秦軍中煽動呼叫「秦軍敗矣」，秦軍遂大奔而潰散。苻融馳騎略陣，被晉軍射死，苻堅被流矢所傷。晉軍渡河追擊，秦兵死者什七八。獨慕容垂部獲全，苻堅前往投之。慕容垂以自己的三萬人授與苻堅，自請為苻堅安撫河北。時值丁零翟斌起兵叛秦，慕容垂請兵往討，至則被翟斌等擁立為盟主，慕容垂遂自稱燕王；慕容垂率兵攻鄴，秦將苻丕拒守不下；慕容暐之弟慕容泓、慕容沖亦倔起於陝、晉地區，破殺了苻堅之子苻叡，慕容沖率兵進攻長安；而苻堅身邊的慕容暐、慕容肅等因謀殺苻堅事洩，被苻堅所殺；寫了依附於苻堅部下韜晦待時的姚萇率部叛變，逃向渭北，糾集西部羌豪，自稱萬年秦王；苻堅部下的隴西鮮卑乞伏國仁之叔在隴西反秦，苻堅派國仁率部往討，國仁遂與其叔合兵反秦自立；苻堅的部將呂光為苻堅往討西域，大破龜茲，降者三十餘國，但此時已與苻堅斷絕消息；寫了晉將桓沖派部將攻拔秦之魏興、上庸、新城三郡；楊佺期擊走秦之梁州刺史；楊亮攻蜀，涪城的守將投降；晉將又收復襄陽、攻取魯陽，荊州刺史桓石民將北戍洛陽；謝玄的部將劉牢之攻得譙城，進據碻磝，又進克鄄城，秦之徐州刺史棄城走；謝玄又派部將攻秦青州，刺史苻朗降晉，黃河以南大抵皆被晉軍所收復等等。

烈宗孝武皇帝上之下

太元八年（癸未　西元三八三年）

春，正月，秦呂光發長安❶，以鄯善王休密馱、車師前部王彌寘❷為鄉導。

三月丁巳❸，大赦。

夏，五月，桓沖帥眾十萬伐秦，攻襄陽。遣前將軍劉波等攻沔北諸城；輔國將軍楊亮攻蜀，拔五城❹，進攻涪城❺；鷹揚將軍郭銓攻武當❻。六月，沖別將攻萬歲❼、筑陽❽，拔之。

秦王堅遣征南將軍鉅鹿公叡❾、冠軍將軍慕容垂等帥步騎五萬救襄陽，兗州刺史張崇救武當，後將軍張蚝、步兵校尉姚萇救涪城。叡軍于新野❿，垂軍于鄧城⓫，桓沖退屯沔南。秋，七月，郭銓及冠軍將軍桓石虔敗張崇于武當，掠二千戶以歸。鉅鹿公叡遣慕容垂為前鋒，進臨沔水。垂夜命軍士人持十炬⑫繫于樹枝，光照數十里。沖懼，退還上明⑬。張蚝出斜谷⑭，楊亮引兵還。沖表其兄子石民⑮領襄陽[1]太守⑯，戍夏口⑰。沖自求領江州刺史，詔許之。

秦王堅下詔大舉入寇，民每十丁遣一兵，其良家子⑱年二十已下有材勇⑲者，皆拜羽林郎⑳。又曰：「其以司馬昌明㉑為尚書左僕射㉒，謝安為吏部尚書，桓沖為侍中。勢還不遠㉓，可先為起第㉔。」良家子至者三萬餘騎，拜秦州主簿㉕金城[2]趙盛之為少年都統㉖。是時朝臣皆不欲堅行㉗，獨慕容垂、姚萇及良家子勸之。陽平公融言於堅曰：「鮮卑㉘、羌虜㉙，我之仇讎㉚，常思風塵之變㉛以逞其志，所陳策畫，何可從也！良家少年皆富饒子弟，不閑㉜軍旅，苟為諂諛之言㉝以會陛下之意㉞耳[3]。今陛下信而用之，輕舉大事，臣恐功既不成，仍有後患㉟，悔無及也。」堅不聽。

八月戊午㊱，堅遣陽平公融督張蚝、慕容垂等步騎二十五萬為前鋒，以兗州刺史姚萇為龍驤將軍、督益．梁州諸軍事。堅謂萇曰：「昔朕以龍驤建業㊲，未嘗輕以授人㊳，卿其勉之！」左將軍竇衝曰：「王者無戲言，此不祥之徵㊴也。」堅默然。

慕容楷、慕容紹言於慕容垂曰：「主上驕矜已甚，叔父(40)建中興之業(41)，在此行也！」垂曰：「然。非汝，誰與成之(42)？」

甲子(43)，堅發長安，戎卒六十餘萬，騎二十七萬，旗鼓相望，前後千里。九月，堅至項城(44)，涼州之兵始達咸陽，蜀、漢之兵方順流而下(45)，幽、冀之兵至于彭城，東西萬里，水陸齊進，運漕(46)萬艘。陽平公融等兵三十萬，先至潁口(47)。詔以尚書僕射謝石(48)為征虜將軍、征討大都督，以徐、兗二州刺史謝玄為前鋒都督，與輔國將軍謝琰(49)、西中郎將桓伊(50)等眾共八萬拒之。使龍驤將軍胡彬以水軍五千援壽陽。琰，安之子也。

是時秦兵既盛，都下震恐。謝玄入，問計於謝安。安夷然(51)答曰：「已別有旨(52)。」既而寂然(53)。玄不敢復言，乃令張玄重請(54)。安遂命駕(55)出遊山墅(56)，親朋畢集(57)，與玄圍棋賭墅(58)。安棋常劣於玄，是日，玄懼，便為敵手而又不勝(59)。安遂游陟至夜(60)乃還。

桓沖深以根本(61)為憂，遣精銳三千入援[4]京師，謝安固卻之(62)，曰：「朝廷處分已定(63)，兵甲無闕(64)，西藩(65)宜留以為防。」沖對佐吏(66)歎曰：「謝安石(67)有廟堂之量(68)，不閑將略(69)。今大敵垂至(70)，方遊談不暇(71)，遣諸不經事少年(72)拒之，眾又寡弱，天下事[73]已可知，吾其左衽[74]矣！」

以琅邪王道子錄尚書六條事[75]。

冬，十月，秦陽平公融等攻壽陽。癸酉[76]，克之，執平虜將軍徐元喜等。融以其參軍河南郭褒為淮南[77]太守。慕容垂拔鄖城[78]。胡彬聞壽陽陷，退保硤石[79]，融進攻之。秦衛將軍梁成等帥眾五萬屯于洛澗[80]，柵淮[81]以遏東兵[82]。謝石、謝玄等去洛澗二十五里而軍，憚成不敢進。胡彬糧盡，潛遣使[83]告石等曰：「今賊盛糧盡，恐不復見大軍。」秦人獲之，送於陽平公融。融馳使白秦王堅曰：「賊少易擒，但恐逃去，宜速赴之。」堅乃留大軍於項城[84]，引輕騎八千，兼道就融於壽陽。遣尚書朱序[85]來說謝石等，以為彊弱異勢[86]，不如速降。序私謂石等曰：「若秦百萬之眾盡至，誠難與為敵。今乘諸軍未集，宜速擊之。若敗其前鋒，則彼已奪氣[87]，可遂破也。」

石聞堅在壽陽，甚懼，欲不戰以老秦師[88]。謝琰勸石從序言。十一月，謝玄遣廣陵相劉牢之[89]帥精兵五千趣洛澗，未至十里，梁成阻澗為陳[90]以待之。牢之直前渡水，擊成，大破之，斬成及弋陽太守王詠。又分兵斷其歸津[91]，秦步騎崩潰，爭赴淮水[92]，士卒死者萬五千人，執秦揚州刺史王顯等，盡收其器械軍實。

於是謝石等諸軍水陸繼進。秦王堅與陽平公融登壽陽城望之，見晉兵部陣[93]嚴整，又望八公山[94]上草木皆以為晉兵。顧謂融曰：「此亦勍敵[95]，何謂弱也！」憮然[96]始有懼色。

秦兵逼肥水而陳[97]，晉兵不得渡。謝玄遣使謂陽平公融曰：「君懸軍深入[98]，而置陳逼水[99]，此乃持久之計，非欲速戰者也。若移陳少[5]卻[100]，使晉兵得渡，以決勝負，不亦善乎？」秦諸將皆曰：「我眾彼寡，不如遏之，使不得上[101]，可以萬全。」堅曰：「但引兵少卻，使之半渡，我以鐵騎[102]蹙而殺之[103]，蔑[104]不勝矣！」融亦以為然，遂麾兵使卻。秦兵遂退，不可復止[105]，謝玄、謝琰、桓伊等引兵渡水擊之。融馳騎略陳[106]，欲以帥退者[107]，馬倒，為晉兵所殺，秦兵遂潰。玄等乘勝追擊，至于青岡[108]。秦兵大敗，自相蹈藉而死者蔽野塞川[109]，其走者聞風聲鶴唳[110]，皆以為晉兵且至，晝夜不敢息，草行露宿[111]，重以飢凍[112]，死者什七八[113]。

初，秦兵少卻，朱序在陳後呼曰：「秦兵敗矣！」眾遂大奔。序因與張天錫、徐元喜皆來奔[114]。獲秦王堅所乘雲母車[115]，及儀服、器械、軍資、珍寶、畜產不可勝計[6]。復取壽陽，執其淮南太守郭褒。

堅中流矢[116]，單騎走至淮北，飢甚，民有進壺飧[117]豚髀[118]者，堅食之，賜帛十匹，綿十斤。辭曰：「陛下厭苦安樂[119]，自取危困。臣為陛下子，陛下為臣父，安有子飼其父而求報乎！」弗顧而去。堅謂張夫人曰：「吾今復何面目治天下乎！」潸然[120]流涕。

是時，諸軍皆潰，惟慕容垂所將三萬人獨全，堅以千餘騎赴之。世子寶言於垂曰：「家國傾覆，天命人心皆歸至尊[121]。但時運未至，故晦迹[122]自藏耳。今秦主兵敗，委身於我，是天借之便以復燕祚[123]，此時不可失也。願不以意氣微恩[124]忘社稷之重。」垂曰：「汝言是也。然彼以赤心[125]投命於我[126]，若之何害之[127]？天苟棄之[128]，何[7]患不亡！不若保護其危以報德，徐俟其釁[129]而圖之，既不負宿心[130]，且可以義取天下[131]。」奮威將軍慕容德[132]曰：「秦彊而并燕，秦弱而圖之，此為報仇雪恥，非負宿心也。兄柰何得而不取，釋數萬之眾以授人[133]乎？」垂曰：「吾昔為太傅[134]所不容，置身無所，逃死於秦。秦主以國士遇我[135]，恩禮備至。後復為王猛所賣[136]，無以自明，秦主獨能明之，此恩何可忘也！若氏運必窮[137]，吾當懷集關東[138]，以復先業耳，關西會非吾有[139]也。」冠軍行參軍趙秋[140]曰：「明公當紹復燕祚[141]，著於圖讖[142]。今天時已至，尚復何待！若殺秦王，據鄴都，鼓行而西[143]，三秦亦非苻氏之有也。」垂親黨多勸垂殺堅，垂皆不從，悉以兵授堅。

平南將軍慕容暐[144]屯鄖城，聞堅敗，棄其眾遁去。至滎陽，慕容德復說暐起兵以復燕祚，暐不從。

謝安得驛書[145]，知秦兵已敗，時方與客圍棋，攝書[146]置牀上[147]，了無喜色[148]，圍棋如故。客問之，徐答曰：「小兒輩遂已破賊。」既罷，還內[149]，過戶限[150]，不覺屐齒之折[151]。

丁亥[152]，謝石等歸建康，得秦樂工，能習舊聲[153]，於是宗廟始備金石之樂[154]。

〇乙未[155]，以張天錫為散騎常侍，朱序為琅邪[156]內史。

秦王堅收集離散，比至洛陽，眾十餘萬，百官、儀物、軍容粗備[157]。

慕容農謂慕容垂曰：「尊[158]不迫人於險[159]，其義聲足以感動天地。農聞祕記[160]曰：『燕復興當在河陽[161]。』夫取果於未熟與自落[162]，不過晚旬日[163]之間。然其難易美惡，相去遠矣！」垂心善其言。行至澠池[164]，言於堅曰：「北鄙[165]之民，聞王師[166]不利，輕相扇動[167]，臣請奉詔書以鎮慰安集[168]之，因過謁陵廟[169]。」堅許之。權翼諫曰：「國兵新破，四方皆有離心，宜徵集名將，置之京師，以固根本，鎮枝葉。垂勇略過人，世豪東夏[170]。頃[171]以避禍而來，其心豈止欲作冠軍[172]而已哉！譬如養鷹，飢則附人[173]，每聞風飆[174]之起，常有陵霄[175]之志。正宜謹其絛籠[176]，豈可解縱，任其所欲哉！」堅曰：「卿言是也。然朕已許之，匹夫猶不食言，況萬乘(177)乎！若天命有廢興(178)，固非智力所能移(179)也。」翼曰：「陛下重小信而輕社稷。臣見其往而不返，關東之亂，自此始矣！」堅不聽，遣將軍李蠻、閔亮、尹國[8]帥眾三千送垂。又遣驍騎將軍石越帥精卒三千戍鄴，驃騎將軍張蚝帥羽林五千戍并州(180)，鎮軍將軍毛當帥眾四千戍洛陽。權翼密遣壯士邀垂(181)於河橋(182)南空倉中。垂疑之，自涼馬臺(183)結草筏以渡。使典軍程同衣己衣，乘己馬，與僮僕趣(184)河橋。伏兵發(185)，同馳馬(186)獲免。

十二月，秦王堅至長安，哭陽平公融[9]而後入，諡曰哀公。大赦，復死事者家(187)。

庚午(188)，大赦。以謝石為尚書令。進謝玄號前將軍，固讓不受。

謝安壻王國寶，坦之之子也。安惡其為人，每抑(189)而不用，以為尚書郎(190)。國寶自以望族，故事(191)唯作吏部(192)，不為餘曹，固辭不拜，由是怨安。國寶從妹為會稽王道子(193)妃，帝與道子皆嗜酒，狎昵邪諂(194)。國寶乃譖安於道子，使離間之於帝。安功名既盛，而險詖求進(195)之徒，多毀短安(196)，帝由是稍疏忌之(197)。

初開酒禁(198)，增民稅米(199)，口五石。

秦呂光行越流沙(200)三百餘里，焉耆(201)等諸國[10]皆降。惟龜茲王帛純(202)拒之，嬰城(203)固守，光進軍攻之。

秦王堅之入寇也，以乞伏國仁(204)為前將軍，領先鋒騎。會(205)國仁叔父步頹反於隴西(206)，堅遣國仁還討之。步頹聞之，大喜，迎國仁於路。國仁置酒，大言(207)曰：「苻氏疲民逞兵(208)，殆將亡矣！吾當與諸君共建一方之業(209)。」及堅敗，國仁遂迫脅諸部，有不從者，擊而併之，眾至十餘萬。

慕容垂至安陽(210)，遣參軍田山修牋(211)於長樂公丕(212)。丕聞垂北來，疑其欲為亂，然猶身自迎之。趙秋勸垂於座取丕(213)，因據鄴起兵，垂不從。丕謀襲擊垂，侍郎天水姜讓諫曰：「垂反形未著，而明公(214)擅殺之(215)，非臣子之義。不如待以上賓之禮，嚴兵衛之(216)，密表情狀(217)，聽敕(218)而後圖之。」丕從之，館垂於鄴西(219)。

垂潛與燕之故臣謀復燕祚。會丁零翟斌(220)起兵叛秦，謀攻豫州牧平原公暉(221)於洛陽，秦王堅驛書使垂將兵討之。石越言於丕曰：「王師新敗，民心未安，負罪亡匿之徒，思亂者眾。故丁零一唱(222)，旬日之中，眾已數千，此其驗(223)也。慕容垂，燕之宿望(224)，有興復舊業之心。今復資(225)之以兵，此為虎傅翼(226)也。」丕曰：「垂在鄴如藉虎寢蛟(227)，常恐為肘腋之變，今遠之於外，不猶愈乎(228)？且翟斌凶悖[229]，必不肯為垂下，使兩虎相斃[230]，吾從而制之，此卞莊子之術[231]也。」乃以羸兵二千及鎧仗之弊者給垂，又遣廣武將軍苻飛龍帥氐騎一千為垂之副。密戒飛龍曰：「垂為三軍之帥，卿為謀垂之將，行矣，勉之！」

垂請入鄴城拜廟[232]，丕弗許，乃潛服[233]而入。亭吏[234]禁之，垂怒，斬吏燒亭而去。石越言於丕曰：「垂敢輕侮方鎮[235]，殺吏燒亭，反形已露，可因此除之。」丕曰：「淮南之敗[236]，垂侍衛乘輿[237]，此功不可忘也。」越曰：「垂尚不忠於燕，安能盡忠於我！失今不取，必為後患。」丕不從。越退，告人曰：「公父子好為小仁，不顧大計，終當為人禽[238]耳。」

垂留慕容農、慕容楷、慕容紹於鄴，行至安陽之湯池[239]，閔亮、李毗自鄴來，以丕與苻飛龍所謀告垂。垂因激怒其眾曰：「吾盡忠於苻氏，而彼專欲圖吾父子。吾雖欲已[240]，得乎？」乃託言兵少，停河內[241]募兵，旬日間，有眾八千。

平原公暉遣使讓垂，趣[242]使進兵。垂謂飛龍曰：「今寇賊不遠，當晝止夜行，襲其不意[243]。」飛龍以為然。壬午[244]，夜，垂遣世子寶將兵居前，少子隆勒兵從己，令氐兵五人為伍[245]，陰與寶約，聞鼓聲，前後合擊氐兵及飛龍，盡殺之，參佐[246]家在西者皆遣還；并以書遺秦王堅，言所以殺飛龍之故。

初，垂從堅入鄴[247]，以其子麟屢嘗告變於燕[248]，立殺其母，然猶不忍殺麟，置之外舍，希得侍見[249]。及殺苻飛龍，麟屢進策畫，啓發垂意[250]。垂更奇之，寵待與諸子均矣。

慕容鳳[251]及燕故臣之子燕郡王騰、遼西段延等聞翟斌起兵，各帥部曲歸之。平原公暉使武平武侯毛當[252]討斌。慕容鳳曰：「鳳今將雪先王之恥[253]，請為將軍斬此氐奴[254]！」乃擐甲[255]直進，丁零之眾隨之，大敗秦兵，斬毛當，遂進攻陵雲臺戍[256]，克之，收萬餘人甲仗。

癸未[257]，慕容垂濟河[258]焚橋，有眾三萬，留遼東鮮卑可足渾譚[259]集兵於河內之沙城[260]。垂遣田山如鄴，密告慕容農等，使起兵相應。時日已暮，農與慕容楷留宿鄴中，慕容紹先出，至蒲池[261]，盜丕駿馬數百匹以待農、楷。甲申晦[262]，農、楷將數十騎微服出鄴，遂同奔列人[263]。

【章　旨】以上為第一段，寫孝武帝太元八年（西元三八三年）一年間的大事。主要寫了桓沖率軍進攻秦國佔領的襄陽，同時派部將分別進攻涪城、沔北、武當、筑陽等地；苻堅派苻叡、慕容垂救襄陽，派張崇、姚萇、張蚝等救涪城、武當，桓沖等引兵退回；寫了秦主苻堅發兵八十七萬伐晉，水陸並發，東西萬里，苻融率兵三十萬先抵潁口；而晉方以謝石為大都督，以謝玄為前鋒都督，率軍八萬以禦之；寫了苻融攻克壽陽，俘獲晉將徐元喜，苻堅引輕騎會苻融於壽陽，派前所俘獲之晉將朱序往勸謝石降秦，致使朱序得以乘機與謝石等暗中通謀；寫了謝玄派其部將劉牢之率軍直前，大破秦將梁成於洛澗，秦軍潰敗；謝石、謝玄率晉軍繼進，與苻堅大軍夾肥水而陣。謝玄遣使請秦軍稍卻，以待晉軍渡河決戰，苻堅許之。結果秦軍一退遂不可復止，更加朱序在秦軍中煽動呼叫「秦軍敗矣」，秦軍遂大奔而潰散。苻融馳騎略陣，被晉軍射死，苻堅被流矢所傷。晉軍渡河追擊，秦兵自相蹈藉，蔽野塞川，重以飢凍，死者什七八，晉軍遂乘勢收復壽陽；寫了秦之諸軍皆潰，而慕容垂部三萬人獨全，苻堅前往投之，慕容氏子姪皆勸垂殺苻堅以恢復燕國之社稷，慕容垂不許，乃以三萬人授苻堅，自請為苻堅安撫河北地區，並赴鄴城拜祭先人之陵廟；寫了慕容垂到達鄴城，鎮守鄴城的苻堅之子苻丕感念慕容垂善待苻堅之德，時值丁零翟斌起兵叛秦，慕容垂遂向苻堅請求率兵往討，苻丕也想藉此機會以削弱慕容垂，遂授以羸兵兩千，並派苻飛龍率氐兵同行以監視之；慕容垂託言兵少，停留河內募兵，很快壯大到八千人，並尋機殺了苻飛龍，渡黃河進兵洛陽；寫了身為東晉首輔的謝安在肥水之戰前的從容鎮定，以及收到肥水之戰捷報時的內心喜悅，而外表仍故意做出榮辱不形於色；寫了謝安功名既盛，遂受到一些「險詖求進」之徒的詆毀，致使「帝由是稍踈忌之」等等。

【注釋】❶發長安　由長安出發，前往討伐西域。❷彌窴　車師前部王之姓名。窴，「填」的本字。❸三月丁巳　三月二十八。❹五城　縣名，即今四川中江縣。❺涪城　縣名，在今四川綿陽東北側。❻武當　縣名，在今湖北鄖縣東南，十堰之東北。❼萬歲　城名，在今湖北谷城。❽筑陽　縣名，縣治在今湖北穀城東。❾鉅鹿公叡　苻叡，苻堅之子，被封為鉅鹿公。❿新野　縣名，即今河南新野。⓫鄧城　縣名，縣治在今湖北襄樊西北。⓬人持十炬　每個人將十個火把……。持，將；把。⓭上明　軍事據點名，在今湖北江陵的長江南岸。⓮出斜谷　意即自陝西經由斜谷進入四川。斜谷，山路名，是由今陝西眉縣翻越秦嶺進入漢中地區，再進入四川的山路之一。⓯石民　桓石民，桓豁之子，桓石虔之弟。⓰領襄陽太守　兼任襄陽太守。⓱夏口　漢水入長江之口，即今武漢之漢口。⓲良家子　清白人家的子弟。當時多用奴隸或犯罪的人當兵，故士兵的身分很低；如有清白人家的子弟自願從軍入伍，則在軍中的身分較高，故史家特別標出。⑲材勇　身體的素質與勇武的程度。⑳羽林郎　皇帝的侍從人員，屬羽林中郎將。㉑司馬昌明　即東晉的皇帝司馬曜，字昌明。㉒尚書左僕射　位同副丞相之職。苻堅準備滅晉後讓晉朝的皇帝與謝安、桓沖等為僕射、為尚書、為侍中，都是故意做出的姿態，而實際上苻堅所滅之國，那些國家的君主與大臣也的確是都在秦國做了很大的官，如慕容暐、張天錫等都是如此。當然，這樣做的主要目的是表現苻堅對東晉軍事實力的藐視。㉓勢還不遠　從形勢看，滅晉還師的日期不會很遠。㉔可先為起第　指預先為司馬曜等三人在長安修好府第等著。㉕秦州主簿　秦州刺史的高級僚屬。㉖都統　意同都督，為軍隊的統領，苻秦始置。㉗不欲堅行　不想讓苻堅親自前去。㉘鮮卑　指慕容垂等鮮卑人。㉙羌虜　指姚萇等羌族人。㉚我之仇讎　慕容垂原為燕國人，姚萇的父兄原曾佔據關中，上述地區後來都被苻堅所佔，皆有滅國奪地之仇。㉛常思風塵之變　總是盼著局勢動盪和戰亂。風塵，以喻戰亂。㉜不閑　不熟悉；不習慣。閑，通「嫻」。熟習。㉝苟為諂諛之言　故意向您說一些討好的話。苟，故意；言不由衷。㉞以會陛下之意　以迎合您的心思、口味。會，迎合。㉟仍有後患　反而會有後患。仍，乃；反而。㊱八月戊午　八月初二。㊲以龍驤建業　苻堅當初以龍驤將軍的身分殺苻生，奪得秦國的政權。㊳未嘗輕以授人　意即再沒有授別人為此職。㊴此不祥之徵　這是不吉祥的徵兆，意思是姚萇亦將以「龍驤將軍」稱帝。㊵叔父　以稱慕容垂。慕容楷、慕容紹皆慕容恪之子，慕容垂之姪，故稱慕容垂為叔。㊶中興之業　指重建自己的國家。前燕的亡國之君是慕容暐，其父曰慕容儁。慕容儁是慕容垂之胞兄。故稱再建燕國之業曰「中興」。㊷非汝二句　除了你，還有誰能幫著我幹成這件大事呢。誰與，與誰一道，這裡是客氣的說法。胡三省曰：「至此，垂知堅必敗，方與兄子明言之。」按，本書上卷太元二年慕容垂之子慕容農對慕容垂說「自王猛之死，秦王法制，日以頹靡，今又重之以奢侈，殃將至矣，圖讖之言，行當有驗。大王宜結納英傑以承天意，時不可失」時，慕容垂還在裝傻地說：「天下事非爾所及！」現在則不再裝了。㊸甲子　八月初八。㊹項城　項縣縣城，即今河南沈丘。㊺順流而下　順漢水、長江東下。㊻運漕　水路運送糧食的船隻。㊼潁口　潁水入淮河之口，在今安徽潁上東南七十里。㊽謝石　謝安的小弟。傳見《晉書》卷七十九。㊾謝琰　謝安之子。傳見《晉書》卷七十九。㊿桓伊　桓景之子，東晉名將桓宣的族子。傳見《晉書》卷八十一。(51)夷然　態度安閒的樣子。(52)已別有旨　皇上已經有別的安排，意思是你不用擔心。(53)寂然　不再說別的話。(54)重請　再次向謝安詢問破敵方略，因為謝安是當朝宰相。(55)命駕　命令下人安排車馬。(56)出遊山墅　到山中的別墅遊玩。(57)畢集　全都來了。畢，盡。(58)與玄圍棋賭墅　與謝玄下圍棋，以山間的別墅賭輸贏。按，詳此處文意，應是謝安向謝玄挑戰，說你要是贏了我，我把這套別墅給你。(59)便為敵手而又不勝　指開始時雙方不分上下，到後來謝玄便輸給了謝安。這幾句的意思是表明謝玄的心情緊張，而謝安的心裡平和。(60)游陟至夜　登山臨水地一直玩到天黑。陟，登。這裡是說謝安在出征的人士與在朝的人士面前充分地表現他的胸有成竹，臨事不慌。與上卷所說的「謝安為宰相，秦人屢入寇，連兵失利，安每鎮之以和靜」意思相同。(61)根本　指京城的安危。(62)固卻之　堅決地退回不要。(63)朝廷處分已定　朝廷已把各方面的事情都安排好了。處分，處理；安排。(64)兵甲無闕　兵器鎧甲都不缺少。闕，同「缺」。(65)西藩　西部的國防前線。時桓沖為荊、江二州刺史，在京都建康以西，故稱西藩。(66)佐吏　手下的僚屬。(67)謝安石　謝安，字安石。(68)有廟堂之量　有朝廷大臣的氣度。廟堂，宗廟與名堂，這裡代指朝廷。量，氣度；胸襟。(69)不閑將略　不懂用兵作戰的謀略。不閑，不熟悉；不懂得。閑，通「嫻」。(70)垂至　將至。(71)方遊談不暇　還在迷戀於遊覽與清談。方，尚；還在。(72)不經事少年　沒有經過大事的年輕人，指謝玄、謝琰等。(73)天下事　指晉王朝的前途、命運。(74)吾其左衽　意即我們將國破家亡，淪於異族的統治之下，接受異族的習慣服飾。左衽，我國古代少數民族服裝前襟向左，是為左衽，不同於華夏民族右衽。(75)錄尚書六條事　官名，位在「錄尚書事」之下。(76)癸酉　十月十八。(77)淮南　郡名，郡治壽春，即今安徽壽縣。(78)鄖城　即今湖北安陸。(79)硤石　山名，在今安徽壽縣西北的淮河兩岸。六朝時兩岸山上各築有城，為淮南屏障。(80)洛澗　又名洛水、清洛河，源出於今安徽定遠東南，西北流至淮南市東注入淮河。近數十年來，因下游流勢不暢，中游壅為高塘湖、窯湖。其入淮之口稱洛口。(81)柵淮　立木柵阻斷淮河，以防晉兵乘船來攻。(82)東兵　指謝石、謝玄由東方前來的救胡彬之兵。(83)潛遣使　暗中派使者。(84)項城　即今河南項城。(85)朱序　原為晉王朝的梁州刺史，太元三年，秦破襄陽，被俘，苻堅任以為度支尚書。(86)彊弱異勢　雙方的強弱之差不成比例，即懸殊太大。(87)奪氣　喪氣；失去信心、鬥志。(88)以老秦師　通過持久消耗，使敵方變得疲憊懶散。老，疲憊懶散。(89)劉牢之　謝玄的重要部將，「北府兵」的統領者，時為廣陵相。傳見《晉書》卷八十四。廣陵即今江蘇揚州。(90)阻澗為陳　以洛水為屏障擺開陣勢。阻，憑藉；依托。(91)歸津　回逃的渡口。(92)爭赴淮水　爭先恐後地往淮河裡跳。(93)部陳　行列陣勢。(94)八公山　山名，在今安徽壽縣城北的肥水之北，以漢代淮南王劉安在此養士而得名。(95)勍敵　強大的敵人。(96)憮然　悵然失意的樣子。(97)逼肥水而陳　緊靠肥水列開陣勢。肥水，指今東肥河，源出今安徽肥西縣西北，北流經壽縣城東，又西北經八公山南入淮。近年下游壅為瓦埠湖。(98)懸軍深入　遠離根據地，深入到敵方區域。(99)置陳逼水　把陣勢列在肥水邊上。(100)移陳少卻　把你們的軍陣稍微後退一點。(101)不得上　不能上岸。(102)鐵騎　兵士與戰馬均披戴鐵甲的騎兵。(103)蹙而殺之　圍困、擠壓，消滅他們。蹙，圍逼；擠壓。(104)蔑　無；沒有。(105)不可復止　再也剎不住腳了。(106)馳騎略陳　乘馬疾奔巡視軍陣。略，巡視；整頓。(107)以帥退者　以組織軍隊有秩序地稍向後移。帥，組織；引導。(108)青岡　地名，在今安徽鳳臺西北。[109]蔽野塞川　遮蔽曠野，堵塞河流，極言死者之多。[110]風聲鶴唳　風吹聲與鶴叫聲。唳，鳥叫。[111]草行露宿　涉草而行，不敢走大路；露天而宿，不敢進人家。極言其懼怕追兵。[112]重以飢凍　再加上挨餓受凍。重，又；再加。[113]什七八　十分之七八。[114]皆來奔　一道逃回晉王朝。[115]雲母車　以雲母為飾的車，帝王與王公之所乘。趙彥綎《續古今註》有所謂「石虎皇后乘輦，以純雲母代紗，四望皆通徹」。[116]流矢　無端飛來的亂箭。[117]壺飧　用壺盛的水泡飯。[118]豚髀　小豬的大腿。[119]厭苦安樂　不願過安樂的生活。厭苦，厭惡；以……為苦。[120]潸然　流淚的樣子。[121]皆歸至尊　都歸心於陛下您。至尊，至高無上的皇帝，這裡指慕容垂。[122]晦迹　隱蔽形跡，不露聲色。[123]天借之便以復燕祚　老天爺為我們提供方便，讓我們重建燕國政權。復，恢復；重建。燕祚，燕國的宗廟社稷，亦即燕國政權。祚，福。[124]意氣微恩　指對苻堅應講的義氣與應報的恩情。苻堅對慕容垂父子的恩情應該說是太大了。[125]赤心　真誠之心。[126]投命於我　在走投無路的時刻，投我以求活。投命，託命。[127]若之何害之　怎麼能殺害他呢。[128]天苟棄之　如果老天爺真的是不再關照他了。[129]徐俟其釁　慢慢等待他的機會。釁，間隙；機會。[130]不負宿心　不辜負他平素對待我們的一片好心。宿，平素；一貫。[131]且可以義取天下　胡三省曰：「慕容垂此言，猶有君人之度。」[132]慕容德　慕容皝之子，慕容垂之弟，被苻堅封為奮威將軍。[133]釋數萬之眾以授人　指慕容垂想把他手下的三萬人送給苻堅。[134]太傅　指慕容評。慕容垂被慕容評所害而離燕逃秦事，見本書卷一百二太和四年。[135]以國士遇我　像接待一國所少有的傑出之士那樣接待我。遇，對待；接待。[136]復為王猛所賣　事見本書卷一百二太和五年。賣，欺騙；陷害。[137]若氐運必窮　如果苻堅政權的命運的確是完了。氐運，苻堅的命運，苻堅是氐族人。[138]懷集關東　意即收復關東。懷集，招集；團聚。關東，函谷關以東，指前燕慕容氏政權的故地。[139]會非吾有　絕對不應該是屬於我。會，絕對；一定。[140]冠軍行參軍趙秋　慕容垂的僚屬趙秋。時慕容垂被苻堅封為冠軍將軍，趙秋為之任代理參謀。行，代理。[141]紹復燕祚　重建燕國政權。[142]著於圖讖　在圖讖上已有明確的表現。即前文所說的「甲申乙酉，魚羊食人，悲哉無復遺！」見本書卷二十五孝武帝寧康二年。這些東西當然是出於後人的編造附會。[143]鼓行而西　意即統率大軍，公然西上。鼓行，擂鼓作樂而行，既表示其正義，又表現其強大無敵。[144]慕容暐　慕容垂之姪，前燕的末代君主。前燕被苻堅所滅後，慕容暐被封為平南將軍。[145]驛書　通過驛站送來的文書，即謝玄等破秦的捷報。[146]攝書　把書信又裝回信封。攝，收起。[147]置牀上　放在身邊的凳子上。[148]了無喜色　一點高興的樣子也沒有。了無，絲毫沒有。[149]還內　回到裡屋。[150]過戶限　邁過門檻的時候。[151]不覺屐齒之折　沒有發覺他腳下木屐的齒已被門檻碰斷了。以上幾句是寫謝安當著客人的面看了捷報，故意裝得平靜如常；等到客人一走，謝安回身進入內屋的時候，這才迸發出喜悅之情，以至於連過門檻時屐齒被碰掉了都沒有發覺。[152]丁

亥　十一月初二。(153)舊聲　指當年西晉朝廷演奏的雅聲、雅樂。(154)金石之樂　用鐘、磬等樂器演奏的雅樂。永嘉亂後，西晉宮廷樂工、樂器散亡，東晉初只好將太樂署併入鼓吹署，此後則金石樂始齊備。(155)乙未　十一月初十。(156)琅邪　諸侯國名，都城原在今山東臨沂北。此處朱序所任之琅邪乃指僑郡，在今江蘇揚州內。(157)粗備　大體具備。(158)尊　猶今所謂「父親大人」，對其父慕容垂的敬稱。(159)不迫人於險　不在人家危險的時候加害於人。(160)祕記　指讖緯一類的書籍。(161)河陽　黃河以北。(162)取果於未熟與自落　以比喻用武力滅掉秦國，與等候秦國自己滅亡。(163)晚旬日　推遲個十天八天。旬，十天。(164)澠池　縣名，縣治在今河南澠池縣西。(165)北鄙　北部邊境；北部地區。(166)王師　敬稱苻堅的軍隊。(167)輕相扇動　會很容易地彼此煽動造反。扇動，同「煽動」。鼓動。(168)安集　安撫；安定。(169)因過謁陵廟　順路去祭掃一下我家的陵墓與宗廟。陵廟，指慕容氏家族在鄴城的陵墓與宗廟。鄴城是慕容氏燕國的最後都城，在今河北臨漳西南。(170)世豪東夏　世世代代在東部中國稱霸一方。豪，這裡用如動詞。稱豪；稱霸。東夏，即中國的東部。(171)頃　前者；近些年。(172)冠軍　指慕容垂所任的冠軍將軍。(173)飢則附人　餓了就來依附獵人，以求供養。俗語有所謂「飢附飽颺」就是指此而言。(174)風飆　泛指大風。飆，暴風。(175)陵霄　也作「凌霄」，衝上雲霄，以比喻其氣勢才幹不凡。(176)謹其絛籠　意即加緊看管，嚴防逃走。絛，拴住鷹腿的繩子。籠，養鳥的籠子。(177)萬乘　代指皇帝。(178)天命有廢興　意即命運該當苻氏廢滅，慕容氏興起。(179)固非智力所能移　那就絕不是個人的智慧力量所能改變的。(180)并州　州治晉陽，在今山西太原西南。(181)邀垂　半路襲擊慕容垂。(182)河橋　黃河上的渡口名，也叫富平津，在今河南孟州西南的黃河上。(183)涼馬臺　在富平津黃河南岸的橋西。(184)趣　向；朝著……的方向走。(185)發　發起攻擊。(186)馳馬　驅馬飛跑。(187)復死事者家　免除所有在肥水之戰中犧牲者家屬的賦稅與徭役。復，免除賦役。(188)庚午　十二月十五。(189)抑壓制；裁抑。指該提升而不提升。(190)尚書郎　尚書令的部下，約當後代的各部尚書。(191)故事　按歷來的規矩。(192)唯作吏部　只作吏部郎。西晉尚書臺設三十五曹，置尚書郎二十三人。東晉康帝、穆帝時僅有十八曹。其中吏部曹最重要，因而擔任吏部郎的人，都是經過精心慎重挑選的，多是名門望族子弟。(193)會稽王道子　司馬道子，簡文帝司馬昱之子，孝武帝司馬曜之弟。(194)狎昵邪諂　王國寶與司馬道子的關係親昵，行為不正，常用一些花言巧語向司馬道子買好。(195)險詖求進　為人邪僻不正，又想升官進爵。(196)毀短安　說謝安的壞話，揭謝安的短處。(197)稍疏忌之　漸漸地疏遠猜忌謝安。(198)開酒禁　解除有關釀酒、飲酒的禁令。東漢末建安年間，曹操曾制定嚴厲的酒禁。(199)增民稅米　東晉咸和五年，成帝始度量百姓耕地，每畝收稅米三升。哀帝減田租，每畝收二升。太元二年，孝武帝廢除度田收租制，改用口稅制，公、王以下，每口交稅三斛。至此年又增稅米，每口五石。(200)流沙　指玉門關以西今新疆東部的沙漠地區。(201)焉耆　西域國名，都城即今新疆的焉耆回族自治縣。

(202)龜茲王帛純　龜茲國的國王名帛純。龜茲國的國都延城，即今新疆庫車。(203)嬰城　環城。(204)乞伏國仁　隴西鮮卑部落的頭領。其父乞伏司繁為苻堅的鎮西將軍，駐守在勇士川，也稱苑川，在今甘肅榆中大營川一帶地區。其父死，國仁代統其眾。(205)會　剛好；正碰上。(206)反於隴西　在隴西郡造反。隴西郡的郡治即今甘肅隴西縣。(207)大言　大聲。(208)疲民逞兵　疲勞百姓以興兵逞能。(209)建一方之業　建立一個地方性的割據政權。(210)安陽　縣名，縣治在今河南安陽西南，北距鄴城不遠。(211)修牋　寫信。牋是文體名，通常指寫給貴族與上層官僚的短信。(212)長樂公丕　苻丕，苻堅之子，當時正統兵鎮守鄴城。(213)取丕　拘捕或刺殺苻丕。(214)明公　對權貴長官的敬稱，這裡稱苻丕。(215)擅殺之　擅自做主將其殺害。(216)嚴兵衛之　派兵嚴密地將他看管起來。衛，這裡是以保護的名義將其看管起來。(217)密表情狀　把慕容垂的情況祕密地向苻堅報告。(218)聽敕　接到皇帝的詔令。(219)館垂於鄴西　安排慕容垂住在鄴城西部。(220)翟斌　丁零族部落首領。丁零原是俄國貝加爾湖一帶的游牧民族，後來遷到今河北定州一帶，苻堅滅燕後，又將其遷至今河南澠池縣一帶。翟斌仕秦任衛軍將軍從事中郎。(221)平原公暉　苻暉，苻堅之子，苻丕之弟。時任豫州刺史，駐兵洛陽。(222)唱　倡導；帶頭做出動靜。(223)驗　證明。證明前句所謂「思亂者眾」。(224)宿望　素有聲望的人。(225)資　資助；提供。(226)為虎傅翼　意即為虎添翼。傅，通「附」。插上。(227)藉虎寢蛟　坐在老虎身上，睡在蛟龍身上，以比喻形勢之極度危險。藉，坐在……之上。寢，睡在……之上。(228)不猶愈乎　不是更好一點嗎。(229)凶悖　兇悍、狂悖。(230)相斃　相互爭鬥而疲憊。斃，同「敝」。疲憊。(231)卞莊子之術　卞莊子亦作管莊子、辨莊子，春秋時魯國大夫。傳說有兩虎相鬥，卞莊子欲刺虎，有人給他出主意說：「兩虎相鬥，必有一傷；等虎傷後再刺，可一舉而得兩虎。」於是後人遂將其用成一個比喻「一舉兩得」的典故。(232)拜廟　拜謁慕容氏的祖廟。(233)潛服　外披便服，內穿鎧甲。(234)亭吏　地方上的基層小吏。縣下有鄉，鄉下有亭。亭有亭長、三老、求盜。求盜的職責即緝捕壞人。(235)輕侮方鎮　藐視苻丕，不把苻丕看在眼裡。方鎮，當時對刺史、督軍這種方面大員的敬稱。(236)淮南之敗　即肥水之敗。(237)侍衛乘輿　保護過皇上，指慕容垂將自己的三萬兵馬給了苻堅。乘輿，皇帝用的車子，後來用為皇帝的代稱，這裡指苻堅。(238)為人禽　被人所擒。禽，通「擒」。(239)湯池　地名，在安陽城外，即今河南安陽。(240)吾雖欲已　即使我想不動手。已，停止；不理睬。(241)河內　郡名，也是地區名，大體指今太行山以東的河南的黃河以北地區，包括上文所述的安陽、鄴城在內。(242)趣　催促。(243)襲其不意　乘其不注意而襲擊之。(244)壬午　十二月二十七。(245)令氐兵五人為伍　將氐兵化整為零，使其喪失協同作戰的能力。(246)參佐　指苻堅派給慕容垂做僚屬的官員。(247)垂從堅入鄴　指跟隨苻堅一道攻滅燕國政權時。事見本書前文卷一百二太和五年。(248)屢嘗告變於燕　指慕容垂在受燕之朝廷迫害率眾子姪向外逃跑時，慕容麟曾屢次向燕國朝廷告發慕容垂的活動過程，見本書卷一百二太和四年。(249)希得侍見　很難得到其父跟前。希，通「稀」。(250)啓發垂意　打開慕容垂的思路，或提示其考慮未周的地方。(251)慕容鳳　故燕宜都王慕容桓之子。桓為秦將朱嶷所殺。(252)武平武侯毛當　毛當是苻堅的重要部將，被封為武平侯，武侯的武字是死後的諡。(253)先王之恥　指其父慕容桓被苻堅所殺的仇恨。(254)氐奴　指毛當。(255)擐甲　披甲。(256)陵雲臺戍　秦國在陵雲臺所設置的軍事據點。陵雲臺在今河南洛陽東北的洛陽故城內，是魏文帝曹丕黃初二年築。(257)癸未　十二月二十八。(258)濟河　渡過黃河，來到黃河以南，因其欲進攻洛陽。(259)遼東鮮卑可足渾譚　鮮卑族遼東部落頭領，姓可足渾，名譚。(260)河內之沙城　在今河南沁陽東北。(261)蒲池　地名，在今河北臨漳西南故鄴城外。(262)甲申晦　十二月是小月，這個月的二十九日是甲申。(263)列人　縣名，縣治在今河北肥鄉東北。

【校　記】[1]襄陽　原作「襄城」。據章鈺校，張敦仁《通鑑刊本識誤》作「襄陽」，當是。今從改。[2]金城　原無此二字。據章鈺校，十二行本、乙十一行本、孔天胤本皆有此二字，張敦仁《通鑑刊本識誤》同，今據補。[3]耳　原無此字。據章鈺校，十二行本、乙十一行本、孔天胤本皆有此字，今據補。[4]援　原作「衛」。據章鈺校，十二行本、乙十一行本、孔天胤本皆作「援」，今從改。[5]少　據章鈺校，十二行本、乙十一行本、孔天胤本皆作「小」。[6]及儀服器械軍資珍寶畜產不可勝計　原無此十五字。據章鈺校，乙十一行本、孔天胤本皆有此十五字，張瑛《通鑑校勘記》同，今據補。[7]何　原作「不」。據章鈺校，十二行本、乙十一行本、孔天胤本皆作「何」，今據改。[8]尹國　原作「尹固」。據章鈺校，十二行本、乙十一行本皆作「尹國」，今據改。按，《晉書》卷九〈孝武帝紀〉、卷一百二十三〈慕容垂載記〉亦作「尹國」，與十二行本合。[9]融　原無此字。據章鈺校，十二行本、乙十一行本、孔天胤本皆有此字，今據補。[10]諸國　此下原有「等」字，涉上「等」字致衍。據章鈺校，十二行本、乙十一行本皆無此「等」字，今據刪。

【語　譯】烈宗孝武皇帝上之下

太元八年（癸未　西元三八三年）

春季，正月，秦國擔任驍騎將軍的呂光率領大軍從秦國的都城長安出發，前往討伐西域，令鄯善王休密馱、車師前部王彌寘為大軍擔任嚮導。

三月二十八日丁巳，東晉實行大赦。

夏季，五月，東晉車騎將軍桓沖率領十萬大軍討伐秦國，攻打襄陽。桓沖派遣擔任前將軍的劉波等率軍攻取沔水以北的各城邑；派遣擔任輔國將軍的楊亮率軍攻取蜀地，楊亮在攻克了五城之後，繼續進軍攻取涪城；派遣擔任鷹揚將軍的郭銓負責率軍攻取武當。六月，桓沖屬下的另一位將領率軍一連攻克了萬歲、筑陽。

秦王苻堅派遣征南將軍鉅鹿公苻叡、冠軍將軍慕容垂等率領著五萬名步兵、騎兵救援襄陽，兗州刺史張崇率軍救援武當，後將軍張蚝、步兵校尉姚萇率軍救援涪城。鉅鹿公苻叡率軍駐紮在新野，冠軍將軍慕容垂率軍屯紮在鄧城，東晉攻打襄陽的車騎將軍桓沖將軍隊撤回到沔水以南駐紮。秋季，七月，東晉鷹揚將軍郭銓與冠軍將軍桓石虔在武當聯合打敗了秦國張崇，劫掠了武當地區的二千戶居民返回東晉境內。秦國征南將軍、鉅鹿公苻叡派遣冠軍將軍慕容垂為前鋒，率軍逼近沔水。夜間，慕容垂下令軍士每人將十個火把綁在樹枝上，火光照亮數十里。東晉車騎將軍桓沖懼怕秦軍人多勢眾，於是退回上明。秦國後將軍張蚝率軍從斜谷南下，東晉楊亮也率軍撤回。車騎將軍桓沖上表舉薦自己的姪子桓石民兼任襄陽太守，戍守夏口。桓沖請求朝廷任命自己兼任江州刺史，孝武皇帝司馬昌明下詔批准了桓沖的請求。

秦王苻堅準備出動大軍入侵東晉，於是下詔，規定每十個成年男子中必須抽出一名當兵服役，凡是清白人家的子弟，並且年紀在二十歲以下、勇敢而且有才能的，一律任命為羽林郎。詔書中還說：「任命東晉皇帝司馬昌明為尚書左僕射，任命東晉擔任司徒的謝安為吏部尚書，任命東晉擔任車騎將軍的桓沖為侍中。從目前的形勢看，大軍遠征滅晉，用不了多久就能凱旋而歸，現在就可以在京師預先為東晉皇帝司馬昌明等人建造府第。」良家子弟多達三萬人，秦王苻堅遂任命擔任秦州主簿的金城人趙盛之為少年都統。此時，朝廷中的臣僚都不同意秦王苻堅御駕親征，只有冠軍將軍慕容垂、步兵校尉姚萇以及那些前來投軍的良家子弟鼓動秦王苻堅親自率軍出征。陽平公苻融對秦王苻堅說：「慕容氏等鮮卑人、姚萇等羌人，都是我們的仇人，他們經常盼望著局勢動盪和戰亂，趁機實現他們報仇復國的野心，他們所謀劃的計策，怎麼能夠聽從呢！那些良家子弟都是出身於富豪之家，根本不懂軍事，只是信口開河、故意向您說一些討好的話，以迎合陛下的心思。現在陛下竟然信任他們、重用他們，非常輕率地發動如此大規模的軍事行動，我擔心不僅不能成功，反而會引發後患，到那時後悔可就來不及了。」苻堅還是堅持一意孤行，不聽勸告。

八月初二日戊午，秦王苻堅派遣陽平公苻融統領後將軍張蚝、冠軍將軍慕容垂等二十五萬名步兵、騎兵為前鋒，任命擔任兗州刺史的姚萇為龍驤將軍、督益州、梁州諸軍事。苻堅對姚萇說：「過去，我以龍驤將軍的身分，建立了大業，所以我從來沒有把龍驤將軍的職位輕易地授予別人，現在授予你，你要好自為之！」左將軍竇衝說：「王者無戲言，這是不祥的徵兆。」苻堅聽了沉默無言。

慕容楷、慕容紹都來對慕容垂說：「如今秦王苻堅驕傲自大，已經到了極點，叔父為我們重建國家，就在這次戰役了！」慕容垂說：「你們說得很對。如果沒有你們，還有誰能幫著我幹成這件大事呢？」

八月初八日甲子，秦王苻堅從京師長安出發，他親自率領六十多萬名步兵、二十七萬名騎兵，旌旗招展、戰鼓喧天，前後連綿一千里。九月，苻堅抵達項城，而從涼州出發的軍隊才剛剛到達咸陽，巴蜀、漢中的軍隊才剛剛進入漢水、長江，順流東下，幽州、冀州的兵馬抵達彭城，出征的部隊東西綿延一萬里，水軍、陸軍齊頭並進，光是運送糧草的艦船就有一萬艘。陽平公苻融等率領三十萬人馬，先期到達潁口。

東晉孝武皇帝司馬昌明下詔，任命擔任尚書僕射的謝石為征虜將軍、征討大都督，任命擔任徐、兗二州刺史的謝玄為前鋒都督，與擔任輔國將軍的謝琰、擔任西中郎將的桓伊等共率領八萬人馬抵抗秦軍的入侵。派遣擔任龍驤將軍的胡彬率領五千名水軍支援壽陽。謝琰，是謝安的兒子。

當時，秦國的軍隊聲勢浩大，東晉京城中人心恐懼。謝玄臨行前入朝，向擔任司徒的謝安請教退敵之策。謝安神態安閒地回答說：「皇帝已經另行做了安排。」說完之後就不再說話。謝玄自然不敢再問，於是就指使部將張玄再次去向謝安詢問破敵方略。謝安沒有答覆，而是令下人準備好車馬，然後登上車子前往山中的別墅遊玩，所有的親朋好友全都來了，謝安遂以山中別墅做賭注，與謝玄下圍棋。謝安往常與謝玄下圍棋常常輸給謝玄，這一天，謝玄因為心裡憂懼不安，所以開始時與謝安下成平手，後來又轉為失敗。謝安與謝玄下過棋之後，就起身登山遊水去了，一直玩到天黑才返回。

車騎將軍桓沖對京師的安危深感憂慮，於是便派遣三千名精兵前來援助京師，司徒謝安堅決地退回不要，謝安說：「朝廷已經把各方面的事情都做了妥善的安排，兵器、鎧甲都不缺少，這些精兵應該留在西部的國防前線，以加強那裡的防禦。」桓沖感慨地對自己的僚佐說：「謝安石有朝廷大臣的氣度，但卻不懂得用兵作戰的謀略。如今大敵將至，謝安卻還在忙於遊山玩水、與人清談，派遣了一些沒有作戰經驗的少年人去抵抗秦軍，人數又少、力量又弱，國家未來的命運已經可想而知，看來我們即將國破家亡、淪於異族的統治之下，按照異族的生活習慣而改穿左邊開襟的衣服了！」

東晉任命琅邪王司馬道子為錄尚書六條事。

冬季，十月，秦國的陽平公苻融等率領秦軍攻打東晉的壽陽。十八日癸酉將壽陽攻克，秦軍活捉了東晉負責守衛壽陽的平虜將軍徐元喜等人。秦國陽平公苻融任命自己手下擔任參軍的河南人郭褒為淮南太守。秦國冠軍將軍慕容垂攻陷了東晉的鄖城。東晉龍驤將軍胡彬聽到壽陽已經陷落的消息，便撤退到硤石據守，秦國陽平公苻融率軍進攻硤石。秦國衛將軍梁成等率領五萬名秦軍屯紮在洛澗，他們在淮水之上構築柵欄，阻斷從東方過來救援胡彬的晉軍。東晉征虜將軍、征討大都督謝石、前鋒都督謝玄等率領晉軍在距離洛澗二十五里遠的地方紮下營寨，因為懼怕秦國衛將軍梁成而不敢進軍。龍驤將軍胡彬軍中糧食已經吃光，於是祕密派使者向謝石等人報告說：「現在秦軍勢力強盛，而我軍中糧食又盡，恐怕此生難以相見了。」秦軍將胡彬所派的使者抓獲，送到了陽平公苻融面前。苻融立即派遣使者飛速向秦王苻堅報告說：「東晉軍隊的人數很少，很容易將他們俘虜，只是擔心他們逃走，我們應該立即向晉軍發動進攻。」秦王苻堅於是將大軍留在項城，只率領著八千名輕騎兵，日夜兼程趕往壽陽與苻融會合。他派遣擔任尚書的朱序前往晉軍中勸說謝石等人，認為秦軍與晉軍勢力強弱相差懸殊，不如早點向秦國投降。而在私下裡，朱序對謝石等人說：「如果等秦國的百萬之眾全部抵達這裡，晉軍確實難以抵抗。現在應該趁著各路秦軍還沒有匯集的機會，趕緊出兵攻打；如果將秦軍的前鋒部隊打敗，秦軍必然失去必勝的信心，下一步就有可能將秦軍全部打敗。」

東晉征虜將軍、征討大都督謝石得知秦王苻堅就在壽陽的消息，非常恐懼，就不想與秦軍開戰，而準備用拖延時間的辦法把秦軍拖得筋疲力盡、失去鬥志。輔國將軍謝琰勸說謝石聽從朱序的意見，抓緊時機攻擊秦軍。十一月，東晉前鋒都督謝玄派遣擔任廣陵相的劉牢之率領五千名精兵趕赴洛澗，劉牢之率領五千名精兵到達距離洛澗十里遠的地方時，秦國衛將軍梁成以洛水為屏障，擺開陣勢，等待與晉軍交戰。劉牢之率領晉軍勇往直前，搶渡洛澗，向梁成率領的秦軍發起攻擊，將秦軍打得大敗，殺死了秦軍將領梁成和秦國弋陽太守王詠。劉牢之又分出一部分兵力截斷了秦軍逃回淮河北岸的渡口，秦軍之中不論是步兵還是騎兵立即崩潰，爭先恐後地跳入淮水之中，士卒死亡的有一萬五千人，東晉軍還擒獲了秦國擔任揚州刺史的王顯等人，全部繳獲了秦軍的器械和輜重。於是，征虜將軍、征討大都督謝石等諸路抗秦的晉軍，從水路、陸路同時向前推進。秦王苻堅與陽平公苻融登上壽陽城樓向遠處眺望，看見晉軍軍容嚴整，又眺望八公山，以為山上的草木全都是晉國的軍隊。秦王苻堅對陽平公苻融說：「東晉也是強大的敵人，怎麼能說他們弱小呢！」悵然若失，臉上首次流露出恐懼的神色。

秦國的軍隊在緊靠肥水的地方布下陣勢，晉國的軍隊因此無法渡過肥水。東晉前鋒都督謝玄派使者對秦國的陽平公苻融說：「閣下孤軍深入晉地，而把陣勢列在肥水邊上，看來是準備與晉國打一場持久戰，而不是想與晉軍速戰速決了。如果把你們的軍陣稍微向後退一點，使晉軍得以渡過肥水，雙方進行一場決戰，以決定誰勝誰負，不是也很好嗎？」秦國將領都說：「我們人多勢眾，晉軍人少勢弱，只要我們阻止他們，使他們無法上岸，就可以萬無一失。」秦王苻堅卻說：「我們只管率軍向後稍微退卻，等晉軍渡過一半時，我們出動鐵騎向他們衝殺過去，沒有不大獲全勝的道理！」陽平公苻融也很贊同苻堅的意見，於是指揮秦軍向後撤退。出乎意料的是，秦軍這一後退，竟然再也剎不住腳了，晉國的前鋒都督謝玄、輔國將軍謝琰、西中郎將桓伊等立即指揮晉軍渡過肥水向秦軍發起猛攻。秦國的陽平公苻融騎著戰馬往來奔馳，整頓軍隊，想使驚慌失措、一片混亂的秦軍能夠盡快地恢復秩序，回轉身來迎戰晉軍，然而苻融座下的戰馬卻突然倒地，結果苻融被隨後衝殺上來的晉軍殺死，秦軍於是立即全軍崩潰。東晉謝玄等乘勝追擊，一直追到青岡。秦軍於是大敗，在爭相逃命中，互相踐踏而死的屍體，遮蔽了曠野、塞滿了河流，那些有幸逃得性命的聽到颳風的聲音、鶴鳴的聲音，都認為是東晉的追兵即將趕到，於是白天黑夜都不敢停下來休息。走的是草地，不敢走大路；露天而宿，不敢進入人家借宿，因為他們害怕被晉兵追上殺死，再加上飢餓寒冷，死亡的又有十分之七八。當初，秦軍在肥水河邊稍微向後退卻的時候，朱序趁機在秦軍陣後高喊：「秦軍已經失敗了！」向後撤退的秦軍聽到之後立即向後狂奔。朱序因此與張天錫、徐元喜一道逃回了東晉。繳獲了秦王苻堅所乘坐的用雲母做裝飾的車子，以及衣服、器械、軍用物資、珍寶、畜產，數量多得無法計數。隨後又收復了壽陽，活捉了秦國守將、擔任淮南太守的郭褒。

秦王苻堅被流矢射中，他單騎匹馬逃到了淮河北岸，正在感到餓得實在無法忍受的時候，有鄉民給他送來一壺水泡飯，還有一些豬腿，苻堅吃過之後，便賞賜給那個鄉民十匹絲綢、十斤綿花。鄉民拒絕說：「陛下不願意過安樂的生活，親自率軍伐晉，結果招致這樣的危難困苦。我是陛下的子民，陛下就是我的君父，哪有兒子奉養父親還要求回報的呢！」說完連頭也不回就離開了。苻堅對自己最寵幸的張夫人說：「從今往後，我還有什麼臉面治理天下呢！」說完，不覺流下淚來。

當時，秦國的各路軍隊全都潰不成軍，只有冠軍將軍慕容垂所率領的三萬軍隊仍然完整無損，秦王苻堅率領著一千多名騎兵前往投奔慕容垂。慕容垂的世子慕容寶向自己的父親慕容垂建議說：「自從我們燕國被秦國滅掉之後，天命人心都把復國的希望寄託在父親的身上。只是因為時機不到，所以才韜光養晦、自藏行跡。如今秦主苻堅已經兵敗，他把自己的身家性命都託付給我們，這是上天給我們提供了便利，讓我們得以重建燕國政權，這個機會一定不能錯過。希望父親不要意氣用事，為了報答秦王苻堅對我們的那一點點恩惠而忘記了我們對國家社稷所肩負的重大責任。」慕容垂說：「你的話是對的。然而秦王苻堅懷著一顆真誠之心，在走投無路的時刻，前來投奔於我，以求得活命，我怎麼能謀害他呢？如果上天真的拋棄了他，何必擔心他不會滅亡！不如在他危難的時候保護他，以報答他過去對我們的恩德，以後再慢慢尋找可對他下手的機會策劃舉事，這樣一來，既不辜負他平素對待我們的一片好心，而且可以堂堂正正地奪取天下。」擔任秦國奮威將軍的慕容德說：「秦國在強盛的時候吞併了燕國，秦國衰弱的時候我們算計他，這是為國家報仇雪恥之事，並不違背我們知恩圖報的本意。哥哥為什麼眼見東西到手而不要，卻要把數萬精兵拱手讓給他人呢？」慕容垂說：「過去我在燕國的時候，因為遭受太傅慕容評的迫害，在燕國無法安身，為了逃得性命才來到秦國。秦主苻堅像接待一國少有的傑出之士那樣接待我，對我的恩寵、禮遇樣樣齊備。後來我又遭到王猛的算計，沒有辦法表明自己的清白無辜，只有秦王苻堅最能瞭解我、寬恕我，這樣的大恩怎麼能夠忘記呢！如果作為氐族人的秦王苻堅，他的運命確實走到了盡頭，我也應當安撫、招集函谷關以東的民眾，以恢復、重建燕國祖先的大業，而函谷關以西之地絕對不應該屬於我們所有。」在冠軍將軍慕容垂屬下擔任參軍的趙秋說：「明公應當重建燕國政權，這在圖讖上已經說得很明白。現在上天已經將機會送到眼前，明公還等什麼呢！如果殺掉秦王苻堅，佔據鄴城，然後率領大軍、播起戰鼓，公然向西行進，三秦之地也將不再屬於苻氏所有。」慕容垂的親友朋黨多數都勸說慕容垂殺掉秦王苻堅，慕容垂誰也不聽，他將自己手中的兵權全部交付給秦王苻堅。

擔任平南將軍的慕容暐率軍屯紮在鄖城，他聽到秦王苻堅戰敗的消息，就拋棄了屬下的士兵逃走了；當慕容暐來到滎陽的時候，慕容德又勸說慕容暐起兵恢復燕國，慕容暐也沒有聽從慕容德的意見。

東晉擔任司徒的謝安得到了驛站傳來的有關秦軍失敗的消息，當時謝安正在與客人下棋，他隨手將書信裝好，放在身邊的凳子上，臉上一點也沒有流露出高興的神色，照常與客人下棋。當客人問起他時，謝安這才慢慢地回答說：「孩子們已經將入侵的秦國賊寇打敗了。」下完棋，謝安回到裡屋，在跨越門檻的時候，腳上穿的木屐被磕掉了木齒，謝安都沒有發覺。

十一月初二日丁亥，謝石等人回到京師建康，他們擒獲了秦國的樂工，這些樂工都能演奏當年西晉時期朝廷演奏的雅樂，於是皇家宗廟在祭祀時用鐘、磬等樂器演奏雅樂的條件才開始齊備。○初十日乙未，東晉朝廷任命張天錫為散騎常侍，任命朱序為琅邪內史。

秦王苻堅招集起離散的殘兵敗將，等到達洛陽的時候，部眾又達到了十多萬，文武百官、儀仗器物、軍隊陣容才大體具備。

慕容農對慕容垂說：「父親大人在秦王苻堅最危難的時候沒有趁人之危加害於人，仁義的聲譽完全可以感動天地。我聽祕籍上記載說：『燕國的復興應該是在黃河以北。』摘取未成熟的果子與等待果子成熟後自然落地，從時間上看也不過就推遲個十天八天，然而獲取過程中困難與容易的程度、果子滋味的甜美與苦惡，相差就很遠了！」慕容垂心裡很贊成慕容農的見解。大軍行進到澠池的時候，慕容垂對秦王苻堅說：「北部邊境地區的民眾，聽到朝廷的軍隊打了敗仗，會很容易被煽動起來造反，我請求帶著陛下的詔書前去安撫，穩定那裡的局勢，順路去祭掃一下我家的祖墳與宗廟。」秦王苻堅答應了慕容垂的請求。擔任尚書左僕射的權翼勸諫說：「國家的軍隊剛剛打了敗仗，四面八方的人都有脫離秦國統治的心理，應該徵召那些有名望的將領，安置在京師，以鞏固國家的根本，然後再去鎮壓地方上的叛亂。冠軍將軍慕容垂的勇敢善戰和政治謀略超過了一般人，世世代代都在中國東部稱霸一方。前些年，慕容垂因為躲避燕國對他的迫害才來到秦國避禍，在他的心中怎麼可能會滿足於一個冠軍將軍的職位呢！這就好比養鷹，在牠飢餓的時候，就來依附獵人，但每當聽到大風響起的時候，總會有一飛沖天、凌雲萬里的衝動。所以正應該抓緊看管，嚴防牠逃走，怎麼能解開繩索將牠放走，聽任牠任意飛翔呢！」苻堅說：「你說得很對。然而我已經答應了他的要求，一個平民百姓說話還要信守諾言，何況是擁有萬乘兵車的君主呢！如果上天真的要廢掉我們苻氏而使慕容氏復興，那就不是靠人的智慧和力量所能改變的。」權翼說：「陛下只重視那些小的信譽而輕視了國家社稷的安危。我已經預見到慕容垂將會去而不返，函谷關以東的大亂，從此就要開始了！」秦王苻堅沒有採納權翼的意見，而是派遣了將軍李蠻、閔亮、尹國率領著三千人護送慕容垂。又派遣擔任驍騎將軍的石越率領三千名精兵戍守鄴城，派驃騎將軍張蚝率領五千名羽林軍戍守并州，派擔任鎮軍將軍的毛當率領四千人馬戍守洛陽。尚書左僕射權翼祕密地派遣勇士埋伏在河橋南部的一座空倉中準備襲擊慕容垂。慕容垂心生疑慮，沒敢走河橋，而是改變路線，自己紮了一個竹筏，從涼馬臺渡過黃河，到達北岸。他讓擔任典軍的程同穿上自己的衣服，騎著自己的戰馬，帶著自己的僕從侍衛朝著河橋的方向行進。權翼安排的伏兵突然從空倉中衝殺出來，程同騎馬飛奔，總算逃得一命。

十二月，秦王苻堅回到京師長安，他先在長安城外哭祭了陽平公苻融，而後進入長安城中，賜陽平公苻融謚號為哀公。在秦國境內實行大赦，免除所有在肥水之戰中陣亡者家屬的賦稅與差役。

十二月十五日庚午，東晉實行大赦。任用謝石為尚書令。提升謝玄為前將軍，謝玄堅決辭讓，沒有接受。

東晉司徒謝安的女婿王國寶，是王坦之的兒子。謝安厭惡王國寶的為人，每每壓制他，該提升的時候也不提升，只讓他當了個尚書郎。王國寶自認為自己出身於世家豪門，依照歷來的規矩，世家豪門的子弟只做吏部郎，而不到其他各曹任職，因此堅決推辭，不肯接受任命，他對自己的岳父謝安非常不滿意。王國寶的堂妹是會稽王司馬道子的王妃，孝武皇帝司馬昌明與自己的弟弟司馬道子全都嗜好飲酒，而王國寶與司馬道子關係親密，行為不正當，常用一些花言巧語來向司馬道子討好。於是王國寶便在會稽王司馬道子面前說謝安的壞話，想使會稽王司馬道子離間孝武皇帝司馬昌明與謝安之間的關係。謝安功勞既大，聲望又高，而那些用心險惡、作風不正而又想升官進爵的人，多數都對謝安不滿，一有機會，就說謝安的壞話，揭謝安的短處。孝武皇帝司馬昌明於是對謝安逐漸地疏遠、猜忌起來。

東晉開始宣布解除有關釀酒、飲酒的禁令，並增加人頭稅，每口人每年需要向朝廷繳納五石米的賦稅。

秦國呂光橫渡三百多里的大沙漠，進入西域境內，焉耆等各國全部向秦國投降。只有龜茲國王帛純率眾抵抗，環城固守，不肯出降，呂光率領秦軍攻打龜茲。

秦王苻堅率領百萬之眾入寇東晉的時候，任命隴西鮮卑部落首領乞伏國仁為前將軍，負責統領先鋒騎兵。剛好遇上此時乞伏國仁的叔父乞伏步頹在隴西起兵謀反，秦王苻堅遂改派乞伏國仁率眾返回，前往隴西討伐乞伏步頹。乞伏步頹聽說前來討伐的是自己的姪子乞伏國仁，非常高興，便親自到半路迎接。乞伏國仁擺上酒宴，大聲宣告說：「秦王苻堅將秦國的百姓役使得筋疲力盡，他不斷使用武力，對外用兵，恐怕就要滅亡了！我要與各位一起建立一個獨霸一方的國家政權。」等到秦王苻堅被東晉打得大敗而回的時候，乞伏國仁遂脅迫各部落聽命於自己，那些拒不服從的，就派軍隊前去攻擊，將其吞併，很快，乞伏國仁的部眾就發展到十多萬人。

逃離虎口的慕容垂到達安陽，他派遣擔任參軍的田山寫信給秦國鎮守鄴城的長樂公苻丕。長樂公苻丕聽說慕容垂渡過黃河向北來到安陽的消息，就懷疑慕容垂準備發動叛亂，然而苻丕還是親自前往迎接慕容垂一行。趙秋勸說慕容垂在與苻丕會談時逮捕或刺殺苻丕，趁機奪取鄴城，然後起兵反秦，慕容垂沒有聽從趙秋的建議。秦國長樂公苻丕密謀襲擊慕容垂，在苻丕身邊擔任侍郎的天水人姜讓勸阻說：「慕容垂謀反的行跡還沒有暴露出來，而明公擅自做主將他殺死，這超越了臣子的權限。不如以上賓之禮接待他，同時派軍隊嚴密地將他看管起來，再把慕容垂的一舉一動都祕密奏報秦王苻堅，等接到秦王詔令之後再動手除掉慕容垂。」長樂公苻丕聽從了姜讓的建議，安排慕容垂等住進了鄴城西邊的賓館。

慕容垂偷偷地與故燕國的臣僚密謀復興燕國。恰好此時丁零部落首領翟斌起兵叛秦，密謀攻取秦國豫州牧、平原公苻暉的治所所在地洛陽，秦王苻堅派驛站傳書給慕容垂，令他率眾討平發動叛變的丁零部落首領翟斌。秦國石越對長樂公苻丕說：「國家的軍隊剛剛被東晉的軍隊打敗，民心還沒有安定下來，身負重罪、逃亡在外之徒，以及盼望天下大亂的人很多。所以丁零人一帶頭叛亂，只十來天的工夫，部眾就達數千人，這就是最好的證明。慕容垂，是故燕國的皇室元勳，素有重望，又有興復舊業的雄心。現在如果再為他提供兵馬，就如同給猛虎插上翅膀一樣。」長樂公苻丕說：「慕容垂待在鄴城，我心裡覺得就像是坐在老虎身上、枕著蛟龍睡覺一樣寢食難安，經常擔心他會在我們的肘腋之下發動叛亂，現在藉機把他打發得遠遠的，比讓他留在鄴城不是要好一點嗎？再說丁零部落首領翟斌兇悍狂悖，一定不會甘心處在慕容垂之下，就讓這兩隻老虎在爭鬥中互相消耗吧，我趁機控制他們雙方，這就是當年卞莊子『一舉兩得』的戰術。」於是便將二千名老弱羸兵以及破敗不堪的鎧甲兵器撥給慕容垂，又派遣擔任廣武將軍的苻飛龍率領一千名氐人騎兵協助慕容垂。苻丕祕密告誡苻飛龍說：「慕容垂是三軍的統帥，而你是謀殺慕容垂的大將，去吧，你要好自為之！」

慕容垂向長樂公苻丕請求到鄴城祭拜自己的祖廟，苻丕沒有答應，慕容垂於是改扮成平民模樣，內穿鎧甲，進入鄴城。鄴城的一個小官吏——亭長企圖阻止慕容垂進入，慕容垂一怒之下，就殺死了亭吏，放火燒毀了亭吏的辦公室而後離去。擔任驍騎將軍的石越對長樂公苻丕說：「慕容垂竟敢如此藐視明公，不把明公放在眼裡，他殺死亭吏、燒毀亭吏辦公的地方，謀叛的行跡已經完全暴露出來，可以趁此機會將他除掉。」長樂公苻丕說：「秦軍在淮水以南遭遇失敗的危急時刻，慕容垂把自己的三萬兵馬全部交給了皇上，保護了皇上，這樣的大功勞我們不應該忘記。」石越說：「慕容垂尚且不忠於自己的燕國，又怎麼會忠於我們秦國呢！今天如果不除掉他，必將留下後患無窮。」苻丕還是沒有接受石越的意見。石越從苻丕那裡退出後，對別人說：「長樂公父子都喜好小仁小義，而不顧及國家的大利益，最終必將被人所擒。」

慕容垂把慕容農、慕容楷、慕容紹留在鄴城，自己走到安陽的湯池時，閔亮、李毗從鄴城趕來，將長樂公苻丕與廣武將軍苻飛龍的陰謀告訴了慕容垂。慕容垂於是激怒自己的部眾說：「我對秦國王室竭盡忠誠，而他們卻專門要謀害我們父子。即使我不想動手，又怎麼能夠呢？」於是就藉口兵力太少，停留在河內郡開始招兵買馬，旬日之間就招募了八千人。

秦國平原公苻暉派遣使者前來責備慕容垂，並催促慕容垂趕緊進兵討伐翟斌。慕容垂對同行的廣武將軍苻飛龍說：「現在我們距離賊寇已經不遠，應當白天隱蔽、夜晚行軍，才能出其不意的打敗賊寇。」苻飛龍也認為應該如此。十二月二十七日壬午夜間，慕容垂派世子慕容寶率領軍隊走在最前面，讓最小的兒子慕容隆統帥兵馬跟隨在自己身邊，然後將氐族士兵分為五人一隊，化整為零，使其喪失協同作戰的能力，並與慕容寶祕密約定，聽到戰鼓擂響，立即回軍，與慕容垂所率軍隊前後夾擊，於是將苻飛龍及其所率領的一千名氐人騎兵全部消滅，讓秦王苻堅派給自己做僚佐的官員，凡是家在函谷關以西的，全部讓他們返回老家；並寫了一封書信給秦王苻堅，向他陳述自己所以殺掉廣武將軍苻飛龍的緣故。

當初，慕容垂跟隨秦王苻堅一道攻滅燕國回到鄴城的時候，曾經因為自己的兒子慕容麟屢次向燕國朝廷告發自己的行動過程，因而立即將慕容麟的生母殺死，然而卻沒忍心殺死自己的兒子慕容麟，他把慕容麟驅逐到外宅，不准回家，因此慕容麟很難見到自己父親，就更不用說在父親跟前侍奉。等到除掉苻飛龍的時候，慕容麟多次向慕容垂進獻計策，給了慕容垂很大的啟發。慕容垂這才開始欣賞慕容麟的才能，也就像寵愛其他孩子一樣寵愛慕容麟了。

慕容鳳以及故燕國的臣民燕郡人王騰、遼西人段延等聽到翟斌起兵反秦的消息後，立即率領自己的私人武裝歸附了翟斌。秦國平原公苻暉派遣武平武侯毛當率軍討伐翟斌。慕容鳳對翟斌說：「我今天要為先父慕容桓報仇雪恥，請讓我為將軍殺死這個氐奴！」於是，慕容鳳披上鎧甲，率領自己的部眾長驅直入，丁零人緊隨其後，於是大破秦軍，殺死了秦將毛當，並乘勝進攻陵雲臺的守軍，很快就將陵雲臺攻克，繳獲了足夠一萬多人使用的鎧甲和武器。

十二月二十八日癸未，慕容垂率軍南渡黃河，過河之後便燒毀了渡河的橋樑，此時慕容垂已經擁有部眾三萬，他留下遼東的鮮卑部落首領可足渾譚戍守河內的沙城。又派遣田山返回鄴城，祕密告訴留在鄴城的慕容農等起兵響應自己的父親。當時天色已晚，慕容農與慕容楷就留宿在鄴城中，慕容紹先行離開鄴城，前往蒲池，他盜取了長樂公苻丕的幾百匹駿馬等待慕容農與慕容楷的到來。最後一天二十九日甲申，慕容農、慕容楷率領著數十名騎兵穿著平民的服裝逃出鄴城，與慕容紹會合後，一同投奔列人。

九年（甲申　西元三八四年）

春，正月乙酉朔❶，秦長樂公丕大會賓客，請慕容農不得，始覺有變。遣人四出求❷之，三日，乃知其在列人，已起兵矣。

慕容鳳、王騰、段延皆勸翟斌奉慕容垂為盟主，斌從之。垂欲襲洛陽，且未知斌之誠偽，乃拒之曰：「吾來救豫州❸，不來赴君❹。君既建大事❺，成享其福，敗受其禍，吾無預❻焉。」丙戌❼，垂至洛陽，平原公暉聞其殺苻飛龍，閉門拒之。翟斌復遣長史郭通往說垂，垂猶未許。通曰：「將軍所以拒通者，豈非以翟斌兄弟❽山野異類❾，無奇才遠略，必無所成故邪？獨不念將軍今日憑❿之，可以濟大業⑪乎？」垂乃許之。於是斌帥其眾來與垂會，勸垂稱尊號。垂曰：「新興侯⑫，吾主也，當迎歸返正⑬耳。」

垂以洛陽四面受敵，欲取鄴而據之，乃引兵而東。故扶餘王餘蔚⑭為滎陽太守，及昌黎鮮卑衛駒各帥其眾降垂。垂至滎陽，羣下固請上尊號。垂乃依晉中宗故事⑮，稱大將軍、大都督、燕王，承制行事⑯，謂之統府⑰。羣下稱臣，文表奏疏，封拜官爵，皆如王者。以弟德為車騎大將軍，封范陽王⑱，兄子楷⑲為征西大將軍，封太原王⑳，翟斌為建義大將軍，封河南王，餘蔚為征東將軍、統府左司馬，封扶餘王，衛駒為鷹揚將軍，慕容鳳為建策將軍，帥眾二十餘萬，自石門㉑濟河，長驅向鄴。

慕容農之奔列人也，止於烏桓魯利㉒家。利為之置饌㉓，農笑而不食。利謂其妻曰：「惡奴㉔，郎㉕貴人，家貧無以饌之㉖，柰何？」妻曰：「郎有雄才大志，今無故而至，必將有異㉗，非為飲食來也。君亟出㉘，遠望以備非常。」利從之。農謂利曰：「吾欲集兵列人以圖興復，卿能從我乎？」利曰：「死生唯郎是從㉙。」農乃詣烏桓張驤㉚，說之曰：「家王㉛已舉大事，翟斌等咸相推奉㉜，遠近響應，故來相告耳。」驤再拜曰：「得舊主而奉之，敢不盡死！」於是農驅列人居民為士卒，斬桑榆為兵㉝，裂襜裳為旗㉞。使趙秋說屠各畢聰㉟，聰與屠各卜勝、張延、李白、郭超及東夷餘和、敕勃㊱、易陽烏桓劉大㊲各帥部眾數千赴之。農假㊳張驤輔國將軍，劉大安遠將軍，魯利建威將軍。農自將攻破館陶㊴，收其軍資器械，遣蘭汗㊵、段讚、趙秋、慕輿悕略取㊶康臺牧馬㊷數千匹。汗，燕王垂之從舅。讚，聰之子也。於是步騎雲集，眾至數萬。驤等共推農為使持節、都督河北諸軍事、驃騎大將軍，監統諸將，隨才部署㊸，上下肅然。農以燕王垂未至，不敢封賞將士。趙秋曰：「軍無賞，士不往。今之來者，皆欲建一時之功㊹，規萬世之利㊺，宜承制封拜㊻，以廣中興之基㊼。」農從之。於是赴者相繼，垂聞而善之。農西[1]招庫傉官偉㊽於上黨，東引乞特歸㊾於東阿㊿，北召光烈將軍平叡(51)及叡兄汝陽太守幼(52)於燕國，偉等皆應之。又遣蘭汗等[2]攻頓丘(53)，克之。農號令整肅，軍無私掠，士女喜悅。

長樂公丕使石越將步騎萬餘討之。農曰：「越有智勇之名，今不南拒大軍(54)而來此，是畏王而陵我(55)也，必不設備，可以計取之。」眾請治列人城(56)，農曰：「善用兵者，結士以心(57)，不以異物。今起義兵，唯敵是求(58)，當以山河為城池，何列人之足治(59)也！」辛卯(60)，越至列人西，農使趙秋及參軍綦毋滕(61)擊越前鋒，破之。參軍太原趙謙言於農曰：「越甲仗[62]雖精，人心危駭[63]，易破也，宜急擊之。」農曰：「彼甲在外，我甲在心[64]。晝戰，則士卒見其外貌而憚之，不如待暮擊之，可以必克。」令軍士嚴備以待，毋得妄動。越立柵[65]自固，農笑謂諸將曰：「越兵精士眾，不乘其[3]初至之銳以擊我，方更立柵，吾知其無能為也！」向暮[66]，農鼓譟出，陳于城西。牙門[67]劉木請先攻越柵，農笑曰：「凡人見美食，誰不欲之，何得獨請[68]？然汝猛銳可嘉，當以先鋒惠汝[69]。」木乃帥壯士四百騰柵[70]而入，秦兵披靡[71]。農督大眾隨之，大敗秦兵，斬越，送首於垂。越與毛當皆秦之驍將也，故秦王堅使助二子鎮守[72]。既而相繼敗沒，人情騷動，所在盜賊羣起。

庚戌[73]，燕王垂至鄴，改秦建元二十年為燕元年，服色[74]朝儀[75]皆如舊章[76]。以前岷山公庫傉官偉為左長史[77]，前尚書段崇[78]為右長史，滎陽鄭豁等為從事中郎。慕容農引兵會垂於鄴，垂因其所稱之官而授之[79]。立世子寶為太子，封從弟拔等十七人及甥宇文翰[80][4]、舅子蘭審皆為王，其餘宗族及功臣封公者三十七人，侯、伯、子、男者八十九人。◯可足渾譚集兵得二萬餘人，攻野王[81]，拔之，引兵會攻鄴。平幼及其弟叡、規亦帥眾數萬會垂於鄴。

長樂公丕使姜讓誚讓[82]燕王垂，且說之曰：「過而能改[83]，今猶未晚也。」垂曰：「孤受主上不世之恩[84]，故欲安全長樂公[85]，使盡眾赴京師[86]，然後脩復國家之業[87]，與秦永為鄰好[88]。何故闇於機運[89]，不以鄴城見歸[90]？若迷而不復，當窮極兵勢[91]，恐單馬求生，亦不可得也。」讓厲色責之曰：「將軍不容於家國，投命聖朝，燕之尺土，將軍豈有分乎[92]！主上[93]與將軍風殊類別[94]，一見傾心，親如宗戚[95]，寵踰勳舊[96]，自古君臣際遇[97]，有如是之厚者乎！一旦因王師小敗，遽有異圖[98]。長樂公，主上元子[99]，受分陝之任[100]，寧可[101]束手輸將軍[102]以百城之地[103]乎！將軍欲裂冠毀冕[104]，自可極其兵勢[105]，奚更云云[106]！但惜將軍以七十之年，懸首白旗[107]，高世之忠[108]，更為[109]逆鬼耳！」垂默然。左右請殺之，垂曰：「彼各為其主耳，何罪！」禮而歸之，遺丕書及上秦王堅表，陳述利害，請送丕歸長安。堅及丕怒，復書切責[110]之。

鷹揚將軍劉牢之攻秦譙城[111]，拔之。桓沖遣上庸太守郭寶[112]攻秦魏興[113]、上庸[114]、新城[115]三郡，拔之。將軍楊佺期[116]進據成固[117]，擊秦梁州刺史潘猛，走之。佺期，亮之子也。

壬子[118]，燕王垂攻鄴，拔其外郭[119]，長樂公丕退守中城[120]，關東六州[121]郡縣多送任[122]請降於燕。○癸丑[123]，垂以陳留王紹[124]行冀州刺史[125]，屯廣阿[126]。

豐城宣穆公桓沖[127]聞謝玄等有功[128]，自以失言[129]，慙恨成疾。二月辛巳[130]，卒。朝議欲以謝玄為荊、江二州刺史。謝安自以父子名位太盛，又懼桓氏失職怨望[131]，乃以梁郡太守桓石民[132]為荊州刺史，河東太守桓石虔[133]為豫州[134]刺史，豫州刺史桓伊[135]為江州刺史。

燕王垂引丁零、烏桓之眾二十餘萬為飛梯[136]地道以攻鄴，不拔，乃築長圍[137]守之，分處老弱於肥鄉[138]，築新興城[139]以置輜重。

秦征東府官屬[140]疑參軍高泰[141]，燕之舊臣，有貳心。泰懼，與同郡虞曹從事[142]吳韶逃歸勃海[143]。韶曰：「燕軍近在肥鄉，宜從之。」泰曰：「吾以避禍耳，去一君，事一君[144]，吾所不為也。」申紹[145]見而歎曰：「去就以道[146]，可謂君子矣！」

燕范陽王德[147]擊秦枋頭[148]，取之，置戍而還。

東胡王晏[149]據館陶，為鄴中聲援，鮮卑、烏桓及郡縣民據塢壁[150]不從燕者尚眾。燕王垂遣太原王楷與鎮南將軍陳留王紹討之。楷謂紹曰：「鮮卑、烏桓及冀州之民本皆燕臣，今大業始爾，人心未洽[151]，所以小異[152]。唯宜綏之以德[153]，不可震之以威。吾當止一處[154]，為軍聲之本[155]，汝巡撫民夷，示以大義，彼必當聽從。」

楷乃屯于辟陽[156]。紹帥騎數百往說王晏，為陳禍福，晏隨紹詣楷降，於是鮮卑、烏桓及塢民降者數十萬口。楷留其老弱，置守宰[157]以撫之，發其丁壯十餘萬，與王晏詣鄴[158]。垂大悅，曰：「汝兄弟才兼文武，足以繼先王[159]矣！」

三月，以衛將軍謝安為太保[160]。

秦北地長史慕容泓[161]聞燕王垂攻鄴，亡奔關東，收集鮮卑，眾至數千，還屯華陰[162]。敗秦將軍強永，其眾遂盛，自稱都督陝西[163]諸軍事、大將軍、雍州牧、濟北王[164]，推[165]垂為丞相、都督陝東諸軍事、領大司馬、冀州牧、吳王。

秦王堅謂權翼曰：「不用卿言[166]，使鮮卑至此。關東之地，吾不復與之爭，將若泓何[167]？」乃以廣平公熙[168]為雍州刺史，鎮蒲阪[169]。徵雍州牧鉅鹿公叡[170]為都督中外諸軍事、衛大將軍、錄尚書事，配兵五萬，以左將軍竇衝為長史，龍驤將軍姚萇為司馬，以討泓。

平陽太守慕容沖[171]亦起兵於平陽[172]，有眾二萬，進攻蒲坂，堅使竇衝討之。

庫傉官偉帥營部[173]數萬至鄴，燕王垂封偉為安定王。

秦冀州刺史阜城侯定[174]守信都[175]，高城男紹[176]在國[177]，高邑侯亮[178]、重合侯謨[179]守常山[180]，固安侯鑒[181]守中山[182]。燕王垂遣前將軍、樂浪王溫[183]督諸軍攻信都，不克。夏，四月丙辰[184]，遣撫軍大將軍麟[185]益兵助之。定、鑒，秦王堅之從叔[186]。紹、謨，從弟。亮，從子也。温，燕王垂之弟子也。

慕容泓聞秦兵且至[187]，懼，帥眾將奔關東。秦鉅鹿公叡粗猛輕敵，欲馳兵邀之。姚萇諫曰：「鮮卑皆有思歸之志，故起而為亂。宜驅令出關，不可遏也。夫執鼷鼠[188]之尾，猶能反噬[189]於人。彼自知困窮，致死於我[190]，萬一失利，悔將何及！但可鳴鼓隨之，彼將奔敗不暇[191]矣。」叡弗從，戰于華澤[192]，叡兵敗，為泓所殺。萇遣龍驤長史趙都、參軍姜協詣秦王堅謝罪，堅怒，殺之。萇懼，奔渭北馬牧[193]，於是天水尹緯、尹詳，南安龐演等糾扇羌豪[194]，帥其戶口歸萇者五萬餘家，推萇為盟主。萇自稱大將軍、大單于、萬年秦王，大赦，改元白雀，以尹詳、龐演為左、右長史，南安[195]姚晃及尹緯為左、右司馬，天水狄伯支[196]等為從事中郎，羌訓[197]等為掾屬，王據等為參軍，王欽盧、姚方成等為將帥。

秦竇衝擊慕容沖于河東，大破之。沖帥鮮卑騎八千奔慕容泓。泓眾至十餘萬，遣使謂秦王堅曰：「吳王已定關東，可速資備大駕[198]，奉送家兄皇帝[199]。泓當帥關中燕人翼衛乘輿[200]，還返鄴都，與秦以虎牢[201]為界，永為鄰好。」堅大怒，召慕容暐責之曰：「今泓書如此，卿欲去者，朕當相資。卿之宗族，可謂人面獸心，不可以國士期[202]也！」暐叩頭流血，涕泣陳謝。堅久之曰：「此自三豎[203]所為，非卿之過。」復其位，待之如初，命暐以書招諭[204]泓、沖及垂。暐密遣使謂泓曰：「吾籠中之人，必無還理；且燕室之罪人也，不足復顧。汝勉建大業，以吳王為相國，中山王[205]為太宰、領大司馬，汝可為大將軍、領司徒，承制封拜。聽吾死問[206]，汝便即尊位[207]。」泓於是進向[208]長安，改元燕興。

燕王垂以鄴城猶固，會僚佐議之。右司馬封衡請引漳水灌之，從之。垂行圍[209]，因飲於華林園[210]。秦人密出兵掩之[211]，矢下如雨，垂幾不得出。冠軍大將軍隆[212]將騎衝之，垂僅而得免。

竟陵[213]太守趙統攻襄陽，秦荊州刺史都貴奔魯陽[214]。

五月，秦洛州刺史張五虎據豐陽[215]來降。◯梁州[216]刺史楊亮帥眾五萬伐蜀，遣巴西[217]太守費統等[5]將水陸兵三萬為前鋒。亮屯巴郡[218]，秦益州刺史王廣遣巴西太守康回[219]等拒之。

秦苻定、苻紹皆降於燕。燕慕容麟引兵西攻常山。

後秦王萇[220]進屯北地[221]，秦華陰、北地、新平、安定[222]羌胡降之者十餘萬。

六月癸丑[223]朔，崇德太后褚氏崩。

秦王堅自帥步騎二萬以擊後秦軍于趙氏塢[224]，使護軍將軍楊壁等分道攻之。後秦兵屢敗，斬後秦王萇之弟鎮軍將軍尹買。後秦軍中無井，秦人塞安公谷[225]、堰同官水[226]以困之。後秦人恟懼[227]，有渴死者。會天大雨，後秦營中水三尺，繞營百步之外，寸餘而已。後秦軍復振。秦王堅歎曰：「天亦佑賊乎？」

慕容泓謀臣高蓋等以泓德望不如慕容沖，且持法苛峻[228]，乃殺泓，立沖為皇太弟[229]，承制行事，置百官，以蓋為尚書令[230]。後秦王萇遣其[6]子嵩為質於沖以請和。

將軍劉春[231]攻魯陽，都貴奔還長安。

後秦王萇帥眾七萬擊秦，秦王堅遣楊壁等拒之，為萇所敗，獲楊壁及右將軍徐成、鎮軍將軍毛盛等將吏數十人，萇皆禮而遣之[232]。

燕慕容麟拔常山，秦苻亮、苻謨皆降。麟進圍中山。秋，七月，克之，執苻鑒。麟威聲大振，留屯中山。

秦幽州刺史王永、平州[233]刺史苻沖帥二州之眾以擊燕。燕王垂遣甯朔將軍[7]平規[234]擊永，永遣昌黎太守宋敞逆戰於范陽[235]，敞兵敗，規進據薊南[236]。

秦平原公暉帥洛陽、陜城之眾七萬歸于長安。益州刺史王廣遣將軍王虬帥蜀漢之眾三萬北救長安[8]。

秦王堅聞慕容沖去長安浸近[237]，乃引兵歸[238]，遣撫軍大將軍高陽公[9]方[239]戍驪山[240]，拜平原公暉為都督中外諸軍事、車騎大將軍、錄尚書事，配兵五萬以拒沖。沖與暉戰于鄭西[241]，大破之。堅又遣前將軍姜宇與少子河間公琳帥眾三萬拒沖於灞上[242]，琳、宇皆敗死，沖遂據阿房城[243]。

秦康回兵數敗[244]，退還成都。○梓潼太守壘襲[245]以涪城來降。○荊州刺史桓石民據魯陽，遣河南太守高茂北戍洛陽。

【章旨】以上為第二段，寫孝武帝太元九年（西元三八四年）上半年的大事，主要寫了苻堅統治地區刀兵四起，四分五裂：先是丁零翟斌等擁立慕容垂為盟主，慕容垂乃自稱燕王，分封子姪諸將，服色朝儀皆如舊章；寫了慕容垂欲取鄴城為根基，率大軍攻鄴，拔其外城，鄴城守將苻丕退守內城；慕容垂築長圍以守之，引漳水以灌之；寫了慕容垂之子慕容農在河北地區大規模發展，破殺秦國大將石越於列人城；寫了慕容恪之子慕容楷、慕容紹在冀州、幽州一帶綏集鮮卑、烏桓諸族，降者數十萬口；寫了慕容垂之子慕容麟破秦將苻鑒於中山，聲威大振；寫了慕容泓、慕容沖兄弟倔起於陝、晉地區，慕容泓破殺了苻堅之子苻叡；慕容泓被部下所殺後，慕容沖被擁立為首，慕容沖率兵進攻長安；寫了依附於苻堅部下韜晦待時的姚萇在苻叡兵敗被殺後逃向渭北，糾集西部羌豪，自稱萬年秦王，自立門戶；苻堅派大兵往討，被姚萇所破。姚萇移兵進屯北地郡，周圍之羌胡多歸之；寫了苻堅政權的多方受敵，降燕、降晉的郡縣接連不斷，洛陽的守軍孤立無援，只好西回長安；寫了晉將劉牢之攻秦譙城，取之；桓沖派部將攻秦之魏興、上庸、新城三郡，拔之；楊佺期進據城固，擊秦之梁州刺史，走之；晉將楊亮起兵攻蜀，涪城的守將投降；寫了晉將趙統收復襄陽，劉春攻取魯陽，荊州刺史桓石民遣河南太守高茂北戍洛陽；以及桓沖自悔對謝玄初為將時的錯誤估計，慚恨成疾而卒等等。

【注釋】❶正月乙酉朔　正月初一是乙酉日。❷求　尋找。❸救豫州　援救苻暉，時平原公苻暉為豫州牧，駐守洛陽。❹不來赴君　不是來與你會合以攻洛陽的。赴，投向；前來會合。❺建大事　指反擊苻氏，自己稱王。❻吾無預　我不摻合，與我無關。預，參與；過問。❼丙戌　正月初二。❽翟斌兄弟　指翟斌、翟檀諸人。❾山野異類　生活在山野之地的另一民族。異類，另一民族。❿憑　依靠。⓫濟大業　成大功。濟，成就。大業，稱帝稱王的事業。⓬新興侯　慕容暐，原是前燕的末代皇帝，苻堅滅燕俘得慕容暐後，封之為新興侯。⓭返正　恢復他的皇帝之位。⓮扶餘王餘蔚　先曾為扶餘國國王的餘蔚。扶餘是古國名，領土在今吉林與黑龍江境內。慕容氏建燕後，曾攻滅其國，餘蔚在燕曾任散騎侍郎。太和五年，王猛攻燕鄴城，餘蔚率扶餘、高句麗及上黨質子開鄴都北門納秦兵。餘蔚在秦，被任為滎陽太守。⓯晉中宗故事　晉元帝司馬睿先稱「晉王」，而後再過渡到稱「皇帝」的舊有做法。晉元帝的廟號稱「中宗」。司馬睿之如此行事，見本書卷九十建武元年。⓰承制行事　意即暫時代行皇帝的職權。承制，秉承皇帝的意旨。⓱統府　意即總統萬機之府。⓲封范陽王　前燕本封慕容德為范陽王，今復其故。⓳兄子楷　慕容恪之子慕容楷。⓴封太原王　前燕封慕容恪為太原王，今以其子楷襲其父之爵位。㉑石門　地名，在今河南滎陽北的黃河邊上。㉒烏桓魯利　烏桓人名叫魯利。烏桓部落原本居住在今遼寧西部與內蒙古交界一帶地區，前燕時期被慕容氏所征服；前燕滅，遂又落入前秦的統治下，有的居住在列人縣，今河北肥鄉東北。㉓置饌　擺上飯菜。㉔惡奴　魯利罵其妻的話。㉕郎　對男主人的尊稱，此稱其舊時的主子慕容農。㉖無以饌之　沒有什麼可拿來招待。饌，原指飯菜，這裡用如動詞，意即請人吃。㉗有異　有非同尋常的舉動。㉘亟出　趕緊出去放哨。亟，意思同「急」。趕快。㉙唯郎是從　你怎麼說我就怎麼幹，一切聽你的。㉚烏桓張驤　應是烏桓部落的小頭領。㉛家王　我們家的王爺，指慕容垂。慕容垂在前燕時被封吳王。「家」字也表示客氣。㉜推奉　推舉以為首領。㉝斬桑榆為兵　砍取桑樹、榆樹的枝幹作為兵器。㉞裂襜裳為旗　撕開衣服做旗幟。襜，遮前至膝的短衣，即圍裙。裳，下衣，即裙子。㉟屠各畢聰　匈奴人名叫畢聰。屠各是匈奴族的部落之一，前被燕國征服，後又被秦國征服。㊱東夷餘和敕勃　東夷族的餘和與敕勃二人。東夷在當時是泛指與今遼寧鄰近的少數民族，即古代的朝鮮人與日本人。㊲易陽烏桓劉大　易陽縣的烏桓人名叫劉大。易陽是漢縣名，縣治在今河北邯鄲東北、永年東南。㊳假　加；授予。㊴館陶　縣名，即今河北館陶。㊵蘭汗　慕容垂之堂舅。㊶略取　奪取。胡三省引杜預注：「不以道取曰略。」㊷康臺牧馬　秦國在康臺所馴養的馬匹。康臺是地名，在今河北邱縣西。㊸隨才部署　按照才能分派任務。㊹一時之功　名震一時的功勳。㊺規萬世之利　謀求一種可以傳給子孫的長久利益，即封王封侯等。㊻承制封拜　以帝王慕容垂的名義分封、任命各個功臣將領。㊼廣中興之基　壯大為燕國中興做貢獻的力量。㊽庫傉官偉　人名，姓庫傉官，名偉，前燕慕容暐時代的舊臣，曾被封為岷山公。㊾乞特歸　人名，亦前燕慕容暐時代的舊臣。㊿東阿　縣名，在今山東東阿西南。(51)平叡　姓平，名叡，在前燕慕容暐時代曾被任為光烈將軍。(52)汝陽太守幼　平幼，平叡之兄，在前燕慕容暐時代曾被任為汝陽太守。汝陽郡的郡治在今河南商水縣西北。(53)頓丘　郡名，郡治在今河南浚縣北。(54)大軍　指慕容垂統率的大部隊。(55)陵我　欺侮我。陵，欺侮。(56)請治列人城　請修築列人縣的縣城。治，修築。(57)結士以心　用誠心結交戰士。(58)唯敵是求　意即要主動出擊敵人，消滅敵人的有生力量。(59)何列人之足治　一個小小的列人縣，哪裡值得我們築城防守呢。(60)辛卯　正月初七。(61)綦毋滕　姓綦毋，名滕。(62)甲仗　兵器。(63)危駭　畏懼；驚恐。(64)我甲在心　我們的甲冑是靠著意志堅強。(65)立柵　在軍營四周紮起防衛用的柵欄。(66)向暮　傍晚。(67)牙門　即牙門將，以負責為主帥守衛軍帳之門而得名。軍門所以稱為「牙門」，是因為其門前立有牙旗的緣故。(68)何得獨請　怎麼能讓你一個人獨享這一分美差。(69)當以先鋒惠汝　我可以讓你充當先鋒官。惠，賜；贈。(70)騰柵　翻越柵欄。(71)披靡　像草木隨風倒伏一樣而驚慌潰敗。(72)助二子鎮守　石越助苻丕鎮守鄴城，毛當助苻暉鎮守洛陽。(73)庚戌　正月二十六。(74)服色　古代王朝所規定的不同於其他朝代的車馬、服飾、祭牲的顏色。如夏尚黑，商尚白，周尚赤之類。(75)朝儀　朝廷的各種禮儀。(76)皆如舊章　都和以前慕容皝、慕容儁那個朝代的規定一樣。(77)左長史　慕容垂的高級僚屬，為慕容垂屬下的諸史之長。(78)前尚書段崇　在慕容儁時代曾任尚書郎的段崇。(79)因其所稱之官而授之　按照慕容農所任命的官職一一地加以正式確認。(80)宇文翰　姓宇文，名翰，慕容垂的外甥。(81)野王　縣名，縣治即今河南沁陽。(82)誚讓　譴責。(83)過而能改　意即勸慕容垂仍回到苻堅屬下。(84)不世之恩　今生一世所報答不完的恩情。(85)欲安全長樂公　想保護長樂公您的安全。(86)使盡眾赴京師　讓您把您部下的軍隊全部帶回到長安去。京師，苻堅的都城長安。(87)脩復國家之業　我要把我們從前的燕家的大業建立好。(88)與秦永為鄰好　與你們秦國永遠成為睦鄰友好的國家。(89)闇於機運　看不清目前形勢的發展走向。機運，時機；運命。(90)不以鄴城見歸　不把鄴城歸還我們。鄴城原來是燕國的都城。(91)當窮極兵勢　我將發動不遺餘力的進攻。(92)燕之尺土二句　在燕國的領土中，能有一尺屬於你嗎。分，同「份」。(93)主上　指苻堅。(94)風殊類別　風俗和種族都不一樣。(95)親如宗戚　親密得如同一家、如同親戚。(96)寵踰勳舊　你所受到的恩寵超過功勳舊臣。(97)自古君臣際遇　自古以來的君主與大臣的知心友好。際遇，彼此相知相合。(98)遽有異圖　你立馬就另有打算。遽，立即。(99)元子　皇帝的嫡長子。苻堅的嫡長子應為太子宏，姜讓以「元子」稱苻丕，不過是極言其地位之貴重。(100)受分陝之任　即接受重任，鎮守一方。分陝，相傳西周初期，周公姬旦與召公姬奭二人以陝縣為界，周公管理陝縣以東，召公管理陝縣以西。後來遂常以「分陝」喻指管理一方的軍政大員，如晉朝的刺史、督軍等。(101)寧可　豈可；怎麼能。(102)束手輸將軍　拱手將……送給你。輸，奉送。(103)百城之地　時苻丕以冀州牧的身分鎮守鄴城，此即指冀州所屬的諸郡縣。(104)裂冠毀冕　毀壞皇帝所賜的冠冕，即指背叛王室。《左傳》昭公九年：「王使桓伯辭於晉，曰：『我在伯父，猶衣服之有冠冕，木水之有本原，民人之有謀主也。伯父若裂冠毀冕，拔本塞原，專棄謀主，雖戎狄，其何有余一人？』」(105)自可極其兵勢　你當然可以使出你軍隊的全部兵力。(106)奚更云云　何必再說什麼。云云，如此如此，指慕容垂上面說的那些話。(107)懸首白旗　指戰敗後被斬首懸掛示眾。《逸周書·世俘》載周武王滅殷後，斬紂之頭懸掛於大白之旗。(108)高世之忠　意謂你慕容垂本來是一個對秦國忠心耿耿，名高出世的人。(109)更為　結果變成。(110)切責　嚴厲譴責。(111)譙城　譙郡的郡治所在地，即今之安徽亳州。(112)上庸太守郭寶　郭寶所任之「上庸太守」實為虛名，因當時的上庸郡乃在苻堅的佔領下。故此處的行文出現了「遣上庸太守郭寶攻秦魏興、上庸、新城三郡」的可怪說法。(113)魏興　郡名，郡治西城，在今陝西安康西北的漢江北岸。(114)上庸　郡名，郡治上庸縣，在今湖北竹山縣東南。(115)新城　郡名，郡治房陵，即今湖北房縣。(116)楊佺期　當時的勇將，與其父楊亮俱為桓沖的部下。傳見《晉書》卷八十四。(117)成固　縣名，縣治在今陝西城固西北。(118)壬子　正月二十八。(119)外郭　外城。內城稱「城」，外城稱「郭」。(120)中城　即內城，大城中的小城。(121)關東六州　指幽州、并州、冀州、司州、兗州、豫州六州。(122)送任　送出人質。古代與人結盟，常把兒子或兄弟派出做人質，故稱「任子」，也稱「質子」。(123)癸丑　正月二十九。(124)陳留王紹　慕容紹，慕容恪之子，慕容楷之弟，慕容垂之姪，被慕容垂封為陳留王。(125)行冀州刺史　代理冀州刺史。行，代理。(126)廣阿　縣名，縣治在今河北隆堯東。隆堯、鉅鹿和任縣間原有廣阿澤，清代劃分為南泊、北泊，今已淤為平地。(127)豐城宣穆公桓沖　桓沖被封為豐城郡公，宣穆是其死後的謚。(128)謝玄等有功　指破苻堅於肥水事。(129)失言　說了錯誤估計形勢的話。指肥水之戰前他說謝玄等是「不經事少年」以及「吾其左衽矣」云云。(130)二月辛巳　二月二十七。(131)失職怨望　由於失去權位而產生怨恨。(132)桓石民　桓沖之弟桓豁的第三子，時為梁郡太守，梁郡的郡治原在今河南商丘的西南側。桓石民的「梁郡」，僑設在今之揚州。(133)桓石虔　桓豁的長子，時為河東太守。河東郡的郡治原在今山西夏縣西北，桓石虔的「河東」，僑設在今之揚州。(134)豫州　真豫州州治是洛陽，在苻堅的佔領區。這裡所說的豫州仍是僑置州，寄設在今之揚州。以上三個僑置的州郡，可以說是靠近前線。135桓伊　桓宣的族子。桓宣是東晉名將，與桓沖等不是一族。傳見《晉書》卷八十一。136飛梯　即「雲梯」，從空中攻城的用具。137長圍　在敵城之外再築圍牆，一方面防止敵人突圍逃跑，一方面也是攻城者的防禦工事。138肥鄉　縣名，縣治在今河北肥鄉西南二十二里。139新興城　城名，在今河北肥鄉東南。140征東府官屬　征東將軍府的僚屬。苻丕當時為秦之征東將軍。141高泰　前燕時的舊臣，慕容垂為前燕之車騎大將軍時，高泰為之任從事中郎。垂奔苻秦後，慕容評以高泰為尚書郎。燕亡，高泰仕於秦。142虞曹從事　官名，秦征東將軍苻丕的僚屬，掌管所部的山林水澤。143勃海　郡名，郡治南皮縣，在今河北南皮東北。144去一君二句　剛離開一個主子，轉身就去侍候另一個主子。145申紹　前燕慕容暐時代的舊臣，曾為尚書左丞。146去就以道　離開誰、投奔誰，都有一定的原則。147范陽王德　慕容德，慕容皝之子，慕容垂之弟，在前燕時被封為范陽王。148枋頭　也稱淇門渡，在今河南浚縣西南，為古淇水入黃河之口。桓溫曾在此地敗於前燕。149東胡王晏　東胡人王晏，當時之忠於苻氏者。150塢壁　村民、部落為了自衛而集結修築的堡壘、據點。151未洽　還沒有理解我們、歸心於我們。152小異　小矛盾；小衝突。153綏之以德　以恩德安撫他們。綏，安撫。154止一處　停留在一個地方。155為軍聲之本　為我軍大造聲勢、打好基礎。156辟陽　漢代的辟陽縣城，在今河北冀州東南三十里。157守宰　太守與縣令，這裡是泛指地方官。158詣鄴　到達鄴城城下。詣，到。159繼先王　繼承你們父親太原王司馬恪的功勳事業。慕容楷與慕容紹是親兄弟，都是慕容垂之兄慕容恪的兒子。160太保　周代的三公之一，後代用以作為表示地位的一種尊稱，不代表任何實權。161北地長史慕容泓　前燕皇帝慕容儁之子，慕容暐之弟。燕滅降秦後，被苻堅任為北地王的長史。北地是郡名，郡治即今陝西耀州。162華陰　縣名，縣治在今陝西華陰城東。163陝西　指陝縣（今屬河南）以西地區。下文「陝東」，指陝縣以東地區。164濟北王　慕容泓在前燕時曾被封為濟北王，領地濟北郡，郡治在今山東泰安西北。165推　推舉；推奉。166不用卿言　權翼前曾勸苻堅不要放慕容垂走。167將若泓何　關東之地可以拋給慕容垂，而慕容泓又在關中的華陰一帶鬧起來，這將對之如何處置。若……何，對之怎麼辦。168廣平公熙　苻熙，苻堅之子，苻丕、苻暉之弟。169蒲阪　縣名，縣治即今山西永濟西南的蒲州鎮。170鉅鹿公叡　苻叡，苻堅之子，苻熙之弟。171慕容沖　慕容儁之子，慕容暐之弟。172平陽　郡名，郡治在今山西臨汾西南的金殿村。173營部　各少數民族部落的人。174阜城侯定　苻定，被封為阜城侯。175信都　即今河北冀州，當時為信都郡的郡治所在地。176高城男紹　苻紹，被封為高城男。177在國　在所封之地，即高城縣，在今河北鹽山縣東南。178高邑侯亮　苻亮，被封高邑侯。高邑即今河北高邑。179重合侯謨　苻謨，被封重合侯。重合是縣名，在今山東樂陵西北。180常山　郡名，郡治元氏，在今河北元氏西北。181固安侯鑒　苻鑒，被封固安侯。固安即今河北固安。182中山　郡名，郡治即今河北定州。183樂

浪王溫　慕容溫，被封為樂浪王，樂浪郡的郡治即今朝鮮國的平壤。(184)四月丙辰　四月初三。(185)撫軍大將軍麟　慕容麟，慕容垂之子。(186)從叔　堂叔。(187)且至　將至。(188)鼷鼠　一種小鼠。(189)反噬　回頭咬。(190)致死於我　和我們拼命。(191)奔敗不暇　只顧奔逃，無暇再顧及別的事。不暇，沒有空閒，猶言「顧不上」。(192)華澤　華陰縣之沼澤，在今陝西華陰東南。(193)渭北馬牧　渭水北岸的牧馬場。(194)糾扇羌豪　糾集、煽動羌族中的頭面人物。豪，有勢力、有影響的人物。(195)南安　郡名，郡治在今甘肅隴西縣東南。(196)天水狄伯支　天水郡的狄族人名叫伯支。(197)羌訓　羌族人名訓。(198)資備大駕　準備好帝王乘坐的車駕。(199)家兄皇帝　指慕容暐。慕容暐是慕容泓之兄。(200)翼衛乘輿　護衛皇帝的車駕。(201)虎牢　虎牢關，在今河南滎陽西北的汜水鎮，其西側即秦漢時代的成皋城。(202)不可以國士期　不能指望你們能成為國士。國士，一國中的傑出之士，指能守信義而言。期，望；希望能成為。(203)三豎　謂慕容垂、慕容泓、慕容沖。豎，對人的蔑稱，猶「小子」、「奴才」。(204)招諭　招降、勸說。(205)中山王　謂慕容沖。(206)聽吾死問　一旦聽到了我死的消息。問，意思同「聞」。消息。(207)即尊位　即皇帝之位。(208)進向　意即進攻。(209)行圍　巡視燕軍對鄴城包圍的情景。行，巡視。(210)華林園　園林名，在今河北臨漳西南的古鄴城北，曹操始建，後趙擴建。園周數十里，起三觀，建四門，構築豪華。(211)掩之　突然襲擊。(212)冠軍大將軍隆　慕容隆，慕容垂之子，慕容農之弟。(213)竟陵　晉郡名，郡治即今湖北鍾祥。(214)魯陽　縣名，即今河南魯山縣。(215)豐陽　縣名，縣治即今陝西山陽。當時的豐陽即洛州的州治所在地。(216)梁州　原來的州治即今陝西漢中，在苻堅的管轄區內。楊亮所任的梁州刺史，治所僑置今湖北境內。(217)巴西　巴西郡的原來郡治在今四川閬中，費統所任太守的「巴西郡」乃僑設在湖北境內。(218)巴郡　郡治即今重慶市。(219)康回　康回所任太守的巴西郡，郡治即四川閬中。(220)後秦王萇　稱姚萇為後秦王，以別於苻堅的「前秦」。(221)北地　郡名，郡治在今陝西耀州東。(222)新平安定　二郡名，新平郡的郡治即今陝西彬縣，安定郡的郡治在今甘肅鎮原東南。(223)六月癸丑　六月初一是癸丑日。(224)趙氏塢　地名，在今陝西耀州。(225)塞安公谷　堵住了安公谷向趙氏塢的流水。安公谷在今陝西銅川市。(226)堰同官水　築堤隔斷了同官水，也不讓它向趙氏塢流。同官水也在今陝西銅川市。(227)恂懼　恐懼。(228)苛峻　苛刻嚴酷。(229)皇太弟　皇帝無子，立其弟為接班人，稱皇太弟。當時燕國的皇帝名義上是慕容暐，但慕容暐身陷苻堅的掌握之中，故燕人立慕容沖為接班人，代行其職。(230)尚書令　位同丞相。(231)將軍劉春　劉春是東晉的將軍。(232)遣之　遣之返回秦國。(233)平州　州治即今遼寧朝陽。(234)甯朔將軍平規　平幼之弟，不是與苻洛同反的平規。(235)范陽　諸侯國名，都城涿縣，即今河北涿州。(236)薊南　薊縣城南。薊縣的縣治即今北京市的西南部。(237)去長安浸近　離自己的都城長安越來越近。浸，漸。(238)乃引兵歸　胡三省曰：「歸自北地趙氏塢。使沖不逼長安，堅尚與萇相持，勝負之勢未有所定也。沖兵既逼，堅不容不還長安，萇得收嶺北以為資。堅、沖血戰而萇伺其敝；堅死而鮮卑東出，萇坐而取關中。真所謂鷸蚌相爭，漁人之利也。」239方 苻方，苻堅的部將。240驪山 山名，在當時長安城的東方，今西安臨潼區的東南側。241鄭西 鄭縣城西，鄭縣縣治在今陝西華縣北。242灞上 地名，在當時的長安城東南，今西安城東的灞水西側。243阿房城 即阿房宮城，在當時長安城的西南方，今西安西郊的阿房村、古城村一帶。244數敗 屢次被晉將楊亮、費統等所敗。245壘襲 秦將名。

【校記】①西 原誤作「間」。據章鈺校，十二行本、乙十一行本、孔天胤本皆作「西」，張敦仁《通鑑刊本識誤》同，今據改。②等 原無此字。據章鈺校，十二行本、乙十一行本、孔天胤本皆有此字，今據補。③其 原無此字。據章鈺校，十二行本、乙十一行本、孔天胤本皆有此字，張敦仁《通鑑刊本識誤》同，今據補。④宇文翰 原誤作「宇文輸」。嚴衍《通鑑補》改作「宇文翰」，當是，今據校正。⑤等 原無此字。據章鈺校，十二行本、乙十一行本、孔天胤本皆有此字，今據補。⑥其 原無此字。據章鈺校，十二行本、乙十一行本皆有此字，今據補。⑦甯朔將軍 原作「平朔將軍」。據章鈺校，十二行本、乙十一行本皆作「甯朔將軍」，張敦仁《通鑑刊本識誤》同，今據改。⑧益州刺史王廣遣將軍王虬帥蜀漢之眾三萬北救長安 原無此句。據章鈺校，十二行本、乙十一行本、孔天胤本皆有此句，張敦仁《通鑑刊本識誤》、張瑛《通鑑校勘記》同，今據補。⑨高陽公 原無此三字。據章鈺校，十二行本、乙十一行本、孔天胤本皆有此三字，張敦仁《通鑑刊本識誤》同，今據補。

【語譯】九年（甲申 西元三八四年）

春季，正月初一日乙酉，秦國長樂公苻丕大宴賓客，派人邀請慕容農，卻不見慕容農前來赴宴，苻丕這才發覺事情有變。於是派人四出尋找，找了三天，才得知慕容農等在列人，已經起兵叛變了。

慕容鳳、王騰、段延等都勸說翟斌尊奉慕容垂為首領，共同抗擊秦軍，翟斌聽從了眾人的意見，遂尊奉慕容垂為首領。慕容垂準備率軍襲擊洛陽，而且又不知翟斌等擁戴自己是真心還是假意，於是拒絕翟斌說：「我是前來救援擔任豫州牧的平原公苻暉的，不是來與你會合攻打洛陽。你既然要反抗苻氏政權，自己稱王，如果事情成功了，你就可以坐享其福，如果失敗了，你將受到災禍，我不參與，所以跟我沒有一點關係。」正月初二日丙戌，慕容垂抵達洛陽，秦國平原公苻暉已經得知了慕容垂殺死苻飛龍的消息，因此緊閉城門，拒絕慕容垂入城。翟斌又派在自己屬下擔任長史的郭通前往勸說慕容垂，慕容垂還是沒有答應。郭通說：「將軍所以拒絕我們的建議，是不是認為翟斌兄弟是生活在山野之地的另一民族，又沒有什麼特殊的才能和深謀遠慮，必定不會成功的緣故？難道將軍就不想一想，今天依靠翟斌的力量，就可以成就稱王稱帝的大事業嗎？」慕容垂這才答應做反秦的首領。於是翟斌率領自己屬下的所有部眾來與慕容垂會合，並勸說慕容垂稱帝。慕容垂說：「被秦國俘虜後封為新興侯的慕容暐，是我的主人，應當迎接慕容暐，恢復他的皇帝之位。」

慕容垂認為，洛陽四面八方都可能受到敵人的攻擊，所以準備攻取鄴城，作為根據地，於是便率軍東進。先前曾經是扶餘王的餘蔚此時正擔任秦國的滎陽太守，他與昌黎郡的鮮卑人衛駒各自率領自己的部眾投降了慕容垂。慕容垂抵達滎陽時，所有部屬都堅決請求慕容垂稱帝稱王。慕容垂遂依照晉中宗司馬睿先稱王，而後再過渡到稱帝的做法，自稱為大將軍、大都督、燕王，暫時行使皇帝的職權，稱之為統府。僚屬全都向他稱臣，一切文件奏疏，封官拜爵，全都跟帝王一樣。慕容垂任命自己的弟弟慕容德為車騎大將軍，封為范陽王，姪子慕容楷為征西大將軍，封為太原王，翟斌為建義大將軍，封為河南王，餘蔚為征東將軍、統府左司馬，封為扶餘王，衛駒為鷹揚將軍，慕容鳳為建策將軍，率領著二十多萬部眾，從石門渡過黃河，揮師直指鄴城。

後燕慕容農在逃往列人的時候，住在烏桓人魯利的家中。魯利為慕容農擺上飯菜，慕容農笑了笑卻沒有吃。魯利對自己的妻子說：「你這可惡的婆娘，郎君是個尊貴的人，家裡貧窮，沒有什麼可以用來招待客人的東西，你說怎麼辦？」魯利的妻子說：「郎君有雄才大志，今天無緣無故來到我們家裡，必定有非同尋常的舉動，肯定不是為了吃一頓飯而來。你趕緊出去放哨，以免發生意外之事。」魯利聽從了妻子的話，就到外面望風去了。得知這裡確實安全無虞之後，慕容農才對魯利說：「我準備在列人招兵買馬，以圖重建燕國，你能不能跟隨我？」魯利說：「不管是死是活，你怎麼說我就怎麼幹，一切都聽你的。」慕容農於是前往烏桓部落的小頭領張驤的家中拜訪，慕容農勸張驤說：「我家的王爺已經舉兵起事，丁零部落首領翟斌等人全都推戴他為首領，遠近之人全都起兵響應，所以我來把這個消息告訴你。」張驤一再磕頭說：「能夠再度侍奉舊時的主人，我怎麼敢不盡死效忠！」於是，慕容農脅迫著列人的居民充當士卒，他們砍下桑木、榆木的枝幹當做兵器，撕開衣服作旗幟。慕容農又派趙秋去遊說匈奴族屠各部落首領畢聰。於是，畢聰與屠各人卜勝、張延、李白、郭超，以及東夷族的餘和、敕勃，還有易陽縣的烏桓人劉大等各自率領數千人趕來與慕容農會合。慕容農暫時任命張驤為輔國將軍，任命劉大為安遠將軍，任命魯利為建威將軍。慕容農親自率領著這支剛剛招集起來的軍隊攻破了館陶，收繳了館陶所有的軍用物資和器械，又派遣蘭汗、段讚、趙秋、慕輿悕奪取了康臺牧場的數千匹馬。蘭汗，是燕王慕容垂的堂舅。段讚，是段聰的兒子。於是步兵、騎兵就像雲霧一起聚集一樣，很快就發展到數萬人。於是張驤等共同推戴慕容農為使持節、都督河北諸軍事、驃騎大將軍，統領諸將領。慕容農按照諸將的實際才能分派任務，全軍上下秩序井然。慕容農因為燕王慕容垂還沒有到達，所以不敢封賞將士。趙秋說：「軍中沒有獎賞，將士就不會勇往直前地拼死殺敵。現在前來投效的人，都是希望能夠建立名震一時的功勞，謀求一種可以傳給子孫的長久利益，你應該以燕王慕容垂的名義分封、任命各個功臣將領，以壯大為重建燕國做貢獻的力量。」慕容農採納了趙秋的建議，於是前來報效的人絡繹不絕，燕王慕容垂得知消息，認為慕容農幹得很好。慕容農向西招引在上黨的故燕國岷山公庫傉官偉，向東招引在東阿的故燕國舊臣乞特歸，向北招引在燕國的故燕國光烈將軍平叡以及平叡的哥哥、故燕國汝陽太守平幼，庫傉官偉等人全都起兵響應。慕容農又派遣蘭汗等率軍攻取頓丘，蘭汗很快將頓丘攻克。慕容農號令整齊、軍紀嚴明，對人民的私有財產秋毫無犯，不論男女老少，無不歡欣鼓舞。

秦國長樂公苻丕派遣驍騎將軍石越率領一萬多名步兵騎兵討伐慕容農。慕容農說：「石越一向以有智謀和作戰勇敢而聞名於世，現在他不南下抵抗我父王的大軍卻來這裡，這是因為他懼怕我的父王，卻來欺陵於我；他既然認為我好欺負，他的軍中必定不會戒備，我們就可以用計來取勝。」眾人都請求修築列人城，以加強防禦能力，慕容農說：「善於用兵打仗的人，要用誠心去結納將士，使將士甘心情願為你去死力拼殺，而不是依靠城牆之類的其他東西。現在我們為了重建燕國而起兵反抗秦國，就應該想方設法主動去攻擊敵人、消滅敵人的有生力量，所以應該把高山大河作為城池，一座小小的列人城哪裡值得我們去修築防守呢！」正月初七日辛卯，秦將石越率軍抵達列人城西，慕容農派趙秋以及擔任參軍的綦毋勝率軍攻擊石越的前鋒部隊，將前鋒部隊打敗。擔任參軍的太原人趙謙向慕容農建議說：「石越軍中的鎧甲、武器雖然精良，然而軍心離散，人人心懷恐懼，所以很容易將其打敗，現在應該趕緊出兵攻擊他。」慕容農說：「石越軍隊的鎧甲是穿在身上，而我軍的鎧甲則是穿在心裡。如果白天與秦軍交戰，士卒看見對方裝備精良，就會產生懼敵心理，不如等到夜幕降臨以後再向秦軍發起進攻，可以一戰而勝。」於是命令軍士嚴密戒備，等待下達作戰命令，不要輕舉妄動。石越在自己的軍營四周豎起用來防衛的柵欄，慕容農笑著對屬下的諸將說：「石越所率領的既是精兵，人數又多，不趁著剛剛抵達，士氣正旺的時候攻擊我方，反而加緊修築用來防禦的柵欄，僅憑這一點，我就知道石越不會有什麼作為了！」天色將晚，慕容農的軍營之中擂響了戰鼓，士兵吶喊著跑出營寨，在列人城西擺開陣勢。擔任牙門官的劉木請求率先攻打石越的營寨，慕容農笑著說：「人一旦看到美味的食物，誰不想將它一口氣吃到肚子裡，怎麼能讓你一個人獨享這分美差？然而，你的勇氣可嘉，我就把這個先鋒官讓你來當。」劉木於是率領著四百名壯士，越過石越豎立的柵欄，衝進秦軍的營寨，石越所率領的秦軍就像草木隨風倒伏一樣，立即驚惶潰敗。慕容農率領主力部隊緊隨劉木之後，也殺入秦軍營壘，於是將秦軍打得大敗，斬殺了石越，並將石越的首級呈送給燕王慕容垂。石越與毛當都是秦國有名的勇將，所以秦王苻堅才派他們分別協助自己的兩個兒子苻丕和苻暉鎮守鄴城和洛陽。沒想到二人卻相繼戰敗而死，於是，人心開始騷動不安，各地盜賊蜂擁而起。

正月二十六日庚戌，後燕王慕容垂抵達故燕國都城鄴城，將秦國建元二十年改為後燕國元年，官員的衣服顏色和朝廷的各種禮儀等都和以前慕容皝、慕容儁那個時代的規定一樣。後燕王慕容垂任命故燕國岷山公庫傉官偉為左長史，任命在以前燕國慕容儁時代擔任尚書郎的段崇為右長史，任命滎陽人鄭豁等為從事中郎。慕容農率領著自己的部眾從列人前來鄴城與慕容垂會合，燕王慕容垂依據慕容農在列人所任命的官職一一加以正式確認。立世子慕容寶為太子，封自己的堂弟慕容拔等十七人以及自己的外甥宇文輸、舅舅的兒子蘭審都為王爵，其他的慕容氏家族和有功之臣被封為公爵的總共有三十七人，侯爵、伯爵、子爵、男爵總共八十九人。〇可足渾譚招集了二萬多名士兵，攻克了野王後，也率領著自己的部眾來到鄴城會合，平幼與他的弟弟平叡、平規也率領著數萬人前來鄴城與燕王慕容垂會合。

秦國的長樂公苻丕派姜讓為使者來到鄴城責備後燕王慕容垂，同時又勸說他：「有了過錯如果能夠改正，現在也還不算晚。」燕王慕容垂答覆說：「我受到秦主苻堅給與的厚恩，我今生今世也報答不完，所以才打算保護長樂公苻丕的安全，使他能夠率領自己屬下的所有部眾，平安返回秦國的京師長安，而後我要重建燕國，恢復祖先的大業，與秦國結成世代睦鄰友好的國家。長樂公為何看不清目前形勢的發展走向，不肯將鄴城歸還我們？如若再繼續執迷而不知改悔，我就要傾盡全力對鄴城發起進攻，到那時，長樂公恐怕想要單人匹馬逃命也是做不到的。」姜讓立即神情嚴肅、厲聲責備燕王慕容垂說：「將軍因為在自己的祖國無法立足，所以才來投奔秦國，在燕國的土地上，能有一尺的土地是屬於將軍所有嗎！秦王與將軍風俗既不相同，又不屬於同一個種族，卻一見如故，誠心相待，親密得就像一家人一樣，對將軍的恩寵遠遠超過了對秦國有功勳的舊臣，自古以來，君主與大臣的知心友好有如此深厚的嗎！將軍卻因為秦國軍隊一次小小的失敗，就立即產生叛逆之心。長樂公苻丕，是秦王苻堅的嫡長子，接受了鎮守一方的重任，他怎麼會拱手把擁有一百座城池的冀州白白地奉送給將軍呢！將軍如果不顧一切地毀壞皇帝所賜予的冠冕，自然可以傾盡全力攻打，何必再多說什麼呢！可惜的是，將軍以七十歲的高齡，首級即將被高高地懸掛在大白旗上，原本對秦國忠心耿耿、名高出世的人，結果變成了謀逆之鬼！」燕王慕容垂默然無語。燕王身邊的人都勸說燕王殺死姜讓，燕王慕容垂說：「他也是為了效忠自己的主人，何罪之有！」按照禮節恭送姜讓返回。隨後慕容垂又寫信給長樂公苻丕，並上疏給秦王苻堅，為他們分析利害關係，請求允許護送長樂公苻丕返回秦國的京師長安。秦王苻堅和長樂公苻丕看過燕王慕容垂的書信和表章，都非常憤怒，又回信對慕容垂嚴加責備。

東晉擔任鷹揚將軍的劉牢之率軍攻打秦國佔領下的譙城，並將譙城攻克。車騎將軍桓沖派遣上庸太守郭寶率軍攻打秦國的魏興、上庸、新城三郡，這三個郡相繼被郭寶率軍攻克。東晉將軍楊佺期率軍向前推進，佔據了成固之後，又攻擊秦國的梁州刺史潘猛，將潘猛趕走。楊佺期，是楊亮的兒子。

正月二十八日壬子，後燕王慕容垂開始率軍攻打鄴城，並很快佔領了鄴城的外城，長樂公苻丕撤退到中城防守。函谷關以東的幽州、并州、冀州、司州、兗州、豫州之內的各郡縣，很多人都送人質給燕王慕容垂，請求投降燕國。〇二十九日癸丑，後燕王慕容垂任命陳留王慕容紹為代理冀州刺史，率軍屯紮在廣阿。

東晉豐城宣穆公桓沖聽說謝玄等在肥水打敗了秦軍，立了大功的消息，認為自己錯誤地估計了形勢，說了「我其左衽矣」等不該說的話，不由得心生慚愧與悔恨，竟然因此而患病。二月二十七日辛巳，桓沖去世。朝廷議論，想讓謝玄擔任荊州、江州二州刺史。司徒謝安則自以為父子名望太高、權勢太重，又擔心桓氏家族會因為失去權位而產生怨恨，於是便任命擔任梁郡太守的桓石民為荊州刺史，任命擔任河東太守的桓石虔為豫州刺史，改任豫州刺史桓伊為江州刺史。

後燕王慕容垂率領著丁零人、烏桓人總計二十多萬，採用搭設雲梯、挖掘地道等各種方法攻打鄴城，仍然不能將鄴城攻克，於是就圍著鄴城修築起一道長長的圍牆，把鄴城嚴密封鎖，又把自己隊伍中的老弱安置在肥鄉，讓他們修築新興城，用來儲存武器、輜重。

秦國長樂公苻丕的征東將軍府中的僚屬因為擔任參軍的高泰是燕國的舊臣，於是便懷疑他對秦國懷有二心。高泰非常害怕，就與擔任秦國虞曹從事的同鄉吳韶一起逃回了勃海。吳韶說：「燕王慕容垂的軍隊就在肥鄉，我們應該前去投奔他。」高泰說：「我們是為了躲避災禍才逃離了征東將軍府，剛離開了一個主子，轉身就去侍奉另一個主子，我是不會這樣做的。」故燕舊臣申紹看見高泰的這種態度，感歎地說：「不論是選擇離開誰還是投奔誰，都有一定的原則，高泰可以稱得上是一個正人君子！」

後燕范陽王慕容德率軍攻取了秦國的枋頭，他留下一部分軍隊負責防守，然後班師而回。

東胡人王晏聚眾起兵，他據守館陶作為鄴城的聲援，此時還有鮮卑人、烏桓人以及許多郡縣的民眾都修築起堡寨進行自衛而不肯服從燕王慕容垂。燕王慕容垂於是派遣太原王慕容楷會同鎮南將軍、陳留王慕容紹出兵對這些不肯歸服的進行討伐。太原王慕容楷對陳留王慕容紹說：「鮮卑人、烏桓人以及冀州的民眾，本來都是燕國的臣民，現在我們剛剛開始重新創立大業，他們還不理解我們、歸心於我們，所以才與我們發生小的衝突。現在只能以恩德安撫他們，而不能用武力威勢進行鎮壓。我準備停留在一個合適的地方，為我軍大造聲勢、打好基礎，你率領一部分兵力巡迴安撫那些漢人和夷人，讓他們明白我們的意圖，他們必定會聽從我們。」慕容楷於是駐紮在辟陽，慕容紹則率領著數百名騎兵前往遊說王晏，詳細地為王晏分析了禍福利害，王晏於是跟隨著慕容紹前往駐紮在辟陽的慕容楷大營投降，那些鮮卑人、烏桓人以及修築堡寨進行自衛的各地居民紛紛向燕軍投降，總計投降的有數十萬口。太原王慕容楷把老弱留在原地，並任命了郡守和縣令對百姓進行安撫，徵召了十多萬名青壯年入伍，然後與王晏一同前往鄴城。燕王慕容垂非常高興地對慕容楷和慕容紹說：「你們兄弟二人文武兼備，完全可以繼承你們的父親太原王慕容恪的功勳事業！」

三月，東晉朝廷任命擔任衛將軍的謝安為太保。

在秦國擔任北地長史的慕容泓聽到燕王慕容垂率軍攻打鄴城的消息，立刻逃走，投奔函谷關以東，他在關東招集了數千名鮮卑人，然後返回關西，駐紮在華陰。他打敗了秦將強永，聲勢越來越大，自稱都督陝西諸軍事、大將軍、雍州牧、濟北王，推舉慕容垂為丞相、都督陝東諸軍事、兼任大司馬、冀州牧、吳王。

秦王苻堅對擔任尚書左僕射的權翼說：「當初沒有聽從你的意見，致使鮮卑人的叛亂達到這樣大的規模。函谷關以東的土地，我可以拋給慕容垂，而慕容泓竟然佔據了關中的華陰，自稱濟北王，我該怎麼處置他呢？」於是任命廣平公苻熙為雍州刺史，鎮所設在蒲阪。將擔任雍州牧的鉅鹿公苻叡調回京師，擔任都督中外諸軍事、衛大將軍、錄尚書事，撥給他五萬軍隊，以左將軍竇衝為長史，龍驤將軍姚萇為司馬，令他們率軍討伐慕容泓。

秦國擔任平陽太守的慕容沖也在平陽起兵，屬下有二萬人馬，慕容沖率領著這些人馬進攻蒲坂，秦王苻堅派長史竇衝率軍討伐慕容沖。

庫傉官偉率領各少數民族部落的數萬人抵達鄴城，燕王慕容垂封庫傉官偉為安定王。

秦國擔任冀州刺史的阜城侯苻定鎮守信都，高城男爵苻紹正在自己的封國——高城境內，高邑侯苻亮、重合侯苻謨鎮守常山，固安侯苻鑒守衛中山。燕王慕容垂派遣擔任前將軍的樂浪王慕容溫率領各路人馬攻打信都，沒有攻克。夏季，四月初三日丙辰，燕王慕容垂又派遣擔任撫軍大將軍的慕容麟率軍前往信都增援慕容溫。苻定、苻鑒，都是秦王苻堅的堂叔。苻紹、苻謨，是秦王苻堅的堂弟。苻亮，是秦王苻堅的姪子。慕容溫，是燕王慕容垂的姪子。

佔據華陰而自稱都督陝西諸軍事、大將軍、雍州牧、濟北王的慕容泓得知秦軍即將前來討伐的消息，非常恐懼，就準備率領自己的部眾逃奔函谷關以東。秦國鉅鹿愍公苻叡為人粗疏勇猛，輕視敵人，他想率軍急速截擊慕容泓。擔任司馬的姚萇勸阻說：「鮮卑人都有回歸關東的念頭，所以才跟隨慕容泓起兵叛亂。現在就應該驅逐他們離開關中，而不要強行去阻止他們。即使是抓住一隻鼷鼠的尾巴，鼷鼠還要掉過頭來咬你一口。那些思鄉心切的鮮卑人，他們一旦覺得自己處於無路可走的困境，必然會與我們死命相拼，我們萬一失敗，後悔可就來不及了！只要我們擂動戰鼓，緊隨在他們的後面，他們就會只顧逃命，無暇顧及其他了。」鉅鹿公苻叡沒有接受姚萇的建議，他率軍與慕容泓在華陰境內的華澤展開大戰，結果被慕容泓打敗，鉅鹿公苻叡被慕容泓殺死。姚萇立即派遣在龍驤將軍府擔任長史的趙都、擔任參軍的姜協前往京師長安，向秦王苻堅報告戰況，並請求治罪，秦王苻堅接到報告，立即大怒，竟然將姚萇派去的使者殺死。姚萇非常恐懼，於是逃到了渭水北岸的牧馬場，此時天水人尹緯、尹詳，南安人龐演等糾集、煽動羌族人中的頭面人物，各自率領家族人口投奔姚萇的就有五萬多家，他們推戴姚萇為首領。姚萇於是自稱大將軍、大單于、萬年秦王，並實行大赦，改年號為白雀，任命尹詳為左長史，任命龐演為右長史，任命南安人姚晃為左司馬，任命尹緯為右司馬，任命天水郡的狄族人伯支等為從事中郎，任命羌族人訓等為掾屬，任命王據為參軍，王欽盧、姚方成等都為將帥。

秦國竇衝在河東地區將慕容沖打得大敗。慕容沖戰敗之後，便率領著八千名鮮卑族騎兵投奔了慕容泓。慕容泓的部眾達到十多萬人，他派遣使者對秦王苻堅說：「吳王已經平定了函谷關以東地區，你要趕緊準備好帝王乘坐的車駕，恭恭敬敬地把我的皇帝哥哥慕容暐送出來。我要率領關中地區的燕國人護衛皇帝的車駕返回燕國的故都鄴城，與秦國以虎牢關為界，永遠結為睦鄰友好的國家。」秦王苻堅大怒，立即將慕容暐召到跟前責備說：「現在慕容泓的書信就是這樣寫的，你如果想要返回鄴城，我一定會給你提供幫助。你的宗族，可以說是人面獸心，不能指望你們能夠成為國家的傑出人物！」慕容暐在苻堅面前磕頭流血，一面哭泣一面請求寬恕。過了好一會兒苻堅才對慕容暐說：「這當然是慕容垂、慕容泓、慕容沖那三個小子幹的事情，不是你的過錯。」於是恢復了慕容暐的職位，對待他還像從前一樣。苻堅讓慕容暐寫信給慕容泓、慕容沖和慕容垂，勸說他們歸降。慕容暐祕密地派使者對慕容泓說：「我現在是被關在籠子中的人，肯定沒有活著回去的可能；再說，我是燕國皇室的罪人，不值得你們再牽掛我。你要努力創立大業，任用吳王慕容垂為丞相，任用中山王慕容沖為太宰、兼任大司馬，你可以為大將軍、兼任司徒，代表皇帝行使職權。一旦聽到我死去的消息，你就立即即皇帝位。」慕容泓於是率軍向秦國的都城長安發起進攻，改年號為燕興。

後燕王慕容垂認為鄴城仍然堅固難攻，於是便招集僚佐一起商議對策。擔任右司馬的封衡建議掘開漳河，引漳河水灌入鄴城，慕容垂採納了封衡的建議。後燕王慕容垂巡視燕軍對鄴城的包圍情況，順便在華林園設宴飲酒，卻被秦軍探明情況，秦軍於是對華林園發動突襲，射過來的箭密集得就像下雨一樣，慕容垂差一點被困在華林園中。擔任冠軍大將軍的慕容隆率領著騎兵向秦軍衝殺，慕容垂才僥倖免於被殺。

東晉竟陵太守趙統率領晉軍攻打秦國統治下的襄陽，秦國擔任荊州刺史的都貴放棄了襄陽逃奔魯陽。

五月，秦國擔任洛州刺史的張五虎獻出豐陽，向東晉投降。〇東晉擔任梁州刺史的楊亮率領著五萬名晉軍攻取秦國佔領下的巴蜀，楊亮派遣擔任巴西太守的費統等人率領三萬名水軍、陸軍擔任前鋒。楊亮率軍屯駐在巴郡，秦國擔任益州刺史的王廣派遣擔任巴西太守的康回等率軍抵抗東晉的進攻。

秦國苻定、苻紹全都投降了後燕。後燕慕容麟率領著燕軍向西攻取常山。

後秦王姚萇率軍進駐北地，秦國的華陰、北地、新平、安定各郡的羌人、胡人向姚萇投降的有十多萬人。

六月初一日癸丑，東晉崇德皇太后褚氏駕崩。

秦王苻堅親自率領著二萬名步兵、騎兵前往趙氏塢攻打後秦軍，苻堅還派擔任護軍將軍的楊璧等兵分幾路同時攻打後秦軍。後秦軍屢次被打敗，秦軍斬殺了後秦王姚萇的弟弟、擔任鎮軍將軍的姚尹買。後秦軍的駐地沒有水井，秦軍於是堵塞了安公谷向趙氏塢的流水，築堤截斷了同官河，準備將秦軍困死、渴死在趙氏塢。後秦軍中於是人心惶恐，有人已經被渴死。恰好此時下了一場大雨，後秦軍的營地中水深三尺，而圍繞著營寨周邊百步之外，只有一寸多深的雨水。後秦軍的士氣於是重新振作起來。秦王苻堅歎息了一聲說：「難道上天也保佑賊人嗎？」

慕容泓的謀臣高蓋等認為慕容泓的恩德與威望都比不上慕容沖，但卻執法嚴酷苛刻，於是便殺死了慕容泓，擁立慕容沖為皇太弟，代表皇帝行使職權，設置文武百官，任命高蓋為尚書令。後秦王姚萇派遣自己的兒子姚嵩到慕容沖那裡充當人質，請求與燕軍和解。

東晉將軍劉春率軍攻打魯陽，都貴又從魯陽逃回了秦國的都城長安。

後秦王姚萇率領七萬軍隊攻打秦國，秦王苻堅派遣護軍將軍楊璧等抵抗姚萇的進攻，被姚萇率軍打敗，姚萇活捉了秦國護軍將軍楊璧以及右將軍徐成、鎮軍將軍毛盛等將吏數十人，後秦王姚萇對他們以禮相待，遣送他們返回秦國。

後燕撫軍大將軍慕容麟率領燕軍攻克了常山，秦國的高邑侯苻亮、重合侯苻謨全都投降了後燕。慕容麟乘勝進軍，順勢包圍了中山。秋季，七月，慕容麟攻克中山，活捉了苻鑒。慕容麟此時威名大振，遂留守中山。

秦國幽州刺史王永、平州刺史苻沖率領著幽州、平州的人馬抗擊後燕。後燕王慕容垂派遣擔任甯朔將軍的平規率軍進擊王永。秦將王永派昌黎太守宋敞到范陽迎戰平規，宋敞被平規打得大敗，平規遂佔領了薊城以南。

秦國平原公苻暉率領洛陽、陝城的七萬兵眾回到京師長安。益州刺史王廣派遣將軍王虬率領蜀漢眾軍三萬人北上救援長安。

秦王苻堅得知慕容沖率領燕軍越來越逼近長安的消息，便率領秦軍從北地趙氏塢前線返回京師長安，他派遣擔任撫軍大將軍的高陽公苻方戍守驪山，任命平原公苻暉為都督中外諸軍事、車騎大將軍、錄尚書事，給他配備了五萬兵力用以抵抗慕容沖。慕容沖率領燕軍與秦國的車騎大將軍苻暉在鄭縣西郊展開大戰，將苻暉打得大敗。秦王苻堅又派擔任前將軍的姜宇與自己最小的兒子、河間公苻琳率領三萬名秦兵在灞上抵抗慕容沖，苻琳與姜宇全都兵敗陣亡，慕容沖於是佔領了阿房城。

秦國康回與東晉軍交戰，屢戰屢敗之後，便率軍退回了成都。○秦國擔任梓潼太守的壘襲獻出涪城，向東晉投降。○東晉荊州刺史桓石民佔據了秦國的魯陽，他派遣河南太守高茂率軍北上防守洛陽。

己酉❶，葬康獻皇后❷于崇平陵。

燕翟斌恃功驕縱，邀求❸無厭。又以鄴城久不下，潛有貳心。太子寶請除之，燕王垂曰：「河南之盟，不可負也。若其為難❹，罪由於斌。今事未有形❺而殺之，人必謂我忌憚其功能。吾方收攬豪傑，以隆大業❻，不可示人以狹❼，失天下之望也。藉❽彼有謀，吾以智防之，無能為也。」范陽王德、陳留王紹、驃騎大將軍農皆曰：「翟斌兄弟恃功而驕，必為國患。」垂曰：「驕則速敗，焉能為患！彼有大功，當聽其自斃❾耳。」禮遇彌重。

斌諷丁零及其黨請斌為尚書令。垂曰：「翟王之功，宜居上輔❿。但臺既未建⓫，此官不可遽置⓬耳。」斌怒，密與前秦長樂公丕通謀，使丁零決隄潰水⓭。事覺，垂殺斌及其弟檀、敏，餘皆赦之。斌兄子真夜將營眾北奔邯鄲，引兵還向鄴圍⑭，欲與丕內外相應，太子寶與冠軍大將軍隆擊破之。真還走邯鄲。

太原王楷、陳留王紹言於垂曰：「丁零非有大志，但寵過為亂耳。今急之⑮則屯聚為寇，緩之則自散，散而擊之，無不克矣。」垂從之。

龜茲王帛純⑯窘急⑰，重賂獪胡⑱以求救。獪胡王遣其弟吶龍、侯將馗⑲帥騎二十餘萬，并引溫宿、尉頭⑳等諸國兵合七十餘萬以救龜茲。秦呂光與戰于城西，大破之。帛純出走，王侯降者三十餘國。光入其城，城如長安市邑，宮室甚盛。光撫寧㉑西域，威恩甚著，遠方諸國，前世所不能服者，皆來歸附，上㉒漢所賜節傳㉓。光皆表而易之㉔，立帛純弟震為龜茲王。

八月，翟真自邯鄲北走，燕王垂遣太原王楷、驃騎大將軍農帥騎追之。甲寅[1]，及於下邑㉕。楷欲戰，農曰：「士卒飢倦，且視賊營不見丁壯，殆有他伏。」楷不從，進戰，燕兵大敗。真北趨中山，屯于承營㉖。

鄴中芻糧㉗俱盡，削松木以飼馬。燕王垂謂諸將曰：「苻丕窮寇，必無降理。不如退屯新城㉘，開㉙丕西歸之路，以謝秦王疇昔㉚之恩，且為討翟真之計㉛。」丙寅㉜夜，垂解圍趨新城。遣慕容農徇清河、平原㉝，徵督租賦。農明立約束㉞，均適有無㉟，軍令嚴整，無所侵暴。由是穀帛屬路㊱，軍資豐給。

戊寅㊲，南昌文穆公郗愔㊳薨。

太保安奏請乘苻氏傾敗，開拓中原。以徐、兗二州刺史謝玄為前鋒都督，帥豫州刺史桓石虔伐秦。玄至下邳㊴，秦徐州刺史趙遷棄彭城走，玄進據彭城。

秦王堅聞呂光平西域，以光為都督玉門以西諸軍事、西域校尉。道絕，不通。

秦幽州刺史王永求救於振威將軍劉庫仁，庫仁遣其妻兄公孫希帥騎三千救之，大破平規於薊南，乘勝長驅，進據唐城㊵，與慕容麟相持[2]。

九月，謝玄使彭城內史劉牢之攻秦兗州刺史張崇。辛卯㊶，崇棄鄄城㊷奔燕。牢之據鄄城，河南城堡皆來歸附。

太保安上疏自求北征。甲午㊸[3]，加安都督揚、江等十五州㊹諸軍事，加黃鉞㊺。

慕容沖進逼長安，秦王堅登城觀之，歎曰：「此虜何從出哉㊻？」大呼責沖曰：「奴何苦來送死？」沖曰：「奴厭奴苦㊼，欲取汝為代㊽耳！」沖少有寵於堅，堅遣使以錦袍稱詔遺之㊾。沖遣詹事㊿稱皇太弟令(51)答之曰：「孤今心在天下，豈顧一袍小惠！苟能知命(52)，君臣束手，早送皇帝(53)，自當寬貸苻氏以酬曩好(54)。」堅大怒曰：「吾不用王景略、陽平公之言(55)，使白虜(56)敢至於此！」

冬，十月辛亥朔(57)，日有食之。〇乙丑(58)，大赦。

謝玄遣淮陵(59)[4]太守高素攻秦青州(60)刺史苻朗，軍至琅邪(61)，朗來降。朗，堅之從子也。

翟真在承營，與公孫希、宋敞遙相首尾。長樂公丕遣宦者冗從僕射清河光祚(62)將兵數百赴中山，與真相結。又遣陽平太守邵興將數千騎招集冀州故郡縣，與祚期會襄國(63)。是時，燕軍疲弊，秦勢復振，冀州郡縣皆觀望成敗。趙郡人趙粟等起兵柏鄉(64)以應興。燕王垂遣冠軍大將軍隆、龍驤將軍張崇將兵邀擊興，命驃騎大將軍農自清河引兵會之。隆與興戰于襄國，大破之。興走至廣阿(65)，遇慕容農，執之。光祚聞之，循西山(66)走歸鄴。隆遂擊趙粟等，皆破之，冀州郡縣復從燕。

劉庫仁聞公孫希已破平規，欲大舉兵以救長樂公丕，發雁門、上谷、代郡(67)兵，屯繁畤(68)。燕太子太保慕輿句之子文、零陵公慕輿虔之子常時在庫仁所，知三郡兵不樂遠征，因作亂，夜攻庫仁，殺之，竊其駿馬奔燕。公孫希之眾聞亂自潰，希奔翟真。庫仁弟頭眷代領庫仁部眾。

秦長樂公丕遣光祚及參軍封孚召驃騎將軍張蚝、并州刺史王騰於晉陽以自救，蚝、騰以眾少不能赴(69)。丕進退路窮，謀於僚佐。司馬楊膺(70)請自歸於晉(71)，丕未許。會謝玄遣龍驤將軍劉牢之等據碻磝(72)，濟陽太守郭滿據滑臺(73)，將軍顏肱、劉襲軍于河北[74]，丕遣將軍桑據屯黎陽[75]以拒之。劉襲夜襲據，走之，遂克黎陽。丕懼，乃遣從弟就與參軍焦逵請救於玄，致書稱：「欲假塗求糧[76]，西赴國難[77]，須援軍既接[78]，以鄴與之。若西路不通，長安陷沒，請帥所領保守鄴城[79]。」逵與參軍姜讓密謂楊膺[5]曰：「今喪敗如此，長安阻絕，存亡不可知，屈節竭誠[80]以求糧援，猶懼不獲。而公豪氣不除[81]，方設兩端[82]，事必無成。宜正書為表[83]，許以王師之至，當致身南歸[84]。如其不從[85]，可逼縛與之[86]。」膺自以力能制丕，乃改書[87]而遣之。

謝玄遣晉陵太守滕恬之渡河守黎陽。恬之，脩[88]之曾孫也。朝廷以兗、青、司、豫既平，加玄都督徐、兗、青、司、冀、幽、并七州諸軍事。

後秦王萇聞慕容沖攻長安，會羣僚議進止[89]，皆曰：「大王宜先取長安，建立根本，然後經營四方。」萇曰：「不然。燕人因其眾有思歸之心以起兵，若得其志，必不久留關中。吾當移屯嶺北[90]，廣收資實[91]，以待秦亡燕去，然後拱手取之[92]耳。」乃留其長子興守北地，使寧北將軍姚穆守同官川[93]，自將其眾攻新平。

初，新平人殺其郡將[94]，秦王堅缺其城角以恥之。新平民望[95]深以為病[96]，欲立忠義以雪[97]之。及後秦王萇至新平，新平太守南安苟輔欲降之，郡人遼西太守馮傑、蓮勺令馮羽、尚書郎趙義、汶山太守馮苗諫曰：「昔田單以一城存齊[98]，今秦之州鎮，猶連城過百，柰何遽為叛臣乎！」輔喜曰：「此吾志也。但恐久而無救，郡人橫被無辜[99]。諸君能爾，吾豈顧生哉！」於是憑城固守。後秦為土山地道，輔亦於內為之，或戰地下，或戰山上，後秦之眾死者萬餘人。輔詐降以誘萇，萇將入城，覺之而返。輔伏兵邀擊，幾獲之，又殺萬餘人。

隴西處士王嘉隱居倒虎山[100]，有異術[101]，能知未然[102]，秦人神之。秦王堅、後秦王萇及慕容沖皆遣使迎之。十一月，嘉入長安。眾聞之，以為堅有福，故聖人助之，三輔堡壁[103]及四山氐、羌[104]歸堅者四萬餘人。堅置嘉及沙門道安於外殿，動靜咨之[105]。

燕慕容農自信都西擊丁零翟遼於魯口[106]，破之。遼退屯無極[107]，農屯藁城[108]以逼之。遼，真之從兄也。

鮮卑在長安城中者猶千餘人，慕容紹之兄肅與慕容暐陰謀結鮮卑為亂。十二月，暐白堅，以其子新昏[109]，請堅幸其家，置酒，欲伏兵殺之。堅許之，會天大雨，不果往[110]。事覺，堅召暐及肅。肅曰：「事必洩矣，入則俱死。今城內已嚴[111]，不如殺使者馳出，既得出門，大眾便集[112]。」暐不從，遂俱入。堅曰：「吾相待何如，而起此意？」暐飾辭[113]以對。肅曰：「家國事重，何論意氣[114]！」堅先殺肅，乃殺暐及其宗族，城內鮮卑無少長男女皆殺之。燕王垂幼子柔養於宦者宋牙家為牙子，故得不坐[115]，與太子寶之子盛乘間[116]得出，奔慕容沖。

燕慕容麟、慕容農合兵襲翟遼，大破之，遼單騎奔翟真。

燕王垂以秦長樂公丕猶據鄴不去，乃更引兵圍鄴，開其西走之路。焦逵見謝玄，玄欲徵丕任子[117]，然後出兵。逵固陳丕款誠[118]，并述楊膺之意，玄乃遣劉牢之、滕恬之等帥眾二萬救鄴。丕告飢，玄水陸運米二千斛[119]以饋之。

秦梁州刺史潘猛棄漢中，奔長安[120]。

【章旨】以上為第三段，寫孝武帝太元九年（西元三八四年）下半年的大事。主要寫了丁零翟斌因自恃功大，邀求無限，不能滿足，遂欲勾結苻丕夾擊慕容垂，事洩，被慕容垂所殺；翟斌之姪翟真、翟遼等與苻丕相勾結，被慕容隆、慕容農等大破之；寫了匈奴部落劉庫仁率北部兵南下救苻丕，被身邊的慕輿文、慕輿常所殺，庫仁之眾遂被庫仁之弟頭眷所代領；寫了苻堅部下的隴西鮮卑乞伏國仁之叔在隴西反秦，苻堅派國仁率部往討，國仁遂與其叔合兵反秦自立；寫了姚萇欲佔據嶺北的北地、安定、新平諸郡，在攻秦新平時，被新平守將打得大敗；寫了苻堅身邊的慕容暐、慕容肅等謀殺苻堅事洩，被苻堅所殺；寫了苻丕進退路窮，向謝玄假道借糧，謝玄運米兩千斛以饋之；寫了慕容垂久攻鄴城不下，遂解開苻丕西歸長安之路；寫了苻堅的部將呂光自肥水之戰前即為苻堅往征西域，焉耆諸國皆降，唯龜茲王帛純嬰城拒守，並聯合西部的獪胡、溫宿等國共抗呂光，呂光與戰，大破之。龜茲王帛純逃走，呂光立帛純之弟為龜茲王，其他降者三十餘國，呂光撫寧西域，威恩甚著，但此時已與苻堅斷絕消息；寫了晉將謝玄、桓石虔等北出伐秦，秦之徐州刺史棄城走，晉軍佔據彭城；寫了劉牢之進據碻磝城，郭滿佔據滑臺，劉襲進克黎陽；劉牢之又進克鄄城，河南城堡皆來歸附；寫了謝玄派部將高素攻秦青州，刺史苻朗降晉；秦之梁州刺史棄漢中，晉遂據有梁州之地等等。

【注釋】❶己酉　七月二十八。❷康獻皇后　兩次臨朝稱制的褚氏皇太后。康獻二字是謚。❸邀求　同「要求」。向慕容垂邀功請賞。❹為難　叛變；作亂。❺未有形　沒有明顯的犯罪表現。❻以隆大業　以振興我們的復國事業。❼示人以狹　讓人家看著我們心胸狹窄，待人不寬厚。❽藉　即使；假使。❾聽其自斃　讓他自取滅亡。❿上輔　最高的輔政大臣，對宰相的尊稱。⓫臺既未建　朝廷既然尚未正式建立。當時對朝廷的中書省、尚書省等稱臺，故用「臺」代指朝廷。慕容垂以慕容暐尚在，故自己未稱尊號、未建朝廷。⓬不可遽置　不能一下子就設置這個官職。遽，立刻。⓭決隄潰水　當時慕容垂正引漳水灌鄴城，翟斌要反幫苻丕，故欲決堤將水放走。⓮還向鄴圍　回兵指向包圍鄴城的燕軍。⓯急之　對他們逼得太急。急，逼。⓰龜茲王帛純　龜茲國的國王名叫帛純。龜茲是西域古國名，位於天山南麓，國都延城，即今新疆庫車。⓱窘急　被苻堅的部將呂光圍困得非常危急。窘，無計可施。⓲獪胡　西域古國名，在龜茲國以西。⓳侯將馗　有侯爵身分的將軍名馗。⓴溫宿尉頭　皆西域國名。溫宿，也稱溫肅，都城即今新疆烏什。尉頭的都城在今新疆阿合奇東。㉑撫寧　安撫、穩定。㉒上　呈上讓呂光看，表明他們歷來與中原地區的政權親善。㉓節傳　都是漢代朝廷發給他們用作憑證的信物。節，符節，用竹木或金玉製成。傳，也稱「繻」、「過所」，彼此往來的通告證。㉔表而易之　上表報告苻堅，都給他們換成了秦國的信物。易，更換。㉕及於下邑　追到下邑，追上了翟真。下邑，縣名，縣治在今安徽碭山縣東。㉖承營　地名，在今河北定州東南。㉗芻糧　餵馬的草與人吃的糧食。㉘新城　即肥鄉的新興城，在今河北肥鄉東南。㉙開　給他們讓開。㉚疇昔　過去；從前。㉛為討翟真之計　意即集中力量對付翟真。㉜丙寅　八月十五。㉝徇清河平原　帶兵巡行清河、平原二郡。徇，巡行。清河郡的郡治在今河北清河縣東，平原郡的郡治在今山東平原縣南。㉞明立約束　明確地訂下各種章程。㉟均適有無　都按照各地居民貧窮與富有的實際情況。㊱穀帛屬路　給慕容垂軍隊送糧、送衣的車子絡繹不絕。帛，絲織物，這裡即指衣物。屬，連；連續不斷。㊲戊寅　八月二十七。㊳郗愔　東晉名臣郗鑒之子，郗超之父。被封為南昌郡公，文穆二字是謚。傳見《晉書》卷六十七。㊴下邳　郡名，郡治即今江蘇邳州。㊵唐城　在今河北定州北十五里，相傳唐堯曾都此，故名唐城，亦名堯城。㊶辛卯　九月十一。㊷鄄城　縣名，縣治在今山東鄄城北舊城集。㊸甲午　九月十四。㊹揚江等十五州　指揚州、徐州、南徐州、兗州、南兗州、豫州、南豫州、江州、青州、冀州、幽州、并州、司州、荊州、雍州。㊺加黃鉞　授予黃鉞。黃鉞是黃色大斧，授予專征的大將，以象徵他具有無上權威。㊻何從出哉　是從哪裡冒出來的呢。苻堅言此，表示後悔自己當初的養虎遺患。㊼奴厭奴苦　由於我這個「奴」討厭做奴隸的辛苦。㊽欲取汝為代　想讓你來代替我做奴隸。㊾稱詔遺之　說是皇帝特別送給你的。㊿詹事　官名，為東宮諸官之長，也就是慕容沖的僚屬之長。51稱皇太弟令　以燕國皇帝接班人的名義。52苟能知命　如果你真是知天命、識時務。53早送皇帝　早早地把我們的皇帝慕容暐送回燕國。54以酬曩好　以報答你們過去對我們的舊好。酬，謝。曩好，舊恩。55王景略陽平公之言　王景略即王猛，陽平公即苻融，兩人都曾多次勸苻堅及早除掉慕容氏諸人。見本書卷一百三寧康三年及卷一百四太元七年。56白虜　秦人稱鮮卑人為「白虜」。57十月辛亥朔　十月初一是辛亥日。58乙丑　十月十五。59淮陵　郡名，郡治在今江蘇盱眙西北。60青州　州治廣固城，在今山東淄博東。61琅邪　郡名，郡治即今山東臨沂。62清河光祚　清河郡人姓光名祚。63襄國　即今河北邢臺，當年石勒曾用為後趙的都城。64柏鄉　縣名，故城在今河北柏鄉西南。65廣阿　城名，西漢時的廣阿縣治，在今河北隆堯東。66循西山　順著西側的太行山。67鴈門上谷代郡　三郡名，鴈門郡的郡治在今山西代縣的西南側，上谷郡的郡治在今河北懷來東南，代郡的郡治即今河北蔚縣東北的代王城。68繁時　縣名，縣治在今山西渾源西南。69蚝騰以眾少不能赴　胡三省曰：「秦以鄧羌、張蚝為萬人敵，是時鄧羌已死，張蚝卒不能救秦之亡，是知徒勇無謀者，無益於成敗之數也。」70楊膺　苻丕的妃子之兄。71自歸於晉　前往投降東晉。72碻磝　城名，在今山東茌平西南的古黃河南岸，當時為濟北郡的郡治所在地。73滑臺　即今河南滑縣東的舊滑縣城。74河北　指滑臺的古黃河的北岸。75黎陽　縣名，縣治在今河南浚縣東北。76假塗求糧　借給通道與支援糧草。假，借。塗，同「途」。77西赴國難　解救長安的危急。78須援軍既接　等與西上的援軍會合後。須，等。接，連接；會合。79保守鄴城　謂固守鄴城以抗燕軍。80屈節竭誠　放下架子，真誠投降。81豪氣不除　狂傲之氣一點沒滅。82方設兩端　還提出了兩條路。83正書為表　端端正正地寫一篇表章。正書，楷書。古時給皇帝上表，均寫楷書，表示恭敬。84致身南歸　一齊委身歸晉。致身，委身。85如其不從　如果苻丕不同意。86逼縛與之　指用武力捆綁，將其交與東晉。87改書　改寫了苻丕的書信。(88)脩　勝脩，三國時的吳國將領，孫晧亡國後，歸順晉朝。(89)議進止　商量應如何採取行動。進止，進還是止。(90)嶺北　指九嵕山以北的新平郡、北地郡、安定郡一帶地區。九嵕山在今陝西禮泉東北。(91)資實　指各種財物糧食。(92)拱手取之　不費任何力氣地將地盤奪過來。拱手，極言其清閒不費力。(93)同官川　即前文所說的「同官水」，在今陝西銅川市附近。(94)新平人殺其郡將　新平郡人殺了其本郡的太守。郡將，指太守。據《晉書》卷一百十四〈苻堅載記下〉，石虎末年，清河人崔悅為新平相，被郡人所殺。崔悅子液後來在苻堅手下做尚書郎，自表父仇不共戴天，請還冀州。苻堅憐憫他，為他處罰新平人，勒令不准做官，並拆毀新平城角以羞辱他們。(95)民望　謂郡中有聲望的豪紳。(96)深以為病　深感到這是新平郡的莫大恥辱。病，羞恥。(97)雪　洗刷。(98)田單以一城存齊　戰國時齊將田單堅守即墨，用火牛陣大破燕軍，並進而收復失地，重建齊國的故事。見《史記・田單列傳》。(99)橫被無辜　無緣無故地被人殘殺。橫，無端；無辜。(100)倒虎山　山名，在今陝西渭南市東南。(101)異術　奇特的本領，指占卜、星相之術。(102)未然　尚未發生的事。(103)三輔堡壁　三輔地區的碉堡、塢壁。三輔指京兆尹、左馮翊、右扶風，是長安與其周圍地區的三個郡級行政單位。堡壁，戰時平民為自保而修築的防禦工事。(104)四山氐羌　四周山區的氐族人、羌族人。(105)動靜咨之　有什麼行動都聽取他們的意見。動靜，偏義複詞，這裡即指行動、活動。(106)魯口　縣名，即今河北饒陽。(107)無極　縣名，即今河北無極。(108)藁城　縣名，縣治在今河北槁城西南。(109)新昏　同「新婚」。(110)不果往　沒有去成。果，完成；實現。(111)已嚴　已經戒嚴。(112)大眾便集　人便會越集合越多。(113)飾辭　編造謊言。(114)何論意氣　哪裡還顧得上講私人情誼。意氣，情誼，指苻堅厚待慕容氏的情意。(115)不坐　沒有牽連被殺。(116)乘間　趁空子；趁機會。(117)徵丕任子　要求苻丕派出兒子做人質。(118)款誠　懇摯忠誠。(119)二千斛　斛是容積名，一斛等於一石。(120)潘猛棄漢中二句　梁州地區於是又回歸晉王朝。

【校　記】[1]甲寅　原無此二字。據章鈺校，十二行本、乙十一行本、孔天胤本皆有此二字，張敦仁《通鑑刊本識誤》、張瑛《通鑑校勘記》同，今據補。甲寅，八月初三。[2]與慕容麟相持　原無此句。據章鈺校，十二行本、乙十一行本、孔天胤本皆有此句，張敦仁《通鑑刊本識誤》、張瑛《通鑑校勘記》同，今據補。[3]甲午　原無此二字。據章鈺校，十二行本、乙十一行本皆有此二字，張瑛《通鑑校勘記》同，今據補。[4]淮陵　原誤作「陰陵」。按，謝玄所遣高素為淮陵太守，事見《晉書》卷七十九〈謝玄傳〉。胡三省注已言「陰陵」之誤。[5]楊膺　原無「楊」字。據章鈺校，十二行本、乙十一行本皆有「楊」字，張敦仁《通鑑刊本識誤》同，今據補。

【語　譯】七月二十八日己酉，東晉將康獻皇后安葬在崇平陵。

後燕翟斌倚仗自己率先起義、又推戴燕王慕容垂有功，遂日益驕橫、放縱起來，而且貪求無厭。又因為對於鄴城久攻不下，心中便暗暗另有打算。後燕王太子慕容寶建議燕王慕容垂除掉翟斌，燕王慕容垂說：「當初翟斌率軍到洛陽與我相會的時候，我曾經與他盟過誓，我不能違背誓言。如果他發動叛變，那麼罪責在翟斌。如今他還沒有明顯的犯罪表現，我就把他殺掉，別人一定會認為我嫉妒他的功勞、畏懼他的才能。我們現在正在招攬天下的英雄豪傑，以振興我們重建燕國的大業，不能讓人認為我們心胸太狹窄，待人不寬厚，使天下人對我們感到失望。假如翟斌有什麼陰謀詭計，我們可以用智謀來防範他，他成不了什麼大氣候。」范陽王慕容德、陳留王慕容紹、驃騎大將軍慕容農都說：「翟斌兄弟仗恃著當初擁戴的功勞，驕橫無比，將來必定成為國家的禍患。」燕王慕容垂說：「驕傲就會加速自己的失敗，哪裡還能禍患別人呢！他確實立有大功，我們就聽任他自取滅亡吧。」從此以後，對翟斌表現得更加尊重推崇。

後燕建義大將軍、河南王翟斌暗示自己手下的丁零人及其黨羽向燕王慕容垂請求任命翟斌為尚書令。燕王慕容垂說：「按照河南王翟斌所立下的功勞，是應該位居最高輔政大臣的地位。然而目前朝廷還沒有正式建立，所以不能一下子就設置這個官職。」翟斌於是大怒，暗中與秦國長樂公苻丕相勾結，並準備派遣丁零人偷偷掘開漳河的堤壩，洩掉漳河水，以解除燕軍用漳河水灌注鄴城的危險。事情被察覺，燕王慕容垂遂殺死了翟斌以及翟斌的弟弟翟檀、翟敏，對其他的參與人員則全部赦免。翟斌的姪子翟真於深夜率領自己的部眾向北逃往邯鄲，又率眾從邯鄲返回到鄴城的郊外，準備與秦國的長樂公苻丕裡應外合攻擊燕軍，後燕太子慕容寶與擔任冠軍大將軍的慕容隆聯合將翟真打敗。翟真又逃回了邯鄲。

後燕太原王慕容楷與陳留王慕容紹對燕王慕容垂說：「丁零人沒有稱王稱帝、奪取政權的大志向，只是因為對他們寵愛得有些過分，所以他們才恃寵而驕，導致謀亂。現在如果把他們逼得太急，他們就會聚集起來進行反抗，如果放鬆對他們的攻擊，他們必將自行解散，等到他們解散之後再攻擊他們，就沒有不能取勝的道理。」燕王慕容垂聽取了他們的建議。

地處西域的龜茲國國王帛純處境非常危急窘迫，於是便用重金賄賂地處龜茲國西部的獪胡國，請求獪胡國出兵救援，獪胡國國王遂派遣自己的弟弟吶龍以及有侯爵身分的將領馗率領二十多萬名騎兵，並聯合了溫宿、尉頭等諸西域小國，總計出兵七十多萬來救援龜茲國。秦將呂光在龜茲國首都屈茨城西與西域諸國聯軍展開大戰，將西域聯軍打得大敗。龜茲國王帛純棄城逃走，那些王國、侯國向秦軍投降的多達三十多個國家。秦國驍騎將軍呂光進入屈茨城，屈茨城內非常繁華，街道市政就像秦國的京師長安一樣，宮室也建造得非常雄偉盛大。呂光安撫、穩定西域各國，恩德與威望非常顯著，遠方的各國，包括以前從來沒有被征服過的國家，全都前來歸附，他們向呂光交上漢代頒發給他們用作憑證信物的符節和傳。呂光上奏給秦國朝廷，然後給他們換成了秦國的信物，封龜茲國王帛純的弟弟震為龜茲國王。

八月，後燕的叛將翟真從邯鄲向北逃走，燕王慕容垂派遣太原王慕容楷、驃騎大將軍慕容農率領騎兵追擊翟真。初三日甲寅，追到下邑時，將翟真追上。慕容楷想要與翟真交戰，驃騎大將軍慕容農勸阻說：「我們的騎兵又飢餓又疲倦，而且觀察翟真軍營之中，只看見老弱，而不見精壯，恐怕另有埋伏。」慕容楷沒有聽從慕容農的勸告，執意向翟軍展開攻擊，結果被翟真的軍隊打得大敗。翟真乘勝向北進軍中山，將軍隊駐紮在承營。

秦國鄴城之中的糧食已經全部吃光，就連餵養馬匹的草料也沒有了，於是便砍削松木餵養馬匹。燕王慕容垂對屬下的諸將領說：「秦國長樂公苻丕現在已經成了窮途末路的賊寇，但他必定不肯向我們投降。我們不如將軍隊暫時撤退到新城，為苻丕讓開一條向西逃亡的道路，藉以表達我們對秦王苻堅往日恩德的感激，同時也便於我們集中兵力對付翟真。」八月十五日丙寅晚上，燕王慕容垂解除了對鄴城的包圍，率領燕軍開赴新城。慕容垂派遣驃騎大將軍慕容農巡行清河、平原等地，同時督促為大軍徵收田賦租稅。慕容農明確地規定了有關徵稅的各種章程，都要按照各地居民貧窮與富有的實際情況，徵收不同的賦稅，而且軍紀嚴明，對居民不侵擾，不施暴。所以給燕軍運送糧食、衣服的車輛不絕於道路，於是軍中的物資給養十分的充裕。

八月二十七日戊寅，東晉南昌文穆公郗愔去世。

東晉擔任太保的謝安奏請孝武皇帝司馬昌明，請求趁著秦國苻氏政權連連遭遇失敗的機會，出兵開拓中原。於是任命擔任徐、兗二州刺史的謝玄為攻打秦國的前鋒都督，讓他率領著擔任豫州刺史的桓石虔出兵討伐秦國。謝玄率軍抵達下邳，秦國擔任徐州刺史的趙遷立即丟棄了彭城逃走，謝玄於是順利地奪取了彭城。

秦王苻堅聽到驍騎將軍呂光平定西域的消息，遂任命呂光為都督玉門關以西諸軍事、西域校尉。但因為通往西域的道路已經斷絕，因此任命的詔書無法送達。

秦國擔任幽州刺史的王永向振威將軍劉庫仁求救，劉庫仁於是派遣自己的妻兄公孫希率領三千名騎兵救援王永，在薊城之南打敗了平規，並乘勝長驅直入，佔領了唐城，和慕容麟相互對峙。

九月，東晉謝玄派遣彭城內史劉牢之率領晉軍攻打秦國擔任兗州刺史的張崇。十一日辛卯，秦國兗州刺史張崇丟棄了鄄城投奔了後燕。劉牢之遂佔據了鄄城，黃河以南各地所建立的民間自衛軍事據點全都紛紛歸附了東晉。

東晉擔任太保的謝安上疏給孝武帝司馬昌明，請求親自率軍北伐。九月十四日甲午，加授謝安為都督揚州、徐州、江州、南徐州、兗州、南兗州、豫州、南豫州、青州、冀州、幽州、并州、司州、荊州、雍州十五州諸軍事，加授黃鉞。

西燕皇太弟慕容沖率領燕軍進逼秦國的都城長安，秦王苻堅登上長安城樓，向城外觀看，然後歎息著說：「這些賊虜是從什麼地方冒出來的？」秦王大聲呼喊慕容沖，責備他說：「你這個奴才，何苦前來送死？」慕容沖回答說：「因為我討厭做奴隸的辛苦，所以才想把你推翻，讓你來代替我做奴隸！」慕容沖從小就深受秦王苻堅的寵愛，所以秦王苻堅又派使者將錦袍送給慕容沖，說是秦王苻堅特別送給你的。慕容沖派遣手下擔任詹事的人，以燕國皇太弟慕容沖的名義答覆秦王的使者說：「我現在的心思全在奪取天下，一件錦袍的小恩惠哪裡值得我多看一眼！如果你真的是知天命、識時務的話，秦國的君臣就應該捆綁起雙手，早早的把我們燕國的皇帝慕容暐送回燕國，我們自然會對苻氏寬大處理，以報答往日苻氏對我們的好處。」苻堅聽後大怒說：「我真後悔當初沒有聽從王猛以及陽平公苻融的忠告，才使這些鮮卑人猖狂到如此地步！」

冬季，十月初一日辛亥，發生了日蝕。〇十五日乙丑，東晉實行大赦。

東晉前鋒都督謝玄派遣擔任淮陵太守的高素率領晉軍進攻秦國的青州刺史苻朗，高素率眾抵達琅邪的時候，秦國青州刺史苻朗立即向東晉投降。苻朗，是秦王苻堅的姪子。

翟真駐守在承營，與公孫希、宋敞首尾相接，互相呼應。秦國長樂公苻丕派遣擔任冗從僕射的宦官、清河人光祚率領數百名士兵趕赴中山，與翟真結盟。又派擔任陽平太守的邵興率領數千名騎兵前往冀州各郡縣招集舊部，並與光祚約定前往襄國會合。當時，後燕的軍隊已經相當疲憊，而秦軍的聲勢卻又重新振作起來，冀州各郡縣全都坐觀成敗。人們看到秦國士氣復振，於是趙郡人趙粟等在柏鄉聚眾起兵，響應秦國陽平太守邵興。燕王慕容垂派遣擔任冠軍大將軍的慕容隆、擔任龍驤將軍的張崇率領燕軍攻擊邵興，又命令擔任驃騎大將軍的慕容農率軍從清河前往襄國與慕容隆等會合。慕容隆在襄國與秦將邵興展開決戰，慕容隆將邵興打得大敗。邵興逃往廣阿，正好遭遇慕容農率軍從清河趕來，慕容農於是活捉了邵興。秦國光祚聽到陽平太守邵興兵敗被擒的消息，便沿著西側的太行山跑回了鄴城。後燕冠軍大將軍慕容隆遂乘勝進攻趙粟等，把他們全部打敗，冀州各郡縣再度歸附於後燕。

秦國振威將軍劉庫仁聞聽自己的妻兄公孫希已經打敗燕國寧朔將軍平規的消息，就想出動大軍，南下救援秦國的長樂公苻丕，於是，劉庫仁集結了雁門、上谷、代郡各郡的兵力，進駐繁時。故燕國太子太保慕輿句的兒子慕輿文、零陵公慕輿虔的兒子慕輿常當時都在劉庫仁的手下，他們知道雁門、上谷、代郡三個郡的士兵並不願意跟隨劉庫仁遠征，於是趁勢作亂，在夜間對劉庫仁發起攻擊，將劉庫仁殺死，竊取了劉庫仁的駿馬，投奔了後燕。劉庫仁的妻兄公孫希的部眾聽到劉庫仁軍中起了內亂，劉庫仁已經被殺的消息，立即崩潰，公孫希遂投奔了翟真。劉庫仁的弟弟劉頭眷接替了哥哥的職位，接管了劉庫仁的部眾。

秦國長樂公苻丕派宦官光祚和擔任參軍的封孚前往晉陽徵召驃騎將軍張蚝、并州刺史王騰，令他們率軍來救，張蚝、王騰都以自己兵少，不能從命為由，回絕了苻丕的求救。苻丕進退無路，遂與自己的僚屬商議出路。擔任司馬的楊膺建議歸降東晉，苻丕不同意。正好此時東晉前鋒都督謝玄派遣龍驤將軍劉牢之等進駐碻磝城，濟陽太守郭滿佔據了滑臺，將軍顏肱、劉襲率軍從滑臺渡過黃河，駐紮在黃河北岸，苻丕派遣將軍桑據屯紮在黎陽以抗擊晉軍。東晉將領劉襲趁黑夜襲擊桑據，將桑據趕走，趁勢攻佔了黎陽。苻丕此時非常恐懼，於是，派自己的堂弟苻就與擔任參軍的焦逵向東晉擔任前鋒都督的謝玄請求援救，他在寫給謝玄的信中說：「我請求閣下借給通道和支援糧草，使我能夠撤向西方解救長安的危急，等到與西上的貴國援軍會合後，我就讓出鄴城。如果通往西部長安的道路不通，秦國的京師長安已經陷落，也請求閣下率領自己的部下保衛鄴城以抗擊燕軍。」焦逵與參軍姜讓祕密地對擔任司馬的楊膺說：「如今秦國已經喪亂、敗亡到如此地步，前往長安的道路又被截斷，天王苻堅是死是活也不得而知。即使我們屈膝失節、誠心投降以求得東晉支持我們一些糧秣，恐怕還不能得到。而長樂公苻丕的狂傲之氣一點沒滅，還提出了兩條路，所以事情一定不會成功。應該端端正正地寫一篇表章，答應等到東晉的大軍抵達，當一齊委身歸晉，隨晉軍回歸江南。到時候，如果長樂公苻丕不同意我們的意見，我們就把他捆起來交給晉軍。」楊膺自以為能夠控制住長樂公苻丕，於是就將苻丕的書信改成了投降求援的奏章，然後派苻就與焦逵前往東晉謝玄的大營投遞。

東晉謝玄派遣擔任晉陵太守的滕恬之率軍渡過黃河守衛黎陽。滕恬之，是滕脩的曾孫。東晉朝廷因為兗州、青州、司州、豫州已經被平定，於是加授謝玄為都督徐州、兗州、青州、司州、冀州、幽州、并州七州諸軍事。

後秦王姚萇聽到燕國皇太弟慕容沖攻打秦國的京師長安，於是召開會議，與自己的僚屬商討是繼續進軍、還是暫且停止進軍的問題，眾僚屬都說：「大王應該先奪取長安，建立根據地，然後再考慮向四面八方拓展地盤。」姚萇說：「不是這個樣子。燕國人利用了自己的部眾人人想家思歸的心理而起兵，如果他們的願望得以實現，肯定不會長期停留在關中。我們應該把軍隊駐紮在九嵕山以北一帶地區，大量地儲備輜重糧草，等待秦國滅亡、燕人離去，然後就可以拱著雙手、毫不費力地佔有關中了。」於是留下自己的長子姚興守衛北地郡，派擔任寧北將軍的姚穆守衛同官川，自己則親自率領部眾攻打新平郡。

當初，後趙石虎末年，新平人殺死了擔任新平相的清河人崔悅，後來秦王苻堅下令拆毀了新平城牆的一角，使新平人記住殺死郡將是一種恥辱。新平郡中有聲望的豪紳深感這是新平郡的莫大恥辱，就想以自己的忠義行為來洗刷這種恥辱。等到後秦王姚萇率軍前來攻取新平的時候，擔任新平太守的南安人苟輔準備向後秦投降，新平郡人、擔任遼西太守的馮傑、蓮勺縣令馮羽、尚書郎趙義、汶山太守馮苗全都勸阻說：「從前田單憑藉著一座即墨城就能打敗燕軍，重建齊國，如今秦國的州城府鎮，連接起來仍然超過一百座，為什麼要急急忙忙去當叛臣呢！」太守苟輔高興地說：「這正是我的志向。只是擔心時間一久，外部沒有援軍相救，新平郡內的民眾會無辜遭到殘殺。諸位先生既然下決心守衛新平，我難道是貪生怕死之人嗎！」於是登城固守。後秦王姚萇令軍士在新平城外堆積土山、挖掘地道，以種種辦法來攻打新平城，新平太守苟輔也在城內地下挖地道、地上堆土山，採取與後秦軍針鋒相對的作戰策略，有時與後秦軍戰於地下，有時與後秦軍戰於土山之上，後秦軍死了一萬多人也沒有攻克新平城。新平太守苟輔又用詐降計引誘後秦王姚萇上鉤，姚萇中計，在準備進入新平城的時候才忽然發覺上當，於是立即率軍返回。此時苟輔設下的伏兵已經向姚萇的軍隊發起攻擊，幾乎活捉了姚萇，這一仗又殺死了後秦軍一萬多人。

隴西隱士王嘉隱居在倒虎山，他有特異的本領，能預知未來，秦國人都把他當做神人一樣看待。秦王苻堅、後秦王姚萇以及燕國皇太弟慕容沖全都派遣使者前往迎接他。十一月，王嘉進入秦國的都城長安。民眾得知消息後，都認為秦王苻堅有福氣，所以聖人才來幫助他，於是三輔地區的各個堡寨以及四周山區的氐族人、羌族人前來歸順秦王苻堅的就有四萬多人。秦王苻堅把王嘉和佛門和尚道安安置在皇宮的外殿，自己將要有什麼行動，都要事先向他們二人諮詢。

後燕驃騎大將軍慕容農率軍從信都出發，向西攻打丁零族另一個部落首領翟遼所佔據的魯口，將魯口攻克。翟遼退往無極駐守，慕容農率軍逼近無極，駐紮在藁城。翟遼，是翟真的堂兄。

在秦國的都城長安城中，還有數千名鮮卑人，後燕陳留王慕容紹的哥哥慕容肅，與故燕國皇帝慕容暐密謀，準備聯絡長安城中的鮮卑人發動武裝暴動。十二月，慕容暐向秦王苻堅稟報，因為自己的兒子新婚，邀請苻堅到自己家中喝喜酒，準備在酒席宴上設伏兵將秦王苻堅殺死。苻堅一口答應前往，恰巧那天天降大雨，苻堅沒有去成。而慕容暐謀殺苻堅的陰謀卻被洩露出去，秦王苻堅於是召見慕容暐與慕容肅。慕容肅對慕容暐說：「一定是走漏了風聲，我們如果入宮，肯定一同被殺。現在長安城內已經戒嚴，不如現在殺掉使者，騎馬衝出城去，一旦出了城門，人就會越聚越多。」慕容暐沒有接受慕容肅的建議，慕容肅於是與慕容暐一同入宮。秦王苻堅對慕容暐和慕容肅說：「我一向待你們怎樣，而你們竟要設計謀殺我？」慕容暐編造謊言，不肯承認。慕容肅則回答說：「這是關係復興國家的大事，哪裡還能顧及私人情誼！」秦王苻堅於是先殺死了慕容肅，隨後殺死了慕容暐以及他們的家族，同時將長安城中所有的鮮卑人，不論男女老少，全部殺死。後燕王慕容垂的小兒子慕容柔因為早被宦官宋牙家收養為義子，所以沒有受到牽連被殺死，慕容柔與後燕王太子慕容寶的兒子慕容盛趁機逃出長安城，投奔了皇太弟慕容沖。

後燕撫軍大將軍慕容麟與驃騎大將軍慕容農合兵攻打丁零部落首領翟遼，將翟遼打得大敗，翟遼單人匹馬投奔據守承營的堂弟翟真去了。

後燕王慕容垂因為秦國長樂公苻丕仍然佔據著鄴城不肯離去，於是再次率軍包圍了鄴城，但依然為苻丕留出了一條向西逃走的通道。焦逵見到了謝玄，謝玄想讓秦國長樂公苻丕送自己的兒子到晉國充當人質，然後再出兵相助。焦逵極力表明苻丕歸降的誠意，並將苻丕妻兄楊膺的本意轉述給謝玄，謝玄於是派遣彭城內史劉牢之、晉陵太守滕恬之等率領二萬人馬救援鄴城。苻丕還向謝玄請求支援糧食，謝玄便從水路、陸路運送了二千斛米贈送給苻丕。

秦國擔任梁州刺史的潘猛拋棄了漢中，逃回了京師長安。

【研　析】本卷寫孝武帝太元八年（西元三八三年）、太元九年共兩年間的各國大事。主要寫了苻堅率大兵伐晉，被晉將謝石、謝玄、劉牢之等大破於肥水，晉將乘勝收復了黃河以南與巴、蜀、梁州的部分地區，以及秦國統治下的各少數民族紛紛脫離苻堅，各自獨立，北方重又陷入嚴重混戰的情景。其中可研究的主要是苻堅失敗的教訓。

苻堅失敗的原因，武國卿《中國戰爭史》對此歸納了五條，今據之發揮如下：

一是苻堅對基本戰略形勢估計的錯誤。他說：苻堅懷著統一全國的雄心壯志，發起肥水決戰，當是順乎歷史潮流之舉，應無可非議。苻堅發動滅晉戰爭的當時，並非不存在制勝的因素。假如苻堅能夠得手，從而一舉結束全國長期分裂混戰的局面，不是對中國歷史的巨大貢獻嗎？問題在於前秦是一個多部族組合而成的國家，部族之間的矛盾十分尖銳複雜，前秦雖然表面上統一了北方，但時間甚短，根基極不穩固；苻氏集團內部與其分封在外的少數公族時有叛離作亂，內部損耗嚴重；對伐晉之戰，內部意見分歧，不能形成統一意志；若能按兵積穀，待以時日，等內部穩定，國富兵強，伺東晉形勢之變而後起，再消滅晉朝也就在情理之中了。可惜苻堅太急於「混六合為一家」，於是應了古人「欲速則不達」這條古訓，實在是太遺憾了。

二是苻堅犯了驕傲輕敵的毛病。由於在此之前秦國取得的勝利太多、太容易，於是就使他不由地過高估計了自己，過低估計了敵人。他認為雄兵百萬，軍資如山，投鞭江水，可以斷流，滅晉會如「急風之掃落葉」，大軍一出，東晉非滅即降。懷著這種心態出兵作戰，沒有不失敗的。當年劉邦率領五十六萬被項羽三萬人大破於彭城，就是因為開頭劉邦勝利得太容易、太順利，以至於頭腦太昏昏然了。

三是戰略指揮上的失誤。他幾路進軍，缺乏協調統一；尤其是他不聽規勸，親臨戰場，身中流矢，帶傷而走，致使全軍潰敗。如果他坐鎮長安，至少也是坐鎮項城，那麼即使某個局部遭到失敗又有什麼關係，哪至於一個戰場的失敗就導致整個政權的垮臺呢？

四是秦軍在肥水岸邊的主動後撤。這雖是偶發的原因，但卻成了肥水大敗的關鍵因素。《左傳》裡曾經寫過宋襄公被楚軍大破於泓水的故事，情節與此略同。都是由於他的思想過於麻痹，完全沒有章法，故而造成了一退遂不可收拾。明代王志堅《讀史商語》對此說：「肥水之戰，說者以為秦之敗由於退兵，不知古人用兵以佯北出奇者多矣，奚遽而敗？苻氏之師一退而不可止，只為擁眾太多耳。自古擁眾太多，未有不敗者。曹孟德之於吳，隋唐之於高麗，皆是也。以趾高氣揚之苻堅而將百萬，不敗何待哉？」說來說去，還是由於苻堅一來太輕敵、太麻痹；二來是他不該親臨戰場，不該讓他來管這些具體的小事！

其實，東晉王朝能獲得戰爭的勝利，恐怕連他們自己也沒有想到竟如此容易。武國卿《中國戰爭史》說：「通觀晉軍的戰略指導，除了謝安的強作鎮靜之外，本無任何高明之處。洛澗取勝，也全賴於猛將劉牢之的驍勇，夜襲成功。因此就戰役指揮而言，似也平平。然而，晉軍究竟出於何種考慮，建議讓秦軍後撤，以便在肥水以北決戰，史書既對此無詳細的記載，後人也難解其意。如果不是主觀臆測，充其量晉軍也不過欲重演韓信背水列陣的故伎，以激勵晉軍自己拼死力戰的鬥志。不料秦軍後撤時自亂軍陣，前軍主帥苻融被殺，苻堅又身中流矢，於是造成一著不慎，滿盤皆輸。這一結局，怕是連晉軍自己也夢想不到的。」

關於謝玄戰場取勝的問題我們後面再議，這裡先談一下桓沖。桓沖本來對謝玄為將甚表擔心，待至肥水戰勝後，桓沖深悔自己的失言，竟因愧怍致病而死，有些討厭桓氏的人仍就此痛加詆毀。明代袁了凡為桓沖作蓋棺的定論說：「史稱桓沖聞玄等有功，自恥失言而卒，此非知幼子（桓沖字）之心者，夫以謀不逮人與功非己出為恥者，此出於私己之忮心，非忠臣徇國之經慮也。幼子之言偶不驗，正國之福也，且恥之而死；假令晉亡，沖喜而生乎？凡人死生有時，豈必以恥故耶？桓元子（桓溫字）恥襄邑之敗而謀廢立，披將盛威名以自封也。若幼子者平居則避賢以遠勢，不以身遠闕廷為快；緩急則勤王以務本，不以互守境土為辭，故忘身以徇國者沖也，幸國之敗以自信其言必非沖也。史之言近乎誣矣。」（《歷史綱鑑補》引）綜觀桓沖的前前後後，似乎無可指責。此次迎戰苻堅，謝安只部署了皖北一線，並未邀請桓沖從西線策應。但桓沖不計前嫌，肥水之戰前先有荊襄、梁益的數路出師；肥水之戰後，又有北伐宛洛與西進巴蜀的配合，桓沖何負於東晉皇室與輔臣謝安？前後兩年內東晉王朝所呈現的全線出擊形勢是自其建立偏安王朝以來所未曾有過的。這不是出於朝廷的全面運籌，而是桓沖等西線諸將自覺行動的結果。

卷第一百六

晉紀二十八

起旃蒙作噩（乙酉　西元三八五年），盡柔兆閹茂（丙戌　西元三八六年），凡二年。

【題　解】本卷寫孝武帝太元十年（西元三八五年）、十一年共兩年間的東晉及各國大事。主要寫了慕容沖即皇帝位於阿房城，即歷史上所說的「西燕」，與苻堅殘酷爭奪長安城與其周圍的地區，最後慕容沖圍攻苻堅於長安，城中矢盡糧絕，苻堅突圍入五將山；接著苻堅又在五將山被姚萇的軍隊所圍，秦兵皆散，苻堅被姚萇所擒，最後被縊死於新平佛寺之中；苻堅的太子苻宏不能守長安，遂南逃至下辨，又輾轉借道歸降於晉；寫了慕容沖被部下所殺，接著西燕政權又進行了一系列的殺主更立，最後擁立慕容垂的同族慕容永為西燕主，進駐於今山西長治地區的長子縣；寫了西燕人離開長安後，姚萇進據長安稱帝，即歷史上所謂的「後秦」，秦州一帶地區為姚萇所有；寫了苻堅之子苻丕據守鄴城，慕容垂圍攻鄴城，雙方殘酷爭奪達一年之久。苻丕向晉王朝求救，晉派劉牢之率軍救鄴，兩次被慕容垂所敗；苻丕見鄴城難以再守，遂率眾南下，往依由薊城南逃壺關的秦將王永；苻丕調集各地的擁秦勢力大會臨晉，討伐姚萇，後遂進駐於平陽；苻丕繼而與慕容永作戰失敗，又欲襲取洛陽，被晉朝的洛陽守將破殺之；苻堅的族人苻登被擁立為南安王，進攻秦州，大破姚萇；及聽到苻丕被殺的消息後，苻登遂稱帝於隴上，繼續苻堅的前秦王朝。苻登立苻堅的木主於軍中，凡事請之；

寫了燕王慕容垂即皇帝位於中山，即歷史上所說的「後燕」。在此以前，燕將餘巖叛燕據守令支，被慕容垂之子慕容農破殺之；慕容農又進擊高句麗，收復了遼東、玄菟二郡，作品突出展現了慕容農治軍、治民的卓越才華；寫了秦將呂光自西域龜茲率軍東歸，攻殺了秦之涼州刺史梁熙，據姑臧自領涼州牧；而張天錫的兒子張大豫被王穆、禿髮思復鞬所擁立，奪得一些地盤後進攻姑臧，被呂光打敗；寫了匈奴部落的劉庫仁被其部下所殺，其弟頭眷代立；頭眷又被劉庫仁之子劉顯所殺。劉顯又欲殺拓跋珪而未果，而賀訥與諸部大人共同擁立拓跋珪，拓跋珪即代王之位後重返盛樂，務農息民，國人安之；而拓跋珪的小叔窟咄在劉顯的支持下與拓跋珪相爭，拓跋珪向慕容垂求救，慕容麟與拓跋珪合兵大破窟咄，拓跋珪悉收其眾；此外還寫了東晉的名臣謝安病死等。

烈宗孝武皇帝中之上

太元十年（乙酉　西元三八五年）

春，正月，秦王堅朝饗羣臣❶。時長安饑，人相食，諸將歸，吐肉以飼妻子❷。慕容沖❸即皇帝位于阿房❹，改元更始。沖有自得❺之志，賞罰任情❻。慕容盛❼年十三，謂慕容柔❽曰：「夫十人之長，亦須才過九人，然後得安。今中山王❾才不逮人❿，功未有成，而驕汰⓫已甚，殆難濟乎⓬！」

後秦王萇留諸將攻新平⓭，自引兵擊安定⓮，擒秦安西將軍勃海公珍⓯，嶺北⓰諸城悉降之。

甲寅⑰，秦王堅與西燕王沖⑱戰于仇班渠⑲，大破之。乙卯⑳，戰于雀桑㉑，又破之。甲子㉒，戰于白渠㉓，秦兵大敗。西燕兵圍秦王堅，殿中將軍鄧邁等[1]力戰卻之，堅乃得免。壬申㉔，沖遣尚書令高蓋夜襲長安，入其南城，左將軍竇衝、前禁將軍李辯等擊破之，斬首八百級，分其屍而食之。乙亥㉕，高蓋引兵攻渭北諸壘，太子宏㉖與戰於成貳壁㉗，大破之，斬首三萬。

燕帶方王佐㉘與寧朔將軍平規共攻薊㉙，王永㉚兵屢敗。二月，永使宋敞燒和龍㉛及薊城宮室，帥眾三萬奔壺關㉜。佐等入薊。

慕容農引兵會慕容麟於中山㉝，與共攻翟真。麟、農先帥數千騎至承營㉞觀察形勢，翟真望見，陳兵而出。諸將欲退，農曰：「丁零㉟非不勁勇，而翟真懦弱。今簡㊱精銳，望真所在而衝之。真走，眾必散矣。乃邀門而蹙之㊲，可盡殺也。」使驍騎將軍慕容國帥百餘騎衝之。真走，其眾爭門，自相蹈藉㊳，死者太半㊴，遂拔承營外郭㊵。

癸未㊶，秦王堅與西燕王沖戰于城西㊷，大破之，追奔至阿城㊸。諸將請乘勝入城，堅恐為沖所掩㊹，引兵還。

乙酉㊺，秦益州刺史王廣以蜀人江陽㊻太守李丕為益州刺史，守成都。己丑㊼，廣帥所部奔還隴西(48)，依其兄秦州刺史統[2]，蜀人隨之者三萬餘人。劉牢之至枋頭(49)，楊膺、姜讓謀泄(50)，長樂公丕收殺之。牢之聞之，盤桓(51)不進。

秦平原悼公暉(52)數為西燕王沖所敗，秦王堅讓(53)之曰：「汝，吾之才子也，擁大眾與白虜小兒(54)戰，而屢敗，何用生為(55)！」三月，暉憤恚自殺(56)。○前禁將軍李辯(57)、都水使者(58)隴西彭和正恐長安不守，召集西州(59)人，屯于韭園(60)。堅召之，不至。

西燕王沖攻秦高陽愍公方於驪山(61)，殺之；執秦尚書韋鍾，以其子謙為馮翊(62)太守，使招集三輔(63)之民。馮翊壘主邵安民等責謙曰：「君雍州望族(64)，今乃從賊，與之為不忠不義，何面目以行於世乎！」謙以告鍾，鍾自殺，謙來奔(65)。

秦左將軍苟池、右將軍俱石子與西燕王沖戰於驪山，兵敗，西燕將軍慕容永斬苟池，俱石子奔鄴。永，廆弟運(66)之孫。石子，難之弟(67)也。秦王堅遣領軍將軍楊定擊沖，大破之，虜鮮卑萬餘人而還，悉阬之。定，佛奴之孫(68)，堅之婿[3]也。

滎陽人鄭燮以郡來降(69)。

燕王垂攻鄴，久不下，將北詣冀州[70]，乃命撫軍大將軍麟屯信都[71]，樂浪王溫[72]屯中山，召驃騎大將軍農還鄴。於是遠近聞之，以燕為不振，頗懷去就[73]。農至高邑[74]，遣從事中郎眭邃近出，違期不還。長史張攀言於農曰：「邃目下參佐[75]，敢欺罔[76]不還，請回軍討之。」農不應，敕備假版[77]，以邃為高陽[78]太守，參佐家在趙北[79]者，悉假署遣歸[80]，凡舉補太守三人，長史二十餘人。退謂攀曰：「君所見殊誤[81]，當今豈可自相魚肉[82]。俟吾北還[83]，邃等自當迎於道左[84]，君但觀之。」

樂浪王溫在中山，兵力甚弱，丁零四布，分據諸城。溫謂諸將曰：「以吾之眾，攻則不足，守則有餘。驃騎、撫軍[85]，首尾連兵[86]，會須滅賊[87]，但應聚糧厲兵[88]以俟時[89]耳。」於是撫舊招新，勸課農桑[90]，民歸附者相繼，郡縣壁壘爭送軍糧，倉庫充溢。翟真夜襲中山，溫擊破之，自是不敢復至。溫乃遣兵一萬運糧以餉垂，且營中山宮室[91]。

劉牢之攻燕黎陽太守劉撫于孫就柵[92]，燕王垂留慕容農守鄴圍，自引兵救之。秦長樂公丕聞之，出兵乘虛夜襲燕營，農擊敗之。劉牢之與垂戰，不勝，退屯黎陽。垂復還鄴。

呂光以龜茲饒樂[93]，欲留居之。天竺沙門鳩摩羅什[94]謂光曰：「此凶亡之地，不足留也。將軍但[95]東歸，中道[96]自有福地可居。」光乃大饗將士，議進止[97]。眾皆欲還，乃以駝二萬餘頭載外國珍寶奇玩，驅駿馬萬餘匹而還。

夏，四月，劉牢之進兵至鄴，燕王垂逆戰[98]而敗，遂撤圍，退屯新城[99]。乙卯[100]，自新城北遁。牢之不告秦長樂公丕，即引兵追之。丕聞之，發兵繼進。庚申[101]，牢之追及垂於董唐淵[102]。垂曰：「秦、晉瓦合[103]，相待為彊[104]，一勝則俱豪，一失則俱潰，非同心也。今兩軍相繼，勢既未合[105]，宜急擊之。」牢之軍疾趨[106]二百里，至五橋澤[107]，爭燕輜重。垂邀擊，大破之，斬首數千級。牢之單馬走，會秦救至，得免。

燕冠軍將軍宜都王鳳[108]每戰奮不顧身，前後大小二百五十七戰，未嘗無功。垂戒之曰：「今大業甫濟[109]，汝當先自愛。」使為車騎將軍德之副，以抑其銳[110]。

鄴中饑甚，長樂公丕帥眾就晉穀於枋頭。劉牢之入屯[4]鄴城，收集亡散，兵復少振[111]。坐軍敗[112]，徵還。

燕、秦相持經年[113]，幽、冀大饑，人相食，邑落[114]蕭條，燕之軍士多餓死。燕王垂禁民養蠶，以桑椹[115]為軍糧。

垂將北趣中山，以驃騎大將軍農為前驅。前所假授吏[116]眭邃等皆來迎候，上下如初[117]，張攀[5]乃服農之智略。

會稽王道子[118]好專權，復為姦諂者[119]所構扇[120]，與太保安有隙，安欲避之。會秦王堅來求救，安乃請自將救之。壬戌[121]，出鎮廣陵之步丘[122]，築壘曰新城而居之。

蜀郡太守任權攻拔成都，斬秦益州刺史李丕，復取益州。

新平糧竭矢盡[123]，外救不至。後秦王萇使人謂苟輔[124]曰：「吾方以義取天下，豈讎忠臣邪？卿但帥城中之人還長安，吾正欲得此城耳。」輔以為然，帥民五千口出城，萇圍而阬之，男女無遺，獨馮傑子終[125]得脫，奔長安。秦王堅追贈輔等官爵，皆諡曰節愍侯，以終為新平太守。

翟真自承營徙屯行唐[126]，真司馬鮮于乞殺真及諸翟，自立為趙王。營人共殺乞，立真從弟成為主，其眾多降於燕。

五月，西燕主沖攻長安，秦王堅身自督戰，飛矢[127]滿體，流血淋漓。沖縱兵暴掠，關中士民流散，道路斷絕，千里無煙。有堡壁三十餘，推平遠將軍趙敖為主，相與結盟，冒難[128]遣兵糧助堅，多為西燕兵[6]所殺。堅謂之曰：「聞來者率不善達[129]，此誠忠臣之義。然今寇難殷繁[130]，非一人之力所能濟[131]也，徒相隨入虎口，何益？汝曹宜為國自愛[132]，畜糧厲兵，以俟天時，庶幾[133]善不終否[134]，有時而泰[135]也。」

三輔之民為沖所略[136]者，遣人密告堅，請遣兵攻沖，欲縱火為內應。堅曰：「甚哀[137]諸卿忠誠！然吾猛士如虎豹，利兵如霜雪[138]，困於烏合之虜，豈非天乎！恐徒使諸卿坐致[7]夷滅[139]，吾不忍也。」其人固請不已，乃遣七百騎赴之。沖營縱火者，反為風火所燒，其得免者什一、二，堅祭而哭之。

衛將軍楊定與沖戰于城西，為沖所擒。定，秦之驍將也。堅大懼，以讖書[140]云：「帝出五將久長得[141]。」乃留太子宏守長安，謂之曰：「天其或者欲導予出外[142]。汝善守城，勿與賊爭利[143]，吾當出隴[144]收兵運糧以給汝。」遂帥騎數百與張夫人及中山公詵、二女寶、錦出奔五將山[145]，宣告州郡，期以孟冬[146]救長安。堅過襲韮園[147]，李辯奔燕，彭和正慚，自殺。

閏月[148]，以廣州刺史羅友為益州刺史，鎮成都。

庚戌[149]，燕王垂至常山[150]，圍翟成於行唐。命帶方王佐鎮龍城。六月，高句麗[151]寇遼東[152]。佐遣司馬郝景將兵救之，為高句麗所敗。高句麗遂陷遼東、玄菟[153]。

秦太子宏不能守長安，將數千騎與母、妻、宗室西奔下辨154。百官逃散，司隸校尉權翼等數百人奔後秦155。西燕王沖入據長安，縱兵大掠，死者不可勝計。

【章旨】以上為第一段，寫孝武帝太元十年（西元三八五年）上半年的大事。主要寫了慕容沖即皇帝位於阿房城，與苻堅殘酷爭奪長安城與其周圍地區，其中有苻堅之子苻暉兵敗自殺；慕容沖破殺苻方於驪山；秦將楊定大破慕容沖；慕容沖又破擒楊定；最後慕容沖圍攻苻堅於長安，城外之秦人欲救之而不能，城中矢盡糧絕，苻堅突圍出城入五將山；太子宏不能守長安，逃至下辨，後遂借道歸晉；慕容沖進入長安，縱兵大掠，死者不可勝計；寫了苻堅之子苻丕據守鄴城，慕容垂圍攻鄴城，雙方殘酷爭奪達一年之久。苻丕向晉王朝求救，晉派劉牢之率軍救鄴，慕容垂迎戰失敗；劉牢之不告知苻丕而單方追趕，被燕兵大破之。會秦救至，劉牢之單騎得免；寫了劉牢之被朝廷召回，留檀玄代守鄴城；檀玄欲襲取苻丕，被苻丕打敗；寫了慕容垂攻得薊城，秦將王永率眾南逃，據守壺關，苻丕見鄴城難以再守，遂離鄴城去壺關依王永，鄴城遂被慕容垂軍所佔；寫了高句麗乘燕地大亂，打敗慕容垂的守將慕容佐，而攻陷遼東、玄菟二郡等等。

【注釋】❶朝饗羣臣　在朝廷上宴請群臣。❷飼妻子　給妻子與兒子吃。❸慕容沖　慕容儁之子，慕容暐之弟。❹阿房　秦朝未修完的宮殿名，遺址在今陝西西安西郊的阿房村、古城村一帶。❺自得　自覺得意。❻賞罰任情　憑著個人的感情意願對人進行賞賜或懲罰。❼慕容盛　慕容垂之孫，慕容寶之子。❽慕容柔　慕容寶之弟，慕容盛之叔。❾中山王　慕容沖，在前燕時被封為中山王。❿才不逮人　才能不如別人。不逮，不如；趕不上。⓫驕汰　傲慢、奢侈。⓬殆難濟乎　恐怕是難以成功的吧。殆，恐怕；大概。濟，成功。⓭新平　郡名，郡治即今陝西彬縣。⓮安定　郡名，郡治在今甘肅涇川縣北五里的涇河北岸。⓯勃海公珍　苻珍，被封為勃海公。⓰嶺北　指九嵕山以北的新平郡、北地郡、安定郡一帶地區。九嵕山在今陝西禮泉東北。⓱甲寅　二月初六。⓲西燕主沖　慕容沖在阿房稱帝後，自己仍稱「燕國」，歷史上為與已被苻堅滅亡的「前燕」相區別，故稱慕容垂所建立的燕國為「後燕」，稱慕容沖這個政權叫「西燕」。⑲仇班渠　渠名，在今陝西西安西北。⑳乙卯　二月初七。㉑雀桑　地名，在今陝西西安西北。㉒甲子　二月十六。㉓白渠　渠名，漢代白公所鑿。自今陝西禮泉西北的谷口引涇水東南流，經高陵和臨潼的櫟陽鎮，至渭南縣下邽鎮南注入渭河。㉔壬申　二月二十四。㉕乙亥　二月二十七。㉖太子宏　苻宏，苻堅的太子。㉗成貳壁　地名，成貳是人名，關中大亂，立壁自保，因以為地名，在今陝西咸陽。㉘帶方王佐　慕容佐，被封為帶方王。帶方，郡名，轄地約當今朝鮮境內的黃海南道、黃海北道一帶地區。㉙薊　縣名，縣治即今北京市的西南部。㉚王永　苻堅的部將，時為苻堅鎮守薊城。㉛和龍　也稱龍城，即今遼寧朝陽，前燕前期的都城。㉜壺關　縣名，因其山形似壺，設關於此，故名。縣治在今山西長治東南。㉝中山　諸侯國名，都城即今河北定州。㉞承營　地名，在今河北定州東南，當時翟真率兵駐紮於此。㉟丁零　翟真所屬的少數民族名，西漢時丁零族人活動在今俄國的貝加爾湖附近，東晉時期有一支入居於河南的新安一帶。㊱簡　選拔；挑選。㊲邀門而蹙之　堵著門口攻擊他。邀，攔截，這裡指迎面。蹙，逼迫，這裡即指攻擊。㊳蹈藉　踐踏。㊴太半　大半；三分之二。㊵外郭　外城。內城曰城，外城曰郭。㊶癸未　三月初六。㊷城西　指長安城西。㊸阿城　阿房宮舊址的城堡。㊹所掩　被其埋伏所襲擊。掩，襲擊。㊺乙酉　三月初八。㊻江陽　郡名，郡治即今四川瀘州。㊼己丑　三月十二。㊽隴西　郡名，郡治在今甘肅隴西縣的東南側。㊾枋頭　即今河南浚縣西南的淇門渡，因當年曹操攻袁尚，曾在這裡用枋木做堰，遏使淇水進入白溝，以供運輸而得名。㊿謀泄　楊膺等拘捕苻丕，迫使其歸順東晉之謀。**51**盤桓　徘徊不前。**52**平原悼公暉　苻暉，苻堅之子，被封為平原公，悼字是謚。原統兵駐洛陽，因孤立難支而引兵退回長安。**53**讓　責備。**54**白虜小兒　指慕容沖。秦人稱鮮卑人為白虜。**55**何用生為　猶言還活著做什麼。為字倒置，表示疑問。**56**憤恚自殺　胡三省曰：「堅怒責暉，欲其死戰耳，豈意其自殺哉?」恚，憤怨。**57**李辯　李儼之子，隴西郡人。**58**都水使者　官名，掌舟楫航運之事，為總領各都水長之官。晉置都水臺，有都水使者一人。**59**西州　西部之州，指隴山以西的秦州、涼州。**60**韮園　地名，在今陝西西安西。**61**驪山　山名，在當時的長安城東南方，今西安東北方的臨潼區東南。**62**馮翊　也稱左馮翊，郡治即今陝西之大荔。**63**三輔　長安與其臨近地區的三個郡，指京兆尹、左馮翊、右扶風。**64**雍州望族　雍州地區有聲望的世家豪族。按，韋氏為西漢丞相韋賢之後，曾出過七個宰相、五個公爵。韋氏祖居山東鄒縣，韋賢以後遂世代居住在長安西北方的平陵，屬右扶風，上屬於雍州。**65**來奔　奔來投降晉王朝。**66**廆弟運　慕容廆之弟慕容運。慕容廆是前燕政權的創立者，是慕容沖的曾祖父。傳見《晉書》卷一百八。**67**難之弟　苻堅的名將俱難之弟。俱難的事跡見本書卷一百四太元三年。**68**佛奴之孫　據《北史》，楊定是佛奴之孫，其父曰「宋奴」。**69**以郡來降　以滎陽郡的整個地區投降晉王朝。滎陽郡的郡治即今河南滎陽東北的古滎鎮。(70)冀州　州名，州治即今河北冀州。(71)信都　即今河北邢臺。(72)樂浪王溫　慕容溫，慕容垂之子，被封為樂浪王。樂浪是郡名，在今朝鮮國的北部，郡治在今平壤城南。(73)懷去就　意即去留不定，猶豫觀望。(74)高邑　縣名，縣治在今河北柏鄉北。(75)目下參佐　在身邊眼皮下的一個屬員。(76)欺罔　欺騙、違規。(77)敕備假版　下令準備好封任官員的委任狀。敕，下令。假版，委任狀。(78)高陽　郡名，郡治博陸縣，在今河北蠡縣南，今高陽的西南方。(79)趙北　趙郡以北，時趙郡的郡治在今河北趙縣西南。(80)悉假署遣歸　全部派他們回到故鄉一帶任職。假署，臨時委任。(81)殊誤　非常錯誤。(82)自相魚肉　彼此把對方視為魚肉，意即自相殘殺。(83)俟吾北還　等我再回到這個地區來的時候。(84)道左　道旁。古代尚右，故以左為較低的地位。迎尊者均於道左。(85)驃騎撫軍　謂驃騎大將軍慕容農、撫軍大將軍慕容麟。(86)首尾連兵　都在和敵軍艱苦作戰。(87)會須滅賊　一定能消滅敵人。會須，一定。(88)厲兵　磨礪兵器。(89)俟時　等待時機。(90)勸課農桑　勉勵督促農民種好莊稼。課，督促；規定。(91)營中山宮室　意即希望慕容垂以中山為都城。營，修建；建造。按，中山即今河北定州，其地有舊時諸侯國的宮室，興建、修復都比較容易。(92)孫就柵　地名，孫就是前代人名，曾立柵於黎陽（今河南浚縣）縣界，今劉撫駐兵於此。(93)饒樂　富庶、快樂。(94)天竺沙門鳩摩羅什　（西元三四四—四一三年）古印度的和尚名鳩摩羅什，七歲隨母出家，先後習小乘與大乘，講佛學於西域諸國。呂光伐龜茲，隨呂光東至涼州，居十八年；呂氏滅，遂東入長安，為姚興國師，立譯場於逍遙園，譯經論七十四部，三百八十四卷。弟子道生、僧肇、道融、僧叡，世稱「什門四聖」。著作有《大乘大義章》。傳見梁慧皎《高僧傳》二。(95)但　儘管。(96)中道　中途；沿途。指東歸途中。(97)議進止　討論走還是不走。(98)逆戰　迎戰。(99)新城　即肥鄉的新興城，在今河北肥鄉東南。(100)乙卯　四月初八。(101)庚申　四月十三。(102)董唐淵　地名，又名「董塘陂」，在今河北曲周西北。魏、晉時導漳水入陂，為灌溉之利，今湮。(103)瓦合　意同「烏合」，臨時勉強結盟，非有穩固根基。(104)相待為彊　相互依靠而暫時強大。待，依靠。(105)勢既未合　兩支軍隊的力量並未聯合一起。勢，兵勢；兵力。(106)疾趨　急行軍。(107)五橋澤　澤名，在今河北臨漳北。(108)宜都王鳳　慕容鳳，慕容垂之子，被封為宜都王。(109)甫濟　就要成功了。甫，接近。(110)以抑其銳　因慕容德為人持重，故使鳳居其下，望能得以稍抑他的剛猛之氣。(111)少振　稍有振作，指軍隊的人數與士氣都有所恢復。(112)坐軍敗　因為打了敗仗。坐，因……而獲罪。(113)經年　已過一年之久。上年正月慕容垂攻鄴，至此已一年有餘。(114)邑落　城鎮與鄉村。邑，鄉鎮。落，村落；居民點。(115)桑椹　桑樹的果實，也作「桑葚」。(116)假授吏　以帝王的名義暫時委任的官吏。(117)上下如初　指慕容農與眭邃之間的上下級關係還跟過去一樣。(118)會稽王道子　司馬道子，簡文帝司馬昱之子，孝武帝司馬曜之弟。(119)姦諂者　為人邪惡而又善於巴結奉承人的人。(120)構扇　挑撥；煽動。(121)壬戌　四月十五。(122)步丘　地名，在今江蘇江都西北的邵伯鎮。謝安鎮廣陵時，見步丘地勢西高東低，遂築堰阻隔，高下兩利。民思其德，比為邵伯甘棠，故稱邵伯埭。(123)新平糧竭矢盡　秦之新平郡自去年被姚萇所圍攻，至今糧竭矢盡。(124)苟輔　苻堅的新平太守，上年曾大破姚萇於新平城下。(125)馮傑子終　馮傑之子馮終，馮傑上年曾鼓勵太守苟輔堅守新平郡城。(126)行唐　縣名，縣治在今河北行唐東北。(127)飛矢　流矢；無目的飛來的箭。(128)冒難　冒著生命危險。(129)率不善達　大都來不到我們這裡。率，一般；大都。不善達，不能完好地到達。(130)寇難殷繁　敵寇造成的困難沉重而繁多。(131)所能濟　所能克服；所能挽救。(132)自愛　好好保護自己。(133)庶幾　希望能；爭取能。(134)善不終否　為善者不會總是倒楣下去，總會有時來運轉的一天。否，《易經》的卦名，顯示的是一種天地隔閡、閉塞不通的徵象。通常即用以表示倒楣、走背字，運氣不好。(135)有時而泰　到時候就能時來運轉了。泰，《易經》卦名，顯示的是一種上下交通、通行無阻的徵象。引申為萬事亨通、萬事吉祥。(136)略　掠奪，這裡指被劫持、俘獲。(137)甚哀　很是感謝、心疼。(138)利兵如霜雪　極言武器之精良，兵刃鋒利，寒光四射。(139)坐致夷滅　白白做出犧牲。夷滅，被人殺光。(140)讖書　一種編造「預言」，蠱惑人心的迷信書。(141)帝出五將久長得意　謂皇帝如能到五將山上，就一切大吉了。據《晉書・苻堅載記下》，此語出自《古符傳賈錄》。(142)欲導予出外　想引導我出城。導，引導；指引。(143)爭利　爭鬥以決勝負。(144)出隴　到隴山以西。胡三省曰：「秦王堅始也禁人學讖，及喪敗之極，乃欲用讖書，奔五將山以求免，其顛倒錯繆甚矣。蓋死期將至也。」(145)五將山　山名，說法不一，有說在今陝西岐山縣東北，有說在禮泉縣，有說在杜陽。(146)孟冬　冬季的第一個月，即陰曆十月。(147)過襲韮園　路過韮園時，對韮園的守軍李辯等發起攻擊。因苻堅召之入長安，李辯等不至。(148)閏月　閏五月。(149)庚戌　閏五月初四。(150)常山　郡名，郡治在今河北正定東南。(151)高句麗　古國名，都城丸都，即今吉林集安。(152)遼東　郡名，郡治襄平，即今遼寧遼陽。(153)玄菟　郡名，郡治在今遼寧瀋陽東。(154)下辨　地名，在今甘肅成縣的西北側，其地是武都郡的郡治所在地。(155)奔後秦　投降後秦主姚萇。按，權翼本是姚萇之兄姚襄的僚屬，姚襄被苻堅破殺後，權翼投降苻堅；今苻氏敗亡，故權翼又歸奔姚氏。

【校記】[1]等　原無此字。據章鈺校，十二行本、乙十一行本皆有此字，今據補。[2]依其兄秦州刺史統　原無此句。據章鈺校，十二行本、乙十一行本、孔天胤本皆有此句，張敦仁《通鑑刊本識誤》、張瑛《通鑑校勘記》同，今據補。[3]堅之壻　原無此三字。據章鈺校，十二行本、乙十一行本、孔天胤本皆有此三字，張瑛《通鑑校勘記》同，今據補。[4]屯　原無此字。據章鈺校，十二行本、乙十一行本皆有此字，今據補。[5]張攀　原作「李攀」。嚴衍《通鑑補》改作「張攀」，與上文相合，今據改。⑥兵　原無此字。據章鈺校，十二行本、乙十一行本、孔天胤本皆有此字，今據補。⑦致　據章鈺校，十二行本、乙十一行本、孔天胤本皆作「自」。

【語　譯】烈宗孝武皇帝中之上

太元十年（乙酉　西元三八五年）

春季，正月，秦王苻堅在朝廷上宴請群臣。當時秦國的都城長安嚴重缺糧，百姓飢餓得已經到了人吃人的程度，諸將領回到家中，就把吃進肚裡的肉食吐出來給自己的妻子兒女吃。

燕國慕容沖在阿房城即位為皇帝，改年號為更始。慕容沖當了皇帝，自以為很得意，於是無論是對臣屬的獎賞還是處罰，全都憑著自己的感情和意願。慕容盛當時才十三歲，他對慕容柔說：「即使做一個只管十個人的小官，他的才能也要超過其餘的九個人，然後才能相安無事。如今的中山王慕容沖，論才能，不如別人，論功勞，也沒有建立什麼功業，卻已經驕傲、奢侈到如此的程度，恐怕是難以成就大事吧！」

後秦王姚萇留下諸將繼續攻打新平郡，自己則率領軍隊去攻取安定郡，他活捉了秦國擔任安西將軍的勃海公苻珍，於是九嵕山以北的各城鎮全部投降了後秦。

二月初六日甲寅，秦王苻堅與西燕主慕容沖在仇班渠展開會戰，秦軍將慕容沖所率領的西燕軍打得大敗。初七日乙卯，雙方又在雀桑開戰，秦軍再次將西燕軍打敗。十六日甲子，雙方戰於白渠，此次，秦軍大敗。西燕軍趁勢包圍了秦王苻堅，秦國擔任殿中將軍的鄧邁等拼死奮戰，將西燕軍打退，苻堅才得免於難。二十四日壬申，西燕主慕容沖派遣尚書令高蓋率軍在夜間襲擊秦國的都城長安，高蓋已經率軍進入長安城的南城，被秦國的左將軍竇衝、前禁將軍李辯等率軍擊敗，斬殺了西燕八百人，並將這些人的屍體分割後當做食物吃掉了。二十七日乙亥，西燕尚書令高蓋又率軍攻擊渭水以北的秦國各營壘，秦國太子苻宏率領秦軍在成貳壁迎戰高蓋，結果又大敗高蓋軍，斬殺了西燕三萬人。

後燕帶方王慕容佐與寧朔將軍平規一起聯合攻打薊城，秦國鎮守薊城的幽州刺史王永屢戰屢敗。二月，王永派昌黎太守宋敞燒毀了和龍與薊城的宮室，然後率領三萬部眾逃往壺關。後燕帶方王慕容佐進入薊城。

後燕驃騎大將軍慕容農率軍前往中山與撫軍大將軍慕容麟會合，準備聯合攻打翟真。慕容麟與慕容農先率領著數千名騎兵來到承營觀察形勢，翟真遠遠望見，立即列隊而出。慕容農、慕容麟所率領的諸將就想撤退，慕容農說：「丁零人並非不強勁、勇猛，而是他們的首領翟真性情懦弱。現在挑選一些精銳，向著翟真所在的位置衝殺過去。翟真一逃走，他屬下的部眾必定立即潰散。我們堵住他們的門口攻擊他們，可以將他們全部消滅。」於是派遣擔任驍騎將軍的慕容國率領一百多名騎兵衝入翟真的大營。翟真果然退走，他的部眾一齊向門口湧去，自相踐踏，死亡了大半以上，燕軍於是佔領了承營的外城。

三月初六日癸未，秦王苻堅與西燕主慕容沖在長安城西再次展開激戰，秦軍將西燕軍打得大敗，秦軍乘勝追擊，一直將西燕軍追到阿城。秦將全都要求乘勝進攻阿城，秦王苻堅害怕慕容沖設有伏兵，於是率軍而回。

三月初八日乙酉，秦國擔任益州刺史的王廣任命擔任江陽太守的蜀郡人李丕為益州刺史，令他負責守衛成都。十二日己丑，王廣率領自己的部眾跑回了隴西，投靠自己的哥哥、擔任秦州刺史的王統，蜀郡人跟隨王廣一起前往隴西的有三萬多人。

東晉龍驤將軍、彭城內史劉牢之率領晉軍抵達枋頭，秦國長樂公苻丕的妻兄楊膺和擔任參軍的姜讓準備逮捕長樂公苻丕，逼迫苻丕歸降東晉的陰謀已經洩露，長樂公苻丕遂將楊膺和姜讓逮捕起來殺死。東晉龍驤將軍劉牢之得知消息後，遂在枋頭徘徊不前。

秦國平原悼公苻暉多次被西燕主慕容沖所率領的西燕軍打敗，秦王苻堅於是責備苻暉說：「你，是我最有才幹的兒子，率領大軍與鮮卑小兒慕容沖作戰，竟然屢戰屢敗，活著還有什麼用！」三月，平原公苻暉因為憤怒與怨恨，自殺身亡。〇秦國擔任前禁將軍的李辯、擔任都水使者的隴西人彭和正擔心京師長安守不住，於是，便招集起西州人屯紮在韮園。秦王苻堅下詔徵調他們，他們不肯奉詔前往。

西燕主慕容沖率領西燕軍攻打秦國高陽愍公苻方所鎮守的驪山，西燕軍將苻方打敗，不僅殺死了苻方，還活捉了秦國擔任尚書的韋鍾，慕容沖任命韋鍾的兒子韋謙為馮翊太守，令他負責招降、安撫三輔的民眾。左馮翊自衛堡寨的寨主邵安民責備韋謙說：「先生出身於雍州有聲望的世家大族，現在卻投降了賊寇，跟他們一起做那些不仁不義的事情，還有什麼臉面活在這個世界上！」韋謙將堡寨主邵安民責備自己的話告訴了自己的父親韋鍾，韋鍾羞愧難當，便自殺了，韋謙也棄官而逃，前往建康投降了東晉。

秦國擔任左將軍的苟池、擔任右將軍的俱石子率領秦軍與西燕主慕容沖在驪山展開激戰，結果秦軍戰敗，西燕將軍慕容永殺死了左將軍苟池，右將軍俱石子逃往鄴城投奔了長樂公苻丕。慕容永，是慕容廆弟弟慕容運的孫子。俱石子，是俱難的弟弟。秦王苻堅派遣擔任領軍將軍的楊定率軍攻打西燕主慕容沖，楊定將慕容沖所率領的西燕軍打得大敗，俘虜了一萬多名鮮卑人凱旋而歸，又將這些被俘虜的鮮卑人全部活埋。楊定，是楊佛奴的孫子，苻堅的女婿。

滎陽人鄭燮獻出滎陽郡，投降了東晉。

後燕王慕容垂率領後燕軍攻打鄴城，卻久攻不下，於是準備率軍前往北方的冀州，他讓擔任撫軍大將軍的慕容麟率軍駐紮在信都，令樂浪王慕容溫率軍駐紮在中山，將驃騎大將軍慕容農召回鄴城。遠近的人知道了慕容垂準備撤離鄴城的消息，便都認為後燕的實力已經不行了，於是很多人對是繼續留在後燕還是離開後燕而猶豫不定。

後燕驃騎大將軍慕容農率領燕軍抵達高邑的時候，派遣擔任從事中郎的眭邃到附近公幹，已經超過了規定時間，眭邃還沒有返回。擔任長史的張攀對驃騎大將軍慕容農說：「眭邃是將軍身邊最親近的屬官，竟敢欺騙將軍，不按時返回，請回軍討伐他。」慕容農沒有理睬張攀，而是令人準備好封任官員的委任狀，任命眭邃為高陽太守，自己屬下的參佐，凡是家在趙郡以北的，全部臨時委派他們返回自己的故鄉一帶任職，一共委派了三名太守、二十多名長史。事過之後，慕容農私下裡對張攀說：「你的見解非常錯誤，目前這種情況之下，我們內部怎能互相殘殺。等我們再回到這個地區的時候，眭邃等人必然會在道左迎候我們，你就等著瞧好了。」

後燕樂浪王慕容溫駐守中山，手下的兵力卻很弱，丁零人分布四方，分別佔據著中山境內的各個城池。慕容溫對手下的諸將說：「就憑我們現在的這點兵力，用來進攻敵人肯定是不夠的，但是用來防守還是綽綽有餘。驃騎大將軍慕容農、撫軍大將軍慕容麟所率領的燕軍，都在和敵軍艱苦作戰，肯定能把據守鄴城的賊人苻丕消滅，所以我們應當聚集糧草、磨礪兵器以等待有利時機。」於是，安撫舊有部眾、招徠新來歸附的民眾，鼓勵、督促農民耕田種桑，於是前來歸附的人絡繹不絕，各郡縣以及民間的自衛堡寨也都爭先恐後地為燕軍送來了軍糧，倉庫中儲存的糧食多得都往外流。丁零首領翟真率領自己的部眾趁黑夜襲擊中山，慕容溫率領燕軍將翟真擊敗，從此以後，翟真再也不敢攻擊中山。慕容溫派遣一萬名士兵運送糧食供給燕王慕容垂，他希望燕王慕容垂能把中山作為都城，於是開始在中山修築宮室。

東晉龍驤將軍、彭城內史劉牢之率領晉軍攻擊後燕黎陽太守劉撫所鎮守的孫就柵，後燕王慕容垂留下驃騎大將軍慕容農繼續率軍包圍鄴城，自己則親自率軍救援黎陽。秦國長樂公苻丕得知了後燕王慕容垂率軍離開鄴城往救黎陽的消息，便趁燕軍兵力空虛的機會在夜間率領秦軍襲擊圍困鄴城的後燕軍，被後燕驃騎大將軍慕容農率軍擊敗。東晉龍驤將軍劉牢之率領晉軍與後燕王慕容垂所率領的後燕軍交戰，不能取勝，遂退回黎陽堅守。後燕王慕容垂也率軍返回鄴城。

秦國率軍遠征西域的驍騎將軍呂光因為龜茲國物產豐富，生活安樂，就準備長期定居龜茲。天竺國高僧鳩摩羅什對呂光說：「這裡是兇惡、死亡之地，不要長久留在這裡居住。將軍只管東歸，途中自然會遇到好地方供將軍居住。」呂光於是大擺酒宴招待屬下眾將士，與他們共同商議走還是不走。眾人都希望返回東方，於是，用二萬多頭駱駝，滿載著各國的奇珍異寶，連同一萬多匹駿馬踏上了東歸之路。

夏季，四月，東晉龍驤將軍、彭城內史劉牢之率領晉軍挺進到鄴城援救秦國長樂公苻丕，後燕王慕容垂率領後燕軍迎戰劉牢之，結果被劉牢之打敗，於是解除了對鄴城的包圍，率軍撤退到新城據守。初八日乙卯，慕容垂又從新城向北逃遁。劉牢之沒有通知秦國鄴城守將長樂公苻丕，就獨自率領晉軍追擊後燕王慕容垂。長樂公苻丕得到消息，也出動秦軍隨後追擊。十三日庚申，劉牢之率領晉軍一直追到董唐淵，終於追上了慕容垂的軍隊。慕容垂對屬下的將領說：「秦國與東晉，只是臨時勉強結合在一起，關係脆弱得很，他們互相依靠，看起來顯得很強大，所以一方勝利，雙方就都顯得豪氣沖天，但只要有一方失敗，則雙方都會潰散，因為他們並不是真正地團結一心來對抗我們。現在東晉與秦軍雖然先後到達，但他們的力量並沒有聯合在一起，應該抓住機會趕緊出兵擊敗他們。」劉牢之率領晉軍每天急行軍二百里，到達五橋澤後，爭相奪取燕軍的糧草輜重。後燕王慕容垂率領大軍截擊晉軍，將晉軍打得大敗，斬殺了數千人。劉牢之單人匹馬逃走，正遇上隨後趕來的秦軍相救，劉牢之才幸免於難。

後燕擔任冠軍將軍的宜都王慕容鳳每次作戰都奮不顧身，前後參加了大大小小二百五十七場戰鬥，沒有一次不取得成功。後燕王慕容垂告誡慕容鳳說：「現在燕國復國的大業即將成功，你要把愛惜自己的身體放在首要位置。」於是，便讓慕容鳳做車騎將軍慕容德的副手，以抑制他的剛猛之氣。

被後燕軍長時間圍困在鄴城中的百姓已經飢餓到了極點，長樂公苻丕於是率領部眾前往枋頭，接收東晉援救的糧食。東晉龍驤將軍劉牢之入駐鄴城，他招集起四處逃散的殘兵敗將，聲勢又稍微振作起來。因為與後燕軍作戰失敗，東晉朝廷將劉牢之召回晉國。

後燕與秦國互相攻殺已經持續了一年的時間，此時，幽州、冀州遭遇了罕見的大饑荒，飢餓難忍的災民便互相殘殺吞食，城鎮村落，一片蕭條荒涼景象，後燕的軍士餓死了很多人。後燕王慕容垂於是禁止民間養蠶，把桑樹上結的桑椹當做軍糧給軍士充飢。

後燕王慕容垂準備前往北方的中山，任命驃騎大將軍慕容農為前鋒。此前慕容農以燕王慕容垂的名義暫時委任的高陽太守眭邃等全都前來迎候，慕容農與眭邃的上下級關係還同過去一樣，長史張攀這才不得不佩服慕容農的智慧和謀略。

東晉會稽王司馬道子喜好獨斷專行，又有那些奸佞、邪惡之徒從中挑撥、煽動，遂與擔任太保的謝安發生了矛盾，謝安想要躲避司馬道子。正好此時秦王苻堅派使者前來請求東晉出兵相救，謝安於是請求親自率軍援救秦國。四月十五日壬戌，謝安離開建康朝廷，進駐廣陵郡的步丘，他率軍在步丘修築了一座名叫新城的堡壘，便駐紮下來。

東晉擔任蜀郡太守的任權率軍攻克了成都，殺死了秦國益州刺史李丕，收復了益州。

秦國新平城內已經糧食吃光、弓矢用盡，而外部又沒有援軍到來。後秦王姚萇於是派遣使者對苟輔說：「我是憑藉正義奪取天下，怎麼會仇恨忠臣義士呢！你只管率領新平城中的人前往秦國的京師長安，我只想得到這座新平城。」新平太守苟輔認為後秦王姚萇說得在理，便完全相信了他，於是，率領著新平城中的五千人出城，沒想到姚萇竟然派軍將他們團團包圍起來，最後將這五千人全部俘虜、活埋，男女老少沒有留下一個人，只有馮傑的兒子馮終得以逃脫，奔往長安。秦王苻堅追贈新平太守苟輔等人官職與爵位，給他們的諡號都是節愍侯，任命馮終為新平太守。

丁零首領翟真從承營遷往行唐，在翟真屬下擔任司馬的鮮于乞殺死了翟真以及那些翟姓人，自立為趙王。丁零部眾聯合起來反抗鮮于乞，將鮮于乞殺死，共同擁立翟真的堂弟翟成為首領，翟真的部眾大多投降了後燕。

五月，西燕主慕容沖率領西燕軍進攻秦國的京師長安，秦王苻堅親自指揮軍隊作戰，滿身都被流矢射中，遍體鱗傷，鮮血淋漓。西燕主慕容沖放縱士卒肆意燒殺搶掠，導致函谷關以西地區的士民流離失所、四處逃散，道路斷絕，千里之內不見人煙。還剩有三十多處自衛堡寨，他們共同推舉擔任平遠將軍的趙敖為盟主，互相結成聯盟，然後派軍隊冒著生命危險護送軍糧前往長安支援秦王苻堅。然而送糧的人途中多半都被西燕的軍隊所劫殺。秦王苻堅對他們說：「我聽說你們前來運送軍糧，大多數人都不能安全到達，你們的行為確實是忠臣義舉。然而現在賊寇造成的困難深重而繁多，不是靠少數人的力量所能克服、挽救的，你們白白地一個接一個地落入虎口，對局勢有什麼裨益呢？你們應該為了國家而保護好自己，要積蓄糧食，磨礪武器，等待上天賜予的有利時機，希望有善行的人不會永遠倒楣下去，總會有時來運轉的那一天。」

那些被西燕主慕容沖劫持、俘虜到燕軍中的三輔之民，派人祕密地告訴秦王苻堅，請求苻堅出兵攻擊慕容沖，他們將在燕軍中放火接應。秦王苻堅說：「諸人對秦國的忠誠實在令我感激和心痛！然而我們的將領勇猛如虎豹、兵器磨礪得如同霜雪，鋒利無比，卻受困於這些毫無組織、毫無訓練的烏合之眾，難道不是天意嗎！恐怕白白地讓諸位遭受滅族性的屠殺，我不忍心這樣做。」前來報信的人極力勸說苻堅出兵，苻堅於是派遣七百名騎兵殺入西燕軍中。沒料到那些在慕容沖軍中放火接應的人，反而因為火勢被風颳得燒向自己，絕大多數都被火燒死，逃出的只有十分之一、二，秦王苻堅在長安城中哭祭這些忠魂。

秦國擔任衛將軍的楊定與西燕主慕容沖所率領的西燕軍在長安城西展開激戰，楊定兵敗，被慕容沖的軍隊活捉。楊定，是當時秦國一員有名的勇將。秦王苻堅非常恐懼，因為讖緯書上有這樣的預言：「皇帝如果能夠到五將山上，就萬事大吉了。」於是，便留下太子苻宏守衛京師長安，苻堅對苻宏說：「上天大概想要引導我離開京城到外面去。你好好地守衛京師，不要與賊寇交戰以決勝負，我準備前往隴山以西招募兵馬、運送糧草給你。」遂率領著數百名騎兵與張夫人以及中山公苻詵、二個女兒苻寶、苻錦離開長安逃往五將山，他通告各州郡，約定在孟冬時節共同出兵救援長安。苻堅在途中襲擊了韮園，李辯兵敗投奔了西燕，彭和正則羞愧自殺。

閏五月，東晉朝廷改任擔任廣州刺史的羅友為益州刺史，鎮所設在成都。

閏五月初四日庚戌，後燕王慕容垂率領後燕軍抵達常山，將丁零首領翟成圍困在行唐。慕容垂令帶方王慕容佐鎮守龍城。六月，高句麗出兵進犯遼東。後燕帶方王慕容佐派遣擔任司馬的郝景率領一支燕軍救援遼東，結果被高句麗打敗。高句麗於是攻佔了遼東、玄菟二郡。

秦國王太子苻宏無力守衛長安，他率領數千名騎兵與自己的母親、妻子以及宗室向西逃往下辨。文武百官於是四處逃散，擔任司隸校尉的權翼等數百人投奔了後秦姚萇。西燕主慕容沖率軍進入長安城，放縱士兵大肆劫掠，長安城中被亂軍殺死的人多得無法統計。

秋，七月，旱，饑，井皆竭。

後秦王萇自故縣❶如新平。

秦王堅至五將山，後秦王萇遣驍騎將軍吳忠帥騎圍之。秦兵皆散走，獨侍御十數人在側。堅神色自若❷，坐而待之，召宰人❸進食。俄而忠至，執之，送詣新平，幽於別室❹。

太子宏至下辨，南秦州❺刺史楊璧拒之。璧妻，堅之女順陽公主也，棄其夫從宏。宏奔武都，投氐豪強熙❻，假道來奔❼，詔處之江州❽。

長樂公丕帥眾三萬自枋頭將歸鄴城，龍驤將軍檀玄❾擊之，戰于谷口❿。玄兵敗，丕復入鄴城。

燕建節將軍餘巖叛⓫，自武邑⓬北趣幽州⓭。燕王垂馳使敕幽州將平規曰：「固守勿戰，俟吾破丁零自討之。」規出戰，為巖所敗。巖入薊，掠千餘戶而去，遂據令支⓮。○癸酉⓯，翟成長史鮮于得⓰斬成出降，垂屠行唐⓱，盡阬成眾⓲。

太保安有疾求還，詔許之。八月，安至建康⓳。○甲午⓴，大赦。○丁酉㉑，建昌文靖公謝安㉒薨。詔加殊禮，如大司馬溫故事。庚子㉓，以司徒琅邪王道子領揚州刺史、錄尚書、都督中外諸軍事，以尚書令謝石為衛將軍。

後秦王萇使求傳國璽於秦王堅曰：「萇次應曆數㉔，可以為惠㉕。」堅瞋目㉖

叱之曰：「小羌敢逼天子！五胡次序㉗，無汝羌名㉘。璽已送晉，不可得也。」萇復遣右司馬尹緯㉙說堅，求為禪代㉚。堅曰：「禪代，聖賢之事。姚萇叛賊，何得為之？」堅與緯語，問緯：「在朕朝何官？」緯曰：「尚書令史㉛。」堅歎曰：「卿，王景略之儔㉜，宰相才也。而朕不知卿，宜其亡也。」堅自以平生遇萇有恩，尤忿之，數㉝罵萇求死。謂張夫人曰：「豈可令羌奴辱吾兒㉞！」乃先殺寶、錦。辛丑㉟，萇遣人縊堅於新平佛寺，張夫人、中山公詵皆自殺，後秦將士皆為之哀慟。萇欲隱其名㊱，諡堅曰壯烈天王。

臣光曰：「論者皆以為秦王堅之亡，由不殺慕容垂、姚萇故也。臣獨以為不然。許劭㊲謂魏武帝㊳治世之能臣，亂世之姦雄㊴。使堅㊵治國無失其道，則垂、萇皆秦之能臣也，烏能㊶為亂哉！堅之所以亡，由驟勝而驕㊷故也。魏文侯㊸問李克㊹吳之所以亡㊺，對曰：『數戰數勝㊻。』文侯曰：『數戰數勝，國之福也，何故亡？』對曰：『數戰則民疲，數勝則主驕，以驕主御疲民，未有不亡者也。』秦王堅似之矣。」

長樂公丕在鄴，將西赴長安。幽州刺史王永在壺關㊼，遣使招丕，丕乃帥鄴中男女六萬餘口西如潞川㊽，驃騎將軍張蚝、并州刺史王騰迎之入晉陽㊾。王永留平州刺史苻沖守壺關，自帥騎一萬會丕于晉陽[1]，丕始知長安不守，堅已死，乃發喪，即皇帝位。追謚堅曰宣昭皇帝，廟號世祖，大赦，改元大安。

燕王垂以魯王和[50]為南中郎將，鎮鄴。遣慕容農出蠮螉塞[51]，歷凡城[52]，趣龍城[53]，會兵討餘巖。慕容麟、慕容隆自信都[54]徇勃海、清河[55]。麟擊勃海太守封懿，執之，因屯歷口[56]。懿，放[57]之子也。

鮮卑劉頭眷[58]擊破賀蘭部[59]於善無[60]，又破柔然於意親山[61]。頭眷子羅辰言於頭眷曰：「比來行兵[62]，所向無敵。然心腹之疾，願早圖之。」頭眷曰：「誰也？」羅辰曰：「從兄顯，忍人[63]也，必將為亂。」頭眷不聽。顯，庫仁之子也。頃之，顯果殺頭眷自立。又將殺拓跋珪[64]，顯弟亢泥妻，珪之姑也，以告珪母賀氏。顯謀主[65]梁六眷，代王什翼犍之甥也，亦使其部人穆崇、奚牧密告珪，且以其愛妻、駿馬付崇曰：「事泄，當以此自明[66]。」賀氏夜飲顯酒[67]，令醉，使珪陰與舊臣長孫犍、元他、羅結輕騎[68]亡去。向晨[69]，賀氏故驚廄中羣馬，使顯起視之。賀氏哭曰：「吾子適在此[70]，今皆不見，汝等誰殺之邪？」顯以故不急追。珪遂奔賀蘭部，依其舅賀訥[71]。訥驚喜曰：「復國[72]之後，當念老臣！」珪笑曰：「誠如舅言，不敢忘也。」

顯疑梁六眷泄其謀，將因之。穆崇宣言曰：「六眷不顧恩義，助顯為逆，我掠得其妻馬，足以解忿[73]！」顯乃捨之。

賀氏從弟外朝大人賀悅舉所部以奉珪[74]。顯怒，將殺賀氏。賀氏奔亢泥家，匿神車[75]中三日。亢泥舉家[76]為之請，乃得免。

故南部大人長孫嵩[77]帥所部七百餘家叛顯，將〔2〕奔五原[78]。時拓跋寔君[79]之子渥亦聚眾自立，嵩欲歸〔3〕之。烏渥[80]謂嵩曰：「逆父之子，不足從也，不如歸珪。」嵩從之[81]。久之，劉顯所部有亂，故中部大人庾和辰奉賀氏奔珪。

賀訥弟染干以珪得眾心，忌之，使其黨侯引七突[82]殺珪。代人尉古真[83]知之，以告珪，侯引七突不敢發[84]。染干疑古真泄其謀，執而訊[85]之。以兩車軸〔4〕夾其頭，傷一目，不伏[86]，乃免之。染干遂舉兵圍珪，賀氏出，謂染干曰：「汝等欲於何置我[87]，而殺吾子乎？」染干慚而去。

九月，秦主丕以張蚝為侍中、司空[88]，王永為侍中、都督中外諸軍事、車騎大將軍、尚書令，王騰為中軍大將軍、司隸校尉[89]，苻沖為尚書左僕射，封西平王。又以左長史楊輔為右僕射，右長史王亮為護軍將軍。立妃楊氏為皇后，子寧為皇太子，壽為長樂王，鏘為平原王，懿為勃海王，昶為濟北王。

呂光自龜茲還至宜禾(90)，秦涼州(91)刺史梁熙謀閉境(92)拒之。高昌(93)太守楊翰言於熙曰：「呂光新破西域，兵彊氣銳，聞中原喪亂，必有異圖。河西(94)地方萬里，帶甲(95)十萬，足以自保。若光出流沙(96)，其勢難敵。高梧谷口(97)險阻之要(98)，宜先守之而奪其水。彼既窮渴，可以坐制(99)。如以為遠，伊吾關(100)亦可拒也。度此二阸(101)，雖有子房之策(102)，無所施矣！」熙弗聽。美水令犍為張統(103)謂熙曰：「今關中大亂，京師存亡不可知(104)。呂光之來，其志難測，將軍何以抗[5]之？」熙曰：「憂之，未知所出(105)。」統曰：「光智略過人，今擁(106)思歸之士，乘(107)戰勝之氣，其鋒未易當(108)也。將軍世受大恩(109)，忠誠夙著(110)，立勳王室，宜在今日。行唐公洛(111)，上之從弟，勇冠一時(112)。為將軍計，莫若奉為盟主，以收眾望，推忠義以帥羣豪(113)，則光雖至，不敢有異心也。資其精銳(114)，東兼毛興(115)，連王統、楊璧(116)，合四州之眾(117)，掃兇逆(118)，寧帝室(119)，此桓、文之舉(120)也。」熙又弗聽，殺洛于西海(121)。

光聞楊翰之謀，懼，不敢進。杜進曰：「梁熙文雅有餘，機鑒(122)不足，終不能用翰之謀，不足憂也。宜及(123)其上下離心，速進以取之。」光從之。進至高昌，楊翰以郡迎降(124)。至玉門(125)，熙移檄(126)責光擅命還師。以子胤為鷹揚將軍，與振威將軍南安(127)姚皓、別駕衛翰(128)帥眾五萬，拒光于酒泉(129)。敦煌(130)太守姚靜、晉昌(131)

太守李純以郡降光。光報檄[132]涼州，責熙無赴難之志[133]，而遏歸國之眾[134]，遣彭晃、杜進、姜飛為前鋒，與胤戰于安彌[135]，大破，擒之。於是四山胡、夷皆附於光。武威太守彭濟執熙以降，光殺之。

光入姑臧，自領涼州刺史，表杜進為武威太守，自餘[136]將佐各受職位。涼州郡縣皆降於光，獨酒泉太守宋皓、西郡太守索泮[137]〔6〕城守不下[138]。光攻而執之，讓泮曰：「吾受詔平西域，而梁熙絕我歸路，此朝廷之罪人，卿何為附之？」泮曰：「將軍受詔平西域，不受詔亂涼州，梁公何罪而將軍殺之？泮但苦[139]力不足，不能報君父[140]之讎耳，豈肯如逆氐彭濟[141]之所為乎！主滅臣死，固其常也。」光殺泮及皓。○主簿尉祐姦佞傾險[142]，與彭濟同〔7〕執梁熙，光寵信之。祐譖殺[143]名士姚皓等十餘人，涼州人由是不悅。光以祐為金城[144]太守，祐至允吾[145]，襲據其城以叛。姜飛擊破之，祐奔據興城[146]。

乞伏國仁[147]自稱大都督、大將軍、單于、領秦・河二州牧，改元建義，以乙旃童埿為左相，屋引出支為右相，獨孤匹蹄為左輔，武羣勇士為右輔，弟乾歸為上將軍。分其地置武城等十二郡[148]，築勇士城[149]而都之。

秦尚書令、魏昌公纂[150]自關中奔晉陽。秦主丕拜纂太尉，封東海王。

冬，十月，西燕王沖遣尚書令高蓋帥眾五萬伐後秦，戰于新平南，蓋大敗，降於後秦。初，蓋以楊定[151]為子，及蓋敗，定亡奔隴右，復收集其舊眾。

苻定、苻紹、苻謨、苻亮聞秦王丕即位，皆自河北遣使謝罪[152]。中山太守王兗，本新平氐也，固守博陵[153]，為秦拒燕。十一月，丕以兗為平州刺史，定為冀州牧，紹為冀州都督，謨為幽州牧，亮為幽、平二州都督，並進爵郡公。左將軍竇衝據茲川[154]，有眾數萬，與秦州刺史王統、河州刺史毛興、益州刺史王廣、南秦州刺史楊璧、衛將軍楊定皆自隴右遣使邀丕共擊後秦。丕以定為雍州牧，衝為梁州牧，加統鎮西大將軍，興車騎大將軍，璧征南大將軍，並開府儀同三司[155]，加廣安西將軍，皆進位州牧。

楊定尋徙治歷城[156]，置儲蓄[157]於百頃[158]，自稱龍驤將軍、仇池公，遣使來稱藩[159]。詔因其所號假之[160]。其後又取天水[161]、略陽[162]之地，自稱秦州刺史、隴西王。

繹幕[163]人蔡匡據城[164]以叛燕，燕慕容麟、慕容隆共攻之。泰山太守任泰[165]潛師[166]救匡。至匡壘南八里，燕人乃[167]覺之。諸將以匡未下，而外敵奄至[168]，甚患之。隆曰：「匡恃外救，故不時下[169]。今計泰之兵不過數千人，及其未合[170]，擊之，泰敗，匡自降矣。」乃釋匡擊泰，大破之，斬首千餘級。匡遂降，燕王垂殺之，且屠其壘[171]。

慕容農至龍城[172]，休士馬十餘日。諸將皆曰：「殿下之來，取道甚速。今至此久留不進，何也？」農曰：「吾來速者，恐餘巖過山鈔盜[173]，侵擾良民[174]耳。巖才不踰人，誑誘飢兒，烏集為羣[175]，非有綱紀[176]。吾已扼其喉[177]，久將離散，無能為也。今此田善熟[178]，未取而行，徒自耗損[179]。當俟收畢[180]，往則梟[181]之，亦不出旬日耳。」頃之，農將步騎三萬至令支。巖眾震駭，稍稍[182]踰城歸農。巖計窮出降，農斬之。進擊高句麗，復遼東、玄菟二郡。還至龍城，上疏請繕脩陵廟[183]。

燕王垂以農為使持節、都督幽平二州・北狄諸軍事、幽州牧，鎮龍城。徙平州[184]刺史帶方王佐鎮平郭[185]。農於是創立法制，事從寬簡，清刑獄，省賦役，勸課農桑，居民富贍[186]，四方流民前後至者[8]數萬口。先是[187]，幽、冀流民多入高句麗，農以驃騎司馬范陽龐淵為遼東[188]太守，招撫之。

慕容麟攻王兗于博陵，城中糧竭矢盡，功曹張猗踰城出，聚眾以應麟。兗臨城數之曰：「卿是秦民，吾是卿君，卿起兵應賊，自號『義兵』，何名實之相違也！古人求忠臣必於孝子之門[189]，卿母在城，棄而不顧，吾何有焉[190]？今人[191]取卿一切之功[192]則可矣，寧能忘卿不忠不孝之事乎！不意中州[193]禮義之邦，乃有[194]如卿者也！」十二月，麟拔博陵，執兗及苻鑒，殺之。昌黎太守宋敞帥烏桓、索頭195之眾救兗，不及196而還。秦王丕以敞為平州刺史。

燕王垂北如中山，謂諸將曰：「樂浪王招流散[9]，實倉廩197，外給軍糧，內營宮室，雖蕭何198之功[10]，何以加之！」丙申199，垂始定都中山。

秦苻定據信都以拒燕。燕王垂以從弟北地王精為冀州刺史200，將兵攻之。

拓跋珪從曾祖紇羅201與其弟建及諸部大人202共請賀訥推珪為主。

【章 旨】以上為第二段，寫孝武帝太元十年（西元三八五年）下半年的大事。主要寫了秦王苻堅被姚萇的軍隊圍困於五將山，秦兵皆散，苻堅被姚萇所擒，姚萇向苻堅要傳國玉璽，苻堅不給；姚萇請苻堅向他進行禪讓，苻堅不答應，最後被縊死於新平佛寺之中；苻堅的太子苻宏不能守長安，遂南逃至下辨，又輾轉借道歸降於晉；寫了燕將餘巖叛燕據守令支，被慕容垂之子慕容農破殺之；慕容農又進擊高句麗，收復了遼東、玄菟二郡，作品突出地展現了慕容垂之子慕容農治軍、治民的卓越才華；寫了慕容垂之子慕容溫據守中山，保境安民，建成根據地，慕容垂遂定中山為都城；寫後秦主姚萇攻取了安定、新平二郡，嶺北諸城皆降之；慕容沖派兵討姚萇，被姚萇所敗；寫了秦將呂光自西域龜茲率軍東歸，攻殺了秦之涼州刺史梁熙，據姑臧自領涼州牧，又一個新的割據政權行將建立；寫了隴西鮮卑頭領乞伏國仁佔據秦州、河州，建都勇士城，又一個新的割據政權，即所謂「西秦」儼然建立；寫匈奴部落的劉庫仁被部下所殺，其弟頭眷代立；頭眷又被劉庫仁之子劉顯所殺，劉顯又欲殺拓跋珪而未果，而賀訥與諸部大人共同擁立拓跋珪，為日後拓跋珪的雄起復國埋下了伏筆；此外還寫了東晉的名臣謝安病死等等。

【注　釋】❶故縣　地名，漢安定郡有安定縣，東漢、西晉省，故稱其城曰故縣，在今甘肅涇川縣北五里。❷自若　猶言自如，和平時一樣。❸宰人　掌管膳食之官。❹幽於別室　囚禁於別的房間。❺南秦州　州名，州治在今甘肅成縣西，其地也是仇池郡的郡治所在地。離前文所說的「下辨」相隔不遠。❻氐豪強熙　氐族的豪紳名叫強熙。❼假道來奔　向當地的少數民族借路前來投奔晉王朝。按，當時的武都郡距晉朝所轄的梁州，即今漢中，相隔不遠。❽江州　州名，州治即今江西九江市。❾檀玄　晉將，號為龍驤將軍。劉牢之因與慕容垂作戰失敗被召回朝後，檀玄代劉牢之駐守鄴城。❿谷口　地名，在枋頭，即今河南浚縣西南的淇門渡西。⓫餘巖叛　謂叛變慕容垂，投向秦國。⓬武邑　即今河北武邑。⓭北趣幽州　向北攻擊慕容垂的部將平規所佔據的幽州。幽州的州治薊縣，即今北京市的西南部。⓮令支　縣名，縣治在今河北遷安西。⓯癸酉　七月二十八。⓰鮮于得　姓鮮于，名得。⓱屠行唐　殺光了行唐全城的百姓。⓲盡阬成眾　全部活埋了翟成的部下。⓳安至建康　謝安由廣陵之步丘回到建康。⓴甲午　八月十九。㉑丁酉　八月二十二。㉒建昌文靖公謝安　謝安被封為建昌郡公，文靖是其死後的諡。《諡法》：「柔德安眾曰靖，寬樂令終曰靖。」㉓庚子　八月二十五。㉔萇次應曆數　按次序我姚萇應該為帝。次，按次序。應曆數，上應曆數，符合老天爺排好的歷代帝王的順序。㉕可以為惠　可以給我。惠，贈與，向人討要的客氣說法。㉖瞋目　睜大眼睛。㉗五胡次序　五胡中可以稱帝的名單，指當時讖文的說法。五胡，指匈奴、羯、鮮卑、氐、羌。㉘無汝羌名　沒有你這個小羌的名字，也是指當時讖文的說法而言。據《晉書・苻堅載記下》，堅瞋目叱萇曰：「……圖緯符命，何所依據？五胡次序，無汝羌名。違天不祥，其能久乎？」㉙尹緯　原在苻堅王朝任小吏，現在姚萇部下任左司馬。㉚求為禪代　請求苻堅舉行一個將帝位傳給他的儀式。古代將帝位傳授於人稱「禪讓」，也稱「禪代」。凡是經「禪讓」得到的政權，就可以得到全國臣民的承認。㉛尚書令史　尚書省裡的文祕小吏，秩二百石。㉜王景略之儔　是和王猛同一個水平的人物。王猛，字景略，苻堅前半世的謀士與元勳。儔，類；同一水平。㉝數　屢次。㉞吾兒　謂其女苻寶、苻錦。㉟辛丑　八月二十六。㊱隱其名　掩蓋自己殺害苻堅的惡名。㊲許劭　字子將，東漢汝南平輿人，與從兄許靖有名於世，喜評論人物，每月更換品題，被稱為「月旦評」。傳見《後漢書》卷六十八〈郭符許列傳〉。㊳魏武帝　指曹操。其子曹丕篡漢稱帝後，追諡曹操稱「魏武帝」。㊴治世之能臣二句　意謂如果讓他生於太平時代，就能成為一個良臣；如果讓他生於亂世，便能趁亂稱帝稱王。《後漢書》記此二語作「清平之奸賊，亂世之英雄」，意思正好相反。㊵使堅　假使苻堅。㊶烏能　豈能；焉能。㊷驟勝而驕　屢次勝利，從而產生驕傲。驟，屢屢。㊸魏文侯　戰國初期最有作為的政治家，魏國的建立者，西元前四四五—前三九六年在位。事跡詳見《史記・魏世家》。㊹李克　戰國初期的魏國名臣，曾協助魏文侯滅中山，向文侯提出選拔相國的標準與賞罰群臣的原則。著有《李克》七篇，已佚，有清馬國翰輯本。有說李克和李悝是一個人。事跡散見於《史記》。㊺吳之所以亡　吳王夫差為什麼會亡國。吳王夫差是春秋末期吳國的君主，被越王句踐所滅。事見《史記‧吳太伯世家》。㊻數戰數勝　屢戰屢勝。數，屢。㊼壺關　縣名，也是要塞名，在今山西長治北。㊽潞川　又名「潞水」，今稱濁漳水，為漳河上源之一，流經今山西東南部。㊾晉陽　古城名，在今山西太原西南，當時為并州的州治所在地。㊿魯王和　慕容和，慕容垂之姪。(51)蠮螉塞　即今之居庸關，在今北京市西北，八達嶺的東南方。(52)凡城　古城，在今河北平泉西南。(53)龍城　也稱和龍，前燕早期的都城，即今遼寧朝陽。(54)信都　即今河北冀州。(55)徇勃海清河　橫掃勃海、清河二郡。徇，略地；帶兵一掃而過。勃海郡的郡治在今河北滄州西南，清河郡的郡治在今河北清河縣東。(56)歷口　地名，在今河北景縣西南，為清河（今名清涼江）上的渡口。因渡口處有歷城亭，故名歷口。(57)放　封放，是燕國重臣封奕的堂兄弟，被慕容儁任命為渤海太守。(58)劉頭眷　劉庫仁之弟，原為匈奴部落的頭領，此處又稱之為鮮卑人，《通鑑》自我矛盾。(59)賀蘭部　鮮卑族的另一部落名。(60)善無　秦漢縣名，縣治在今山西右玉東南。(61)意親山　又名「意辛山」，在今內蒙古二連浩特西南。(62)比來行兵　近來用兵。(63)忍人　殘忍的人。(64)拓跋珪　鮮卑拓跋氏代國君主什翼犍之孫，其父早死。什翼犍被叛亂分子所殺，代國大亂，遂被苻堅乘機所滅，年幼的拓跋珪隨其母賀氏逃出，投靠在劉庫仁部下暫居。事在本書卷一百四太元元年。(65)謀主　猶言「智囊」，為之籌謀劃策的人。(66)以此自明　以此證明自己無罪，洗清自己。(67)夜飲顯酒　夜間置酒請劉顯飲。(68)輕騎　輕裝騎馬。(69)向晨　猶淩晨、黎明、天色將明。(70)適在此　剛才還在這裡。適，剛才。(71)賀訥　代國的東部大人賀野干之子。(72)復國　重建代國。(73)解忿　解恨。(74)舉所部以奉珪　帶領他的所有部眾都聽從拓跋珪。(75)神車　供奉神像的車子。古代游牧民族逐水草而居，故把神像安置在車中供奉。(76)舉家　全家。(77)故南部大人長孫嵩　長孫嵩是拓跋珪祖父什翼犍之兄沙莫雄之子，舊曾被什翼犍任以為南部大人。太元元年賀氏帶領其子珪與長孫嵩、元佗等一道投依劉庫仁。(78)五原　郡名，郡治九原縣，在今內蒙古包頭西北。(79)拓跋寔君　什翼犍的庶長子，太元元年弒其父作亂，被苻堅所殺。(80)烏渥　長孫嵩的部下。(81)嵩從之　長孫嵩從此遂為拓跋珪佐命功臣。(82)侯引七突　人名。(83)尉古真　姓尉，名古真。(84)不敢發　不敢動手。(85)訊　審訊；拷問。(86)不伏　不承認；不認罪。(87)汝等欲於何置我　你們打算如何安置我。此句與下句相連，意思是：你們殺了我的兒子，準備置我於何地呢。賀氏所以如此說話，因為她與賀訥、賀染干都是兄妹關係。(88)以張蚝為侍中司空　時張蚝、王騰等為秦駐守晉陽，即今山西太原西南。(89)司隸校尉　國家都城所在州的行政長官，同時有彈劾朝廷百官的職權。(90)宜禾　縣名，縣治在今甘肅安西縣南。(91)涼州　州治即今甘肅武威。(92)閉境　關閉國境，不使其入境。(93)高昌　郡名，郡治在今新疆吐魯番東南。(94)河

西　黃河以西，這裡即指涼州，今甘肅走廊一帶地區。(95)帶甲　意即擁有披甲的士兵。(96)出流沙　向東越過今新疆東部的沙漠地帶。今新疆吐魯番以東至玉門關有沙漠稱白龍堆，亦稱流沙。(97)高梧谷口　地名，在高昌郡的西界，即今新疆吐魯番西。(98)險阻之要　是形勢險峻的要塞。(99)坐制　坐著制服，極言其易。(100)伊吾關　關名，在伊吾縣，今甘肅安西縣北。(101)度此二阨　敵人一旦度過這兩處險要的關口。(102)子房之策　張良一樣的謀略。張良字子房，是漢高祖劉邦的主要謀士。在楚漢戰爭中運籌帷幄，屢出奇計，為劉邦消滅項羽立下了重要功勳。漢朝建立，封留侯。傳見《史記・留侯世家》。被後人稱為謀略之士的代表。(103)美水令犍為張統　張統是犍為郡人，此時任美水縣令。犍為郡的郡治即今四川宜賓。美水縣的縣治不詳，但美水是黃河的支流，在今內蒙古鄂克托境內。(104)京師存亡不可知　長安已陷，而涼州不知，道梗故也。(105)未知所出　不知道用什麼辦法。(106)擁　擁有；掌握。(107)乘　憑藉。(108)其鋒未易當　其勢頭不好抵擋。鋒，鋒芒；銳氣。亦即勢頭。(109)世受大恩　受苻氏的大恩。(110)忠誠夙著　對苻氏的忠誠早就人所共知。夙，平素。著，明顯。(111)行唐公洛　苻洛，苻堅的堂兄弟，被封為行唐公。太元五年在幽州謀反，被秦將竇衝擒獲。苻堅赦之不誅，徙涼州西海郡。(112)勇冠一時　苻洛勇而多力，能坐制奔牛，射洞犁耳。冠，位居第一。(113)推忠義以帥羣豪　以你的忠義之心，給各路賢豪作出表率。帥，給……作表率。(114)資其精銳　憑藉著呂光這支精銳的部隊。資，憑藉；藉用。(115)東兼毛興　向東聯合河州刺史毛興的勢力。河州的州治即今甘肅臨夏。(116)連王統楊璧　再聯合秦州刺史王統、南秦州刺史楊璧的兵力。秦州的州治即今甘肅天水市；南秦州的州治仇池，在今甘肅成縣西。(117)合四州之眾　把四個州的兵力聯合起來。四州指涼州、河州、秦州、南秦州。(118)掃兇逆　蕩平一切與秦國勢力作對的人，主要指慕容垂、慕容沖、姚萇等。(119)寧帝室　穩定苻秦政權。(120)桓文之舉　齊桓公、晉文公一樣的壯舉。齊桓公、晉文公都是春秋時代的霸主，其主要功業是挾天子以令諸侯，並倡導尊王攘夷等等，對穩定當時的秩序起了一定作用。(121)西海　郡名，郡治居延縣，在今內蒙古額濟納旗東南的哈喇和圖。(122)機鑒　隨機應變，根據事物變化迅速做出決斷。(123)及　趁著。(124)楊翰以郡迎降　梁熙不能用楊翰之謀，翰遂恨而降於光。(125)玉門　縣名，縣治在今甘肅玉門西北的赤金堡。(126)移檄　發通告予以譴責。檄，文體名，公開譴責並曉諭天下聞知。(127)南安　郡名，郡治在今甘肅隴西縣東南。(128)別駕衛翰　梁熙的僚屬姓衛名翰。別駕是刺史的高級僚屬，隨刺史出行時能單獨乘坐一輛車。(129)酒泉　郡名，郡治福祿縣，即今甘肅酒泉。(130)敦煌　郡名，郡治敦煌縣，在今甘肅敦煌西。(131)晉昌　郡名，郡治在今甘肅安西縣東南的鎖陽城。(132)報檄　對梁熙的指責做出反應的檄文。報，回答。(133)無赴難之志　沒有奔赴國難的思想。(134)遏歸國之眾　有人想回去救國，他反而擋著不讓回去。遏，阻擋。歸國之眾，呂光等人自指。(135)安彌　縣名，縣治在今甘肅酒泉東。(136)自餘　其餘；其他。(137)西郡太守索泮　西郡的郡治在今甘肅永昌西北、山丹東南。索泮，字德林，敦煌人，世為冠族。張天錫時曾為中壘將軍、西郡太守，政務寬和。苻秦時，拜別駕。(138)城守不下　堅守城池不投降。(139)但苦　只是苦於。(140)君父　這裡即指其主官涼州刺史梁熙。僚屬可對主官稱「君」。事君如事父，故稱梁熙曰「君父」。(141)逆氐彭濟　彭濟是氐族人，故索泮罵之「逆氐」。(142)姦佞傾險　奸詐巧媚，邪惡陰險。(143)譖殺　說壞話，挑動其上司殺人。(144)金城　郡名，郡治在今甘肅蘭州西北側。(145)允吾　城名，在今甘肅永靖西北的湟水南岸。(146)興城　城名，在允吾城西，今青海循化北的黃河北岸。(147)乞伏國仁　隴西鮮卑首領乞伏司繁之子，西秦政權的建立者，西元三八五─三八八年在位。國都勇士城。傳見《晉書》卷一百二十五。(148)武城等十二郡　指武城、武陽、安固、武始、漢陽、天水、略陽、漒川、甘松、匡朋、白馬、苑川。(149)勇士城　勇士川（苑川）的西城，在今甘肅榆中的大營川地區。(150)魏昌公纂　苻纂，苻堅的同族，被封為魏昌公。(151)楊定　隴西氐族人，佛奴之子，宋奴之孫。宋奴是故仇池公楊毅之弟，苻堅的女婿。太元十年在長安城西被慕容沖所俘獲。(152)謝罪　謝降燕之罪。(153)博陵　諸侯國名，都城即今河北安平。(154)茲川　又名「霸川」、「霸水」，源出陝西藍田東倒谷中，經西安東，過灞橋，北流注入渭河。(155)開府儀同三司　加官名，意即使用三公的儀仗，享受國家三公禮遇。(156)治歷城　以歷城為其首埠，為其辦事衙門的所在地。歷城在今甘肅西和北。(157)儲蓄　指積貯備用的糧草物資。(158)百頃　即仇池山，在今甘肅成縣西。東漢建安以後，世代為氐族楊氏所據。(159)來稱藩　來向晉王朝稱臣，願做晉王朝的藩國。(160)因其所號假之　按其原有的官號又加封了一遍。假，加；授予。(161)天水　郡名，郡治上邽，即今甘肅天水市。(162)略陽　郡名，郡治臨渭縣，在今甘肅秦安東南八十里。(163)繹幕　縣名，縣治在今山東平原縣西北。(164)據城　佔據繹幕縣城。(165)泰山太守任泰　東晉的泰山太守，泰山郡的郡治在今山東泰安東南。(166)潛師　祕密進軍。(167)乃　才。(168)外敵奄至　指晉軍突然到來。奄，突然。(169)不時下　不立即投降。時，及時；立即。(170)未合　未與蔡匡會合。(171)屠其壘　殺光了其城內的人。壘，城堡。(172)龍城　又稱「和龍」、「黃龍城」，即今遼寧朝陽，是慕容皝等前燕的都城，後來慕容垂的後燕也都於此。(173)過山鈔盜　翻越白狼山來襲擊我們。白狼山，即今遼寧喀喇沁左翼縣東的白鹿山，餘巖當時駐兵於令支縣（今河北遷安西），在白狼山南。鈔盜，搶掠，這裡即指襲擊。(174)侵擾良民　當時這些少數民族軍隊多為兵民一起，男女老幼都跟隨軍隊行動。(175)烏集為羣　像烏鴉一樣地臨時湊合在一起，即所謂「烏合之眾」。(176)非有綱紀　沒有章程法度。(177)扼其喉　控制了他們的出入通道。指慕容農進據龍城，控制了餘巖從令支通往遼西、遼東的通道。(178)此田善熟　這裡的土地容易收成。熟，豐收。(179)徒自耗損　白白地損失掉。(180)收畢　收割完畢，成了自己的軍糧。(181)梟　取其首，這裡即指「征討」、「消滅」。(182)稍稍　漸漸。(183)繕脩陵廟　修補龍城往日的陵園。前燕慕容皝以前的君主都葬在龍城。陵廟，古代陵園的建制通常都是前有祭廟，後為陵墓。184平州　州治昌黎，即今遼寧義縣。185平郭　縣名，在今遼東半島的蓋縣西南。186富贍　富足。187先是　在此以前。188遼東　郡名，郡治即今遼寧遼陽。189求忠臣必於孝子之門　東漢韋彪之言。190吾何有焉　我還能對你說什麼呢。191今人　謂燕人。192一切之功　只看你眼前的功勞而不顧其他任何事。一切，只看眼前；只取這一點。193中州　中原；中國；華夏地區。194乃有　竟然有。195索頭　鮮卑族的拓跋氏部落，因其男人習慣梳辮子，故人稱之為「索頭」。196不及　沒趕上，指還沒到達，那裡的事情就結束了。197實倉廩　讓倉庫裡堆滿糧食。198蕭何　西漢的開國功臣，楚漢戰爭中，為劉邦留守關中，輸送士卒糧餉，支援前方作戰，對劉邦戰勝項羽起了重要作用。事跡詳見《史記‧蕭相國世家》。199丙申　十二月二十三。200冀州刺史　冀州的州治即所謂「信都」，今河北之冀州，當時正被苻定所佔領。慕容垂任慕容精為冀州刺史，蓋令其自往取之。201紇羅　什翼犍之父代王郁律之弟，拓跋珪的堂曾祖。202諸部大人　各部落的頭領。

【校記】1王永留平州二句　原無此二句。據章鈺校，十二行本、乙十一行本、孔天胤本皆有此二句，張敦仁《通鑑刊本識誤》、張瑛《通鑑校勘記》同，今據補。2將　原無此字。據章鈺校，十二行本、乙十一行本、孔天胤本皆有此字，張敦仁《通鑑刊本識誤》同，今據補。3歸　原作「從」。據章鈺校，十二行本、乙十一行本、孔天胤本皆作「歸」，張敦仁《通鑑刊本識誤》同，今從改。4軸　原作「輪」。據章鈺校，十二行本、乙十一行本、孔天胤本皆作「軸」，張敦仁《通鑑刊本識誤》同，今據改。5抗　據章鈺校，乙十一行本作「拒」。6索泮　原誤作「宋泮」。據章鈺校，十二行本、乙十一行本、孔天胤本皆作「索泮」，張敦仁《通鑑刊本識誤》、張瑛《通鑑校勘記》同，今據改。索泮傳見《晉書》卷一百十五。7同　原作「俱」。據章鈺校，乙十一行本、孔天胤本皆作「同」，張敦仁《通鑑刊本識誤》同，今據改。8前後至者　據章鈺校，十二行本、乙十一行本、孔天胤本皆作「至者前後」。9流散　原作「流離」。據章鈺校，十二行本、乙十一行本、孔天胤本皆作「流散」，今從改。10之功　據章鈺校，十二行本、乙十一行本、孔天胤本皆無此二字。

【語譯】秋季，七月，東晉遭遇大旱災、大饑饉，因為久旱不雨，就連井水都枯竭了。

後秦王姚萇從故縣前往新平。

秦王苻堅到達五將山，後秦王姚萇派遣擔任驍騎將軍的吳忠率領騎兵包圍了五將山。秦王苻堅手下的秦兵全都逃散，苻堅身邊只剩下十幾個侍衛。苻堅仍然像平時那樣，坐在那裡等待後秦軍隊的到來，他吩咐掌管膳食的官員為自己端上飯菜。不一會兒，後秦驍騎將軍吳忠率領後秦軍衝到苻堅的跟前，將苻堅擒獲，送往後秦王姚萇所在的新平，單獨囚禁在一個房間裡。

秦國太子苻宏率領屬下的部眾和宗室抵達下辨，擔任南秦州刺史的楊璧拒絕接納苻宏等人進入下辨城。楊璧的妻子，是秦王苻堅的女兒順陽公主，順陽公主拋棄了自己的丈夫楊璧，跟隨了自己的兄長苻宏。秦太子苻宏逃往武都，投奔氐族的豪紳強熙，又向當地的少數民族借路前來投降東晉，東晉孝武皇帝司馬昌明下詔，將秦國王太子苻宏安置在江州。

秦國長樂公苻丕率領手下的三萬名部眾從枋頭準備返回鄴城，東晉龍驤將軍檀玄率領晉軍攻擊苻丕，雙方在谷口展開激戰。檀玄被苻丕軍打敗，苻丕再次進入鄴城。

後燕擔任建節將軍的餘巖背叛了後燕王慕容垂，他率領自己的部眾從武邑向北攻擊幽州。燕王慕容垂派使者騎馬飛速前往敕令擔任幽州刺史的平規說：「你應該堅守薊城，不要與餘巖交戰，等我攻破丁零之後，我將親自去討伐餘巖。」幽州刺史平規沒有遵從慕容垂的敕令，仍然堅持出戰，結果被餘巖打敗。餘巖進入薊城，掠奪了一千多戶居民而後離去，進而又攻佔了令支。〇七月二十八日癸酉，丁零族部落首領翟成的長史鮮于得殺死了翟成，向後燕王慕容垂投降，慕容垂下令將行唐城中的人全部殺光，把翟成的部眾全部活埋。

東晉擔任太保的謝安因為患病，請求從駐地廣陵的步丘返回京師，孝武皇帝司馬昌明下詔批准了謝安的請求。八月，謝安回到京師建康。〇十九日甲午，東晉實行大赦。〇二十二日丁酉，東晉建昌文靖公謝安逝世。東晉孝武皇帝司馬昌明下詔，給與謝安以特殊的待遇，與當年大司馬桓溫享受的待遇一樣。二十五日庚子，任命擔任司徒的琅邪王司馬道子兼任揚州刺史、錄尚書事、都督中外諸軍事，任命擔任尚書令的謝石為衛將軍。

後秦王姚萇派人向被俘虜的秦王苻堅索取傳國玉璽說：「按照上天安排的次序，現在該輪到我姚萇稱帝了，你可以把傳國玉璽交給我。」秦王苻堅怒目圓睜，大聲斥責說：「你這小小的羌人，竟敢逼迫天子！五胡中可以稱帝的名單裡面，沒有你這羌人姚萇的名字。傳國玉璽已經送給東晉，你不可能得到它。」姚萇又派遣擔任右司馬的尹緯勸說秦王苻堅，請求他舉行一個禪讓儀式將帝位傳給姚萇。苻堅說：「實行禪讓，那是聖賢之間的事情。姚萇只是一個叛變秦國的賊子，我如何能將帝位禪讓給他？」苻堅趁機與尹緯拉起家常，苻堅詢問尹緯說：「你在我的朝廷中擔任什麼官職？」尹緯回答說：「擔任尚書令史。」苻堅歎息地說：「你，是和王猛同一類型的人物，具有宰相的才能。而我竟然不知道你這個人，所以滅亡也是應該的。」秦王苻堅認為自己平生對待姚萇有恩，現在看到姚萇如此行徑，所以非常憤恨，他屢次痛罵姚萇，以求一死。苻堅對張夫人說：「豈能讓這個羌人奴才侮辱了我們的女兒！」於是，便先行殺死了自己的二個女兒苻寶和苻錦。八月二十六日辛丑，後秦王姚萇派人將秦王苻堅勒死在囚禁他的新平佛寺之中，張夫人、中山公苻詵全都自殺身亡，後秦將士都為秦王苻堅落得如此下場而感到悲哀。姚萇打算掩蓋自己殺害秦王苻堅的惡名，遂尊諡秦王苻堅為壯烈天王。

司馬光說：「評論家一致認為，秦王苻堅的滅亡，是因為沒有殺死慕容垂和姚萇。只有我認為並非如此。東漢許劭曾經評論魏武帝曹操，認為如果曹操是生活在一個太平時代，一定能夠成為一個治理國家的良臣；如果是生活於一個亂世，便是一個趁亂稱帝稱王的奸雄。假使苻堅治理秦國沒有背離正道，那麼慕容垂、姚萇就都是秦國的能臣，又豈能製造叛亂呢！苻堅所以滅亡，是因為他屢次獲得勝利之後，便驕傲自大起來造成的。戰國時期的魏文侯向自己的宰相李克詢問吳王夫差為什麼會亡國，李克回答說：『因為屢戰屢勝。』魏文侯說：『屢戰屢勝，那是國家的福分，怎麼會導致亡國呢？』李克又回答說：『屢次出兵作戰，國內的民眾必然會疲憊不堪，屢次獲勝，君主就會驕傲自滿，以一個驕傲自滿的君主來統治那些疲憊不堪的國民，國家不滅亡的事情是從來沒有的。』秦王苻堅就與吳王夫差相類似。」

秦國長樂公苻丕在鄴城，他準備放棄鄴城向西撤回長安。擔任幽州刺史的王永駐守壺關，他派遣使者邀請長樂公苻丕前往壺關，苻丕於是率領著鄴城中的男女老少總計六萬多口西行，前往潞州，擔任驃騎將軍的張蚝、擔任并州刺史的王騰把苻丕迎進晉陽。王永留下平州刺史苻沖守衛壺關，自己率領一萬騎兵在晉陽和苻丕相會，苻丕這才知道京師長安已經失陷，自己的父親、秦王苻堅已經遇難，於是對外發布秦王苻堅逝世的消息，為苻堅主持喪禮，苻丕即位為秦國皇帝。追諡秦王苻堅為宣昭皇帝，廟號世祖，實行大赦，改年號為大安。

後燕王慕容垂任命魯王慕容和為南中郎將，鎮守鄴城。派遣驃騎大將軍慕容農率軍從蠮螉塞出兵，歷經凡城，奔赴龍城，彙集各路人馬討伐佔據龍城的餘巖。撫軍大將軍慕容麟、冠軍大將軍慕容隆率軍從信都出發，奪取勃海、清河二郡。撫軍大將軍慕容麟率領燕軍攻打勃海郡太守封懿，將封懿活捉，遂進駐歷口。封懿，是故燕國勃海太守封放的兒子。

秦國所屬鮮卑部落首領劉頭眷率領鮮卑人在善無擊敗了賀蘭部落，又在意親山打敗了柔然。劉頭眷的兒子劉羅辰對自己的父親劉頭眷說：「近來出兵打仗，戰無不勝，所向無敵。然而對於心腹中的疾患，希望能夠早日剷除。」劉頭眷不解地問：「誰是心腹之患？」劉羅辰回答說：「就是我的堂兄劉顯，劉顯是一個非常殘忍的人，將來必定會製造禍亂。」劉頭眷沒有採納兒子的意見將劉顯除掉。劉顯，是劉頭眷的哥哥劉庫仁的兒子。

過了不久，劉顯果然殺死了鮮卑部落首領劉頭眷而接管了劉頭眷的部眾。劉顯還準備殺死拓跋珪。劉顯的弟弟劉亢埿的妻子是拓跋珪的姑姑，她偷偷地將劉顯準備殺害拓跋珪的消息告訴了拓跋珪的母親賀氏。劉顯的主要謀臣梁六眷，是故代王拓跋什翼犍的外甥，他也派自己的部屬穆崇、奚牧祕密地將消息報告給拓跋珪，並將自己的愛妻、駿馬交給穆崇說：「如果事情敗露，就讓他們來替我洗刷，證明我無罪。」拓跋珪的母親賀氏擺下夜宴，邀請劉顯飲酒，並將劉顯灌醉，然後讓自己的兒子拓跋珪偷偷地與故代王拓跋什翼犍的舊臣長孫犍、元他、羅結，騎上快馬輕裝逃走。凌晨時分，賀氏令人故意使馬廄中的馬群驚恐不安，然後讓劉顯起身出去觀看。賀氏假裝大哭說：「我的兒子剛才還在這裡，現在卻不見了人影，你們這些人中是誰殺死了我的兒子？」劉顯因此而沒有立即派人追趕。拓跋珪一行遂投奔了賀蘭部落，依附自己的舅父賀訥。賀訥驚喜地說：「你重建代國之後，可別忘記了你的老舅！」拓跋珪笑著說：「如果真能像老舅說的那樣，能夠重建我的國家，我一定不敢忘記。」

劉顯懷疑自己的智囊梁六眷洩露了自己準備殺死拓跋珪的消息，於是準備將梁六眷送進大牢關押起來。

梁六眷的部下穆崇在大庭廣眾之中宣揚說：「梁六眷這傢伙是個忘恩負義的小人，他竟然幫助劉顯行兇作惡，我已經把他的老婆、駿馬弄到手，也算稍微解我一點心頭之恨！」劉顯聽說之後，就把梁六眷釋放了。

拓跋珪母親賀氏的堂弟、在故代王拓跋什翼犍時期擔任外朝大人的賀悅率領自己的部眾脫離劉顯，而追隨了拓跋珪。劉顯大怒，就要殺死拓跋珪的母親賀氏。賀氏逃到了劉顯弟弟劉亢埿的家中，她在供奉著神像的車子中隱藏了三天。劉亢埿全家出面為賀氏向劉顯求情，劉顯才放過了賀氏。

故代王拓跋什翼犍時期擔任南部大人的長孫嵩率領自己的部眾七百多家背叛了劉顯，將要逃往五原。當時拓跋寔君的兒子拓跋渥也聚集起一部分人馬自任為首領，長孫嵩準備投靠拓跋渥。長孫嵩的部下烏渥對長孫嵩說：「拓跋渥是逆臣的兒子，他的父親弒殺了代王什翼犍，所以拓跋渥不值得我們去追隨，不如去依附拓跋珪。」長孫嵩聽從了烏渥的建議。後來，劉顯部落內部發生變亂，故代王拓跋什翼犍時期擔任中部大人的庾和辰得以趁機保護著賀氏投奔了拓跋珪。

拓跋珪的舅父賀訥的弟弟賀染干因為拓跋珪深得部眾的愛戴，心裡很嫉妒，於是指使自己的黨羽侯引七突謀殺拓跋珪。故代國人尉古真得知消息後，立即告訴了拓跋珪，侯引七突因此沒敢動手。賀染干懷疑是尉古真洩露了機密，就將尉古真抓起來進行拷問。他用兩個車軸使勁夾尉古真的頭，一隻眼睛都被夾傷了，尉古真仍然沒有承認，賀染干才沒有殺死他。賀染干就準備親自除掉拓跋珪，於是率軍包圍了拓跋珪的住處，拓跋珪的母親賀氏挺身而出，她質問賀染干說：「你們殺了我的兒子，準備置我於何地呢？」賀染干滿臉慚愧地率軍離開了拓跋珪的住地。

九月，秦主苻丕任命張蚝為侍中、司空，王永為侍中、都督中外諸軍事、車騎大將軍、尚書令，王騰為中軍大將軍、司隸校尉，苻沖為尚書左僕射，封為西平王。又任命擔任左長史的楊輔為右僕射，擔任右長史的王亮為護軍將軍。立王妃楊氏為皇后，立自己的兒子苻寧為皇太子，封苻壽為長樂王，苻鏘為平原王，苻懿為勃海王，苻昶為濟北王。

秦國驍騎將軍呂光從西域的龜茲國返回秦國，途中抵達宜禾，秦國擔任涼州刺史的梁熙密謀關閉邊界，拒絕呂光入境。擔任高昌太守的楊翰向梁熙建議說：「驍騎將軍呂光剛剛平定了西域各國，兵強馬壯，士氣正盛，他聽說中原地區遭遇死喪禍亂，一定有發動叛變的圖謀。黃河以西地方萬里，武裝部隊十萬人，完全可以保護自己，另開局面。如果呂光繼續東下，走出流沙地帶之後，憑藉他的勢力，恐怕沒有人能勝過他。高梧谷口是最險峻的要塞，應該先派大軍守住此處，然後切斷水源。呂光的軍隊一旦陷入飢渴難忍的困境，就可以很容易將他們制服。如果認為高梧谷口距離太遠，還可以利用伊吾關進行抵抗。如果讓呂光通過了這兩處險要的關口，即使有張良那樣的謀略，恐怕也無計可施了！」梁熙沒有聽從楊翰的建議。擔任美水縣令的犍為郡人張統對涼州刺史梁熙說：「如今關中大亂，京師長安是存是亡都不得而知。呂光此次從西域回來，其志向如何還很難預料，將軍準備怎樣與他抗衡？」梁熙說：「我正在為此事發愁，還沒有想出對付的辦法。」張統說：「呂光的智勇和謀略都超過了一般人，如今擁有一支急於返鄉的軍隊，憑藉著西域戰勝的威勢，其鋒芒必定不可阻擋。將軍世受苻氏的大恩，對苻氏的忠誠早就盡人皆知，為王室建立功勳的機會，就在今天。行唐公苻洛，是天王苻堅的堂弟，其勇猛在當今位居第一。我從將軍的角度考慮，不如尊奉行唐公苻洛為盟主，以爭取民心，以你的忠義之心，給各路賢豪做出表率，即使呂光到來，他也不敢對秦國存有二心。然後借助呂光這支精銳的部隊，向東聯合河州刺史毛興，再聯合秦州刺史王統、南秦州刺史楊璧，把涼州、河州、秦州、南秦州四個州的兵力集中起來，掃滅一切與秦國勢力作對的人，穩固苻秦政權，這可是齊桓公、晉文公一樣的壯舉。」梁熙不僅沒有聽從，反而派人將行唐公苻洛殺死在西海。

秦國驍騎將軍呂光聽到高昌太守楊翰為涼州刺史梁熙所獻的計策，心裡非常恐懼，因而不敢繼續東進。擔任秦國輔國將軍的杜進對呂光說：「涼州刺史梁熙文雅有餘，而隨機應變的智謀不足，他肯定不會採用楊翰的計策，將軍不必為此擔憂。現在應該趁著他們上下離心的機會，加速前進奪取涼州。」呂光聽從了杜進的建議。他率領征西大軍迅速東進，大軍抵達高昌的時候，高昌太守楊翰獻出高昌郡，向呂光投降。呂光的大軍抵達玉門的時候，涼州刺史梁熙才發布通告，譴責呂光在沒有朝廷詔令的情況下擅自從西域撤軍而回。任命自己的兒子梁胤為鷹揚將軍，與擔任振威將軍的南安郡人姚皓、擔任別駕的衛翰一起率領五萬人馬，前往酒泉郡阻截驍騎將軍呂光所率領的征西軍。秦國擔任敦煌太守的姚靜、擔任晉昌太守的李純都獻出自己鎮守的城池，投降了呂光。呂光也以發布通告的形式回覆涼州刺史梁熙，責備梁熙不僅自己沒有奔赴國難的志向，對於想要回去救國的眾人反而加以阻擋，他派遣彭晃、杜進、姜飛為前鋒，與梁熙的兒子梁胤在安彌交戰，彭晃等人大敗梁胤軍，活捉了梁胤。於是四周山區的胡人、夷人全都歸附了呂光。秦國擔任武威太守的彭濟逮捕了涼州刺史梁熙向呂光投降，呂光殺死了梁熙。

秦國驍騎將軍呂光進入姑臧，親自兼任了涼州刺史，並上表給朝廷，舉薦杜進為武威太守，其他將佐全都委任了官職。涼州郡縣此時全部投降了呂光，只有擔任酒泉太守的宋皓、擔任西郡太守的索泮堅守城池，不肯投降。呂光率軍攻破城池，將他們活捉，呂光責備索泮說：「我接受秦王苻堅的詔命率軍平定西域，而涼州刺史梁熙竟然斷絕我們的歸路，他是朝廷的罪人，你為何要依附於他？」索泮回答說：「將軍接受詔命去平定西域，不是接受詔命來擾亂涼州，梁熙何罪之有，而將軍竟然殺死了他？我只是苦於自己的力量不足，不能為君父報仇罷了，又豈能像氐人逆賊彭濟那樣投降於你呢！主人滅亡，臣屬死節，本來就很正常。」呂光遂殺死了索泮和宋皓。〇擔任主簿的尉祐是一個奸佞陰險的人，因為他與彭濟一同發動兵變抓獲了梁熙，呂光遂特別信任他。由於尉祐的挑撥、誣陷，呂光屈殺了十多位像姚皓那樣的知名人士，涼州人對此很不滿意。呂光任用尉祐為金城太守，尉祐抵達允吾之後，立即襲擊、佔領了允吾城，背叛了呂光。呂光屬下的將領姜飛率軍擊敗尉祐、攻克了允吾城，尉祐逃往興城據守。

隴西鮮卑首領乞伏國仁自稱大都督、大將軍、單于，兼任秦州、河州二州牧，改年號為建義，任命乙旃童涅為左相，任命屋引出支為右相，任命獨孤匹蹄為左輔，任命武羣勇士為右輔，任命自己的弟弟乞伏乾歸為上將軍。將自己佔據的地盤劃分，設置為武城、武陽、安固、武始、漢陽、天水、略陽、漒川、甘松、匡朋、白馬、苑川十二個郡，修建勇士城作為自己的都城。

秦國擔任尚書令的魏昌公苻纂從關中逃奔晉陽。秦主苻丕任命苻纂為太尉，封其為東海王。

冬季，十月，西燕主慕容沖派遣尚書令高蓋率領五萬軍隊攻打後秦，與後秦軍在新平城南展開激戰，高蓋所率西燕軍被後秦軍打得大敗，高蓋投降了後秦。當初，高蓋認楊定為義子，等到高蓋失敗投降，楊定逃亡，投奔了隴右，他在隴右重新招集自己的舊部。

歸降了後燕的苻定、苻紹、苻謨、苻亮等聽到秦主苻丕在晉陽即皇帝位的消息，全都從河北派使者到晉陽向秦主苻丕承認自己投降後燕的錯誤。擔任中山太守的王兗，原本是新平郡的氐族人，他固守博陵，為秦國抵抗後燕。十一月，秦主苻丕任命王兗為平州刺史，任命苻定為冀州牧，任命苻紹為冀州都督，苻謨為幽州牧，苻亮為幽州、平州二州都督，全都進爵為郡公。擔任左將軍的竇衝據守茲川，擁有部眾數萬人，他與秦州刺史王統、河州刺史毛興、益州刺史王廣、南秦州刺史楊璧、衛將軍楊定全都從隴右派遣使者邀請秦主苻丕出兵，共同襲擊後秦。秦主苻丕遂任命衛將軍楊定為雍州牧，左將軍竇衝為梁州牧，加授秦州刺史王統為鎮西大將軍，加授河州刺史毛興為車騎大將軍，南秦州刺史楊璧為征南大將軍，全都享有開府儀同三司的權力和待遇，加授益州刺史王廣為安西將軍，凡是原來擔任州刺史的，全都進位為州牧。

沒過多久，衛將軍、雍州牧楊定便將治所遷徙到歷城，他把自己的所有儲備全都安置在百頃，自稱龍驤將軍、仇池公，然後派遣使者來到建康，向東晉稱臣，願做東晉的藩屬國。東晉孝武皇帝司馬昌明下詔，依照楊定自稱的爵號對楊定加以任命。後來，楊定又攻取了天水、略陽，自稱秦州刺史、隴西王。

後燕繹幕縣人蔡匡佔據繹幕背叛了後燕，後燕撫軍大將軍慕容麟、冠軍大將軍慕容隆共同攻伐蔡匡。東晉擔任泰山太守的任泰祕密出兵救助蔡匡。當任泰率軍抵達蔡匡營壘以南八里遠的地方時，才被後燕軍發現。後燕諸將因為還沒有攻破蔡匡，而外面東晉的援軍又突然到來，心裡都很擔憂。冠軍大將軍慕容隆說：「蔡匡因為仗恃外有援軍，所以沒有立即向我們投降。現在我們估計，任泰的援軍不過只有幾千人，趁著他們還沒有與蔡匡會合，立即向他發起攻擊，只要任泰軍一敗，蔡匡自然就會向我們投降。」於是暫且放棄對繹幕城的攻擊，而將兵力集中對付任泰，很快將任泰所率領的援軍打敗，斬殺了一千多人。蔡匡果然向後燕軍投降，後燕王慕容垂殺死了蔡匡，殺光了繹幕城中所有的人。

後燕驃騎大將軍慕容農率軍抵達龍城，他在龍城讓人馬休息了十多天。慕容農手下的諸將都說：「殿下北上龍城時，一路行軍神速。現在到了龍城，卻久留不進，這是為什麼？」慕容農回答說：「我們路上急速行軍，是因為擔心餘巖會越過白狼山來襲擊我們，侵害掠奪老百姓。餘巖沒有超越常人的才智，只不過誘騙那些飢餓的民眾，就像一群烏鴉為了食物而聚集到一起，沒有章程法度，沒有經過軍事訓練。我們現在已經控制了餘巖從令支通往遼西、遼東的重要通道，不久他的部眾就會自行離散，不用擔心餘巖會有什麼作為。這些農田裡的莊稼容易成熟，如果不把莊稼收穫完就走，白白地讓它損失掉。應當等莊稼收穫完畢，變成我們的軍糧，再去消滅餘巖，也不過再等十天八天而已。」不久，慕容農率領步兵、騎兵三萬人抵達餘巖的老巢令支。餘巖的部眾非常震驚害怕，逐漸有人翻過城牆來歸順慕容農。餘巖束手無策，只得出城向慕容農投降，慕容農將餘巖斬首。乘勝率軍進攻高句麗，收復了遼東、玄菟二郡。然後返回到龍城，上疏給燕王慕容垂，請求修繕埋葬在龍城的祖先的陵寢和祭廟。

後燕王慕容垂任命驃騎大將軍慕容農為使持節、都督幽平二州・北狄諸軍事、幽州牧，鎮所設在龍城。將平州刺史、帶方王慕容佐的治所遷往平郭。慕容農在龍城開始制定法律制度，執行政令從寬從簡，司法公正嚴明，注意減輕人民的賦稅徭役，鼓勵農民種田植桑，居民的生活逐漸富足起來，四面八方的災民前後投奔龍城的有數萬人。在此之前，幽州、冀州的災民大多都進入高句麗，慕容農遂任命擔任驃騎司馬的范陽人龐淵為遼東太守，負責招撫那些災民。

後燕撫軍大將軍慕容麟率軍攻打佔據博陵的王兗，博陵城中的糧食吃光了，弓矢用光了，擔任功曹的張猗翻越城牆逃出城外，他招集民眾，起兵響應慕容麟。王兗站在城樓上責備張猗說：「你是秦國的子民，我是你的君長，你卻起兵響應賊寇，還自稱是『義兵』，為何名號和實際竟然如此相悖！古代人一定在孝子中間尋求忠臣，你的母親還在城中，你卻丟下她不管，我還能對你說什麼呢？燕國人現在只看到你眼前的功勞而不顧其他任何事，這是可以的，但是，他們豈能忘記你背叛國家、拋下母親不管的事情嗎！我沒有料到，在中原這樣講究禮儀的地區，竟然會有像你這樣不忠不孝之人！」十二月，後燕撫軍大將軍慕容麟攻陷了博陵，活捉了王兗和苻鑒，將他們一同斬首。擔任昌黎太守的宋敞率領著烏桓部落和索頭部落的兵眾趕來救援王兗，還沒有到達，得知博陵已經被燕軍攻陷、王兗等被殺的消息，遂率軍而回。秦主苻丕任命宋敞為平州刺史。

後燕王慕容垂向北抵達中山，他對屬下的將領說：「樂浪王慕容溫招集、安撫那些流散人士，讓倉廩中堆滿糧食，對外供給軍隊給養，在內營造宮室，即使是漢丞相蕭何的功勞，又怎能超過他！」十二月二十三日丙申，後燕王慕容垂決定把中山作為燕國的都城。

秦國冀州牧苻定據守信都，抗拒後燕。後燕王慕容垂任命自己的堂弟北地王慕容精為冀州刺史，令他率領燕軍攻取信都。

拓跋珪的堂曾祖拓跋紇羅與他的弟弟拓跋建以及各部落的首領共同向賀蘭部落首領賀訥請求擁戴拓跋珪為首領。

十一年（丙戌　西元三八六年）

春，正月戊申❶，拓跋珪大會於牛川❷，即代王位，改元登國。以長孫嵩為南部大人，叔孫普洛為北部大人，分治其眾。以上谷張袞為左長史，許謙為右司馬，廣甯王建❸、代❹人和跋、叔孫建、庾岳等[1]為外朝大人❺，奚牧為治民長❻，皆掌宿衛❼及參軍國謀議。長孫道生、賀毗等侍從左右，出納教命❽。王建娶代王什翼犍之女。岳，和辰之弟。道生，嵩之從子❾也。

燕王垂即皇帝位❿。

後秦王萇如安定⓫。

南安祕宜⑫帥羌、胡五萬餘人攻乞伏國仁，國仁將兵五千逆擊，大破之，宜奔還南安。

鮮于乞之殺翟真⑬也，翟遼奔黎陽⑭，黎陽太守滕恬之⑮甚愛信之。恬之喜畋獵，不愛士卒，遼潛施姦惠⑯，以收眾心。恬之南攻鹿鳴城⑰，遼於後閉門拒之。恬之東奔鄄城⑱，遼追執之，遂據黎陽。豫州⑲刺史朱序遣將軍秦膺、童斌與淮、泗諸郡⑳共討之。

秦益州牧王廣㉑自隴右引兵攻河州牧毛興㉒於枹罕，興遣建節將軍衛平帥其宗人一千七百夜襲廣，大破之。二月，秦州牧王統遣兵助廣攻興，興嬰城自守。

燕大赦，改元建興，置公卿尚書百官，繕宗廟、社稷。

西燕主沖樂在長安，且畏燕主垂之彊，不敢東歸。課農築室，為久安之計，鮮卑咸怨之㉓。左將軍韓延因眾心不悅，攻沖，殺之，立沖將段隨為燕王，改元昌平。

初，張天錫之南奔㉔也，秦長水校尉王穆匿其世子大豫，與俱奔河西，依禿髮思復鞬㉕，思復鞬送於[2]魏安㉖。魏安人焦松、齊肅、張濟等聚兵數千人迎大豫為主，攻呂光昌松郡㉗，拔之，執太守王世強。光使輔國將軍杜進擊之，進兵敗，大豫進逼姑臧。王穆諫曰：「光糧豐城固，甲兵精銳，逼之非利。不如席卷嶺西㉘，礪兵㉙積粟，然後東向與之爭，不及期年㉚，光可取也。」大豫不從，自號撫軍將軍、涼州牧，改元鳳凰。以王穆為長史，傳檄郡縣。使穆說諭㉛嶺西諸郡，建康㉜太守李隰、祁連都尉㉝嚴純皆起兵應之，有眾三萬，保據楊塢㉞。

代王珪徙居定襄之盛樂㉟，務農息民㊱，國人悅之。

三月，大赦㊲。○泰山太守張願以郡叛降翟遼。初，謝玄欲使朱序屯梁國㊳，玄自屯彭城，以北固河上，西援洛陽。朝議以征役㊴既久，欲令玄置戍㊵而還。會翟遼、張願繼叛，北方騷動。玄謝罪，乞解職。詔慰諭㊶，令還淮陰。

燕主垂追尊母蘭氏㊷為文昭皇后，欲遷文明段后㊸，以蘭氏配享太祖㊹。詔百官議之，皆以為當然。博士劉詳、董謐以為：「堯母為帝嚳㊺妃，位第三㊻，不以貴陵姜原㊼。明聖之道㊽，以至公為先㊾，文昭后宜立別廟㊿。」垂怒，逼之(51)，詳、謐曰：「上所欲為，無問於臣。臣按經奉禮(52)，不敢有貳(53)。」垂乃不復問諸儒，卒(54)遷段后，以蘭后代之。又以景昭可足渾后(55)傾覆社稷(56)，追廢之。尊烈祖(57)昭儀段氏(58)為景德皇后，配享烈祖。

崔鴻曰：「齊桓公(59)命諸侯無以妾為妻(60)。夫之於妻，猶不可以妾代之，況子而易其母乎？春秋所稱『母以子貴』者[61]，君母[62]既沒，得以妾母為小君[63]也。至於享祀宗廟[64]，則成風終不得配莊公[65]也。君父之所為，臣子必習而效之，猶形聲之於影響[66]也。寶之逼殺其母[67]，由垂為之漸[68]也。堯、舜之讓猶為之、噲之禍[69]，況違禮而縱私者乎！昔文姜得罪於桓公[70]，春秋不之廢[71]。可足渾氏雖有罪於前朝，然小君之禮成[72]矣。垂以私憾[73]廢之，又立兄妾之無子者[74]，皆非禮也[75]。」

劉顯自善無南走馬邑[76]，其族人奴真帥所部請[3]降於代。奴真有兄犍，先居賀蘭部，奴真言於代王珪，請召犍而以所部讓之，珪許之。犍既領部，遣弟去斤遺賀訥金馬。賀染干[77]謂去斤曰：「我待汝兄弟厚，汝今領部，宜來從我。」去斤許之。奴真怒曰：「我祖父以來，世為代忠臣，故我以部讓汝等，欲為義也。今汝等無狀[78]，乃謀叛國，義於何在[79]！」遂殺犍及去斤。染干聞之，引兵攻奴真，奴真奔代。珪遣使責染干，染干乃止。

西燕左[4]僕射慕容恆、尚書慕容永襲段隨，殺之，立宜都王[80]子顗為燕王，改元建明，帥鮮卑男女四十餘萬口去長安而東。恆弟護軍將軍韜誘顗，殺之於臨晉[81]。恆怒，捨韜去。永與武衛將軍刁雲帥眾攻韜，韜敗，奔恆營。恆立西燕主沖之子瑤為帝，改元建平，諡沖曰威皇帝。眾皆去瑤奔永，永執瑤，殺之，立慕容泓子忠為帝，改元建武。忠以永為太尉，守[82]尚書令，封河東公。永持法寬平，鮮卑安之。至聞喜[83]，聞燕王垂已稱尊號，不敢進，築燕熙城[84]而居之。

鮮卑既東，長安空虛。前滎陽太守[5]高陵趙穀[85]等招杏城盧水胡郝奴[86]帥戶四千入于長安，渭北皆應之，以穀為丞相。扶風王驎[87]有眾數千，保據馬嵬[88]，奴遣弟多[89]攻之。夏，四月，後秦王萇自安定伐之，驎奔漢中。萇執多而進，奴懼，請降，拜鎮北將軍、六谷大都督[90]。

癸巳[91]，以尚書僕射陸納[92]為左僕射，譙王恬[93]為右僕射。納，玩之子也。

毛興襲擊王廣[94]，敗之，廣奔秦州。隴西鮮卑匹蘭執廣送於後秦。興復欲攻王統於上邽，枹罕諸氐皆厭苦兵事，乃共殺興，推衛平[95]為河州刺史，遣使請命于秦[96]。

燕主垂封其子農為遼西王[97]，麟為趙王[98]，隆為高陽王[99]。

代王珪初改稱魏王。

張大豫自楊塢進屯姑臧城西，王穆及禿髮思復鞬子奚于帥眾三萬屯于城南，呂光出擊，大破之，斬奚于等二萬餘級。

秦大赦，以衛平為撫軍將軍、河州刺史，呂光為車騎大將軍、涼州牧。使者皆沒於後秦[100]，不能達。

燕主垂以范陽王德為尚書令，太原王楷為左僕射，樂浪王溫為司隸校尉。

後秦王萇即皇帝位于長安，大赦，改元建初，國號大秦[101]，追尊其父弋仲為景元皇帝，立妻虵氏為皇后，子興為皇太子，置百官。萇與羣臣宴，酒酣，言曰：「諸卿皆與朕北面秦朝[102]，今忽為君臣，得無恥乎[103]？」趙遷曰：「天不恥以陛下為子，臣等何恥為臣？」萇大笑。

魏王珪東如陵石[104]，護佛侯部帥侯辰[105]、乙佛部帥代題[106]皆叛走。諸將請追之，珪曰：「侯辰等累世服役[107]，有罪且當忍之。方今國家草創，人情未壹，愚者固宜前卻[108]，不足追也！」

六月庚寅[109]，以前輔國將軍楊亮為雍州刺史，鎮衛山陵[110]。○荊州刺史桓石民遣將軍晏謙擊弘農[111]，下之。初置湖、陝二戍[112]。

西燕刁雲等殺西燕主忠，推慕容永為使持節、大都督中外諸軍事、大將軍、大單于、雍・秦・梁・涼四州牧、錄尚書事、河東王，稱藩於燕[113]。

燕主垂遣太原王楷、趙王麟、陳留王紹、章武王宙攻秦苻定、苻紹、苻謨、苻亮等。楷先以書與之，為陳禍福，定等皆降。垂封定等為侯，曰：「以酬秦主之德[114]。」

秦主丕以都督中外諸軍事、司徒、錄尚書事王永為左丞相，太尉、東海王纂[115]為大司馬，司空張蚝為太尉，尚書令咸陽徐義為司空，司隸校尉王騰為驃騎大將軍、儀同三司。永傳檄四方[116]公侯、牧守、壘主、民豪，共討姚萇、慕容垂，令各帥所統以孟冬上旬[117]會大駕于臨晉[118]。於是天水姜延、馮翊寇明、河東王昭、新平張晏、京兆杜敏、扶風馬朗、建忠將軍．高平牧官都尉扶風王敏[119]等咸承檄[120]起兵，各有眾數萬，遣使詣秦。丕皆就拜[121]將軍、郡守，封列侯。冠軍將軍鄧景擁眾五千據彭池[122]，與竇衝為首尾[123]，以擊後秦。丕以景為京兆尹。景，羌[124]之子也。

後秦主[6]萇徙安定五千餘戶于長安。

秋，七月，秦平涼太守金熙、安定都尉沒弈干與後秦左將軍姚方成戰于孫丘谷[125]，方成兵敗。後秦主萇以其弟征虜將軍緒為司隸校尉，鎮長安，自將至安定，擊熙等，大破之。金熙本東胡[126]之種，沒弈干，鮮卑多蘭部帥也。

枹罕諸氐以衛平衰老，難與成功，議廢之。而憚其宗彊，累日[127]不決。氐啖青謂諸將曰：「大事宜時定[128]，不然變生。諸君但請衛公為會[129]，觀我所為。」

會七夕大宴[130]，青抽劍而前曰：「今天下大亂，吾曹休戚同之[131]，非賢主不可以濟大事。衛公老，宜返初服[132]以避賢路[133]。狄道長苻登[134]雖王室疏屬[135]，志略雄明，請共立之[136]，以赴大駕[137]。諸君有不同者，即下異議[138]。」乃奮劍攘袂[139]，將斬異己者。眾皆從之，莫敢仰視。於是推登為使持節、都督隴右諸軍事、撫軍大將軍、雍・河二州牧、略陽公[140]，帥眾五萬，東下隴[141]，攻南安[142]，拔之，馳使請命于秦。登，秦主丕之族子也。

祕宜與莫侯悌眷[143]帥其眾三萬餘戶降于乞伏國仁。國仁拜宜東秦州刺史，悌眷梁州刺史。

己酉[144]，魏王珪還盛樂，代題復以部落來降。十餘日，又奔劉顯，珪使其孫倍斤[145]代領其眾。劉顯弟肺泥帥眾降魏。

八月，燕王垂留太子寶守中山，以趙王麟為尚書右僕射，錄留臺[146]。庚午[147]，自帥范陽王德等南略地[148]，使高陽王隆東徇平原[149]。丁零鮮于乞保曲陽[150]西山，聞垂南伐，出營望都[151]，剽掠[152]居民。趙王麟自出討之，諸將皆曰：「殿下虛鎮[153]遠征，萬一無功而返，虧損威重[154]，不如遣諸將討之。」麟曰：「乞聞大駕在外[155]，無所畏忌，必不設備，一舉可取，不足憂也。」乃聲言至魯口[156]，夜，回趣乞[157]，比明，至其營，掩擊[158]，擒之。

翟遼寇譙[159]，朱序擊走之。

秦主丕以苻登為征西大將軍、開府儀同三司、南安王、持節、州牧、都督，皆因其所稱而授之。又以徐義為右丞相。留王騰守晉陽，右僕射楊輔戍壺關。帥眾四萬，進屯平陽[160]。

初，後秦主萇之弟碩德統所部羌居隴上[161]，聞萇起兵，自稱征西將軍，聚眾於冀城[162]以應之。以兄孫詳為安遠將軍，據隴城[163]，從孫訓為安西將軍，據南安之赤亭[164]，與秦秦州刺史王統[165]相持。萇自安定引兵會碩德攻統，天水屠各[166]、略陽羌胡應之者二萬餘戶，秦略陽太守王皮降之。

初，秦滅代，遷代王什翼犍少子窟咄于長安，從慕容永東徙，永以窟咄為新興[167]太守。劉顯遣其弟亢泥迎窟咄，以兵隨之，逼[168]魏南境，諸部騷動。魏王珪左右于桓等與部人謀執珪以應窟咄，幢將代人莫題[169]等亦潛與窟咄交通。桓舅穆崇告之[170]。珪誅桓等五人，莫題等七姓悉原不問[171]。珪懼內難[172]，北踰陰山[173]，復依賀蘭部。遣外朝大人遼東安同[174]求救於燕，燕主垂遣趙王麟救之。

九月，王統以秦州降于後秦。後秦主萇以姚碩德為使持節、都督隴右諸軍事、秦州刺史，鎮上邽(175)。

呂光得秦王堅凶問(176)，舉軍縞素(177)，諡曰文昭皇帝。冬，十月，大赦，改元大安[7]。

西燕慕容永遣使詣秦主丕求假道東歸，丕弗許，與永戰于襄陵(178)，秦兵大敗，左丞相王永、衛大將軍俱石子皆死。初，東海王纂自長安來，麾下壯士三千餘人，丕忌之。既敗，懼為纂所殺，帥騎數千南奔東垣(179)，謀襲洛陽。揚威將軍馮該(180)自陝邀擊之，殺丕，執其太子寧、長樂王壽，送建康，詔赦不誅，以付苻宏(181)。纂與其弟尚書永平侯師奴(182)帥秦眾數萬走據杏城，其餘王公百官皆沒於永。永遂進據長子(183)，即皇帝位，改元中興。將以秦后楊氏(184)為上夫人，楊氏引劍(185)刺永，為永所殺。

甲申(186)，海西公奕(187)薨于吳。

燕寺人(188)吳深據清河(189)反。燕王垂攻之，不克。

後秦主萇還安定。

秦南安王登既克南安，夷、夏歸之者三萬餘戶。遂進攻姚碩德于秦州，後秦主萇自往救之。登與萇戰于胡奴阜(190)，大破之，斬首二萬餘級。將軍啖青射萇，中之。萇創重[191]，走保上邽，姚碩德代之統眾。

燕趙王麟軍未至魏，拓跋窟咄稍前逼魏王珪，賀染干侵魏北部以應之。魏眾驚擾，北部大人叔孫普洛亡奔劉衛辰。麟聞之，遽遣[192]安同等歸。魏人知燕軍在近，眾心少安。窟咄進屯高柳[193]，珪引兵與麟會擊之。窟咄大敗，奔劉衛辰，衛辰殺之。珪悉收其眾，以代人庫狄干為北部大人。麟引兵還中山。

劉衛辰居朔方[194]，士馬甚盛。後秦主萇以衛辰為大將軍、大單于、河西王、幽州牧，西燕主永以衛辰為大將軍、朔州牧。

十一月，秦尚書寇遺奉勃海王懿、濟北王昶[195]自杏城奔南安，南安王登發喪行服[196]，諡秦主丕曰哀平皇帝。登議立懿為主。眾曰：「勃海王雖先帝之子，然年在幼沖，未堪多難。今三虜[197]窺覦[198]，宜立長君[199]，非大王不可。」登乃為壇於隴東[200]，即皇帝位，大赦，改元太初，置百官。

慕容柔、慕容盛及盛弟會[201]皆在長子，盛謂柔、會曰：「主上已中興幽、冀[202]，東西未壹[203]，吾屬居嫌疑之地[204]，為智為愚[205]，皆將不免[206]。不若以時[207]東歸，無為坐待魚肉[208]也。」遂相與亡歸燕。後歲餘，西燕主永悉誅燕主儁及燕主垂之子孫，男女無遺。

張大豫自西郡(209)入臨洮(210)，掠民五千餘戶，保據俱城(211)。

十二月，呂光自稱使持節、侍中、中外大都督、督隴右・河西諸軍事、大將軍、涼州牧、酒泉公。

秦主登立世祖神主(212)於軍中，載以輜軿(213)，建黃旗青蓋(214)，以虎賁(215)三百人衛之。凡所欲為，必啓主(216)而後行。引兵五萬，東擊後秦，將士皆刻鉾、鎧為「死」、「休」字(217)。每戰以劍矟(218)為方圓大陣，知有厚薄(219)，從中分配(220)。故人自為戰，所向無前(221)。

初，長安之將敗(222)也，中壘將軍徐嵩、屯騎校尉胡空各聚眾五千，結壘自固(223)。既而受後秦官爵(224)，後秦主萇以王禮葬秦主堅於二壘之間。及登至，嵩、空以眾降之，登拜嵩雍州刺史，空京兆尹，改葬堅以天子之禮。

乙酉(225)，燕主垂攻吳深壘(226)，拔之，深單馬走。垂進屯聊城(227)之逢關陂(228)。初，燕太子洗馬(229)溫詳來奔，以為濟北太守，屯東阿(230)。燕主垂遣范陽王德、高陽王隆攻之，詳遣從弟攀守河南岸，子楷守碻磝(231)以拒之。

燕主垂以魏王珪為西單于，封上谷王。珪不受。

【章 旨】以上為第三段，寫孝武帝太元十一年（西元三八六年）的大事。主要寫了西燕主慕容沖被部下所殺，繼而又發生了一系列殺主更立後，西燕人離開長安，最後擁立慕容垂的同族慕容永為西燕主，進駐於長子；寫了西燕人離開長安後，姚萇進據長安稱帝，即歷史上的所謂「後秦」，秦州一帶為姚萇所有；寫了苻丕調集各地的擁秦勢力大會於臨晉，討伐姚萇，結果未戰，遂進駐平陽；繼而與慕容永作戰失敗；又欲襲取洛陽，被晉王朝的洛陽守將破殺之，部眾盡沒於慕容永；寫了苻堅的族人苻登被擁立為南安王，進攻秦州，大破姚萇；及聽到苻丕被殺的消息後，苻登遂稱帝於隴上，繼續苻堅的前秦王朝。苻登立苻堅的木主於軍中，凡事請之；寫了燕王慕容垂即皇帝位於中山，即歷史上所說的後燕；寫了張天錫之子張大豫被王穆、禿髮思復鞬等所擁立，奪得一些地盤後進攻姑臧，被呂光打敗；寫了拓跋珪即代王位，重返盛樂，務農息民，國人安之；而拓跋珪的小叔窟咄在匈奴部落劉顯的支持下與拓跋珪相爭，拓跋珪退到陰山以北，向慕容垂求救，慕容麟與拓跋珪合兵大破窟咄，拓跋珪悉收其眾；寫了晉將楊亮以雍州刺史進駐洛陽，桓石民派將收復弘農，置湖、陝二戍，以及丁零翟遼襲取黎陽郡，泰山郡降之，又進攻譙郡，被晉將朱序擊退等等。

【注 釋】❶正月戊申 正月初六。❷牛川 水名，即今內蒙古烏蘭察布盟境內的塔布河。❸廣甯王建 廣甯郡人王建。廣甯郡的郡治即今遼寧北鎮。❹代 代郡，郡治即今河北蔚縣東北的代王城。❺外朝大人 官名，拓跋珪置，無常員。以鮮卑貴族、外戚以及勳臣充任。平時出入禁中，參與謀議，決定軍國大事，亦常受詔命出使。❻治民長 官名，拓跋珪置，掌民事。❼宿衛 守衛宮廷。❽出納教命 把帝王的詔命向下宣告，把下面意見向帝王稟報。即今所謂「傳達」。教命，泛指帝王的各種命令。❾嵩之從子 長孫嵩的姪子。❿即皇帝位 即皇帝位於中山，即今河北定州。⓫如安定 由新平到安定郡去。安定郡的郡治在今甘肅涇川縣北。⓬南安祕宜 南安郡人姓祕名宜。南安郡的郡治在今甘肅隴西縣東南。⓭鮮于乞之殺翟真 事見本書之上年四月。⓮黎陽 郡名，治所黎陽縣，在今河南浚縣東北。⓯滕恬之 當時為東晉王朝的黎陽太守。⓰潛施姦惠 暗中對人行使小恩小惠，以收買之。⓱鹿鳴城 在今河南浚縣東南。⓲鄄城 縣名，縣治即今山東鄄城北之舊城集。⓳豫州 州治即今河南洛陽。⓴淮泗諸郡 淮河、泗水沿岸的各郡，諸如彭城郡、下邳郡、汝南郡、新蔡郡等。㉑秦益州牧王廣王廣是秦政權的益州刺史，本來是在成都，上年晉兵逼近成都時，他推薦蜀人李丕任益州刺史，守成都，而自己則率其部眾回到了他的故鄉隴西，投靠秦州刺史王統。㉒河州牧毛興　秦政權的地方官。河州的州治枹罕，即今甘肅臨夏。㉓咸怨之　怨其不回其國舊地。㉔張天錫之南奔　太元八年，苻堅於肥水之敗時，張天錫與朱序等一道逃回晉王朝。事見本書上卷。㉕禿髮思復鞬　河西地區的鮮卑部落頭領，禿髮推斤之子，禿髮烏孤之父。日後南涼政權的創立者。傳見《晉書》卷一百二十六。㉖送於魏安　將張大豫送到了魏安郡。魏安郡的郡治在今甘肅古浪東。㉗昌松郡　郡治昌松縣，在今甘肅武威東南。㉘嶺西　指西郡以西的張掖、酒泉、建康、晉昌等郡地區。㉙礪兵　磨快刀槍。㉚期年　週年；滿一年。㉛說諭　遊說勸說。㉜建康　郡名，郡治在今甘肅酒泉東南。㉝祁連都尉　祁連郡的武官。祁連郡的郡治在今甘肅祁連東北。㉞楊塢　地名，在姑臧城西，即今甘肅武威西，其地有堡塢。㉟盛樂　城名，即今內蒙古和林格爾西北二十里的土城子。㊱息民　讓百姓得到休息。㊲大赦　指晉王朝實行大赦。㊳梁國　諸侯國名，都城在今河南商丘城南。㊴征役　指征戰和勞役。㊵置戍　只留下一些小部隊的防守據點。㊶慰諭　用好話安慰。㊷蘭氏　慕容皝之妃。皝諡文明皇帝，故垂追尊自己的生母蘭氏為文昭皇后。㊸遷文明段后　從太廟裡移出文明段皇后的神牌。段氏原為皇后，故用其夫之諡相稱，並在太廟配享於慕容皝。段皇后是慕容儁的生母。現慕容垂為帝，欲提高其生母的地位，故改尊其生母為慕容皝的皇后，以配享其父。㊹配享太祖　隨同慕容皝一道享受祭祀。太祖，慕容皝的廟號。㊺帝嚳　傳說中的五帝之一，堯的父親。㊻位第三　在帝嚳的妃子裡名列第三。㊼不以貴陵姜原　不因為自己是帝堯的生母，而陵駕於帝嚳的元妃（正妻）姜原之上。陵，陵駕；超越；高出居上。姜原，也作「姜嫄」，傳說為有邰氏女，帝嚳的元妃，生子曰后稷，為周民族的始祖，也是古代的農神。㊽明聖之道　至高無上的道德準則。㊾以至公為先　首先講究的是大公無私。㊿文昭后宜立別廟　意即慕容垂的生母不能配享太祖慕容皝，應該給她另外立廟供奉。(51)逼之　逼迫他們改變意見。(52)按經奉禮　我們是遵奉聖人的經典、固有的禮節行事。(53)不敢有貳　不敢再有別的說法。貳，兩樣；不一致。(54)卒　終於。(55)景昭可足渾后　慕容儁的皇后，慕容暐的生母，在慕容暐為帝時干預朝政。因慕容儁諡景昭皇帝，故可足渾后諡景昭皇后。(56)傾覆社稷　慕容恪死後，可足渾后與慕容評專權，逼走慕容垂，敗亂其政，招致國家被苻堅所滅。(57)烈祖　慕容儁廟號烈祖。(58)昭儀段氏　昭儀是妃嬪的稱號，地位與丞相相同。段昭儀是慕容儁之妃。(59)齊桓公　春秋時代的齊國諸侯，著名的五霸之一。事跡詳見《史記・齊太公世家》。(60)無以妾為妻　不能把小妾扶正為妻室。這條規定見《孟子・告子下》。據說齊桓公在召集各國諸侯在葵丘會盟時，曾命令各國諸侯，要「誅不孝，無易樹子，無以妾為妻。」但《史記》不載此事。(61)春秋所稱母以子貴者　孔子之《春秋》無「母以子貴」之語，此語當出自《春秋公羊傳》隱公元年。

《公羊傳》云：「桓何以貴？母貴也。母貴則子何以貴？子以母貴，母以子貴也。」[62]君母　老國君的正妻。古代國君的兒子們不僅正妻所生的兒子稱正妻曰母，其他姬妾所生的兒子也都得稱父親之正妻曰母。[63]得以妾母為小君　古代的帝王或諸侯，如果這個男人是姬妾所生，而老帝王或老諸侯的正妻又已經死了，那麼這個由姬妾生的帝王或諸侯，可以把生他的這位姬妾稱之為「小君」。小君，原本是古人對諸侯正妻的稱呼，只有在上述特定的情況下，姬妾才能享受這種類似父親的正妻的稱號。[64]享祀宗廟　至於死後誰應該陪同父親享受祭祀於太廟的問題。[65]成風終不得配莊公　意即這位生了帝王或諸侯的姬妾還是不能以「小君」的名義供入太廟，還是只能把先前那位正妻供入太廟為其丈夫當配享。成風，是春秋時期魯莊公的姬妾，是魯僖公生母，魯莊公的正妻名為哀姜。魯僖公即位後，想做些改變，請示齊桓公，結果仍只能以哀姜配享莊公，而僖公的生母成風仍未能配享莊公。[66]猶形聲之於影響　就如同有什麼形狀、聲音，就有什麼影子與回聲一樣。[67]寶之逼殺其母　日後慕容垂的兒子慕容寶逼死了他的母親。慕容寶是慕容垂的次子，在長子慕容令死後被立為太子。慕容垂的第一個王后是段末柸之女，生了慕容令、慕容寶，升平二年段氏被燕主慕容儁及其后可足渾氏害死。慕容垂接著又娶段氏的妹妹為繼室，生子慕容朗與慕容鑒。由於第二個段氏曾勸慕容垂廢掉太子寶，故太子寶登基後，於太元二十一年逼著段氏自殺了。事見後文。[68]由垂為之漸　慕容寶這種逼著段后自殺，就是當初慕容垂想改變其生母地位開的頭。漸，開頭；苗頭。[69]堯舜之讓猶為之噲之禍　堯舜禪讓那樣的好事，尚且能引出後代燕國丞相子之與燕王噲那樣的災難。堯死前把帝位讓與舜的故事被儒家傳為美談，見《史記・五帝本紀》；戰國時燕國的陰謀家丞相子之哄騙燕王噲把燕國政權「讓」與他，而引發燕國大亂，以致險些國家滅亡的故事，見《史記・燕召公世家》。[70]文姜得罪於桓公　文姜與其兄齊襄公私通，導致了其丈夫魯桓公被齊襄公所殺。事見《史記・魯周公世家》。文姜是春秋時齊僖公之女，齊襄公之妹，嫁與魯桓公為夫人。魯桓公是魯國的國君，西元前七一一至前六九四年在位。[71]春秋不之廢　孔子寫《春秋》仍沒有廢棄她。《春秋》魯莊公二十一年書文姜之死曰「夫人姜氏薨」，二十二年書曰「葬我小君文姜」。可見《春秋》還是把文姜當做魯桓公的夫人來敘述的。[72]小君之禮成　可足渾氏作為慕容儁的正式皇后，是名正言順的。[73]私憾　個人的怨恨。指慕容垂的第一個王后段氏被可足渾氏誣陷迫害致死，又進讒言於慕容暐，致使慕容垂流落於國外。[74]兄妾之無子者　即前文所說的「昭儀段氏」，慕容儁的嬪妃，無子。[75]皆非禮也　以上崔鴻的評論文字，見於《十六國春秋》，作者崔鴻，是北魏時代的史學家，字彥鸞，仕魏為中散大夫。所著《十六國春秋》原書今已佚，僅存清人湯球的《十六國春秋輯補》。[76]南走馬邑　畏代國之威脅，且懼其報昔日之仇。馬邑，縣名，即今山西朔州。[77]賀染干　賀訥之弟。[78]無狀　無禮；不講道理。[79]義於何在　義在哪裡，意即不講正義。[80]宜都王　慕容桓，慕容皝之子，慕容儁之弟，前燕時被封為宜都王。81臨晉　縣名，即今陝西大荔。82守　代理。由官階低的人代理高的職位叫守。83聞喜　縣名，即今山西聞喜。84燕熙城　城名，在今山西聞喜北。85滎陽太守高陵趙穀　滎陽太守趙穀是高陵人。高陵，縣名，縣治在今陝西高陵西南一里。86杏城盧水胡郝奴　居住在杏城的盧水胡人部落，其頭領名叫郝奴。杏城，古城名，在今陝西黃陵西南。盧水胡，匈奴族的一個分支。87扶風王驎　扶風人姓王名驎。扶風郡的郡治在今陝西眉縣東。88馬嵬　地名，即今陝西興平西的馬嵬坡。89弟多　郝奴的弟弟郝多。90六谷大都督　官名。六谷，疑指陝西長安的子午谷、梓谷、石鱉谷和戶縣的甘谷、赤谷、澇谷。91癸巳　四月二十二。92陸納　陸玩之子，陸曄之姪，東吳以來的江東士族，為人貞厲絕俗，對東晉的腐朽強烈不滿。傳見《晉書》卷七十七。93譙王恬　司馬恬，司馬懿之弟司馬孚的後代，司馬無忌之子，司馬休之之父。傳見《晉書》卷三十七。94毛興襲擊王廣　毛興、王廣，與下文所說的王統，都是前秦苻氏的將領，毛興為河州刺史，王廣為益州刺史，王統為秦州刺史，三人彼此相攻。95推衛平　因衛平是當地的強族，故推之。96請命于秦　請命於寄居壺關的苻堅之子苻丕。97遼西王　遼西郡王。遼西郡的郡治在今河北昌黎北。98趙王　趙郡王。趙郡的郡治在今河北趙縣西南。99高陽王　高陽郡王。高陽郡的郡治在今河北高陽西南。100皆沒於後秦　都被姚萇的部下俘獲而去。沒，沉沒；被扣押起來。101國號大秦　歷史上稱之為「後秦」。102北面秦朝　曾向秦朝稱臣。古代臣見君，君面朝南坐，群臣面北叩見。103得無恥乎　難道不感到恥辱嗎。104陵石　地名，在當時的盛樂城東。105護佛侯部帥侯辰　「護佛侯」部落的頭領名叫「侯辰」。部帥，部落頭領。106乙佛部帥代題　「乙佛」部落的頭領名叫「代題」。107累世服役　世代為我們效勞出力。108愚者固宜前卻　看不清形勢的人，忽而向前，忽而後退，是理所當然的。前卻，指叛服無常。109六月庚寅　六月二十。110以前輔國將軍二句　東晉的雍州刺史本來駐兵於襄陽，今則遣楊亮以雍州刺史的身分向北進駐到洛陽，以守衛西晉諸帝的陵墓。山陵，以稱帝王的陵墓。111弘農　郡名，郡治弘農縣，即今河南靈寶東北的函谷關故城。112初置湖陝二戍　首次在湖縣、陝縣建立了兩個防守據點。湖縣的縣治在今河南靈寶西北，陝縣的縣治在今河南三門峽市西面的舊陝縣。113稱藩於燕　向建都於中山慕容垂的後燕政權稱臣。藩，大國中的小國諸侯。114以酬秦主之德　以報答苻堅當年對自己的好處。酬，答謝。德，恩情。115東海王纂　苻纂，苻堅之姪。116傳檄四方　發通告給四方各地的秦國殘餘勢力。檄，檄文；通告天下以討伐某人的文告。117孟冬上旬　農曆十月的前十天。孟冬，冬季裡的第一個月。118會大駕于臨晉　指前秦殘存的各路兵馬，一齊與苻丕相會於臨晉關。大駕，天子的車駕，這裡即指在壺關稱帝的苻丕。臨晉，即今陝西大荔。119建忠將軍高平牧官都尉扶風王敏　賜號為「建忠將軍」，實任為「高平牧官都尉」的扶風人姓王名敏。120承檄　響應通告。承，接受；奉行。121就拜　派人前往予以委任。

(122)彭池　胡三省注以為當作「彪池」。彪池，地名，在今陝西西安城西。當時竇衝據茲川（灞水），在今西安東南，與鄧景正相首尾。(123)為首尾　首尾相連接。(124)羌　鄧羌，苻堅部下的名將，在滅前燕過程中有大功。(125)孫丘谷　地名，在今甘肅平涼東南，當時屬隴東郡，東離安定郡治不遠。(126)東胡　秦稱遼東鮮卑為東胡。(127)累日　一連多日。(128)宜時定　應該趕緊決定。時，當時；及時。(129)請衛公為會　請衛平來參加會議。(130)會七夕大宴　當時正趕上有七月初七的盛大宴會。七夕，節日名，相傳是天上牛郎會織女的日子，同時也是古代青年女子向織女學習手工技巧的日子。(131)吾曹休戚同之　我等應該有福同享，有難同當。吾曹，我等。休戚，享福或受罪。(132)返初服　脫掉官服，回去穿原來的衣服，指辭去官職，回到原來的崗位上去。(133)避賢路　為賢者讓路。(134)狄道長苻登　狄道縣的縣長苻登，字文高，苻堅的同族孫輩，後成為前秦國君，西元三八六至三九四年在位。傳見《晉書》卷一百十五。(135)王室疏屬　前秦皇帝血緣疏遠的同族。(136)請共立之　請一同立他為河州刺史。(137)以赴大駕　以率眾奔赴臨晉與秦主苻丕會合。(138)即下異議　請馬上說出你們的不同意見。下，說出。(139)奮劍攘袂　舉起寶劍，捋起袖子。(140)略陽公　略陽郡公。略陽郡的郡治在今甘肅天水市東北。(141)東下隴　下隴山而東出。隴山在甘肅與陝西的交界處。(142)南安　郡名，郡治在今隴西縣城的東北側。(143)祕宜與莫侯悌眷　二人原皆前秦之將領。莫侯悌眷，姓莫侯，名悌眷。(144)己酉　七月初十。(145)倍斤　代題之孫。(146)錄留臺　總領朝廷的留守事務。臺，晉、宋間謂朝廷禁省為臺，稱禁城為臺城。天子外出，在臺城置官留守，稱留臺。(147)庚午　八月初一。(148)南略地　向南開拓地盤。(149)東徇平原　向東略取平原郡。平原郡的郡治在今山東平原縣南。徇，意思同巡，亦即略地，帶兵一走而過，不用打大仗，即將地盤據為己有。(150)保曲陽　在曲陽據城而守。曲陽，縣名，在中山（即今河北定州）之西，縣治即今河北曲陽。(151)出營望都　出兵在望都紮營。望都，縣名，即今河北望都，在當時中山的東北方。(152)剽掠　搶劫。(153)虛鎮　使所鎮之城（中山）變得空虛。(154)虧損威重　對你的名聲有損。(155)大駕在外　指慕容垂不在中山。(156)聲言至魯口　揚言要到魯口去。魯口，城名，即今河北饒陽，在中山的東南方。(157)回趣乞　轉頭向鮮于乞殺去。趣，同「趨」。奔向。(158)掩擊　突然發起攻擊。(159)寇譙　自黎陽入侵譙郡。譙郡的郡治即今安徽亳州。(160)平陽　古城名，即今山西臨汾的城西部，劉淵、劉聰時代的都城。(161)隴上　隴坂或隴山之上。(162)冀城　城名，故冀縣的縣治，在今甘肅天水市西北。(163)隴城　城名，故隴縣的縣治，在今甘肅清水縣北。(164)赤亭　地名，在今甘肅隴西縣西。姚萇之父姚弋仲就是南安赤亭的羌族人。(165)王統　當時駐兵上邽縣，在今甘肅天水市西南。(166)天水屠各　天水郡的匈奴部落之一。(167)新興　郡名，郡治即今山西忻州。(168)逼　靠近；迫近。(169)幢將代人莫題　拓跋珪的親兵頭領是代郡人，名叫莫題。當時魏國禁衛軍的將領有內幢將、羽林幢將、虎賁幢將，合稱三郎幢將，平時率三郎衛士執仗宿直禁中，戰時亦從征出戰。(170)告

之　告發了于桓。(171)悉原不問　全部赦免，不加追問。(172)內難　內部叛亂。(173)北踰陰山　向北退到了陰山以北。陰山是今內蒙古境內東西走向的大山，橫亙在今呼和浩特、包頭、臨河諸城市的北方。(174)遼東安同　遼東郡人姓安名同。(175)上邽　即今甘肅天水市。(176)凶問　死的消息。(177)舉軍縞素　全軍披麻帶孝。縞素，白色的喪服。(178)襄陵　縣名，縣治即今山西臨汾東南的古城莊。(179)東垣　地名，在今河南新安東。(180)馮該　東晉的將領。(181)以付苻宏　把他們幾個人交給了苻宏。苻宏是苻堅的太子，太元十年離開長安，投奔了東晉，東晉將其置於江州刺史桓玄部下。(182)永平侯師奴　苻師奴，苻纂之弟，被封為永平侯。(183)長子　縣名，縣治在今山西長子西南。(184)秦后楊氏　苻丕的皇后。(185)引劍　拔劍。(186)甲申　十月十六。(187)海西公奕　司馬奕，成帝司馬衍之子，哀帝司馬丕之弟，曾繼晉哀帝在位五年，被桓溫所廢，稱海西公，至此死。(188)燕寺人　燕國的太監。(189)清河　郡名，郡治在今河北清河縣東南。(190)胡奴阜　地名，在今甘肅天水市西。(191)創重　傷勢嚴重。(192)遽遣　趕緊打發。遽，迅即。(193)高柳　縣名，故治在今山西陽高西北。(194)朔方　古郡名，郡治在今內蒙古烏拉特前旗南。(195)勃海王懿濟北王昶　皆苻丕之子。(196)發喪行服　指哭弔苻丕。行服，穿孝服。(197)三虜　謂姚萇、慕容垂、慕容永。(198)窺覦　伺隙而動。(199)長君　年長的君主。(200)為壇於隴東　在隴東郡築壇以祭告天地。隴東郡的郡治涇陽縣，在今甘肅平涼西北。(201)慕容柔慕容盛及盛弟會　三人皆慕容垂之孫。慕容盛與慕容會皆太子寶之子。(202)中興幽冀　在幽州、冀州一帶即位稱帝。(203)東西未壹　兩個政權沒有統一。東謂燕王慕容垂，西謂西燕主慕容永。(204)居嫌疑之地　生活在被人（指慕容永等）懷疑猜測的環境中。(205)為智為愚　意思是不論如何表現。(206)皆將不免　最後都將是不免一死。(207)以時　及時；尋找時機。(208)坐待魚肉　像魚肉一樣地等著讓人家宰割，以比喻毫無反抗的可能。(209)西郡　郡治在今甘肅山丹東南，武威西北。(210)臨洮　縣名，即今甘肅岷縣。(211)保據俱城　堅守俱城。俱城在臨洮縣，即今甘肅岷縣境內。保據，依托；據守。(212)世祖神主　苻堅的牌位。苻堅廟號世祖。神主即牌位。(213)載以輜軿　用一輛轎車拉著。輜軿，有篷蓋、有帷幕的車子。(214)建黃旗青蓋　車上豎有黃色的旌旗與青色的大傘。蓋，大傘。(215)虎賁　由勇士組成的儀仗隊。(216)必啓主　一定要先向苻堅的神主稟告。(217)皆刻鉾鎧為死休字　都在自己所戴的頭盔與所穿的鎧甲上刻著「死」字或「休」字，以表示有死無回的決心。鉾，同「鍪」。頭盔。也有說「鉾」即古「矛」字。(218)稍　同「槊」。丈八長矛。(219)知有厚薄　一旦發現哪裡有薄弱環節。厚薄，偏義複詞，這裡即指薄弱。(220)從中分配　隨時加以調配。(221)所向無前　不論打到哪裡，都無人敢居其前，意即所向無敵。(222)長安之將敗　指苻堅的守長安將敗時。(223)結壘自固　構築堡壘以加強防守。(224)受後秦官爵　後來投降了姚萇，做了姚萇的官。(225)乙酉　十二月十八。(226)攻吳深壘　當時吳深正據清河郡以叛燕。(227)聊城　縣名，縣治在今山東聊城西北。(228)逢關陂　在當時的聊城縣，即今山東聊城境內。(229)太子

洗馬　官名，太子的侍從官員，出行時充當先遣隊。230東阿　縣名，縣治即今山東陽穀東北的阿城鎮。231碻磝　城名，在今山東茌平西南古黃河的碻磝津南岸，東晉、南北朝時為軍事要地。

【校　記】1等　原無此字。據章鈺校，十二行本、乙十一行本、孔天胤本皆有此字，張敦仁《通鑑刊本識誤》同，今據補。2於　原無此字。據章鈺校，十二行本、乙十一行本、孔天胤本皆有此字，張敦仁《通鑑刊本識誤》同，今據補。3請　據章鈺校，十二行本、乙十一行本、孔天胤本皆無此字。4左　原無此字。據章鈺校，十二行本、乙十一行本、孔天胤本皆有此字，張敦仁《通鑑刊本識誤》同，今據補。5太守　原無此二字。據章鈺校，十二行本、乙十一行本、孔天胤本皆有此二字，張敦仁《通鑑刊本識誤》同，今據補。6後秦主　原作「後秦王」。據章鈺校，乙十一行本、孔天胤本皆作「後秦主」，張敦仁《通鑑刊本識誤》、張瑛《通鑑校勘記》同，今據改。按，本書上下文皆稱後秦主。7大安　據章鈺校，孔天胤本作「太安」。按，《晉書》卷一百二十二〈呂光載記〉云呂光「建元曰太安」，《太平御覽》卷一百二十五引《後涼錄》、《通鑑》卷一百六作「大安」。苻丕年號有「太安」，此時呂光尚用苻丕年號，呂光年號始於麟嘉，見載《魏書》呂光本傳。

【語　譯】十一年（丙戌　西元三八六年）

春季，正月初六日戊申，拓跋珪在牛川召開索頭部落大會，即位為代王，改年號為登國。代王拓跋珪任命長孫嵩為南部大人，任命叔孫普洛為北部大人，分別統領他們的部眾。任命上谷人張袞為左長史，許謙為右司馬，任命廣甯郡人王建、代郡人和跋、叔孫建、庾岳等為外朝大人，任命奚牧為治民長，全都負有守衛宮廷以及參與謀議、決定國家軍政大事的責任。長孫道生、賀毗等擔任左右侍從，負責把君主的詔令向下傳達、把下面的意見向君主稟報。外朝大人王建娶了故代王拓跋什翼犍的女兒為妻。庾岳，是庾和辰的弟弟。長孫道生，是長孫嵩的姪子。

後燕王慕容垂在中山即位為後燕皇帝。

後秦王姚萇從新平郡前往安定郡。

秦國南安郡人祕宜率領著五萬多名羌人、胡人攻擊乞伏國仁，乞伏國仁率領著五千人馬迎戰祕宜，將祕宜打得大敗，祕宜率領著殘兵敗將逃回了南安。

在鮮于乞斬殺丁零首領翟真的時候，翟遼逃往黎陽，東晉擔任黎陽太守的滕恬之非常喜歡他、信任他。滕恬之喜歡打獵，卻不知道愛惜士卒，翟遼便暗中施展自己的奸謀，用小恩小惠來收買人心。後來，滕恬之率領晉軍向南攻取鹿鳴城，翟遼留守後方，他關閉了黎陽城門，拒絕滕恬之返回黎陽。滕恬之只得放棄黎陽，向東逃往鄄城，翟遼隨後追趕，將滕恬之抓獲，遂佔有了黎陽城。東晉擔任豫州刺史的朱序派遣將軍秦膺、童斌聯合淮河、泗水沿岸的各郡共同出兵討伐翟遼。

秦國擔任益州牧的王廣從隴右率軍去攻打秦國擔任河州牧的毛興所據守的枹罕，河州牧毛興派遣擔任建節將軍的衛平率領著他的一千七百名族人在夜間偷襲益州牧王廣，將王廣軍打得大敗。二月，擔任秦州牧的王統派兵協助王廣攻擊毛興，毛興遂在枹罕城四周布防堅守。

後燕實行大赦，改年號為建興元年，開始設置公卿、尚書、文武百官，修繕皇家宗廟、祭祀天地神靈的社稷壇。

西燕主慕容沖樂意將都城建在長安，而且懼怕後燕主慕容垂的強大，不敢返回東方燕國故地。於是便鼓勵士卒種田務農，修建家室，做長久居留的準備，那些鮮卑人因為不能返回東方的燕國故地而對西燕主慕容沖產生怨恨。在慕容沖手下擔任左將軍的韓延便利用民眾心中對慕容沖的不滿情緒，率眾攻擊慕容沖，將慕容沖殺死，然後推戴慕容沖手下的將領段隨為燕王，改年號為昌平。

當初，西平公張天錫向南逃奔東晉的時候，秦國擔任長水校尉的王穆將張天錫的世子張大豫隱藏起來，後來與張大豫一同逃往河西，依附於鮮卑部落首領禿髮思復鞬，禿髮思復鞬將他們送往魏安郡。魏安郡人焦松、齊肅、張濟等聚集起數千名士兵迎接張大豫，擁戴張大豫為盟主，攻擊呂光管轄之下的昌松郡，將昌松郡攻克，活捉了昌松郡太守王世強。呂光派遣擔任秦國輔國將軍的杜進率軍反擊，不料杜進的軍隊又被打敗，張大豫於是率軍進逼姑臧。秦國長水校尉王穆勸諫張大豫說：「呂光所據守的姑臧城城池堅固，城內糧食充足，武器鋒利，軍隊訓練有素，進逼得太緊，恐怕對我們沒有什麼好處。不如攻取嶺西的張掖、酒泉、晉昌等各郡，磨快刀槍、積屯糧草，然後再向東與呂光爭奪姑臧，用不了一年的時間，就可以擊敗呂光，佔有姑臧。」張大豫沒有聽從王穆的意見，他自稱撫軍將軍、涼州牧，改年號為鳳凰。任用王穆為長史，各郡縣發布通告。又派長史王穆前往嶺西去遊說各郡歸附，建康郡太守李隰、祁連郡都尉嚴純全都起兵響應張大豫，他們擁有部眾三萬，據守楊塢。

代王拓跋珪遷都於定襄郡的盛樂城，他在盛樂推廣農耕，讓百姓得到休息，因此代國人都很滿意他。

三月，東晉實行大赦。○東晉泰山郡太守張願背叛了東晉，他將泰山郡獻給丁零部落首領翟遼，向翟遼投降。當初，東晉擔任衛將軍的謝玄準備讓豫州刺史朱序率軍屯駐梁國，謝玄自己率軍屯駐在彭城，以便隨時支援北方黃河沿岸的守軍，向西聲援洛陽。而朝廷中的大臣們經過商議，認為大軍征戰的時間太久，民眾所承擔的勞役太重，所以想讓謝玄留下一部分軍隊戍守，然後率領大軍返回。正遇上丁零部落首領翟遼、泰山郡太守張願相繼叛亂，北方地區騷動不安。謝玄於是向朝廷請罪，請求解除自己的職務。朝廷下詔對謝玄進行好言撫慰，讓他仍舊返回淮陰。

後燕主慕容垂追尊自己的母親蘭氏為文昭皇后，並準備把文明皇后段氏的牌位從太廟中移出來，而將自己的生母蘭氏的牌位安置在慕容皝牌位的旁邊，隨同先帝慕容皝一道享受後代的祭祀。於是下詔讓百官商議此事，大家全都認為應該這樣做。而博士劉詳、董謐卻認為：「堯帝的母親是帝嚳的妃子，在帝嚳的妃子中排名第三，她並沒有因為自己是堯帝的生母而陵駕於帝嚳的元妃姜原之上。至高無上的道德準則，首先講究的是大公無私，所以應該為文昭皇后另行建立祭廟供奉。」後燕主慕容垂非常惱怒，就給他們施加壓力，逼迫他們改變主意，劉詳、董謐說：「陛下如果非得要這樣做，就不要徵詢我們的意見。我們是遵奉聖人的經典、固有的禮節行事，不敢再有別的說法。」慕容垂於是不再徵求那些儒家學者的意見，終於把段氏皇后的牌位從宗廟中遷出，而使自己的生母文昭皇后蘭氏的牌位取代了段氏皇后的位置。又因為故燕主慕容儁的皇后可足渾氏干預朝政，傾覆了燕國政權，於是追究她的罪行，廢掉了可足渾氏的皇后名號，將她貶為平民。追尊故燕王慕容儁的昭儀段氏為景德皇后，讓她在太廟中取代了可足渾氏的位置，隨同景德皇帝慕容儁一同享受祭祀。

崔鴻說：「齊桓公下令各諸侯，不能把妾扶正為妻室。丈夫對於妻子，尚且不能以妾代替，何況是兒子，又怎麼可以改變自己嫡母的地位呢？《春秋》上所說的『母以子貴』，意思是國君的嫡母如果已經去世，才可以稱自己的生母為小君。至於死後誰應該陪同父親在太廟中享受祭祀的問題，則魯莊公的妾成風，最終也沒有因為自己的兒子成為魯國的國君魯僖公，而以小君的名義進入太廟配享魯莊公。君父的所作所為，臣子一定會學習效法，就如同有什麼形狀的物體就一定會有什麼樣的影子，有什麼聲音必定有什麼回響一樣。日後慕容垂的兒子慕容寶逼死了自己的母親，就是因為當初慕容垂改變自己生母的地位而開的頭。仿效堯帝、舜帝禪讓那樣的好事，尚且能引出後代燕國丞相子之與燕王噲那樣的災難，何況是違背禮法而出於個人的私心呢！春秋時期，文姜與自己的哥哥齊襄公私通，導致自己的丈夫魯桓公被齊襄公所殺，但孔子寫《春秋》並沒有因此而否定她的夫人地位。可足渾氏雖然在故燕國時期犯有罪過，然而她作為慕容儁的正式皇后，是名正言順的。慕容垂因為個人的怨恨而將可足渾氏廢黜，又立兄長慕容儁從沒生育過兒子的小妾為景德皇后，讓她配享景德皇帝慕容儁，這些都是違背禮法規定的。」

鮮卑族部落首領劉顯率領部眾從善無向南遷徙，前往馬邑，他的族人中有一個名叫劉奴真的人，率領自己的部下向代國請求歸降。劉奴真有一個哥哥名叫劉犍，早先曾經在賀蘭部落居住，劉奴真就向代王拓跋珪請求召回劉犍，自己情願把屬下的部眾讓給哥哥劉犍統領，代王拓跋珪答應了劉奴真的請求。劉犍回到代國接管了其弟劉奴真的部眾之後，就派自己的弟弟劉去斤帶著黃金和駿馬前往賀蘭部落，送給賀蘭部落首領賀訥。賀訥的弟弟賀染干趁機對劉去斤說：「我對你們弟兄情義深厚，你現在已經成為鮮卑的一個部落首領，就應該前來跟隨我。」劉去斤答應了賀染干的要求。劉奴真得知消息後，憤怒地對劉犍兄弟說：「自從我們的祖父以來，幾代人都忠實於代國，所以我才把部眾讓給你等統領，就是希望你們能為代國效力。如今你們這樣不講道理，竟然想要叛國謀反，義在哪裡！」於是殺死了劉犍和劉去斤。賀染干聽到劉犍兄弟被劉奴真殺死的消息，就率軍攻擊劉奴真，劉奴真逃奔代國。代王拓跋珪派遣使者前往賀蘭部落責備賀染干，賀染干才停止攻打劉奴真。

在西燕擔任左僕射的慕容恆、擔任尚書的慕容永率人襲擊了西燕王段隨，將段隨殺死，然後擁立宜都王慕容恆的兒子慕容顗為燕王，改年號為建明，西燕王慕容顗率領著四十多萬口鮮卑族的男男女女離開長安，踏上了返回東方故土的道路。僕射慕容恆的弟弟、擔任護軍將軍的慕容韜把燕王慕容顗引誘到臨晉，將慕容顗殺死。慕容恆非常憤怒，就拋下慕容韜離開了。擔任尚書的慕容永與擔任武衛將軍的刁雲率眾攻擊慕容韜，慕容韜被打敗之後，就逃往慕容恆的大營。慕容恆又擁立西燕主慕容沖的兒子慕容瑤為皇帝，改年號為建平，給慕容沖的諡號為威皇帝。眾人全都離開慕容瑤，投奔了慕容永，慕容永捉住慕容瑤，將慕容瑤殺死，然後擁立慕容泓的兒子慕容忠為皇帝，改年號為建武。慕容忠任命慕容永為太尉，兼任尚書令，封為河東公。慕容永執法寬大公平，鮮卑人都很擁護他。慕容忠率領鮮卑人到達聞喜縣，聽到後燕主慕容垂已經建國稱帝，遂不敢繼續東進，就在聞喜修築起燕熙城，然後居住下來。

鮮卑人東去之後，長安城已經變成了一座空城。前滎陽太守高陵人趙穀等招請居住在杏城的盧水匈奴部落首領郝奴率領四千戶入住長安，渭水以北的民眾也紛紛響應，郝奴任命趙穀為丞相。扶風人王驎手下擁有數千人，佔據馬嵬，郝奴派自己的弟弟郝多率軍攻擊王驎。夏季，四月，後秦王姚萇率軍從安定南下，攻打王驎，王驎逃往漢中。後秦王姚萇活捉了郝多，乘勝向長安進發，佔據長安的郝奴非常害怕，於是請求投降，後秦王姚萇任命郝奴為鎮北將軍、六谷大都督。

四月二十二日癸巳，東晉任命擔任尚書僕射的陸納為左僕射，任命譙王司馬恬為右僕射。陸納，是陸玩的兒子。

秦國擔任河州牧的毛興率軍襲擊秦國益州牧王廣，將王廣打敗，王廣逃往秦州。隴西的鮮卑人匹蘭捉住了王廣，並將王廣獻給了後秦王姚萇。毛興還想攻擊秦州牧王統所據守的上邽，而毛興所佔據的枹罕城中那些氐人全都不堪忍受連年戰爭帶給他們的痛苦，於是就共同殺死了毛興，推舉擔任建節將軍的衛平為河州刺史，然後派遣使者前往晉陽，請求秦主苻丕委任衛平為河州刺史。

後燕主慕容垂封自己的兒子慕容農為遼西王，封慕容麟為趙王，封慕容隆為高陽王。

代王拓跋珪開始改稱魏王。

張大豫率領部眾從所據守的楊塢出發，推進到姑臧城西駐紮，王穆以及禿髮思復鞬的兒子禿髮奚于率領三萬部眾屯紮在姑臧城南，呂光率眾出擊，大敗張大豫軍，斬殺了包括禿髮奚于在內的二萬多人。

秦國實行大赦，秦主苻丕任命衛平為撫軍將軍、河州刺史，任命呂光為車騎大將軍、涼州牧。但苻丕派往枹罕、姑臧的使者都在途中被後秦所俘虜，沒有能夠將秦主苻丕的任命送達衛平和呂光。

後燕主慕容垂任命范陽王慕容德為尚書令，任命太原王慕容楷為左僕射，任命樂浪王慕容溫為司隸校尉。

後秦王姚萇在長安即皇帝位，實行大赦，改年號為建初，國號大秦，追尊自己的父親姚弋仲為景元皇帝，立自己的妻子虵氏為皇后，立兒子姚興為皇太子，設置文武百官。大秦皇帝姚萇與屬下的群臣一起飲宴，酒興正濃的時候，姚萇對群臣說：「諸位愛卿都曾經與我一起面朝北臣屬於苻氏所建立的秦國，今天我們之間竟然變成了君臣關係，你們難道不感到恥辱嗎？」趙遷說：「上天不認為陛下做他的兒子是恥辱，我們怎麼會把做陛下的臣屬看作恥辱呢？」姚萇聽了不禁放聲大笑。

北魏王拓跋珪從都城盛樂前往東邊的陵石，護佛侯部落的首領侯辰、乙佛部落的首領代題全都背叛魏國，率領著自己的部落逃走。諸將向魏王拓跋珪請求出兵追擊他們，拓跋珪說：「侯辰等人世代都為我們效勞出力，就是有罪我們也應當忍讓他們。如今國家剛剛建立，人心並不統一，那些愚昧、看不清形勢的人往往會忽而前來歸附，忽而退卻叛變，不必出兵追趕！」

六月二十日庚寅，東晉任命前輔國將軍楊亮為雍州刺史，向北進駐洛陽，以守衛西晉諸位皇帝的陵墓。
○擔任荊州刺史的桓石民派遣將軍晏謙率軍攻打弘農郡，將弘農郡攻克。東晉首次在湖縣、陝縣設置軍事據點進行防守。

西燕擔任武衛將軍的刁雲等殺死了西燕主慕容忠，推戴慕容永為使持節、大都督中外諸軍事、大將軍、大單于、雍·秦·梁·涼四州牧、錄尚書事、河東王，向建都於中山的後燕慕容垂政權稱臣，願意做後燕的附屬國。

後燕主慕容垂派遣太原王慕容楷、趙王慕容麟、陳留王慕容紹、章武王慕容宙率領燕軍攻打秦國的冀州牧苻定、冀州都督苻紹、幽州牧苻謨、幽、平二州都督苻亮等。太原王慕容楷先寫信給他們，為他們分析禍福、利害，苻定等於是全部向後燕投降。後燕主慕容垂將苻定等全都封為侯爵，慕容垂說：「我這樣做是為了報答當年秦王苻堅對我的厚恩。」

秦主苻丕任命擔任都督中外諸軍事、司徒、錄尚書事的王永為左丞相，任命擔任太尉的東海王苻纂為大司馬，任命擔任司空的張蚝為太尉，任命擔任尚書令的咸陽人徐義為司空，任命擔任司隸校尉的王騰為驃騎大將軍、儀同三司。左丞相王永向四方各地的秦國殘餘勢力發布通告，號召四方的公爵侯爵、州牧郡守、民間的自衛武裝首領、英雄豪傑，共同起兵討伐後秦主姚萇、後燕主慕容垂，讓他們各自率領自己的部眾，在本年度農曆十月的上旬全都前往臨晉與秦主苻丕會師。於是天水人姜延、馮翊人寇明、河東人王昭、新平人張晏、京兆人杜敏、扶風人馬朗，以及擔任建忠將軍、高平牧官都尉的扶風人王敏等在接到秦國左丞相王永的通告後紛紛起兵，他們每人擁有武裝部眾數萬人，全都派使者前往秦國晉見秦主苻丕。苻丕把這些人全都任命為將軍、郡守，封為列侯。擔任冠軍將軍的鄧景擁有五千名部眾據守彭池，他與據守茲川的左將軍竇衝首尾相連接，合力攻打後秦。秦主苻丕任命鄧景為京兆尹。鄧景，是秦國名將鄧羌的兒子。

後秦主姚萇將安定郡的五千多戶居民遷徙到都城長安。

秋季，七月，秦國擔任平涼太守的金熙、擔任安定都尉的沒弈干與後秦擔任左將軍的姚方成在孫丘谷交戰，後秦的姚方成戰敗。後秦主姚萇任命自己的弟弟、擔任征虜將軍的姚緒為司隸校尉，鎮守都城長安，姚萇親自率領後秦軍抵達安定，攻擊秦國的平涼太守金熙等，將金熙打得大敗。金熙原本是居住在遼東地區的鮮卑人，沒弈干是鮮卑族多蘭部落的首領。

秦國枹罕地區的各氐人部落首領認為擔任河州刺史的衛平年紀衰老，跟隨他很難獲得成功，遂商議將衛平廢掉。但又懼怕衛平家族勢力強大，於是一連商議了幾天也不能做出決定。氐人啖青對諸將說：「廢立這樣的大事應該及早做出決定，不然的話，變亂必定會發生。諸位將軍只管邀請衛公出席會議，下面的事情就看我的了。」當時正趕上有七月初七的盛大節日宴會，宴會期間，啖青突然拔出佩劍逼近衛平的面前說：「如今天下大亂，我們這些人應該有福同享，有難同當，沒有一個英明賢能的首領就不可能成就大事。衛公年紀已老，應該脫掉官服，回去穿原來的衣服，為賢能的人讓路。狄道縣令苻登雖然與秦王室的血緣關係比較疏遠，然而志氣豪邁、謀略過人，請共同擁立苻登為河州刺史，率軍奔赴臨晉與秦主苻丕會合。在座的諸位如果有誰不贊同，就請立即說出你們的不同意見。」說完之後，啖青便舉起佩劍、捋起袖子，做出一副立即可以將反對者斬首的架勢。眾人只好全部服從，沒有人敢抬頭看他一眼。於是推舉苻登為使持節、都督隴右諸軍事、撫軍大將軍、雍、河二州牧、略陽公，率領五萬部眾從隴山出發，向東攻打南安，將南安攻克，然後派使者請求秦主苻丕的批准。苻登，是秦主苻丕的遠房堂姪。

南安祕宜與莫侯悌眷率領屬下的三萬多戶投降了乞伏國仁。乞伏國仁任命祕宜為東秦州刺史，任命莫侯悌眷為梁州刺史。

七月初十日己酉，北魏王拓跋珪從陵石返回都城盛樂，代題又率領著自己的部眾來投降魏國。過了十多天，又去投奔了劉顯，拓跋珪讓代題的孫子倍斤代替代題統領乙佛部落。劉顯的弟弟劉肺泥率眾投降了魏國。

八月，後燕主慕容垂留下太子慕容寶守衛都城中山，任命趙王慕容麟為尚書右僕射，主管朝廷的留守事務。初一日庚午，後燕主慕容垂親自率領范陽王慕容德等南下擴展地盤，派高陽王慕容隆率軍東下奪取平原郡。丁零部落首領鮮于乞據守著曲陽城及以西的山區，他聽到後燕主慕容垂親自率軍南下的消息，也率軍而出，在望都縣紮下營寨，他大肆劫掠當地的居民。後燕趙王慕容麟親自率軍討伐鮮于乞，慕容麟屬下的諸將都說：「殿下把守衛京師的軍隊全部調去攻打鮮于乞，將造成京師兵力空虛，萬一無功而返，恐怕對殿下的威望有損，不如派遣諸將前往討伐。」慕容麟說：「鮮于乞聽說皇帝率軍離開京師遠征在外，才無所顧忌，他們一定不會戒備，可以一舉成功，用不著擔憂。」慕容麟率軍離開中山，揚言要到魯口去，夜間，慕容麟掉頭而回，逕直奔向鮮于乞所率領的丁零人的營地，等到天明時分，已經逼近了丁零人的軍營，並突然發起攻擊，活捉了鮮于乞。

翟遼率領部眾入侵東晉的譙城，被朱序擊退。

秦主苻丕任命苻登為征西大將軍、開府儀同三司、南安王、持節、州牧、都督，都是按照苻登的自稱官職而加以任命。又任命擔任司空的徐義為右丞相。留下驃騎大將軍王騰守衛京師晉陽，令擔任右僕射的楊輔戍守壺關。苻丕自己則率領著四萬人馬進駐平陽。

當初，後秦主姚萇的弟弟姚碩德率領著自己的羌人部眾居住在隴上，當他聽到姚萇起兵叛離秦國的消息後，便自稱征西將軍，在冀城聚集兵眾起來響應自己的兄長。他任命兄長的孫子姚詳為安遠將軍，據守隴城，任命堂孫姚訓為安西將軍，據守南安的赤亭，與秦國擔任秦州刺史的王統對峙。後秦主姚萇親自從安定率軍趕來與姚碩德會合，聯合攻擊王統，天水郡的匈奴屠各部落、略陽一帶的羌人部落、胡人部落起兵響應姚氏的多達二萬多戶，秦國擔任略陽太守的王皮也投降了後秦。

當初，秦國滅掉了代國，將代王拓跋什翼犍的小兒子拓跋窟咄送到了當時秦國的都城長安，後來拓跋窟咄跟隨西燕河東王慕容永遷往東方，慕容永任命拓跋窟咄為新興郡太守。劉顯派自己的弟弟劉亢泥迎接拓跋窟咄，另派大軍緊隨其後，想將拓跋窟咄護送回魏國，以取代拓跋珪，大軍逼近魏國的南部邊境，因而引起魏國內部各部落的騷動不安。在魏王拓跋珪身邊擔任侍從的于桓等人與部眾密謀，準備逮捕拓跋珪以響應拓跋窟咄，擔任幢將的代國人莫題等也暗中與拓跋窟咄相勾結。于桓的舅舅穆崇將于桓等人的陰謀報告給魏王拓跋珪。拓跋珪誅殺了于桓等五個人，而對準備背叛自己的莫題等七個姓氏的人全部予以赦免，不再追究。拓跋珪對內部的叛亂感到非常恐懼，於是放棄了都城盛樂，向北越過陰山，再次依附於舅父的賀蘭部落。同時派遣擔任外朝大人的遼東郡人安同向後燕求救，後燕主慕容垂派遣趙王慕容麟率軍援救拓跋珪。

九月，秦國擔任秦州刺史的王統獻出秦州，投降了後秦。後秦主姚萇任命自己的弟弟姚碩德為使持節、都督隴右諸軍事、秦州刺史，鎮所設在上邽。

秦國擔任涼州刺史的呂光得知秦王苻堅已經遇難的消息後，全軍上下全都為秦王苻堅披麻戴孝，為秦王苻堅上諡號為文昭皇帝。冬季，十月，呂光下令實行大赦，改年號為大安。

西燕慕容永派人向秦主苻丕請求借道，使自己能夠返回東方的故土，遭到秦主苻丕的拒絕，苻丕率軍與慕容永在襄陵展開決戰，秦軍被西燕軍打得大敗，秦國擔任左丞相的王永、擔任衛大將軍的俱石子全都戰死。當初，東海王苻纂逃出故都長安前來投奔的時候，手下還擁有三千多名勇士，秦主苻丕因此對東海王苻纂心存畏忌。打了敗仗後，懼怕苻纂趁機將自己殺死，於是率領著數千名騎兵向南逃往東垣，準備攻取洛陽。東晉揚威將軍馮該從陝城出兵截擊，殺死了秦主苻丕，活捉了苻丕的太子苻寧、長樂王苻壽，將他們押送京城建康，東晉孝武帝司馬昌明下詔赦免了他們的死罪，將他們交付給苻宏。秦國東海王苻纂與自己的弟弟、擔任尚書的永平侯苻師奴率領數萬名秦國人跑到杏城堅守，其他的秦國王爵、公爵、文武百官，全都落入了西燕慕容永之手。西燕慕容永遂率領自己的部屬進駐長子，即位為皇帝，改年號為中興。慕容永準備把秦主苻丕的皇后楊氏封為上夫人，楊氏抽出佩劍刺殺慕容永，被慕容永殺死。

十月十六日甲申，東晉海西公司馬奕在吳縣去世。

後燕宦官吳深佔據清河造反。後燕主慕容垂率軍攻伐吳深，沒有獲勝。

後秦主姚萇從上邽返回安定。

秦國南安王苻登攻佔了南安之後，夷族、漢族歸附於他的有三萬多戶，苻登於是率軍進攻後秦秦州刺史姚碩德所鎮守的秦州，後秦主姚萇親自率軍前往秦州增援姚碩德。秦國南安王苻登與後秦主姚萇在胡奴阜展開大戰，苻登所率領的秦軍大敗姚萇的後秦軍，斬殺了二萬多人。苻登手下的將軍啖青箭射後秦主姚萇，射中了。姚萇身負重傷，投奔上邽療養，姚碩德代替姚萇接管了他的部眾。

後燕趙王慕容麟還沒有趕到魏國，拓跋窟咄所率的大軍已經逐漸向前逼近魏王拓跋珪，賀蘭部落的賀染干又率眾侵入魏國的北部以響應拓跋窟咄。魏國的民眾就更加驚惶恐懼，北部大人叔孫普洛逃奔了匈奴部落首領劉衛辰。慕容麟得知這一情況，立即打發安同等趕緊返回魏國。魏國人知道後燕的援軍即將到達，民心才稍微安定下來。拓跋窟咄率軍進駐高柳，拓跋珪率軍與慕容麟會合後，合力攻擊拓跋窟咄。拓跋窟咄被魏、燕聯軍打得大敗，投奔劉衛辰，劉衛辰殺死了他。北魏王拓跋珪全部接管了拓跋窟咄的部眾，然後任命代國人庫狄干為北部大人。後燕趙王慕容麟完成了救援任務，率領後燕軍返回後燕的都城中山。

匈奴部落首領劉衛辰居住在朔方郡，兵強馬壯，勢力強盛。後秦主姚萇任命劉衛辰為大將軍、大單于、河西王、幽州牧，西燕主慕容永任命劉衛辰為大將軍、朔州牧。

十一月，秦國擔任尚書的寇遺護送勃海王苻懿、濟北王苻昶從杏城投奔南安，南安王苻登為秦主苻丕穿上孝服，為苻丕上諡號為哀平皇帝。苻登提議擁立勃海王苻懿繼承帝位。眾人都說：「勃海王苻懿雖然是先帝苻丕的兒子，然而年紀尚幼，沒有能力承擔太多的災難。如今後秦的姚萇、西燕的慕容永、後燕的慕容垂全都在旁虎視眈眈，伺機而動，所以應該擁立年長的君主，除非是南安王，其他人都不行。」南安王苻登遂在隴東郡築起高壇祭告天地，即位為皇帝，實行大赦，改年號為太初，設置文武百官。

慕容柔、慕容盛以及慕容盛的弟弟慕容會此時全都在長子，慕容盛對慕容柔、慕容會說：「主上已經在東方的幽州、冀州一帶稱帝，東西兩個慕容氏政權沒有實現統一，我們這些人因為血緣關係而處在一種受人懷疑猜忌的環境中，不論我們如何表現，最後都難逃一死。不如尋找機會早日東歸，不要待在這裡像魚肉一樣等著受人宰割。」於是便一同逃歸後燕。過了一年多，西燕主慕容永果然把故燕主慕容儁以及後燕主慕容垂的子孫，不論男女老少全部殺掉，一個也沒有留下。

張大豫率領著殘部從西郡進入臨洮，劫持了五千多戶居民，佔據俱城進行堅守。

十二月，秦國涼州刺史呂光自稱使持節、侍中、中外大都督、督隴右、河西諸軍事、大將軍、涼州牧、酒泉公。

秦主苻登在軍營之中供奉著秦世祖苻堅的牌位，牌位用一輛四面都有帳幔的車子拉著，車上插著黃色的旌旗與青色的大傘，由三百名勇士組成的儀仗隊護衛。苻登想要做什麼事，一定要先向苻堅的牌位稟告，然後再去實行。苻登率領著五萬人馬向東攻擊後秦，將士們都在自己的頭盔和鎧甲上刻上「死」、「休」的字樣，以表達報仇雪恨、至死方休的決心。每次作戰，都用短劍、長矛布成方形大陣或圓形大陣，一旦發現哪裡有薄弱環節，就隨時加以調配。所以都能人自為戰，所向無敵。

當初，秦國的都城長安即將陷落之時，秦國擔任中壘將軍的徐嵩、擔任屯騎校尉的胡空各自聚集起五千人馬，構築堡壘以加強防衛。後來徐嵩、胡空全都投降了後秦，接受了後秦所任命的官爵，後秦主姚萇以埋葬王者的禮儀把秦王苻堅安葬在徐嵩、胡空所構築的兩個堡壘之間。等到苻登率領大軍抵達時，徐嵩、胡空又率領著自己的部眾投降了苻登，苻登任命徐嵩為雍州刺史，任命胡空為京兆尹，重又按照埋葬皇帝的禮儀將秦王苻堅另行安葬。

十二月十八日乙酉，後燕主慕容垂率軍攻打佔據清河叛變的宦官吳深，將吳深所據守的清河攻佔，吳深單身獨騎逃走。後燕主慕容垂進入聊城的逢關陂屯紮。當初，後燕擔任太子洗馬的溫詳前來投奔東晉，東晉任命溫詳為濟北太守，率軍屯紮在東阿。後燕主慕容垂派范陽王慕容德、高陽王慕容隆率軍攻打屯紮在東阿的溫詳，溫詳派堂弟溫攀守衛黃河南岸，兒子溫楷守衛碻磝城，抗擊後燕的進攻。

後燕主慕容垂封北魏王拓跋珪為西單于、上谷王。拓跋珪沒有接受慕容垂的官職和封爵。

【研　析】本卷寫孝武帝太元十年（西元三八五年）、十一年共兩年間的各國大事。主要寫了秦主苻堅之死，苻堅之族人苻登繼苻丕之死而稱帝，繼稱「前秦」，以及後燕主慕容垂、西燕主慕容永、西秦乞伏國仁、涼州呂光、塞北之拓跋珪政權紛紛稱王稱帝等等，其中值得議論的首先是如何認識苻堅其人與對苻堅如何評價。

苻堅是整個魏晉南北朝三百多年中的最偉大的英雄，前秦是整個魏晉南北朝三百多年中的勢力最強大、幅員最遼闊的國家。它西起帕米爾高原，東至大海，北到大漠以北，南達淮河流域，西南直達四川、雲南。苻堅的文化修養、苻堅的人格魅力、苻堅所推行的政策等等都遠比曹操更可愛，至於司馬懿、司馬炎、司馬睿之流更無法望其項背。武國卿《中國戰爭史》將苻堅的優長之處歸納了三點：一是政治上相對的清明與進步，這主要指發展生產，勸課農桑，恢復社會經濟，比較受人擁護，致使前秦政治一直沿著良性循環的軌道向前滑行，為其他諸國所難以企及；二是前秦統治集團有比較強的凝聚力，它對待上層內部的叛亂採取了盡可能寬宥的政策。這與西晉的八王之亂、匈奴劉氏的前趙、石虎羯人的後趙等相比都大為不同。這就使前燕統治集團減小了矛盾，能比較齊心協力地對付外部敵人；三是苻堅常能虛心納諫，吸收並發揮了其統治集團的集體智慧優勢。苻堅確係中國古代歷史上不太多見的開明豁達之君，他對謀士王猛的建議幾乎言聽計從，他對俘獲、投降的賢能之士也都誠心誠意地加以選用，這對前秦網羅天下賢士起了重要的作用。前燕的慕容垂父子是當時名冠天下的勇略將帥，降秦後，前秦的朝臣，甚至連王猛都勸苻堅將其殺掉，以絕後患；但苻堅始終堅持委以重任，表現了苻堅用人不疑的非凡氣度。至於肥水之戰後慕容垂又叛離了前秦，這是形勢發展所導致的結果，後代史書因此指責苻堅，就未免顯得過於幼稚了。

苻堅的統一西域，在當時也曾遭到很多人的反對，他們說西域路途遙遠，人煙稀少，土地荒涼，取之得不償失等等。苻堅斷然拒絕，毅然向西域進軍，終於重新統一了西域地區，為中國歷史的發展做出了名垂青史的當之無愧的貢獻。時至今日，如果還有人說苻堅這是好大喜功，則無疑是顛倒了是非曲直，實有為之正名的必要。

明代張大齡《玄羽外編》論苻堅說：「背列草付，天啟龍驤，九州之地，遂有其八。海嶠獻琛，越裳重譯，黎庶樂業，髦俊登庸，禮備樂和，辟雍弘化，開闢以來，胡運之盛未有若斯者也。是何成功之速哉？有王景略為之輔耳。景略之才不下管葛，而堅舉國聽之，間者必死。雖名為君臣，實肝膽肺腑，故景略得以盡其才；而堅亦勤政愛民，仁恕恭儉。景略死而堅漸驕，伐晉之舉，急於混一。說者咸謂『鮮卑西羌未之早除』，不知景略若在，萇等几上之肉，何能為哉？故景略之存亡，則苻氏之興衰也。彗掃東井，天意譴告；魚羊食人，神語諄諄，若有所以仁愛之者。蓋堅平生未有過舉，皇穹或不欲遽棄之乎？」其對苻堅的讚許溢於言表。

其實《晉書》與《通鑑》的作者也是在盡一切力量以表現他們對苻堅的惋惜之情，如《通鑑》寫慕容沖攻長安，「秦王堅身自督戰，飛矢滿體，流血淋漓。沖縱兵暴掠，關中士民流散，道路斷絕，千里無煙。有堡壁三十餘，推平遠將軍趙敖為主，相與結盟，冒難遣兵糧助堅，多為西燕兵所殺。堅謂之曰：『聞來者率不善達，此誠忠臣之義，然今寇難殷繁，非一人之力所能濟也，徒相隨入虎口，何益？汝曹宜為國自愛，畜糧厲兵，以俟天時，庶幾善不終否，有時而泰也。』」又有「三輔之民為沖所略者，遣人密告堅，請遣兵攻沖，欲縱火為內應。堅曰：『甚哀諸卿忠誠！然吾猛士如虎豹，利兵如霜雪，困於烏合之虜，豈非天乎！恐徒使諸卿坐致夷滅，吾不忍也。』」云云，都表現了苻堅的得人擁護，願為效死，而苻堅則是出於仁愛，反而叫人們不要為救他而冒險送命。最後當苻堅在五將山被姚萇所俘，姚萇向苻堅要傳國玉璽，請求苻堅給他行個傳國儀式，苻堅都罵而不應；最後又為了不讓自己的兩個女兒受侮辱而殺了她們，苻堅死後他的張夫人與兒子中山公苻詵也都相繼自殺，情形慘烈得連他的敵人「後秦將士皆為之哀慟」。這和被北方民族所俘去的那些晉朝皇帝與不勝指數的王公大臣相比，其氣節有著何等的不同！

本卷中還寫了東晉名臣謝安的死。對於謝安，人們也有著不同的評價。明代袁俊德說：「謝安賭墅，群詡為『運籌帷幄，不動聲色』。然八公之勝，非朱序自敗乃公事，則晉軍幾至不振，又何成算之可稱？讀書而不具卓識，隨人是非者多矣。」王陽明也說：「夫臨事而懼，用師之要。當苻秦入寇，重兵壓境，此何等時也？乃命為遊墅，圍棋決賭，桓沖之援則拒之，幼度（謝玄之字）之請則寂然，任軍國重寄者果若茲乎？向非朱序反間、秦兵稍卻，何能奏淮淝之捷耶？太史公謂霍去病不至困絕，以為有『天幸』，余於安亦以為然。」這都是否定謝安的。明代胡致堂說：「苻堅南伐，人人惴恐，安石獨否，所謂明之者矣。安石何明乎？晉室雖微，正朔所在，君不失道，人心所歸，將相調和，士卒豫附，加以長江之限，主客殊勢。以此待敵，勝負已分。又加苻堅志驕氣盈，貪欲無厭，方將陵跨江淮，為石勒、劉曜之事，於理逆矣。正使強弱相懸，直當以宗社存亡為決，此安石了了於方寸者。所以處置優游，靜而不擾歟。史稱其矯情鎮物者，夫惟言語可以修飾而出之，若情與貌，不可矯也。矯情於內，則貌形於外；飾貌於外，則情動於中，不能相應也。使安石而矯情，則與玄賭墅，棋必不勝。玄宜勝而負，安石宜負而勝，安石之天定矣，識者固知其必勝也。」袁了凡曰：「秦兵逼淮水矣，謝安命駕圍棋，夷無懼色；及馳書捷報矣，又攝書棋圍，了無喜色，豈輕國之安危，能恝無喜懼耶？安蓋心籌之，特不色露耳。彼堅擁百萬貔虎，咆哮而來，將以氣吞江左；安且冥測天時，顯察人事，知無足秦虞也；特小國當銳師，弱主御驕士，兵驟其氣則我必哀，人生其心則變必作。故特示之整以外降敵氣，予之暇以內鎮物情，斯其算也。夫弈者當局昏而旁觀瞭，安則身當兵局而心則旁觀國勢，故其區畫精、指揮當，能臨大變而不懾，履成功而不居也。」王陽明似乎貶之過低，而袁了凡則又似乎過於神化了。但謝安作為一個國家的主心骨，只有如此表現，才能使前方後方沉下心來，冷靜地處理各自應該處理的事情，其誰曰不宜？其誰曰不重要？當然，謝安如此表現，又有其東晉人的極大的時代特點，換個時代，不管是管仲、諸葛亮、魏徵、寇準，誰也做不出如此誇張的表現來。

古籍今注新譯叢書

哲學類

新譯四書讀本　謝冰瑩等編譯
新譯學庸讀本　王澤應注譯
新譯論語新編解義　胡楚生編著
新譯孝經讀本　賴炎元等注譯
新譯易經讀本　郭建勳注譯
新譯乾坤經傳通釋　黃慶萱著
新譯易經繫辭傳解義　吳　怡著
新譯禮記讀本　姜義華注譯
新譯儀禮讀本　顧寶田等注譯
新譯孔子家語　羊春秋注譯
新譯老子讀本　余培林注譯
新譯老子解義　吳　怡著
新譯莊子讀本　黃錦鋐注譯
新譯莊子讀本　張松輝注譯
新譯莊子本義　水渭松注譯
新譯莊子內篇解義　吳　怡著
新譯列子讀本　莊萬壽注譯
新譯管子讀本　湯孝純注譯
新譯墨子讀本　李生龍注譯
新譯公孫龍子　丁成泉注譯
新譯晏子春秋　陶梅生注譯
新譯鄧析子　徐忠良注譯
新譯荀子讀本　王忠林注譯
新譯尹文子　徐忠良注譯
新譯尸子讀本　水渭松注譯
新譯鬼谷子　王德華等注譯
新譯韓非子　傅武光等注譯
新譯呂氏春秋　朱永嘉等注譯
新譯韓詩外傳　孫立堯注譯
新譯淮南子　熊禮匯注譯
新譯春秋繁露　朱永嘉等注譯
新譯新書讀本　饒東原注譯
新譯新語讀本　王　毅注譯
新譯潛夫論　彭丙成注譯
新譯論衡讀本　蔡鎮楚注譯
新譯申鑒讀本　林家驪等注譯
新譯人物志　吳家駒注譯
新譯張載文選　張金泉注譯
新譯近思錄　張京華注譯
新譯傳習錄　李生龍注譯
新譯呻吟語摘　鄧子勉注譯
新譯明夷待訪錄　李廣柏注譯

文學類

新譯詩經讀本　滕志賢注譯
新譯楚辭讀本　傅錫壬注譯
新譯文心雕龍　羅立乾注譯
新譯世說新語　劉正浩等注譯
新譯昭明文選　周啟成等注譯
新譯古文觀止　謝冰瑩等注譯
新譯古文辭類纂　黃　鈞等注譯
新譯樂府詩選　溫洪隆注譯
新譯古詩源　馮保善注譯
新譯千家詩　邱燮友等注譯
新譯詩品讀本　成　林等注譯
新譯花間集　朱恒夫注譯
新譯南唐詞　劉慶雲注譯
新譯唐詩三百首　邱燮友注譯
新譯宋詞三百首　汪　中注譯
新譯宋詞三百首　劉慶雲注譯
新譯元曲三百首　賴橋本等注譯
新譯明詩三百首　趙伯陶注譯
新譯清詩三百首　王英志注譯
新譯清詞三百首　陳水雲等注譯
新譯唐人絕句選　卞孝萱等注譯
新譯唐才子傳　戴揚本注譯
新譯拾遺記　石　磊注譯
新譯搜神記　黃　鈞注譯
新譯唐傳奇選　束　忱等注譯
新譯宋傳奇小說選　束　忱注譯
新譯明傳奇小說選　陳美林等注譯
新譯容齋隨筆選　朱永嘉等注譯
新譯明散文選　周明初注譯
新譯人間詞話　馬自毅注譯
新譯白香詞譜　劉慶雲注譯
新譯幽夢影　馮保善注譯

新譯菜根譚　吳家駒注譯
新譯小窗幽記　馬美信注譯
新譯圍爐夜話　馬美信注譯
新譯郁離子　吳家駒注譯
新譯歷代寓言選　黃瑞雲注譯
新譯賈長沙集　林家驪注譯
新譯揚子雲集　葉幼明注譯
新譯諸葛亮集　朱永嘉等注譯
新譯曹子建集　曹海東注譯
新譯建安七子詩文集　韓格平注譯
新譯阮籍詩文集　林家驪注譯
新譯嵇中散集　崔富章注譯
新譯陸機詩文集　王德華注譯
新譯陶淵明集　溫洪隆注譯
新譯江淹集　羅立乾等注譯
新譯庾信詩文選　歸　青注譯
新譯初唐四傑詩集　李福標注譯
新譯駱賓王文集　黃清泉注譯
新譯王維詩文集　陳鐵民注譯
新譯孟浩然詩集　楊　軍注譯
新譯李白詩全集　郁賢皓注譯
新譯李白文集　郁賢皓注譯
新譯杜甫詩選　張忠綱等注譯
新譯杜詩菁華　林繼中注譯
新譯高適岑參詩選　孫欽善等注譯
新譯昌黎先生文集　周啟成等注譯
新譯劉禹錫詩文選　閻　琦注譯

新譯柳宗元文選　卞孝萱等注譯
新譯白居易詩文選　陶　敏等注譯
新譯元稹詩文選　郭自虎注譯
新譯李賀詩集　彭國忠注譯
新譯杜牧詩文集　張松輝注譯
新譯李商隱詩選　朱恒夫等注譯
新譯范文正公選集　王興華等注譯
新譯蘇洵文選　羅立剛注譯
新譯蘇軾文選　滕志賢注譯
新譯蘇軾詞選　鄧子勉注譯
新譯蘇轍文選　朱　剛注譯
新譯曾鞏文選　高克勤注譯
新譯王安石文選　沈松勤注譯
新譯柳永詞集　侯孝瓊注譯
新譯李清照集　姜漢椿等注譯
新譯陸游詩文選　韓立平注譯
新譯辛棄疾詞選　聶安福注譯
新譯歸有光文選　鄔國平注譯
新譯徐渭詩文選　周　群等注譯
新譯薑齋文集　平慧善注譯
新譯顧亭林文集　劉九洲注譯
新譯方苞文選　鄔國平等注譯
新譯袁枚詩文選　王英志注譯
新譯聊齋誌異全集　袁世碩等注譯
新譯聊齋誌異選　任篤行等注譯
新譯閱微草堂筆記　嚴文儒注譯
新譯浮生六記　馬美信注譯

新譯弘一大師詩詞全編　徐正綸編著

【歷史類】

新譯史記　韓兆琦注譯
新譯漢書　吳榮曾等注譯
新譯後漢書　魏連科等注譯
新譯三國志　吳樹平等注譯
新譯資治通鑑　韓兆琦等注譯
新譯史記—名篇精選　韓兆琦注譯
新譯尚書讀本　吳　璵注譯
新譯尚書讀本　郭建勳注譯
新譯周禮讀本　賀友齡注譯
新譯逸周書　牛鴻恩注譯
新譯左傳讀本　郁賢皓等注譯
新譯公羊傳　雪　克注譯
新譯穀梁傳　顧寶田注譯
新譯春秋穀梁傳　周　何注譯
新譯戰國策　溫洪隆注譯
新譯國語讀本　易中天注譯
新譯說苑讀本　左松超注譯
新譯說苑讀本　羅少卿注譯
新譯新序讀本　葉幼明注譯
新譯吳越春秋　黃仁生注譯
新譯西京雜記　曹海東注譯
新譯列女傳　黃清泉注譯
新譯越絕書　劉建國注譯
新譯燕丹子　曹海東注譯

新譯東萊博議　李振興等注譯
新譯唐六典　朱永嘉等注譯
新譯唐摭言　姜漢椿注譯

宗教類

新譯金剛經　徐興無注譯
新譯高僧傳　朱恒夫等注譯
新譯碧巖集　吳　平注譯
新譯百喻經　顧寶田注譯
新譯楞嚴經　賴永海等注譯
新譯梵網經　王建光注譯
新譯法句經　劉學軍注譯
新譯六祖壇經　李中華注譯
新譯禪林寶訓　李中華注譯
新譯維摩詰經　陳引馳等注譯
新譯經律異相　顏洽茂注譯
新譯阿彌陀經　蘇樹華等注譯
新譯無量壽經　邱高興注譯
新譯妙法蓮華經　張松輝注譯
新譯景德傳燈錄　顧宏義注譯
新譯大乘起信論　韓廷傑注譯
新譯釋禪波羅蜜　蘇樹華注譯
新譯八識規矩頌　倪梁康注譯
新譯永嘉大師證道歌　蔣九愚注譯
新譯華嚴經入法界品　楊維中注譯
新譯地藏菩薩本願經　李承貴注譯
新譯悟真篇　劉國樑等注譯
新譯无能子　張松輝注譯
新譯坐忘論　張松輝注譯
新譯列仙傳　張金嶺注譯
新譯抱朴子　李中華注譯
新譯神仙傳　周啟成注譯
新譯性命圭旨　傅鳳英注譯
新譯老子想爾注　顧寶田等注譯
新譯周易參同契　劉國樑注譯
新譯道門觀心經　王　卡注譯
新譯養性延命錄　曾召南注譯
新譯樂育堂語錄　戈國龍注譯
新譯冲虛至德真經　張松輝注譯
新譯長春真人西遊記　顧寶田等注譯
新譯黃庭經・陰符經　劉連朋等注譯

軍事類

新譯司馬法　王雲路注譯
新譯尉繚子　張金泉注譯
新譯三略讀本　傅　傑注譯
新譯六韜讀本　鄔錫非注譯
新譯吳子讀本　王雲路注譯
新譯孫子讀本　吳仁傑注譯
新譯李衛公問對　鄔錫非注譯

教育類

新譯爾雅讀本　陳建初等注譯
新譯顏氏家訓　李振興等注譯
新譯聰訓齋語　馮保善注譯
新譯曾文正公家書　湯孝純注譯
新譯三字經　黃沛榮注譯
新譯百家姓　馬自毅等注譯
新譯幼學瓊林　馬自毅注譯
新譯增廣賢文・千字文　馬自毅注譯
新譯格言聯璧　馬自毅注譯

政事類

新譯商君書　貝遠辰注譯
新譯鹽鐵論　盧烈紅注譯
新譯貞觀政要　許道勳注譯

地志類

新譯山海經　楊錫彭注譯
新譯水經注　陳橋驛等注譯
新譯佛國記　楊維中注譯
新譯大唐西域記　陳　飛等注譯
新譯洛陽伽藍記　劉九洲注譯
新譯徐霞客遊記　黃　珅注譯
新譯東京夢華錄　嚴文儒注譯